Günter Kohlmann

NICHT TOT IN DIESEM NESTE

Eine Jugend in Neuendettelsau

Erster Teil
Januar bis April 1956

Kumm Bu, gemmer hamm

For Jenny
have fun reading
my stories of an era
long gone by. The 1950s

Günter Kohlmann

NICHT TOT IN DIESEM NESTE

Eine Jugend in Neuendettelsau

Erster Teil
Januar bis April 1956

Kumm Bu, gemmer hamm

Günter Kohlmann
NICHT TOT IN DIESEM NESTE
Eine Jugend in Neuendettelsau
 Erster Teil
Januar bis April 1956
Kumm Bu, gemmer hamm

© 2018
Herstellung und Verlag: BoD – Books on Demand, Norderstedt.
ISBN: 9783748141020

© Günter Kohlmann
Norderstedt 2018
Books on Demand
www.bod.de

„In wieviel Not hat nicht der gnädige Gott über dir Flügel gebreitet!"
(Joachim Neander)

Vorwort

„Nicht tot möchte ich in diesem Neste sein!"
Was spricht dagegen, es ein bisschen anders zu interpretieren, das berühmte Wort, mit dem von jeher der Dienstantritt des in Fürth geborenen Pfarrers Johann Konrad Wilhelm Löhe in seinem Wirkungsort Neuendettelsau verknüpft wird?
Nicht tot, sondern lebendig. Lebend.
Er hat es geschafft. Er lebt. Unübersehbar. Er hat das Dorf geprägt wie kein anderer der hier jemals Lebenden. Und es kommt keiner, der in Dettelsau geboren oder dessen Schicksal mit der großen Ansiedlung auf der „Bettelhöhe" verknüpft ist, an ihm vorbei.
„Wo gehen wir denn hin?" heißt es bei Novalis.
„Immer nach Hause" lautet die Antwort.
Taufe, Konfirmation, Heirat in St. Nikolai - das sind Stationen, die einen schon zu einem Hiesigen machen.
Wenn auch noch die entscheidenden ersten Jahre einen Steinwurf von der Dorfkirche entfernt verbracht wurden - und die letzten dazu - dann steht der Ortsname als Synonym für „Zuhause" und man begibt sich auf Spurensuche. Schriftliche Notizen aus ferner Jugendzeit sind dabei hilfreich, ja unentbehrlich, wenn man es ernsthaft angeht.

Ich tanze mit Frau F. und Frau M. und bin in bester Stimmung, als plötzlich gegen vier Uhr fünfzehn czr Tmfdgdtdq hm fdrszks ldhmdr uzsdqr dqrbgdhms.
Unverständlich?
„*Khdad*", „*Jtrr*". So schrieben sich Liebe und Kuss. In der Geheimschrift des Teenagers. Vater und Mutter sollten nicht lesen können, was er da seinem Tagebuch anvertraute.
Es war ein simpler Code: man schreibe immer den im Alphabet vorhergehenden Buchstaben statt des richtigen:

Also a statt b, c statt d, m statt n, q statt r, v statt w usw.
Damit erschließt sich, was passierte an jenem Neujahrsmorgen, der auf den Altjahresabend des Jahres 1955 folgte: es erschien „das Ungeheuer in Gestalt" seines „Vaters".

Nur die ganz heiklen Stellen in diesem 1956 geführten Tagebuch sind verschlüsselt. Mehr als neunundneunzig Prozent der Einträge erscheinen in leserlichem Schriftdeutsch, gelegentlich in Fränkisch, besser gesagt, der Dettelsauer Variante der fränkischen Mundart.
So wie der Titel des ersten Teils dieser Trilogie, „Komm, Bub, geh'n wir heim!", zu dem die Neujahrsgeschichte, der Paukenschlag, mit dem jenes denkwürdige Jahr im Leben eines Halbwüchsigen begann, den Anstoß gab.

Soll man diese Erinnerungen öffentlich machen oder in der Schublade ruhen lassen?
Sie könnten unbeachtet und ungelesen bleiben, enthalten in einem schlichten Tagesmerkbuch im Format DIN-A6, das der Fünfzehnjährige vor nunmehr 64 Jahren für zwei Mark erworben hat, eigens zu dem Zweck, jeden Tag eine Seite vollzuschreiben, dem weißen Papier die Erlebnisse und Gedanken eines Heranwachsenden anzuvertrauen, nur so zum Spaß.
Ebenfalls nur aus Jux und Tollerei, übermütig (-müdig?) postete ich die 366 Einträge (es war ein „Schaltjahr") im Jahr 2016, zum sechzigsten Jubiläum sozusagen, online in einem sozialen Netzwerk, Tag für Tag, und kommentierte sie aus der Sicht eines alten Mannes.
Die schon bald sich einstellenden „Gefällt-mir"-Klicks sowie viele ermunternde Kommentare bestätigten die Richtigkeit meiner Entscheidung und machten mir Mut.
Hält eine Ehe 65 Jahre, so spricht man von der „Eisernen Hochzeit".
Bald schreiben wir 2021, und dann kann ich, si Dios quiere, das eiserne Jubiläum dieses Erinnerungsschatzes feiern, den ich um nichts in der Welt missen möchte.
Nicht um meine Person soll es dabei in erster Linie gehen, sondern um das Lebensgefühl und den Lebensstil der fünfziger Jahre des vergangenen Jahrhunderts.
Wie erlebten die um 1940 Geborenen die Schule, was trieben sie in der Freizeit, was prägte sie?
Gewiss, davon kann mancher erzählen, aber die Erinnerung trügt.

Ein Tagebuch, das den Moment, die Stunde, den Tag festhält und Erlebtes, subjektiv zwar, aber doch unmittelbar und von außen unbeeinflusst, schildert, werden die wenigsten geführt haben.
Da steht es Schwarz auf Weiß, oder eher „Blau auf Weiß", denn man schrieb mit Tinte. Mit einem richtigen Füller, ohne Patronen.
Freilich gibt es Einträge, Bemerkungen, Urteile, die man heute am liebsten löschen würde. Manches darf auch nicht für alle sichtbar werden, weil es in Persönlichkeitsrechte eingreifen würde.
Es gibt ein Recht auf Vergessen.
Ich erlaube mir, lasse es mir von niemand nehmen, mich zu erinnern.
Die Tinte verblasst, das Gedächtnis schwindet.
Höchste Zeit also, greif- und sichtbar festzuhalten, zu konservieren, was einst passierte, nicht irgendwo, sondern in Neuendettelsau, dem fränkischen Dorf, dessen Name durch Wilhelm Löhe in aller Welt bekannt wurde.

Das war der Anlass für dieses Buch.

Günter Kohlmann
Neuendettelsau, im Dezember 2018

APRIL 1956 — 18 MITTWOCH

[...] um kriechen Wetter, mußt du mit zu Hause bleiben. Mach es wie die Schöpfer [...] Regnet es, so laß es regnen.

Wieder so ein ekelhaftes Wetter. Feiner Schnee und es liegt auch eine dünne Schicht am Morgen. Ich ziehe meinen Trenchcoat an. Schule wie immer. Beim Krell komme ich in Wirtschaftslehre dran über die Kostenstellen. Kann es ziemlich. Von $\frac{1}{2}$ 15–12° lese ich wieder Hemingway's Wem die Stunde schlägt. Dann Chor: Sauwetter, Sauwetter, schneit u. regnet. Latein ist ziemlich amüsant. Er fragt die ganze Stunde Verbalformen, die natürlich keiner kann. Um $\frac{1}{2}$ 3 fahre ich mit S. heim. Er regt mich zu einem Gedanken an, der mich nicht mehr los läßt: Ich werde ein Buch schreiben. Ich muß. Zuhause mache ich erst mal Stereometrie und Biologie. Es schneit und schafft wie am Kap Horn. Ich beginne einstweilen mit dem Entwerfen der Handlung meines Romans. Um 5°° haue ich mich aufs Sofa hin, wo ich den ganzen Abend liegen bleibe. Man traut sich keinen Schritt zum Haus hinaus. Kino ist heute: Heiße Lippen, kalter Stahl (Kommentar überflüssig) Mama hat von so einem Vertreterdeppen einen Staubsauger bestellt (unter Zwang). Vater geht abends zum Bayern. Grace Kelly ist heute mit ihrem Rainier in Monaco endlich getraut worden. []

JANUAR

Sonntag, 1. Januar 1956

Es war d i e Katastrophe seines jugendlichen Lebens, ein unvergesslicher Moment in der Vater-Sohn-Beziehung, „sunufatarungo", wie es im althochdeutschen Hildebrandslied heißt.
Nie hatte sein guter, gütiger Vater die Hand gegen ihn erhoben. Er war zwar manchmal jähzornig, flippte schnell aus, wenn ihn jemand ärgerte, aber auf seinen Buben ließ er nichts kommen.
An besagtem Tag, oder besser gesagt, in jener Nacht brannten bei ihm alle Sicherungen durch.
Es war, wie gesagt, der Altjahresabend anno 1955, Silvester vulgo.
Beim Dorfwirt war Tanz. Wenn im Dorf Tanz war, hätten die Einbrecher leichtes Spiel gehabt, sofern es in den fünfziger Jahren des letzten Jahrhunderts welche gegeben hätte.
Der Fünfzehneinhalbjährige, strotzend vor Kraft und Neugier, durfte auch mit, sollte er doch ganz allmählich die Freuden des Erwachsenenlebens kennenlernen. Und einen Tanzkurs sollte er auch absolvieren demnächst. Also konnte er auf dem Gesang- oder Schützenvereinsball schon mal ein bisschen üben.
Die Eltern, der arbeitsame Fünfziger von Vater, und die Mutter, mit achtunddreißig in voller Blüte stehend, ließen kaum einen Tanz aus.
Gegen ein Uhr, schon im Neuen Jahr, überkam sie aber offenbar ein unwiderstehliches Sehnen nach dem warmen Bett in ihrer eiskalten Schlafkammer wenige hundert Meter vom Wirtshaus entfernt.
Ausnahmsweise durfte der Pubertierende noch bleiben, da Onkels und Tanten, ältere Cousins und Cousinen, Nachbarn und Bekannte ein dichtes soziales Netz darstellten, das zuverlässig jeden Absturz verhinderte, zumal sowieso alles züchtig und brav war zu jener Zeit, die Mädchen adrett und unaggressiv, so zurückhaltend, dass es bisweilen weh tat.
Gleichaltrige gab es auch ein paar, alle gut bewacht, meistens aber ältere. Und die jungen Frauen in festen Händen.
Er war nicht ganz unbedarft. Ab und zu, besonders bei sommerlichem Tanzvergnügen, wenn die Abende lau waren und die Szene unübersichtlicher, hatte man sich schon mal nach draußen begeben, in Richtung einer wenig einsehbaren Ecke hinter dem Biergarten

oder Festzelt – „Mir is so heiß, gähst a weng mit naus?" – in der festen Absicht, Erfahrungen zu sammeln.
Seltsamerweise geriet er meistens an die Coolsten seiner Generation. „Erschd dusd amoll dein Kaugummi raus!" sagte die eine. Eine andere amüsierte sich darüber, wie er die Augen schloss, so wie er es von den Heimatfilmen mit Maria Schell und Sonja Ziemann kannte: „Worrum maxdn bomm Küssn immer die Aung zu?"
Ja, warum eigentlich? Reichlich belämmert kam er sich vor, während sie, die etliche Jahre voraus war und ihre Kerben sicher schon eingeschnitzt hatte, gluckste vor Lachen.
Dran denken also, bloß nicht die Augen zumachen beim Kuss. Sonst werden sie witzig und die Illusion ist beim Teufel.
Es musste ernst sein, tiefgründig und die Seele ergreifend.
Die das auch so sahen, waren rar, sehr rar.
Es gab aber die Romantischen, die selber die Augen schlossen und die Klappe hielten, wenn man sich dem unter seidigen Wimpern gelegenen Stupsnäschen und den schön geschwungenen, in unnachahmlicher Raffinesse leicht geöffneten Lippen näherte und den rosigen Duft einsog, billiges Eau de Cologne und ein bisschen Tanzschweiß, manchmal auch Zigarettenrauch.
Das waren ihm die liebsten. Die auch dann nichts sagten, wenn die Hände ein bisschen auf Wanderschaft gingen in eine fremde Welt, die sich da auftat: leicht raschelnde Petticoats, Weichheit und Wölbungen und Rundungen allüberall.
Aber irgendwann und irgendwo bremste die Mutter im Großhirn.
Wurde es kaum noch kontrollierbar, so kamen die Mütter ins Spiel.
Obwohl zu dem Zeitpunkt weit weg, waren sie allzeit anwesend: „Nein, mei Mutter hat gsacht…"
Autofahren lernte er erst viel später, aber im Nachhinein kommt ihm das erotische Spiel vor wie Gas geben und bremsen gleichzeitig.
Beide wollten sie mit der Karre vorankommen und hatten doch Angst vor dem Abgrund, auf den sie zurasten.
So beschleunigte er, während sie bremste, um schon im nächsten Moment die Rollen zu tauschen.
Es war wie auf der Wippe: einmal ich, einmal du.
Es durfte nichts „passieren", das war die ständige Losung jener Zeit.
Ein Alptraum, über den die Jungen spätestens seit 1960 lachen.

Diesmal war es kalt und unwirtlich draußen und keiner wollte den warmen, hell erleuchteten und bunt dekorierten Tanzsaal verlassen.
Die Mama, die von besorgten Bekannten schon öfters einen Hinweis bekommen hatte („Gell, bassd fei auf eiern Buhm auf! Der is noch zu dumm!"), hätte sich nicht zu sorgen brauchen.
Ihn faszinierten die durcheinanderwirbelnden bunten Kleider der Damen, die wohlige Wärme des mit Rauch und Bierdunst geschwängerten Raums und die schmissigen Klänge der Blaskapelle.
Aufklärung geschah durch die Liedtexte: „Coco coco coco la, die Mädchen sind zum Küssen da, aber nicht die ei-nä, die ich mei-nä...ich weiß was, ich weiß was, ich weiß was dir fehlt: ein Mann, der dir kei-nä Märchen erzählt"...
„Du singst doch falsch!" schrie ihm eine, mit der er oft herumsteppte, ins Ohr, wenn er sie nah an sich heranzog.
Sie hatte keine Ahnung. Er sang doch die zweite Stimme, also eine Terz drüber, seine Spezialität.
Halb zwei. Halb drei. Die Zeit verging wie im Flug. „Die Fischerin vom Bodensee ist eine schöne Maid, juchhe!" und „Da kommt ein alter Hecht daher wohl übers große Schwabenmeer."
Lauthals singend saß er zwischen den Verwandten und Nachbarn: „Ein weißer Schwan ziehet den Kahn mit der schönen Fischerin auf dem blauen See dahin."
Das schmetterte er besonders gern eine Terz höher als die Melodiestimme.
War es die richtige Tonlage und die Kapelle sehr laut, so konnte man so ausgelassen singen, dass man alle Sorgen, die Schule, all die fiesen Lehrer und die in den letzten Wochen von ihnen erteilten schlechten Noten vergaß.
Es war, wie verbrieft, gegen vier Uhr fünfzehn, da kam er daher, aber nicht der alte Hecht, sondern sein grauköpfiger Vater, genau bei dem Wort „Schwan".
„Schwan", „Schwan", „Schwan" dudelt es noch heute in seinem Kopf, wie wenn die Schallplatte einen Sprung hat und die Nadel nicht von der Stelle kommt.
Sagt jemand „Mein lieber Schwan!" oder ist die Rede von der blitzgescheiten Gesine Schwan, so kommt ihm jene Nacht in den Sinn.
Nichts ahnte er, hatte aber stattdessen urplötzlich eine Empfindung vom Weltuntergang oder dem Schicksal von Sodom und Gomorrha, dem großen Beben von Lissabon, als ihm links und rechts - batsch, batsch - die vom Dachrinnenfalzen und Wasserrohrezurechtbiegen

zerschundenen Pratzen des Vaters um die Ohren flogen, so dass er sich kaum noch auf dem Stuhl halten konnte.
Zum Glück waren die erwachsenen Begleitpersonen, selbst die gerade tanzenden, sofort zur Stelle und bildeten einen Kordon um ihn mit viel Geschrei und Abwehrgesten.
„Woss brauchst etz du den Buhm doo haua, wu der asu brav doohockt? Der hat doch goor nix gmachd!"
Gerangel, Gepurzel, ein Tumult wie aus den Wilhelm-Busch-Geschichten, und mittendrin der halbwüchsige Sünder, die eigenen Hände sowie die einiger weiblicher Sympathisanten über seinem (diesmal zumindest) unschuldigen Haupt.
Die Filzschlappen des Vaters, in denen dieser hereingerauscht war, hatten sich selbstständig gemacht und waren während der Kampfhandlungen einer nach dem anderen über den ganzen Saal geschlittert, um in irgendeiner Bierpfütze unter irgendeinem Tisch zu landen.
„Kumm Bu, gemmer hamm" sagte der Erziehungsberechtigte schließlich leise, nachdem er sein Schuhwerk zusammengesucht hatte und beide beschämt an der Saaltür standen.
Einträchtig verließen sie in der stockdunklen Nacht das Wirtshaus, wo die Musik wieder zu spielen begann:
„Steig in das Traumboot der Liebe, fahre mit mir nach Hawaii…"
Ja, von wegen.
Die Kälte des Neujahrsmorgens machte ihn schlagartig nüchtern.
Sehen konnte er es nicht, aber am leicht schniefenden Tonfall merkte er, dass der Vater weinte.
„Bu, des hobbi doch net gwollt. Ich woor hald su narrisch, wall die Mama ka Ruh gebm hat. Dee had denkd, du liggst irgendwo und bisd derfruurn. Es is ja auf fünfe ganga. De had su lang benzd, bisser mi aufgrabbld hobb."
Das ist nachzuvollziehen. Die Nerven hatte er verloren, der Vater.
Der Bub, womöglich tot irgendwo auf dem Gehsteig, und die Vorwürfe der Mutter. Da rappelte er sich auf, so schnell, dass er nicht einmal Zeit hatte, Schuhe anzuziehen.
Hatte er sie verdient, diese Abreibung, der Hundsbub?
In Anbetracht der zahlreichen Eskapaden, die ihm ungestraft durchgingen, ganz sicher.
Wahrscheinlich wäre er im äußersten Notfall durch diese bewährte Methode auch nach längerem horizontalem Aufenthalt im Freien mit einskommadrei Promille wieder ins Leben zurückgerufen worden.

Was weiß ein Fünfzehnzehnjähriger von den Höllenqualen einer Mutter, die nur ein Kind hat, wenn sie dessen Bett nach einem halben Dutzend Kontrollgängen, die in immer kürzeren Abständen erfolgt sind, immer noch leer vorfindet?
Am ersten Tag des Jahres früh um vier.

Das Gasthaus „Sonne", einer der wichtigsten Schauplätze der hier geschilderten Begebenheiten, im 21. Jahrhundert.
1956 war die Raumaufteilung ähnlich. Rechts vom Eingang befand sich die Gaststube, im hinteren Bereich der Saal, links ein kleiner Biergarten.
Den Kastaniengarten (rechts) gab es noch nicht.

Ich lache nur noch über die Geschichte von heute morgen.

So lautet der Tagebucheintrag von damals.
Aber so ganz nach Lachen war mir nicht zumute. Das Dorf war überschaubar. Jeder kannte jeden, und ich schämte mich.
Und weiter:

Das Wetter ist trüb. Als Mittagessen eine Ente. Um 15 Uhr gehe ich ins Kino: „Vatertag" mit Grethe Weiser, Günther Lüders, Willy Reichert und Hans Richter. Dann bis 18 Uhr bei Meyer (Anm.: Bahnhofswirtschaft) *mit Verwandten und Bekannten.*

Abends sitze ich zu Hause und horche Radio. Die Eltern gehen ins Kino. Es schneit.

Radio "horchen". Wir hatten nichts anderes. Zuhause gab es noch kein Fernsehen. Die ersten, noch sehr kleinen, Apparate hingen ab 1955 in manchen Gaststuben irgendo oben in einer Ecke.
In den Wirtshäusern des Ortes war es warm und gemütlich, und dort hatte man Gesellschaft. „Derhamm sterbm die Leit" sagte man, also ging man „a weng fort", um eine Halbe oder auch zwei zu trinken.
Man hatte weder Bier noch Wein im Haus.
Von einem Jugendschutzgesetz o. dgl. ist in meinen Aufzeichnungen von 1956 nichts zu bemerken.
Wir Halbstarken wurden überall anstandslos bedient, und kein Wirt zählte, wie viel wir konsumierten. Fünfzehnjährige rauchten in der Öffentlichkeit wie die Schlöte, schon auf dem Weg in die Schule im Zug, und niemand störte sich daran.
Als weitere Unterhaltung und Ablenkung von der Schule, sofern man noch auf die Schule ging und nicht schon als „Stift" in irgendeinem Handwerksbetrieb lernte, gab es nur das Kino beim Bischoff, die sogenannten Sonnen-Lichtspiele und, wie gesagt, das Radio daheim.
Da musste man aber vorliebnehmen mit dem, was geboten wurde.
Kam eine „gscheite" Musik, dann war es gut, kam nichts Hörenswertes, dann zog man den Stecker.
Notfalls blieb das Lesen als Hauptbeschäftigung.
Als „anspruchslosen Unterhaltungsfilm ohne jeden Funken Humor" bezeichnet das Lexikon des internationalen Films den oben erwähnten, 1955 gedrehten Streifen.
Ich war zu unreif, mir ein Urteil darüber zu bilden. Was mir gefiel, das waren die Schauspieler und Schauspielerinnen, in erster Linie Grethe Weiser, die in unzählig vielen Filmen mitspielte.
„Herz mit Schnauze" war ihr Spitzname, und so habe ich sie in Erinnerung, immer flott und schlagfertig und wendig, nie um eine freche Antwort verlegen. Es wundert mich nicht, wenn ich heute lese, dass sie sich erfolgreich dem Ansinnen der NSDAP widersetzte, beim Vorstand der Reichstheaterkammer mitzumachen.
Dazu war diese kleine, zierliche Frau zu intelligent.
Auch der Hanseate Günther Lüders hatte mit den Nazis nichts am Hut. Er büßte seine Weigerung, sich für sie einspannen zu lassen, mit drei Wochen KZ-Haft, was ich aber 1956 noch nicht wusste.
Ich mochte seinen trockenen Humor.

Ganz gewaltig blähte sich natürlich das Spektakel, das mein Vater und ich in der Silvesternacht geboten hatten, auf in meiner Fantasie, so dass ich meinte, das ganze Dorf würde darüber reden.
Dieses war so überschaubar, wie man sich das heute kaum noch vorstellen kann. Außer den Einheimischen gab es nur ein paar Dutzend Zugezogene: „Flüchtlinge" aus Ostpreußen, Schlesien und dem Sudetenland (im Volksmund „Sudetengauner" genannt, scherzhaft abgeleitet von Sudetengau).
Später kamen noch die Sachsen dazu, die fast alle in der Strumpffabrik Tauscher arbeiteten. Der Betrieb war von Oberlungwitz, dem Zentrum der sächsischen Strumpfindustrie, nach Neuendettelsau umgezogen, und prosperierte hier in den 1950ern und 1960ern.
Nylonstrümpfe wie in Amerika, das war für die Damen der letzte Schrei.

Montag, 2. Januar 1956

Um 11 Uhr aufgestanden.
Zeitung gelesen und Radio gehört (AFN). Am Nachmittag vom SWF, der lauter Schmalzschlager bringt. Vater ist krank geschrieben wegen seines Arms. Es ist regnerisch und mild.
Die Zeitungen berichten von einem großen Unglück in Japan.
124 Menschen sind eine halbe Stunde nach dem Jahreswechsel bei einem Einsturz ums Leben gekommen.
Um halb 4 spiele ich Zither und Gitarre.
Später noch Hausmusik mit meinem Cousin (Akkordeon).
Bin den ganzen Tag nicht aus dem Haus gekommen.
Sehr schmutzig und nass draußen. Um 9 Uhr im Bett.

Eine Panik muss es gewesen sein, an oder vor einem Tempel in Japan, die 124 Menschen das Leben kostete, am ersten Tag des Jahres. Man erfuhr von solchen Unglücken immer erst nach geraumer Zeit, im Radio etwa, und später durch die Zeitung.
Kein Fernsehapparat stahl uns die Zeit, und totschlagen mussten wir sie auch nicht. Hausmusik der einfachen Art war eine Möglichkeit, sie sich zu vertreiben.
Mein Vater, ein gebürtiger Allgäuer, hatte mir das Zitherspiel beigebracht, aber schon ab 1955 zupfte ich und schlug den Rhythmus

auf einer Gitarre, die ich mir vom selbstverdienten Geld gekauft hatte.

Dienstag, 3. Januar 1956

Früh im Bett gelesen. Draußen scheint die Sonne. Mutter ist heute nicht auf der Arbeit. Um halb 11 aufgestanden und Zeitung gelesen.
Es hat gefroren.
Nachmittags gehe ich mit Vater in den Garten, um eine Laube zu bauen. Das Gerüst ist schon fertig. Ich halte es noch für eine jämmerliche Bruchbude. Zwischendurch mal an Bennos Grab (Anm.: im Wörrleinswald). *Haben ihn heute vor acht Tagen eingegraben, Wolfi und ich* (Anm.: da, wo wir ihn gefunden haben, in einer recht unzugänglichen Schonung).
Er ist erschossen worden vor etwa 8 Wochen, von Unbekannt.
Um 4 h gehe ich heim. Es ist sehr kalt, ich kann kaum schreiben.
Der Winter ist völlig ohne Pracht, da der Schnee fehlt.
Trostlos und düster.
Zuhause gibt es Bohnenkaffee. Abends lese ich. Hoffentlich gibt es bald Schnee und Eis, damit man etwas Sport treiben kann und an die frische Luft kommt. Von 7 bis 9 Uhr bei Familie Fuchs (Anm.: Verwandte). *Um 10 Uhr ins Bett.*

Nicht alle Urteile, die ein Fünfzehnjähriger spontan in einem Tagebuch notiert, kann man veröffentlichen, vor allem keine über Menschen.
Dieses hier über eine Sache („jämmerliche Bruchbude") ist unverfänglich und kam dem Vater nie zu Ohren.
Bei dem Garten handelte es sich um einen Schrebergarten in der Hub, also im heutigen Neubaugebiet „Am Weingarten".
Dorthin führte ein Fußweg von der Reuther Straße aus in Richtung Wörrleinswald. Am Ende dieses Weges, am Waldrand, war die sogenannte „Giegsmistn", der Schutt- und Schrottplatz fürs ganze Dorf.
Sämtlicher nicht verwertbarer Müll wurde dort abgelagert. Es gab noch keinen Plastikmüll.

Das einzige, was anfiel, war das Glas und Blech von Flaschen und Dosen, aber in überschaubaren Mengen. Auch Elektrogeräte wurden kaum entsorgt, sondern, so oft es ging, repariert.
Holz und Papier wurden im Herd oder Ofen verbrannt, die Zeitung auch auf dem Abort wiederverwertet.
Spezielles Toilettenpapier wäre 1956 Luxus gewesen.
Alle vier oder sechs Wochen nahmen wir Kinder einen Handwagen und fuhren vom Hof aus fort, was sich angesammelt hatte.
Unmittelbar neben diesem Abenteuerspielplatz lag der von der Gemeinde gepachtete Garten meiner Eltern. Der Vater baute dort Kopfsalat und Tomaten, Gurken und Bohnen an, auch Him-, Erd- und Johannisbeeren.
Es gab anfangs keine Wasserleitung.
Direkt neben unserem Garten floss, etwa drei Meter tiefer, die Kanalisation vorbei, die weiter oben, auf der Höhe des heutigen Kindergartens Arche Noah, aus Betonröhren kam.
Das Wasser stank entsetzlich, und man konnte damit nur gießen, solange die Pflanzen klein waren, weit vor der Ernte.
Mit der leeren Gießkanne stieg man auf einem ausgetretenen Pfad die rutschige Böschung hinab, um Wasser zu holen.
Eines schönen Sommertages, da war ich sechs oder sieben, schüttete mir ein vier Jahre älteres Mädchen, weil wir wegen des Vortritts an der Wasserentnahmestelle in Streit geraten waren, ihre volle Gießkanne über den Kopf und den teils nackten, mageren Körper.
Und man konnte nicht einfach zuhause unter die Dusche gehen. Wir jedenfalls hatten keine. Nur diese eine Erinnerung und sonst nichts kam bei mir hoch, immer wenn ich dieser Mitbürgerin, auch als sie schon eine relativ alte Frau war, begegnete.
Später legte mein Vater für diese Gärten entlang des Wegs eine Wasserleitung an, mit einer Zapfstelle für jeden Garten.
Die Rohre hatte er aus den Bombenruinen im rund vierzig Kilometer enfernten Nürnberg geholt.
Zehn Jahre nach dem Krieg gab es schon bescheidenen Wohlstand, und er wollte eine kleine Laube bauen, wo man gemütlich von der Arbeit ausruhen und vespern konnte.

Benno war unser Hofhund, ein relativ kleiner Mischling, ein hervorragender Rattenfänger.
Er gehörte meinem Onkel, der mit seiner Familie ebenfalls in dem großen Haus Bahnhofstraße 9 wohnte.
Unser vierbeiniger Gefährte kehrte nach einem seiner herbstlichen Ausflüge in die nähere Umgebung nicht zurück.
Als wir ihn fanden, war er schon ziemlich verwest, aber wir hatten keinen Zweifel, dass er es war.

Verdient gemacht hat sich Benno tatsächlich um die Bekämpfung der Ratten.
Als wir einmal die Schweineställe sanierten und die alten morschen Bohlen, auf denen die Nutztiere ihr Leben verbrachten, herausrissen, legte uns der treue Hund die Schädlinge dutzendweise zu Füßen, nachdem er sie wild knurrend und in allen Ecken und Winkeln herumhüpfend und -schnüffelnd, erjagt hatte.
Ich bin überzeugt, dass dies ein Riesenspaß für ihn war.

Der in diesem Eintrag erwähnte Bohnenkaffee war 1956 noch ein Luxus.
Normalerweise trank man Malzkaffee („Muggerfugg"), ein aus Getreide hergestelltes Gebräu. Da ich oft Musik machte in den Wirtshäusern, kaute ich am darauffolgenden Tag in der Schule immer Kaffeebohnen, um wachzubleiben. Trotzdem verbrachte ich viele Stunden schlafend bzw. dösend in der Bank. Die Gymnasiallehrer, die überwiegend Frontalunterricht machten mit endlosen Monologen (späterer Spitzname „Homo Laber") merkten davon meistens nichts. Und versäumt habe ich vielleicht auch nichts.
Zu geschätzten fünfzig Prozent, das wird mir bei der Nachlese dieses Tagebuchs immer mehr bewusst, erfolgte meine Erziehung bzw. Wissensaneignung außerhalb der Schule.

Auch spontane Besuche bei Verwandten oder Bekannten, wie oben erwähnt, lockerten den Alltag auf. Sich anmelden gab es nicht, man hatte kein Telefon.
Man wurde auch nie abgewiesen („Ich hab jetzt keine Zeit" o. dgl.).

Jeder hatte Zeit, fast immer, und die Glotze hatte noch keine Macht. Lediglich wenn ein „Bunter Abend" über die winzige Mattscheibe flimmerte, hoch oben im Eck in der Gaststube der Bahnhofswirtschaft, saßen wir gebannt vor unserem Bier und schauten zu.
Gab der Fernseher nichts her, so faszinierten uns die bunt glitzernden Musiktruhen, wo man sich für 20 Pfennig die Ohrwürmer spielen lassen konnte. In manchen Wirtschaften war es auch möglich, dass man dazu tanzte, besonders an Feiertagen oder am Wochenende.

Mittwoch, 4. Januar 1956

Um 10 h aufgestanden. Die Sonne scheint, es ist aber eisig kalt. Um 11 h bin ich mit Vater wieder im Garten.
Über Mittag taut es etwas. Im Lauf des Nachmittags wird es trüb.
Ich freue mich sehr auf das Gartenhaus und bin mit Eifer dabei.
Wir beschlagen die Rückwand unseres Bauwerks mit Brettern und nageln das Dach auf. Da sich dabei der Giebel verschiebt, müssen wir aber das ganze Dach wieder herunterreißen, wobei einige Bretter in Trümmer gehen.
Der Vater schimpft und flucht.
Ich kann mir kaum das Lachen verbeißen.
Ab halb fünf bin ich in der warmen Stube, wo ich mich derzeit am wohlsten fühle.
Abends gehe ich ins Kino: „Der 20. Juli" (obwohl wir erst den 4. Januar haben).

Der erwähnte Film wurde 1955 gedreht und handelt von dem gescheiterten Attentat auf Hitler 1944. Wie schon erwähnt, konnte man im Kino oft mehr lernen als in der Schule.

Wenn ich von der „Stube" schreibe, dann ist damit die Stube meiner Großeltern im Erdgeschoss gemeint, die „Schdumm", wo ich unzählig viele Stunden meiner Kindheit und Jugend zubrachte.
Meine Eltern hatten keine Stube, sondern nur eine winzig kleine Wohnküche im ersten Stock des Hauses Bahnhofstraße 9 als Aufenthaltsraum.
Dazu die Schlafkammer für Vater und Mutter und ein kleines Kämmerlein dahinter für mich, beide nicht beheizbar.

Die Bahnhofstraße 9, links in den 1930ern, und rechts 2018.
Die „Schdumm", das waren die zwei linken Fenster im Erdgeschoss.

2017 wurde das Haus samt dem Nachbarhaus abgebrochen.
Der 2018 fertiggestellte Neubau beherbergt jetzt mehrere Geschäfte sowie Arztpraxen.

Die „Schdumm" war der soziale Mittelpunkt des Hauses. Dort trafen sich drei Generationen zwanglos zu jeder beliebigen Stunde des Tages, die unglaubliche Zahl von neunzehn Personen: die Großeltern, eine unverheiratete Schwester der Großmutter, zwei je fünfköpfige Familien von Brüdern meiner Mutter, ein noch unverheirateter Bruder von ihr sowie zeitweise nach dem Krieg die Frau eines Cousins meiner Mutter mit ihrem Sohn, der so alt war wie ich.
Schließlich noch wir drei: die Kohlmanns.
Angeklopft wurde in der „Schdumm" nicht.
Jeder Hausbewohner konnte jederzeit unangemeldet eintreten.
An der Westwand stand das riesige Bett der Großmutter, tagsüber immer schön gemacht und ordentlich.
Auf einem kleinen Sofa an der Südwand saß meistens der Großvater Neben diesem Sofa führte eine kleine, niedrige Tür zu seiner Schlafkammer.
Ein überwiegend mit Holz beheizter Kanonenofen spendete Wärme.

Um den Esstisch waren an zwei Wänden an den Fenstern hölzerne Bänke, ansonsten noch zwei einfache Stühle.
Zwei Fenster gingen nach Norden mit Blick auf die Grünanlage, die ehemalige „Schmiedslachn", wo das Dorf so dettelsauerisch war wie an nur wenigen anderen Orten, zwei nach Westen mit Blick Richtung Bahnhof.
Insofern entging einem nichts. Man legte ein kleines Kissen aufs Fenstersims und ein weiteres auf die Bank, um darauf zu knien.
Dann sah man fern, aber ohne Technik, einfach so, zum Fenster hinaus.
In der „Schdumm" gab es nicht einmal ein Radio, nur die ständig tickende und zu jeder vollen Stunde schlagende Pendeluhr an der Wand war zu hören.
Am Tisch saß die Großmutter und strickte. Sonntags las sie auch in der Bibel oder in ihrem großen Andachtsbuch.
Ihr gegenüber arbeitete ihre Schwester, meine Großtante Lena, an einer Nähmaschine, deren Rad mit der Hand zu drehen war.
Zur Kurzweil gab es Gespräche, nur Gespräche. Oft wurde lange Zeit gar nichts gesagt, dann fiel wieder eine Bemerkung, die sich auf eine fünf oder zehn Minuten vorher gemachte Aussage bezog, so dass man sich schon konzentrieren musste, wollte man dem Gespräch folgen. Nur wer hier geboren und aufgewachsen war, konnte an dieser Konversation teilnehmen.

Der absolut ungeschliffene Dialekt muss für Außenstehende wie eine Fremdsprache geklungen haben. Gesprächsstoff boten die auf der Straße vorbeigehenden Passanten, zuweilen auch die Haustiere oder die Arbeiten auf dem Hof und auf den Feldern.
Die „Lena", die wir Kinder in ihrer Hörweite nur „Tante Lena" nennen durften, machte immer wieder auch die Frömmigkeit zum Thema, sprach über Sünde und Gottgefälligkeit, über Kirchgang und Predigt hören. Das war

Religionsunterricht aus erster Hand bzw. aus berufenem Mund sozusagen, denn die Lena war die frömmste und keuscheste Person, die ich kannte, die unverheiratete Schwester meiner Großmutter mütterlicherseits.

Ihr Verlobter war im Ersten Weltkrieg gefallen, und alles, was er ihr hinterlassen hatte, war ein sauberer und blitzgescheiter Bub, der Cousin meiner Mutter.
Ich mochte diese Großtante, weil sie witzig war und originell, eine Frau, die sich über alles Gedanken machte und sich auch gerne mitteilte, also keine von den schweigsamen, mürrischen.
Was solche Verwandte zur Ausprägung des Geistes und der sprachlichen Fertigkeiten der Kinder im Haus beigetragen haben, lässt sich nur schwer ermessen. Es war gewiss sehr, sehr viel.
Redensarten, Sprichwörter, Lebensweisheiten u. dgl. - man müsste die Tiefenpsychologie bemühen, um herauszufinden, was im Einzelnen von wem stammt.
Beide unersetzlichen Bezugspersonen, die Tante Lena sowie die Großmutter, waren Töchter meiner Urgroßmutter, einer 1851 geborenen Christine Babara Bär, geb. Stamminger.
„Stammingerin" schrieben sie damals in die Taufbücher.
Sie stammte von Exulanten ab, den österreichischen Glaubensflüchtlingen, von denen später noch die Rede sein wird.
Eine dritte Tochter, die mittlere, soviel ich weiß, hatte sich schon in jungen Jahren in die Landeshauptstadt aufgemacht und dort einen Beamten geheiratet, und wenn diese, die schon bald verwitwet war, da ihr Mann als Radfahrer von einem Auto totgefahren wurde, zu Besuch kam, die „Münchner Tante", so waren das jedes Mal Sternstunden.
Schon der für mich exotische Dialekt, den sie angenommen hatte, und das Wissen und die Geschichten, die sie aus der fernen Großstadt mitbrachte, faszinierten mich.
Ihre 1920 geborene Tochter, die „Hedi", auch eine Cousine meiner Mutter also, kam ebenfalls ein oder zwei Mal mit, und wurde von

mir noch mehr bestaunt, weil sie beim Bayerischen Rundfunk, bei dem es anfangs nur etwas zu hören gab, als Erzählerin und Sängerin in Kindersendungen mitwirkte.
Ein einziges, leider unscharfes Foto habe ich von der Münchner Verwandtschaft. Es zeigt meine Großtante mit mir, als ich etwa drei Jahre alt war, auf der großen Wiese hinter dem Großelternhaus.
Im Hintergrund sieht man die Bauernhöfe der Windsbacher Straße.
Kleidung und Schmuck der Großstädterin, die Margarete hieß und, wie in Dettelsau üblich, „Rett" genannt wurde, die „Minchner Rett", lassen erkennen, dass sie eine sehr kultivierte Frau war.
Das Foto entstand wohl 1942.

Zurück in die heimelige „Schdumm".
Meistens machte ich dort auch meine Aufgaben für die Schule.
Immer wieder mal kam eine Tante oder ein Onkel, eine ältere Cousine bzw. ein Cousin herein und brachte Neuigkeiten mit. Es war ein ständiges Kommen und Gehen. Voll aber war die Stube selten.
Mehr als drei oder vier Hausbewohner waren nur versammelt, wenn geschlachtet wurde, überwiegend im Winter. Dann saßen fast alle um den Tisch herum und um den Zusatztisch, der hineingestellt wurde, und schnitten Fleisch und Speck für die Würste.
Wir Kinder durften nur zuschauen und wurden ständig gewarnt vor den scharfen Messern. Der Hausmetzger brachte die neuesten Witze mit sowie seine alten bewährten Redensarten, und so war das Sauschlachten eine höchst willkommene Auflockerung im Jahreslauf.
Noch mehr Leute, nicht nur die Verwandten, sondern auch noch die halbe Nachbarschaft, fanden sich zum Ende des Sommers beim Dreschen ein, aber da spielte sich alles in der Scheune und auf dem Platz davor ab.
So sind meine Erinnerungen an die „Schdumm", denen ich jetzt freien Lauf lasse, vor allem mit dem Winter verknüpft.

Wie schön war das, wenn ich in der beginnenden Dämmerung auf der rohen Bank vor dem Fenster kniete, den Kopf in beide Hände gestützt, und auf die verschneite Dorfstraße hinaussah.
Die alles beherrschende und die Menschen terrorisierende Motorisierung lag noch in weiter Ferne, Schnee geräumt wurde kaum, Salz gestreut überhaupt nicht.
Stundenlang hatten wir Kinder uns draußen vergnügt, mit und ohne Rodelschlitten, schönen, handgefertigten kleinen Kunstwerken aus

Hartholzlatten und mit stählernen Kufen, nicht mit irgendwelchen Plastikscheiben, die irgendwann einen Riss bekommen und als Sperrmüll entsorgt werden müssen.

Der kleine Erdhügel beim Nachbarn, unter dem sich der außerhalb des Hauses liegende Kartoffelkeller befand, erschien uns wie ein Abhang im Mittelgebirge, den wir immer und immer wieder hinunterrutschten, alleine, zu zweit, zu dritt, sitzend, bäuchlings auf dem Schlitten, ja, wenn man ganz übermütig war, sogar stehend, den derben Strick in der Hand wie die Zügel beim Reiten.

Ohne zu murren oder zu ermüden, zog man die rutschende Unterlage wieder hinauf, immer darauf bedacht, neben der Bahn zu stiefeln und nicht auf ihr, damit man niemandem in die Quere kam.

„Bahn frei, Kartoffelbrei!" war der Slogan, den wir nie als abgedroschen empfanden. Dutzendfach konnte man ihn variieren, als Drohung ausstoßen oder lachend ob der imaginären Folgen eines Zusammenstoßes.

Gleich daneben wurde die Schleifbahn präpariert.

Wenn der nicht geräumte, leicht abschüssige Gehsteig eisig geworden war von den vielen Fußgängern, die im Lauf des Tages den Schnee zertrampelt hatten, dann schütteten wir, falls es frostig genug war, ein paar Eimer Wasser darüber.

Winterfreuden in der Grünanlage vor dem Anwesen Bahnhofstraße 8. Vor 1940. Es war noch kein Baum gepflanzt.

Im rauen griffigen Schnee wurde Anlauf genommen, und wenn das Eis so richtig gefroren und einigermaßen glattgeschliffen war, konnte man blitzschnell fünf, sechs oder acht Meter weit rutschen, breitbeinig mit dem linken Fuß vor dem rechten, die Arme ausgestreckt wegen der Balance, und flog man hin, nun, so flog man hin und lachte und putzte sich den Schnee von den Klamotten.
Gebrochen hat sich keiner was und geschimpft hat auch niemand oder gar Sand darauf gestreut.
Es gab viele Kinder, und man ließ sie gewähren.
Nun kniete ich also am Fenster, müde und mit rosigen, glühenden Wangen und noch bitzelnden Zehen in den trockenen, von der Großmutter gestrickten Wollsocken, die ich angezogen hatte. Die Schuhe waren ja nicht dicht, und so hingen die nassen Arbeitsstrümpfe inzwischen auf dem eisernen Gestänge über dem bullernden Ofen.
Schon vor Wochen waren die sogenannten Winterfenster vor die normalen Fenster gesetzt worden, passgenau angefertigte Konstruktionen aus einfachem Glas und einem hölzernen Rahmen.
Der Zwischenraum wurde etwa fünf Zentimeter hoch mit Holzwolle ausgeschoppt, auch die Ritzen wurden damit, so gut es ging, abgedichtet. Trotzdem zog es empfindlich, so dass man auch in der warmen Stube einen Pullover vertragen konnte.

Viel zu sehen gab es nicht.

Ab und zu eine Frau, die den Schlitten hinter sich herzog, auf dem, dick vermummt, die Kinder saßen und es genossen, heimgefahren zu werden von der eingespannten Mutter, und sei es noch so bescheiden. Fuhrwerke waren nicht unterwegs, die Bauern ruhten aus von den vielfältigen Tätigkeiten der drei anderen Jahreszeiten, während der die Felder bestellt und betreut und abgeerntet werden mussten.

Im Winter hatten sie Zeit, unendlich viel davon, es gab kein Fernsehen, und außer dem Gesangverein keine die Freizeit beanspruchenden Vereine, und wer kein Geld hatte beziehungsweise das bisschen, was durch den Verkauf von einigen Litern Milch oder ein paar Eiern pro Woche oder einigen Doppelzentnern Getreide hereinkam, zusammenhalten musste, der ging auch nicht ins Wirtshaus, um sich am Stammtisch den Dorftratsch anzuhören oder sich gar aktiv daran zu beteiligen.

Der Großvater kniete oft neben mir, ein kleines hageres Männlein, krumm geworden von dem ewigen Humpeln an den Holmen seines von einer Kuh gezogenen Pfluges, graubärtig, stoppelbärtig, schweigend. Ab und zu kratzte er sich mit beiden Händen seinen alten Kopf, gähnte ein bisschen jaulend und philosophierte rudimentär über das Leben und Gott und die Welt, was ungefähr klang wie „Noja, jaja, su is hald, es is hald a Greiz", alles friedlich und ohne Provokation und sehr unterhaltsam.

„Es is hald a Greiz" – es ist halt ein Kreuz oder das Leben ist beschwerlich.
Oder eins der schwersten, wie so ein Spontispruch heute lautet.
Das war seine einfache Philosophie, und ich ahnte, wie viel Erfahrung hinter dieser Aussage steckte.
Pünktlich wie ein Uhrwerk kam um halb fünf die Post angetrabt, bei schneefreier Straße ein Leiterwagen, im strengen Winter ein großer Schlitten mit einem dunkelbraunen Ross davor.
Die Hufschläge und die muntere Schelle höre ich heute noch, wenn ich die Augen schließe. Zuverlässig, und sicherlich gegen ein nur geringes Entgelt, brachte der Posthalter die während des Tages angesammelten Briefe und Pakete von der Poststelle zum Bahnhof, wo sie zur Weiterbeförderung in den Fünfuhrzug verladen wurden.
Wenn er zurückkam, war es dunkel, und der Großvater und ich knieten noch immer auf der Bank und betrachteten durch die doppelten Fenster den durch die Straßenlaterne zum Glitzern gebrachten Schnee.
Über Nacht gefroren die Ausdünstungen der Menschen auf der inneren Scheibe, und man konnte mit dem Finger darauf malen.
Tags darauf, am Morgen des Heiligen Abends, durfte ich den kleinen Pappkarton vom Dachboden holen, in dem die Großmutter ihren Weihnachtsschmuck aufbewahrte, ein paar kitschige federleichte silberne, kupferrote, blaue und grüne Glaskugeln und eine fragile, einem bayerischen Kirchturm nachempfundene Spitze, die oben auf den Baum zu stecken war, sowie zwei oder drei Papiertüten voll mit altem Lametta, das, wenn der Baum um den Dreikönigstag herum abgeschmückt wurde, immer wieder gerade gestrichen und sorgfältig eingepackt wurde. Nichts wurde weggeworfen, nicht einmal die schon angebrochenen Kugeln, und Neues kam nicht hinzu.
Der höchste Genuss während der festlichen Stunden waren ein Bratapfel, ein Stück selbstgebackener Butterstollen oder die köstlichen Plätzchen und Zimtsterne aus der bis dahin versteckten Blechdose der Mama.
Die Familie war zusammen, geborgen und in einem warmen Raum, es war Frieden und keiner fehlte, das war wichtig, und man schmauste und plauderte ein bisschen und sang ein Weihnachtslied mitunter, und dazwischen wurde auch geschwiegen, und die Endlichkeit des Lebens war sichtbar und hörbar in dem Pendeln und Ticken der alten, goldbraunen Kastenuhr, dem eigentlich kostbarsten Stück von der ganzen Stube.

Sie zerhackte die Zeit, leise und unerbittlich, und Sekunde um Sekunde fiel ab auf die andere Seite wie die Holzscheite beim Sägen, und ich merkte es nicht und hatte eine Unendlichkeit vor mir.
Die Großeltern wurden zweiundachtzig und siebenundneunzig Jahre alt, das waren unvorstellbare Zeiträume, und heute, da sie längst tot sind und die Gräber schon vor Jahren aufgelöst wurden, erscheint das wie ein Klacks, und die bescheidenen Lieder, die bei den Beerdigungen gesungen werden – So nimm denn meine Hände und führe mich und Nun bringen wir den Leib zur Ruh - sind einem so vertraut geworden wie vor sieben Jahrzehnten die lustigen Kinderlieder und die Verse um den Christbaum und das Kind in der Krippe, aus dessen göttlichem Mund sie lacht, die Lieb', immer noch, trotz der Hektik davor und so mancher Konsumorgie drumrum, und wenn bei der Mette die Orgel braust und bei der dritten Strophe von O du fröhliche... von der Empore die Trompeten dazu schmettern und die Posaunen dröhnen und ich so laut mitsingen darf wie es mir gefällt, weil es bei der Lautstärke gar nicht auffällt - Chrihist ist erschiehinen, uhuns zu versühünen - dann, genau dann, ist für mich Weihnachten.

War. War. Weihnachten war ja vorbei, aber die Weihnachtszeit, die Raunächte, die „stade" Zeit oder wie immer man sie nennen möchte, dauerte ja bis zum 6. Januar.
Insofern sind diese Ergüsse hier nicht ganz unangebracht

Donnerstag, 5. Januar 1956

Wieder erst um viertel 11 aufgestanden. Es ist trüb, mild und schmutzig draußen: es sieht einfach nicht nach Schnee aus.
Das wird ein langweiliger Tag werden. Vater ist nach Nürnberg gefahren, um nach Arbeit zu fragen. Er bekommt zugesagt von der Firma, die die Augustana macht. Nachmittags sitze ich in der Stube unten und lese. Den „Sternsteinhof" ausgelesen.
Auch wieder mal einen Tom Prox „Gold für Mexiko" oder so ähnlich. Es ist immer noch derselbe Quatsch.
Abends gehe ich in die Singstunde. Neue Lieder gelernt. „Hei, wie die Lerchen singen" und zwei Almlieder. Es werden schon Pläne gemacht für das Sängerfest nächstes Jahr. Ich trinke nur ein Sinalco.

Brauche es gar nicht zu bezahlen, als Neujahr. Um 10 h heim.

Dass ich damals beim Bischoff, wo die wöchentliche Singstunde des Männergesangvereins stattfand, mein Getränk („Sinalco", ein Kunstname, der für die Alkoholfreiheit dieser gelben, erfrischenden Brause steht) nicht zu bezahlen brauchte, empfinde ich heute als eine sehr nette Geste zu Beginn des neuen Jahres.

Mein Vater, ein leidenschaftlicher Chorsänger, hatte mich 1955 animiert, dort mitzusingen. Ich hatte gerade den Stimmbruch hinter mir, jene komische Phase, während der die pubertierenden Buben oft krächzen wie zeternde Vögel. Als Dirigent fungierte der damalige Erste Bürgermeister Michael Errerd, ein sehr angenehmer, bescheidener Mann. Als Hilfsmittel hatte er stets seine Zither dabei, auf der er die Lieder anstimmte. Die Proben fanden im Saalnebenzimmer statt. Dieses sowie der alte Saal wurden 2011 abgebrochen, um dem Neubau des Hotels Sonne Platz zu machen.

Um 1957. Verdiente Sänger werden geehrt.

Willi Großmann, Michael Schindler und Hans Schmidt an dem erwähnten Festtag im Juni 1957.

1956 gab es weder Tennisclubs noch Reitvereine, und aus dem Kreis meiner Verwandten und Bekannten

waren sehr viele Männer beim Gesangverein.
Ausschließlich Männer durften dort singen, weswegen er auch „Männergesangverein" hieß. 1882 war er gegründet worden und feierte im Jahr 1957 sein fünfundsiebzigstes Jubiläum.
Aus diesem Anlass schmückten die Dettelsauer ihre Häuser, wie man anhand meines an jenem Festtag gemachten Fotos erkennen kann.

Juni 1957. Die Bahnhofstraße 9, geschmückt anlässlich des 75-jährigen Jubiläums des MGV 1882. Im 1. Stock rechts befand sich das Schlafzimmer meiner Eltern, wo ich geboren wurde. In der linken Gebäudehälfte wohnten oben und unten je ein Bruder meiner Mutter mit Familie.

Der erwähnte Roman von Ludwig Anzengruber spielt in den Alpen, in Österreich. Das war ein Schauplatz, der uns Franken sehr faszinierte, weil wir kaum herauskamen aus unserer Region.
Nur wer einigermaßen begütert war, konnte sich Urlaub in Tirol leisten.

Anzengruber bürgt für Qualität, aber ich verschlang auch banale Schinken dieses Genre aus der Leihbücherei oder bunte Heftchen, die reihum gingen, sogenannte Trivialliteratur.
Meistens geht es bei solchen Bergbauernromanen um das Vererben eines romantisch gelegenen Hofes. Der Jungbauer soll eine Reiche heiraten, die ihm aber nicht gefällt, und die arme Kleinmagd, die er liebt, hat hinten und vorne nichts, weshalb seine Eltern strikt dagegen sind. Irgendwann stellt sich aber heraus, dass das Hascherl das uneheliche Kind eines benachbarten Großbauern ist, so dass einer Verbindung nichts mehr im Wege steht.
Die Tom Prox Wildwesthefte wurden damals, genauso wie die unter dem Namen Bill Jenkins geläufigen, von einem gewissen Gert Fritz Unger wie am Fließband verfasst und stillten das Fernweh der Leser durch die dort geschilderten Schauplätze im Westen Amerikas.
Cowboys und Indianer waren das Thema, Banden von Viehdieben und gesetzlose Alleingänger, sogenannte Desperados, die brave Goldsucher überfielen. Irgendwann durchschaute ich, dass das Handlungsschema kaum variierte, so dass ich diese Literatur schon bald gelangweilt links liegen ließ.
Die Tagebucheinträge belegen, dass ich auf das Lesen in der Freizeit fast mehr Zeit verwendete als auf die Hausaufgaben für die Schule, und auch die Banalliteratur trug in irgendeiner Weise zur Bildung bei und hinterließ mit Sicherheit nachhaltigere Eindrücke als später das Fernsehen.

„Arbeitslos", das war das Gespenst jener Jahre.
Von 1949 bis 1957 liegen mir die sogenannten „Meldekarten" des Vaters vor, grüne Karten, auf denen die Arbeitslosmeldungen eingetragen sind mittels einer Unzahl von Stempeln.
Er ging „stempeln", das heißt, er hatte keine Arbeit.
Jeweils am Montag und Donnerstag hatte er sich im Arbeitsamt Ansbach einzufinden und bekam seinen Stempel.
Ohne Stempel gab es kein Geld.
Die Mutter war in der gleichen Lage. So ist zum Beispiel bei ihr im Jahr 1954 ein Unterstützungsbezug eingetragen von 54 DM für die Zeit vom 22. März bis 28. April.
Damit kam man offenbar aus, recht und schlecht.
Eine weitere Meldekarte der Mutter, die, da sie ja in der Jugend keine Chance gehabt hatte, einen Beruf zu erlernen, sich nur als

Putzfrau - „Raumpflegerin" heißt das heute - verdingen konnte, liegt mir auch schon vom Jahr 1951 vor.
Sie meldete sich arbeitslos am 1. Januar und fragte um Arbeit nach am 8. Januar, am 15. Januar, am 22. Januar, am 29. Januar, am 5. Februar, am 12. Februar, am 19. Februar, am 26. Februar.
Hätte ich nicht die Unterlagen, ich würde es nicht glauben. Es ist der blanke Wahnsinn, unglaublich, und es geht bis in den Juli hinein.
Nichts wie arbeitslos!
1952 setzt sich das fort, vom 28. Januar bis Ende März.
Am 31. 3. 1952 ist dort zu lesen: „in Arbeit". Endlich! Ich war knapp 12 Jahre alt und musste auch ernährt werden, recht und schlecht.
Der Vater arbeitete vom 26. September bis Weihnachten 1949 bei einer Ansbacher Spengler- und Installationsfirma und verdiente 765 Mark, in drei Monaten.
Das war schon eine Steigerung gegenüber 1948, als er lediglich 512 Mark und 30 Pfennig heimbrachte, wiederum für drei Monate.
1950 waren es DM 933 für die Zeit vom 22. August bis 8. Dezember bei Fritz Reß, Gas- und Wasserinstallation in Nürnberg.
Selbstverständlich pendelte er, wenn er auswärts beschäftigt war, mit der Bahn. Da hieß es früh aufstehen. Winters fuhr er in der Dunkelheit fort und kam heim, wenn es finster war.
Ohne einen gesunden Humor, über den mein Vater gottlob verfügte, wäre diese Zeit kaum zu ertragen gewesen, und so sangen wir im Wirtshaus, wenn etwas gefeiert wurde, zur Zither und Gitarre gern eine zusätzliche Strophe des Volksliedes „Waldeslust:

Waldesluhuhust, Waldesluhuhust,
O wie einsam schlägt die Brust!
Meine Mutter liebt mich nicht,
Mein Vater hat kein Geld,
Und ich muss stempeln gehn auf dieser Welt.

Freitag, 6. Januar 1956

Um 11 Uhr aufgestanden. Heute ist Feiertag.
Vor dem Mittagessen zu Familie Leidel.
Geheimauftrag von Vater: ich soll ihn einladen zum Schafkopfen am Nachmittag, ohne dass sie etwas merkt. Habs auch fertiggebracht.
Nach dem Essen zu Familie Nusselt.
Der Onkel ist auch da. Wir machen Musik bis halb vier. Es gibt Wein und Plätzchen. Danach gehe ich mit den Cousins zum Winnerlein. Es ist sehr schön. Wir sitzen bei den Bäckern der Anstaltsbäckerei.
Ein Bier und ein Cola getrunken. Die Musikbox dudelt die ganze Zeit, das wird einem schon fast zu viel. Um 7 Uhr gehe ich heim.
Vater kommt auch und bringt die Nachricht, dass wir (Helmut N. und ich) mal bei Lina vorspielen sollen. Unsere Konkurrenz: einer mit Violine und einer am Schlagzeug. Dann beim Bischoff gevespert mit den Eltern. Sie gehen anschließend ins Kino.
Mit Ulrich noch spazieren in der Anstalt. Um viertel 11 im Bett.

Wer ist wer? Diesbezüglich nachzuforschen ist zwecklos, weil ich meistens die Namen geändert habe. Mit echtem Namen erscheinen im Allgemeinen nur verstorbene Verwandte, Persönlichkeiten des öffentlichen Lebens wie etwa Politiker oder Schulleiter, gegebenenfalls auch Lehrer, und Wirtsleute.
An Sonn- und Feiertagen spielte mein Vater nachmittags Schafkopf mit einigen Gleichgesinnten, meistens beim Bischoff (Gasthof Sonne), manchmal auch beim Deuerlein (heute „Jeepster").
Dabei ging es um Pfennigbeträge. Es war also völlig harmlos, und in einer Zeit, da das Wirtshaus gemütlicher war als das sehr bescheidene Zuhause, den Männern, die wochentags hart arbeiten mussten, nicht zu verdenken, dass sie dort regelmäßig ein paar Stunden verbrachten.
Am Dreikönigstag des Jahres 1956 galt es, einen Mitspieler einzuladen, dessen Ehefrau ein strenges Regiment führte und ihn ungern ausgehen lassen wollte. Was für eine Ausrede er letztlich benützte, um aus dem Haus zu gelangen, ist mir nicht bekannt.
Ein anderes, bei uns Jungen sehr beliebtes, Gasthaus war die Bahnhofswirtschaft, auch „Meyer" genannt nach den alten Wirtsleuten, oder „Winnerlein" nach dem eingeheirateten jungen Wirt.

Gelegentlich boten die Wirtsleute, vor allem Frau Friedmann, die Chefin der Gastwirtschaft „Grüner Baum" in der Haupstraße, die als „Lina" eine Institution im Dorf war, Live-Musik in der Gaststube.
Da wurde ich als begleitender Gitarrist aktiv mit verschiedenen Bekannten, die Akkordeon spielten.
„Quetschn" oder Blasbalg oder Ziehharmonika oder Schifferklavier waren weitere Bezeichnungen für dieses mobile Musikinstrument.
Ein Klavier gab es meines Wissens in keinem der Dettelsauer Gasthäuser.
1955 kamen, zunächst vereinzelt, später verbreitet, die Musikboxen auf, die uns Musiker überflüssig machten.
Die „Lina" zögerte aber lange, bevor sie eine solche Wummerkiste in ihrer guten Stube aufstellte.
Gingen meine Eltern ins Kino, was häufiger vorkam, so nutzte ich manchmal die Zeit, um noch einmal auszugehen. Ein fünf Jahre älterer Bekannter hatte eine Liebschaft in einem Haus der Diakonie, mit der er sich an jenem Abend noch verabredet hatte.
Ich begleitete ihn, bis ich nicht mehr erwünscht war.
Die nachfolgenden Betrachtungen über die Musikbox können vielleicht zum Verständnis beitragen dessen, was sich damals abgespielt hat in den Kneipen und Cafés.

Exkurs Nr. 1

Die Jukebox

„So schön, schön war die Zeit..."
Eng umschlungen tanzten wir vor fünfundsechzig Jahren zu dieser Musik in der Kneipe oder im Tanzcafé. Nichts nahmen wir wahr, nicht die anderen Gäste, die an den Tischen saßen und sich angeregt unterhielten und nicht die sich Langweilenden, die uns amüsiert zuschauten.
Am meisten sich zu versenken, weil auch noch von Heimweh geplagt, beherrschten die Amerikaner, die sogenannten GIs.
Wenn Elvis schluchzte „Treat me like a fool, treat me mean and cruel, but love me", dann hörte man sie förmlich mitschluchzen, und damit man nicht sah, wie sie Rotz und Wasser heulten, so weit weg von daheim, verbargen sie ihr Gesicht am Hals und in der blonden Mähne ihres Fraeuleins und wurden zum Stillleben.
Ja, sie bewegten sich kaum noch, schwankten nur ein bisschen, unmerklich im Zeitlupentempo, hin und her and back and forth, wobei das Girl beide Arme um ihn geschlungen hatte, und er seine Rechte griffig auf ihrem Hinterteil platziert, draufgepappt sozusagen, als wolle er sie festhalten bis in alle Ewigkeit.
„Verdammt in alle Ewigkeit", so hieß denn auch ein von Fred Zinnemann im Jahr 1953 gedrehter Film, den ich mir mehrmals anschaute, schon allein wegen der Musik.
Das war die Zeit, da ich mir eine Gitarre kaufte, weil ich auch so spielen und singen wollte wie Elvis Presley, und ich übte und übte und hörte den amerikanischen Soldatensender AFN von morgens bis abends und schrieb die Texte mit, wie ich sie verstand, und ahmte den Gesang nach, indem ich ins Mikrofon stöhnte „Love me tender, love me dear, never let me go..."
Oder ich versuchte zu weinen wie Pat Boone „When I lost my baby, I almost lost my mind..."
Und Bill Haley, ach, Bill Haley, mit dem frechen Blick und der Schmalzlocke in der Stirn! Bei den ersten Takten von Rock around the Clock „One, two, three o-clock, four o-clock rock" flippte ich regelmäßig aus.

Da wurde der alte Saba oder Siemens Superempfänger in der Wohnküche mit den zehn weißen Einrasttasten und den vier gerädelten Knöpfen aufgedreht bis zum Anschlag.
Meine Verwandten, die das Pech hatten, mit mir in einem Haus zu wohnen, schlugen daraufhin genervt regelmäßig laut und vernehmlich die Türen zu und kreischten oder brüllten etwas von „Neechermusigg, damische! Muss-mer si dauernd den Krawall anhörn?"
Ja, man musste, das heißt, ich musste. Da wurden bei mir literweise die Endorphine ausgeschüttet. Das kapierten die Alten nicht. Das musste laut sein, da mussten die Wände wackeln und der alte Fußboden, der noch von Balken durchzogen war, die einen herrlichen Resonanzboden bildeten, mitschwingen. Manchmal hielt es mich bei meinen Hausaufgaben nicht mehr auf dem altersschwachen Stuhl in unserer kleinen Wohnküche, und ich musste unter irren Verrenkungen herumhupfen und Energie abführen.
Wollten wir Halbstarken unsere Lieblingsmusik richtig laut hören und genießen, so dass die Bässe voll ins Gedärm und die um dieses herum gruppierten Organe wummern konnten, so blieb uns nur, auszugehen, in die Kneipe, wie gesagt, oder in ein Café.
Dort spielte entweder eine Band, eine Gruppe oder Combo, oder es gab eine Jukebox, eine Musikbox.
Man stelle sich einen Automaten vor, eine in grellen Farben schillernde und funkelnde Kiste aus Glas und Metall mit einem Karussell, in dem zirka hundert Schallplatten enthalten waren, Singles.
Man musste zwanzig Pfennig, also zwei Zehnerli einwerfen, und dann auf einem Display, das von A1 bis E20 reichte, den Schlager wählen, den man hören wollte. „Steig in das Traumboot der Liebe" mit Caterina Valente oder „Der lachende Vagabund" mit Fred Bertelmann - „die Welt ist groß und rund, ich bin ein Vagabund…"
Manche Musikliebhaber gingen einem auf die Nerven, weil sie ständig den gleichen blödsinnigen Song wählten. Der Berufssingle des Dorfes ließ immer fünfmal hintereinander spielen „Komm zurück zu mir, Smoky, Smoky, Smoky, bring das Glück zu mir, Smoky..."
Ich konnte es nicht mehr hören.
Kaum hatte der Automat das Geld geschluckt, fuhr ein mechanischer Arm unter komischen Verrenkungen herunter, suchte in dem sich drehenden Karussell die entsprechende Scheibe („Diese Scheibe ist ein Hit, diese Scheibe müsst ihr koofen, eine Scheibe für die

Doofen..." sang Jahre später Karl Dall) und legte diese auf den Teller.
Zwei große Lautsprecher an den Seiten der bunten Glitzerkiste sorgten für den entsprechenden Ton. Da konnte natürlich das Stubenradio nicht mithalten. Gegen das Wummern der Jukebox lieferte es nur ein Plärren.
In der „Sonne" und im Hospiz gab es keinen solchen Automaten, sehr wohl aber in der „Oase", das war eine aus dem Dritten Reich stammende Holzbaracke im Munawald. Sie war ein mächtiger Resonanzboden. Wenn man sich diesem erlebnisgastronomischen Betrieb an einem Samstagabend näherte, so hörte man es schon von weitem so rumsen und bumsen, dass man meinte, die ganze Bude würde auseinanderfallen.
Leider habe ich kein einziges Foto von einer Jukebox gemacht, aber im Internet wird man fündig, wenn man den Suchbegriff „Jukebox" eingibt.

Samstag, 7. Januar 1956

Um viertel 11 aufgestanden. Die Sonne scheint, es hat gefroren.
Nachmittags stechen die Großeltern eine Sau mit dem Wörrleins Koorla als Metzger. Wir schauen zu. Später etwas schneiden geholfen und Keckbrot (Keck = Gehäck) gegessen. Abends Speck geschnitten und Most getrunken. Gegen 7 Uhr mache ich Schluss mit der Schweinerei und gehe zu Frieda, um zu fragen, ob heute Abend Singkreis ist. Sie sagt ja, kann aber selber nicht mitkommen, da sie 14 Tage weg war und eben erst heimgekommen ist. Gut.
Um 8 Uhr bin ich am Löhehaus. Kein Mensch da außer Siglinde.
Sie sagt, Uschi habe Lungenentzündung.
Die beiden Schwestern vom Nachbardorf kommen, als sich aber sonst niemand sehen lässt, gehen sie ins Kino.
Nachdem ich meine „Maschine" (Gitarre) nach Hause gebracht habe, gehe ich wieder fort, treffe Karlheinz und gehe mit ihm zur Lina. Sie hat bis jetzt nur ein kleines Zimmer.
Karlheinz zahlt mein Bier. Um 9 Uhr gehe ich noch zum Bischoff. Dort ist Preisschafkopfen bis halb 1. Um dreiviertel 1 bin ich im Bett.

Die folgende Schilderung ist für sensible Gemüter nicht geeignet.
Natürlich empfinde ich heute Mitleid mit dem armen Tier, das in dieser Erzählung im Mittelpunkt steht.
Als Kinder, die auf dem Land aufwuchsen, gingen wir jedoch anders um mit diesen Dingen, und noch als Fünfzehnjähriger verlor ich, wie man obigem Tagebucheintrag entnehmen kann, kein Wort des Mitgefühls für das Opfer.

Vor der Wand der nachbarlichen Scheune wurde zweimal im Jahr ein Schwein geschlachtet.
Das war für uns Kinder, neben der Kirchweih und dem Dreschen, ein Höhepunkt im Jahreslauf. In aller Herrgottsfrüh, wenn es im Winter noch dunkel war, standen wir frierend auf dem Hof und warteten auf den Metzger, einen lustigen Mann mit einem graugrünen Rucksack, aus dem die Axt herausragte. Bevor er zur Tat schritt, zog er sich einen weißblau gestreiften Kittel über. Zwei Onkels holten das quiekende, schlachtreife Tier aus dem niedrigen dunklen Schweinestall und banden es mit einem Strick am Hinterbein fest.
Dann mussten sie warten, bis die Sau sich etwas beruhigt hatte.
Der Metzger nahm verstohlen die lange Axt, das Mutterschweinbeil, zur Hand. Wenn das Tier einigermaßen ruhig dastand und nichts ahnte, holte er aus und haute es dem Schwein mit voller Wucht aufs Hirn. War der Schlag gut, so fiel es um, ohne einen Laut von sich zu geben, und streckte alle viere zuckend von sich.
Einmal, ich weiß nicht warum, war der Onkel dazu ausersehen, den Betäubungsschlag auszuführen. Wir Kinder waren für jede Abwechslung dankbar, gab es doch kein Fernsehen und kein Kino.
Also empfanden wir, jedenfalls die Buben, kaum Bedauern, dass er das Opfer nicht mitten auf die Stirn getroffen hatte, sondern aufs lange, herunterhängende Ohr.
Was nun folgte, war ein furchtbares Drama.
Kein Strick wäre stark genug gewesen, die Sau zu halten. Sie riss sich los und rannte wie von Sinnen an den Begrenzungen des Hofes entlang. Das panische Quieken hörte man in jener Zeit, da die Dörfer noch absolut still waren, sicher in der ganzen Nachbarschaft.
Es dauerte einige Zeit, bis die Männer, abwechselnd lachend und fluchend, sie wieder eingefangen hatten, sie ihrer Bestimmung zuführen konnten und dafür sorgten, dass ihr das Ohr nicht mehr weh tat.

Ein schneller Stich in den Hals öffnete die sprudelnde Quelle des Herzbluts, das in einen silberfarbenen Eimer schoss. Einer der Helfer kniete auf dem Tier und pumpte, bis der letzte Tropfen den noch heißen Körper verlassen hatte. Ein mit kochendem Wasser gefüllter Trog stand bereit, in den der Kadaver nun mit Hilfe von eisernen Ketten hineingehoben wurde. Mittels der Ketten und glockenförmiger Schaber aus Messing wurden die Borsten entfernt, wobei das heiße Wasser sehr behilflich war.

Vier oder fünf Jahre alt dürfte ich gewesen sein, als ich die eher schweigsamen Herren einmal belehrte und mit meinen naturwissenschaftlichen Theorien beglückte bzw. amüsierte: In der frostigen Winterluft stieg der heiße Dampf wie Nebel empor, und ich meinte in die geschäftige Stille hinein: „Gell, der Dampf steigt zum Himmel nauf und dann werden Wolken daraus."

Verblüffung und Gelächter waren die Reaktion. Mir kam es so vor, als ob ich etwas völlig Revolutionäres gesagt hätte. Donnerwetter, darüber hatte man noch gar nicht nachgedacht.

Eventuell hat er sogar recht, der Kleine.

Schön weiß und absolut nackt sah die Sau nun aus. Sie war kein Borstentier mehr, sie war nur noch Speck und weiches Fleisch.

Es begann das Ausweiden und Zerhacken, das Bergen der kostbaren Innereien und der Schenkel und Schulterstücke. Alles war beeindruckend und belehrend. Die Großmutter war in der Küche beschäftigt. Dort dampfte der Wurstkessel.

Später wurde an hölzernen Tischen - ein Waschtisch war zusätzlich in die Wohnstube hineingestellt worden - mit scharfen Messern, die wir Kinder nicht anfassen durften, zerteilt und zerschnitten.

Die Nieren und die Leber, das war das Köstlichste. Davon fiel, sobald sie gekocht waren, ab und zu ein Schnipsel für uns ab. Aber vorrangig mussten die arbeitenden Männer ernährt werden.

A propos Grausamkeit:

Schon 1953 führte ich ein kleines Tagebuch, eher eine Art Notizbuch, in das ich sporadisch mit Bleistift meine Erlebnisse und Begegnungen schrieb.

Wie die anderen Kinder auch schaute ich als Dreizehnjähriger einmal beim Kastrieren männlicher Ferkel zu. Die Tierquälerei geschah, wie auch noch heute, 2019, Gott sei's geklagt, ohne jede Betäubung, und fand am Sonntag nach dem Gottesdienst statt. Schwarz auf Weiß ist am 14. Juni, drei Tage nach meinem 13. Geburtstag,

darüber zu lesen, und zwar, weil das Thema doch etwas heikel war und ich mich vielleicht schämte, codiert im Dialekt: „Früh in Kerch. Dann zu Z. Sai caschdriehrd."
Das heißt, Säue, also Schweine, oder besser gesagt, Ferkel wurden kastriert.
Aufregend war das offenbar nicht, denn im weiteren Verlauf heißt es dort: „Am Nachmittag Sängertreffen bei Hergesell. Ganz gut."

Herr Hergesell war der Betreiber der oben erwähnten Ausflugskneipe in der Muna, die unter dem Namen „Rübezahl" schon während des Dritten Reiches bekannt war, eine einfache Holzbaracke mit Biergarten, die den in der Munitionsanstalt Beschäftigten Erholung bot. Nach Hergesell kam ein gewisser Herr Langer (1956) und nach diesem Familie Volprecht.
Ende der 1950er und in den frühen 1960ern verkehrten wir intensiv in dem bei Dettelsauern äußerst beliebten Lokal mitten im Wald, das nun „Oase" hieß. Wie sehr wir uns dort Zuhause fühlten, wird daran ersichtlich, dass die Wirtin für uns nur „die Mutti" war.
Speisen konnte man auch bei der „Mutti". Wollte ich mir, da war ich schon Student, etwas Gutes tun, so verzehrte ich dort ein gegrilltes Hähnchen.

Ein frommer junger Mann, drei Jahre älter als ich, hatte 1955 für uns Halbwüchsige eine Jugendgruppe mit der Bezeichnung „Singkreis" gegründet, wo wir einmal in der Woche in einer gemütlichen Stube im Erdgeschoss des Löhehauses zusammenkamen und Volkslieder sangen.
Ein Mädchen spielte Ziehharmonika, und ich schrummte dazu auf der Klampfe herum. Es fanden sich dort regelmäßig etwa ein Dutzend Buben und Mädchen ein, unter anderem auch ein paar brave Dienstmädchen, die es damals in manchen Haushalten noch gab. Meine Gitarre nannte der Leiter immer humorvoll die „Maschine".

Wenn die „Lina" nur „ein kleines Zimmer" hatte, so lag das daran, dass der „Grüne Baum" gerade umgebaut worden war, und es standen noch nicht alle Räume zur Verfügung.
Und zum Preisschafkopfen beim Bischoff (man sagte auch Schafkopfrennen dazu), wäre anzumerken, dass das immer mein Vater organisierte.
Ganze Abende verbrachte er oft am Küchentisch mit dem Anfertigen der Tabellen auf DIN A4 Blättern mit dem Bleistift.
Die Preise waren bescheiden. Sieben Mark bekam der Sieger, sechsfünfzig der zweite und sechs Mark der dritte. Die Kaufkraft dieser Beträge war natürlich höher als man sich das heute vorstellt.
Erst in späteren Jahren ging es bei diesen Wettbewerben zum Beispiel um eine halbe Sau.

Sonntag, 8. Januar 1956

Um dreiviertel eins ins Bett. Um 5 h früh kommt Vater heim und sagt, um halb 3 sei der Nachbar gestorben. Der erste Schlag in diesem Jahr, und was für ein schmerzlicher.
Im Bett gelesen: „Der rote Puma".
Draußen trüb und gefroren. Sieht fast nach Schnee aus. Um 11 h aufgestanden. Nach dem Essen gehe ich mit Großmutter ins Nachbarhaus hinüber.
Er liegt in der Tenne, wunderschön in den Sarg hineingelegt.
Er sieht im Tod jünger und frischer aus als lebend. Die Frauen weinen alle. Er hat aber einen leichten Tod gehabt: einfach eingeschlafen und nicht mehr aufgewacht. Um halb 2 gehe ich mit bei der Überführung. Viele Leute. Bei uns fast das ganze Haus.
Danach gehe ich mit Helmut (Anm: mein Cousin) *spazieren bis ans Bad hinunter.*
Dann schauen wir bei Familie Moser hinein. Karten gespielt und „Mensch ärgere dich nicht" mit den Mädchen.
Nachbarinnen sind auch da.
Abends von sieben bis 9 Uhr bei Familie Horn.
Mit den Mädchen getanzt. Foxtrott und English Waltz geht schon ganz gut. Um 10 h ins Bett

Wie ich das durchgestanden habe mit den verkürzten Nächten, ist mir heute ein Rätsel. Natürlich waren am 8. Januar noch Weihnachtsferien, so dass ich ausschlafen konnte.

Ein anderes Thema, das ich weiter oben schon angedeutet habe, ist die Wirtshaushockerei.

Es gab praktisch keine Sperrstunde und kein Jugendschutzgesetz.

Keiner schmiss mich raus, obwohl ich sicher total grün aussah mit fünfzehn. So saß ich bis nach Mitternacht in der „Sonne" und schaute beim Schafkopfen zu.

Selber spielte ich nicht, zumindest nicht Schafkopf, weil meine Mutter ständig wetterte gegen die Kartelsucht und mir somit eine ausgesprochene Abneigung anerzog.

Mit Freunden spielte ich gelegentlich „Sechsundsechzig".

Kam der Vater in der Nacht heim, so hörte ich das manchmal, weil die Tür zu meiner Schlafkammer immer einen Spalt offen war, es sei denn, die Mama zog sie gelegentlich leise zu.

Die Todesnachricht von meinem geliebten Nachbarn, der sechzig Jahre alt wurde, bekam ich jedenfalls mit.

Ein Todesfall im Dorf war damals, als noch jeder jeden kannte, wesentlich aufwühlender als heute.

Der Dorffriedhof in den 1960ern. Es dominierten die Kreuze.

Fritz Schindler von der Bahnhofstraße 8 kannte ich von Kind auf, er war ein großer Kinderfreund, immer zu Späßen aufgelegt.
An kalte Wintertage kann ich mich erinnern, als ich zwölf oder dreizehn war, und er mich mitnahm in seinen Wald, wo wir mit seinem ältesten Sohn und einer seiner Töchter dort gelagertes Holz aufluden auf den von zwei Pferden gezogenen Wagen.
Nie werde ich jene Stimmung in dem dunklen frostigen Forst vergessen, als wir dort Brotzeit machten, und die Pferde friedlich dastanden und schnaubten.
Da alle anderen Bauern im unteren Dorf, die ich kannte, genau wie mein Großvater, als Zugtiere ihre Kühe einspannten, ging von den beiden Pferden eine besondere Faszination aus.
Als einen „Mann von langer Gestalt" mit einem „steifen Bein" beschrieb ich den Verstorbenen in einem am 2. Dezember 1955, also fünf Wochen vor seinem Tod, angefertigten Schulaufsatz, in dem wir Neuntklässler einen Nachbarn charakterisieren sollten.
„Alltags trägt er die Arbeitskleidung der fränkischen Bauern: eine alte geflickte Hose und einen blauen schlotternden Kittel. Auf dem Kopf sitzt eine alte Schirmmütze. Ein großer buschiger Schnurrbart ziert das Gesicht. Seine Stirn ist runzlig, aber die Augen blicken lustig unter den dunklen Brauen hervor.
Er ist immer zu Späßen aufgelegt.
Wenn er an lauen Sommerabenden auf der Bank vor seinem Haus sitzt und sich von der Tagesarbeit ausruht, setze ich mich oft neben ihn, um mich mit ihm zu unterhalten. Da hat er dann die Arme über der Brust verschränkt, den Kopf gesenkt und die Beine so weit von sich gestreckt, dass man seine knochigen haarigen Waden sieht. Bei dieser Gelegenheit spricht er meistens nicht viel, vielleicht denkt er an seine Kinder, die irgendwo draußen in der Welt sind. Fast alle haben sie das Elternhaus verlassen, nur ein paar sind geblieben, von

sieben Töchtern sind nur noch zwei ledig. Ob die anderen wohl manchmal noch an den alten Vater zuhause denken? Das geht ihm schon ans Gemüt, aber er spricht nicht darüber, so wie ja wohl kaum jemand sein Innerstes offenbart. Manchmal habe ich das Gefühl, als ob er nicht mehr lange leben würde, als ob ihn der Tod gewissermaßen schon gestempelt hätte und seine Witze so etwas wie Galgenhumor seien.
Aber vorerst ist er noch ziemlich tatkräftig. Oft sehe ich ihn auf seinem Hof arbeiten. Da stellt er sich zwischendurch hin und schaut auf die Straße hinaus, das steife Bein etwas zurückgelehnt und den Oberkörper vorgelehnt, als schaue er in weite Fernen.
Der Nachbar ist mir immer ein guter Freund gewesen, und ich werde ihn sehr vermissen, wenn er einst nicht mehr ist."
So weit die (leicht gekürzten) Stilübungen eines Fünfzehnjährigen zum Thema „Mein Nachbar".

„In der Muna beschäftigte Fremdvölkische erhalten immer noch Lebensmittel aller Art in Geschäften oder betteln in den Haushalten. Dieser unglaubliche Zustand muss endlich abgestellt werden. Wer von jetzt ab Lebensmittel an Fremdvölkische verschenkt oder verkauft, hat mit Strafanzeige und empfindlichen Strafen zu rechnen."

Nicht von mir, sondern vom Bürgermeister der Gemeinde Neuendettelsau stammt dieser Text, veröffentlicht am 7. Februar 1945, nachzulesen auf einer Stele am Eingang des rund sechs Kilometer langen Wanderwegs rund um die einstige Munitionsanstalt der Nazis.

Michael Schindler, der im Winter 1944/45 Lebensmittel für die „Fremdvölkischen" an den Munazaun brachte. Foto von 1940.

Mein guter Nachbar Fritz Schindler war einer von den Einwohnern des Löhedorfes, die sich durch unmenschliche Gebote nicht davon abhalten ließen, christlich zu handeln, „Unglaubliches" zu tun, Mensch zu bleiben.
Polnische Bauernburschen und russische Mädchen, die in Kriegsgefangenschaft geraten waren, ausgemergelte Gestalten, die in dem riesigen Wald die Fliegerbomben vorbereiten mussten, damit sie Tod und Verderben über die Menschen brachten, verließen, wenn es dämmerig wurde, vereinzelt heimlich die langgestreckten Holzbaracken, um an den Zaun zu kommen, wo der älteste Sohn des Fritz, der vierzehnjährige Michael, sowie dessen sechs Jahre jüngerer Bruder Hans immer wieder Eier, Schinken und Brot aus ihren Taschen zauberten, so lange, bis dem Rathauschef, dem natürlich die Unbotmäßigkeit durch irgendeinen Denunzianten hinterbracht

wurde, der Kragen platzte und er sich dazu hinreißen ließ, die umseitig zitierte Verlautbarung zu tippen oder tippen zu lassen.
Auch so kann man sich dem Vergessen entziehen.

Verstorbene wurden, sofern sie daheim starben, im Haus aufgebahrt bis zur Überführung. Der Leichenzug bewegte sich dann langsam zu Fuß von dort zum Friedhof, wobei der Sarg auf einem Pferdewagen transportiert wurde. Verwandte von mir fotografierten zum Beispiel den Leichenzug des im frühen Alter völlig unerwartet verstorbenen Bürgermeisters Hans Loscher (1885 – 1940). Das war am 1. April 1940 gewesen, wenige Monate, bevor ich zur Welt kam. Dem beliebten Bürgermeister folgte eine unübersehbare Menschenmenge.

In dem Haus Bahnhofstraße 9, das auf diesem Dokument gut zu sehen ist, war zwei Tage zuvor mein Cousin Gerhard Schmidt (1940 -2007) geboren worden.

Bemerkenswert ist auch, dass der Tod nicht so versteckt wurde wie in unserer Zeit. So verzeichne ich am 31. Juli 1953, dass ich mit einem Nachbarsbuben zusammen einen anderen in seinem Haus aufgebahrten toten Nachbarn anschauen ging, um Abschied zu nehmen.
Ohne begleitende Erwachsene, notabene, aber nicht heimlich, sondern durchaus mit deren Billigung, ja sogar Aufforderung.
Das gehörte sich einfach. Gleich dahinter notierte ich in mein Büchlein, dass seine Birnen schon „zeitig", also reif seien.

War das Gefühlskälte? Sicher nicht. Es charakterisiert einfach die Psyche eines damals Dreizehnjährigen, für den das Eine so natürlich war wie das Andere.

Mit dem „Bad", zu dem mein Cousin und ich am 8. Januar 1956 spazierten, ist das alte Freibad unterhalb der Altendettelsauer Straße gemeint, in dem wir im Sommer unendlich viele Tage verbrachten. Davon wird zu gegebener Zeit ausführlich berichtet werden.
Wie man sieht, mussten wir in einer fernseh- und computerlosen Zeit uns anderweitig beschäftigen. Besuche bei Bekannten waren sehr beliebt, vor allem, wenn es dort Mädchen gab. Dann legten wir auch schon mal zur Musik vom Radio ein Tänzchen hin, wobei die Mädchen, was das Können betrifft, meistens einen großen Vorsprung hatten.
Mein Tanzkurs, den ich in Ansbach absolvierte, begann erst im Herbst 1956.

Montag, 9. Januar 1956

Um 11 Uhr aufgestanden. Noch gar nichts los heute. Kalt, gefroren und etwas trüb. Der Schnee lässt lange auf sich warten. Nachmittags gelesen und AFN gehört. Langweilig. Etwas Abwechslung bringt der Wildwestroman „Der rote Puma", den ich aber bald ausgelesen habe. Ich bin immer noch ganz erschüttert über den Tod des Nachbarn. Überall, wo man hinkommt, wird darüber geredet.
Nachmittags kaufe ich mir ein Päckchen Salzsticks und verzehre sie gleich mit Genuss.
Abends fahre ich mit Mutter die Wäsche zur Wäscherei Demas hinaus und kaufe meine Fahrkarte im Bahnhof. Dort die ersten Puppen wieder gesehen.
Später Illustrierte gelesen. Gestern ist übrigens der Film „Um Thron und Liebe" gelaufen, bin aber nicht reingegangen, da er mich nicht interessiert (Luise Ullrich).
Um 9 h bin ich im Bett, da morgen die Schule beginnt.

Wenn um die Mitte des vorigen Jahrhunderts zwei, drei oder auch vier Einwohner zusammenstanden, die Männer oft in ihren blauen Arbeitsschürzen, so konnte man daraus schließen, dass es Neuigkeiten gab.

Denn normalerweise gingen die Leute ihrer Arbeit nach.
Jeder Todesfall wurde natürlich ausgiebig analysiert. Welche Krankheit hatte der bzw. die Verstorbene? Wie und wo war der Tod eingetreten? Was für Auswirkungen wird das Ableben auf die Familie haben? Auf den Hof? Erinnerungen an den Mitmenschen, der gegangen war, wurden ausgetauscht usw. usw. Das Dorf war überschaubar und die Welt vergleichbar ruhig gegen heute.
Es gab kein Telefon, jedenfalls nicht bei den kleinen Leuten, und kommuniziert wurde nur direkt, von Angesicht zu Angesicht.
Nichts von dem, was man auf der Straße hörte, konnte man unmittelbar verifizieren, alles war vage und beruhte auf Hörensagen, sofern man nicht selber Augenzeuge eines Geschehens war. Es leuchtet ein, dass dadurch die Entstehung von Gerüchten begünstigt wurde.
Salzsticks gehörten nicht zur täglichen Kost eines Buben aus einem Bauernhaus. Ich kannte sie von den Wirtshausbesuchen, und da ich keineswegs überernährt war, kaufte ich mir von meinem Taschengeld gelegentlich etwas, worauf ich Appetit hatte.
Auch hatte ich durch das Musikmachen und andere gelegentliche Betätigung kleine Beträge zur Verfügung, die ich beileibe nicht alle in die Sparbüchse steckte.

Das Waschen war eine unvorstellbare Plage für die Hausfrauen.
Im großelterlichen Hof stand weit hinten der Waschkessel, in dem mit Holz- und Kohlefeuer Wasser heiß gemacht wurde.
Dann mussten die Wäschestücke mit einer Saugglocke behandelt werden, bis die Brühe schön braun war.
Klarspülen, auswringen und zum Trocknen aufhängen waren weitere Arbeitsgänge. Da gönnte sich meine Mutter, das sie ja meistens arbeiten ging, ab und zu den Luxus einer Wäsche in der Wäscherei, wo es Maschinen gab. Das war beim Demas in der Schlauersbacher Straße. Es war auch erschwinglich, wenn man selber mit anpackte. Oft war ich

dabei und half der Mutter oder schaute wenigstens zu.
Es gab auch eine Zeit, wo sie dort in Teilzeit berufstätig war und ein bisschen Geld verdiente.

Wenn ich schreibe, dass wir dorthin „fuhren", so war das natürlich nicht mit dem Auto, sondern wir zogen ein Handwägelchen, von denen es damals viele gab im Dorf. Damit fuhr man Brot und Kuchen zum Bäcker oder die große volle Milchkanne in das Milchhaus.
Nicht auf dem Gehsteig übrigens, sondern auf der Straße.
Autos waren rar, man konnte um 1950 in aller Seelenruhe mitten auf der Hauptstraße durchs Dorf schlendern.
Als Vierjähriger hatte ich beim Ziehen des kleinen Leiterwagens ein unvergessliches, verstörendes Erlebnis.
Es war im Sommer, und ich sollte, nur mit einem Badehöschen bekleidet, vier ungebackene Brotlaibe, zwei oben und zwei unten, zum Bäcker Burkhardt bringen.
In der noch ungeteerten Wiesenstraße (heute Johann-Flierl-Straße) beim Rathaus begegnete mir ein mehrere Jahre älterer Knabe, der manchmal zu Schabernack aufgelegt war.
Bevor ich mich versah, zog er mir, sicher nicht böse gemeint, zum Spaß die Hose herunter, und da ich nicht zu denen gehörte, die sich wehren, stand ich da und weinte.
Wenn mich jemand fragt, wie es bei solchen Geschichten weiterging, weiß ich meistens keine Antwort. Es ist eben so, dass nur der Kern des Geschehens, das Einprägsamste im Gedächtnis geblieben ist, und das war in jenem Fall der kleine Kerl ohne Hose im öffentlichen Raum.
Wenn ich aus dem Nähkästchen plaudere: das ist einer meiner ständig wiederkehrenden Alpträume.
Heute fällt mir auf, wie solche Streiche hingenommen wurden, ohne dass man zuhause davon erzählte. Wir Kinder lebten in unserer eigenen Welt, und wer petzte, war da nicht geachtet.
Von zahllosen anderen „Streichen" jenes im Sinne Wilhelm Buschs „bösen" Buben könnte ich berichten, aber sie seien vergeben und vergessen.

Bevor nach den Weihnachtsferien die Schule wieder begann, musste ich im Bahnhof meine Fahrkarte kaufen, eine Schülermonatskarte nach Ansbach, da ich auf die dortige Oberrealschule ging, heute Platengymnasium genannt.

Auch für die Mädchen vom Laurentius-Gymnasium begann wieder der Unterricht, so dass ich welche am Bahnhof zu Gesicht bekam, die ich mit der Macho-Mentalität eines Fünfzehnjährigen pauschal und undifferenziert als „Puppen" bezeichnete.
Ich bitte um Nachsicht.
Bis zu einem erwachsenen Mann, der mit Frauen in (fast) jeder Situation einigermaßen korrekt umgehen kann, war es noch ein weiter Weg.
Im Internet kann man sich schlau machen über den erwähnten Film, den ich damals in meiner geistigen Unreife so verschmähte.
Fazit: er wäre sehenswert gewesen, handelte er doch von den Ursachen des Ersten Weltkriegs, und behandelt das Thema recht eindrucksvoll, wie ich lese. Aber Luise Ullrich war mir als Schauspielerin zu alt (geb. 1910) und zu wenig aufregend. Sechsundvierzig Jahre, das war für einen Pubertierenden jenseits von gut und Böse.
Meine Idole hießen Heidi Brühl (geb. 1942), Romy Schneider, Maria Schell, zur Not auch Ruth Leuwerik, letztere eher als ideale Mutter, wie sie diese in der Trappfamilie spielte, und natürlich die Hingucker jener Zeit, als da sind Gina Lollobrigida, Sophia Loren und Brigitte Bardot. Prangten diese und ihre Attribute von den Kinoplakaten, so versäumte ich keinen Film.
Auch über mein mangelndes Interesse an Geschichte kann ich heute reflektieren. Die Schule trug daran ein gerüttelt Maß Schuld. Wenn ich es richtig sehe, wurden im Laufe von neun Jahren Oberschule zwei Durchgänge vollzogen: es begann in der dritten Klasse (heute siebte) mit der Geschichte der Antike (Athen, Sparta, Schlacht bei den Thermopylen, Rom und seine Kriege), wurde in der vierten Klasse fortgesetzt mit dem Mittelalter (Karl der Große, Friedrich Barbarossa, Gang nach Canossa, Cluniazensische Reform und Investiturstreit usw.) und in der fünften Klasse mit der Neuzeit beendet.
Da lernte man, dass Kolumbus 1492 Amerika „entdeckt" hatte.
Aber niemand verlor ein Wort über die dort schon vorhandenen Ureinwohner und deren unvorstellbare Leiden, wie sie der Dominikanermönch Bartolomé de las Casas (1484 – 1566) schildert,
Auf einer etwas höheren Ebene wiederholte sich der Durchgang durch die Geschichte des Abendlandes in der sechsten bis neunten Klasse, also bis zum Abitur. Da die meisten unserer Lehrer aber noch aktiv die Hitlerzeit und den Krieg erlebt hatten, schoben sie die

Behandlung des zwanzigsten Jahrhunderts so lange hinaus, bis keine Zeit mehr war.
Bismarck und die Gründung des Deutschen Reiches 1871, das zog sich hin bis ins späte Frühjahr 1959.
Was wusste ich als Neunzehnjähriger über die von 1914 bis 1945 sich erstreckende Menschheitskatastrophe? Über die russische Revolution von 1917, über die bayerische von 1918? Über das Grauen der Schlachtfelder an der Somme und in Flandern?
Über die Reichspogromnacht von 1938?
Über Stalingrad und Buchenwald? Nichts, absolut nichts.
Da gibt es nichts zu beschönigen. Der Besuch eines Soldatenfriedhofs im Elsass oder der eines Konzentrationslagers in Ostdeutschland oder Polen war in der Oberstufe nicht vorgesehen.
Meines Erachtens wäre ein völlig anderer, ein analytischer Geschichtsunterricht nötig gewesen, in dem die jungen Leute aufgeklärt worden wären:
Wie entstehen faschistische oder faschistoide Strukturen? Wie und wodurch kommt es zum Krieg, und was bedeutet Krieg, der „Scheißkrieg", wie Helmut Schmidt sagte, für das Individuum und für die Gesellschaft?
Was ist Rassismus und wie kommt es zu Hassverbrechen und zu Bürgerkriegen?
Unser Geschichtsunterricht war, da rein chronologisch abgespult, absolut langweilig, und das lag nicht alleine an den Lehrern, es war so vorgegeben.
So erkläre ich es mir heute, dass mich, als leidenschaftlichen Kinogänger, dieser Film damals nicht hinter dem Ofen hervorlockte.

Dienstag, 10. Januar 1956

Um 6 Uhr aufgestanden. Music from Hillbilly Guesthouse. Brigitte nicht im Zug. 1. Stunde Religion. Kirchengeschichte.
Thema: Johann Hinrich Wichern.
Habe mich mit Dieter über die Feiertage unterhalten, jagt mich der Depp auf die letzte Bank.
Norbert (Anm.: ein Mitschüler) *sieht man es nur an der Kleidung an, dass sein Vater vor wenigen Tagen gestorben ist.*
2. Stunde Musik. Tonband vom Weihnachtskonzert gehört. Sehr gut: „Es ist ein Ros' entsprungen" und „Weihnachtsnachtigall", „Cantate Domino" nicht besonders. 3. Stunde Geschichte.
Überblick über das 19. und 20. Jahrhundert.
Den Gei gefragt, ob ich früher heimfahren darf wegen Beerdigung. Genehmigt. 4. und 5. Stunde Deutsch. Bildbeschreibung besprochen. Ist abzugeben bis Freitag: „Die Freiheit führt das Volk".
Bin dann heimgefahren. Student von Augustana im Zug sagt, ich soll Theologie studieren. Um 1 Uhr beim Bischoff geprobt „Was Gott tut, das ist wohlgetan" und „Wer weiß, wie nahe mir mein Ende".
Lehrer Auer dirigiert, da Bürgermeister krank. Um 2 Uhr ist die Beerdigung, sehr viele Leute. Dann in der Kirche bis viertel 4.
Dann Jamboree gehört. Es ist kalt, aber sonnig.
Immer noch kein Schnee. Abends im Film „Rififi".
Guter französischer Gangsterfilm mit tragischem Ende.

Nun waren die Ferien vorbei, und ich musste wieder in die Schule fahren.
Für Neuendettelsauer Buben, die eine höhere Schulbildung anstrebten, eröffneten sich im Wesentlichen zwei Möglichkeiten:
Windsbach und Ansbach. In Windsbach gab es ein richtiges Gymnasium, an dem die alten Sprachen Latein und Griechisch gelehrt wurden. Das kam für mich nicht in Frage. Das wurde in der Regel den Kindern von Pfarrern und Lehrern oder Ärzten empfohlen. Für „Proletarier", wie ich einer war, kam nur die Oberrealschule Ansbach in Frage. Dort lernte man handfeste „Realien", also Mathematik und Naturwissenschaften sowie moderne Sprachen, als da sind Englisch und Französisch.
Von 1950 bis 1959, volle neun Jahre lang, fuhr ich mit der Lokalbahn über Wicklesgreuth nach Ansbach zur ORA, dem heutigen Platengymnasium.

Der Ansbacher Bahnhof lag anfangs in Trümmern, der Betrieb spielte sich in einer Holzbaracke ab.
Auch die Schule war von Bomben schwer beschädigt und wurde erst nach und nach wieder hergerichtet und erweitert.
Hatten wir Vormittagsunterricht, so musste ich um sechs Uhr aufstehen, der Zug fuhr um 6 Uhr 40 ab, je nach Jahreszeit manchmal auch schon um 6 Uhr 35.
Da fast alle Jugendlichen meines Jahrgangs vernarrt waren in alles Amerikanische, hörte ich schon beim Frühstück stets etwa eine Viertelstunde lang eine Sendung mit Hillbilly Musik, die der AFN (American Forces Network) auf Mittelwelle ausstrahlte.
Standort dieses Soldatensenders war Nürnberg.
War mein Vater zugegen, so kam es zu Konflikten, denn er hielt nichts von den jaulenden Fiedeln und Gitarren und dem Kauderwelschgesang der Countryboys.
Ich war süchtig danach.
Einen Song habe ich noch gut in Erinnerung, der hatte es mir besonders angetan: „He's in the jailhouse now...", wobei ich lange brauchte, bis ich die Vokabel „jailhouse" verstand.
Zu ergoogeln ist eine Fassung mit Webb Pierce. Sehe ich diese an, so kommen die Erinnerungen wieder hoch, als sei alles gestern gewesen. Und damals konnte ich das nur am Radio hören!
Jetzt sehe ich die aufgebrezelten Bauernbuben mit ihren Gitarren auch auf meinem Laptop. Der darin enthaltene Boogie-Woogie Basslauf geht mir noch heute in die Beine, während ich das jetzt tippe.
Da deutet sich schon an, was bald darauf kam: Rock'n Roll.
Aber zunächst war es noch ganz brav, und ich träumte davon, auch so zu spielen und zu singen wie diese adrett zurechtgemachten Boys.
In einer anderen Version von 1928 wird sogar gejodelt. Das hätte meinem Vater auch gefallen, aber die wurde im AFN nie gespielt.
Dafür gab es noch einen ganz schmalzigen Hit, der hieß „Send me the pillow that you dream on...", gesungen von Hank Locklin:
„Don't you know that I still care for you?"
So naiv das alles ist, machte es doch einen nicht zu vernachlässigenden Teil meiner Erziehung aus. Diese Texte über Moral und Liebe und Sehnsucht und Schmerz und Trennung prägten das Denken und das Fühlen. Außerdem sorgten die Titel dafür, dass mir das Englische in den Schoß fiel.
Die Nachstellung der Präposition im Relativsatz zum Beispiel: „the pillow that you dream on" statt „on which you dream".

Das sog ich so intensiv ein, da waren die Lehrer überflüssig.
Die schon erwähnte jaulende Gitarre, die auf einem Tisch lag, konnte ich oft live bewundern, und zwar in Ansbach im „Schwarzen Bären" in der Uzstraße, wo ich im Herbst 1956 nach dem Tanzkurs ab und zu einkehrte.
Als Sechzehnjähriger in einer solchen Kneipe, die brechend voll war mit rauchenden amerikanischen Soldaten und ihren Ansbacher Mädchen, deren einige sie dann ja mitnahmen, wenn sie heimkehrten in „God's Own Country."!
Hätte ich das nicht schriftlich, ich würde es nicht glauben.
Mehr dazu gibt es zu lesen an den entsprechenden Tagen mit den TB-Einträgen.

Einige Windsbacher Mädchen, die in Ansbach die Handelsschule besuchten, leisteten uns im Zug oft Gesellschaft, und wenn eine fehlte, die man gern sah, so wurde das traurig vermerkt.

Die Monologe des Religionspädagogen über einen Theologen des 19. Jahrhunderts interessierten uns offenbar wenig, und so tauschte ich mit meinem Banknachbarn die Ferienerlebnisse aus, was als Sanktion nach sich zog, dass ich mich ganz nach hinten alleine in die letzte Bank setzen musste.
Ein Fünfzehnjähriger ist wenig zimperlich, wenn es darum geht, den Erzieher mit einem Kraftausdruck („der Depp") zu diffamieren.
Das Tagebuch ist verschwiegen.
Als Holzschnittpädagogik würde ich heute bezeichnen, was teilweise an uns praktiziert wurde: Auf das Vergehen folgte die Strafe bzw. zumindest die Androhung, daraufhin kam es zu Rebellion bzw. innerer Kündigung als Reaktion auf der anderen Seite, es folgte wiederum Bestrafung und Abwertung, auch durch Noten usw.
Kurz: es war ein ständiger Kleinkrieg, Das Aufbauen der Persönlichkeit durch ein sachliches Gespräch habe ich selten erlebt.
„Schwätzte" man, und es war klar, dass man sich mit dem Banknachbarn angeregt unterhielt, denn der Unterricht gab nichts her, so klatschte der Erwähnte von Zeit zu Zeit mit der rechten geballten Faust in die linke Handfläche und sagte dabei energisch „Lassdasda!" Dieses „Lassdasda" ist original in meinem Innenohr gespeichert. Ab und zu fügte er noch die leere Drohung hinzu: „Kriegst gleich ein paar hinter die Ohren!"

Na gut, von ihm habe ich nie welche „gekriegt", wohl aber von anderen. Die körperliche Züchtigung in der Schule war ja in den 1950ern noch nicht völlig vom Tisch, ganz zu schweigen von den 1940ern, als ich eingeschult wurde. Doch darüber an anderer Stelle.

Damals gab es die ersten Tonbandgeräte, große Maschinen mit umständlich zu handhabenden Spulen, sündhaft teuer, und unser Musiklehrer und Chorleiter hatte ein solches beim Weihnachtskonzert der ORA im Dezember 1955 mitlaufen lassen.
Wir hörten die Aufnahme von unserem Chorgesang, den wir im Onoldiasaal der Ansbacher Bevölkerung geboten hatten, in der ersten Unterrichtsstunde des neuen Jahres.
Es gibt mehrere Musikstücke mit dem Titel „Cantate Domino".
Auf youTube habe ich herausgefunden, dass wir damals eine Komposition von Dieterich Buxtehude sangen, und die Melodie klang mir sofort wieder vertraut, als ich das Stück jetzt anklickte.

Mein hoch verehrter Deutschlehrer über mehrere Jahre, der aus Gunzenhausen kam und später Schulleiter eines großen Gymnasiums in Schweinfurt wurde, gestand mir – da war ich schon Kollege zu ihm – dass er alle meine Aufsätze aufgehoben hatte. Leider gab es damals keine Kopiergeräte. Ich würde heute gerne lesen, wie ich die Aufgabe, das oben erwähnte Gemälde von Eugène Delacroix zu beschreiben, als Schüler gelöst habe.
Dargestellt ist eine idealisierte Frauengestalt, die „Marianne", die in der Französischen Revolution, die Nationalflagge in der ausgestreckten Hand, und barbusig, da ihr das Mieder verrutscht ist, die Freiheitskämpfer anführt, dabei buchstäblich über Leichen gehend.
Das hat mich fasziniert, das fand ich gut, und ich schrieb sehr gern einen Aufsatz darüber. Wenn ich den nur hätte!
Aber der gute Gei (Jahrgang 1911) ist längst tot, und das ganze Zeug mit Sicherheit entsorgt.
Da er mich auf Grund meiner Schreiberei sehr schätzte und sich auch von dem verstorbenen Nachbarn durch eine von mir kurz zuvor verfasste Charakteristik ein Bild machen konnte (vgl. Eintrag vom 8. Januar), befreite er mich ohne Wenn und Aber von der letzten Stunde an jenem Tag, damit ich rechtzeitig zur Beerdigung käme.
Offenbar war ich auch gerade in der richtigen Stimmung, um mit einem im Zug sitzenden Augustanastudenten über Gott und die Welt

zu philosophieren, so dass dieser mir ernsthaft riet, Pfarrer zu werden, so wie er es vorhatte.

Hatte ein Verstorbener eine Beziehung zum 1882 gegründeten Männergesangverein gehabt, so wurden von diesem am Grab zwei Lieder gesungen. Lehrer Auer, später auch Rektor der Volksschule, dirigierte den Chor, wenn Michael Errerd verhindert war.

„Jamboree", das ich immer bei den Hausaufgaben hörte, war auch eine allnachmittägliche Countrymusiksendung des American Forces Network Senders, die ich nur ungern verpasste.

Und schließlich zu dem erwähnten Film:
Dank der Suchmaschinen im Internet kann jeder selbst recherchieren, was dieser 1955 gedrehte Gangsterfilm für die junge Bundesrepublik bedeutete.
Man spekulierte damals in den Medien viel über den Zusammenhang zwischen Kino und Kriminalität, was nicht ganz aus der Luft gegriffen war. Als Fünfzehnjähriger hätte ich mir „Rififi" gar nicht reinziehen dürfen, aber auch das interessierte niemanden.
Wie „man die Jugend vor solchen charakterverderbenden Filmen zu bewahren gedenke" fragte ein Abgeordneter im Bayerischen Landtag an, und es wurde erwogen, das Kriminalschauerstück erst ab 18 freizugeben.
Heute dürfen's auch die Zwölfjährigen anschauen.
Daran sieht man, wie das alles relativ ist, und wenn man's an mir festmacht: mir gefiel der Film sehr gut. Bin ich kriminell geworden?
Mit ausgesprochenem „Jugendverbot" waren manche Streifen belegt, und ich erinnere mich, dass mir mein Vater eine gehörige Standpauke hielt, nachdem ich mir „Sie tanzte nur einen Sommer" angesehen hatte.
Dort ist in einer Szene die attraktive Ulla Jacobsson zu sehen, wie sie, so wie Gott sie schuf, aus dem Wasser steigt, mit ihrem nackten Freund, der hinterherkommt, und das hatte sich, obwohl man außer Konturen fast nichts sah, unter uns Jugendlichen als Geheimtipp herumgesprochen, so dass ich alle Hebel in Bewegung setzte, an jenem Tag ins Kino zu gelangen.
Der Vater merkte es erst hinterher, in welchem Sündenpfuhl sein Bub da herumgewatet war und machte sich bestimmt ernsthaft Sorgen, was daraus werden sollte.

Dass ich Bier trank und rauchte, störte ihn nicht.

Dabei konnte ja nicht das passieren, was die Eltern von Halbwüchsigen damals fürchteten wie der Teufel das Weihwasser.

Es gab einen Filmvorführer, der gelegentlich, wenn es allzu heikel wurde, das Objektiv im Vorführraum abdeckte, eventuell mit der Hand. Es kam jedenfalls einige Male vor, dass bei Nacktszenen - und diese waren wahrlich harmlos damals - die Leinwand plötzlich für ein paar Sekunden oder gar eine Minute dunkel wurde, was uns natürlich sehr empörte.

Die Filme wurden in einem langgestreckten flachen Bau beim Gasthof Bischoff gezeigt. Das Gebäude war extra dafür errichtet worden und befand sich, wenn man von der Hauptstraße in den Parkplatz einfährt, linkerhand.

Vorher, gleich nach dem Krieg, wurden die Filme im Saal gezeigt, und zwar von einem Wanderkino. Da kam jemand mit der Ausrüstung und baute diese dort auf.

Manchmal radelten wir auch nach Windsbach und Heilsbronn, um dort ins Kino zu gehen. In Windsbach - das Kinogebäude war zwischen Stadthalle und Heinrich-Brandt-Straße - gab es immer gute Indianerfilme. In Heilsbronn, wo der sogenannte Götzsaal an der Götz-Kreuzung als Vorführraum diente, sahen wir heillosen Buben einmal „Nana", eine Fassung von 1955 mit der damals 35-jährigen Martine Carol, der französischen Marilyn Monroe, wie man sagte.

In dem Leinwanddrama geht es um eine Prostituierte, was aber qualitativ okay ist, weil ein Roman von Emile Zola als Vorlage diente. Die üppige Blondine in der Hauptrolle wurde in der Kinowelt schon bald von der noch aufregenderen Brigitte Bardot verdrängt, deren Schmollmund mich Tag und Nacht verfolgte, vor allem deshalb, weil sie mir auch altersmäßig näher stand. Komischerweise sahen damals viele Mädchen aus wie Brigitte Bardot.

Die meisten Filme waren noch in Schwarzweiß und kamen aus Amerika und Frankreich. Erst allmählich entwickelte sich wieder eine deutsche Filmproduktion.

Im Vorraum des Kinogebäudes, der „Sonnenlichtspiele", war die Kasse, ein kleiner Raum, wo man nur durch ein kleines Schalterfenster Kontakt hatte zum dort sitzenden Fräulein.

Als Schüler hatte ich Anspruch auf eine Schülerkarte, die je nach Sitzplatz zwischen 80 Pfennig und 1,50 DM kostete.

Ab und zu lud ich eines von den Mädchen ein, die schon arbeiteten und Geld verdienten.

Für eine davon kaufte ich auch einmal eine Schülerkarte, was aber von jemand, der eifersüchtig war, dem Kinobesitzer zugesteckt wurde. Einen Mordskrach brachte mir das ein, so dass ich von da ab die Karten korrekt kaufte, wenn ich mir eine Begleiterin einlud.

An der Kasse war für 10 Pfennig ein Programm zu erwerben, ein Flyer im DIN A 5 Format mit Bildern und einer Inhaltsangabe zu dem betreffenden Film.

Hätte ich diese nur gesammelt und aufbewahrt!

Heute kann man damit auf Flohmärkten gutes Geld verdienen.

Nachdem man noch ein bisschen im Vorraum oder auch draußen an der frischen Luft herumgestanden war, schritt man durch einen dicken Stoffvorhang in Türbreite hindurch in den Vorführsaal, der Platzanweiser mit einer Taschenlampe voraus.

Auf den Holzklappstühlen der ersten drei oder vier Reihen war es am billigsten. Diese wurden auch „Rasiersitz" genannt, weil man die ganze Zeit den Kopf so hoch halten musste, als säße man beim Barbier zum Rasieren. Dahinter gab es viele Reihen zweiter Platz und ein paar, die als Erster Platz definiert waren.
Am teuersten war es in der „Loge". Das waren mit Stoff überzogene Stühle ganz hinten, die man sich leistete, wenn man zu zweit ein bisschen alleine sein wollte.
Nichts Verruchtes, nur ein bisschen Händchen halten und ab und zu die Köpfe aneinanderschmiegen. Hatte man Glück, so saß eben dort niemand hinter einem oder neben einem.
Manchmal war das Kino aber auch zum Brechen voll, etliche Male, besonders an Feiertagen, sogar ausverkauft. Bei den Rennern wie „Die Geierwally" oder „Die Fischerin vom Bodensee" hatte man oft keine Chance, eine Karte zu bekommen. Einmal weinte ich vor Wut, weil mich meine Eltern, ich weiß nicht mehr warum, nicht den Film „Der Herr der sieben Meere" mit Errol Flynn anschauen ließen.
Dabei hätte ich gerade davon etwas lernen können, über die Spanische Armada zum Beispiel oder Elisabeth I. von England. Aber da war ich erst elf oder zwölf. Vielleicht hatten sie etwas munkeln hören von „brutalen Szenen" bei den dort vorkommenden Seeschlachten. Meine Sehnsucht, den tollen Errol Flynn fechten zu sehen, war jedenfalls immens, und ich kam lange nicht darüber hinweg, dass ich da nicht mitreden konnte mit meinen Freunden.
Noch mehr zum Kino und zu den Filmen auch des Jahres 1953, die ich alle in meinem Notizbüchlein verzeichnet habe, gibt es später zu lesen.

Mittwoch, 11. Januar 1956

Erste Stunde Turnen. Nicht mitgeturnt, obwohl meine Befreiungsfrist abgelaufen ist. Sie springen übers Pferd.
Ahm vhdcdq fzmy adfdhrsdqs unm aqhfhssd.
Zweite Stunde und dritte Stunde Buchführung. Thema: Zweifelhafte Forderungen. 4. Stunde Algebra. Auf dem Rechenschieber Sinus und Tangens. Dann frei. In Augustinerwirtschaft ein kleines Bier getrunken mit Manfred und Werner.
Um 3/4 2 gehe ich zu Tante E. Bekomme Kaffee und Brot.
Gehe um 3 Uhr ins Kali: „Liebe, Tanz und 1000 Schlager".

Guter, ideenreicher Musikfilm mit Catarina Valente, Peter Alexander und Rudolf Platte. Das Wetter war heute wie im Frühling. Mit dem Zug fahren sehr viele Püppchen.

War man angeschlagen, so konnte man sich vorübergehend vom Turnen befreien lassen. Das betrübte mich nicht besonders, da ich nicht so begeistert Klimmzüge oder Felgenaufschwung am Reck machte wie so manch anderer, und auch nicht viel Spaß hatte beim Sprung über das Pferd oder über den Bock oder beim wilden Umeinanderschleudern des eigenen Körpers über dem Barren.
Ich kriegte das auch nicht so gut hin. Ich bewunderte immer nur die Einserkandidaten, wie sie ihre tollen Bewegungen vollführten und am Ende plötzlich total stramm dastanden, die Hände korrekt an der Hosennaht, mit einem Gesicht, als ob sie sagen wollten:
„Und? War was?"

Die unleserliche, im meiner Geheimschrift niedergeschriebene Zeile lautet: „Bin wieder ganz begeistert von Brigitte".
Für Mütter und Großmütter von Halbwüchsigen vielleicht lesenswert bzw. sattsam bekannt (für die Väter und Opas natürlich auch, falls sie es vergessen haben): Wie das so üblich ist mit fünfzehn, freundet man sich an, verliebt sich, ist im siebten Himmel, zankt sich plötzlich wegen nichts, gibt sich den endgültigen Abschied und schaut sich tagelang nicht mehr an („glotzt miteinander"), macht zaghafte Versöhnungsversuche, wagt einen zweiten Durchgang, scheitert wieder usw. usw.
Kommt ein/e Neue/r ins Spiel, beginnt das Ganze von vorn.
Zum Glück war da das Zugfahren, sonst hätte ich den Umgang mit dem anderen Geschlecht überhaupt nicht gelernt. Als Einzelkind war ich sowieso in einer schlechteren Position in dieser Beziehung.
Hinzu kam, dass die 1940 Geborenen schon in der Volksschule streng aufgeteilt wurden in Mädchen und Buben.
„Ja, weil wir halt so viele waren", nämlich achtzig, meinte neulich eine Jahrgangskameradin.
Nun, es wäre auch eine koedukative Aufteilung möglich gewesen mit jeweils zwanzig Buben und zwanzig Mädchen in einer Klasse.
Aber auf die Idee kam offenbar keiner der für unsere Erziehung Verantwortlichen.

So wuchsen wir auf, mit rüpelhafter Ellenbogenmentalität hier, und sanftem, sozialem, auf Hausfrauendasein und Mutterschaft gepoltem Verhalten dort.
Und an den Gymnasien in Windsbach und Ansbach gab es keine Mädchen und an der Dettelsauer Anstalt keine Buben, basta.
Blieb noch das Theresien-Gymnasium für die Mädchen, aber das war weit weg, auch von unseren Köpfen, zumindest bis zum Beginn des Tanzkurses.
Als die Windsbacher sich Ende der 1960er für Mädchen öffneten, war das ein Fortschritt, und als die Dettelsauer in den 1980ern anfingen, Knaben aufzunehmen, befürchteten Insider den Untergang des Windsbacher Knabenchors, weil, so meinten sie, die Dettelsauer Pfarrersbuben ausbleiben würden, die doch so schön singen konnten.
Alles ist gut geworden, wie man sieht.
Die Windsbacher singen immer noch, weltweit inzwischen, und in mannigfaltigen Formationen.
Mein Fazit: es geht nichts über die Koedukation. Da lernen die jungen Leute ganz natürlich miteinander umzugehen und schleifen sich gegenseitig ab.
Wie verklemmt und problematisch mein Verhältnis zum anderen Geschlecht war - und vielleicht trifft das auch für manche meiner Kameraden zu – schimmert, so meine ich, immer wieder in diesen TB-Aufzeichnungen durch. Das Zugfahren und das Musizieren, ja, das waren die Gelegenheiten, wo dieses durch die offizielle Erziehung herbeigeführte Defizit einigermaßen ausgeglichen wurde.

Leider hatte ich mich, was aber mit meinen Eltern abgesprochen war, in der 4. Klasse (heute 8.) für das Fach Wirtschaftslehre entschieden und nicht für die ebenfalls angebotene Kunsterziehung.
So entgingen mir drei Jahre intensive Beschäftigung mit Zeichnen, Malen und Gestalten, was ich heute sehr bedaure, denn die Buchführung und das kaufmännische Rechnen waren so gar nicht meine Leidenschaft. Um ehrlich zu sein, ich hasste es manchmal wie die Pest, was sich bald auch in den Noten niederschlug.
Dabei konnte ich als Elfjähriger ganz passabel malen.
Das hätte man fördern müssen meines Erachtens.

Die 2. Klasse besuchte ich vom September 1951 bis Juli 1952. Bei dem Original handelt es sich um ein farbiges Aquarell.
Interessant ist für mich, wie hier das Charakteristische eines fränkischen Dorfes von damals festgehalten ist.

Die Kinder von heute wissen nicht mehr, was ein Rechenschieber ist. Sie werden lachen, wenn man ihnen einen zeigt, vor allem den mindestens 80 cm langen, mit dem der weiß bekittelte Mathelehrer hantierte.
Und doch konnte man damit manche Aufgaben ganz gut lösen.
Nicht vergessen habe ich auch die Logarithmen-Tabellen, ein dünnes Büchlein, in dem nichts anderes zu finden war als vielstellige Zahlen, hunderte, wenn mich meine Erinnerung nicht täuscht.

Über das Biertrinken werde ich hier nicht mehr oft staunen, sondern es nur noch zitieren. Unglaublich: immer wenn sich schnell eine Gelegenheit bot, gingen wir in irgendeiner nahe gelegenen Kneipe ein Bier trinken. Und die Gelegenheit war günstig, denn der Augustinerkeller war gleich hinter der ORA. Über viele Wochen waren wir dort wegen Platzmangels auch ausgelagert und wurden in einem großen Raum im Keller unterrichtet, wo es nach Rauch und Bier buchstäblich stank. Einmal lernten wir über Tage hinweg unter der nicht abgenommenen Faschingsdekoration. Es waren sogar die Aschenbecher noch voll vom Kappenabend eines Vereins am Abend zuvor.

Dass wir dort, wenn ein Lehrer krank war und die Stunde ausfiel, schnell mal nach oben gingen und eine Halbe tranken, lag auf der Hand, denn der Kellerraum war bedrückend mit seinen niedrigen Decken und den Fenstern zum Hinterhof.
Oben in der Gaststube saß man gemütlich am Panoramafenster und sah die Leute in der Karolinenstraße vorbeigehen.

Über drei Ecken mit mir verwandt, hatte ich eine Tante in Ansbach, weit draußen Richtung Lehrberg, bei der ich ab und zu übernachten konnte, was sehr günstig war, wenn ich etwa Musik machte oder bei einem Schulkonzert mitsang oder später an einer länger dauernden Veranstaltung in der Tanzschule teilnahm. Bei dieser Tante, die mir schon recht alt vorkam, obwohl ich heute registriere, dass sie kaum das vierzigste Lebensjahr vollendet hatte, war ich immer sehr willkommen und wurde bestens versorgt, wofür ich mich hier einmal bei ihr - Gott hab sie selig - herzlich bedanken möchte.
Wie oft zottelte ich gegen zwei oder gar drei Uhr morgens, meine Gitarre in der einen und den Holzkoffer mit dem Verstärker in der anderen Hand, von einem Tanzlokal in der Altstadt kommend, an der Ami-Kaserne, wo der Panzer stand, vorbei, um zu meinem Schlafquartier zu gelangen.
Heute ist dort die Hochschule und niemand bei Nacht und Nebel dorthin auf dem Heimweg, aber damals waren immer junge wehrdienstleistende Männer aus Texas und Kansas, aus Iowa und Alabama mehr oder weniger schwankend und torkelnd unterwegs zu ihrer tristen Stube, und manchmal quatschten und lachten wir zusammen, und ich lernte Englisch, wie es nicht im langweiligen Lehrbuch steht. Dieses häufige nächtliche Herumtreiben zog sich hin bis zu meinem Abitur im Jahr 1959. Dann löste sich unsere Schülerband auf.
Angst empfand ich bei den unendlich langen Fußmärschen durch die Dunkelheit nie, was mich heute tatsächlich wundert.

Und wie man sieht und lesen kann, war es am 11.01.56 wieder das Kino, das bei der Erziehung und Bildung weitermachte, wo die Lehrer aufgehört hatten. Der 1955 gedrehte Film „Liebe, Tanz und 1000 Schlager" kam unseren Träumen, es als Plattenstar zu etwas zu bringen, hundertprozentig entgegen, und die kecke Caterina Valente, die, wie der Franke sagt, „Breema" (Bremsen) hatte – ich will jetzt nicht schreiben wo, jedenfalls an der richtigen Stelle – hatte es mir

angetan. Ihr lustiger mediterraner Akzent ließ einen vom Süden träumen, von Bella Italia und Amore.
Sie war damals fünfundzwanzig, kam aber wesentlich jünger rüber.
Der Wermutstropfen in diesem meinem Dolce Vita: meine Mutter war manchmal sehr wütend, wenn ich den halben Nachmittag in einem Ansbacher Kino verbrachte und verbot es mit einmal rigoros mit folgender Begründung: „Soso, ich arbeite hier und der Herr amüsiert sich in der Stadt."
Recht hat sie gehabt.

Donnerstag, 12. Januar 1956

1. Stunde Französisch: Infinitiv.
2. Biologie: Knochenbau
3. Stunde Stereo: Pyramidenstumpf.
4. Physik: Ablenkung des Nordpols in Nähe eines stromdurchflossenen Leiters.
5. Erdkunde: Beschaffenheit des Meeresbodens und -wassers.
6. Deutsch: „Das Fräulein von Scuderi".
Ruth Leuwerik im Zug bei der Heimfahrt.
Nach dem Essen (Pudding) Hausaufgaben gemacht:
Die Bildbeschreibung.
Jamboree dabei gehört. Vater ist im Garten und macht das Gartenhaus fertig. Nach der Hausaufgabe mache ich Musik. Ich schlage etwas auf der Gitarre herum. Dann für Großmutter eingekauft und Milch ins Milchhaus gebracht. Abends zuhause. Eine freundliche Hausiererin war hier, hatte Uhren und Bestecke.
Wir haben ihr ein Brotmesser abgekauft für 2 DM.
Um 9 Uhr im Bett.

Die Schule war überwiegend Wissensvermittlung durch Frontalunterricht. Andere Arbeitsformen waren unbekannt. Wie hätte das auch gehen sollen bei der Ausstattung der Schulen? Der Lehrer konnte keine kopierten Texte austeilen und sagen „So, jetzt macht einmal das und das!" Er musste froh sein, wenn genug Papier da war für den Matrizen-Apparat, den Hektographierer, mit dem er die Schulaufgabenblätter herstellte, auf die in hellblauer Blässe die Aufgaben gedruckt wurden.

Die Lehrbücher, das waren alte, abgegriffene Schwarten aus der im Keller versteckten Lernmittelbibliothek, angefüllt mit mindestens fünf Jahre alten Inhalten. Bei guten Lehrern, das sei zu ihrer Ehrenrettung gesagt, gab man die durch ein dutzend Hände gegangenen Materialien am Ende des Schuljahres so wieder ab wie man sie empfangen hatte: unbenutzt und ungelesen.
Ein Name mehr auf der ersten oder letzten Seite eingetragen, das war alles.
Zum Glück gab es die Literatur. Lektüre, da wachte ich auf.
Die Reclam-Heftchen waren neu und appetitlich und man konnte sie in die Jackentasche stecken und im Wartezimmer beim Arzt lesen oder auf der Wiese im Schwimmbad.
„Das Fräulein von Scuderi", ein spannender Krimi, der das Cardillac-Syndrom (hat nichts mit den amerikanischen Luxus-Schlitten zu tun) thematisiert, gefiel mir sehr gut, und ich legte mit Erfolg einen Hausaufsatz vor über die Beantwortung der Frage „Wie steigert E.T.A. Hoffmann die Spannung in seiner Novelle „Das Fräulein von Scuderi?"
Auch verloren und wahrscheinlich nicht mehr auffindbar.
Es würde mich einfach interessieren, wie ich das als Fünfzehnjähriger gepackt habe.

Zu „Ruth Leuwerik":
Konnte man eine Person nicht mit Namen benennen, so erfand man einen Spitznamen, der sich an deren Aussehen oder sonstigem orientierte. So war ein schwarzhaariges Mädchen, dem ich immer wieder begegnete, das ich aber nie kontaktierte, bei mir „Der Rappen", eine andere, die etwas unbeholfen daherkam, hieß „Die Wamba", ein Liebespaar, das täglich mit dem Zug nach Ansbach fuhr, nannten wir „Storch und Nudel", und so war eben jene oben erwähnte Schöne die „Ruth Leuwerik".
Über die Spitznamen der Lehrer könnte ich seitenweise schreiben. Ich möchte nur ein paar erwähnen: da war der „Gurkendoktor", das „Stadtworschtgsicht", der „Toni", der „Hanni", der „Schieber", der „Wasser" mit gelispeltem S, und bei langen Namen wurde einfach abgekürzt, so wie sie bei den Schulaufgaben ihr Korrekturzeichen setzten: „Gei", „Fa".
Leiter der Oberrealschule war während der meisten Jahre, die ich dort verbrachte, ein kleiner drahtiger Mann namens Dr. Rudolf

Zwanziger, der Einfachheit halber von den Schülern nur „Zwack" genannt.
Wenn er das Klassenzimmer betrat, was selten, sehr selten vorkam, dann erstarrten wir in Ehrfurcht.
Raus aus der Bank, aufstehen, sich stramm hinstellen und im Chor anständig deklamieren „Grüß Gott, Herr Direktor!", dieses Verhalten klingt heute unglaublich, aber es war so.
Selbst der Hausmeister, wenn er mit einem Rundschreiben hereinkam, wurde so begrüßt: „Grüß Gott, Herr Hausmeister!" Es gab ja keine Sprechanlagen, und so musste der arme Mann immer wieder mal von Klasse zu Klasse gehen - und das waren um die dreißig - um einen Schrieb vom Direktorat vorzulesen oder vorlesen zu lassen, sehr zu unserer Freude, denn es bedeutete eine Unterbrechung des Unterrichts.

„In die Schule unsres weisen Zwack
Kamt ihr alle als ein doofes Pack…"
So dichteten die Abgehenden in der Abiturzeitung von 1956.
Da ist was dran. Denn der Zwack trieb mir schon sehr früh, da hatte ich gerade meinen zehnten Geburtstag hinter mir, das Wildbieseln aus, und das kam so (wie die Aufsätze bei manchen Deutschlehrern zu beginnen hatten):
Im Frühsommer anno Domini 1950 hatte ich die Aufnahmeprüfung in die Oberschule bestanden, obwohl mir eine etwa gleichaltrige Nachbarin, als ich damals in aller Herrgottsfrüh zum Bahnhof marschierte, recht gehässig hinterhergeschrien hatte:
„Fellst ja doch durch!"
Nein, ich fiel nicht durch.
Alles sah nach einer vielversprechenden Schulkarriere aus.
An einem der ersten Schultage im September spielte ich mit einigen Klassenkameraden nach dem Unterricht, da noch Zeit war bis zur Abfahrt unseres Zuges, auf dem Schulgelände „Fangerles". Wie es dort aussah, kann sich heute kein nach 1950 Geborener vorstellen:
Schuttberge, Ziegelhaufen, Ruinen ohne Fenster, einzelne, stehengebliebene Mauern, mannshohes Unkraut, dahinter kaputte Treppen, die nach unten führten und lediglich mit ein paar Brettern gegen unbefugten Zugang gesichert waren usw.
Hauptsächlich war in diesem Zustand das sogenannte Zocha-Schlösschen, welches durch den Bombenangriff auf den Ansbacher

Bahnhof vom Anfang des Jahres 1945 vollkommen zerstört worden war.
Was macht ein zarter Zehnjähriger aus dem Bauerndorf Neuendettelsau, wenn ihn beim hitzigen Spiel ein Bedürfnis überkommt?
Er stellt sich an die nächstbeste Wand. Außer uns Kindern war weit und breit niemand in Sicht, und die noch verbliebenen Mauern waren nicht aus kostbarem Marmor oder etwa sauber verputzt.
Eine kurze Hose hatte ich an, und knöpfte gerade zu - Reißverschlüsse gab es nicht – und drehte mich um und sah den Zwack mit hinter dem Rücken verschränkten Händen vor mir stehen, etwa fünf Meter entfernt.
„Will ich in mein Gärtlein gehen, will mein Zwiebeln gießen…"
Geniest hat er nicht, aber seinen Zeigefinger an der inzwischen hinter dem Rücken hervorgeholten rechten Hand krumm gemacht und sich energisch und hörbar geräuspert.
Der Zwack räusperte sich immer, auch bevor er eine Rede hielt, ganz kurz zweimal und mit einem Glottal Stop, d. h. mit einem ganz harten Einsatz: „Chm Chm!" Dieses Räupern, in Kombination mit einem alttestamentarisch strengen Blick, machte Angst.
Der Zeigefinger bewegte sich, schnell und unmissverständlich, so dass ich wie von einem Magneten angezogen auf ihn zugehen musste.
Der Eigentümer des gekrümmten Zeigefingers räusperte sich „Chm Chm!" noch einmal, aber weitaus grantiger.
„Komm mit!" sagte er schließlich in schneidendem Ton.
Hätte ich mich nicht schon erleichtert gehabt, so wäre mir spätestens jetzt ein Malheur passiert.
Aus der Traum von der Oberschullaufbahn! Du musst zurück ins Dorf, die kleine Nachbarin hat letztlich doch recht gehabt.
Das alles ging mir durch den Kopf, als ich ihm, der autoritär vor mir herschritt, in den ersten Stock und ins dort gelegene Direktorat folgte.
Setzen durfte ich mich nicht, während er mir eröffnete, dass ich einen Verweis bekäme (ein „Verweis", was war das?) wegen meiner Untat, ich wisse schon warum und ich solle mich schämen!
Was ich auch tat. Denn das hatte mir inzwischen schon geschwant, dass man so etwas in der Stadt nicht macht.
„…Ihnen leider mitteilen, dass Ihr Sohn heute…Verweis erhalten hat, weil er seine Notdurft…verrichtete."
So lautete meine erste Schulstrafe am Platen-Gymnasium.

Schade, dass ich den kleinen grauen Zettel nicht aufbewahrt habe, denn den ganzen Wortlaut weiß ich nicht mehr.

Nachdem sie ihre Pflicht getan und ein bisschen geschimpft hatten über meine Dummheit, lachten meine Eltern gebührend über die Geschichte, immer wenn sie diese Verwandten und Bekannten erzählten.

Zurück zum TB-Eintrag:
Kam ich heim, so war meine Mutter meistens auf der Arbeit und mein Essen stand auf dem Herd oder in der Röhre, sehr oft, der Einfachheit halber ein Pudding, den ich eigentlich immer essen konnte.
Für die Hühner meiner Großmutter musste ich oft Futter holen, und zwar beim Besenbeck, der in der Windsbacher Straße eine Futtermittelhandlung betrieb.
Der Laden war klein, finster und eng und es roch streng nach Getreide, ich ging aber trotzdem gern hin, weil die Leute freundlich waren und die Großmutter mir das Wechselgeld ließ.
Eine weitere, fast tägliche Pflicht war das Wegschaffen der Milch in einer großen silbernen Kanne.
Die Großeltern hatten vier Kühe, und wenn diese abends gemolken waren, wurde die Milch im Milchhaus abgeliefert.
Fast jedes Haus im Unteren Dorf, von den Geschäftshäusern abgesehen, war damals noch ein Bauernhof. Keine großen Höfe, sondern kleine Klitschen waren das, Gütlein, wie es offiziell hieß.
„A Sächla" sagte mein Großvater, wenn gefragt wurde, was dieser oder jener beruflich macht.
„Der hat a Sächla" oder „Der hat in a Sächla eikeiret", d. h. eingeheiratet (in Aich, Mausendorf, Bechhofen oder Weißenbronn), wobei das „Sächla" manchmal wichtiger war als die Zugabe.
Die Liebe kam nach und nach, oder auch nicht, was auch nichts machte. Man hatte genug anderes zu tun, und die Kinder wurden nebenbei gezeugt, auf die Schnelle und im Dunkeln.

Der Einzelhandel, von dem später noch ausführlich zu berichten sein wird, war bescheiden in einem Dorf wie Neuendettelsau.
In Windschba oder Glooster (Heilsbronn) war in dieser Beziehung mehr los. In die Großstadt, wo es Kaufhäuser gab, kam man Jahr und Tag nicht, und so hatten Hausierer damals bedeutend mehr Erfolg als heute, besonders bei meinen Eltern, die, saß jemand erst einmal in der Stube, nicht Nein sagen konnten.

Dabei fielen sie einmal böse rein, als ihnen eine über ihre Misere heulende junge Frau eine Unterschrift abnötigte über ein Abonnement für irgendeine dämliche Hausfrauenzeitschrift, „Bloß für ein halbes Jahr, sinds so gut!" und ihnen das „Luder", wie der Vater sagte, zwei Jahre unterjubelte, was er aber nicht gemerkt hatte, als er seinen Servus unter den Vertrag setzte.

Ein anderes Mal kauften sie von einem feinen Herrn, der während des Gesprächs immer wieder, auch mir, Zigaretten anbot, einen schweren, unheimlich langen Mantel aus einer Art Kunstleder, auf Raten, weil er so teuer war.

Mein Vater sah darin aus wie ein Krimineller aus dem Kanalsystemfilm „Der dritte Mann".

Er trug ihn selten, und dann sollte ich den Lückenbüßer machen und die Scheußlichkeit anziehen, was ich aber nicht tat.

Freitag, 13. Januar 1956

Trüb und sehr warm. Im Zug gut.
2. Stunde und 3 Franz. Lektüre.
4. Stunde Pfaff, Bibelkunde. Apostelgeschichte 13.
5. und 6. Geschichte und Deutsch. Aufsätze vorgelesen worden.
Im Zug viele Puppen. Vater kommt um 2 Uhr von Nürnberg heim.
Nach Jamboree gehe ich durchs Dorf spazieren.
Es ist überhaupt nichts los.
Ich gehe heim und höre Music Magic. Dann spiele ich Zither: Almenrausch und Edelweiß, Wien bleibt Wien, Wiener Praterleben, Der dritte Mann und Die Tiroler Holzhackerbuam.
Abends gehe ich ins Kino: „Heimatland". Ganz guter Heimatfilm mit Adrian Hoven, Rudolf Prack, Hannelore Bollmann und Oskar Sima. Manchmal etwas kitschig. Um halb 11 ins Bett.

Nach der Herausgabe einer Deutschschulaufgabe wurden oft die besten Aufsätze vorgelesen. Man konnte das selber tun als Autor, oder, wenn man sich genierte, einen Klassenkameraden vorlesen lassen.

Mein erstes Erlebnis dazu ist mir unvergesslich. Es war in der zweiten Klasse heute also sechste. Dr. Paul Ehrentraut hieß der überaus würdige, schon ergraute Deutschlehrer, ein Schlesier, der

sicher auch Krieg und Gefangenschaft hinter sich hatte wie so viele andere.
Nachdem alle ihre Blätter in Händen hielten, setzte er an zu einer kleinen Rede und lobte einen Aufsatz, ohne zunächst den Namen des Autors zu nennen, über den Schellkönig wegen des Aufbaus und des Stils und der Lebendigkeit der Darstellung usw., und dann sagte er, von wem dieser sei.
Ich weiß noch, dass ein Klassenkamerad, ein gut genährtes Bürgersöhnchen, mir auf die Schulter haute bzw. hieb und sich vor Anerkennung nicht zu halten wusste.
Mir kam das vor wie ein Durchbruch, hatten mir doch manche Leute prophezeit, irgendwann doch noch zu scheitern wegen meiner mangelnden Sprachkenntnisse: „Wie konn noo där aff die Oberschul?"
Der Dialekt war das Problem, nicht für mich, aber für manche Leute. Die Mundart war verpönt, sowohl an der Volksschule als auch an der weiterführenden Lehranstalt. Die Ideen von Traditionspflege und Heimat und Brauchtum waren im Bildungsbürgertum nicht besonders verankert, und so schauten manche Zeitgenossen etwas mitleidig herab auf einen Buben, der so sprach, wie ihm der Schnabel gewachsen war, auch wenn sie oft selber solche sprachlichen Defizite hatten, dass sie keinen Satz korrekt zu Papier brachten.
Von der frustrierenden Begegnung mit einer Frau muss in diesem Zusammenhang erzählt werden. Sie kam zu meiner Mutter, um diese um einen Gefallen zu bitten. Ich saß gerade über meinen Hausaufgaben, elf war ich. „In welche Klasse gehst du denn?" fragte sie. „In die zweite" antwortete ich korrekt.
„Ach was!" tat sie erstaunt, „in die zweite und schon so groß?"
Ich darf noch einmal erklären, dass in der weiterführenden Schule von Anfang an neu gezählt wurde, so dass ich, nach vier Jahren Volksschule, eigentlich in der sechsten Jahrgangsstufe war. Ein Zweitklässler an der Volksschule war ein sieben oder acht Jahre altes Kind.
„Na ja, in der Oberschule halt" erläuterte meine Mutter, vollkommen sachlich und ohne Prahlerei. Die Dame fuhr einen Schritt zurück und fragte pikiert: „Ach was! Und da kommt er mit?"
„Da kommt er mit?" Ich höre die Frage noch heute, wie sie vor siebzig Jahren gesprochen wurde.
„Er" sagte sie.
Sie redete also nicht mehr mit mir, sondern über mich.

Warum sagte sie nicht „O, das finde ich aber gut" oder so etwas Ähnliches? Nun, es passte nicht in ihr Weltbild, dass ein Bub aus einfachen Verhältnissen, wie man sagte, das Abitur anstrebe, womöglich sogar ein Studium.
Aber für diese Einstellung konnte sie auch wieder nichts, sie war ihr anerzogen.

Apropos Zither. Obschon nicht vermögend, hatten meine Großeltern in Memmingen ihren einzigen Buben (drei Töchter hatten sie außerdem) schon in sehr frühem Alter zu einem Zitherlehrer geschickt, damit dieser ihm das Spiel auf dem alpenländischen Saiteninstrument beibringen möge.
Mein Vater konnte die Zither zum Singen bringen wie Anton Karas oder Georg Freundorfer. Und als ich dreizehn war, nahm er sich die Zeit und erteilte mir Zitherunterricht. Zeitweise hatten wir zwei Zithern im Haus und spielten zusammen. Wie oben erwähnt, ging es um relativ einfache Musik, Alpenländisches und Bodenständiges.
Bei dem Lied „Almenrausch und Edelweiß" sangen wir auch und bemühten uns um die Imitation bayerischen Dialekts: „...ew'ger Firn und Gletschereis, und mir zwoa khäärn aa derzua, Sennerin und Sennerbua, sind dort eben nur zu Haus, kennen uns sonst nirgends aus, wo die Sonn' die Felsen küsst, dort, dort unsere Heimat ist."
Der vollständige Text dieser Berglandschnulze entlockt mir heute ein Schmunzeln.
Am bekannten Harry-Lime-Thema aus dem Film „Der dritte Mann" musste sich jeder einigermaßen ehrgeizige Zitherspieler versuchen. Ich kaufte mir die Noten dazu und übte fleißig.
Für die Finger ist das Zitherspiel eine Schinderei. Nimmt man das Instrument nicht täglich zur Hand, so bekommt man auch nicht die Hornhaut an den Fingerkuppen, die nötig ist, damit man ohne brennende Blasen spielen kann.
So kostet es immer eine ziemliche Überwindung, wenn man nach einer Pause wieder anfängt, weil dann die zarten Fingerkuppen erst rot werden und dann sich dort große Blasen entwickeln.
Da muss man durch, bis die Hornhaut die Finger abstumpft und dann heißt es spielen, täglich spielen.

Der Film „Heimatland" behandelt das Thema „Krambambuli", die Geschichte vom traurigen Schicksal eines außergewöhnlichen Hundes.

Die Vorlage dazu, eine Erzählung von Maria von Ebner-Eschenbach fand sich in unserem Lesebuch, und so war dieser Kinobesuch eben auch eine Art von Unterricht. Heute sind die Schulen mit Wiedergabegeräten ausgestattet, was in manchen Fällen den Kinobesuch erspart.

Samstag, 14. Januar 1956

Erste Stunde Trigonometrie: das natürliche Winkelmaß.
Dann Stereometrie, dann 2 Stunden Chemie:
Zusammenstellung aller chemischen Verbindungen.
In der Pause mit Struppi unterhalten. Dem geht es prima.
Die 5. und 6. Std. Latein.
Es ist immer eine Witzstunde. Von unserer Klasse sind nur noch 5 dabei. Haben heute das Imperfekt und Futur gelernt.
Um 1 h fahre ich nach Hause. Im Zug ist nichts los. Immer noch kein Schneefall. Es ist furchtbar. Zuhause höre ich Radio, bevor ich mich versehe, ist es schon wieder halb 4.
Dann gehe ich ins Schulhausbad.
Zuhause höre ich wieder Radio und lese bis 7 Uhr.
Um halb 8 gehe ich mit J. in den Singkreis.
Wir singen alles Mögliche, dann spielen wir „Telegramm schicken" und „Schlapp hat den Hut verloren" bis halb 11.
Im Radio noch Faschingsmusik. Um ¼ 12 ins Bett.

Den schulfreien Samstag gab es noch nicht. Die Schulwoche hatte sechs Tage. Auch das war eine Art Revolution, als sie auf fünf Tage verkürzt wurde. Wieder sagten manche, das weiß ich aus meiner späteren Berufstätigkeit, das Ende des Windsbacher Knabenchors voraus, bedingt durch die gesteigerte Dichte der Arbeitszeit für die Kinder und den potentiellen Wegfall der Chorprobe am Freitagnachmittag.
Die Pfarrwaisenhausbuben singen aber immer noch, wie man sieht.
Auch für die arbeitende Bevölkerung gab es selbstverständlich keine Fünftagewoche.
1955 und 56 arbeitete ich in den Sommerferien jeweils sechs Wochen auf dem Bau, samstags immer bis 12 Uhr mittags.

Aber schon bald hieß die Kampfparole der Gewerkschaften „Samstags gehört Vati mir!" Damit hatten sie in den 1960ern Erfolg, und so konnten sich die Schulen nicht verweigern.

Es kam vor, dass Mitschüler die Penne satt hatten und ausschieden, um Geld zu verdienen.
Der oben erwähnte „Struppi" war so einer. Er tauchte während der Pause auf dem Schulhof auf und erzählte großspurig von seinen Erfolgen, auch bei der Weiblichkeit. Dabei wartete er ungefragt mit Details auf, die uns Maul und Ohren weit offen stehen ließen, Machogehabe halt, wie es bei Sechzehnjährigen üblich war, Oswalt Kolle live auf dem Schulgelände. Daheim erklärte uns ja niemand etwas. Mein Vater verlor nie ein Wort über „die Sache", er überließ alles der Natur, und meine Mutter beschränkte sich aufs Warnen.
„Pass bloß auf!", das war alles was sie sagte, sinngemäß.
„Das geht so schnell, da braucht man gar nicht schlecht zu sein."
Interessant ist in diesem Zusammenhang, dass „Aufpassen" in der Jugendsprache damals für den „Coitus interruptus" stand.
Den beherrschten nur mit allen Wassern gewaschene Liebhaber.

Dem Präparanden und Konfirmanden stand stets das Unaussprechliche vor Augen, wenn vom Teufel die Rede war. Dem sollte man abschwören, und all seinen Werken, im Konfirmationsgelübde.
Leicht war das nicht, weil er Tag und Nacht lockte. Je mehr man ihn verdrängte, umso betörender schwänzelte er um einen herum.
Ein angehender Missionar, dessen nur aus Buben bestehender Jugendgruppe ich mit vierzehn für ein paar Wochen angehörte, ließ sich einmal geradezu traurig darüber aus, dass wir nun schon bald Bier trinken würden, rauchen und Mädchen poussieren.
Das wurde von ihm alles in einen Topf geworfen, als müsste das eine so schlecht sein wie das andere.
Komisch nur, dass das alles so schön war, vor allem der Umgang mit den Mädchen, und der war eben ein wenig mit den anderen beiden Verhaltensformen verknüpft. Dazu mehr im Eintrag vom 15. Januar.

Da ich mich in der 7. Klasse für Französisch statt Latein entschieden hatte, nutzte ich die Möglichkeit, die klassische Sprache in der 10. Jahrgangsstufe als Wahlfach zu belegen. Neugierig war ich eben doch, die Mutter aller romanischen Sprachen kennenzulernen.
Außerdem wusste man nie, wie man sie brauchen konnte.

Angehende Ärzte und Pfarrer müssen das Große Latinum nachweisen, wurde gemunkelt.
Deutschlehrer an Gymnasien auch, und so hatte mich ein guter Geist beraten, als ich damals etliche Nachmittage opferte, um lateinische Vokabeln und Formenlehre zu pauken.
Außerdem war der Lehrer umgänglich und humorvoll.

Apropos Schulhausbad:
1950 wurde in Neuendettelsau an der Ecke Reuther Straße/Gartenstraße der Grundstein für eine neue Volksschule gelegt.
Als Schüler erlebte ich diese nicht mehr, weil ich ab September jenes Jahres, zusammen mit rund einem Dutzend anderer Dettelsauer Buben, in höhere Gefilde entschwebte.
Das neue Gebäude für die Kinder des Dorfes, die hier die Schule bis zur achten Klasse besuchten, bekam im Kellergeschoss öffentliche Dusch- und Baderäume. Vom unzulänglichen samstäglichen Bad in der blechernen Wanne, die zuhause in die Küche gestellt wurde, wird an anderer Stelle noch zu berichten sein.
Ab 1951 wurde diesbezüglich alles besser.
Nun war richtiges Baden angesagt, und zwar für die Allgemeinheit.
Jeder Einwohner des Dorfes durfte dort gegen einen geringen Obolus Körperpflege betreiben.
Auch ich profitierte enorm von dieser segensreichen Einrichtung.
Immer samstags ab 14 Uhr waren die etwa fünf durch Mauern getrennten Kabinen zu benutzen. Man zahlte eine Mark für ein Wannenbad oder fünfzig Pfennig für eine Dusche und verschwand für eine halbe Stunde bzw. zwanzig Minuten hinter einer undurchsichtigen Tür, die man verriegeln konnte.
Schon die Wartezeit im Vorraum war interessant. Die kleinen Leute, fast immer die gleichen, diejenigen, die eben bei sich daheim keine Bademöglichkeit hatten und dennoch auf Reinlichkeit hielten, saßen da, ohne Kontrabass, und erzählten sich was, seßen de end erzehlten sech wes, sißen di ind irzihlten sich wis, soßen do ond orzohlten soch wos, sußen du und urzuhltun such wus, über Gott und die Welt.
Ich war ein guter Zuhörer. Sagen tat ich anfangs nichts, dazu fühlte ich mich zu jung, aber die Ohren hielt ich offen.
Irgendwann war Mann, der man, mit allen hormonellen Begleiterscheinungen, inzwischen fast geworden war, dran. Dann ging es voller Erwartung in das intime Kabinett. Meistens nahm ich ein Wannenbad, da ich das Duschen gar nicht gelernt hatte, und genoss

den Luxus des unerschöpflichen Vorrats an warmem Wasser aus der Wand, den Platz, der mir in der blitzend weißen Wanne aus Keramik zur Verfügung stand, und das Alleinsein.
In der häuslichen Küche war ja zumindest immer die Mama anwesend, was ab einem gewissen Alter doch störte.

Die gefliesten Wände im Schulhausbad waren nicht bis zur Decke hochgezogen, damit der Dampf aus dem schlachthausähnlichen Kabinett sich irgendwohin verziehen konnte.
Wenn man sich auf den Rand der Badewanne stellte und einen kleinen Klimmzug machte, konnte man in die benachbarte Badekabine hineinsehen. Einer meiner Freunde wagte es, so erzählte er mir, meine kühnsten Fantasien in die Tat umzusetzen, nämlich einen Blick in die Nachbarschaft zu riskieren.
Leider stand der Erfolg der frevelhaften Tat in keinem Verhältnis zum Risiko. Eine Frau, die mit geschlossenen Augen, bis zum Hals eingetunkt, in der Wanne lag, mit einem riesigen Schaumgebirge über allem, was sehenswert gewesen wäre, das war alles, was er erblickte. Ein großer Aufwand, schmählich, war vertan.
Aus den schönsten Träumen im wohlig warmen Wasser, selig wie ein Embryo in einschläfernder Schwerelosigkeit, wurde man nach spätestens vierzig Minuten gerissen, wenn die Badefrau energisch gegen die Tür klopfte und, zur Erheiterung der Wartenden, laut fragte: "Woss isn mit dir, bist du gschdorm?

Sonntag, 15. Januar 1956

Motto:
„Wer nicht liebt Wein, Weib und Gesang, der bleibt ein Narr sein Leben lang".
Um 10 h aufgestanden. Es regnet.
Ein scheußliches Wetter für Mitte Januar.
Zu Nusselts.
Wir machen Musik bis 12 h. Ich habe nur die Gitarre dabei.
Nach dem Essen spiele ich mit Helmut zwei Stunden lang bei mir daheim.
Um 4 Uhr gehen wir zum Meyer. Es ist allerhand los, Gerhard ist auch schon hier mit seiner H. Wir sitzen alle an einem Tisch, Brigitte bei mir. Haben eine große Gaudi.

Um sechs Uhr gehen wir zu viert in der Muna spazieren. Es ist wunderbar. Lhmedrsdmr 5 x fditdrrs.
Dann die zwei Mädchen zum Bahnhof gebracht.
Nochmal zum Meyer. Bis halb 11 gesungen, dass die Wände wackelten. Habe auch getanzt.
Was das Seltsamste ist: ich habe nur 50 Pfennig gebraucht für die Musikbox.

Jeden Tag überschrieb ich mit einem passenden Motto.
Ausnahmsweise sei einmal eines zitiert.
Jener Sonntag Mitte Januar war der erste in einer ganzen Reihe von Tagen, wo ich gewaltig über die Stränge haute.
Die TB-Einträge enthalten etliche Passagen in meiner Geheimschrift, die ich hier nicht zum Besten geben werde. Ein bisschen Diskretion muss sein. Und nicht um eitle Selbstdarstellung soll es dabei gehen, sondern einzig und allein darum, aufzuzeigen, wie ein Fünfzehnjähriger in den 1950ern tickte.
Bis zum 16. Geburtstag waren es noch 5 Monate.
Ich muss mir das immer wieder vor Augen halten, weil ich heute kaum glauben kann, was ich da lesen muss.
Man kann diese heftigen Amplituden nur damit erklären, dass in der Pubertät die Hormone verrücktspielen.
Insofern erscheint es mir geradezu wie eine Eingebung, dass ich damals ein explizites Tagebuch führte, genau an der Schwelle vom Kind zum Mann, weil sich Erwachsene oft nicht vorstellen können, was auf jener Entwicklungsstufe in einem Jugendlichen vor sich geht. Die meisten haben es gnädig vergessen.
In der Bahnhofswirtschaft, beim Meyer, wie diese genannt wurde, trafen wir uns jeweils am Sonntagnachmittag, ein gutes Dutzend Buben und Mädchen, teils auch aus der Umgebung.
Da wurde erzählt und gescherzt, gelacht und geflirtet.
Keiner schaute angestrengt auf sein Smartphone.
Wir hatten ja keines.
Im Mittelpunkt stand das Poussieren. „Kaum aus den Windeln" oder „kaum trocken hinter den Ohren, doo bussierns scho!"
Die Grundbedeutung dieses total aus der Mode gekommenen französischen Lehn- oder Fremdworts ist ja „vorwärtsbewegen oder -stoßen".
Ja, was ging da voran? Wenn ich es recht betrachte, war es eine Art Sozialisierung. Was die Schule nicht leisten konnte aufgrund der

äußeren Voraussetzungen, das musste eben im Wirtshaus und bei den Spaziergängen in der Dunkelheit passieren.
Je strenger man die Geschlechter voneinander trennt, je mehr man sie polarisiert, desto heftiger die daraus entstehenden Verhaltensstörungen.
Meine Eltern befanden sich vor 63 Jahren in einem Dilemma, um das ich sie heute nicht beneide. Erfahrung hatten sie nicht, denn ich war der Erstgeborene. Waren sie bei dessen Erziehung zu lasch, so riskierten sie, dass ihr Kind auf die breite Straße geriet, die ins Verderben führt, wie es in der religiösen Erziehung angedroht wird.
Allzu große Strenge dagegen, Verbote allenthalben, riefen Trotzreaktionen hervor, die so weit gehen konnten, dass die Kontrolle über den Nachwuchs völlig verloren ging.
Davon gab es zu meiner Jugendzeit zahlreiche Musterexemplare.
Die meisten davon weilen schon lange nicht mehr unter den Lebenden.
Dass ich zu viel rauchte damals, bereue ich sehr, und ab und zu musste ich dafür auch kräftig büßen in Form von lästiger Bronchitis oder gar Lungenentzündung. Beim Trinken dagegen nicht Maß zu halten in jenem Alter in Gesellschaft von Mädchen, das war bis zu einem gewissen Grad die Voraussetzung, dass etwas voranging beim „Poussieren", denn wie man weiß, löst der Alkohol die Zunge, und so traute man sich Dinge zu sagen, die man in nüchternem Zustand nicht über die Lippen brachte.
Die Mädchen tranken auch, aber weniger. Sie waren von Natur aus zurückhaltender, passiver und ließen eher machen als dass sie etwas machten, lachten und glucksten, wiesen sanft zurecht oder wehrten endlich ab, weil sie Angst hatten, selber „übermannt" zu werden.
Manche vertrösteten einen auf später, und die Klügsten, deren einige ich nicht vergessen habe, verstanden es, just dann zu trösten, wenn Mannsein regelrecht schmerzte, lernend und gelehrig, sanft und liebevoll.
Sünde fühlt sich anders an.

Jedenfalls waren die Mädchen wunderbare faszinierende Geschöpfe, deren Gesellschaft ich genoss, wo immer es sich ergab.

Über raschelnden Petticoats trugen sie unten halblange Kleider oder Röcke, und oben Blusen oder Pullover, und im Winter mehr oder weniger dicke, nach Parfüm duftende Mäntel darüber.
Es sollten noch einige Jahre vergehen, bis die Röcke, von unten her gesehen, nur so weit reichten wie vorher die Pullover von oben, ganz zu schweigen von den die Formen der Beine enthüllenden Jeans oder gar sommerlichen Shorts, die eine Zeitlang als „Hotpants" die Modezeitschriften beherrschten.
An einer deutschen Schule in Spanien hatte die Autorität Anfang der 1970er derart Angst vor der Wirkung der in hautenge Beinkleider gezwängten weiblichen Formen, dass erwogen wurde, Vorschriften zu erlassen, wie die Schülerinnen sich zu kleiden hätten, vor allem, womit sie nicht in die Schule zu kommen hatten.
Es wurden welche buchstäblich wieder heimgeschickt.

Aber zurück zum Tagebuch: Interessant, dass wir trotz der kurzen Zeit, die bis zur Abfahrt des Zuges blieb, der einige der Mädchen in ihre Wohnorte brachte, den Weg in den finsteren Munawald fanden.
Es war verbotenes Tun, so viel steht einwandfrei fest, sonst hätte ich nicht derart ausführlich von meiner Geheimschrift Gebrauch gemacht. Dass wir in der Wirtschaft mit Mädchen zusammensaßen, wurde zuhause mit keinem Wort erwähnt, es fielen keine Namen und es wurde nichts erzählt, absolut nichts.
Spazierengehen, herumalbern, auch mal stehen bleiben zwischendurch, meistens an einem schiefgewachsenen Baum in einem der abkürzenden, engen Schleichwege, die durch den Wald führten, mehr darf man sich aber, im Januar 1956 zumindest, nicht ausmalen.
Das nasskalte Wetter setzte Grenzen, ebenso die Unerfahrenheit und, wie gesagt, die Angst. Die vermaledeite Angst.
Schade, dass man die Uhr nicht zurückdrehen kann.
Andrerseits bewegten wir uns buchstäblich am Abgrund, vielleicht nicht alle, ich aber mit Sicherheit. Ein einziger skrupelloser Halb-

krimineller, ein absolut heilloses Frauenzimmer in der Gesellschaft hätte genügt, um die Dinge kippen zu lassen.
Zu unserem großen Glück gab es keine Drogen im eigentlichen Sinn.

Waren die Mädchen weg und die Buben unter sich, so kam man zur Sache. Vom Gerstensaft beflügelt, stimmte irgendwann einer ein Lied an, und bald fielen fast alle ein, bis auf die Brummer, die nicht singen konnten.

In den Liedtexten lebte man all die unreifen Fantasien aus und kam sich ganz toll vor: „Ich ging einmal spaziehieren, um mich zu amüsiehieren, da sah ich in der Ferne ein Mädchen steh'n…" Und von dem Mädel sangen wir, das früh aufstehen und in den grünen Wald, hallihallihallo, ja grünen Wald, gehen wollte, zum Brombeerpflücken, von des Försters Knecht (dem Dummkopf) jedoch des Waldes verwiesen wird - „ist meines Herren Recht".

Der kommt auch prompt, der Herr, in Gestalt des Försters Sohn. Und dieser weiß, wie man mit unbedarften Mädchen umgeht: „Ei Maderl, setz di niehieder, hallihallihallo, ja niehieder, und pflück dein Körblein voll."

Verrucht sich wähnend warf man sich wissende Blicke zu beim Singen, und manchmal wusste einer noch einen Vers, der dann endgültig zu weit ging: „Wenn du eine böse Schwiegermutter hast, dann schick sie in den Wald, in dem Wald da sind die Räuhäuber, hallihallihallo, ja Räuhäuber, die machen deine Schwiegermutter kalt (mit Gewalt)".

Das ging so weit, dass manche vor Lachen nicht mehr singen konnten, kurz, es war eine Orgie, ein Bacchanal, Imitation natürlich auch dessen, was wir uns an der Kirchweih und bei anderen Gelegenheiten von den Älteren abgeschaut hatten. Hatte doch schon der gute alte Löhe sich in seinen Predigten und Schriften immer wieder über die Trunksucht und sonstigen Ausschweifungen seiner Dettelsauer beklagt.

Sexistisch war es auch, wenn wir beispielsweise nicht den Originaltext sangen „und die Mädels fallen ein" (beim Singen), sondern „rein, ja diese dummen Dinger, was kann das Leben Schöneres geben, wir wollen Fußballspieler sein."

Man sollte es uns nachsehen, wenn wir singend prahlten, „am Ufer der Donau" ein Mädchen gefunden zu haben, deren „schneeweißer Busen halb nur bedeckt war", und die uns danach in den Ohren lag:

„Ach Junge, ach Junge, was hast du gemacht, du hast mich im Traume zur Mutter gemacht".

Wir hatten kaum die Konfirmation hinter uns und waren, in der Gruppe zumindest, krakeelende Grünschnäbel, geschlechtsreif, wie der Biologe feststellen konnte, aber sozial unreif, würde ich heute im Rückblick konstatieren.

Was mich immer noch wundert: dass der Wirt uns nicht hinauswarf.

Aber andrerseits konsumierten wir eben, und ohne Umsatz läuft kein Laden.

Die meisten der regelmäßig Mitfeiernden hatten die Schule schon hinter sich und gingen in die Lehre oder verdienten als Angelernte gutes Geld, etwa in der Strumpffabrik Tauscher.

Die älteren trugen von dort 500 Mark im Monat heim, eine für mich unvorstellbare Summe. Dass sie mit dem Geld nur so um sich warfen, Runden schmissen und oft dem armen Schulbuben die Zeche zahlten, geht aus meiner letzten Bemerkung hervor.

Insofern waren meine musikalischen Auftritte in den Gasthäusern, die in den kommenden Monaten einen großen Teil meiner Freizeit beanspruchten, ein zweischneidiges Schwert.

Denn für die Musiker wurde ständig Freibier angeboten, in Maßen, versteht sich. Immer wieder kam der Wirt oder ein von uns begeisterter Gast mit einem oder gar zwei vollen Maßkrügen an die Bühne oder in unsere Ecke:

„Doo, drinkt gscheid, Buhm, ihr hobts verdient."

Man konnte nicht kneifen, man musste den Mann spielen.

Montag, 16. Januar 1956

Um 8 h stehe ich auf, da ich die Militärmusik vom AFN hören will.
Bis 9 h bin ich fertig, ich schaue etwas Buchführung und Physik an.
Vater kommt um halb 10 von Ansbach vom Arbeitsamt. Er ist immer noch arbeitslos. Das Wetter ist nicht so trüb wie gestern. Die Sonne scheint manchmal, und früh war es auch etwas gefroren.
Die Luft ist klar. Um 11 h kommt Mutter heim.
Sie ist noch sehr wütend wegen gestern.
Um halb 12 gehe ich in bester Laune zum Bahnhof.
Wir haben in jeder Stunde eine Mordsgaudi.
Auch im Nürnberger Zug ist Stimmung Trumpf.

Den ganzen Abend über bin ich in einer Saulaune, die noch dadurch verschlechtert wird, dass ich zum Milchholen nicht mit dem Fahrrad fahren darf. Als ich die Milch aber zahlen will, schenkt mir meine *Patin* (Anm.: bei der wir die Milch ab Hof kauften), *eine Mark. Das hat mich wieder versöhnt.*

Der Krieg war schon seit fast elf Jahren vorbei, und immer noch hatten wir, bedingt durch die teilweise Zerstörung der Schulgebäude, Schichtunterricht.

Es gab an der ORA so viele Klassen, dass sie an den Vormittagen nicht alle untergebracht werden konnten. So fuhr ich montags immer gegen halb zwölf in die Schule, die dann um 13 Uhr begann.

Der Vater musste einmal pro Woche morgens zum Arbeitsamt zum „Stempeln" fahren (vgl. Eintrag vom 5. Januar).

Die Mutter arbeitete vormittags von etwa 8 bis 11 Uhr.

Dass sie wütend war wegen der sonntäglichen Eskapaden ihres Sprösslings, kann ich ihr heute nicht verdenken. Das Dorf war klein und alles sprach sich schnell herum, und so wird sie es schon zu Ohren bekommen haben, was da in der Bahnhofswirtschaft abging und dass „ihrer" auch dabei war, bei den „Hundsbuben", den „elenden".

An dem Sünder prallte das offenbar vollkommen ab.

Alles war lustig und aufregend, die Zugfahrt in Gesellschaft Gleichaltriger und Gleichgesinnter, der Nachmittagsunterricht, der mir immer entspannter vorkam als der am Vormittag, und die abendliche Heimfahrt, die noch lustiger war, zumindest bis Wicklesgreuth, weil da auch Mädchen aus Heilsbronn mitfuhren.

Dass die Hochstimmung, das Highsein, blitzartig umschlagen konnte, um einer „Saulaune" Platz zu machen, auch das ist typisch für einen Halbwüchsigen. „Himmelhoch jauchzend…"

Und die Grenzen der Laissez-faire-Erziehung schimmern durch in der Notiz über das Verbot, mit dem Fahrrad die Milch zu holen.

Darüber setzte ich mich nicht hinweg, das nahm ich einfach hin, wenn auch wütend. Obwohl ich den Sinn dieser erzieherischen Maßnahme immer noch nicht verstehe. Aber irgendwie wollten die Eltern wohl zeigen, dass sie noch da waren und dass ich mir keinesfalls einbilden sollte, ich hätte Narrenfreiheit.

Hielten sie zusammen, so kam ich sowieso nicht gegen sie an, und um sie gegeneinander auszuspielen, war ich nicht raffiniert genug.

Die vielen Bauernhöfe, die das Dorf, noch in den 1950ern, ausmachten, kann man sich heute nicht mehr vorstellen. So war es möglich, seinen Lebenmittelbedarf, Eier und Milch vor allem, teilweise direkt beim Erzeuger zu decken.

Die Eier holte ich regelmäßig in Schlauersbach, die Milch bei Verwandten im Dorf, und zwar in einer blechernen Kanne mit einem Deckel drauf. Einen Liter fasste diese, und dafür zahlte man genau eine Mark.

Jahre zuvor hatte ich lange eine wunderschöne Kanne aus Munitionshülsen von der Muna, die mein Vater gemacht hatte. Diese

Wärmflasche, angefertigt 1946 von Johann Kohlmann

ging leider verloren, aber eine von ihm angefertigte Wärmflasche habe ich noch.

Hätten die Discounter schon damals die Hand drauf gehabt, so müsste man, wenn man die Kaufkraft umrechnet, höchstens 10 Pfennig ansetzen für die Milch von 1956.

Ein Hoch auf unsere Milcherzeuger, die immer noch unendliche Geduld zeigen angesichts der inzwischen eingetretenen Geringschätzung ihrer Leistung! Die meisten Leute legen ja, ohne mit der

Wimper zu zucken, mehr hin für irgendein braunfarbiges Energy-Gesöff als für die Männer munter machende Emulsion.
Irgendwann erwog die Regierung, den Kauf der Milch ab Hof zu verbieten, wahrscheinlich nicht zuletzt wegen der häufig vorkommenden Tuberkulose und Brucellose und wie die den Rinderstall heimsuchenden Schreckgespenster sonst noch hießen.
Imponiert hat mir damals ein Dettelsauer Arzt, der seinen Protest gegen diese unsinnige Verordnung folgendermaßen ankündigte:
Dann kaufe ich mir eben bei meinem Bauern – das waren meine Verwandten - eine von den Kühen, die er im Stall stehen hat, und dann ist das Milch von meiner Kuh, und wenn ich die selber trinke, geht das niemand was an.
Das nennt man kreativen Widerstand gegen eine ausufernde Bürokratie, davon bräuchten wir heute mehr.

Dienstag, 17. Januar 1956

Im Zug früh ist es nix, da mir Matz die Laune versaut.
Beim Pfaff wieder Mordsermahnungen.
In Musik Deutschlandliedvariationen gehört.
Heute in 8 Tagen fahren wir in den Freischütz.
In Geschichte drangekommen über die Sozialisierung der Produktionsmittel.
Mir ist es ganz gut vorgekommen, aber der Gei hat gesagt, das sei nichts Besonderes. Naja, die Geschmäcker sind verschieden.
Da heute das Wetter so schön ist, strahlender Sonnenschein und sehr mild, gehe ich mit Helmut spazieren in die Muna.
Beim Tauscher wird gebaut. Am Bad unten treffen wir auf Erich und Buzzl. Nach einem großen Rundgang sind wir um halb 5 wieder im Dorf. Ich schreibe mir ein paar Spicker für die morgige Buchführungsschules und mache etwas Bio.
Für Romeo und Julia heute Abend haben wir keine Karten mehr gekriegt. Um 9 h bin ich im Bett.

Ich weiß beim besten Willen nicht mehr, wer mir damals im Zug die Laune „versaut" hat. Es steht ein Spitzname im Tagebuch, mit dem ich heute absolut nichts anfangen kann.
Vielleicht war es ein Mitschüler, den ich nicht leiden konnte.
Auch mit dem Pfarrer stand ich die meiste Zeit auf Kriegsfuß.

Er konnte mich einfach nicht für sich gewinnen. Schade, dass wir nie ein produktives Gespräch unter vier Augen führten. Immer nur ermahnen und beschimpfen vor den anderen, das führt zu nichts.
Es machte mich nur verstockt, weil ich ja nicht mein Gesicht verlieren wollte. Die Initiative zu einem vertraulichen Gespräch hätte von ihm ausgehen müssen. Ich war doch nicht taub.
Dagegen verstand ich mich sehr gut mit allen Musiklehrern, wahrscheinlich weil ich gut singen konnte und mich oft lebhaft am Unterricht beteiligte. Zur Musikstunde mussten wir wandern.
Dort, im Musiksaal, gab es keine Tische, sondern nur Bänke ohne Lehnen wie im Biergarten. Singen, Musiktheorie, Harmonielehre und Musikgeschichte, das waren die wesentlichen Inhalte.
Jeder unserer Musikpädagogen konnte auf dem großen Flügel, der auf einem Podest stand, das Gelehrte demonstrieren.
Manche sangen sogar zu ihrem Klavierspiel und interpretierten bekannte Arien aus der Opernliteratur.
Geeignete Buben durften auch im Chor mitsingen. Ich erinnere mich lebhaft an eine Aufführung der Carmina Burana von Carl Orff, bei der ich begeistert mitwirkte, schon wegen der die Fantasie anregenden mittelalterlichen Texte: „Chum, chum, chum geselle min…chum suzer rosenfarwer munt, chum und mache mich gesunt" und „Swaz hie gat umbe, das sind alles megede, die wellent an (ohne) man alle alle alle diesen sumer gan, ahhhhh…"
Auch die lateinischen Texte kann ich teils noch auswendig: „O fortuna velut luna statu variabilis…" und „Hinc hinc hinc equitavit…" (er ist geritten von hinnen, d. h. davon).
Begeistert sang ich bei der ganzen Liedersammlung noch einmal mit in einem aus der Schülerschaft und dem Lehrerkollegium bestehenden Chor im Palau de la Musica in Barcelona.
Das war rund fünfzehn Jahre später.
Unser Ansbacher Musikpädagoge namens Gottfried Wutzler, ein gemütlicher Sachse, nahm zwei Opern mit uns durch: den Freischütz und Die Entführung aus dem Serail.
Beide sahen wir dann im Nürnberger Opernhaus.

„Schreiben ist ein Rettungsring, um zu überleben", sagte Martin Walser gemäß den NN vom 14.01.2016, und für mich war das sicher schon 1956 der Fall. Ich tröstete mich über schulische Misserfolge, wie man oben sieht, mit flapsigen Bemerkungen, die ich meinem schwarzen Büchlein anvertraute.

Durch den ständigen Umgang mit Gleichaltrigen, die ins Berufsleben übergetreten waren, ließ mein schulischer Ehrgeiz in jenen Wochen drastisch nach, was sich allmählich auch in den Noten niederschlug.
Hätte ich nicht durch die Einser in den Sprachen, die mir quasi ohne mein Zutun zufielen, ausgleichen können, so hätte ich mit Sicherheit eine Ehrenrunde drehen müssen.

Welche Gebäude der Firma Tauscher damals schon standen, weiß ich nicht genau. Jedenfalls lief die Produktion bereits seit Jahren auf Hochtouren. Die hier erwähnte Bautätigkeit fand auch im August noch statt, als ich mich dort als Ferienarbeiter am Bau einer Maschinenhalle beteiligte. Dazu mehr in ein paar Monaten.
Einer meiner Freunde nahm mich einmal mit in eine niedere Halle, wo die Strümpfe hergestellt wurden. Es war sehr laut, nur daran kann ich mich erinnern.
Etwa ein Dutzend lange Strick- oder Wirkmaschinen standen in einer langen Reihe und machten einen Höllenlärm. An den Maschinen war derart viel stampfende und kreisende Bewegung, dass man gar nicht wusste, wo man hinschauen sollte.
Die Firma Tauscher exportierte auch in andere Länder Europas, unter anderem nach Großbritannien. Das weiß ich aus erster Hand, weil mich der Chef einmal, als ich 1958 während der Sommerferien im Versand arbeitete, ins Büro holte.
Er hatte gehört, ich lerne Englisch in der Schule, und es gäbe ein paar Geschäftsbriefe zu übersetzen.
Nach getaner Arbeit lobte er mich und schenkte mir ein paar Herrensocken. Die Arbeitszeit war ja entlohnt, weil ich während dieser Stunden keine Pakete fertig machte.

„Spicker", das waren Spickzettel, die man anfertigte und während einer Arbeit bereit hielt. Man konnte ja nicht alles im Kopf haben.
Schlimm nur, wenn eine solche Gedankenstütze entdeckt wurde.
Dann gab es gnadenlos die Note sechs.
Der Betreffende war fertig mit seiner Schulaufgabe und konnte nur noch dasitzen und Daumen drehen.
Ich habe das erlebt, nicht selber, weil ich eigentlich nie dazu kam, meine Spicker zu verwenden, so viel wusste ich zu schreiben.
Sehr wohl aber erinnere ich mich an die Tragödien, die sich im Klassenzimmer abspielten, wenn andere erwischt wurden. Da gab es

Tränen und inständiges Flehen „Bitte, bitte nicht, Herr Professer, bittebitte nicht!"
Das war so aufwühlend, dass man meinte, der Ertappte würde sich unmittelbar nach der Schule das Leben nehmen.
Note Ungenügend wegen Unterschleifs, das war eine kaum zu verkraftende Schande.
Im Herbst 1956 stießen ein paar Mädchen aus Gunzenhausen zu uns, weil man dort kein Abitur ablegen konnte.
Eine davon hatte sich offenbar für die Physikschulaufgabe ein paar Formeln bereitgelegt, was entdeckt wurde.
O Gott o Gott!
Wir konnten kaum noch arbeiten, so ein Theater gab das.
Vor allem erinnere ich mich, dass der Lehrer – es gab ja im Kollegium kaum eine Frau – sich maßlos empörte, dass ausgerechnet ein Mädchen! Und sie solle sich schämen und er sei maßlos enttäuscht über so ein betrügerisches Verhalten, und das ausgerechnet von einem Mädchen!
Wenn ein Wort so oft fällt wie in jener Situation damals, dann nimmt es einen komischen Klang an. Wieso muss hier eine Diminutivform verwendet werden? Es handelt sich ja bei „Mädchen" um eine Verniedlichung des Wortes „Magd".
Konsequenterweise müssten dann die Knaben, oder Buben, sage ich lieber, weil ich ein Franke bin, „Knechtchen" heißen oder Knechtlein". Aber nein, sie waren die Herren.
Spickten sie, so war das offenbar weniger schlimm.
Zu diesem Thema gehört auch, dass unverheiratete Frauen als „Fräulein" galten, abgekürzt und verballhornt zu „Freun":
das „Freun Hegel", oder das „Freun Beutner", wie eine kleine unverheiratete Dame hieß, die meinem Geburtshaus gegenüber in der Bahnhofstraße 14 mit einigen Lehrmädchen eine Schneiderwerkstatt betrieb.
Da ich nur über die Straße zu gehen brauchte, besuchte ich sie manchmal. Einmal allerdings ärgerten mich die Mädchen.
Ich war vielleicht neun oder zehn und musste eine Hose von meinem Vater hinbringen zur Reparatur. Die Schönen waren offenbar zum Scherzen aufgelegt, weil sie sich alle köstlich amüsierten über mich, der ich überhaupt nicht amüsiert war, als eine von ihnen zu mir sagte: „Gell, des konn dei Vadder net. Der konn hächstns a Blechhusn flickn!"

Einen Stock tiefer, in der ehemaligen Schmiede, war damals das Milchhaus untergebracht, und die Leute standen jeden Tag an, um sich Milch zu holen, die von meiner Großtante aus einer großen Kanne geschöpft wurde.

Große Milchkannen vor dem Milchhaus, Bahnhofstraße 14.
Mir wird gerade vom Cousin der Hut zurechtgerückt.
Foto von 1943.

Wie schon erwähnt, fertigte mein Vater im Hinterhof des alten Pfarrhauses, im Löhehaus, Töpfe und Kannen und Wärmflaschen aus Blechabfällen an.
Das wussten insbesondere die Flüchtlinge zu schätzen, die alles verloren hatten und anfangs über keinerlei Hausrat verfügten.
Für mich hatte er eine glänzende goldfarbene Milchkanne gemacht, und wenn ich dran war, sagte meine Großtante laut vor allen Leuten: „Etz kommt der Keenich, mit der goldnen Kanna!"
Mein Selbstbewusstsein war wieder im Gleichgewicht.

Bekam man für einen Film keine Karte mehr, so war das eine maßlose Enttäuschung. Was sollte man nun mit dem Abend anfangen?
Ich habe bei Google herausgefunden, dass jene Romeo-und-Julia-Fassung eine italienische Produktion von 1954 gewesen sein muss.
Tags darauf konnte ich sie dann in den Sonnenlichtspielen sehen.

Mittwoch, 18. Januar 1956

Eltern Hochzeit 1940
Früh im Zug ganz gut. Ich muss das Papier kaufen für die Schules.
Kommt das Stück auf 4 Pfennig.
Als wir im dekorierten Augustinerkeller sind, kommt der K. und jagt uns in den Regen hinaus. Auf der Straße ist ein fürchterliches Glatteis. Wir gehen in die Augustinerwirtschaft und trinken ein kleines Bier. Ich turne immer noch nicht mit.
Sitze unten und mache Arbeiten.
In der Schulaufgabe (Wirtschaftslehre) 3 Buchungsfälle zu bearbeiten: Gehaltsauszahlung, passive Rechnungsabgrenzung und zweifelhafte Forderungen.
Bin nicht zum Spicken gekommen.
Habe bestimmt nichts Besseres als 4.
In der Mathestunde ist ein Zeitungswurm gekommen und hat Zeitaufnahmen von uns gemacht, da sein Blitzlicht hin war.
Um 11.15 gehen wir zu dritt zum Lastinger und heben einen.
Um viertel 1 im Chor. Singen Ave verum corpus von Mozart.
Um 1 h in Latein. Um halb 3 fahre ich heim, da das Wetter so mies ist. Im Zug Bärbel. Haben uns gut unterhalten.
Sie geht jetzt mit Karl.
Nachmittags ist gar nichts los. Es regnet. Abends bin ich im Kino: Romeo und Julia.
Ein großartiger Film, der Eindruck hinterlässt. Gestopft voll.

Es war somit der sechzehnte Hochzeitstag meiner Eltern.
Insgesamt waren sie sechsundzwanzig Jahre miteinander verheiratet, da mein Vater im März 1966 starb, einundsechzig Jahre jung.

Sie hatten in Nürnberg geheiratet, wo sie sich auch kurz vor Beginn des Krieges kennen gelernt hatten.

Direkt neben der Oberschule, dem Bahnhof gegenüber, war ein kleines Geschäft: Schreibwaren Gahlert oder so ähnlich.
Dort wurde das Papier für die Schulaufgaben gekauft. Auch Lektüren holten wir dort oft in Klassenstärke im Auftrag der Lehrer.
Die Gahlerts, an die ich mich gut erinnere, hatten den richtigen Riecher für einen optimalen Standort gehabt, als sie dort, in den halben Ruinen um den Ansbacher Bahnhof herum ihren Laden einrichteten.
Eine Zeitlang gab es dort auch einmal eine Jugendzeitschrift im Format DIN A 5 mit dem Titel „Das Zelt" zu kaufen, in der regelmäßig alles enthalten war, was einen zwölfjährigen Knaben interessierte. Ich ließ keine Nummer aus, habe aber leider irgendwann alle weggeworfen.
Wie schon einmal erwähnt, war der Augustinerkeller, wo wir wegen Platzmangels unterrichtet wurden, im Fasching dekoriert, und ein paar Mal waren sogar bei Unterrichtsbeginn die Spuren einer vorausgegangenen Feier noch vorhanden. Das würde heute garantiert die Helikopter-Eltern auf die Barrikaden rufen. Damals scherte sich kein Mensch darum. Zuhause erwähnte ich das nicht einmal.

Der Pressevertreter, der uns an jenem 18. Januar dort fotografierte, sollte vielleicht darüber berichten, aber ich hörte weiter nichts davon. Sein Blitz funktionierte nicht, deshalb musste er länger belichten, und wir hatten stillzusitzen.

Gegen 7.15 Uhr kam unser Zug schon in Ansbach an, und dann mussten wir, die Pendler aus allen Richtungen, die Zeit bis zum Unterrichtsbeginn im Aufenthaltszimmer in der Schule verbringen.

Da wir Anfang 1956 sowieso in der Gastwirtschaft unterrichtet wurden, marschierten wir gleich dorthin und gingen in den im Keller befindlichen Raum. Das war aber nicht erlaubt, und so wurden wir vom Hausmeister der ORA, der wohl kontrollieren musste, in den Regen hinausgejagt. Dass wir sauer waren, lässt sich denken.

Im ehrwürdigen Gymnasium Carolinum, wo wir 1953 oder 54 auch ein paar Monate ausgelagert waren, saßen wir an einem kalten Wintertag 1955 nahe dem bullernden Ofen in dem als Warteraum fungierenden Klassenzimmer und machten Hausaufgaben. Es war gegen dreiviertel acht und schon ein bisschen dämmerig, als plötzlich das Licht ausgeknipst wurde. Ich sah nicht auf von meinem Heft und schrie „Du bleeder Hund, mach des Licht uh!", wähnend, es handle sich um einen der üblichen Streiche eines Mitschülers.

Da wurde es auf einmal verdächtig still im Klassenzimmer, und als ich meine Augen erhob, stand ein gesetztes Mitglied des Caro-Lehrerkollegiums vor mir, ein richtiger Gymnasialprofessor.

Da rutschte mir aber das Herz in die Hosentasche. Allmächt naa! Nur durch Ziehung sämtlicher Register meiner rhetorischen Fähigkeiten konnte ich ihn besänftigen und einer Schulstrafe entgehen.

Wie man sieht, „versüßten" wir uns den Vormittag gleich zweimal mit Biertrinken, kein Wunder, wenn man uns im Gasthaus unterbrachte.

Der „Lastinger" war allerdings ein Stück davon entfernt, direkt dem Bahnhof gegenüber. Er wurde auch „Schnellgaststätte" genannt.

Das war eine der damals billig hingestellten Holzbaracken mit ganz niedrigen Decken, wo die Arbeiter schnell einkehrten, bevor sie zum Zug gingen.

Das Poltern der Stiefel auf dem Holzfußboden, wenn viele Männer hereinkamen und sich den Schnee abklopften, höre ich heute noch.

Wer geht mit wem? Wer hat sich neu orientiert. Wo wäre eine Möglichkeit, ein neues Techtelmechtel anzufangen? Das waren die Fragen, die einen außerhalb der Schule beschäftigten, wie man dem

Eintrag entnimmt. Ich machte des Öfteren Avancen bei den im Zug mitfahrenden Mädchen, bekam aber auch viele Körbe, weil sie entweder in festen Händen waren bzw. junge Männer, die schon im Berufsleben standen und Geld verdienten, vorzogen.
Miteinander gehen, das war der Ausdruck.
Der geht mit der sowieso und die geht mit dem usw.
Da niemand ein Auto hatte, traf das ja buchstäblich zu.
Die Paare spazierten im Sonntagsstaat stundenlang das Dorf auf und ab, hin und her, oder gingen, wenn's ein bisschen mehr sein durfte, wie es die Wurstverkäuferinnen zu formulieren pflegen, in den Wald.
Da waren, ungelogen, Wanderungen von sechs und mehr Kilometern drin.
Ein Zusammenleben kam, selbst bei innigstem Intimsein, überhaupt nicht in Frage, und dass man in der Wohnung des Freundes oder der Freundin übernachtete, selbst wenn es in getrennten Zimmern gewesen wäre, verbot der Kuppelparagraph.
Die Eltern hätten sich strafbar gemacht.

Wer sich Motorisierung in irgendeiner Form leisten konnte, war im Vorteil. Oft blieb ich allein auf der Bank der Grünanlage in der Bahnhofstraße zurück, wenn die jungen Männer am Samstag- oder Sonntagnachmittag ihre Mopeds oder auch schon Motorräder aufheulen ließen, die Mädchen sich elegant und schwungvoll hinten draufsetzten und ihre Helden umklammerten, und ab ging die Post, wer weiß wohin…

Manchmal tröstete mich das Kino.
An den Film über die tolle, von Shakespeare dramatisierte Liebesgeschichte habe ich aber nicht die geringste Erinnerung, wahrscheinlich weil die Fassung mit Leonardo DiCaprio von 1996, die ich mehrmals anschaute, alles überlagerte.
Nur die Tiefenpsychologie könnte eventuell herausfinden, wie diese Tragödie bei einem Fünfzehnjährigen rüberkam.
Noch als Englischlehrer wühlte mich diese sehr auf, immer wenn ich sie - mehrmals geschah das im Originaltext - „behandelte".
Warum konnte Julia nicht eine Minute, eine einzige Minute früher aus ihrem scheintodähnlichen Schlaf erwachen? Diese schicksalhafte Minute, in der sich alles entscheidet, und durch die zwei blühende Menschenleben vernichtet werden, lässt mich nicht los.
Wie schön wäre das, wenn sie, kurz bevor ihr Romeo in seiner Verzweiflung über den Tod des Liebsten, was man auf der Welt hat, von dem Giftfläschchen trinkt, die Augen aufschlüge in der schaurigen Gruft und sagte: „Ich bin nicht tot, mein Schatz. Ich habe nur geschlafen. Komm, wir wollen leben!"
Aber dann wäre natürlich das Stück „tot" und es gäbe diese furchtbar traurige Liebesgeschichte gar nicht. Alles wäre in Butter.
Quatsch. Die Montagues und die Capulets wären sich immer noch spinnefeind.

„Es war ein Sonnabend, ganz in der Frühe, um halb sieben Uhr, als Du, meine liebe kleine Erni, in Deinen Geburtsort Drahthammer, das Licht der Welt erblicktest.
Diesen Tag werde ich in meinen Leben niemals vergessen.
Die Straszen glatt wie ein Spiegel, dazu eine eisige Kälte. Kein Mensch, weder Arzt noch Hebamme wagten sich auf die Strasze.
Vati hatte schon die ganze Nacht hindurch unsere ziemlich grosze Schlafstube geheizt, damit sie angenehm warm war. Ich fror trotzdem im warmen Bett ganz jämmerlich an die Füße. Als dann endlich um halb acht Arzt und Hebamme eintrafen, um mir Hilfe zu bringen, muszten sie sich erst einmal die Hände am Ofen wärmen, damit sie was anfaszen konnten.
Dort, in Drahthammer, verlebtest Du dann mit Deinen beiden Geschwistern Deine ersten vier Kinderjahre.

Dann kam der in der Geschichte unauslöschliche zwanzigste Juni 1945, wo Du, ja wir alle, unsere geliebte unvergeszliche Heimat für immer verlassen muszten. Die schon vorherige Zeit vom 14. Februar an, die Schrecken, Scham und Schande über uns alle brachte, werde ich niemals vergessen."

Dies ist jetzt kein Zitat aus meinem Tagebuch von 1956, sondern ein Ausschnitt aus einem Brief meiner Schwiegermutter vom Januar 1964, zum achtzehnten genau, als sie ihrer Tochter zum 23. Geburtstag gratulierte.
Was es doch für Zufälle gibt im Leben.
Ob sie wohl in dem kleinen Heidedorf geblieben wäre, die 1941 geborene Brandenburgerin, wenn alles anders gekommen wäre? Und wer wäre dann heute ihr Mann? Und wen hätte ich abbekommen?

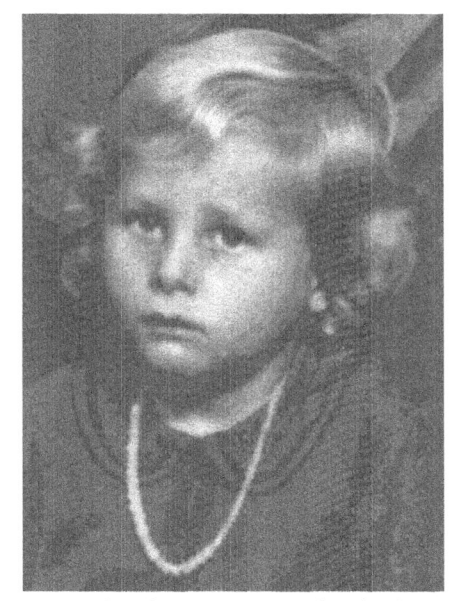

Donnerstag, 19. Januar 1956

Bin sehr verschlafen, da das Kino gestern erst um 11 Uhr aus war.
Beim Franz habe ich mich heute etwas dumm angestellt.
Er wird es mir aber nicht anrechnen.
In Erdkunde auch drangekommen. Hab alles ganz gut gewusst.
In Deutsch hat er mich auf die letzte Bank gejagt.
Im Zimmer C ist eine furchtbare Hitze (Anm.: großer Ofen).
Und die Sonne versendet glühenden Brand, durchs Fenster.
Draußen ist es empfindlich kalt. Schwere Wolken jagen am Himmel dahin, aber die meiste Zeit scheint die Sonne.
Um halb 5 muss ich zur Schirmbilduntersuchung.
Es geht alles sehr schnell.

Abends gehe ich zur Frau Missionar Schuster und hole mir etwas Material für mein Referat am 7. Februar. Ich bekomme Concordia-Hefte, die er selbst geschrieben hat (Anm.: Missionsinspektor Adam Schuster).
Um 8 Uhr in die Singstunde. Wir lernen 2 neue Heimatlieder.

Ständige Müdigkeit war ein großes Problem für mich in der Schule, vor allem, wenn dann noch der Unterricht langweilig war.
Irgendwann fand ich heraus, dass mir das Kauen von Kaffebohnen etwas dabei half, wach zu bleiben.
Wieder wurde ich nach hinten verwiesen, dazu verdammt, allein auf der letzten Bank zu sitzen, diesmal nicht vom Religionspädagogen, sondern von meinem Deutschlehrer, bei dem ich eigentlich einen Stein im Brett hatte.
Wahrscheinlich hatte ich mich mit meinem Nachbarn unterhalten.
In der Grundschule wurde der Platz ganz hinten die „Eselsbank" genannt. Es gab Lehrer, die einen Buben dorthin für das ganze Jahr verbannten.
Manchmal mussten die "Esel" auch den Ofen beschicken, der hinten stand. Dort lagerten Holz und Briketts, und der unmittelbar daran Sitzende musste gelegentlich nachlegen.
Die Lehrer waren ja nicht immer zu beneiden, denn aufmüpfige Buben gab es schon damals zuhauf.
Hinzu kam, dass die Klassenstärken sehr hoch waren. Als ich an der Oberrealschule Ansbach anfing, gab es vier erste Klassen mit jeweils 40 bis 54 Schülern. Besonders die letzte Zahl ist unvorstellbar, und doch schwarz auf weiß im damaligen Jahresbericht zu lesen.
Hinzu kam, dass von den 177 Buben dieser vierzügig geführten Jahrgangsstufe 26 keinen Vater mehr hatten.
Das sind rund 15 Prozent.
In der Spalte „Stand und Wohnort der Eltern" findet sich in diesen Fällen als Beruf des Vaters beispielsweise mehrmals die Angabe „Oberleutnant" oder „Feldwebel", auch „Hauptfeldwebel" und „Major", einmal „Oberzahlmeister" und einmal „Rittmeister", daneben ein Kreuz in, wie gesagt, 15 Prozent aller Fälle.
„Gefallen" hieß das. Die Mutter nannte man eine „Kriegerwitwe".
Dass die Kriegerwitwen manchmal auch noch aufdringliche Mannsbilder abwehren mussten, weiß ich aus erster Hand, so etwa, wenn eine entfernte Verwandte meiner Mutter immer von dem „alten

Schmierer" sprach, wenn sie auf einen gewissen Bekannten zu sprechen kam.
Was die Abwesenheit des Vaters in der Erziehung bedeutet, harrt noch der Erforschung durch Psychologen.
Diejenigen Buben und Mädchen jener Jahrgänge, deren Väter lebend aus dem Krieg heimkamen, hatten ja auch die Frühkindheit überwiegend allein mit der Mutter und den Geschwistern verbracht.
Mein eigenes Beispiel: vom Frühjahr 1940 bis Frühjahr 1945 war mein Vater die meiste Zeit in Westfrankreich unterwegs (Normandie, Bretagne), später auch in Berlin. Er war schon 36 Jahre alt und hatte sich keineswegs freiwillig gemeldet.
Von meiner Geburt im Juni 1940 erfuhr er durch eine Feldpostkarte.
Ein paarmal kam er für wenige Tage nach Neuendettelsau, um hier einen Urlaub zu verbringen, das war alles.
Meine wesentlichen Bezugspersonen waren die Mutter und die Großeltern.
Auch in den zweiten (sechsten) Klassen der Oberrealschule Ansbach hockten 1950 jeweils bis zu 51 fränkische, schlesische und ostpreußische Buben.
Wie behalfen sich die unerfahrenen Männer, die erst gerade von Krieg und Gefangenschaft zurückgekehrt waren und ein Schnellstudium absolviert hatten, bei dem jegliche pädagogische Komponente fehlte? Sie straften, wenn die Kinder nicht parierten, so wie sie es im Militärdienst vorgemacht bekommen hatten.
Sanktion Nummer eins war die Isolation auf der letzten Bank.
Die nächste Stufe der Eskalation war ein Verweis, also eine Mitteilung an die Eltern.
Kam der Rabauke dadurch immer noch nicht zur Besinnung, so erteilte das Direktorat einen verschärften Verweis.
Auch der sogenannte „Arrest" diente zur Disziplinierung.
In Ausnahmefällen, wenn sie die Nerven verloren - für 1953 habe ich dazu noch Tagebucheinträge - schlugen sie auch zu:
„…ist wieder übergeschnappt" notierte ich mehrmals.
Manche Lehrer nahmen in ihrer Not Zuflucht zu Kollektivstrafen, indem sie für die ganze Klasse Arrest anordneten.
„Ich sperr euch alle ein!" war eine häufig ausgesprochene Drohung.
Im Juni 1953, da war ich gerade dreizehn, erhielt ich einmal Privatarrest von dreiviertel zwei bis halb drei wegen Chorschwänzens. Dass ich dann von drei bis fünf Uhr ohne Anschluss in Wicklesgreuth saß, interessierte niemanden. Gelegentlich machten

wir uns in dieser Lage zu Fuß auf den Heimweg und liefen auf dem Gleis über Petersaurach den ganzen Weg nach Neuendettelsau.
Dumm war nur, dass der Abstand zwischen den hölzernen Schwellen so gar nicht zur Schrittlänge eines Kindes passte.
Für den 30. Mai 1953, einen Samstag, habe ich in meinem Notizbüchlein verzeichnet:
„U. (Anm.: der Englischlehrer) spinnt, er gibt uns von halb zwölf bis halb eins Arrest, aber manche hauen ab".
An einem anderen Tag, ebenfalls im Juni 1953, lese ich:
„In Englisch bekommt die halbe Klasse Arrest".
Nachsitzen nannte man das auch, und es wäre durchaus sinnvoll gewesen, wenn man dabei etwas gelernt hätte, d. h. wenn der Lehrer die Klasse unterrichtet hätte, vielleicht mal ein bisschen anders als üblich, kreativer.
Aber es wurden, wenn überhaupt, nur absolut kontraproduktive Tätigkeiten angeordnet wie etwa das hundertfache Schreiben des Satzes: „Ich darf im Unterricht nicht schwätzen."
"Hermann muss 10 Seiten abschreiben" heißt es einmal in meinen Notizen.
Als ich, im Herbst 1964, die Seiten gewechselt hatte und selber vor der Aufgabe stand, mit bis zu vierzig munteren künftigen Leistungsträgern zurechtzukommen, ihnen gar noch etwas beizubringen, fiel mir ein paarmal nichts Besseres ein, als Unbotmäßige zu einem kleinen Aufsatz zu verdonnern. Zu meiner Entschuldigung sei angeführt, dass ich da noch sehr jung und unerfahren war.
Der „geneigte Leser" möge selber urteilen, ob das pädagogisch klug war oder nicht.
Auf jeden Fall brachte es mir in einem Fall ein kleines Dokument ein, das ich in meinem Archiv nicht missen möchte.
Die Antwort auf die Frage "Wie verhält man sich richtig im Unterricht?" löste ein dreizehnjähriger Schüler an einer deutschen Auslandsschule Anfang der siebziger Jahre des vorigen Jahrhunderts wie folgt:
(Anzumerken ist, dass es sich um ein Kind handelt, für welches Deutsch eine Fremdsprache darstellt. Die Rechtschreibung habe ich, wo nötig, geändert und angepasst.
Die spanische Grammatik und Syntax schimmern überall durch.
Zum Vokabular ist zu bemerken, dass "la clase" (kein Doppelkonsonant!) im Spanischen nicht nur die zu unterrichtende Gruppe bedeutet, sondern auch "Unterricht" sowie "Klassenzimmer".

Außerdem steht "können" für "dürfen". "Man kann nicht" bedeutet so viel wie "man darf nicht": no se puede.)

Exkurs Nr. 2

DIE ORDNUNG IN DIE KLASSE

Besinnungsaufsatz von 1972

In eine Klasse kann man nicht schreien, auch nicht Kreide werfen und nicht Papiere werfen.
Solche Sachen stören die Schülern und die Professoren.
In die Klasse muss man in die Stunde nicht reden. Wir sollen die Klasse hören und nicht spielen, sondern immer studieren, sonst der Schüler bekommt ein Arrest, ein Strafarbeit oder ein Aufsatz.
Wenn der Herr Professor hinein in die Klasse geht, sollen die Bücher, Hefte, Bleistifte, Gummi, Kugelschreiber und der Füller, alles, was wir brauchen, auf den Tisch.
Dann soll nicht in die Stunde Geräusche machen, weil wir die Sachen von unsere Stunde brauchen.
In die Klasse muss man nicht schlecht sitzen oder die Stuhl zittern.
Auch den Tisch sollen wir nicht zittern.
In die Klasse kann man nicht kämpfen.
Auch im Garten können nicht kämpfen.
Wir können nicht Steine werfen, weil ein Stein kann durch der Auge gehen und dann der Junge mit dieses Auge nicht mehr sehen kann.
Im Garten können wir nicht sehr schnell rennen, weil wer rennt und ein anderes Kind stoßt mit wer rennt, können sich Weh machen.
Alles was im Garten machen ist schlecht, sehr schlecht.
Im Turnen sollen wir die Übung machen, alles was der Lehrer uns zeigt und sagt. Also, wir sollen nicht den Ball holen, wenn der Lehrer nicht da ist. Solche Fehler von die Ordnung in Turnen bekommen Strafen (Arrest, Aufsatz).
In die freien Stunden muss man nicht schreien und nicht Fußball spielen. Das stört die anderen Klassen, die studieren.
Wenn die freie Stunde ist die erste Stunde, muss man zu Hause bleiben, aber wenn die freie Stunde ist die letzte Stunde, dann müssen wir nach Hause gehen.

Wenn wir nicht wegfahren können, dann müssen wir in Ruhe sein oder in die Klasse die Übungen schreiben.

Wenn es klingelt, können wir nach die Klasse gehen, aber wenn nicht geklingelt hat, können wir nicht nach die Klasse gehen.

Nach die Stunden sollen wir nach Hause gehen, nicht im Garten Fußball spielen oder Übungen schreiben, sonst bekommen wir Strafe.

In die Pause, wenn es klingelt, sollen wir nicht im Garten bleiben und nicht Klasse machen.

In die Klasse muss man nicht Bleistift auf den Boden fallen lassen oder Gummis oder Papiere. Die Papiere sollen im Papierkorb sein.

Immer sind Papiere in die Stunde vom Malen, aber die Klassenordner holen die Papiere, aber die Klassenordner müssen gehilft werden, weil sie haben viel Arbeit.

In die Klasse müssen die Schüler nicht sich stören, sonst bekommen eine Strafe.

Die Schüler sollen nicht an die Tafel schreiben, wenn der Lehrer ihnen nichts sagt.

Wir sollen immer nach die Kirche gehen und die Messe hören.

Für die Messe hören haben wir eine Stunde von Messe, aber einige sind dumm und gehen nicht zur Messe.

Ist ein großer Fehler. Es gibt Tadel.

In der Messe muss man nicht sprechen, das stört die Messe.

Der Herr R. macht eine Liste von die Jungen, die nach Messe gehen, und wer nicht in der Liste ist, hat nicht zur Messe gegangen.

In der Treppe spielt man nicht, sonst können wir die Treppe runterfallen. Das ist sehr gefährlich.

Wenn wir eine freie Stunde haben, darf man nicht im Sportplatz Fußball spielen mit ein Ball von der Schule.

Wenn wir Musikklasse haben und der Lehrer soll nach eine andere Klasse gehen, wir sollen still sein. Nicht mit dem Klavier oder mit die Pauke spielen. Es gehen die Instrumenten kaputt.

In die Klassen von Englisch und in die Religionsstunde kann man nicht in eine Klasse von Englisch sitzen neben Hans und in die andere Klasse neben Wolfgang.

Wir sollen auch nicht im Klassenbuch schreiben.

Nur die Lehrer können im Klassenbuch schreiben.

Auch in die Klassenarbeitshefte können wir nicht schreiben.

Wenn ein Klasse ein Fenster hat, muss man nicht Papiere und alles durch das Fenster werfen. Das ist ein Fehler.

In die Pause der Klassenordner muss in die Klasse bleiben, aber ein anderer Junge nein. Auch wenn es Pause ist, darf man nicht nach die andere Klasse gehen, sonst bekommt man ein Tadel.
Mit drei Tadel ein Arrest, mit drei Arrest weg von der Schule.

So einfach war das. Vor sechsundvierzig Jahren.

Die Schirmbilduntersuchung, auch Röntgenreihenuntersuchung genannt, war Pflicht. Dadurch sollten die immer wieder vorkommenden Fälle von Tuberkulose erfasst werden. Da mein Großvater stets mit Bronchitis zu tun hatte, war ich in jenen Jahren nie ganz frei von Angst vor dieser schlimmen Krankheit. Mehrmals musste ich sein morgendliches Sputum, in kleinen zugestöpselten Glasröhrchen untergebracht, zum Gesundheitsamt in Ansbach bringen.
„Khuest hat der!" sage meine Großmutter, da waren sie beide schon über achtzig. „O Lieberla naa, hat der khuest, sei Lebm lang.
Ich hobb net denkt, dass der su alt werd."
Da hatte sie noch ein Jahr zu leben, und er noch etwa zwölf.
Siebenundneunzig wurde er, mitsamt seiner ewigen Husterei, die einen in Angst und Schrecken versetzte, so furchtbar klang sie.
Dabei war er aber Nichtraucher, wohl gemerkt, hundertprozentiger.
„Du schwindsüchtigs Zigerettenberschla" wurde man zuweilen mehr oder minder humorvoll angegangen, was auch nicht gerade zu meiner Beruhigung beitrug.
Nach einer schlimmen Lungenentzündung als Zwölfjähriger überwies mich der Hausarzt einmal zum Lungenspezialisten in Ansbach, mit einem verschlossenen Brief. Ich weiß noch, dass ich den ganzen

Weg so bedrückt hinter mich brachte, als hätte ich mein Todesurteil in der Jackentasche. Jetzt ist es passiert. Jetzt musst du wochen- oder gar monatelang in die Heilanstalt. „Strüth" wurde in solchen Fällen als Menetekel an die Wand gemalt. Die Klinik gehörte damals noch nicht den Dettelsauern. Ich konnte mir nicht vorstellen, dass in der Depesche irgendetwas Bangloses drinstehen könnte.
Hätte der Doktor nicht ein wenig mit mir reden können?
Aber nein. Die Weißkittel jener Generation machten auf geheimnisvoll, sie wollten sich nicht in die Karten schauen lassen.
Und so schickte man einen Zwölfjährigen los, mit seinen Ängsten, die ihn fast wahnsinnig machten.
Eine Bekannte meiner Mutter machte Jahre darauf das Kraut gar fett, als sie mich, den Abiturienten, nachdem ich ihr meinen Berufswunsch eröffnet hatte, vor dem langen Studium warnte:
Du hast doch gar nicht das Geld dazu. Und dann verlierst du die Lust, oder du fällst beim Examen durch.
Vielleicht wirst du auch tuberkulos, sagte sie. Wörtlich.
TUBERKULOS, und es klang wie todgeweiht, hoffnungslos sterbenskrank wie das Lieschen in dem Film „Der Hauptmann von Köpenick", der auch 1956 gedreht wurde.
Auf diese Ängste kann ich heute eigentlich gut verzichten, aber man weiß ja nicht, was noch kommt.

Freitag, 20. Januar 1956

Bin heute früh bis ¾ 8 im Aufenthaltszimmer geblieben, will mich im Augustiner nicht mehr erwischen lassen.
Der Pfaff hat es heute wieder auf mich abgesehen.
Beim Gei nehmen wir in Geschichte den Kommunismus durch.
Als ich heimkomme, stelle ich vor Schreck fest, dass ich meine Brille im Augustinerkeller gelassen habe. Aber ich werde sie schon wieder bekommen. Zuerst mache ich einmal Aufgabe.
Das Wetter: trüb und kalt.
Ich komme gar nicht zum Aufgabe machen, denn um 3 Uhr kommt der Dieter. Nach Jamboree gegen wir zu Erich, und dann spazieren wir alle drei durchs Dorf. Wir haben eine Mordsgaudi.
Beim Langer stemmen wir eine Halbe.
Um 5 Uhr fährt der Dieter heim.
Abends bin ich zu Hause und studiere etwas Physik.

Meine Augen tun ohne Brille ziemlich weh. Um 9 h im Bett.
Es läuft der Film „Meine Kinder und ich".
Muss ein großer Quatsch sein. Grethe Weiser spielt mit.

Astropol, Capitano Terrore, Das Vermächtnis des Inka (Karl May), Der Kampf ums Matterhorn, Der Lehrling des Hexenmeisters, Der Sohn des Manitou, Der Spion vom Fort Oswego, Deutsche Heldensagen, Die letzten Tage von Pompej, Die Schatzinsel, Drei Mann in einem Boot, Durch die weite Welt, Fred wird Cowboy, Heidi, Höhlenkinder im Steinhaus, Huckleberry Finn, In den Schluchten des Balkan (Karl May), Jürgen in Australien, Kolumbus, Pinocchio, Rätsel der Urwaldhölle, Seeteufels Weltreise, Tante Frieda, Tarzan, Tausendundeine Nacht, Till mit dem Bauchladen, Unter Geiern (Karl May), Wunderland und Wolkenkratzer, Zobeljäger und Kosaken.

Dies ist eine kleine Auswahl der Bücher, die ich in meinem Notizbüchlein von 1953 als gelesen verbuchte.
Zwei bis drei Titel entlieh ich jede Woche aus der Gemeindebücherei Neuendettelsau, und ebenso viele aus der Bibliothek im amerikanischen Jugendheim in Ansbach.
Ich verschlang den Lesestoff regelrecht. Und das alles bei den Funzeln, mit denen damals die Wohnräume erleuchtet wurden.
Kein Wunder, dass ich mit fünfzehn eine Brille benötigte.
Betrachte ich aufmerksam die Klassenbilder, welche damals die von Schule zu Schule ziehenden Fotografen machten, so sehe ich darauf kaum jemals ein Kind mit Brille.
Ein einziger Bub war es in der ersten Klasse der Oberschule, und derselbe ist auch in der zweiten Klasse zu finden.
Eine Brille zu tragen bedeutete gehänselt zu werden.
„Du Brillnglotzer" sagten die Buben, und die Mädchen, besonders in der Frühpubertät, reimten spöttisch:
„Mein letzter Wille: ein Mann mit Brille."
Also vermied man, sie zu tragen, solange es ging.
Ich setzte sie anfangs nur zum Arbeiten auf.
So kam es, dass ich sie verbummelte, in jenem Januar 1956.
Es war eine Tragödie, und ich schwieg darüber gegenüber meinen Eltern. Da ich die Sehhilfe nicht ständig trug, bemerkten sie es zunächst auch nicht. Das Geld war knapp, und wenn ich sie endgültig verloren hätte, hätte dies das Budget meiner Eltern belastet.

Es war kaum zwei Jahre her, dass sie 500 Mark hatten zuschießen müssen für eine aufwendige Zahnregulierung.
Sie stotterten diese Summe mit 20 Mark pro Monat ab.
Mehr zu dieser Geschichte an geeigneter Stelle.

1956 war das Gebiss längst begradigt und ich im Großen und Ganzen mit meinem Aussehen zufrieden.

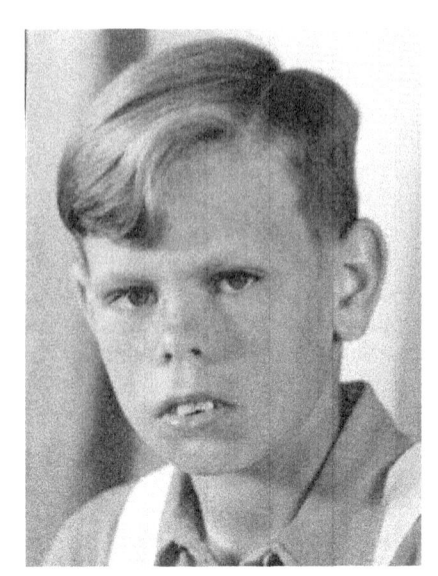

Wann immer es ging, machten wir einen drauf, wie man sieht. Ein Schulfreund kam aus einem Nachbardorf herüber geradelt, ein oder zwei Dettelsauer gesellten sich hinzu, und dann machten wir das Dorf unsicher.

Die Gaststätte „Rübezahl" im Munawald, wo schon immer die örtliche SPD getagt hatte (nachzulesen auf der Homepage der Gemeinde Neuendettelsau), eine Holzbaracke aus dem Dritten Reich, war auch so ein Refugium, wo wir ziemlich ungestört abhausen konnten.
Langer hieß damals der Wirt.
Später wurde, wie schon einmal erwähnt, die Hütte umbenannt in „Oase", da waren wir schon achtzehn und konnten richtig tanzen.
Fast jedes Wochenende wurden die zwei Räume mithilfe einer Musikbox zur Disco (vgl. Eintrag vom 6. Januar).
Silvester 1959 verbrachte ich dort mit meiner Freundin und späteren Frau den Jahreswechsel, und es machte jemand ein Foto von uns.
Das Lokal war im Südseestil dekoriert, so dass wir uns fühlten wie auf Hawaii oder Tahiti.
Angezogen waren wir, als seien wir im Hilton Hotel.

Wie bescheiden trotzdem alles war, geht daraus hervor, dass wir uns erst drei Jahre später, im Sommer 1962, den ersten Urlaub jenseits der deutschen Grenze leisten konnten: zwei Wochen Rimini an der italienischen Adria, mit einem Reisezug der Firma Reba. Das war für uns traumhaft, obwohl eine Bekannte es uns kurz vor der Abreise vermiesen wollte, indem sie verächtlich meinte:
„A gä, Rimini, des is doch su dreckert!"
Vermutlich hatte sie schon exklusivere Destinationen gebucht gehabt.

Ich trank dort in der „Oase" gern eine Molle, das war Bier mit Himbeersaft.

Auf unserer Abiturreise nach Berlin im Frühjahr 1959 hatte ich dieses süße Getränk kennen gelernt. Dazu hatte der Wirt, Herr Volprecht, spezielle Gläser.

Im Gegensatz zu den beiden Vorgängern kann ich mich an diesen Pächter sehr gut erinnern. Seine Frau nannten wir die „Mutti", und ein paar Töchterchen gab es auch zu sehen, die waren etwas jünger als wir.

Die „Oase" war zeitweise wie ein zweites Zuhause für mich.

Irgendwann im Sommer 1957 hatte ich dort auch erstmals Berührung mit meiner Frau, wenn auch nur flüchtig und auf Distanz. Ich führte in jenem Jahr kein Tagebuch, habe den Vorfall aber im Gedächtnis.

Wir Halbstarken saßen zu viert oder zu fünft im Biergarten der Waldwirtschaft, am Nebentisch ein paar Backfische, wie man die jungen Mädchen damals nannte.

Eine davon war im Januar 1957, wenige Tage nach ihrem sechzehnten Geburtstag, aus der Spreewaldgegend „abgehauen", „rieberjemacht", mutterseelenallein, hatte mit Billigung der Mutter und der Schwester mit ihren eigenen kleinen Füßen gegen die sozialistische Planwirtschaft gestimmt, um im Westen bzw. Süden, in „Bayern", ihr Glück zu finden.
„Schau amoll hie", sagte einer meiner Kumpels.
„Dee Glanne do dremm, dee is fei vo Berlin."

Das klang damals ziemlich abenteuerlich für einen Franken, es interessierte mich aber andrerseits auch nicht so brennend, dass ich bewusst hinguckte.

Ein halbes Jahr sollte noch vergehen, bis ich dann doch ein Auge auf sie warf, und weil mir nicht schlecht gefiel, was ich sah, das zweite gleich hinterher. So macht Liebe blind, wie man sagt.

Grethe Weiser, die als „Berliner Schnauze" in die Filmgeschichte eingegangen ist, war mir mit über 50 zu alt, uralt für einen Fünfzehnjährigen, und manchmal auch zu schnoddrig.
So erklärt sich meine Bemerkung zu dem oben erwähnten Film „muss ein großer Quatsch sein".

Samstag, 21. Januar 1956

Motto: Errare humanum est
Hab heute früh beim Hausmeister und im Keller nach der Brille gefragt.
Sie sagen alle, sie hätten nichts gefunden, diese Saubande.
In Physik eine Ex geschrieben.
Zwei Rechnungen über die Faradayschen Gesetze. Ich habe keine richtig. Heuer geht es mir saumäßig schlecht, ich bin mit den Noten sehr gesunken und sinke immer noch. In Chemie schreiben wir nur graue Theorie. Die beiden Lateinstunden sind sehr lustig.
Früh hat es schon geschneit und geregnet wie verrückt.
Für Großmutter kaufe ich etwas ein.
Abends um halb 8 gehe ich mit Ludwig und Erwin in den Singkreis.
Die Ute ist auch wieder da. Zuerst machen wir zu dritt etwas Musik. Ludwig hat seine Quetsche dabei. Dann spielen wir „Telegramm" und „Schlapp hat den Hut verloren", und zuletzt werden nur noch Witze erzählt. Ich gehe um 10 h mit Erwin nach Hause.
Vom AFN noch prima Musik.

Flapsige Bemerkungen, wenn ich eine Niederlage erlitt, das hatten wir schon einmal. Irren ist menschlich, Fehler zu machen bei der Bearbeitung einer gestellten Aufgabe, das müsste verzeihlich sein. So mein selbst gewählter Trost in dieser Situation.
Verwunderlich war es nicht, dass in einigen Fächern die Erfolge ausblieben. Ich hätte eben mehr arbeiten müssen. Aber das Leben außerhalb der Schule war so packend, dass mir zum Lernen, zum sturen Pauken, die Zeit fehlte.

Die Fremdsprachen, einschließlich Latein, das ich als Wahlfach belegt hatte, hielten mich, was die Zensuren angeht, über Wasser, weil ich sie nicht als Mühe empfand, sondern als Lust.

Um nachzuvollziehen, wie steinig der Weg war, den ich von 1950 bis 1959 als Oberschüler zurücklegte, muss man sich vor Augen halten, wie bildungsfern die Umgebung war, in der ich aufwuchs.
Anstalt und Dorf waren zwei unterschiedliche Welten.
Dort gab es Pfarrer und Lehrer und Schulen aller Art, dort war man gebildet, gesittet und fromm.

Aber im Dorf, insbesondere im „unteren", in der Bahnhofstraße, der Windsbacher Straße und der Reuther Straße, herrschte die Landwirtschaft vor.
Große Misthaufen, aus denen die Gülle in den Rinnstein lief, zierten die Vorderseiten mancher Häuser.
Haus Nr. 65, wie über dem Eingang zu lesen ist, wurde später zur Bahnhofstraße 7.
Typisch für solche Gebäude war der ins Haus integrierte Kuhstall.
Die bereit liegenden Steine vor dem Haus deuten darauf hin, dass die Bahnhofstraße gerade befestigt wurde, eventuell, weil ihre Bedeutung durch die 1894 eröffnete Nebenbahnlinie Wicklesgreuth - Windsbach zugenommen hatte.
Der Giebel rechts gehört zu meinem Elternhaus.

Das Fräulein Hegel, meine Erstklasslehrerin, war, wenn sie nicht gerade Unterricht vorbereitete oder Hefte korrigierte, mit ihrem Wägelchen und einer Schaufel bewaffnet, ständig hinter den Pferdeäpfeln und Kuhfladen her, die immer wieder auf die Straße fielen bzw. pflatschten, um sich diese als guten Dünger für ihren Garten zu sichern.
Ich war ihre Konkurrenz dabei, und mein Vater fertigte, damit ich keine Eimer brauchte, für meinen Handwagen extra vier Bleche an, die ich so hineinschieben konnte, dass ein geschlossener Container daraus wurde.
Den fuhr ich nach getaner Arbeit, voll bis zum oberen Rand, in den Garten am Wörrleswald hinunter.
Noch 1954, als ich konfirmiert wurde, ging Ende August/Anfang September die Dreschmaschine reihum. Nur die neue Blumenstraße mit ihren einheitlichen Walmdachhäusern, wo einige Lehrer und Missionare wohnten, war von studierten Leuten geprägt.
Von den neunzehn Bewohnern der Bahnhofstraße 9 war ich der einzige, der sich fast ausschließlich mit Lesen und Lernen die Zeit vertrieb.
Für meinen Großvater war ich ein ausgesprochen fauler Stinker:
„Den ganzn Dohch dudder lesn, där soll amoll woss erbertn!" hörte ich ihn oft sagen. Eine Heugabel oder eine Haue in der Hand, mühsam um die bescheidene Ernährung für die Seinen besorgt, das war für ihn Arbeit. Alles andere war Firlefanz.
Wer nicht krumm und bucklig wurde an den Holmen eines von einer mageren Kuh gezogenen Pfluges, der hatte sein Leben verfehlt.
Wobei mir schon klar ist, dass der 1879 in Schlauersbach geborene Bauernsohn keine Alternative hatte.

Im Spätsommer 1917 wurde bei Michael Fischer, Bahnhofstr. 10, gedroschen.
Links, mit weißen Knöpfen auf der Bluse Babette Schmidt (34).
Sie erwartete gerade ihre zweite Tochter, meine Mutter (geb. am 17. Oktober 1917).
Ihren Mann, Peter Schmidt, hier 38 Jahre jung, habe ich mit einem Pfeil markiert.

Die gesamte Nachbarschaft half beim Dreschen. Dieses Foto entstand um 1912 vor dem Haus Bahnhofstraße 4. Der Bub mit dem Ährenkranz ist der älteste Bruder meiner Mutter.
Regenwasser und Gülle flossen seitlich der Straße Richtung Sternplatz.

Rund dreißig Kinder wuchsen ab etwa 1930 rund um die Grünanlage in der Bahnhofstraße auf. Fast alle durchliefen lediglich die achtklassige „Volksschule", um dann handwerkliche Berufe zu ergreifen, zumindest die Buben. Die Mädchen brauchten sowieso keine Ausbildung, sie heirateten ja doch irgendwann.

Für die Buben, sofern sie nicht den elterlichen landwirtschaftlichen Betrieb übernahmen, kam nur ein kleines Spektrum von Lehrberufen in Betracht: Maler, Maurer, Schlosser, Schreiner, Spengler.
Elektriker war schon etwas Besonderes.

Ein paar Metzger kannte ich noch, die gelegentlich mit mir durch die Wirtshäuser zogen, Stifte natürlich, wenn sie vierzehn oder fünfzehn waren. Einmal pro Woche hatten sie Berufsschule in Ansbach und genossen ebenfalls die Gaudi im Zug. Im Raucherwaggon, versteht sich. Da war was los. In den Nichtraucherwagen saßen die Verkniffenen, die es nicht verstanden, zu leben.

In Neuendettelsau kamen, wegen der Firma Tauscher, ab 1950 noch ein paar Strumpfwirker dazu, junge Männer, die schnell gutes Geld verdienen wollten, um am Wirtschaftswunder teilzuhaben.

Analog saßen Dutzende von Mädchen, von denen manche vielleicht kaum das vierzehnte oder fünfzehnte Lebensjahr vollendet hatten, bei den anderen Textilfirmen in der Waldstraße an den Maschinen und schneiderten Kleider und Hosen, oft ohne Schneiderlehre, versteht sich. Damit konnten sie, genau wie die „Dienstmädchen", die Zeit bis zur Heirat einigermaßen überbrücken.
Das heißt, die Dorfbewohner hatten keinerlei Erfahrung mit Gymnasiasten bzw. Oberschülern und machten sich bisweilen sogar über sie lustig.
„Oberschieler!" lachten manche NachbarInnen spöttisch, wenn ich ihnen auf der Straße begegnete.
Dass ausgerechnet so einer wie ich aus einer Bauernsippe nach Schulbildung strebte, das ging nicht in manche Köpfe.

Das Kollegium der Volksschule im Juli 1963. Ganz links Eduard Keil. 3. von links Elisabeth Zwanzger.

Dabei waren eigentlich die Lehrer daran schuld. Frau Elisabeth Zwanzger (1919 – 2018), das pädagogische Urgestein des Dorfs, hat mir mehrmals erzählt, wie Eduard Keil, mein Lehrer in der vierten Klasse, der mit den klugen, immer aufmerksamen Augen, ihr eines Tages einen Aufsatz von mir zu lesen gab, und wie sie beide zur Überzeugung gelangten, man müsse meine Eltern dahingehend beraten, dass sie mich wenigstens in Ansbach anmelden sollten.

Windsbach war kein Thema für einen, in dessen Verwandtschaft sich weit und breit weder ein Arzt noch ein Pfarrer fand.

1949 war der blödsinnige Slogan „Schick dein Kind länger auf bessere Schulen" noch gar nicht kreiert, der kam erst 1965.
„Blödsinnig" für mich deshalb, weil ja damit die Hauptschule abgewertet wurde, als die „schlechtere" oder minderwertigere Schulform. Dabei war das Gymnasium durchaus nicht für jeden die „bessere" Schule, stellte sich doch bei manchen Aspiranten, oft schon nach einem Jahr heraus, dass sie eher praktisch begabt waren und hervorragende Handwerker aus ihnen werden würden, vorausgesetzt, sie durften werkeln und wurden nicht gezwungen, ihre kostbare Zeit in einer Ecke mit einem Buch in der Hand zu vergeuden.
Und durch die Kombination von „länger" und „besser" (in dem Werbespruch) ergab sich zudem eine Tautologie.
Auch deshalb lehne ich diese Phrase ab.
Ging ein Kind länger zur Schule, so musste es doch selbstredend eine „höhere", weiterführende Schule besuchen, da die Volksschule eben nach der achten, später der neunten Klasse endete.
Durch „länger" plus „besser" kam aber nicht in jedem Fall automatisch etwas Besseres heraus, wie man am buchstäblichen „ewigen Studenten" sieht. Den gab es auch.
Hätte Georg Picht rund zehn Jahre früher die „Bildungskatastrophe" beschworen, so hätte ich sicher Gesellschaft gehabt von den zahlreichen anderen Kindern des unteren Dorfes, denn sie waren ja beileibe nicht alle dumm. So aber blieb ich allein, Mitschüler waren rar und in den unmittelbar benachbarten Häusern nicht zu finden.
Gehe ich alle Namen und Häuser durch, die in der ersten Hälfte des 20. Jahrhunderts noch mit der Landwirtschaft zu tun hatten - und das sind etwa sechzig - so komme ich auf maximal ein halbes Dutzend Kinder der ersten Generation, die sich dem Studium der Bücher widmeten.
Dazu mehr an anderer Stelle.

Apropos „Saubande":
Es wäre unehrlich und verfälschend, sämtliche Kraftausdrücke, die ein Fünfzehnjähriger seinem Tagebuch anvertraute, zu entfernen.
Andrerseits gibt es Stellen, wo ich tatsächlich Zensur ausüben muss, um nicht nachträglich jemandem Unrecht zu tun.

Sonntag, 22. Januar 1956

Um halb 10 stehe ich auf. Das Wetter ist trüb, aber trocken.
At two o'clock I go to the station. First I meet Blacky and the others.
At 15 past two the girls are coming. We go to Meyer. Every pays
zwei Mark and we buy one kist of Beer. I don't drink very much.
It's a very good temper. Suddenly they take away Blacky's wife.
He's very angry. He fetches Georg. I go away.
With Brigitte to Muna. I never shall forget this day.
She hardly catches her train. Then there is a fight between Andy and
Blacky. I go home and eat. Later with Hans again there.
Wally and Luis and Grete also there. Very good entertainment.
Um 10 h gehe ich heim. Three pictures given off.

Ein chaotischer Eintrag. So chaotisch wie jener Tag, ein typischer Sonntag in jenen Wintermonaten des Jahres 1956. Halbstark, halb Kind, halb Mann, Orientierung suchend, in Abnabelung von den Eltern begriffen. Sie sollten nicht lesen können, was ich niederschrieb. Deshalb nahm ich zum Englischen Zuflucht, einem schauderhaften Englisch, wie man sieht. Für die von mir ausgedachte Geheimschrift wäre der Eintrag zu lang gewesen. Aber ich war mir sicher, dass die Eltern nicht Englisch konnten, insofern genügte es, wenn ich in der Fremdsprache notierte, was mich bewegte.
Den ganzen Nachmittag und Abend war man damit beschäftigt, Beziehungen zu pflegen, und zu wachsen und zu reifen, an den wahren Dingen des Lebens.
Wie das mit dem Bierkasten funktionierte, weiß ich nicht mehr.
Normalerweise konsumiert man ja das, was der Wirt einem bringt. Hier legten wir zusammen und kauften einen Kasten, ich weiß nicht mehr von wem. Es verdient hervorgehoben zu werden, dass ich nicht viel trank und dass die Stimmung gut war.
Letzteres aber nur solange, bis keiner Unsinn machte.
Wehe, es ging einer mit dem Mädchen eines anderen nach draußen, in leicht durchschaubarer Absicht!
Dann gab es Stress, wie die Jungen heute sagen.
Ich hielt mich aus jeder Art von Streiterei heraus. Wie ich mich erinnere, habe ich nie gerauft. Andere schon. Manchmal flogen die Fäuste, es wurde geschrien vor Wut und geweint vor Enttäuschung.

Der Alkohol fungierte als Katalysator. War einer im Begriff zu verlieren, so rief er nach Verstärkung. Ich verzog mich dann, aber nicht alleine an jenem denkwürdigen Sonntag.
 Stroking is better than striking war mein Motto.
Streicheln ist besser als sich schlagen.
Als die Jungs, die hart im Nehmen waren, vor dem Wirtshaus wieder rauften, ging ich heim zum Abendessen, selig in Erinnerungen schwelgend.
Vom Bahnhof bis zur Bahnhofstraße 9 ist es ein Katzensprung.

Wer kann es heute nachvollziehen, dass mein Geburts- und Eltern-, besser gesagt Großelternhaus einst das letzte Anwesen war in Richtung Schlauersbach?
Die ganz alten Bauernhöfe, „Güthlein" genannt, gruppierten sich um die „Schmiedslachn", den Weiher vor der Schmiede in der Bahnhofstraße 14. Die nördlichen davon, das waren die Nummern Bahnhofstr. 2, 4, 6, 8 und 10, grenzten an den Schlossgarten. Auf der Südseite reihten sich die Nummern 1, 3, 5, 7 und 9 aneinander, alles kleine Klitschen, in denen mehr oder weniger arme Leute wohnten.

„Riegelgasse" hieß dieser Teil von Neuendettelsau. Eine „Bahnhofstraße" gab es noch nicht. Die Häuser hatten Nummern, die heutige Bahnhofstraße 9 war die Nummer 66.

Um die Mitte der 1920er dürfte dieses Foto entstanden sein. Es zeigt die „Schmiedslachn" links der heutigen Bahnhofstraße Richtung Sternplatz.
Links meine Großtante Lena Bär.

Erst mit dem Bau der Lokalbahn gegen Ende des 19. Jahrhunderts wurden die Wiesen und Felder (Häuslesacker) in westlicher Richtung relevant für den Ort.
Der Bahnhof lag weit draußen im Niemandsland.
Zu jedem Bahnhof gehörte damals eine Bahnhofswirtschaft, und als skeptische Dorfbewohner ihren Nachbarn, der sich dort niederlassen und Bier ausschenken wollte, fragten, ob er sich das gut überlegt habe, so weit weg vom Schuss, soll er gesagt haben (sinngemäß): Jeden Tag kommen ein paar Leute mit dem Zug und trinken eine Halbe bei mir, und davon kann ich leben."

Wie gesagt, zwischen dem letzten Haus, der Nummer 66, in dem der Nachtwächter und Gütler Johann Konrad Bär hauste mit seiner in Neuendettelsau geborenen Frau und seinen drei Töchtern (geb. zwischen 1881 und 1886), und dem Bahnhof war nichts, absolut nichts. Dettelsau war ja keine Stadt und hatte folglich auch keine Tore, aber es ist der Engstelle zwischen Bahnhofstraße 14 und Bahnhofstraße 9, wo man heute die Fußgängerampel drückt, um auf dem ehemaligen Loscherbetriebsgelände einzukaufen, noch deutlich anzusehen, dass hier das Dorf zu Ende war. Das Sägewerk gab es auch noch nicht, da war nur eine riesige Wiese bis zur heutigen Flurstraße hinauf und weiter in den Ohdler (Adler) hinunter.
Ich erläutere dies alles, um aufzuzeigen, wie strategisch günstig mein Elternhaus gelegen war, was die Wirtshäuser angeht. Zwei Minuten bis zum Wirt schlechthin, dem Bischoff, drei Minuten zur Lina und zum gegenüberliegenden Deuerlein, und vielleicht fünf zum Hospiz.
Auf der anderen Seite die Bahnhofswirtschaft praktisch in Sichtweite. Kann man es besser haben zu einer Zeit, da zu Hause der Hund begraben war?
Ein Halbstarker, der nicht sozial isoliert ist und dem eine gesunde Neugier auf das wahre, pralle Leben in die Wiege gelegt war, wurde dadurch zum Pendler. Sonne, Grüner Baum, Stern, Hospiz und zurück, aufgetankt daheim mit Kaffee und Kuchen oder einem kleinen Vesper am Abend, dann wieder fort in die andere Richtung

zum „Gasthaus zur Eisenbahn", und wenn dort nichts mehr los war, das Ganze von vorne.

Das mag übertrieben klingen, aber wenn ich das Tagebuch von 1956 aus der Vogelperspektive betrachte, dann ist es gar nicht so abwegig. Mein aus dem Allgäu stammender Vater hatte dazu ein passendes Lied parat, das er mit Zitherbegleitung zuweilen sang. Ich erinnere mich nur noch an einen Vers, aber der passte auf meine damalige Unruhe, als sei er für mich geschrieben worden: „Mei Schuh sen aus Hundsleder gmacht, drum hobbi ka Ruh bei der Nacht".

Und bei Tage auch nicht, würde ich heute ergänzen.

So musste ich an jenem kalten Sonntag im Januar der Neugierde halber noch einmal hinaus in die warme Stube, die da Meyer hieß, und unterhielt mich noch einmal gut, very good, wie ich lese, mit drei anderen Mädchen, und verschenkte ein paar Bilder. Auf die Fotos, wo ich mit der Gitarre drauf bin, waren manche ganz versessen. Aber nur, um sie im Kreis der Freundinnen herumzuzeigen, denke ich.

Man bekommt ja nicht alles mit, was da über einen getratscht wird und wie sie lachen und kichern über einen.

Gut so.

Montag, 23. Januar 1956

Um halb 9 stehe ich auf, mache Aufgaben und lerne.
Ich habe den Entschluss gefasst, mehr zu tun.
Es muss einfach anders werden.
Der Himmel möge mir dabei helfen.
Vor der Schule ist es ganz gut. Halt wie immer.
Wir gehen etwas im Hofgarten spazieren. Das Wetter ist mild und trocken. In der Physik-Ex habe ich leider Gottes eine vier minus. Ich habe eigentlich noch schlechter gerechnet. In Wirtschaftslehre habe ich grade noch 5, die schlechteste Arbeit. Ich werde wahrscheinlich eine Vier ins Zeugnis bekommen. Bin aber deswegen nicht schlecht gelaunt. Im Gegenteil. Im Zug herrscht eine Mordsstimmung.

Zuhause wieder einmal keine gescheite Musik.
Deshalb gehe ich auch schon um neun Uhr ins Bett.
Von meiner Brille habe ich noch kein Wort gesagt.

Montags war immer Nachmittagsunterricht (vgl. Eintrag vom 16. Januar). Deswegen konnten wir die Zeit vor dem Unterricht zu einem Spaziergang im Hofgarten nutzen, der nur wenige Minuten von der Schule entfernt war. Dort gab es in einem separaten Bereich hinter Büschen auch ein paar Bänke, die im Frühling jenes denkwürdigen Jahres relevant wurden. Jetzt, im Januar, hatte ich dazu noch nicht mit dem richtigen Mädchen angebandelt.
Außerdem sollte es noch ein paar Monate dauern, bis die Knospen aufgingen und die Sonne wärmte.

Apropos Zug. Anfang der 1950er gab es nur die Dampflokomotive als Zugmaschine, Bockerla oder Bockl genannt.
An diese wurden drei oder vier Wagen und ein Postwagen angehängt. Ein halbes Jahrhundert schon verkehrte diese Lokalbahn, als ich Fahrschüler wurde, zwischen Windsbach und Wicklesgreuth.
Wenn heute die Züge so sanft und geräuschlos dahinrauschen, dass man meint, man schwebe auf Daunen, so können sich junge Leute kaum vorstellen, wie das Bockerla gemächlich die Kurven durch den Wald hinauf ruckelte und zuckelte und wie empfindlich man die Schienenstöße auf den harten Holzbänken spürte. Oft genug mussten

wir Kinder stehen, wenn die vielen Berufstätigen sämtliche Plätze belegten. Da tat man gut daran, sich irgendwo festzuhalten in dem wackelnden Abteil.

Jeweils an der Vorder- und Rückseite der Waggons war eine offene Plattform, auf der wir im Sommer manchmal standen.

Zwischen den Plattformen war eine Lücke, und die Puffer, welche die Wagen auf Abstand hielten, lagen offen zutage.

Mir war es oft himmelangst, wenn ein Dettelsauer Mitschüler die eiserne Stange an der Plattform öffnete und während der Fahrt über die sich hin und herschiebenden Puffer tanzte, um von einem Wagen zum nächsten zu klettern. Unten rasten die grauen Schottersteine des Gleisbetts vorbei wie ein unscharfer Film.

Die Lokführer und die Heizer waren schwarz angezogene, Respekt einflößende Männer.

Während wir in Wicklesgreuth auf dem Bahnsteig auf den aus Nürnberg kommenden Anschlusszug warteten, kam ab und zu ein Güterzug aus Katterbach auf dem gleichen Bahnsteig daher, und als wir einmal kurz vor der rangierenden Lok, einem großen Ungetüm, die Gleise überquerten, schimpfte der Beamte aus seiner schweren Maschine herab, dass mir gruselte:

„Ihr Fratzn! Basst bloß auf! Messn erscht an die Derm raushenga?"

So eine drastische Ermahnung und die damals vereinzelt vorkommenden Suizide auf der Schiene erzeugten ganz böse Bilder im Kopf, die mich verfolgten und mir Albträume bereiteten, insbesondere, wenn ich in der Neuen Wiese neben dem Bahngleis meine vier Geißen hütete. Davon wird noch zu erzählen sein.

1951 oder 52 verunglückte ein Postangestellter quasi vor unseren Augen beim Überqueren der Gleise mit seinem zweirädrigen Karren im Ansbacher Bahnhof.

Solange wir noch Kinder waren, ließen wir bei schönem Wetter die Fenster herab und schauten während der Zugfahrt nach vorne.

Man sah dann besonders in den Kurven die Bewegung des Gestänges und der Räder der Lokomotive. Ab und zu bekam man dabei einen Rußkrümel ins Auge, was sehr lästig war. Die klapprigen Fenster hingen an einem ledernen Riemen, der mehrere Ösen hatte, so dass man das Fenster abgestuft an einem Metallstift einhängen konnte.

Man hob den Riemen etwas an, um ihn zu lösen. Dann fiel das Schiebefenster von ganz alleine herunter, wenn man nicht aufpasste, so heftig, das man meinte, es würde zerbrechen.

Zu den Hauptverkehrszeiten verkehrte das Bockerla bis Ansbach, so dass man nicht umsteigen musste.
Schaurig schön war anfangs die Fahrt über das Rezattal bei Eyb.
In der Schlussphase des Krieges war die Brücke zerstört, und danach die Bahnstrecke nur notdürftig repariert worden. Die Gleise wurden auf hölzerne Stützen gestellt, und zwischen unserem Platz am Fenster und der unten fließenden Rezat mit ihren saftigen Wiesen war nichts außer gähnender Leere.
Bei den ersten Fahrten als Zehnjähriger hatte ich Angst, der Zug würde irgendwann in die Tiefe stürzen. Lange wurde diese Stelle nur im Schritttempo passiert. Auch über die Weichen im Bereich des Ansbacher Bahnhofs fuhr der Zug so langsam, dass man beobachten konnte, wie auf der seitab liegenden Drehscheibe vor dem Lokschuppen die großen Schnellzuglokomotiven gedreht wurden oder wie sie nebenan Wasser tankten.
Diese Anschaulichkeit ist heute nicht mehr vorhanden und die Kinder bekommen weitaus weniger Erfahrungen aus erster Hand.
Freilich kann man die Entwicklung kaum aufhalten, aber es ist möglich, bewusst ein wenig gegenzusteuern.
Reale Erfahrungen suchen, aktiv sein und nicht nur konsumieren, und sei es nur, dass man mit den Kindern auf einem Kamm bläst, wenn bzw. solange kein Instrument vorhanden ist.
Ein Butterbrotpapier, über den Kamm gespannt, genügt.
Natürlich sollte man ein paar Melodien im Kopf haben.
Ich ziehe auch den Hut vor jeder Lehrkraft, die mit ihren Schützlingen auf die Feldwege oder in den Wald geht und sie anfassen und sammeln lässt, was dort wächst oder herumliegt.
Die Schule war diesbezüglich für uns nicht in der Pflicht, wir lebten in einer Welt, wo wir das alles aus eigener Initiative in der Freizeit machten, weit vor dem hier beleuchteten Jahr 1956.
Hierzu passen meine Notizen vom Juni 1953, an einigen verschiedenen Tagen rund um meinen 13. Geburtstag mit Bleistift in einen Reklamekalender der Fima Pfister und Langhanss (Nürnberg), geschmiert, den mir mein Vater schenkte:
„Mache Vogelscheuche im Garten…beim Loscher spielen wir Verstecken und Indianer.
Nachmittags zupfe ich 5 Körbe Lindenblüten…
Mamas Fahrrad hergerichtet…Vaters Fahrrad geputzt usw. usw.
Wochenlang war ich 1953, wenn ich nicht gerade las, wie einige Altersgenossen auch, mit der Herstellung eines dreimastigen Segel-

schiffmodells beschäftigt, nicht aus dem Baukasten, sondern mit selber besorgten Materialien.
Aber das ist ein ganzes Kapitel für sich.

Dienstag, 24. Januar 1956

In Musik haben wir einige Freischützplatten gehört.
In Deutsch die ersten beiden Referate. Reichert spricht über die Ameisen und Thomas über das Fotografieren. Ich habe mein Thema geändert: statt über Heimat über Tagebuch führen.
Am Nachmittag säut es fürchterlich. Regen, Schnee und Sonnenschein. Im Schippo haben wir zwei Stinkbomben losgelassen.
Nachmittags wasche ich mich und ziehe den schwarzen Anzug von Vater an. Und um halb 5 geht es los. Die Stimmung ist auf dem Höhepunkt. In der Schnellgaststätte ein Weizen.
Um 6 h fahren wir los und sind um viertel 8 am Opernhaus. Ich fühle mich wie im Traum, als ich in der Loge neben Brückner sitze.
Die Aufführung ist einfach phantastisch. Sie dauert bis halb 11.
Um halb 12 sind wir bereits in Heilsbronn.
Da ich furchtbar Halsweh habe, trinke ich, als die ganze Kolonne ins Wirtshaus marschiert, nur 1 Kognak. Um 1 Uhr marschieren wir los. Es ist empfindlich kalt, hat einen schönen Schnee, und der Fastvollmond steht am Himmel. Wir singen lustig, drehen ein Ortsschild rum und hängen ein paar Gartentore aus, aber bald sinkt die Stimmung auf dem weiten Weg. Um halb 2 bin ich daheim.

Wenn ich richtig zähle, sah ich am 24. Januar 1956 zum zweiten Mal eine Oper im Opernhaus Nürnberg. Das erste Mal muss das 1946 oder 47 der Fall gewesen sein, als mich meine Mutter und meine Tante zu einer Aufführung von Hänsel und Gretel mitnahmen.
Die Tante Anna war in der Stadt „in Stellung", wie man sagte, also in einem Geschäftshaushalt beschäftigt, und hatte die Karten besorgt.
Am meisten beeindruckte mich damals die Szene, in der die beiden Kinder schlafen gehen und den Abendsegen singen.
Die Beleuchtungseffekte, die Musik und der Gesang waren einfach überwältigend für einen Dorfbuben.
Und nun, rund zehn Jahre später, war es der Freischütz, den wir scherzhaft zum „Schreifritz" verballhornten.

Der Musiklehrer hatte uns in mehreren Unterrichtsstunden gründlich auf den Theaterbesuch vorbereitet, und mangels Erfahrung erkannten wir auch nicht die kitschigen Elemente in der Handlung.
Ich war angetan von Webers romantischer Musik, von den wunderschönen Arien und Chorgesängen. Diese wurden mir regelrecht zu Ohrwürmern, und das „Leise, leise, frommehe Weise" oder der „schöne, grüne Jungfernkranz" sowie der Jägerchor der Männer mit dem Lala la lala gingen mir lange Zeit nicht aus dem Kopf. Die Wolfsschluchtszene, das Gießen der verwünschten Bleikugeln und die spannende Zuspitzung beim Schützenfest, all das kam unseren Vorstellungen von Action entgegen, und so war dieses Werk ein gelungener Einstieg in die „gute" Musik. Ein Jahr später „machte" Gottfried Wutzler mit uns noch „Die Entführung aus dem Serail".
Der Clou war natürlich, dass ich am 24. Januar 1956, ausgerechnet ich, neben einer Lehrerin sitzen durfte, im schwarzen Anzug des Vaters. Wie er mir stand bzw. passte, weiß ich nicht mehr.
Die korrekte Kostümierung kontrastiert seltsam zu unserem sonstigen Verhalten:
Im Schienenbus Stinkbomben losgelassen auf der Heimfahrt von der Schule.
Es war Faschingszeit, also gab es allerlei Scherzartikel zu kaufen, und die Versuchung war zu groß, deren Wirkung auszuprobieren.
Mitten in der Nacht auf dem Heimweg vom Heilsbronner Bahnhof schnell noch Schabernack gemacht. Die „Sachbeschädigung", so würde das heute in den Akten vermerkt werden, obwohl eigentlich nichts beschädigt wurde, sondern nur ein bisschen verändert, aber so, dass der ursprüngliche Zustand leicht wieder herzustellen war, diese unter Alkoholeinfluss begangene „Freveltat" halte ich nach Jahrzehnten hier fest, nicht um zu prahlen, sondern einfach deswegen, weil sie genau so, ohne Kommentar, im Tagebuch vermerkt ist, und weil es unfair wäre gegenüber „dieser Jugend von heute", wie es immer heißt, so etwas zu unterschlagen.
Rabauken waren wir eben, unreife, und unterschieden uns in mancher Hinsicht nicht wesentlich von den Jugendlichen des 21. Jahrhunderts.
Sich zu Fuß auf den Heimweg zu machen, wenn man nachts, von Nürnberg kommend, in Wicklesgreuth keinen Anschluss mehr hatte, das war in jenem Jahr mehr als einmal eine Option, wie später noch zu berichten sein wird.

Das Gute war, dass die Straßen kaum belebt waren, so dass man nicht Gefahr lief, überfahren zu werden.
Man konnte breitbeinig und eingehakt in der Dunkelheit marschieren und aus vollem Hals singen, mitten auf der Straße.
Den Highway, wo mit 100 Sachen hin und her gedüst wird, gab es noch nicht. Man benützte die alte Straße über Aich und Geichsenhof, da, wo man heute mit dem Fahrrad zum Heilsbronner Bahnhof fährt. Obschon dort, im „Glästerer Wald", auch so schnell gefahren wurde, und zwar mit Mopeds und Motorrädern, dass einmal zwei junge Männer in der Nacht frontal zusammenstießen, mit fatalen Folgen.

Meinem Vater war es, da hatte er auch schon vierzig Jahre auf dem Buckel, einmal beschieden, diesen etwa sieben Kilometer langen Marsch mit Gepäck zurückzulegen, mit fremdem noch dazu.
Und das kam so:
Er hatte ein paar Tage Urlaub bekommen, 1943 oder 44.
Zusammen mit einem Kameraden trat er die Heimreise nach Neuendettelsau an, um seine junge Frau und sein kleines Söhnchen zu besuchen. In der einengenden Kluft eines „Gefreiten", versteht sich, denn atmungsaktive Freizeit- oder Reisekleidung, bequemes, casual Out-Door-Wear, gab es vor fünfundsiebzig Jahren nicht.
In Heilsbronn stiegen die müden Kämpfer aus, um die letzte Etappe zu Fuß zurückzulegen. Zur falschen Zeit am falschen Ort, leider, denn mit ihnen verließ ein etwas besser Uniformierter den Zug, um sich mit zwei Koffern und einem Paket ebenfalls in das große Löhedorf zu begeben. Eventuell hatte er etwas in der strategisch geschickt platzierten Luftmunitionsanstalt zu erledigen.
„Na, Kameraden, wo soll die Reise denn hingehen?" fragte er jovial.
„Nach Neuendettelsau" antworteten sie diensteifrig.
„Das trifft sich ja gut", meinte der Höhergestellte, dem zu widersprechen ein gewisses Risiko beinhaltet hätte, „dann könnt ihr mir ja helfen, mein Gepäck zu tragen".
So kam es, dass die beiden den ganzen langen Weg von Glooster nach Dettelsau beweisen konnten, wie fit sie waren und dass sie einen Volksgenossen, der sichtlich schon schwer genug an der Verantwortung für das Wohl und Wehe des Deutschen Reiches zu tragen hatte, keineswegs im Regen stehen zu lassen beabsichtigten.

Mittwoch, 25. Januar 1956

Motto: „Hier im ird'schen Jammertal" (aus dem „Freischütz")
Nach einem kurzen Schlaf geht es um 6 h wieder raus.
Mama fragt plötzlich nach meiner Brille.
Ich habe sie im Verdacht, dass sie mein Tagebuch gelesen hat. Über diese Gemeinheit komme ich heute den ganzen Tag nicht hinweg.
Ich bekomme auch seit einigen Tagen kein freundliches Gesicht mehr.
Beim Krell schlafen wir alle.
Um ¾ 12 fahre ich heim. Draußen ist freundliches Winterwetter.
Ich mache meinen Stimmungsaufsatz „Ein Winternachmittag" und dann mache ich etwas Musik mit Helmut.
Am Abend fallen beide über mich her wegen der Brille.
Da ich tiefunglücklich bin, gehe ich bereits um halb 7 ins Bett.
Ich möchte am liebsten sterben.
Vergieße heute meine ersten Tränen (Anm.: im Jahr 1956).

Unausgeschlafen nach dem Theaterbesuch und dem nächtlichen Fußmarsch in der winterlichen Kälte fehlte es gerade noch, dass ich Ärger bekam mit den Eltern. Es wird schon so gewesen sein, dass sie, während ich verzückt dem niedlichen Ännchen lauschte, wie es da trällerte „Kommt ein schlanker Bursch gegangen, blond von Locken oder braun, blau von Aug' und rot von Wangen, ei, nach dem kann man wohl schaun", ein bisschen in meinem Tagebuch geblättert hatten. Die halbe Nacht hatten sie dazu ja Zeit gehabt.
„Hat denn der Himmel mich verlassen?"
Ich hörte die dumpfen Paukenschläge, die das Rezitativ des Jägerburschen Max begleiten, ganz deutlich, und nun waren sie auf mich bezogen.
Das Familienleben spielte sich in der kleinen Wohnküche ab, der einstigen Räucherkammer, welche der Großvater dem jungen Paar, meinen Eltern, zur Verfügung gestellt hatte in dem großen Bauernhaus. Dort stand mir ein kleines Schränkchen zur Verfügung, wo ich meine Bücher und Schulsachen aufbewahrte.
Verstecken konnte man nichts. Rückzug ins Private war nicht möglich, es sei denn, ich legte mich in meinem kalten Kämmerlein, wo es weder Stuhl noch Tisch gab, ins Bett.

Aus diesem Grund benützte ich für die heiklen Einträge meine Geheimschrift. Dass da etwas stand, was sie nicht lesen konnten, erzürnte sie vermutlich noch mehr.
Und dass ich mich am Wochenende nur herumtrieb, das bekamen sie auch mit. Argwöhnische, ihre besorgten Häupter hin und her wiegende Nachbarn und Bekannte dürften es ihnen zudem immer wieder mal genüsslich aufs Butterbrot geschmiert haben, was sie da aufzogen, und sie würden schon sehen, was aus dem werden würde, nämlich nix.
Kurz und gut, ein Krach war überfällig. Und die Brille hatte er auch noch verschlampt, der Lauser! Dass sie mir kein freundliches Gesicht mehr zeigten, tat mir weh. Liebesentzug gehört nicht gerade zu den einfallsreichsten erzieherischen Maßnahmen.
Andrerseits kann ich es ihnen nicht verdenken, dass sie neugierig waren. Das Tagebuch war ja nicht verschlossen.
Wer würde da nicht einen verstohlenen Blick riskieren, wenn es um das eigene, noch dazu das einzige, Kind geht?
Konkrete Risiken gab es doch auch. Hatte er womöglich Umgang mit Kriminellen? Bestand nicht die Gefahr, dass er alkoholabhängig wurde? Die Warnungen mancher Beobachter der Szene liefen immer auch auf das Schreckgespenst einer ungewollten Vaterschaft hinaus.
Jugendliche Väter wurden von der Schule geschmissen, und minderjährige Mütter erst recht, wie das berühmte Beispiel der ehemaligen Bundesministerin Renate Schmidt lehrt, die ein solches Schicksal fünf Jahre später am eigenen Leib erfahren musste, kurz vor ihrem Abitur, da war sie siebzehn.
In Fürth, wo der bedeutendste Pfarrer unseres Dorfes geboren wurde. Erwachsene entwickeln eine blühende Fantasie, wenn sie sich Jugendliche beim Austausch von Zärtlichkeiten vorstellen.
Wo sie „all the way" gehen, wie man im Englischen sagt, geben sich Fünfzehn- bis Sechzehnjährige vielleicht mit „Petting" zufrieden.
Im Zeitalter der Pille mag das anders sein.
Ich weiß es nicht und möchte es auch nicht wissen.
Jede Generation muss ihren eigenen Weg zum Glücklichsein finden.
Sehr unangenehm ist mir ein Dettelsauer in Erinnerung, den ich vom Sehen her kannte, dessen Namen ich aber nicht wusste und heute noch nicht weiß. Wenn ich ihm später begegnete und er mich immer komisch ansah, war ich mir nicht sicher, ob er es gewesen war:
Meine künftige Frau und ich saßen 1963 an einem Frühsommertag, als wir schon fünf Jahre „miteinander gingen", an einem Waldrand

und sonnten uns. Genau gesagt, am Wörrleswald, etwas oberhalb der heutigen Schrebergärten.
Wir lasen beide. Weil es sehr heiß war, hatte ich Hemd und Unterhemd ausgezogen. Der Betreffende radelte auf dem Feldweg, der zur Wernsbacher Straße hinüberführt und auf dem Wilhelm Löhe einst immer wieder in das dortige Kirchlein gewallt war, um, „vorzugsweise in breitestem Fränkisch", wie Elke Endraß konstatiert, gegen die bei seinen Schäflein grassierende Trunksucht und Unzucht zu wettern, in einiger Entfernung mit (s?)einer Frau an der Stelle vorbei, und da er wegen des schon ziemlich hohen Getreides nichts weiter sah als meinen nackten Oberkörper, schäumte er vor moralischer Entrüstung und Wut und schrie ein ums andere Mal in unsere Richtung: „Asu a Sau, asu a Sau!!!"

Neid mag auch eine Rolle gespielt haben.
Falls er noch lebt und dies irgendwann zu lesen bekommt und sich an diese Szene erinnert:
Sehr geehrter Herr Sowieso! Sie haben uns Unrecht getan!
Ich war keine „Sau", und meine Verlobte auch nicht.
Das dazugehörige Foto entstand vor dem unschönen Vorfall, und aufgrund seiner Existenz kann ich mich daran erinnern, als sei es gestern gewesen.

In Wirtschaftslehre döste wohl die halbe Klasse, wie ich dem Eintrag entnehme. Kein Wunder, denn uns fehlten ja einige Stunden Schlaf, und Studienrat Dr. Hans Krell, ein durch nichts aus der Ruhe zu bringender Bayer, der in immer gleichförmigem Tonfall, gewürzt mit der ständigen Füllfloskel „Net wahr?", über Geschäftsvorfälle und Bilanzierungen und zweifelhafte Forderungen dozierte, riss uns an jenem Morgen auch nicht vom Hocker.

„Und ob die Wolke sie verhülle, die Sonne bleibt am Himmelszelt!"
Zur rechten Zeit fielen mir immer gute Worte ein.
Auch Tränen sind heilsam, wenn man Schmerz empfindet, sie lösen die Verkrampfung. Und ich versuchte nie, sie zu unterdrücken.

Durch noch zahlreiche andere Enttäuschungen und unliebsame Erfahrungen lernte ich mit der Zeit, mich selber zu retten, indem ich mich in den schlimmsten Momenten einfach ins Bett legte, mich auf die Seite drehte und abzuschalten versuchte.
Das Götz-Zitat, angewendet auf die ganze Welt, und zwar kreuzweise, wirkte dabei Wunder.

Donnerstag, 26. Januar 1956

Früh bin ich wieder etwas erholt. Es hat in der Nacht geschneit. Es ist kalt, liegt aber nicht viel Schnee. In der Schule ist nicht viel los.
Der Hausmeister sagt, ich soll im Augustiner nachfragen (Anm.: wegen meiner Brille).
Denen werde ich morgen die Hölle heiß machen.
Gestern Abend lief der Film „Unter schwarzem Visier".
Beim Gei bin ich in Erdkunde drangekommen über Ebbe und Flut, es war ganz erfreulich.
Nachmittags mache ich mein Referat „Soll man Tagebuch schreiben?"
Heute Mittag hat die Olympiade in Cortina begonnen.
Abends bekomme ich einen Mordskrach vom Vater wegen allem Möglichen. Er gesteht mir auch, dass Mama mein Tagebuch gelesen hat. Ich bin sehr unglücklich und gehe um 8 h ins Bett.
Draußen schneit es wie verrückt.
Die Temperatur muss unter null sein.

Wie schon einmal beschrieben, hatten wir immer freitags Unterricht im Augustinerkeller in der Karolinenstraße. Das war auch eine Speisegaststätte. Dort gab es selbstverständlich einen Hausmeister, einen Kriegsversehrten, den wir Schüler kannten und bei dem ich nachfragen sollte wegen meiner verloren gegangenen Brille.
Über den Film „Unter schwarzem Visier" lese ich heute im Internet: „Sagenhafter Abenteuerfilm, angesiedelt im mittelalterlichen England". Gedreht 1954. Naja, man hätte wenigstens ein bisschen was gelernt über König Artus und das Ritterleben allgemein.
Neben Segelschiffen und Indianern gehörte das Rittertum zu den interessantesten Themen, schon weit vor dem Konfirmationsalter, und wo es eine Burg zu besichtigen gab, sei es in Abenberg bei einer

Fahrradtour oder in der Fränkischen Schweiz anlässlich eines Schulausflugs mit Lehrer Keil, da waren wir mit Feuereifer dabei.
Aber ich konnte ja nicht ins Kino gehen an jenem Tag, weil ich ausschlafen musste wegen des Theaterbesuchs am Tag vorher, und weil ich den Eltern den Gefallen tun musste, dass sie mich einmal richtig zusammenputzen konnten.

Wie Ebbe und Flut entstehen, das muss ein gebildeter Mensch wissen, das lernten wir, die wir weit weg von jeder Küste wohnten, in der Schule als abfragbares Wissen, wie man sieht.
Am Mittelmeer, wo ich mehrere Jahre meines Lebens verbrachte, war das nicht sonderlich dramatisch, aber in der Normandie, in der Gegend vom Mont-Saint-Michel, konnte ich dieses beeindruckende Naturphänomen in den 1990ern live studieren.
Gigantisch ist dort der Gezeitenhub in manchen Häfen.
Mehrmals stellten wir in der benachbarten Bretagne unseren Wohnwagen hin und unternahmen barfuß lange Wanderungen im Watt.
Der von der Sonne beschienene feuchte Sand und die warmen Tümpel, welche die Flut zurücklässt: mir gefällt das.
Die Bretonen und Normannen suchen sich dort eimerweise ihr Mittagessen.
Guter Mond, du gehst so stille… Wenn wir dich nicht hätten!

Auf Texel verbrachten wir die Pfingstferien 1982, es war ein paar Tage heiß wie in Spanien. Das Dumme ist nur, dass man sich beim Baden an den Gezeiten orientieren muss. Bei Ebbe läuft nichts. Aber die Sonnenbäder im heißen Dünensand waren auch erholsam, und irgendwann kam das Wasser ja doch wieder und erfrischte einen.

Im Deutschunterricht wollte ich in der Referatrunde mein Konzept zum Tagebuchschreiben vorstellen und begründen, dass es Sinn macht, seine Erlebnisse und Eindrücke festzuhalten.

Die Olympischen Winterspiele in Cortina d'Ampezzo fanden vom 26. Januar bis 5. Februar 1956 statt.
Kann man sich heute vorstellen, dass es praktisch kein Fernsehen gab, mittels dessen man dieses sportliche Ereignis verfolgen konnte? Der nur fünf Jahre ältere Toni Sailer war der große Star dieses Events. Er brachte drei Goldmedaillen heim.

Sicher, es war die erste Olympiade, die im Fernsehen übertragen wurde, aber wer hatte schon einen solchen Apparat zuhause?
Meine Eltern kauften erst 1963 einen, in Schwarzweiß, versteht sich.
Man war auf das Radio und die Zeitung angewiesen.
Im Kino gab es die „Fox tönende Wochenschau", bevor der Hauptfilm begann. Sie informierte in rund 15 Minuten über die wichtigsten Ereignisse aus aller Welt.
Die mitreißende Melodie, mit der diese filmische Zusammenfassung begann, höre ich heute noch. Der begleitende Sprecher und Kommentator schnarrte so blechern laut und aufdringlich, als ob es sich um Propaganda aus vergangenen Zeiten handelte.
Mittels dieser Wochenschau bekam man manche Sportkoryphäen auch zu sehen. Vor allem die großen Fußballer wie Maxl Morlock, Helmut Herbolsheimer und Sepp Herberger waren uns durch Rundfunk und Presse schon in der Kindheit als unsere Idole vertraut, wenn wir im großen Hof der Bahnhofstraße 8 oder vor der Grünanlage, wo heute die Autos parken, bolzten.
Da die meisten Spielfilme in Schwarzweiß gedreht waren, fiel es gar nicht auf, dass das farbige Fernsehen - „bunt", sagten manche - in der Bundesrepublik Deutschland erst ab August 1967 möglich war.
An großartige Kinoklassiker kann ich mich erinnern, die auch ohne Farbe beindruckten, vor allem aufgrund der Dramatik der Handlung und der Schauspielkunst.
So sah ich schon vor 1956 mehrmals „Die Meuterei auf der Bounty" und „Der Glöckner von Notre Dame", beide mit Charles Laughton als Hauptdarsteller in den 1930ern gedreht.
Die nachfolgenden bunten Versionen fand ich schwächer, abgesehen vom Anblick der hinreißend schönen Gina Lollobrigida als Esmeralda in der in Paris spielenden Tragödie von dem missgebildeten unglücklich Verliebten.
Dieser Kinoklassiker von 1956 mit dem verwegenen Anthony Quinn als Quasimodo gehört auch zu unserer Generation.
Selbstverständlich erfolgte nach dem Ansehen des Films immer auch die Lektüre des dazugehörigen Buches.
 Oder es lief umgekehrt: man hatte das Buch gelesen und schaute irgendwann den Film dazu, was aber oft zu Enttäuschungen führte, weil ich den Inhalt beim Lesen schon in Bilder umgesetzt hatte, die dann mit denen auf der Leinwand nicht übereinstimmten.

Freitag, 27. Januar 1956

Im Zug war es gut.
Bin neben der Wilma gesessen. Habe einen von den Stumpen geraucht, die Großvater geschenkt bekommen hat. Im Augustiner habe ich gleich nach der Brille gefragt beim Hausmeister. Er hat sie. Ich bin ganz glücklich. Draußen hat es einen schönen Schnee, aber es regnet und taut, so dass bis Mittag nur noch Matsch ist.
In Französisch beginnen wir die neue Lektüre "Lettres de mon Moulin".
In Deutsch wird mein Aufsatz „Ein Winternachmittag" vorgelesen.
Mit Brigitte kommt es im Zug zum Bruch. Hinterher tut es mir leid, aber ich kann nichts machen. Nachmittags mache ich Chemie.
Es regnet. Später spiele ich mit Helmut ein paar.
Abends gehe ich ins Kino mit einer gefundenen Karte:
„Die Helden sind müde". Ganz guter Film.

War es „gut" im Zug, so saßen die richtigen Leute im Waggon.
In diesem Fall ein bei allen beliebtes Mädchen. Mit mancher konnte man sich schmücken und sein Image aufpolieren.
Und damit man ein toller Hecht war, musste man noch rauchen in aller Herrgottsfrüh. Einen Stumpen, d. h. eine kleine Zigarre.
In ganz so schlechter Gesellschaft befanden wir uns aber gar nicht, wenn wir das taten, denn bei Ludwig Thoma (1867 -1921) lese ich:

„Wie der Zug gegangen ist, hat der Fritz eine Zigarre angezündet und den Rauch auf die Decke geblasen, und ich habe es auch so gemacht.
Eine Frau ist neben mir gewesen, die ist weggerückt und hat mich angeschaut, und in der anderen Abteilung sind die Leute aufgestanden und haben herübergeschaut. Wir haben uns furchtbar gefreut, dass sie alle so erstaunt sind, und der Fritz hat recht laut gesagt, er muss sich von dieser Zigarre fünf Kisten bestellen, weil sie so gut ist.
Da sagte der dicke Mann: "Bravo, so wachst die Jugend her", und der Lehrer sagte: "Es ist kein Wunder, was man lesen muss, wenn man die verrohte Jugend sieht."
Wir haben getan, als wenn es uns nichts angeht, und die Frau ist immer weitergerückt, weil ich so viel ausgespuckt habe. Der Lehrer hat so giftig geschaut, dass wir uns haben ärgern müssen, und der Fritz sagte, ob ich weiß, woher es kommt, dass die Schüler in der ersten Lateinklasse so schlechte Fortschritte machen, und er glaubt, dass die Volksschulen immer

schlechter werden. Da hat der Lehrer furchtbar gehustet, und der Dicke hat gesagt, ob es heute kein Mittel mehr gibt für freche Lausbuben.
Der Lehrer sagte, man darf es nicht mehr anwenden wegen der falschen Humanität, und weil man gestraft wird, wenn man einen bloß ein bisschen auf den Kopf haut.
Alle Leute im Wagen haben gebrummt: "Das ist wahr", und die Frau neben mir hat gesagt, dass die Eltern dankbar sein müssen, wenn man solchen Burschen ihr Sitzleder verhaut.
Und da haben wieder alle gebrummt, und ein großer Mann in der anderen Abteilung ist aufgestanden und hat mit einem tiefen Bass gesagt:
"Leider, leider gibt es keine vernünftigen Öltern nicht mehr."
Der Fritz hat sich gar nichts daraus gemacht und hat mich mit dem Fuß gestoßen, dass ich auch lustig sein soll.
Er hat einen blauen Zwicker aus der Tasche genommen und hat ihn aufgesetzt und hat alle Leute angeschaut und hat den Rauch durch die Nase gehen lassen."
Bei der nächsten Station haben wir uns Bier gekauft, und wir haben es schnell ausgetrunken. Dann haben wir die Gläser zum Fenster hinausgeschmissen, ob wir vielleicht einen Bahnwärter treffen."

Aus den „Lausbubengeschichten" des bekannten bayerischen Autors ist dieses Zitat, und wenn man das ganze Buch kennt, weiß man, dass diese Buben, der Fritz und der Ludwig, auf keinen Fall älter waren als ich 1956, womöglich sogar jünger.
Thoma provoziert darin die Spießer und rechnet auch mit der Wilhelminischen Erziehung ab.
War diese in den 1950ern überwunden?
Nicht hundertprozentig, meine ich, aber das war mir eigentlich nicht bewusst, solange ich so jung war.
Der Großvater hat, wie ich schon einmal erwähnte, nicht geraucht, und so war es kein Problem, wenn ich mich an einem Schächtelchen, das er einmal geschenkt bekam, bediente.
Verwunderlich ist nur, dass nie jemand kontrollierte, weder im Zug noch in den Wirtshäusern, ob man nicht zu jung war zum Rauchen oder zum Biertrinken.

Oder gab es die ganzen Gesetze zum Schutz der Jugend noch nicht?
Ich bin kein Rechtsgelehrter. Ich weiß nur noch, dass wir, unsere Schülerband, an Silvester 1957 bis ins Neue Jahr 1958 hinein in einem Gasthaus in Colmberg oder Leutershausen zum Tanz aufspielten. Mir und zwei anderen Musikern fehlten noch einige Monate bis zu Vollendung des achtzehnten Lebensjahres.

Kurz nach Mitternacht und den Neujahrsritualen kamen zwei Dorfpolizisten und baten uns, über das Mikrophon eine Durchsage zu machen des Inhalts, dass alle Anwesenden unter 18 nach Hause zu gehen hätten. Ich persönlich verkündete diese polizeiliche Anweisung mit Pokerface.

Als die zwei Beamten weg waren, lachten wir vier Buben uns schief.

Der Ringelpietz ging dann noch bis gegen halb drei, aber zünftig!
Und sogenannte „Groupies" waren auch fast immer da, also Mädchen, die mit leuchtenden Augen mehr bei den Musikern waren als bei ihren Tanzpartnern. Oder es gab Vereinzelte, die noch ein bisschen blieben, nachdem der offizielle Teil vorbei war. Mehrmals fand ich mich plötzlich alleine mit einer verlorenen schönen Seele und hatte das unverschämte Glück, mit ihr heimgehen zu dürfen.

Eine einmal angebotene Übernachtung nahm ich nicht an, tapsiger Bub, der ich war, aus Angst vor allen möglichen Konsequenzen.

Wenn manche direkt unter der Bühne vorbeitanzten, war es oft eine sehr nachhaltige, bisweilen fast schmerzhafte Erfahrung, einer schö-

nen Tänzerin, die ihren wunderschönen Arm sanft auf der Schulter ihres Partners liegen hatte, ganz tief in die Augen zu blicken.
Da seufzte ich sehnsuchtsvoll, und manche konnte es hören, trotz der Tanzmusik, und der Glückliche, der sie im Arm hatte, hörte und sah nichts, auch wenn sie die Seufzer sichtlich erwiderte, weil er gerade mit seinem breiten Rücken zu den jugendlichen Musikern tanzte.

Alfons Daudet gefiel mir damals sehr gut. Er entführte mich in die Landschaft der Provence, seine Geschichten vermitteln den Duft von Lavendel und das Licht des Mittelmeers.
Besonders liebte ich die Geschichte von der kleinen Ziege des Monsieur Seguin, deren unbändiger Freiheitsdrang ihr letztendlich das Leben kostet.
Meine Vorliebe für die französische Sprache und meine Erfahrungen mit Ziegen in der Kindheit ergaben eine günstige Konstellation, so dass mir der Unterricht in der zweiten Fremdsprache als Erholung erschien von den Fächern, die ich weniger mochte.
Der folgende Exkurs thematisiert meine Rolle als Ziegenhirt in den Jahren 1948 bis 1950. Ich hatte zeitweise vier von den herzigen Tieren, fast so viele wie der Monsieur Seguin, und die Geschichte ist fast genau so traurig wie die von Alphonse Daudet.

Exkurs Nr. 3

Die Hebbl

„Ihre Stimme war stets sanft, zärtlich und mild, ..."
Shakespeare spricht von Cordelia, der jüngsten Tochter des König Lear.
Der gebrochene Greis trauert in der letzten Szene dieser Tragödie um sein totes Kind, das er durch sein törichtes Verhalten verloren hat.

Ich beziehe mich auf meine Geiß, meine „Hebbl".
Meckern kann ja auch unangenehm sein, ein Synonym für „nörgeln", „schimpfen", „kritisieren".
Meine Hebbl meckerte stets sanft und lieblich, ihre Laute waren wohltuende Musik. Nie widersprach sie mir.
Was immer ich auch sagte, sie stimmte mir in allem zu.
Das Meckern von Geißen bzw. Ziegen lässt sich am besten mit dem Konsonanten „m" verdeutlichen:
„M-m-m-m-m-m-m", aber kein ununterbrochenes Summen, sondern ein „m" mit Glottal Stop, also einem erneuten Ansetzen der Stimme vor jedem Laut, so als ob man sich räuspern würde, was die Geiß allerdings zehnmal schneller kann als jeder Mensch.
Ich wurde dieser lieblichen Musik nie überdrüssig, ich konnte sie den ganzen Tag hören und genießen.
Wilhelm Buch umschreibt sie phonetisch als „meck, meck, meck":
„He, heraus! Du Ziegen-Böck!
Schneider, Schneider, meck, meck, meck!"
Aber das ist recht ungenau.
Ich war achteinhalb, als ich die Hebbl bekam. Mein Vater holte sie aus dem Württembergischen, mit dem Fahrrad.
Ich sehe ihn noch heute vor mir, wie er lachend ankam, einen Rucksack auf dem Rücken, aus dem die noch recht kleine Geiß den Kopf herausstreckte, klug und aufmerksam um sich schaute und zart und lieblich meckerte. Es war Liebe auf den ersten Blick.
Geraten hatte uns zu der Anschaffung eine vornehme alte Dame, eine der wenigen Bekannten meiner Eltern, die „fein" sprachen, also der Mundart nicht mächtig waren.
Der gefiel gar nicht, dass ich so mager war und so schwächlich wirkte. „Der Bub muss Ziegenmilch trinken, dann wird was aus ihm." Das war einer der besten Ratschläge, die meine Eltern von anderen Leuten bekommen haben, was meine Erziehung angeht.
Nun durfte ich jeden Tag das samtfellige Tier auf die Wiese meiner Großeltern führen und dort hüten, und wir verbrachten viele kostbare Stunden miteinander und kommunizierten mithilfe eines nur uns beiden zugänglichen Codes.
Ich genoss es, ihr seidiges Fell zu streicheln oder ihre warme, trockene Schnauze in meiner hohlen Hand zu spüren.
Schon in bukolischer Zeit bildete das Hüten von Tieren Philosophen aus. Ich führe meinen Hang zur Nachdenklichkeit und zum Sinnieren über Gott und die Welt auf jene Jahre zurück, die ich mit der Hebbl

und schon bald auch mit ihren Nachkommen auf der Wiese verbrachte.

Eine Tochter und zwei Enkelkinder, das war nach und nach das Ergebnis der Besuche bei einem Ziegenzüchter, der einen Bock hatte, nicht auf irgendetwas, sondern einen richtigen, einen Geißbock.

Ich musste zusehen, wie meine Hebbl in die dunkle Scheune hineingeführt wurde.

„Und der Buah, derfer mit rei", fragte der Bockverleiher meine Mama.

„Naa, der soll drausbleibm".

Zufrieden meckernd kam meine vierbeinige Freundin wieder heraus und entwickelte schon bald einen schweren runden Ranzen, dem nach fünf Monaten ein wunderschönes Zicklein entsprang.

Dieses nannten wir Meckl. An die zwei Töchter der Meckl kann ich mich nicht mehr so gut erinnern.

Ein Individuum war für mich eigentlich nur die Alte, die Hebbl, weil wir beide uns von Anfang an kannten.

Zuweilen kam die Mama auf die Wiese mit einem kleinen „Häffela", einem Blechtöpfchen, und molk. Mit singendem Strahl schoss die weiße Delikatesse aus den prallen, strotzenden Eutern in das leere Gefäß. Satter und satter wurde das Geräusch, je mehr der Topf sich füllte, und so, wie sie aus dem Leib des Tieres kam, brühwarm und noch schäumend, trank ich die fette, nach Nuss schmeckende Ziegenmilch.

Einen Schrecken jagte mir immer das Bockerla ein, die kleine Dampflokomotive der Lokalbahn, wenn sie, ihre drei oder vier Wägelchen hinter sich ziehend, fauchend und stampfend daherkam, brutal und ohne Sinn für das zarte Leben, das da direkt neben den Gleisen friedlich graste.

Zu der Zeit ereigneten sich gerade einige Suizide an dieser Nebenstrecke, was

meine Fantasie ungeheuer beflügelte.
Noch mehr Angst um meine geliebten Freundinnen aber löste ein leerer Karton aus.
Ja, ein leerer Karton, der sich in meinem Zimmer befand.
Zimmer ist der falsche Ausdruck, denn ein Zimmer ist eigentlich beheizbar.
Es war eine Kammer im ersten Stock, eine Vorratskammer, hauptsächlich für das Mehl, eiskalt im Winter und frühen Frühjahr.
Dort standen, gegenüber einem verschlossenen Pelder (B-hälter), in dem die geräucherten Bratwürste hingen, mein Bett und ein Schrank.
Meine wenigen Habseligkeiten, ein halbes Dutzend köstlicher Kinderbücher, hatte ich in einer Munitionskiste unter dem Bett verstaut. Auf dem Schrank türmten sich Kartons.
Vom Bett aus konnte ich verschiedene Aufdrucke sehen und machte daran jeden Morgen meine Leseübungen:
Häberlein Metzger, H-ä-b-e-r-l-e-i-n M-e-t-z-g-e-r.
Diese Aufschrift für mich zum Alptraum: das Häberlein, das Hebberla, das Geißlein, und der Metzger.
Die Schöne und das Biest. Das Opfer und sein Mörder.
Ein Mühlrad begann sich in meinem Kopf zu drehen und wollte nicht mehr stille stehen: Wann kommt der Häbberleins-Metzger, der Ziegenmetzger, und schlachtet mein Geißlein?
Oh my prophetic soul!
Meine furchtbaren Ahnungen sollten sich bewahrheiten: als ich aufgrund meiner schulischen Verpflichtungen keine Zeit mehr hatte, die Geißen zu hüten, wurde die Hebbl mitsamt ihrer Tochter und den beiden Enkelinnen verkauft und geschlachtet.
Von dem Kilo Fleisch, das meine Eltern geschenkt bekamen, konnte ich keinen Bissen essen und weinte eine ganze Nacht.
Erst später erfuhr ich, was es mit der Aufschrift auf dem Karton für eine Bewandtnis hatte:
Häberlein-Metzger war eine Nürnberger Lebkuchenfirma. Die darin enthaltenen „Läbbkuhng" waren längst verspeist und hatten mir sicher gemundet. Aber niemand hatte mir gesagt, was der Name zu bedeuten hat. Und meine Ängste hatten mich blockiert und verhindert, dass ich meine Mama danach gefragt hätte.

Samstag, 28. Januar 1956

Früh erfahre ich von Vater, dass der Thiel gestern gestorben ist.
Der zweite in diesem Jahr. Ich fahre erst um ¾ 9 in die Schule, da die Klasse im Film ist „Im Schatten des Karakorum".
Vor der Pause sind wir von der Schule befreit.
Wir gehen zu sechst in die Schnellgaststätte und heben einen, dann haben wir Chemie. In Latein sind wir nur zu viert, er lässt es deshalb ausfallen. Ich fahre heim um ¾ 12.
Nachmittags höre ich AFN. Dann gehe ich ins Schulhausbad.
Abends hat man nicht einmal eine gescheite Musik.
Um halb 8 gehe ich mit Helmut in den Singkreis.
Frieda geht nicht mit, da sie in die Kirche geht (Bibelwoche).
Drei Mädchen sind da. We have a nice walk in the moonshine to Reuth. We sing and I play Guitar. I'm very happy.
Until Saturday I have answer if she wants or not to be my girlfriend.

Kurt Thiel, Schriftführer der jungen Ortsgruppe der SPD, war der Jugend jener Jahre wohlbekannt.
Er bewegte sich in einem dreirädrigen, langen Rollstuhl, ähnlich einem heutigen Liegefahrrad, fort, nur dass er dazu als schwer Kriegsversehrter seine Arme benutzen musste, indem er an den Rädern angebrachte Stangen vor und rückwärts schob.
Auf seinem Fahrzeug hatte er vor sich eine Holzkiste, eine Art Bauchladen, aus dem er Zigaretten und Süßigkeiten verkaufte.
„Der Kumpel" sagten diejenigen, die ihn besser kannten und ihn oft im Ort und in der Umgebung herumschoben, so dass er seine Arme auch mal ausruhen konnte.
Überall, wo Jugend zu finden war, tauchte der „Kumpel" mit seinem Bauchladen auf, im Schwimmbad, vor dem Schulhof und auf dem Kirchweihplatz, und da es nicht viele Einkaufsmöglichkeiten gab, war er mit seinem kleinen Sortiment immer höchst willkommen.
In meinen Aufzeichnungen von 1953 ist unter den Büchern, die ich las, der Titel „Till mit dem Bauchladen" von Hansjörg Martin aufgeführt, aber das hat mit dem Kurt Thiel nichts zu tun.
„Der zweite in diesem Jahr" schrieb ich, was beweist, dass die Dorfgemeinschaft noch recht klein und überschaubar war.
Der erste Todesfall 1956, der mich sehr aufwühlte, lag erst etwa drei Wochen zurück (vgl. den Eintrag vom 8. Januar).

An einer Hand lassen sich die Beerdigungen aufzählen, die ich als Kind in Erinnerung habe, und da man fast jeden Einwohner kannte, war man auch viel öfter dabei als heute.
„In die Leich" sagte meine Großmutter, wenn sie zu einer Beisetzung ging: „Ich geh in die Leich".
Oder sie fragte nach dem Termin mit dem gleichen Ausdruck: „Wann isn die Leich?", d. h. das Leichenbegängnis.
Die allererste „Leich", an die ich Erinnerungen habe, war die meines Bruders. Er wurde am 1. November 1945, da war ich fünf, geboren und verabschiedete sich schon zwei Stunden darauf von dieser Welt, ich weiß nicht warum. Ich sehe nur noch den kleinen offenen Sarg, in dem er aufgebahrt war wie eine Puppe im Schlafzimmer meiner Eltern, denn er war, wie auch ich, eine Hausgeburt.

Der Monat Januar schien es in sich zu haben in dieser Beziehung, denn am 3. Januar 1947, da war ich sechseinhalb, wurde die kleine Dietmut, die auch in der Bahnhofstraße gewohnt hatte, zu Grabe getragen. Auch sie war vorher im offenen Sarg in der Wohnung ihrer Eltern aufgebahrt, schön wie Schneewittchen.
Damals zog es mir das Herz so zusammen wie selten im Leben danach. Beim Schlittenfahren war sie verunglückt, am Altjahrabend 1946, genau um 15.35 Uhr, acht Jahre und vier Monate alt.
Der kleine Buck am Bahnhof, gleich rechts hinter den Schranken, wo es zum Häuslesacker geht, war ihr zum Schicksal geworden.
Dort rodelten wir Kinder gern bis auf die gegenüberliegende Straßenseite - es gab ja keine Autos - und sie wurde von einem zufällig vorbeifahrenden amerikanischen Truck tödlich verletzt.
Nie kann ich die Stelle passieren, ohne daran zu denken.
Beide Kinder, die Dietmut und mein kleiner Bruder, auf den Namen Walter getauft, wurden auf dem Dorffriedhof beigesetzt, gleich rechts neben dem Tor an der Reuther Straße.

Der Besuch des 1955 gedrehten Expeditionsfilms „Im Schatten des Karakorum" war vom Bayerischen Staatsministerium für Unterricht und Kultur den Schulen empfohlen worden.
Warum ich schwänzte, weiß ich nicht mehr. Ich sah den Film wenige Tage darauf in den Sonnen-Lichtspielen Neuendettelsau.

Baden war wieder angesagt an jenem Samstag. Davon habe ich ausführlich am 14. Januar erzählt.

Abends keine „gescheite Musik" zu haben, wie ich schreibe, war sehr enttäuschend.

Können sich die jungen Leute heute vorstellen, dass man seine Lieblingsmusik nicht ständig und überall auf Abruf zur Verfügung hatte? Man war darauf angewiesen, was geboten wurde, was „kam".

Im Radio. Mein Musikprogramm selber gestalten konnte ich erst ab etwa 1960, als ich mir einen einfachen Plattenteller zulegte.

Man hatte aber, aus finanziellen Gründen, nur sehr wenige Platten zur Verfügung. Der Bertelsmann Lesering bot neben Büchern auch Schallplatten an, und unter meinen ersten waren die H-Moll-Messe von Bach, die Carmina Burana von Carl Orff, eine Schubertsinfonie, und Schubertlieder gesungen von Heinrich Schlusnus. Klar, dass ich diese Scheiben so oft hörte, bis ich jede Nuance kannte.

1962 wurde ich ein bisschen flexibler durch den Kauf eines Tonbandgerätes. Neben Aufnahmen von allen möglichen Familienzusammenkünften und Festen, wo man dann auch blödelte und sich schief lachte über die gesprochenen oder gesungenen Beiträge, sammelte ich auch schon bald Musikstücke vom Radio.

In der Radiozeitung, dem „Gong", später auch der „Hör Zu" war das Programm der bayerischen und württembergischen Sender minutiös aufgeführt, und dann strich ich an und lag bzw. saß auf der Lauer.

Die Tonbänder waren teuer und man musste Platz sparen, also konnte man nur aufnehmen, was einen interessierte.

Heute habe ich noch einige 100 Stunden Musik auf Tonband, auf vierspurig bespielten Bändern, und das Gerät tut's auch noch, aber wer will's hören?

Musikkassetten kaufte man, jeweils im Zehnerpack.

Ein ganzes Regal ist voll mit Klassik, Folklore aus aller Welt, Hörspielen vom Radio, Tanzmusik für lange Faschings- und Silvesternächte - wer will's hören?

CDs, gekauft, und als leere selber bespielt mit allem schon Erwähnten - wer will's hören?

VHS-Videocassetten meterweise im Regal, bespielt mit Dokumentationen, Spielfilmen, Musiksendungen, ganzen Opern – wer will's anschauen?

DVD's, gekaufte, und selber bespielte vom DVD-Rekorder mit allem schon Erwähnten - wer will's anschauen?

Mit einem Wort: die Fülle erschlägt einen. Seit ich den Computer als unerschöpflichen Pool für Musik entdeckt habe, verstauben die Ton- sowie die Bildkonserven noch mehr.
 Du willst „Carmen" hören? Ein Klick, und du bist drin.
Du willst Boogie-Woogie hören am laufenden Band? Du gibst das Wort ein und kannst einen halben Tag verbringen mit Ruckizucki, bis du müde bist. Und sehen kann man das auch alles noch! Ob Tango aus Argentinien, Sirtaki aus Griechenland, Habaneras aus Catalunya oder Stubenmusik aus dem Zillertal, „Yesterday", alles, alles steht uneingeschränkt bis zum Abwinken zur Verfügung.
Hätte mir das einer 1956 prophezeit, ich hätte es nicht geglaubt.
Kommt was im Radio, was Gscheits?
Wenn ja, is gut, wenn nicht, ziehen wir den Stecker. So war das.
Kann man sich heute vorstellen, dass ganze Familien am Samstag- abend um die kleine Kiste hockten, um die „Weißblaue Drehorgel" zu hören?
Das war eine beliebte Sendung aus München mit Schmalz und Jodel. „Servus sagt wieder euer Eins- Zwei-Drei-Vierlinger", so kündigte sich Emil Vierlinger an, der das „Samstagsbrettl" moderierte oder auch die sogenannten bunten Abende. Die allwöchentliche Hitparade am Samstagabend war bei uns Tagesgespräch, und ich weiß noch, wie die „Schützenliesel, dreimal hat's gekracht", gesungen von Fred Rauch, wochenlang an erster Stelle stand.
Das war noch die Zeit der Humtata-Musik, die kurz darauf erdrückt wurde vom Einfluss der amerikanischen Hits. „Sixteen tons" und „See you later, alligator" trafen weit mehr unseren Geschmack.
Und zum Glück gab es den AFN, der meinen Musikgeschmack un- geheuer prägte, gerade in jenem Schlüsseljahr 1956.
Da gibt es noch viel zu erzählen.

Lange Spaziergänge im Mondschein, mit Gesang und Klampfe, das ist auch so ein Thema jener Zeit. Heute würde ich das alles als Balz- verhalten einordnen. Man hatte noch keine feste Beziehung und war am Suchen, am Ausprobieren, man wurde angezogen und wieder ab- gestoßen, räumte Bedenkzeit ein und bangte usw.
An jenem Abend spazierten wir, ein halbes Dutzend Jugendlicher, bis nach Reuth, auf der Straße. Die meisten Ausfallstraßen zu den Dörfern waren noch ungeteert, und dass es einmal separate Radwege geben würde, konnte sich auch niemand vorstellen Mitte der 1950er.

Sonntag, 29. Januar 1956

Heute stehe ich um halb 9 auf, da ich in die Kirche gehe. Es ist nicht viel los. Es ist nicht mal geheizt. Draußen herrscht beißende Kälte.
Nach der Kirche gehe ich zu Familie N. Wir spielen ein paar Stücke bis ¾ 12. Es geht nicht gut heute, da er gestern spät vom Flüchtlingsball heimgekommen ist.
Nach dem Essen gehe ich mit Ludwig etwas spazieren, as his lover has written to him to wait for her on the street to their Caff.
Her sister is with her. But she wants to go to Meyer.
Ich gehe nicht rein, weil zu viele Halbstarke drin sind, und gerauft haben sie auch wieder, wie wir erfahren, sondern gehe zum Langer.
Aber dort ist auch nichts los.
Am schönsten ist es noch zu Hause bei Kaffee und Torte.
Um 9 Uhr gehen wir zu dritt (Eltern) noch zum Bischoff.
Mordsstimmung mit Mayers und Fam. Fuchs
Um 11 Uhr im Bett.

Der Konfirmandenunterricht lag erst zwei Jahre zurück.
Am 25. April 1954 war ich konfirmiert worden, zusammen mit etwa 40 anderen Neuendettelsauer Buben und ebenso vielen Mädchen.
„Ein Sonntag ohne Gottesdienst ist kein Sonntag". Punkt.
Dieser Ausspruch eines Jugendgruppenführers, der später Missionar wurde, klang mir natürlich noch jahrelang in den Ohren und bildet den Hintergrund für obigen Eintrag.
Die Kirche war ungemütlich. Kalt im Winter, und kühl und zu dunkel im Sommer, wenn draußen die Sonne schien.
Ab und zu ein Gottesdienst im Grünen, wie es heute manchmal angeboten wird – in Wollersdorf zum Beispiel – hätte gut getan.
Als Dettelsauer war man gut dran, denn ein bisschen Abwechslung bot die Anstaltskirche, Sankt Laurentius, in die ich zuweilen auswich, weil sie immer proppenvoll war mit den Mädchen vom „Schulhaus".

Wie ein Vierzehnjähriger um die Mitte des letzten Jahrhunderts die Konfirmation und das Drum und Dran empfand, habe ich im folgenden Exkurs niedergeschrieben.
Doch zuvor noch ein paar Bemerkungen zu obigem Eintrag:
Die sogenannten Flüchtlinge veranstalteten regelmäßig Heimatabende, an denen sie ihr Brauchtum und die Geselligkeit pflegten.

Im Januar war Faschingszeit, also tanzten sie auch an Samstagabenden, vor allem die Sudetendeutschen und die Egerländer, bei denen ich des Öfteren mit Freunden die musikalische Unterhaltung übernahm.

Der 29. Januar war ein Sonntag, und so sah eben ein typischer Dorfsonntag aus: Kirchgang, Musik machen bei einem Freund, wo mehr Platz war als bei mir, Mittagessen zuhause, dann spazieren gehen mit Gleichaltrigen, Mädchen und Buben oder manchmal nur Buben, schauen, was in den Wirtshäusern los ist, in der Sonne, im Grünen Baum, am Bahnhof, und beim Langer in der Muna.

War nirgends „etwas los", so blieb immer noch ein Besuch bei der Mama, die immer daheim war und manchmal eine hervorragende Schwarzwälder Kirschtorte machte.

Auch ihr „Käskuhng" war unvergleichlich gut.

Einmal, als wir noch die Geißen hatten, buk sie einen solchen mit Ziegenmilch. Meine Großmutter und einer meiner Onkels mochten diese nicht. „Ihr mit eierer Gaaßmilch!" sagten sie.

Neben unserer kleinen Wohnung im ersten Stock des Bauernhauses war eine kühle Kammer, wo meine Mutter manche Lebensmittel aufbewahrte, unter anderem auch jenen mit Geißmilch gebackenen Käsekuchen.

„Wer hatn den gutn Käskuhng backn?" fragte der Onkel, nachdem er ein Stück davon gekostet hatte. Und die Großmutter probierte auch.

„Mhhhmm, jo wergli, der is arch guet" meinte sie.

Mir ist nicht bekannt wie sie reagierten, als sie erfuhren, dass die Köstlichkeit mit Ziegenmilch hergestellt war.

Sie haben es jedenfalls überlebt.

Exkurs Nr. 4

Die Konfirmation

„Du mit deiner Konfirmandenblasn!" sagten die Älteren in der dunklen Wirtsstube, wenn man schon nach dem ersten Bier einmal hinaus musste, um den kahlen Raum mit der Blechrinne an der Wand aufzusuchen.
Das ist aber beileibe nicht alles, was mir zum Thema „Konfirmation" einfällt. Unvergessen ist auch der Konfirmandenunterricht.
Er erfolgte nach Buben und Mädchen getrennt.
Einmal in der Woche fanden wir uns ab Mitte Oktober 1953 nachmittags für neunzig Minuten in einem Klassenzimmer der Volksschule an der Hauptstraße, manchmal auch in einem Raum im Löhehaus ein, wo aus uns vierzig Buben, unter denen auch schon einige hartgesottene Sünder waren, brave Mitglieder der evangelischen Kirchengemeinde gemacht werden sollten.
Vor dem Konfirmanden- sollte dies der Präparandenunterricht bewirken, der für uns schon im Herbst 1952 begann.
Das war hartes Brot für den würdigen Pfarrer.
Ich nehme an, dass ihm die Bibelstunde bei den Senioren lieber war.
Ich war, zu meiner Ehre sei es gesagt, nur ein Mitläufer und ein Mitlacher, der, wie es halt bei einem normalen Dreizehn- bis Vierzehnjährigen so ist, die Streiche und die Störungen lustiger und abwechslungsreicher fand als die oft langweiligen Ausführungen über die Geschichte der christlichen Kirche oder die theoretischen Erörterungen der zehn Gebote und des Glaubensbekenntnisses.
Einmal, das weiß ich genau, tat er mir leid, der schon ältere Seelsorger, als er von den ganz Unverbesserlichen so geärgert wurde, dass er um und um zitterte, seine Bibel und sein Gesangbuch einpackte und mit viel alttestamentarischer Rhetorik seinen Abscheu bekundete vor so viel Heidentum, und durchblicken ließ, dass er nicht länger gewillt sei, an unserer Besserung zu arbeiten.
Er würde jetzt nach Hause gehen und dann könnten wir es uns überlegen, ob wir konfirmiert werden wollten oder nicht.
Da wussten wir eigentlich nicht, wie es nun weitergehen sollte.
Ohne Pfarrer macht auch das Sündigen keinen Spaß, und wir verließen nach fruchtloser Beratung recht betreten das Schulzimmer und machten uns auf den Heimweg.

Ein bisschen konnte er auch mit der Prüfung drohen, mit der Konfirmandenprüfung, die heute „Vorstellung" heißt.
Zwei Wochen vor der eigentlichen Konfirmation durfte die versammelte Gemeinde im Gottesdienst ihren Nachwuchs begutachten und beurteilen, ob der Unterricht Früchte getragen hatte.
Das Zittern davor war für die Katz, denn im Nachhinein muss festgestellt werden, dass dem Geistlichen vor diesem Rigorosum vielleicht mehr bange war als uns.
Erstens verließ er sich auf freiwillige Meldungen, wenn es darum ging, aus dem Kleinen Katechismus zu zitieren oder einen schönen Liedvers von Paul Gerhardt fehlerlos herunterzuleiern, und zweitens kamen nicht alle dran.
Schon aus Zeitgründen konnte er nicht alle aufrufen.
Die schweren Jungs ließ er sowieso wohlweislich links liegen.
Cum grano salis gesagt, war es letztlich wie ein augenzwinkerndes, abgekartetes Spiel, weil er natürlich alle Fragen und Antworten in irgendeiner Form mehrmals mit uns geprobt hatte.

Jedenfalls fiel keiner durch und so konnten wir uns alle auf den Weißen Sonntag freuen, wo wir zum ersten Mal in unserem jungen Leben so richtig im Mittelpunkt stehen sollten.
Die Klamotten waren besorgt, schwarze Kleidchen und hauchdünne dunkle Strümpfe für die Mädchen, und schwarze, allenfalls tiefblaue Anzüge für die Buben. Dazu ein weißes Hemd mit steifem Kragen, oh, wie hasste ich dieses weiße Hemd!
Der kartonartige kalte Stoff scheuerte am frischgewaschenen Hals, bis es juckte.

Zudem musste das, was sie früher einen Vatermörder nannten, auch noch bis obenhin zugeknöpft werden, damit die Fliege richtig angebracht werden konnte.
Und die unbequemen Ärmel mussten mit Manschettenknöpfen geschlossen werden. Am liebsten hätte ich sie hochgestülpt, aber nein, die extra zu diesem Zweck käuflich erworbenen Schmuckstücke mussten ja verwendet werden.
Irgendwie waren sie hinderlich, denn da war, am linken Handgelenk zumindest, auch noch die von der Patentante geschenkte Armbanduhr, die erste im Leben, so eine zum Aufziehen mit einem Rädchen dran, und das Lederarmband oder auch die Uhr selber verhakten sich mit den steifen Manschetten, wenn man während der unendlich langen Predigt immer wieder verstohlen den Ärmel des nach Mottenkugeln duftenden Anzugs ein bisschen nach hinten schob, um zu schauen, wie weit es noch hin war bis zum Schweinebraten und den rohen Klößen.

Der Gang zum Tisch des Herrn war angesagt, vorher.
In Zwölfergrüppchen vorgetreten zum Altar, mit gefalteten Händen und dem frömmsten Gesichtsausdruck, der einem zur Verfügung stand, vorbei an den streng dreinblickenden Alten, auch den allsonntäglich ihren Stammplatz beanspruchenden Kirchenvorständen, deren einer beim Glaubensbekenntnis und dem Vaterunser mit seiner sonoren Stimme regelmäßig den Pfarrer in Grund und Boden donnerte und beim Singen lauthals der Orgel um zwei bis drei Takte hinterherhinkte, damit man merken sollte, dass er den Gang der Dinge bestimmte; vorbei an der frommen Großtante, die heute Tränen in den Augen hatte, weil das Waggela nun schon so groß war, und vorbei an der aus dem Allgäu angereisten katholischen Großmutter, die nicht wusste, wie ihr geschah, weil ihr all die Jahre niemand mitgeteilt hatte, dass ihr emigrierter Sohn evangelisch geheiratet hatte.
„Ja, was isch dees, heidanaaa abrau" verkündete ihre Miene, aber das konnte nur ich lesen, der ich sie von klein auf kannte.
Dann mussten wir niederknien auf weichem Samt, die noch fast unzerkratzten harten Schuhsohlen der Gemeinde zugewandt, und der Pfarrer ging murmelnd mit dem goldroten Kelch herum, aus dem ein genau abgemessener Schluck würzigen Rotweins zu trinken war.
Die Oblate, die ich schon kannte als Unterlage für die guten Nussplätzchen, welche die Mama immer vor Weihnachten beim Bäcker Burkhardt in den Backofen schieben ließ, klebte beim Zurückgehen

in die enge harte Kirchenbank noch geraume Zeit geschmacklos am Gaumen.

Und dann endlich raus an die Frühlingssonne, die schon dauernd durch die bunten Fenster von rechts herein geleuchtet hatte, raus in die milde Luft des April, die nach beregnetem Staub roch und nach Buchs.

Das Bestreuen des Weges mit grünen Zweigen vom Haus bis zur Kirche, zumindest bis zu dem Punkt, wo der Weg eines anderen Konfirmanden kreuzte oder mündete, und das Binden der Girlande, welche die Haustür zierte, das hatte Spaß gemacht. Frisches Grün nach dem grauen Winter, das symbolisierte neues Leben, zieh aus den alten Adam, entsage dem Satan und all seinen Werken!

O, wie diese Ermahnungen des Pfarrers - euer Leib sei ein heiliger Tempel, und die „Selbstbefleckung" ist eine schwere Sünde – kollidierten mit dem Leidensdruck der Pubertät, mit dem süßen Drang und Sehnen, der einen erfasste beim Anblick der Engelsgesichter und der festgeflochtenen Zöpfe der niedlichen Mitkonfirmandinnen.

Es mag sich geändert haben, aber um die Mitte des vorigen Jahrhunderts war „konfirmieren" gleichbedeutend mit „festigen", „widerstandsfähig machen" gegen die Verlockungen und Versuchungen des Fleisches, dieses zuchtlosen Lümmels, den man kannte wie die eigene Hosentasche; ein Damm musste gebaut werden gegen die Testosteronschwemme, die den Kopf unentwegt mit ungehörigen Fantasien erfüllte und die Neugier anstachelte auf alles, was das Leben an Verheißungen bereithielt.

Und dann kam der Sommer, und die Zöpfe der hoch aufgeschossenen und noch ungelenken Mädchen fielen der Schere zum Opfer, und das feine, federleichte Haar wehte im Wind oder umspielte als sogenannter Bubikopf die zarten Ohrläppchen, wenn man mit einer spazieren ging, sonntags, im Konfirmandenanzug, weil man noch nichts anderes hatte, und die Fliege hatte man in der Schublade gelassen, und der Kragen war offen, damit man nicht erstickte an dem heißen pochenden Blut, und die Jacke hatte man lässig über die linke Schulter gehängt, während die rechte Hand die ersten andeutenden Fingerspiele mit feingliedrigen Mädchenhänden veranstalteten, ein süßes Verschränken und Winden und Kribbeln und Streicheln, das ungebremste Schauer in den Bauch sandte als Vorboten kommender Freuden.

Ach, wer bringt das verlorene Paradies zurück?

Montag, 30. Januar 1956

Motto: Der Winter ist ein rechter Mann.
Hansi hat sich ein Vicky gekauft. Um halb 9 stehe ich auf, mache Aufgaben. Es hat eine Saukälte. Draußen liegt in wüsten Haufen immer noch der schmutzige, festgefrorene Schnee. Mama ist um ¾ 9 mit der Patin nach Ansbach gefahren. Auch die Kinder haben sie dabei. Heute beginnt der Winterschlussverkauf.
Die Fahrt zur Schule ist wieder ganz schön.
Brigitte schaut mich nicht mehr an. Sie tut mir zwar etwas leid, aber ich habe es nun mal satt.
Es ist schon eine ziemliche Faschingsstimmung in der Schule und auch abends. Ich kaufe mir die Narrnberger Nachrichten für 30 Pf. Die 3 Strumpfwirker fahren im Zug mit heim. Es ist schneidend kalt. Abends bin ich zu Hause in der warmen Stube, höre etwas Radio und bin um ¾ 9 schon im Bett. Morgen haben wir Deutschschulaufgabe.

Ausnahmsweise ist nicht viel zu sagen zu diesem Tag. Der Winter hatte sich eingestellt, wie man sieht.
Mein heutiger Exkurs knüpft an das berühmte Wintergedicht von Matthias Claudius an, das mir immer wieder gefällt.
Doch zuvor noch ein paar Bemerkungen zum Eintrag:

Mein Großcousin Hans Bär (1939 – 2018) auf seiner Vicky mit seinem Vater Johann Bär (1915 – 1999) und seiner Tante, der Schwester von Hermine Bär.
Im Hintergrund Bahnhofstraße 14, damals Lebensmittel Aschenneller.
Rechts das alte Tor der Schmiede (später Milchhaus).

Ein Victoria Moped war 1956 das Geilste für einen Halbwüchsigen.
Wer schon Geld verdiente, konnte sich die Anschaffung leisten.
Ich nicht. Ich war auf mein Fahrrad angewiesen.
Das hatte den Vorteil, dass ich mich dabei bewegte, und den Nachteil, dass ich niemand mitnehmen konnte, im Normalfall.
Natürlich kam es vor, dass man, wie Jugendliche das heute auch tun, sich zum Spaß zu zweit draufsetzte und ein bisschen im Dorf herumgondelte. Ein Mädchen kam dann schon mal kurzzeitig auf der Sattelstange zu sitzen, auf dem Gepäckträger eigentlich weniger, weil das damals immer noch als unanständig galt.
Die Moral im mediterranen Raum ist in dieser Beziehung noch strenger als sie bei uns damals war.
Dort saßen die jungen Damen noch in den 1970ern nur damenhaft auf dem Soziussitz eines Mopeds, Rollers oder Motorrads, d. h. beide Beine nach einer Seite hängend, möglichst eng zusammengekniffen, wie die Mamma es unzählige Male eingeschärft hatte.
Der Reitersitz galt als verrucht.
„Hietscherbraad", wie der Franke sagt, also so breitbeinig wie „a Hietsch", eine Kröte, auf einem Verkehrsmittel zu sitzen, und sei es ein Pferd, galt für das weibliche Geschlecht als unschicklich, wegen der dabei sich einstellenden Assoziationen, nehme ich an, weshalb auch manche Reiterinnen auf der Feria in Sevilla heute noch die Damenposition bevorzugen, vor allem, wenn sie zusammen mit ihrem Caballero auf einem einzigen Gaul sitzen.
Aber ich schweife schon wieder ab.
Halt. Eins fällt mir noch ein zu dem Thema, das ich später vielleicht nicht so gut anbringen kann bzw. dann an den Haaren herbeiziehen müsste:
Den Sozius zu spielen hätte mich, als ich achtzehn war, fast das Leben gekostet. Dann gäbe es hier und heute keine Dettelsauer Geschichten.
Nur mein mit Klamotten vollgepackter Rucksack hat mich gerettet.
Und das kam so:
Mit einem meiner besten Schulfreunde machte ich mich im August 1958 auf, um England und Schottland zu erkunden. Per Anhalter.
Das ging auch eine Zeitlang ganz gut, bis wir uns gegenseitig ein bisschen auf die Nerven gingen. Also beschlossen wir, irgendwo in York oder um York herum, uns vorübergehend zu trennen und uns zu einer gewissen Zeit an einem gewissen Tag in einem gewissen Pub in London, das wir uns gut einprägten, wieder zu treffen, um uns

dann gemeinsam wieder auf die Fähre von Dover nach Ostende einzuschiffen. Die Strecke Dover – London bzw. vorher umgekehrt legten wir nämlich mit dem Zug zurück.

Also, kaum war der Toni, so nenne ich ihn jetzt, weg, wurde mir von einem zufällig die Landstraße daherkommenden Biker ein „lift" angeboten. „Lift" bedeutet Mitfahrgelegenheit.

Es herrschte zwar kein starker Verkehr, aber die Straße war auch nicht unbelebt.

Ich voller Freude hoch das Bein und drauf auf das weiche Polster, mein neuer Freund gibt Gas noch bevor ich mich richtig häuslich niedergelassen habe, und ich sehe mich jetzt wie im Film in Zeitlupe: der Oberkörper neigt sich ganz langsam nach hinten, die Beine steigen auf, ich greife vergebens nach meinem Fahrer, um ihn zu umfassen, und es haut mich bei schon ziemlich rasantem Tempo auf die Straße, auf meinen Buckel, der noch bei weitem nicht so breit und belastbar war wie heute.

Wie gesagt, mein weicher Rucksack, prall gefüllt mit Unterwäsche, Sommerhosen, Wollhosen und dicken Pullovern für das kalte Schottland hat mir wahrscheinlich das Leben gerettet. Und die Tatsache, dass das nächste Auto nicht unmittelbar hinter uns fuhr.

Ein paar wilde Spritztouren als Sozius erlebte ich im Sommer 1956. Dazu mehr an der richtigen Stelle.

Thema dieser letzten Januartage war der Winter. Und der Fasching.

Die „Nürnberger Nachrichten" hatten damals ein paar Jahre lang einen Sonderdruck, genannt die „Narrnberger Nachrichten", wo allerlei unsinnige Meldungen verbreitet wurden.

Dafür gab ich 30 Pfennig aus, weil ich schon immer neugierig war.

Der „Winterschlussverkauf" in der letzten Januarwoche, abgekürzt WSV, bedeutete oft Stress für die zu bescheidenem Wohlstand gekommenen Bundesbürger. Lange vor Öffnung der Geschäfte drängten sie sich vor den Toren der Kaufhäuser oder der großen Bekleidungsfirmen wie C&A und Wöhrl, und wenn aufgemacht wurde, stürmten sie die Wühltische und Sonderständer mit so viel Hast und Durchsetzungsvermögen, dass einem angst und bange wurde.

Im Juli das Gleiche in Grün beim SSV.

Seit 1950 gab es die Verordnung über die streng geregelten Saisonschlussverkäufe, und erst 2004 wurde diese gelockert.

Die Wortungetüme, deren Aussprache heute den Zugereisten Probleme bereiten könnten, wurden durch den Anglizismus „Sale"

ersetzt, was bei Franzosen ein gelindes Schmunzeln bzw. Spott hervorruft, denn es bedeutet „schmutzig".
Ich kann mich noch an Zeiten erinnern, da die Städte zur Zeit des „Sale" voll waren mit Menschen, alle mit großen Tüten bepackt, links drei Tüten, rechts drei Tüten, Papiertüten, Plastiktüten und Tüten mit Schuhkartons, die sie, stolz auf das Erbeutete, neben sich auf den Boden stellten, wenn sie sich beim Tschibo oder Eduscho, an einem Stehtisch einen Kaffee gönnten.
1959, als ich in Erlangen zu studieren begann, kostete dieser Spaß übrigens genau 20 Pfennig, Flirten mit den flotten Kommilitoninnen inklusive.

Exkurs Nr. 5.

„Ein Lied hinterm Ofen zu singen"

„Und wenn er durchzieht, stehen wir
und sehn ihn an und frieren."
Den Winter damals.
Als großer furchterregender Schneemann war er dargestellt.
Davor ein paar Kinder, dick eingepackt mit Schals und Wollmützen.
Die eigenen Erinnerungen verschmelzen mit den Bildern aus dem Schullesebuch und der Poesie, die man im Gedächtnis gespeichert hat, und es entsteht das Kopfkino, wie sie es heute nennen, angenehme, Glücksgefühle auslösende Fantasien, aus denen alles Negative herausgefiltert ist.
Schön sind diese weißen, knackigen Wintertage, wenn man sich nicht ins Verkehrsgetümmel stürzen muss, wenn man höchstens einmal als Fußgänger vor die Tür geht, sei es zum Einkaufen oder zu einem längeren Spaziergang durch den Wald und über die Felder.
Da gibt es keinen Missmut bei den Menschen, denen man begegnet.
Das helle Licht und die kalte, trockene Luft setzen Endorphine frei.

„Guten Morgen!" schallt es allenthalben, „Jetzt haben wir aber richtig Winter, gell!", als ob man lange darauf gewartet hätte.

Das Scharren der Schneeschieber ist in der ganzen Nachbarschaft zu hören, und jeder freut sich über die selten gewordene Gelegenheit, sich an der frischen Luft körperlich zu betätigen, sinnvoll, wie es aussieht.

Die Autos schleichen, verhalten und auf leisen Sohlen, alles ist um etliche Grade menschlicher und erträglicher, trotz der tiefen Temperaturen.

Drinnen genießt man die wohlige Wärme der Wohnung, den freien Blick aus dem Fenster auf die verschneite Landschaft, und lacht innerlich wie ein Kind über die dicken Schneehauben, die jeden Gegenstand zieren.

Und unweigerlich werden jene Bilder heraufbeschworen, die Matthias Claudius im 18. Jahrhundert - und da gab es noch Winter, die sich gewaschen hatten - so trefflich mit Worten gemalt hat:

Ein Lied hinterm Ofen zu singen

Der Winter ist ein rechter Mann,
Kernfest und auf die Dauer;
Sein Fleisch fühlt sich wie Eisen an
Und scheut nicht süß noch sauer.

Aus Blumen und aus Vogelsang
Weiß er sich nichts zu machen,
Hasst warmen Drang und warmen Klang
Und alle warmen Sachen.

Doch wenn die Füchse bellen sehr,
Wenn's Holz im Ofen knittert,
Und um den Ofen Knecht und Herr
Die Hände reibt und zittert;

Wenn Stein und Bein vor Frost zerbricht
Und Teich' und Seen krachen;
Das klingt ihm gut, das hasst er nicht,
Dann will er sich tot lachen. -

Sein Schloss von Eis liegt ganz hinaus
Beim Nordpol an dem Strande;
Doch hat er auch ein Sommerhaus

Im lieben Schweizerlande.

So ist' er denn bald dort, bald hier,
Gut Regiment zu führen.
Und wenn er durchzieht, stehen wir
Und sehn ihn an und frieren.

Als diese herrlichen Bilder sich mir vor fast siebzig Jahren unauslöschlich in mein Gedächtnis einprägten, war auch der Unterrichtsraum noch eine Schul-Stube - das englische Wort für Ofen, „Stove", ist ja Laut für Laut die etymologische Entsprechung von „s-t-u-b-e" - und kein kaltes Klassenzimmer.
Ein großer bullernder Ofen im hinteren Bereich lieferte schon vor acht Uhr die anheimelnde Wärme, welche dann durch die Ausdünstungen und die natürliche, von dreißig bis fünfunddreißig Kinderkörpern ausgestrahlte rosige Hitze noch verstärkt wurde.
Da machte es Sinn, wenn wir kindlich unbeholfen vorlasen oder auswendig vortrugen:
„...wenn's Holz im Ofen knittert,
und um den Ofen Knecht und Herr
die Hände reibt und zittert."
Fränkisch lautmalend möchte ich „schbprazzelt" einsetzen, wo der Dichter „knittert" schreibt, aber dann bekomme ich ein Problem mit dem Reim.
Jawohl, es „schbrazzelde", wenn unser Ofenwart, der Bub von der „Eselsbank", just in diesem Augenblick zwei große Scheite aus dem

neben dem gusseisernen Wärmespender stehenden Weidenkorb nehmen durfte, die Ofentür öffnete und das Holz ins Feuer warf, so dass die Funken sprühten.
Alle lachten, unsere Lehrerin inklusive, weil es so laut und herrlich prasselte, genau im richtigen Moment.
Verliere ich mich total in diesen Erinnerungen, so möchte ich das Rad der Zeit zurückdrehen und noch einmal in die Schule gehen, aber nur so wie damals.

Dienstag, 31. Januar 1956

Im Zug ist heute nichts los. Nie mehr.
In Deutsch schreiben wir eine Schulaufgabe.
Vier Rahmenthemen: Sportbild, Naturbild, Im Kino, Im Theater.
Ich nehme das letzte und schreibe „Pause im Opernhaus".
Schreibe nur 3 Seiten und bin bald fertig.
In Englisch ist es ganz gemütlich. Nachmittags mache ich Aufgabe (Algebra) und schreibe mein Referat ins Reine.
Der AFN hat um 2 Uhr die Freischützouvertüre gebracht.
Auch sonst hat er eine ganz gute Musik.
Draußen ist es klar und sehr kalt.
Wolkenloser Himmel, aber mindestens minus 5 Grad den ganzen Tag über. Abends sitze ich in der warmen Stube und höre den musikalischen Cocktail. Um 9 h bin ich im Bett.

Hatte man mit einer der Zugbekanntschaften gebrochen, so war eben nichts mehr los. Nie mehr. So lange, bis man eine neue Bekanntschaft machte.

Stimmungsbilder zu verfassen war schon immer eine Lieblingsbeschäftigung von mir, und so kam mir das gestellte Thema der Deutschschulaufgabe gerade recht.
Die Pause im Opernhaus hatte ich erst vor wenigen Tagen erlebt, und so konnte ich meine Eindrücke gleich in einem Aufsatz festhalten.
Ich glaube, ich bekomme das heute gar nicht mehr so gut hin wie damals als Fünfzehnjähriger.
Heute fällt mir nur ein, dass wir vor etlichen Jahren, als wir im Nürnberger Opernhaus „Arabella" von Richard Strauß sahen, in der Pause etwas zu lachen hatten.

Wie immer, wenn es ins Theater geht, pressiert es vorher daheim, und man muss Hals über Kopf fort zum Zug oder zum Bus.
Wir, meine Frau und ich, genossen also die erste Halbzeit dieser Oper und begaben uns dann gemessenen Schrittes ins Foyer, um des Gesprächs zu pflegen. Eine Bekannte war mit uns, und als wir alle drei so beieinander standen, glitt der liebevolle Blick meiner Frau an mir zufällig nach unten, aber weiter runter als da, wo Vergesslichkeit für einen Mann besonders peinlich ist, und sie begann sogleich mit vorgehaltener Hand unbändig zu lachen. Sie bog sich regelrecht vor Lachen. „Allmächt!" sagte sie, die Brandenburgerin, die natürlich längst einige fränkische Vokabeln samt den in Franken lebensnotwendigen Redensarten drauf hatte. „Allmächt!"
Verunsichert folgte ich ihren Blicken, und siehe da:
Ich hatte zweierlei Schuhe an.
Beide schwarz, aber von der Form her doch recht unterschiedlich.
Es hat aber niemand gemerkt außer uns dreien.
Wer schaut in der Opernpause schon auf die Schuhe?
Ach ja, die Schuster. Die schauten immer auf die Schuhe.
Ob man alte anhatte oder etwa neue, und vielleicht nicht bei ihnen gekauft. Es kann aber sein, das man sich nur einbildete, sie würden auf die Schuhe schauen.
Es ist unvorstellbar, wie viele Schuster bzw. Schuhmacher und Schuhgeschäfte es in Dettelsau gab:
In der Wiesenstraße war der Lotter, in der Hauptstraße der Zehnder, in der Reuther Straße der Pommer und in der Windsbacher der Sichart. Und alle hatten ihr Auskommen.
Den Herrn Sichart sen. muss ich einmal besonders hervorheben, denn er schenkte meiner Liebsten, die 1957 mit nichts von der "Ostzone" kam, ein Paar neue Schuhe.

Neben denen, die ein Geschäft hatten, gab es noch zahlreiche andere, die das Herstellen bzw. Reparieren von Gehwerkzeug zwar richtiggehend gelernt hatten, aber solches nicht verkauften.

Mir fallen mindestens drei Familiennamen ein, bei denen die Berufsbezeichnung„ Schuster" hinten drangehängt wurde, also beispielsweise „Zehndersschuster".

Andere nenne ich jetzt nicht aus Datenschutzgründen.

Von Georg Zehnder ist ja allgemein bekannt, dass er in der Hauptstraße, an der Ecke Friedrich-Bauer-Straße, seinen Laden samt Wohnhaus hatte, ein Gebäude, das 1958 der Erweiterung dieses Platzes weichen musste.

Man fuhr nicht in die Stadt, um Schuhe zu kaufen.

Zumindest nicht in den 1950ern. Man kaufte im und am Ort.

Erst ab 1965 etwa trieb man sich ab und zu in den großen Schuhhäusern rum, beim Duda in Nürnberg oder beim Weigel in Ansbach. Mit den Tretern, die sich im Lauf von Jahrzehnten ansammelten, könnte ich heute ein eigenes Schuhgeschäft aufmachen.

1958 wurde das Haus des Schuhmachermeisters Georg Zehnder samt Laden abgebrochen.

In meiner Kindheit wurden überhaupt keine Schuhe gekauft.

Man erbte immer von den älteren Geschwistern, schwere genagelte Schaftschuhe mit vielen Löchern für lange Schnürsenkel noch in den 1940ern.

Für den Sommer gab es schon bald leichtere Formen mit Schnallen, aber immer noch richtige Schuhe, keine eigentlichen Sandalen.

Wenn das Wetter es zuließ, gingen die Kinder barfuß, sogar in die Schule. Auf meinem Klassenfoto von 1947 vor dem Schulhaus an der Reuther Straße sitzen in der ersten Reihe drei Buben, die ich alle mit Vor- und Zunamen benennen kann, ohne Schuhe und Strümpfe.
Schicke Sportschuhe oder Laufschuhe aus Plaste gab es natürlich nicht. Hatte man Schuhe an, so waren diese aus Leder, sehr oft hart und unbequem. Die glatten Sohlen hatten aber den Vorteil, dass man damit tanzen konnte wie der Lump am Stecken.

Selbst Hausschuhe, die aus Filz sein konnten, umschlossen den ganzen Fuß.

Gehen wir das Bein aufwärts, so finden wir bei den Buben, je nach Jahreszeit, Söckchen oder Kniestrümpfe, gegen die Kälte aber auch lange Wollstrümpfe, die von zu knöpfenden Strapsen gehalten wurden.
Der Gummistraps hing an einem sogenannten Leibchen, „a Leibla", das über der Unterhose getragen wurde oder eventuell gleich als Unterhose diente.
Ganz genau weiß ich das auch nicht mehr. Ich erkenne nur den Straps auf meinem Foto mit unserem Hofhund. Zwischen Straps und kurzer Hose war ein Stück des Oberschenkels zu sehen: sehr sexy.

Das Foto ist von 1949 und wurde an der hinteren Eingangstür des Hauses Bahnhofstraße 9 gemacht.

An der Tür hängt ein Arbeitskittel, rechts ist die Stalltür zu sehen, durch die man, wenn alle auf dem Feld waren, das Haus betreten konnte, durch einen Kniff, den nur die Hausbewohner kannten.

Links erkennt man ein Stück des Abflussrohrs, das von unserer Wohnküche an der Außenseite der Südmauer herunter kam.

Die Häuser hatten ja ursprünglich keine Wasserleitungen, und wenn solche nachträglich verlegt wurden, so geschah dies auf Putz.

Mein Vater führte das Abflussrohr für den Küchenausguss außen an der Wand entlang, was zur Folge hatte, dass dieses im Winter manchmal einfror, so dass er es mit einem Lötkolben und einer Gasflamme auftauen musste.

Winter in Neuendettelsau.
Das undatierte Foto zeigt eine Schulklasse vor dem alten Schulhaus an der Reuther Straße, dem sogenannten „Abortschlösschen", in dem immer zumindest die erste Klasse untergebracht war. Links davon das Lehrerhaus.

FEBRUAR

Mittwoch, 1. Februar 1956

Die Kälte ist katastrophal geworden. Morgens hat es 21 Grad, und auch tagsüber bleibt es bei minus 15 bis 10.
Ewald hat sich schon das Ohr erfroren. Ich kann mich nicht entsinnen, jemals eine solche Kälte erlebt zu haben. In Schweden hat es 46, in Sibirien sogar 59 Grad. Es scheint aber die Sonne.
Ins Turnen gehe ich immer noch nicht.
In der Wirtschaftslehre beginnen wir mit der Buchführung des Industriebetriebs. Vor dem Chor sitzen wir etwas im Augustiner und trinken ein kleines. Um halb 3 fahre ich mit Bernd heim.
Jeder flucht über die Kälte. Martha sieht mich jetzt auch nicht mehr an. Na, immerhin, dann bin ich wenigstens mein eigener Herr.
Vielleicht hat sie auch ein schlechtes Gewissen, was ihr aber nichts schaden kann.
Da der Zug etwas Verspätung hat, komme ich erst um halb 4 heim.
Zuhause mache ich Aufgabe. Eine eiskalte Bude.
Abends höre ich Wunschkonzert.
Rock Around the Clock ist bei mir zur Zeit Schlager Nr. 1.

Eine derartige Kälte, wie sie damals über Deutschland hereinbrach, erlebt man ja eigentlich selten bei uns.
In den Wintern von 2012 oder 2002 oder 1963, die auch Rekorde aufwiesen, wurde in der Presselandschaft immer wieder auf die extremen Temperaturen des Februar 1956 Bezug genommen.
Damals musste, so lese ich heute, bei Bingen am Rhein das Eis gesprengt werden, damit nicht die Landschaft überflutet wurde.
Wenn mein Vater immer von 30 Grad „Keltn" erzählte, so hatte er das sicher auch nur einmal erlebt, und zwar im Eiswinter 1929, als er 24 Jahre alt war.
Jedenfalls hatten wir sie nun, die „Russenkälte", so genannt, weil sie herrscht, wenn sich im Winter ein stabiles Hoch über Russland und Osteuropa bildet. Dann erfrieren auch Menschen.
Was mich heute wundert, ist, dass kein Verkehrschaos ausbrach, so wie das heute der Fall wäre.
Gut, einen nennenswerten Autobahnverkehr gab es noch nicht, aber der Bahnverkehr hätte ja zusammenbrechen können.

Das tat er nicht. Meinen Tagebuchaufzeichnungen zufolge passierte (fast) nichts. Die Technik der Dampflokomotiven war robust, und die Heizung in den Waggons funktionierte auch, weil von der Lok aus heißer Dampf in die dort angebrachten Heizkörper gepustet wurde, so heiß, dass man sich daran verbrühen konnte.
Die Steuerung der Züge war noch nicht so zentral wie heute.
In jedem größeren Bahnhof gab es ein sogenanntes Stellwerk, in dem ein paar Beamte saßen und die ein- und ausfahrenden Züge vom Fenster aus beobachteten und die Signale über Seilzüge per Hand steuerten.
Die Weichen wurden an Ort und Stelle gestellt, und notfalls enteist.
Dazu benötigte man natürlich Personal, aber daran wurde nicht gespart. 1956 noch nicht.
„Alle reden vom Wetter, wir nicht" war der Slogan der Deutschen Bundesbahn.
Und bei der „Reichsbahn", wie sie im Osten immer noch hieß, dürfte es nicht anders gewesen sein. Weihnachten 1965 und Neujahr 1966 verbrachten meine frisch Angetraute und ich in ihrer Heimat im Spreewald bei der Mutter und den Geschwistern. Von irgendwelchen Störungen des Bahnverkehrs ist mir nichts in Erinnerung.
Was das Zugfahren nach Ansbach angeht, so weiß ich noch, dass der Schienenbus einmal kurz vor Petersaurach, ungefähr da, wo heute die Autobahn die Bahnlinie überquert, in eine mit Schnee bis obenhin bedeckte Mulde hineinbrauste und prompt stecken blieb.
Wackere Männer mit Schaufeln mussten aus Petersaurach geholt werden, um das Fahrzeug auszugraben.
Wir kamen etwa zwei Stunden zu spät zur Schule, zu unserer großen Freude, und betraten das Klassenzimmer, als ob wir zu bewundernde Helden seien. So etwas überlebt zu haben, im Alter von elf oder zwölf Jahren, das war schon eine Leistung.

Irgendwie tröstete ich mich immer sehr schnell, wenn mich, wie das bei Jugendlichen eben vorkommt, ein verehrtes Mädchen nicht mehr anschaute. Das „Werthersyndrom" hatte ich offenbar nicht.
Ist es nicht die, so ist es eine andere, schien mir mein guter Geist, der mich ständig führte und leitete und auch in dunkelsten Stunden doch auf dem rechten Weg hielt, stets einzuflüstern.
Es hätte vieles anders kommen können in jenem turbulenten Jahr und bei meiner recht ausgeprägten Sensibilität.

Joachim Neander, du hast es in die richtigen Worte gefasst: „In wie viel Not hat nicht der gnädige Gott über dir Flügel gebreitet."

Wenn das Feuer im Herd oder im Ofen ausging, so wurde die Bude schnell kalt. Es zog empfindlich durch die Fenster, auch wenn die Winterfenster eingesetzt waren, und die Wände und die Fußböden waren auch nicht isoliert.
Meine Mutter sorgte zwar stets für eine warme Stube und auch dafür, dass mein Essen auf dem Herd stand, wenn ich von der Schule heimkam, aber gelegentlich kam ihr halt auch was dazwischen, so dass sie nicht rechtzeitig heimkam. Dann musste ich anschüren. Zusammengeknülltes Zeitungspapier und Kienspäne fanden sich immer neben dem Ofen, und genug Holz in einem Korb daneben.
Das ist auch so eine Erfahrung, die einem heute abgeht, wenn es so eiskalt ist, dass der Atem sichtbar wird, und wenn man erlebt, wie aus einer kleinen nach Harz riechenden Flamme ein schönes wärmendes Feuerchen wird, das man dann mit Braunkohlebriketts oder Steinkohlebrocken aus einem blechernen Behälter speist.
In den Herd integriert war das sogenannte „Schiffla", ein Wasserbehälter, der stets gefüllt sein musste.
Ihm konnte man heißes Wasser für die Wärmflasche oder die Waschschüssel entnehmen. Und die Hitze, welche den Kochtöpfen von unten zugeführt wurde, konnte man regulieren durch eiserne Ringe auf der Herdplatte. Nahm man sie alle heraus, so stand der Topf oder Tiegel direkt auf der Flamme.
War die Mama überhaupt nicht zu Hause, so konnte ich mir wenigstens ein paar Eier in die Pfanne hauen oder einen Schokoladenpudding kochen. Letzteres tat ich immer sehr gern. Es war eine sinnliche Erfahrung, wenn die braune Masse so schön pfopferte wie die Geysire im Yellowstone Park. Solche sah ich aber erst 1990.

Pudding löffeln und lesen. Lesen, lesen, lesen und Pudding löffeln. Und Radio hören.
Multitasking nennt man das heute. Ich beherrschte es perfekt, und da ich meistens alleine zuhause war, störte mich auch niemand dabei.
Danach ging es an die Schularbeiten oder auch nicht.
War das Wetter schön, so schwang ich mich gleich in den Fahrradsattel und kutschierte im Dorf herum, um zu schauen, ob irgendwo „was los" war.
Dann wurden die schulischen Pflichten auf den Abend verschoben.

"Rock Around the Clock" ist der Titel eines 1954 durch die US-amerikanische Rock-'n'-Roll-Band Bill Haley & His Comets bekannt gewordenen Rock-Songs, der zu den umsatzstärksten Plattenerfolgen aller Zeiten gehört. Dieser Song wurde…zur Marseillaise einer weltweiten Teenager-Revolution, er…markiert die Geburtsstunde der modernen Popmusik." (Wikipedia)

Tremblez, tyrans… Zittert, ihr Tyrannen!
Zittern? Na ja, nicht unbedingt.
Aber Angst machte es ihnen schon, den Alten, die mich und unsere Generation im Griff hatten oder zu haben glaubten.
Durch die Tonaufnahme von 1955 und den gleichnamigen Spielfilm, der im März 1956 in den amerikanischen Kinos anlief und schon bald unter dem zugkräftigen Titel »Außer Rand und Band« in Deutschland die Halbstarken in Scharen in die Kinos lockte, wurde der Song populär und etliche Millionen mal verkauft.
Samstagabends gab es im Radio die Schlager der Woche, auf anderen Sendern vielleicht auch Hitparade genannt, und da saß ich dran, das Ohr dicht am Kasten, sofern ich nicht alleine im Raum war.

Hieß es dann, mit überschwänglicher Stimme „Und hier ist sie, die Nummer eins, der Schlager der Woche, wieder einmal ohne Konkurrenz: Bill Haley and his Comets mit....", dann hielt es mich nicht mehr auf dem Stuhl. Dann musste ich mich bewegen zu den peitschenden Synkopen und jaulenden Gitarrenklängen, zu dem aufputschenden Text, der die Jugend der ganzen Welt aufforderte, zu rocken und zu rollen ohne Unterlass, auf dem Boden rumzukugeln vom Abend bis zum frühen Morgen, und dann wieder von vorn, rund um die Uhr, in fröhlichen bunten Fetzen („put your glad rags on") ein bisschen Spaß zu haben, nach mehr zu schreien („yell for more"), wenn die Band nachließ in ihrem Eifer, sich in den siebenten Himmel („in seventh heaven") zu tanzen und dabei immer ausgelassener und aggressiver zu werden.

Da flogen bei öffentlichen Konzerten schon mal die Stühle durch die Gegend, „I'll be goin' strong and so will you..." und wenn es auf der kleinen Tanzfläche der Barackenlokale, die zwischen den Ruinen schnell errichtet worden waren, zu eng war, um sich richtig austoben zu können zu den wummernden Bassläufen, welche die Jukebox zum Beben brachte, auch ab und zu die Fäuste.

Friedlich war es meist in dem großen Bauernhaus, in dem ich aufwuchs und das 1956 immer noch sechzehn Personen beherbergte, aber es gab regelmäßig lautstarken Protest von Seiten der Älteren gegen die „Neechermusik", wie sie meinen Lieblingssong abwertend nannten, vor allem deswegen, weil ich, sobald die ersten Takte erklangen, den Lautstärkeregler bis zum Anschlag nach rechts drehte. Ich konnte das nicht leise hören, beim besten Willen nicht. Das wäre ein Frevel gewesen.

Alle, die über fünfundzwanzig waren und sich wohlfühlten bei „Rosamunde, schenk mir dein Sparkassenbuch" und „Eine weiße Hochzeitskutsche kommt am Morgen vorgefahren" und bei „Es wird ja alles wieder gut, nur ein kleines bisschen Mut,..." spürten, dass hier etwas Neues im Anmarsch war, eine neue Zeit, die ihnen zunächst einmal Angst machte, sie verunsicherte.

„La Paloma" hatten sie gesungen und „Marianka, lass dich küssen, du musst wissen, dass ich dich von Herzen liebe."

Selbst die Englischlehrer an der Oberschule waren konsterniert und boten kaum Hilfestellung, wenn man sie fragte, was „hon" bedeutet, es sei denn, sie waren sehr jung, aber davon gab es kaum welche.

„Rosamunde, schenk mir dein Herz und sag ja..."

Humta humta humta tata.

Das war noch bieder deutsch, österreichisch, böhmisch, aber im Hintergrund schrummte und schluchzte schon Dean Martin mit „Sweet, sweet memories you gave-a me, you can't beat the memories you gave-a me".

Wohl kaum eine andere Generation in Deutschland als die damals Sechzehnjährigen hat so intensiv und hautnah den um die Mitte der Neunzehnhundertfünfziger erfolgten Bruch erlebt, den abrupten Wandel von der volkstümlichen Bumsmusik, welche auch das Schlagergeschehen beherrschte, zum amerikanischen Rock and Roll mit seinen Bluesharmonien und der Verlagerung des Trommelschlags, des Beats, auf die eigentlich unbetonte Hälfte des Taktes.

Plötzlich klang es nicht mehr „Humta Humta Humta Tata" aus den Kneipen und den Kofferradios, wo der Bass einfach wechselte zwischen der Tonika und der Dominante, sondern eher wie „Tscht Bumm, Tscht Bumm, Tscht Bmm, Tscht Bumm", und der Bass begann zu laufen und zu strapsen, weil die fingerdicken Saiten nicht mehr gestrichen wurden, sondern gezupft und weggezerrt vom Hals des großen braunen Instruments, und so draufgeschnalzt, dass es knallte, und man drehte die große Geige auf ihrem Dorn um die eigene Achse und lachte dabei, und wenn man als Zuhörer mitklatschte, so musste man das jetzt auf Zwei und Vier statt auf Eins und Drei.

Die alte Generation brauchte lange, bis sie das kapierte, und manche können es heute noch nicht, wobei man mildernde Umstände anführen muss, werden sie doch in den Musikantenstadln und -scheunen von lustigen Musikanten ständig bei der Stange gehalten, auf eins und drei statt auf zwei und vier zu patschen:

„Und dann die H´ände zum Hímmel, komm lásst uns fröhlich séin, wir klátschen zusámmen…"

In der Kirche kann es mitunter lustig werden, wenn moderne Gruppen auftreten und die betagten Gäubigen konventionell klatschen und die jungen rockmäßig, Hallelujah, o when the Saints patsch --- patsch ---, go marching in patsch --- patsch ---.

Eine lustige Patscherei ist das mit dem Klatsch so mancher Seniorenhand und dem synkopischen kräftigen Glaubenspatsch der Jugend, so mitreißend, dass man schon auch mal, wie der Münchener im Himmel bei Ludwig Thoma, "Luja" jubilieren möchte.

Luja, soogi.

Inspired by Bill Haley 1958

Schaue ich mir einige Fassungen von „Rock around the Clock" auf YouTube an, darunter die originale, so muss ich gestehen, die Klänge, die Rhythmen, die Bilder, einfach alles reißt mich immer noch vom Hocker.
So laut aufdrehen wie früher darf ich allerdings nicht mehr. Die Nachbarschaft würde denken, ich hab nicht alle Tassen im Schrank.

Donnerstag, 2. Februar 1956

Im Zug ist heute früh der Teufel los. Der Sch. schlägt den kleinen Konrad nach vorheriger Auseinandersetzung blutig.
Große Empörung bei den Mädchen.
In der 1. Std bei Klassleiter Franz Verhandlung des Falles.
Beim Schieber komme ich in Bio dran über die Nerven. Weiß alles.
In Physik haben wir jetzt den Morsetelegrafen. Die Kälte ist miserabel. Beim Gei sitze ich immer neben dem Ofen im Zimmer C.
In Erdkunde nehmen wir die Gesteinsbildung durch.

In der Heimat angekommen, ziehe ich mich sofort um und gehe mit Erich zum Schlittschuhlaufen an der Altendettelsauer Straße. Es ist nicht besonders viel los, nur sehr kalt. Wir schüren Feuer. Die Kleine vom Schulhaus ist auch da. Nettes Ding, nur etwas frech.
Von halb 5 bis halb 6 machen wir noch etwas Musik bei Erich.
Er lernt jetzt auch Gitarre spielen.
Es ist etwas wärmer geworden. Der Wind dreht von Ost auf West.
Abends gehe ich allein in die Singstunde zu Meyer.

Schulalltag vor genau sechs Jahrzehnten. Oder doch nicht ganz? An jenem zweiten Februar war er nicht ohne besondere Vorkommnisse.
Normalerweise lief es so ab, dass alle 45 Minuten einer ins Klassenzimmer kam und seine Fuhre ablud, ein abgemessenes Portiönchen seines Wissensvorrates bei uns deponierte, um es dann in der nächsten Unterrichtseinheit wieder einzusammeln, d, h. das abgeladene Material abzufragen, ohne viel zu hinterfragen, indem er einen von den 30 oder 40 Buben aufrief.
Hatte man „gestrebt", d. h. sich die aufgegebene Lektion aus dem Lehrbuch einverleibt, was ich oft erst im Zug tat, so war man in der Lage, das Gewünschte tadellos herunterrasseln, und erntete eine gute mündliche Note, welche das Notenbild verbessern konnte, wenn es beim Schriftlichen haperte.
Der Unterricht in den sogenannten Nebenfächern - das war fast alles außer Mathematik und den Sprachen – folgte diesem Schema.
Projekte, Arbeitsgruppen usw.: Fehlanzeige.
Auch dass eine konsequente Erziehung zur Gewaltlosigkeit oder Auseinandersetzung mit dem Phänomen Gewalt stattgefunden hätte, ist mir nicht in Erinnerung. Vielleicht bestand kein Bedarf.
Eine pädagogische Sternstunde hätte das sein können, an jenem kalten Wintertag, nach dem Vorfall im Zug, der natürlich vom Bruder des Geschädigten gleich bei unserem Klassenleiter angezeigt wurde.
Erwachsene waren kaum im Waggon, als die beiden aneinander gerieten. Ich war mit meinen Schulbüchern beschäftigt. Manche spielten Karten oder unterhielten sich. Es muss wohl sehr schnell gegangen sein. Ich weiß nur noch, dass der mehrere Jahre jüngere Schüler plötzlich aus der Nase blutete und eine Mordsaufregung herrschte, Entrüstung bei den Handelsschulmädchen und Rechtfertigungsversuche von Seiten des Täters, „der hat (dieses oder jenes) zu mir gsocht", d. h. hatte ihn beleidigt oder provoziert.

Hier hätte der Pädagoge im Klassenzimmer ansetzen können, um uns allgemein etwas fürs Leben mitzugeben: dass man Meinungsverschiedenheiten möglichst ohne Gewalt zu klären versucht oder dass man Jüngere und Schwächere grundsätzlich nicht antastet.
Aber er beschränkte sich wohl auf das Feststellen der Schuldfrage usw. und die Überlegung, wie die Tat zu ahnden sei.
Von der Gewalt unter Gleichaltrigen und Gleichberechtigten bekamen die Lehrer im Regelfall nichts mit, weil „Petzen" als unanständig galt.
Zwei Begebenheiten fallen mir ein.
In der vierten Klasse der Volksschule schlug mir ein kräftiger Bauernbub ohne jegliche Vorwarnung und aus geringfügigem Anlass einmal mit der Handkante derart gegen die Kehle, den Adamsapfel, genau gesagt, dass ich minutenlang meinte, ersticken zu müssen.
Das war, glaube ich, echt gefährlich.
In der zweiten Klasse der Oberschule bekriegten wir uns eine Zeitlang tagelang mit Gummizwillen. Hart zusammengeknüllte Papierstückchen wurden mit Hilfe von Gummiringen verschossen. Damit richtig Power dahinter war, legte man mehrere Gummis zusammen. Auch während des Unterrichts bei manchen Lehrern herrschte kein Waffenstillstand. Immer wieder, wenn der Mann am Katheder vorne nicht aufpasste oder sein Tafelbild ergänzte und verschönerte, machte es Zack und man bekam ein solches Geschoss entweder in den Nacken oder aufs nackte Bein, wenn man kurzbehost war. Überall im Klassenzimmer lag die Munition herum, und die Lehrer waren blind oder wollten nichts sehen.
Der Spaß war relativ harmlos so lange, bis einige auf die Idee kamen, Stahlkrampen zu verschießen.
Über den Kriegsverlauf und die Kriegsparteien und sonstige Opfer und Täter weiß ich natürlich nicht mehr viel, zumal ich in jenem Jahr (1952) auch kein Tagebuch führte, aber mir ist in Erinnerung, dass ich einmal mitten im Unterricht einen solchen Krampen von einem seitlich hinter mir sitzenden „Feind" auf den Unterschenkel geschnalzt bekam, was sogleich zu heftigem Bluten führte.
Ein Indianer kennt keinen Schmerz. Kein Laut, kein Wort, keine Reaktion außer der, dass ich das Taschentuch draufdrückte.
Revanchiert habe ich mich nicht, dazu hatte ich zu viel Angst vor dem höhnisch lachenden Schützen.
Und die Eltern ging das auch nichts an.

An der Altendettelsauer Straße, auf Höhe des Novamare, war ein großer Weiher. Dort konnte man bei schneeloser Kälte das Eis betreten. Viele Weiher waren ja im Winter ausgelassen. Jener nicht, ebenso wenig wie der erste hinter dem Schwimmbad, der sogenannte Henningersweiher, den wir ausgiebig zum Schlittschuhlaufen nutzten. Mein Exkurs von heute thematisiert diesen Wintersport.
Am 2. Februar 1956 machten wir auch noch Feuer am Weiher.
Undenkbar in der heutigen Zeit. So etwas würde sofort die Polizei auf den Plan rufen.
Kinder müssen aber meines Erachtens ein bisschen Erfahrungen sammeln mit Zündeln. Dürfen sie diesbezüglich überhaupt nicht experimentieren, so kann das zu fatalen Fehleinschätzungen führen, was die Macht des Feuers angeht, „wohltätig" nur, „wenn sie der Mensch bezähmt, bewacht".

„Allein" in die Singstunde zu gehen, hieß ohne Vater.
Meistens gingen wir zusammen einmal wöchentlich zum Gesangverein, dessen Proben normalerweise beim Bischoff im Nebenzimmer des Saals stattfanden.
Es könnte sein, dass die Zusammenkunft wegen der großen Kälte in die Bahnhofswirtschaft verlegt worden war.

Exkurs Nr. 6

Winterfreuden 1952 und danach

In frostigen Nächten bildete sich auf den Weihern um das Dorf eine dicke Eisschicht, spiegelglatt, sauber, eben und durchsichtig.
Ein Karpfen, der das Abfischen überlebt hatte, war eingefroren, grausam hatte die Natur konserviert seine goldbäuchige Schönheit und Glotzäugigkeit. Was nach dem Tauwetter daraus wurde, haben wir nie gesehen. Unsere Versuche, ihn mit den genagelten Schuhen herauszuhacken, waren zum Scheitern verurteilt.
War das Eis absolut sicher und tragfähig, so wurden am Rande des Weihers die Schlittschuhe angeschnallt.
Komplette Sets mit dem Stiefel dran gab es vor fünfundsechzig Jahren nicht. Man musste die stählernen Flitzer, schön scharf hohl-

geschliffen, mit einem Inbusschlüssel an die Stiefel schrauben, vorne an der Sohle und hinten am Absatz.
Das war umständlich und heikel. Wehe, wenn der alte, geerbte, mehrmals reparierte Treter nicht mehr stabil genug war, dann riss mitten im Schnelllauf der Absatz und man drehte eine unfreiwillige Pirouette, an deren Ende man auf dem Hintern saß bzw. schlitterte, ohne Steuer- oder Bremsmöglichkeit. Ließ man den Inbusschlüssel aus Versehen auf dem Eis liegen, so fand man ihn später, wenn man ihn wieder brauchte, ein paar Millimeter ins Eis eingetaucht.
Doch vergessen wir all das Ungemach.
Nur die schönen Erinnerungen bleiben.
Im Idealfall sausten wir ganze Nachmittage, bis zum frühen Eintritt der Dunkelheit, auf dem Eis umher, spielten Eishockey oder liefen einfach um die Wette, fast nur Buben.
Damenmangel war die Regel.
Wenn ein sportliches Neuendettelsauer Ehepaar, das zuweilen auf dem Eis tanzte, seine Runden drehte und große Schwünge vollführte, blieb uns der Mund offen.
Arm in Arm, er vorwärts, sie rückwärts oder umgekehrt, wiegten sie sich wie im Walzertakt und stellten ihre eingefahrene Harmonie zur Schau, eine perfekte, wunderschöne, wortlose Zweisamkeit, nach der ich mich schon als Kind immer gesehnt habe.
Der Stelle, wo der Wasserzulauf war, durfte man sich nicht allzu sehr nähern, denn dort wurde das Eis dünner und dünner.
Ein verdächtiges Knacken, das auch in ein wiederholtes peitschenknallartiges Krachen und Donnern übergehen konnte, warnte vor der Gefahr. Das Eis bekam plötzlich einen Riss, der sich über den gesamten Weiher fortpflanzte.
Jetzt bloß nicht auffallen, schön ruhig und friedlich weitergleiten und die Kurve kriegen, so schoss es mir in Panik durch den Kopf.
Man kannte ja die Geschichten von eingebrochenen Eisläufern, die mit knapper Not als steifgefrorener Zapfen aus dem Wasser gezogen worden waren oder auch gar nicht mehr, für immer verschollen unter der endlos sich dehnenden Eisfläche.
So zumindest meine knabenhaften Fantasien.
Setzte starker Schneefall ein, der auch Tauwetter mit sich brachte, dann war es vorbei mit dem spiegelglatten Vergnügen.
Manchmal nahmen wir einen Schneeschieber mit und räumten ein bisschen, aber die Eisfläche wurde rau und holperig und trug schon nach kurzer Zeit nicht mehr.

Zuletzt genoss ich das Vergnügen auf dem Eis noch in den 1980ern, als des Öfteren die Rezat bei Neuses oder Elpersdorf kilometerweit überschwemmt war und die Wasserfläche anschließend gefror.
Man konnte hundert Meter und mehr elegant dahingleiten, gefahrlos vor allem, weil keine Untiefen lauerten.
Anders war das schon am Altmühlsee bei Muhr oder Schlungenhof, wo ich in den 1990ern noch ein paar Mal lief, immer schön in Ufernähe, weil ich den Gedanken ans Einbrechen und jämmerlich Ertrinken nie ganz verdrängen konnte, war doch, was ich im Germanistikstudium gelernt hatte, dem Berliner Dichter Georg Heym am 12. Januar 1912 die zugefrorene Havel zum Verhängnis geworden.
Da war er vierundzwanzig.
Inzwischen sind die Schlittschuhe längst verschenkt, und die Winter sind zu kühlen Sommern geworden, und außerdem geht ein (alter) Esel gemäß einem Sprichwort nur dann aufs Eis, wenn es ihm zu wohl ist.
Wann ist mir schon zu wohl?

Freitag, 3. Februar 1956

Heute früh ist schon wieder was los. Als wir um ¼ 8 in den Keller kommen und gerade nichtsahnend dort sitzen, jammert plötzlich jemand draußen. Eine Frau ist im Abort hingefallen.
Wir holen den Hausmeister. Ich glaube nicht, dass sie, wie sie sagt, ihr Bein gebrochen hat.
Auf Martins Zither spiele ich vor der Deutschstunde die Holzhackerbuam. Er hält ein schönes Referat über die Zither und spielt ein paar Stücke.
Vorher haben wir die Zeugnisse bekommen.
Betragen 1, Fleiß 2, Religion 3, Deutsch 2, Englisch 1, Französisch 1, Geschichte 3, Erdkunde 2, Mathe 3, Physik 3, Chemie 3, Bio 2, Wirtschaftslehre 4, Musik 1.
Der Durchschnitt mit Fleiß und Betragen ist 2,2142, ohne 2,3333.
Ich bin zufrieden, nur Vater schimpft. Draußen schneit es etwas.
Es ist nicht mehr so kalt, höchstens noch minus 5 Grad. Ich mache Aufgabe und höre Radio. Später jazze ich.
Den 3. Mann lerne ich ganz um, und auf der Gitarre begleite ich Rock Around the Clock. Um halb neun im Bett.

„Abort" steht da. Ohne Beschönigung. Dazu muss ich gleich Stellung nehmen.
Ich habe schon erwähnt, dass wir freitags in einem Kellerraum im Augustiner, einem gastronomischen Betrieb, unterrichtet wurden, da im Gebäude der Oberrealschule dem Bahnhof gegenüber nicht genügend Klassenzimmer zur Verfügung standen.
Im Augustiner waren, wie es in vielen Wirtshäusern der Fall ist, im Keller auch die Toiletten untergebracht.
Zum Glück für die mir unbekannte Mitbürgerin waren wir Schüler an jenem Tag schon vor 8 Uhr anwesend, denn wer weiß, wann sie gefunden worden wäre.
Wenn ich mich recht entsinne, hatte sie als Passantin das Untergeschoss des Hauses in der Karolinenstraße aufgesucht und war in einer Kabine auf irgendeine Weise unglücklich zu Fall gekommen.
Jedenfalls hörten wir ihre schwachen Rufe und verständigten sogleich den Hausmeister, der dann weitere Hilfe veranlasste.
Für uns begann um 8 Uhr der Unterricht, also konnten wir das weitere Geschehen nicht verfolgen. Ich weiß nur noch, dass von einem „Beinbruch" die Rede war, was ich mir als Fünfzehnjähriger nicht vorstellen konnte.
Wenn man im Seniorenalter ist, weiß man, dass eine einzige unglückliche Bewegung einen Bandscheibenvorfall oder gar einen Oberschenkelhalsbruch hervorrufen kann.
Auch von höllischen Schmerzen hatte ich noch keine Ahnung.

Wer sich im Internet über den Begriff „Toilette" schlau machen möchte, findet ausführliche Informationen zum Begriff sowie zur Sache, so dass ich mich hier nicht darüber auszulassen brauche.
Nur so viel: nirgends wird mit so vielen Euphemismen gearbeitet wie auf diesem Gebiet, wo es um menschliche Bedürfnisse geht, an denen niemand vorbeikommt.
In den 1950ern sprach man noch ungeniert vom Abort, und wenn man in Neuendettelsau mit dem Zug ankam, war gleich dem Bahnhof gegenüber linkerhand ein gemauertes Häuschen mit der Aufschrift „Aborte", abgeteilt in „Männer" und „Frauen".
Heute ist oft selbst der Begriff „Toiletten" tabu und man findet überhaupt keine Bezeichnung mehr, sondern nur noch Piktogramme, also etwa einen Bub in Lederhosen und ein Maderl im Dirndl oder einen Kavalier mit Stock und Zylinder für das Männerkabinett.
Manche Vokabeln sind restlos aus dem Sprachgebrauch getilgt.

In manchen Ländern schlägt die Gschamigkeit groteske Kapriolen, wenn man etwa in Amerika nur vom „Bathroom" spricht, selbst auf dem Campground.
Anfangs wunderte ich mich immer, weil ich mir nicht vorstellen konnte, dass man dort baden kann. In Spanien sagt man Lavabos oder Servicios, was auch nur ein krampfhaftes Bemühen darstellt, die Dinge nicht beim Namen zu nennen.
Andrerseits entwickeln manche Leute eine blühende Fantasie, die mir wieder vollkommen abgeht. Als ich 1992 auf einem gut ausgestatteten Campingplatz in einem Nationalpark in den USA der Einfachheit und der Kosten halber mit meinem damals jugendlichen Sohn gemeinsam eine Duschkabine benützen wollte, schaute uns das Mädchen an der Kasse an, als kämen wir aus Sodom und Gomorrha und knöpfte uns unerbittlich zwei Dollar ab, einen pro Dusche.
Erst durch eine hingeworfene Bemerkung, die ich nur halb verstand, wurde mir klar, worum es ging und was sie uns unterstellte.

Ob die Zeugnisausgabe um Lichtmess herum etwas mit diesem alten, für das Bauernjahr so überaus wichtigen Termin zu tun hat?
Man könnte einmal darüber nachdenken. Mehr zu Lichtmess im heutigen Exkurs.
Der Vater schimpfte über das Zeugnis, na klar, denn er war Besseres gewohnt. Meine Zeugnisse der Unterstufe wiesen weitaus bessere Noten auf. Aber ich war ja in der Bubberdäd, schon jenseits der Schulpflicht, in der zehnten Klasse, ein bisschen rebellisch und lernfaul und noch nicht so reif wie später als Abiturient, der weiß, worauf es ankommt.
Und die Musik, ach die Musik, wo ich immer eine Eins hatte. Sie kostete mich viel Zeit. Aber es war ein guter Tauschhandel, denn jede Minute, die man als Kind auf die „holde Kunst" verwendet, zahlt sich aus. Darüber könnte man ganze Abhandlungen verfassen, ich belasse es beim Zitieren des Textes zu einem der schönsten Schubertlieder, das ich kenne:

„Du holde Kunst, in wie viel grauen Stunden,
Wo mich des Lebens wilder Kreis umstrickt,
Hast du mein Herz zu warmer Lieb' entzunden,
Hast mich in eine bess're Welt entrückt!

Oft hat ein Seufzer, deiner Harf' entflossen,
Ein süßer, heiliger Akkord von dir
Den Himmel bess'rer Zeiten mir erschlossen,
Du holde Kunst, ich danke dir dafür."

Exkurs Nr. 7

Lichtmess

„Wenn's an Lichtmess stürmt und schneit, ist der Frühling nicht mehr weit."
Am zweiten Februar ist Mariä Lichtmess, ein bedeutender Tag im katholischen Kirchenjahr, über dessen Sinn und Bedeutung sich jeder im Netz informieren kann.
An Lichtmess hat sich der Tag gegenüber den Weihnachtstagen schon um eine ganze Stunde verlängert.
Zur Zeit meiner Großeltern drückte man das mit folgendem Reim aus: „Lichtmess, dei Subbm bomm Dohch ess".
Das heißt: An Lichtmess nimmt man das Abendessen, die Suppe, wieder bei Tageslicht ein,
Das Gesinde in der Landwirtschaft hatte früher um die Zeit dieses hohen kirchlichen Feiertages ein paar freie Tage, und was ich darüber weiß, hat mir im Wesentlichen meine im Jahr 1883 geborene Großmutter erzählt, die schon im zarten Alter von dreizehn Jahren als Kleinmagd bei fremden Bauern ihr Brot verdienen musste.
Versetzen wir uns in Gedanken um rund 120 Jahre zurück in die Zeit um die vorletzte Jahrhundertwende.
Ende Januar war das Arbeitsjahr in der Landwirtschaft zu Ende, und die Dienstboten hatten Gelegenheit, die Arbeitsstelle zu wechseln.
Bei gegenseitiger Zufriedenheit wurde am zweiten Februar das Arbeitsverhältnis per Handschlag für ein Jahr verlängert, der Lohn wurde ausbezahlt, und die Knechte und Mägde durften ein paar Tage Urlaub machen.
Meistens nutzten sie die Gelegenheit, ihre Eltern zu besuchen, oder aber sie blieben auf dem Hof ihres Arbeitgebers und wanderten von dort aus in die nächste größere Ortschaft zum sogenannten Licht-

messmarkt. Dort konnten sie sich eindecken mit den notwendigsten Kleidungsstücken oder Schuhen.
Manchmal war auch ein bescheidener Haarschmuck drin.
In den Gaststätten traf man sich zu einem guten Mittagessen und tauschte Informationen aus über seine jeweiligen Arbeitsplätze.
Abends war Lichtmesstanz, wo sich auch die eine oder andere Beziehung anbahnte, und wenn ein Knecht und eine Magd genügend gespart hatten, so konnten sie eventuell ans Heiraten denken.
Manche Arbeitgeber stellten ihren scheidenden landwirtschaftlichen Gehilfen auch ein einfaches Zeugnis aus.
Wechselte jemand die Arbeitsstelle, so geschah das ausnahmslos am Lichtmesstag. Die neue Magd machte sich zu Fuß auf den Weg in das drei oder fünf Kilometer entfernte Dorf zu ihrem neuen Chef.
Wohlhabendere Bauern holten ihre Mägde auch mit dem Pferdefuhrwerk ab.
Oft wurde, damit die neuen Arbeitnehmer gleich einen guten Eindruck bekamen, zum Einstand eine Sau geschlachtet.
Ansonsten war das Leben karg.
Die Knechte bekamen einen nicht beheizbaren Verschlag unter dem nicht isolierten Dach zugewiesen, die Mägde mussten in einer verschließbaren Kammer untergebracht werden.
Bis April war Probezeit, danach konnte ein Dienstbote den Hof nicht mehr verlassen, und auch der Bauer konnte jemanden, mit dem er unzufrieden war, nur bis zum Beginn der Getreideernte entlassen.
Meine 1917 geborene Mutter, die vorletzte von insgesamt sieben Geschwistern, die alle ernährt werden beziehungsweise selber schauen mussten, wo sie blieben, verdingte sich 1931, da hatte sie sieben Schuljahre hinter sich und war absolut minderjährig, bei einem acht Kilometer vom Elternhaus entfernten Bauern, allerdings nicht sehr lange, da es sie zu viel Kraft kostete, dessen ständige sexuelle Belästigungen abzuwehren.
Durch die Anstellung in einem Nürnberger Geschäftshaushalt kam sie vom Regen in die Traufe, denn der Herr des Hauses, Familienvater, wäre einem Abenteuer auch nicht abgeneigt gewesen und bemühte sich dementsprechend.

Auf dem Foto sind zu sehen (v.l.):
Die ältere Schwester meiner Mutter, meine Mama, der jüngere Bruder meiner Mutter und der Cousin der drei Geschwister.
An der Größe der Kinder erkenne ich, dass das Foto um 1927 enstanden sein muss.
Die Tante war 13, meine Mama 10, der kleine Bruder 6 und der Cousin 12 oder 13 Jahre alt.

Nicht, dass ich mit vorstehenden Bemerkungen auf einen fahrenden Zug aufspringen möchte, aber wenn ich hier schon aus der Vergangenheit berichte, dann soll es wahrheitsgemäß sein.
Sie war schon Witwe und ich ein frisch verheirateter junger Mann, als sie mir davon erzählte. Aber es fiel ihr schwer, die richtigen Worte für diese Vorgänge zu finden.
Wo sie sich schämte, packte mich kalte Wut.
Mit dieser komme ich bis heute nicht ganz klar.
Warum bloß sind manche Mannsbilder derart hirnrissig?

Samstag, 4. Februar 1956

Morgens nichts Besonderes. Die 2 Stunden Mathe gehen auch vorüber. In der Pause gehe ich auf die Staatsbank, um das zuzügliche Zeugnisgeld von 50 D-Mark einzuzahlen. Auch 2 Stunden Latein gehen vorüber. Im Zug sitze ich neben Carbonarius.
Es ist ein wunderschöner Wintertag. Abwechselnd schneit es und scheint die Sonne, wobei die Temperatur nicht über 0 Grad steigt.
Der Schnee liegt nicht hoch, die Decke ist nicht einmal geschlossen.
Da es jetzt überall Rabattmarken gibt, habe ich mir auch eine Sparkarte zugelegt. Was ich für Großmutter hole, dafür gehört der Rabatt mir.
Ich spiele den 3. Mann wieder etwas und gehe dann auf den Weiher, da Erich und Theo auch schon dort sind. Es ist ziemlich viel los, der Wind hat sich gelegt, aber viel Schnee liegt auf dem Eis.

Ich fahre nur mit dem Fahrrad drauf rum.
Abends gehe ich allein in den Singkreis.
Es sind nur wenige, da, nicht mal Anni.
Wir machen gar nichts, nur Blödsinn und Kurzschluss.

Ein Tag ohne besondere Vorkommnisse.
Die Sache mit dem „zuzüglichen Zeugnisgeld", das ich zur Bayerischen Staatsbank bringen musste, kann ich mir heute nicht erklären, Erläuterungen dazu habe ich nicht notiert.
kann ich mich nur, dass manche Schüler Schulgeld bezahlen mussten, welches der Klassenleiter in regelmäßigen Abständen bar kassierte.
Bedürftige und begabte Kinder waren davon befreit.
Eine Zeitlang bekam man in den Lebensmittelgeschäften auf jeden Einkauf kleine Rabattmarken, kleiner als Briefmarken, ein oder zwei Prozent auf den an der Kasse bezahlten Betrag, die man in ein Heftchen im DIN A6 Format klebte. War es voll, so bekam man eine Mark und fünfzig Pfennig bar ausbezahlt.
Darauf war ich ganz scharf, denn es besserte mein Taschengeld auf.
Die Titelmelodie aus dem 1949 gedrehten Film „Der dritte Mann" war ein sehr beliebtes Zithersolo, an dem ich mich wochenlang abmühte.
Im Herbst des gleichen Jahres spielte ich das öffentlich auf meiner Zither in einem Saal in Heilsbronn anlässlich irgendeines Bunten Abends.
Da die Zither keinen Verstärker hatte, hielt einer ein Mikrofon darüber, was mich ziemlich nervös machte, so dass ich einige Male recht patzte.
Der Beifall fiel trotzdem reichlich aus für den „Wunderbuben".
„Kurzschluss" muss ein Gesellschaftsspiel gewesen sein.
Wie es ging, habe ich vergessen. Zu danken ist dem Organisator jenes Kreises, denn offizielle Jugendarbeit gab es damals kaum.
Immerhin hatten wir durch ihn einmal pro Woche abends ein Ziel und waren beschäftigt und von der Straße weg.
Bis zum Überdruss muss ja immer wieder betont werden, dass es daheim keinerlei elektronische Unterhaltung gab, nichts, absolut nichts. Außer dem Radioapparat.
Und telefonieren oder simsen konnte man auch nicht.
Man musste seinen Hintern schon hochkriegen, wenn man aus der Einsamkeit raus wollte.

Sonntag, 5. Februar 1956

Heute stehe ich erst um viertel 12 auf. Draußen ist es trüb und sieht nach Schnee aus. Als ich im Schlafanzug in der Küche stehe, kommt Frau Schuster und holt ihre Concordiahefte.
Ich ziehe mich an und gehe etwas in die Stube hinunter.
Um 1 h gehe ich etwas zu Familie Nusselt mit 2 Instrumenten.
Danach mit Gerhard und Hansi zu Charly.
Um 4 h heim zum Kaffeetrinken. Dann wieder fort, da ich Monika ans Kino bestellt habe. We go to the Langer. 1 Bier, 1 Wein. Danach I have the nicest walk of my life with the nicest baby of my life. She goes home by train at 9.17 h. We're in love. Als ich heimkomme, ist niemand zu Hause. Sie sind auf dem Kappenabend der Feuerwehr beim Meyer. Nachdem ich nochmals am Bahnhof war, gehe ich auch zum Meyer. Eine Mordsstimmung, tanze mit Johanna und trinke 3 Bier. Heim um halb eins.

„Sonntag ist's! Ein heil'ger Frieden liegt auf Erden weit, so weit! Sonntag ist's in allen Herzen, Sonntag ist für alle Schmerzen, heil'ger Sonntag, weit und breit! Heil'ger Sohohohonntahag, weiheit und breit!"
Sehr gern hab ich das immer gesungen im Gesangverein. Der Text und die Weise bringen einen so richtig in Sonntagsstimmung.
Als ich fünfzehn war, bedeutete Sonntag vor allem Ausschlafen.
Vorausgesetzt, ich ging nicht in die Kirche.
Adam Schuster war Missionsinspektor und meiner Familie gut bekannt, genau wie seine ganze Familie, weil meine Mutter schon als unverheiratetes Mädchen aus der Nachbarschaft immer wieder mal ausgeholfen hatte in dem großen Haushalt. In den frühen 1940ern hat sie mich dann mitgenommen, und die genau elf Jahre ältere liebe Maja (1929 – 2014) hat sich um mich gekümmert.
Ich sei immer sehr brav gewesen und hätte alles gemacht, was meine Mama anordnete, erzählte sie mir wenige Monate vor ihrem Tod.

Na, da haben wir's doch!

Konfirmation bei Familie Schuster. Ganz rechts meine Mutter. Ich datiere das Foto auf etwa 1941.

Adam Schuster war Herausgeber der sogenannten Concordiahefte, in denen über die Arbeit der Dettelsauer Neuguinea-Mission berichtet wurde.
Ich hatte mir einige Hefte ausgeliehen, weil ich ursprünglich im Deutschunterricht darüber referieren wollte, änderte aber dann, wie man sieht, das Thema.
Die Peinlichkeit, von einer Frau, die zum frommen Segment des Dorfes gehörte, im Schlafanzug am Sonntagmorgen überrascht zu werden, schimmert in dem Eintrag durch, sonst wäre er sicher anders formuliert.
Hätte mich mal die Mama zum Kirchgang verdonnert, so wäre ich schon geschnürt und gestiefelt, mit Schlips und Kragen beim Kaffeetrinken gesessen!

Wenn wir, die Halbstarken, am Sonntagnachmittag zum „Charly" gingen, so hieß das in die Bahnhofswirtschaft.
Winnerlein hieß der junge Wirt, und bei ihm fühlten wir uns sehr wohl, eigentlich immer.
Danach wurde es ernsthaft.
Da ich hier, wie schon erwähnt, nicht mit echten Namen aufwarten werde, wenn es sich nicht um Personen des öffentlichen Lebens handelt, möchte ich die holden Kontakte jenes Jahres mit einem Codenamen belegen. „ED", das heißt „Encuentro Dulce" und bedeutet „süße, liebliche Begegnung".

Ich hatte also vereinbart, mich mit ED1 am Kino zu treffen.
Das war die übliche Einleitung.
Danach gingen wir zum „Langer", das heißt in die Baracke in der Muna, den früheren „Rübezahl", die spätere „Oase".
Wie die Großen saßen wir bei Bier und Wein, und wenn man die Fotos ansieht, unterschieden wir uns ja, was die Kleidung betrifft, nicht im Geringsten von den Erwachsenen.
Einen eigenen Jugendstil, der Protest manifestierte, gab es noch nicht. Wir waren weder tätowiert noch gepierct, und die Hosen waren ordentlich gebügelt und ohne Löcher und hingen nicht in den Kniekehlen, und die Kleidchen waren sauber und adrett, und darunter waren ein paar pastellfarbene Petticoats.
Ach, war das putzig!
Nur die Musik, wie schon gesagt, die war krawallmäßig.
Damit die Eltern nichts mitbekamen, falls sie die Geheimsache in die Hände bekamen, notierte ich diese heiklen Stellen wieder auf Englisch. Auch wenn keine zweite glückliche Begegnung folgte, so war es doch meiner Erinnerung nach einer der romantischsten Waldspaziergänge jenes Jahres.
Die Süße solcher erster zaghafter Körperkontakte bleibt unvergessen.

Ein „Kappenabend" war eine Faschingsveranstaltung in einer Gastwirtschaft, bei der man eine lustige Kappe oder Pappnase aufsetzte und sich stundenlang schieflachte, über sich selber und über die anderen.
Manchmal wurde auch getanzt, wenn in der Wirtschaft Platz dafür war.
Jeder Verein, sofern er nicht gleich einen Faschingsball im Sonnensaal organisierte, hatte seinen eigenen Kappenabend: die Feuerwehr, der Gesangverein, die Egerländer, der Sportverein usw.
Auf dem Höhepunkt der Stimmung schunkelte man. Im Walzertakt.
Man saß so eng, dass man gar nicht aussteigen konnte. Von links und rechts von den NachbarInnen untergehakt, ging es hin und her „Wer soll das bezahlen…" und „Wenn das Wasser im Rhein goldner Wein wär…" und „Du kannst nicht treu sein…". „In deinem Herzen hast du für viele Platz… und drum bist du auch nicht für mich der richtige Schatz!"
Zur allgemeinen Gaudi hängten manche Sänger an „Platz" immer den Nachschlag „du Matz" an, was auf das schriftdeutsche „Metze"

zurückgeht, und ein richtig schöner fränkischer Ausdruck für ein flatterhaftes Mädchen ist.

Ein absoluter Höhepunkt wurde erreicht, wenn es hieß „Auf und nieder immer wieder, hommers erscht gestern gmacht, machmers heit aaa…". Da wusste jeder und jede, was gemeint war, und man lachte die Nachbarin an und zwinkerte ihr zu, frühreif und frivol, und zum Schluss stieg alles auf die Bänke oder Stühle, um sein absolutes Wohlbefinden kundzutun.

Manchmal möchte ich's schon wieder erleben, aber man hat nicht mehr die Unbefangenheit jener Jahre.

Montag, 6. Februar 1956

Um 8 h stehe ich auf, mache Aufgaben und übe mein Referat.
Vater ist immer noch daheim.
Sonst ist vormittags nicht viel los, es schneit etwas und ist nicht sehr kalt. Die Fahrt zur Schule ist wie immer, nur Specko verliert seine Fahrkarte.
Er kommt aber trotzdem durch.
In der Schule bin ich in bester Laune. In Englisch lesen wir die Lektion über Shakespeare, der Franz sammelt die Zeugnisse ein.
In Physik nehmen wir den Widerstand und das Ohmsche Gesetz durch. Die 2. Stunde machen wir fast gar nichts, da er Glühlampen repariert. In Wirtschaftslehre ist wieder viel Stimmung.
Um halb 6 fahren wir heim, es ist noch hell jetzt.
Es schneit furchtbar, als ich heimlaufe. Abends höre ich „Rock Around the clock" und „16 tons". Um 9 h gehe ich ins Bett.

Wieder Nachmittagsunterricht wegen Platzmangels in der Schule.
Dass der Vater immer noch arbeitslos und daheim war, störte mich wahrscheinlich, weil ich nicht AFN hören konnte, so wie ich wollte.
Wenn ein Schüler seine Monatskarte verlor, so war das sehr ärgerlich. Ich weiß nicht, was der „Specko" machte und ob er sie wiederbekam.
Die normalen Fahrkarten für einen Tag bestanden aus hartem braunem Karton, kleiner als eine Handfläche. Ob unsere Monatskarten auch so aussahen, ist mir nicht mehr in Erinnerung.

Auf jeden Fall aber spielten wir mit solchen Billets aus Karton vor dem Unterricht auf dem glatten Lehrerpult, später in den Neubauzimmern auch auf den Schülertischen, eine Art Tischfußball.
Dabei benützten wir Zehnpfennigmünzen, die mit Hilfe der Fahrkarten nach bestimmten Regeln hin und her geschoben wurden.

Tageskarten mussten an der Sperre, d. h. an der Tür, durch die jeder vom Bahnhofsgebäude hinaus auf den Bahnsteig zu gehen hatte, vom Bahnbeamten zur Entwertung gezwickt oder geknipst werden.
Dauerkarten waren vorzuzeigen. Niemand durfte links oder rechts am Bahnhof vorbei in den Zug einsteigen. Auch beim Aussteigen musste man durch die Sperre gehen.
In Ansbach waren dazu zwei oder drei Schleusen im Bahnhofsgebäude, in denen Beamte saßen und die Fahrkarten kontrollierten, sowohl wenn man abfuhr als auch wenn man ankam.

Insofern war es schon ein Problem, trotz verlorener Fahrkarte aus dem Bahnhofsgelände heraus und in die Stadt zu kommen.
Wer jemanden direkt am Zug verabschieden wollte, musste eine Bahnsteigkarte kaufen, am Schalter selbstverständlich.
Automaten gab es noch nicht. Unglaublich klingt das heute.

Thema Englischlehrbücher. Was mir heute auffällt bzw. schon auffiel, als ich noch im Dienst war, ist, dass die Schulbücher anhand deren wir Englisch lernten, früher viel mehr „collateral profit" ab-

warfen, wie ich es einmal nennen möchte. Das heißt, die Lektionen waren eingepackt in geschichtliche Themen.
Man lernte nicht nur Englisch, sondern erfuhr zugleich etwas über wichtige Ereignisse und Persönlichkeiten der britischen Geschichte.
Das machte den Englischunterricht unterhaltsam und spannend.
Wie Sir Francis Drake, einer der englischen Sea Dogs, mit ein paar wendigen Nussschalen die riesige spanische Armada zerfetzte oder dass Oliver Cromwell mir nichts dir nichts dem englischen König Charles I. den Kopf abhacken ließ, das faszinierte mich.
Auch Florence Nightingale hatte es mir angetan mit ihrem Dienst an den Verwundeten des Krimkrieges, und mit den großen Dramen Shakespeares wurde der Englischlernende schon als Jugendlicher bekannt gemacht.
Im Englischunterricht des Humanistischen Gymnasiums Windsbach, der noch 1966 neben den klassischen Sprachen so nebenher lief, mit einem einzigen hauptamtlichen Lehrer und einem Referendar (das war ich), lernten die jungen Leute etwas über den Einfluss der Römer auf die englische Kultur oder lasen gar etwas über Julius Cäsar (O Mighty Sieser), wie ihn Shakespeare porträtiert hatte.
Hauptbestandteil der Bücher in den 1950ern und 1960ern waren jedenfalls Texte, Texte und nochmals Texte.
Gelegentlich fand sich eine historische Illustration, die sich einprägte. Nach und nach verkamen die Lehrbücher jedoch zu bunten Bilderbüchern, ja zu Comics mit banalen Sprachfetzen übers Ausgehen, über Popmusikgruppen, über Fast Food und kleinlichem Gezanke in der Familie.
Innerhalb dieser musste immer einer den Trottel abgeben, entweder war es der David oder der Kevin, und seine Schwester Kate oder Susan, die weitaus klüger und ihm überlegen war, durfte immer wieder mal die Augen rollen und sagen: „Typical!"
Ganze Sätze waren ja rar.
Kein Wunder, dass mir (als Lehrer) stets am wohlsten war bei der Behandlung von Lektüre.

Britisches Englisch war die solide, die offizielle Kost, American English vom AFN war unsere Droge. Über die Anfänge des Rock'n Roll in jenen Jahren habe ich mich schon ausgelassen.
Als Kontrapunkt kam nun der wochenlang die Hitlisten beherrschende Song „Sixteen tons" hinzu.

Können sich junge Leute von heute den Thrill vorstellen, der uns durchfuhr, wenn im Radio unser „Schlager" kam.
Man konnte ihn ja nicht herzaubern, man musste immer gespannt warten, ob er kam oder nicht.
Die Einleitung von Tennessee Ernie Fords Version des düsteren Bergarbeiterliedes elektrisierte mich regelrecht. Man schnalzte dazu mit den Fingern und, nicht zu vergessen, kaute Kaugummi. Und dann ging es los: „Some people say a man is a-made outa mud"... und "I was born one morning when the sun didn't shine". Mit dem braven Schulenglisch hatte das nichts zu tun. Das war revolutionär, slanghaft proletarisch, und wir hatten große Mühe, uns den Text zusammenzureimen. Es gab kein Wikipedia, wo man diesen hätte lesen können, und keine Noten- oder Texthefte zu solchen neuesten Tonschöpfungen. Durch ständiges Hören und Diskutieren außerhalb des Unterrichts brachten wir nach und nach die Lyrics zusammen und schrieben diese auf, um sie dann nachzusingen.
Marlon Brando war da auch anwesend und die „Die Faust im Nacken", der brutale Film über amerikanische Werftarbeiter, über Gewalt und Unterdrückung. „You load sixteen tons! What do you get? Another day older and deeper in debt."
So lernten wir Englisch, unser Englisch, das eine Subkultur darstellte zum Englisch der Lehrer.
Davon verstanden sie nichts, die Herren Professoren.

Im Herbst 1955 hatte ich mir, passend zu einer Texasjacke (mit Reißverschluss!) eine schwarze Jeans mit Nieten gekauft, die Hosentaschen so schräg angesetzt, dass man die Daumen hineinschieben und die Hände draußen lassen konnte, und stand so, breitbeinig und cool, während der Pause im Augustinerhof mit den Klassenkameraden und einem Lehrer da, in Unterhaltung begriffen.
Plötzlich glitt sein Blick auf meine nagelneuen Jeans und die darin vergrabenen Daumen, und

er fing an zu poltern: „Was hast denn du für eine Hose an? Mit so einer Hose kommt man doch nicht in den Unterricht! Mach dassde heemkommst und dir an andere Hos anziehst!"
Das hat mich schon sehr frustriert, muss ich sagen. Ich war doch ordentlich gekleidet.

In England kam unsere Liebe zu allem Amerikanischen manchmal besser an. Als wir, mein bester Schulfreund und ich, im Sommer 1958 durch die Insel trampten, besuchten wir gleich zu Beginn der Reise in London einen Gottesdienst in der Westminster Abbey.
Zwei ältere Damen (Typ Miss Marple) sangen neben uns genau wir wir aus alten Gesangbüchern zur Orgel, wir beide begeistert über und stolz auf unsere Englischkenntnisse. Nach dem Service, vor dem Portal in der Sonne, fragte eine der beiden netten Ladies freundlich:
„Are you young men from America?"
Der AFN hatte unsere Aussprache geprägt:
Wie es in dem Hit "16 tons" heißt:
„I was raised in the canebrake by an ol' mama lion,
cain't no high-toned woman make me walk the line…"

Dienstag, 7. Februar 1956

Im Zug früh ist gar nichts los. Es ist ziemlich kalt und schneit. Ich schaue mein Referat etwas durch und sonst lerne ich heute nichts.
Beim Pfaff behandeln wir Löhe.
In Musik hören wir polyphone Musik (franz. Ouvertüren).
Beim Gei komme ich in Geschichte dran über die Musik im 19. Jhd., wie Wagner, Schubert, Weber. Ich weiß, obwohl ich nichts gelernt habe, ziemlich viel und ich glaube, es hat eine 2 gegeben.
Nach der Pause halte ich mein Referat.
Der Gei ist begeistert und sagt, das ist sehr schön und gibt mir eine glatte 1.
Erich bekommt auf seinen Wilhelm Löhe eine 2 plus.
Dann bekommen wir die Schulaufgabe (Stimmungsbild) heraus.
Walter hat die beste, ich habe noch eins.
In the afternoon when father goes off, I write an ardent letter of love to my darling. Ich mache Algebra. Dann spiele ich etwas Zither. Es schneit etwas draußen und wird wieder kälter.
At half past seven I go to the station to give J. P…s leaving letter.

I give my letter of love to M., but can't say much because time is short.

Die wichtigste Erkenntnis aus diesem TB-Eintrag besteht für mich darin, zu sehen, wie junge Leute, ganz junge, damals miteinander kommunizierten. Ein Telefon zuhause hatte keiner. Telefonzellen gab es nicht. Das Handy war noch nicht erfunden, ganz zu schweigen vom Internet.
Wir konnten also weder E-mails noch SMS austauschen, und miteinander sprechen war nur möglich bei echter physischer Konfrontation. Kein Süßholzraspeln beim Laufen mit dem Ohr an einem kleinen Zaubertäfelchen, kein Skype und kein Chat am PC.
Es bestand aber Informationsbedarf und Mitteilungsbedürfnis. Man/frau hatte sich was zu sagen.
Also nahm man Papier und Füller oder zumindest Bleistift – Kugelschreiber waren auch erst im Kommen – und schrieb.
Leider habe ich, in einer Anwandlung falscher Scham, (fast) alle Briefe und die auf Papierfetzen gekritzelten Short Messages aus jener Zeit entsorgt. Vieles habe ich noch im Kopf und könnte es hier sinngemäß zitieren, aber wen interessiert es?
Meine Briefe auf liniertem Schulaufgabenpapier oder auf aus Schulheften herausgerissenen Seiten bestanden, neben banalen Mitteilungen zu Uhrzeit und Ort des nächsten Rendezvous immer aus einfallsreichen Variationen der guten alten Drei-Wörter-Zauberformel. Groteske Übertreibungen, was die Zukunft der Beziehung angeht, Hyperbeln in Bezug auf die Intensität würzten diese Ergüsse. Es gab Mädchen - Kinder waren wir alle - die es verstanden, ebenso und auf ihre Weise originell zu antworten, andere kopierten einfach und drückten einem zeitversetzt verstohlen ein spiegelbildliches Schreiben in die Hand.
Mehrere davon waren reichlich mit Lippenstift garniert: der eigens zu diesem Zweck angemalte Mund dutzende Male fest aufs Papier gedrückt.
Das war schon aufregend. Und süß.
Es erstaunt mich sowieso, auch heute noch, wie sie gewisse Kommunikationsformen schon in sehr zartem Alter beherrschten.
Im Spätherbst 1956 verehrte ich eine Zeitlang eine kleine Handelsschülerin, die aber mit einer anderen Eisenbahnlinie von Ansbach nach Hause fuhr. Wir hatten also nie Kontakt.

Kurz vor den Weihnachtsferien saß sie in ihrem Zug am Fenster, ich stand am Bahnsteig gegenüber.

Der Zug ruckte und fuhr an, und das Engelchen führt seine Hand zum Mund, dreht sie um und drückt sie auf die Scheibe mit einem Blick, dass ich drauf und dran war, neben dem Zug her zu rennen.

Genau so unvergessen wie die kleine Italienerin, eine höchstens 14 Jahre alte Julietta, von ihren Eltern streng bewacht, mit der ich in einer Südtiroler Pension im Speisesaal heimlich flirtete.

Mit selbstverdientem Geld gönnte ich mir dort im August 1957, zusammen mit zwei älteren Freunden, einen einwöchigen Urlaub in der Nähe des Brennerpasses.

Spazieren ging ich nach dem Mittagessen, wenn die anderen Siesta machten, immer mit einer zwei Jahre älteren Schönen aus Como, die mir noch lange danach wunderschöne Ansichtskarten schickte, und von der ich mühelos und mit Lust eine Menge italienischer Vokabeln lernte, alles brav und schicklich.

Aber zurück zu der niedlichen Julietta. Sie reiste vor uns ab aus dem Alto Adige, der Papa verstaute noch das Gepäck im Kofferraum, die Mamma war mit der Verabschiedung von den Wirtsleuten beschäftigt, die Kleine sitzt schon hinten im Auto, ich schaue sie traurig an, sie geht mit dem Gesicht ganz nah an die Scheibe, spitzt die Lippen und drückt einen Kuss darauf, bewegt dabei ganz verstohlen und lieb ihre Fingerchen, um Ciao zu sagen.

So etwas ging mir durch und durch, weil es so einmalig und endgültig war. Eine einzige Begegnung im Leben, stumm und auf ganz süße Weise schmerzvoll, ein wunderschöner Lichtstrahl in diesem „ird'schen Jammertal".

Mit Musik war mein Schulalltag erträglich, wie man sieht.

Die Bedeutung des Radios kann nicht hoch genug veranschlagt werden. Er („der Radio" heißt es bei uns) war ein unverzichtbarer Miterzieher, aber einer, der die Bemühungen der Lehrer nicht unterlief, sondern stützte und ergänzte. Insbesondere mein Vater hörte gern klassische Musik, Opernarien und Kunstlieder, aber auch Operettenmelodien, die er mit Inbrunst mitpfiff, oder -sang, wenn er den Text kannte. Auch der Windsbacher Knabenchor „unter der Leitung von Hans Thamm" war dabei, wenn wir am Sonntagvormittag in der Küche saßen und der Vater die rohen Klöße fürs Mittagessen machte. Man horchte, man hörte zu („Hör zu" hieß ja auch eine der größten Programmzeitschriften), und lernte.

Wilhelm Löhe interessierte mich damals noch nicht besonders, dafür heute umso mehr. Bei Ernst Lotze, Adam Schuster, Hans Rößler, Erika Geiger, Elke Endraß und anderen findet man alles, was zu diesem großen Neuendettelsauer zu sagen ist.

Aus diesen mir zugänglichen Informationen habe ich meinen Aufsatz über Löhe zusammengebastelt, allerdings nicht im Stil eines ehemaligen bundesdeutschen Verteidigungsministers.

Sollten die hobbymäßigen Ausführungen irgendwo nicht „wasserdicht sein", historisch oder theologisch, so bitte ich um Nachsicht.

Exkurs Nr. 8

Wilhelm und Helene - Eine Liebe in Franken

Das Dorf ist gesegnet. Es profitiert immer noch davon, dass der schon erwähnte Johann Konrad Wilhelm Löhe, ein pietistisch erzogener Kaufmannssohn, der in Erlangen und Berlin Theologie studiert hatte, vor rund hundertachtzig Jahren abgeordnet wurde, auf der Kanzel der kleinen Dorfkirche zu stehen und den fränkischen Bauern sowie deren Ehefrauen, Knechten und Mägden siebenunddreißig Jahre lang die Leviten zu lesen.

Begeistert war er von diesem Auftrag zunächst nicht, wie man seiner ersten Reaktion auf diese Herkulesmission entnehmen kann:

"Nicht tot möchte ich in dem Neste sein!" soll er gesagt haben, als er das armselige, trostlose Kaff zum ersten Mal betrat.

Das kann man gut verstehen.

Wo mit dem Ausmisten anfangen, wenn es fast nur Misthaufen und Güllegruben gibt? „Vor jedem Hause ein liederlicher Düngerhaufen, dessen feuchte Umgebung sich ganz nach Wohlgefallen ringsherum verbreitete", schreibt Ernst Lotze.

Aber er blieb und predigte, in einer der *„hässlichsten Kirchen der Umgegend"*. Nicht nur das, er krempelte die Ärmel hoch und packte an. Im Dorfwirtshaus, mitten im Ort.

Sie dürfte ihn noch gekannt haben: meine Dettelsauer Urgroßmutter (ganz links), geb. am 27. September 1851 um 8 Uhr als Christine Barbara Stammingerin, Tochter des Paul Stamminger, Taglöhner dahier, und seiner Ehegattin Elisabetha Barbara, geb. Leykamin.
Wahrscheinlich hat er sie getauft, vielleicht auch noch konfirmiert 1864.
Ihr Ehemann Johann Konrad Bär, geb. 1852, wollte nicht fotografiert werden, erzählte mir meine Großmutter.
Das Foto ist von 1912, mein ältestes von der Bahnhofstraße 9.
Es posierten außerdem meine Großeltern Babette Schmidt, geb. Bär, sowie ihr Ehemann Peter Schmidt mit zwei ihrer bis dato geborenen vier Söhne.
Sie stehen direkt an der 2013 errichteten Fußgängerampel.
Die Urgroßmutter erlag fünf Jahre später, also 1917, der Spanischen Grippe.

Aber die Geschichte sollte von Anfang an erzählt werden.
Sie handelt auch von einer Liebe in Franken wie aus dem Bilderbuch. Fromm waren sie beide. Und fröhlich.
Und zwar miteinander. Sechsundsiebzig Monate lang.
Es kommt wohl auch nicht oft vor, dass ein Pfarrer seine eigene Konfirmandin heiratet. In diesem Fall funkte es bei der ersten Begegnung. Sie war sechzehn und er siebenundzwanzig.
Der junge Vikar war sogleich beeindruckt von dem ernsten, hoch aufgeschossenen Mädchen.
Aber da durfte sich natürlich noch nichts abspielen.
Vor allem deswegen, weil der Vater anderes vorhatte.

Das Frankfurter Großstadtkind sollte sich ganz normal entwickeln und später seine Rolle in der großen Gesellschaft spielen.
Der Vater hatte nicht die Absicht, zuzusehen, wie seine Tochter in irgendeinem fränkischen Dorfpfarrhaus verkümmerte.
Deswegen untersagte er dem jungen Geistlichen, der ihre Seele beim Konfirmationsunterricht berührt hatte, jeglichen brieflichen Kontakt mit ihr.
Als der begabte und dynamische Prediger schließlich nach mehreren Zwischenstationen 1837 eine feste Stelle bekam und von Verwandten und Freunden bedrängt wurde, sich ehelich zu verbinden, wie es sich für einen evangelischen Pfarrer gehört, erinnerte er sich an seine ehemalige Schülerin, die inzwischen zu einer ansehnlichen Jungfrau herangereift war, und hielt bei dem strengen Vater um ihre Hand an. Nachdem dieser von der engeren Verwandtschaft davon überzeugt werden konnte, dass sie bei ihrer ausgeprägten Frömmigkeit sowieso keinen anderen als einen Pfarrer abbekommen würde, stimmte er der Verbindung zu.
Eine Woche vor Dienstantritt wurde geheiratet, genau ein Jahr darauf brachte die junge Pfarrfrau das erste Kind zur Welt, einen Knaben, den sie Ferdinand tauften.
In Abständen von durchschnittlich 18 Monaten sollten drei weitere Kinder folgen: Marianne, Gottfried und Philipp. Kinderlachen und -jubel erfüllte das Pfarrhaus, der ernste fromme Mann wurde zunehmend heiterer und tüchtiger, genau wie seine Gattin, die schnell in die Rolle der mehrfachen Mutter und der Frau Pfarrer in dem gottverlassenen, armseligen Nest hineinfand.
Und dem Herrn Pfarrer, der die Lektüre der Bibel jeder anderen Beschäftigung vorzog, war, nach eigener Aussage, eine Stunde mit seinen Kindern spielen so wertvoll wie eine Stunde studieren.
Und dann die Katastrophe. Vierundzwanzig Jahre alt ist die geliebte Ehefrau und Mutter, als sie schwer erkrankt und innerhalb weniger Wochen stirbt. Der vierfache Vater ist am Boden zerstört.
Er hadert mit seinem obersten Vorgesetzten.
Aber dieser scheint ihn noch mehr prüfen zu wollen, will offenbar herausfinden, ob er tatsächlich geeignet ist für die große Aufgabe, die er für ihn bereithält: ein halbes Jahr nach dem Tod der Mutter wird das jüngste Kind, der kleine Philipp, krank, und stirbt nach „langem, schwerem Kampf" einen qualvollen Tod.
Er wurde keine zwanzig Monate alt.

Der wackere Mann, der nun Vater und Mutter zugleich sein muss für seine drei ihm verbliebenen unmündigen Kinder, gibt dem Drängen der Gesellschaft, wieder zu heiraten, nicht nach.
Es gibt keine zweite Helene. Er flüchtet in die Arbeit, kümmert sich vom Schreibtisch aus um die nach Nordamerika ausgewanderten Söhne und Töchter seiner bettelarmen Heimat und sendet, nach kurzer Ausbildung, seelsorgerliche Nothelfer dorthin.
Am 9. Mai 1854, im zehnten Jahr seines Witwerlebens, ist es so weit: im Dorfwirtshaus kann er sein Lebenswerk gründen, das den Namen des winzigen Bauerndorfes, des „Nestes", in dem er „nicht tot sein" wollte, wie er bei seinem ersten Besuch dort meinte, in aller Welt bekannt machen sollte: Neuendettelsau.
Ah ja, das habe ich schon einmal gehört, auf Bayern drei, bei Verkehrsdurchsagen, sagt mancher, wenn man den Ortsnamen erwähnt. Und der Name des Pfarrers ist *„außerhalb seiner fränkischen Heimat so gut wie vergessen"*, wie Erika Geiger in ihrer Biografie über ihn schreibt.
Oder doch nicht?
Am 5. Januar 1872 wurde er auf dem Dorffriedhof zu Grabe getragen. Eine Leichenrede hatte er sich ausdrücklich verbeten.

Am 15. Juli 2012 besuchte der bayerische Landesbischof Prof. Dr. Heinrich Bedford-Strohm anlässlich der Feiern zum 200. Geburtstag des Missionsgründers Friedrich Bauer auch das Grab des Diakonissenvaters Wilhelm Löhe.
Rechts von ihm Dr. Hermann Vorländer, Vorsitzender des Heimat- und Geschichtsvereins Neuendettelsau.

Mittwoch, 8. Februar 1956

Früh kalt und klar. In Turnen gehe ich natürlich noch nicht.
Beim Krell ist es sehr langweilig.
Die Dienstmädchen vom Augustiner sagen heute, die Frau, die am Freitag gestürzt ist, habe tatsächlich ihr Bein gebrochen.
In Algebra bin ich mündlich dran.
Ich bin jedes Mal so verstört. Im Chor wie immer und Latein auch.
Um halb 3 fahre ich heim. Ich mache etwas Stereometrie, sonst nichts. Vater ist noch zuhause, er ist um halb 3 mit runtergefahren, war mit Hans und Adolf auf dem Arbeitsamt.
Später spiele ich etwas Zither und höre Radio.
Abends ist nicht viel los. Es hat einen schönen Pulverschnee hergeweht. Den ganzen Tag hat es gestürmt.
Abends bin ich wieder am Bahnhof. Her sight makes me sing.
Ludwig und andere im Kino: „König der Piraten".
Ich höre Wunschkonzert (Sixteen tons) bis halb 10.

War man unpässlich, so wurde man durch ärztliches Attest vom Turnen befreit. Davon machte ich gelegentlich Gebrauch, da ich kein großer Sportler war (s. Eintrag vom 11. Januar).

Über das weitere Wohl der Frau, die im sich im „Abort" das Bein gebrochen hatte, ist mir nichts bekannt, ich hoffe und wünsche ihr, dass der Unfall für sie keine bleibenden Folgen hatte.
Algebra, das Rechnen mit Buchstaben, A Quadrat plus B Quadrat usw., Klammer auf, Klammer zu, runde Klammer, eckige Klammer, geschweifte Klammer, lag mir auch nicht besonders, obwohl ich heute dankbar bin, dass ich einfache Gleichungen mit einer Unbekannten lösen kann.

Die Arbeitslosigkeit des Vaters habe ich am 5. Januar thematisiert.
Heute, rund fünf Wochen später, hatte er wieder seine wöchentliche Vorstellung beim Arbeitsamt gehabt.
Wenn ich schreibe er „fuhr mit runter", so heißt das von Ansbach nach Neuendettelsau. Wir verbinden ja mit einer Richtung immer eine Präposition. Nach Petersaurach, Wicklesgreuth und Ansbach fährt man hinauf, selbst nach Hamburg, obwohl es auf der Höhe des Meeresspiegels, also weit unter uns, liegt.
Nach Glooster (Heilsbronn) fahren wir nüber, nach Nürnberg nei, nach Stuttgart hinter und nach München nunter, obwohl die Landeshauptstadt gut hundert Meter höher liegt als Dettelsau.
Aber man orientiert sich wahrscheinlich an der Landkarte, wo eben Süden unten und Norden oben ist. Ob diese Kombinationen verschwinden, wenn die kommenden Generationen nur noch das Navi benutzen und keine Karte mehr lesen können?
Auch in die „Zone" fuhr man „nüber" in den 1960ern, und wenn jemand von der „DDR" in die BRD umsiedelte, so machte er bzw. sie „rüber", so wie meine Frau im Januar 1957, als man noch problemlos zu Besuch in den Westen fahren konnte.
Da war sie gerade sechzehn geworden.
Nach Stuttgart „hinter" fuhren schon in den frühen 1950ern einige Neuendettelsauer Männer, darunter ein paar ganz junge, die heute um die achtzig sind. Manche erzählen mir noch davon, und auch, dass mein Vater, der schon ein gestandenes Mannsbild war, dazugehörte.

Sie fanden hier keine Arbeit und pendelten wöchentlich in die württembergische Großstadt, wo es Arbeit gab in Hülle und Fülle.
Selbst einer meiner Cousins aus Memmingen arbeitete damals dort als Wochenendpendler und erzählte, wenn ich bei der Großmutter die Ferien verbrachte, vom interessanten Großstadtleben.
Die Dettelsauer Männer logierten meist in einem Gasthaus, manche auch in Privatzimmern.
Einer war dort wohl so integriert, dass er den Dialekt ein bisschen annahm, was uns Kinder sehr amüsierte. So sagte er nicht „Schduggard" wie die Franken, sonder „Schduegert".
Und an jeden dritten Satz hängte er ein „Voschdosch" dran:
"In Schduegert isch des nämli su…voschdosch?"
Das hieß „verstehst du" und erinnert mich an meine englische Brieffreundin Diana, die ich anlässlich unserer GB-Reise besuchte (vgl. Eintrag vom 6. Februar).
Ich konnte zunächst nichts damit anfangen, dass sie jeden Satz beendete mit „You say". Das war in unseren Englischlehrbüchern nicht enthalten. Ich hatte doch gar nichts gesagt.
Es dauerte eine Weile, bis ich draufkam, dass sie meinte „You see?"
Bei uns heißt das vielleicht „Gell?" oder "Woss maanst!" oder "Des glabst!")
„My mother would be scandalized, you see"?
"Mei Mudder däd si aufführn…(des glabst!").
Eine Lehrerin hatten wir mal, bei der jede Äußerung auf „ni" endete.
„Ohne Fleiß wird das bei dir nichts, ni."
Und weil wir schon dabei sind: der Professor Krell als Bayer ist mir lebhaft in Erinnerung mit seinem ständigen kräftigen „Net wahr?"
Solche Floskeln hat fast jeder drauf. Stimmt's oder hab ich Recht?
Aber der Exkurs soll jetzt zum Thema zurückführen. N'au now and then. Ein unvergesslicher Kerwa-Montag im Jahr 1953.
In Neuendettelsau. Ein bisschen ausgemalt.

Exkurs Nr. 9

„Wenn Freunde auseinander geh'n..."

Es war am Kirchweihwochenende 1953.
Normalerweise musste der Vater schon am Sonntagnachmittag regelmäßig mit dem Fünfuhrzug nach Stuttgart fahren, zurück zu seinem Arbeitsplatz, denn in der schwäbischen Metropole gab es, im Gegensatz zum relativ strukturschwachen westlichen Mittelfranken, hinreichend Arbeit für Handwerker.
Dort verdienten er und noch ein paar jüngere Männer aus dem Dorf ihren Lebensunterhalt, indem sie die zerbombte württembergische Industriestadt wieder aufbauten.
Riesige Wohnblocks wurden hochgezogen und mit Zentralheizungen ausgestattet, so dass Installateure, und als solcher arbeitete der Vater, der das Spenglerhandwerk erlernt hatte, gefragt waren.
Die überwiegend ledigen Monteure wohnten in einer Gaststätte und fuhren übers Wochenende mit dem Zug heim zu ihren Familien.
Diesmal hatte der Vater den Montag freigenommen, weil er noch ausgiebig Kirchweih feiern wollte, bevor es wieder zurückging in die Großstadt.
Einige Mitglieder des örtlichen Männergesangvereins samt Ehefrauen und zahlreiche andere Gäste bevölkerten bei schönem Wetter den kleinen Biergarten der Bahnhofsgaststätte, keine hundert Meter vom Stationsgebäude entfernt, und sprachen, vor allem, was die männlichen Partyteilnehmer betraf, reichlich dem Gerstensaft zu.
Seit Stunden kreisten die Maßkrüge, steinerne und gläserne, und es wurde gesungen bis kurz vor Abfahrt des Zuges.
Die Stimmung war auf dem Höhepunkt, man stand auf den Bänken, die Gefäße, in die ein Liter passte, in die Höhe gereckt, und sang:
Ein Prosit, ein Prosit der Gemütlichkeit,
ein Prosit, ein Prohosit der Gemüt-lich-keit,
zweistimmig, dreistimmig, schön retardierend, immer wieder.
Die Abfahrtsstunde rückte näher, Rührseligkeit und Wehmut lag in der Luft, die von gemischten Gefühlen übermannten Sangesbrüder und Bierseligen stimmten ein beliebtes Volkslied an:
Ihim schönsten Wiesengruhunde, steht meiner Heimat Haus,
daha zog ich manche Stunde ins Tal hinaus.

Dich, mein stilles Tal grüß ich tausend Mal…
Und dann die letzte Strophe:
Steherb ich in Tales Gruhunde, will ich begraben sein,
Sihingt mir zur lehetztehen Stunde beim Abendschein:
Dir, o stilles Tal, Gruß zum letztenmal!
Schließlich durfte der Männergesangvereinshit nicht fehlen, den man so wunderschön drei- und vierstimmig ausklingen lassen konnte:
„Wenn Freunde auseinandergeh'n, dann sagen sie Auf Wiedersehn."
Dessen versicherten sie sich. Immer wieder.
Und am Ende wurden sie immer langsamer, zögerten den Höhepunkt hinaus, genossen ihn wie einen tiefen Schluck aus dem Maßkrug, mit zitternden Stimmen, mit geschwellten Adern auf den Stirnen, hielten den Ton, hielten ihn, weil es gar so schön klang und die vom Kaffee und Kuchen satten Ehefrauen bewundernd zu ihnen empor sahen, bis ihnen die Luft ausging.
Aber sie sahen nicht die Gesponsen, sie schauten nur sich gegenseitig in die Augen mit deutschem Blick und Freundschaftstränen, und gelobten sich ewige Treue bis zur nächsten Kerwa.
Im Tale hörte man das Bockerla pfeifen, so hieß die kleine, stampfende mobile Dampfmaschine, die ihre drei Wägelchen hinter sich herzuckelte.
Der Bahnhofsvorsteher setzte seine Mütze auf und wurde aktiv.
Das sahen die Bierseligen nicht, aber der Bub, der alles beobachtete, wusste es aus Erfahrung. Aufbruch und Spannung lagen in der Luft.
Die Fahrkarten mussten kontrolliert, Einzelbillets geknipst werden.
Dazu stellte sich der Beamte an die Tür, die vom Warteraum hinaus auf den Bahnsteig führte, und passte auf, dass niemand ohne gültiges Ticket die Sperre passierte.
In der rechten Hand hielt er eine kleine Zange, mit der er in das kleine Kärtchen aus starkem braunem Karton ein Loch knipste.
Damit war die Karte entwertet.
Auf die Wochenkarten der arbeitenden Pendler und der Schüler brauchte er nur einen Blick zu werfen.
Waren alle Reisenden auf dem Bahnsteig versammelt, so musste er, sobald die Lokomotive des Zügleins in zwei Kilometern Entfernung im Talgrund pfiff, an einen Kasten mit mehreren großen Hebeln eilen, um das Signal und die Weiche zu stellen, sodann drehte er ohne Verzögerung mittels einer an einem anderen metallenen Kasten angebrachten Kurbel die Schranken herunter, damit die Fußgänger,

Radfahrer und Kraftfahrzeuge auf der über die Gleise führenden Ortsdurchfahrt gestoppt wurden.
„Dadl, der Zuuch kummd fei scho", sagte die Mama.
„Jaja, da is scho noch Zeid", sagte der Dadl.
„Hanni, geh her, drink nu amoll", schallte es aus der linken Ecke, „Hanni, doo is aa nu a Mooß", aus der rechten.
Und noch einmal, jetzt zweieinhalb Töne höher:
„Wenn Freunde auseinandergeh'n, dann sagen sie Auf Wiedersehn".
Der Hanni setzte an und trank und setzte abermals an und ein drittes Mal, man konnte doch keinen Freund enttäuschen, der Zug überquerte die Bahnhofstraße, die Bremsen quietschten, die Lok dampfte, fauchte und stand.
Eine Minute durfte sie ausruhen, entspannen, tief und animalisch keuchen von der Anstrengung, den Anstieg bewältigt zu haben.
„Ezz wird's obber Zeid!" sagte die Mama.
„Gleich, nur ka Angst, der fährd ned gleich ab. Bis die Leid alle ausgschdieng senn und die andern eigschdieng, des dauert!"
Es war viel Betrieb an diesem Sommertag.
Alles drängte sich am Bahnsteig, dessen hinteren Bereich man von der Wirtschaft aus einsehen konnte.
„Hanni, drink nu amoll!"
Aber jetzt war kein Extrinken mehr möglich.
Der Hanni setzte an und gleich wieder ab, wischte sich das Maul und rannte los, in jeder Hand eine Tasche, die Mama und der Bub hinterher. Alle drei waren gerade kurz vor dem Bahnhofsgebäude, da ertönte der Pfiff des Stationsvorstehers, mit Scht, Scht, Scht zog das Lokomotivlein an, man hörte die Waggons rollen, und der kurze Zug, mit drei angehängten Wagen voller fröhlicher Ausflügler, dampfte hinaus.
„Kreizdunnerwedder naa!" sagte der Dadl alias Hanni.
Da hatte er sich doch glatt verrechnet.
Manche schafften es manchmal, noch aufzuspringen, denn die Beschleunigung der schwerfälligen Dampflok war mäßig.
Man musste neben dem Zug her rennen und versuchen, die eiserne Stange der Plattform zu fassen, dann einen eleganten Sprung auf die unterste Stufe wagen, eine helfende Hand von den auf der Plattform Stehenden reckte sich entgegen, und man war gerettet.
Aber dazu war der Dadl nicht mehr sportlich genug.

Trotzdem erreichte er noch rechtzeitig seinen Anschluss nach Stuttgart, weil unter den wackeren Zechern im Biergarten einer war, der ein Motorrad hatte und, Promille hin, Promille her, mit dem Dadl im Huckepack die wenig befahrene Kreisstraße nach Ansbach hinaufbrauste.

Donnerstag, 9. Februar 1956

Über Nacht ist es wieder klirrend kalt geworden. Die erste Stunde fällt heute aus, da der Franz wahrscheinlich krank ist.
Ich mache Aufgabe, im Zimmer C ist es schön warm neben dem Ofen. Beim Schieber schreiben wir eine Ex über die Nerven und den Reflexbogen. Auch der Gei schreibt eine in Erdkunde.
Bei ihm bringe ich im Gegensatz zum Schieber weniger zusammen, da er über die Erkenntnisse der erdgeschichtlichen Forschung Bescheid wissen will.
Nachmittags mache ich gar nichts. Es ist sehr kalt, obwohl die Sonne scheint. Ich mache eine Dorfrundfahrt, bei der ich mir fast die Ohren erfriere, und gehe dann heim und heize ein. I'm longing for you. Dann spiele ich Zither und höre etwas Radio. Vom AFN München kommt um 17 h im Wunschkonzert Rock around und 16 tons.
Abends hole ich die Milch und gehe dann in die Singstunde.
Before that to the station. Her train is late.
It's very nice to talk with her. One little kiss.
In der Singstunde „Der Lindenbaum" in der Wirtsstube.
Um halb 11 im Bett.

„Die kalten Winde bliesen mir grad' in's Angesicht;
Der Hut flog mir vom Kopfe, ich wendete mich nicht."

Manchmal denke ich „Heute gibt es nichts zu kommentieren oder fast nichts, aber wenn ich erst einmal anfange zu tippen und dabei gelegentlich ins Internet schaue, dann fällt mir schon was ein.
Logorrhoe? Vielleicht. Aber dann muss man jeden Schriftsteller bzw. jeden Journalisten dieser Krankheit verdächtigen.
Zwanghaft? Nicht ganz, denn ich könnte es ja auch bleiben lassen.
Aber nun habe ich – so tippte ich im Sozialen Netzwerk „Facebook" am 9. Februar 2016 in meiner Gruppe „N'au Now & Then"

(Neuendettelsau einst und jetzt) - dieses Projekt einmal angefangen, und für jeden Tag findet sich eben ein Eintrag, und manche Feedbacks machen mir Mut und beflügeln mich.

Wären die winterlichen Winde zur Zeit der Romantik immer so warm gewesen wie gestern Abend (Anm.: am 8. Februar 2016), als ich noch unterwegs war, im Dunkeln, nicht wandernd, sondern mit dem Fahrrad, und ohne Hut sowieso, und mit offenen Augen, so wäre die Welt um ein Kunstwerk ärmer.
Zur „Winterreise", diesen wunderbaren Weisen von Schubert und den ganz furchtbaren Gedichten von Wilhelm Müller, furchtbar traurig und furchtbar gut, gehört ein anderes Wetter als das, welches wir derzeit haben.
Friedrich Silcher, der den Männergesangvereinen unerschöpfliches Material bietet, hat ja aus dem ursprünglichen Schubertlied vom Lindenbaum ein bisschen was anderes gemacht: ein idyllisches, gefälliges Volkslied. Aber das kann sich jeder selber ergoogeln, dazu brauche ich hier nicht mit der Methode „paste and copy" zu arbeiten. Und so werden wir es gesungen haben, 1956. Ich wusste überhaupt nichts darüber. Erst sehr spät, als Senior fast, habe ich mich ausgiebig mit Schuberts und Müllers Tonschöpfung befasst und höre sie in allen möglichen Variationen immer wieder, auch vom PC, und singe gelegentlich ein bisschen mit, wenigstens die sangbaren Lieder bzw. Passagen „„…und ach, zwei Mädchenaugen glühten, da war's um dich gescheh'n, Gesell, und ach, zwei Mädchenaugen glühten, da war's um dich gescheh'n, Gesell!"
Wem kommen da nicht süße Erinnerungen?
So mancher süße Traum? So manches liebe Wort?
Gut, dass ich den Gesangverein hatte. Und den schon mehrmals erwähnten Singkreis. Das gewährte die Möglichkeit, abends ein bisschen fortzugehen, raus aus der Stube, hinein ins pralle Leben, unverfänglich, so dass die Eltern nichts einzuwenden hatten.
Und wenn man ein bisschen früher aufbrach, konnte man schnell einen kleinen Abstecher machen, zum Bahnhof etwa, wo sich die Jugendlichen begegneten, wie eben heute auch.
Hatte der Zug nur eine Minute Verspätung oder gar zwei, so genügte das für ein zärtliches Streicheln oder einen verstohlenen Kuss, vor allem, wenn es dunkel war wie im Februar abends.

„Ich träumte von Lieb um Liebe,
Von einer schönen Maid,
Von Herzen und von Küssen,
Von Wonne und Seligkeit...
Nun sitz' ich hier alleine
Und denke dem Traume nach."
Lese ich diese Einträge von damals, so kommen die ganzen Gefühle wieder hoch: der Überdruss, den ich manchmal empfand angesichts der Realität in der Schule, und die Sehnsucht nach etwas anderem, das Ahnen von einem Glück, das man mit Studieren nicht erlangen konnte.

Erlangen. „Der sucht sein Heil zu erlangen", sagten die Maurer scherzhaft, wenn ich in den Semesterferien auf dem Bau arbeitete oder bei Bekannten, die damals gerade ihre bescheidenen Häuschen mit viel Schwarzarbeit und samstäglicher Hilfe von Freunden erstellten.
„Erlángen" sagten sie scherzhaft, und nicht „Érlangen", wie es bei dem Ortsnamen korrekt ist. Der Unterton dabei war: der ist ein bisschen plemplem. Der lernt nicht einen anständigen Beruf so wie wir das getan haben, sondern geht als ewiger Student durchs Leben. Sucht sein Heil zu erlangen, wird es aber nie finden.
Sie hatten nicht völlig Unrecht. Ich bin immer noch auf der Suche.

Manchmal war er schon dornig, dieser Weg.
Extemporalien, die gefürchteten überfallartigen Abfragen in den Lernfächern, durch die sich die Lehrer schnell eine mündliche Note von allen verschaffen konnten. Über das Schriftliche. Was für ein Unsinn! Und doch kam es mir entgegen, weil ich lieber schrieb als redete, jedenfalls, wenn ich etwas wusste.
Hätte es mal ab und zu eine Ex gegeben in Deutsch oder in den Fremdsprachen, also etwa eine Gedichtinterpretation oder eine Hörverstehensübung! Dann hätte ich meine angeborenen Fähigkeiten besser zur Geltung bringen können.

Was ich an Neuendettelsau so sehr liebe, ist die geografische Beschaffenheit. Dass man, wie vor sechzig Jahren, gemütlich im ganzen Dorf mit dem Fahrrad herumkurven kann. Weil das Dorf eine Ebene ist, auf einer Höhe liegt, einer Meseta, wie die Hispanohablantes sagen würden.

Wenn ich da an andere benachbarte Orte denke! Da saust du. ohne auch nur einmal zu treten, hinab ins Tal zum Einkaufen oder um etwas anderes zu erledigen, und freust dich, dass es so rapide abwärts geht.
Aber die Strafe folgt auf dem Fuß: schieben, schieben, schieben.
Manchmal voll beladen mit Einkaufstaschen hint und vorn.
An einem heißen Sommertag kann das ganz schön lästig sein.
Radle ich im Juli oder August ins Windsbacher Waldstrandbad, weil es ja im großen Löhedorf leider keines mehr gibt, so bin ich, wenn ich am frühen Abend durch die Stadt hinaufschiebe und die Sonne noch voll herunterbrennt aufs Markgrafenpflaster, schon wieder verschwitzt nach der wunderbaren Erfrischung bei Retzendorf, wenn ich oben bin und die gesamte „Bettelhöhe" überblicken kann bis hinüber zu den anheimelnden Türmen von Sankt Laurentius und Nikolai.
Aber der Spaß, nun ganz ohne Mühe voranzukommen, so lange einem nicht die Winde grad ins Angesicht blasen, ist es allemal wert.
Wie gesagt: Dettelsau, „du hast es besser" als manche Stadt, so alte…

1956 war der Ort überschaubar: die Bahnhofstraße, die Hautpstraße, die Ausfallstraßen zu den Dörfern als da sind Schlauersbacher, Altendettelsauer, Heilsbronner, Haager, Reuther, Windsbacher.
Neue Siedlungen gab es nicht.
Es fehlte alles, was heute hinter dem Dorffriedhof liegt, es fehlte alles südlich der Flurstraße, es fehlten der Häuslesacker und der Weingarten, die Froschlach und die Nordstraße.
Nach den Häusern der Munaoffiziere an der Schlauersbacher Straße war Schluss, es gab keine Kreuzlach und keine Komotauer Straße, vom Heuweg ganz zu schweigen.
Als Flurnamen waren diese Orte natürlich schon vorhanden, aber es stand dort noch kein Haus.

Jedenfalls kannte ich mein Dorf durch das ständige Herumkurven mit dem Fahrrad wie meine Westentasche.

Blick vom Turm der Kirche St. Franziskus auf den Ortskern. Das Foto zeigt den Zustand von 2008.

Dettelsau ist immer wieder schön, wie und wo man es auch betrachtet, und dass es keinen Buckel hat, das ist für den Radfahrer jeden Tag ein köstliches Geschenk.

Freitag, 10. Februar 1956

Es ist hundskalt, minus 28 Grad.
In Ansbach stehe ich mit M. am Bahnhof, and then go with her for a little walk.
Als ich in den Keller komme (Anm.: der beheizte Unterrichtsraum im Augustinerkeller), *ist mein rechtes Ohr etwas erfroren.*
Vom Otto bekomme ich den Text zu Rock around the clock.
Um ¾ 9 kommt die K., wir machen aber nichts, da über die Hälfte der Klasse beim Turnwettkampf ist.
Danach kommt der Schieber. Bei ihm machen wir auch nichts.
Nur der Pfaff und der Gei halten Unterricht. Mittags ist sie nicht am Bahnhof. Warum? schreit mein ganzes Herz.
Wir erwischen den 11:44 Zug noch, der über eine Stunde Verspätung hat, kommen aber trotzdem erst um ¾ 2 heim.

Ich mache etwas Aufgabe.
Um halb 5 fahre ich nochmals nach Ansbach. All right. She gives me a letter and, reading it at home, I'm very happy. Abends im Kino. „Die Faust im Nacken". Sehr gut, manchmal etwas abstoßend.

Ein trauriger, ein sehr trauriger Aschermittwoch, 2016. Ich glaube, dass der Faschingsdienstag in Bayern nie mehr so sein wird wie er einmal war (Anm.: 9. Februar 2016 ereignete sich am Faschingsdienstag in Bad Aibling, Oberbayern, ein furchtbares Zugunglück).

Mein Jahr 1956 blieb frei von das Leben einschneidend verändernden persönlichen Katastrophen, sonst hätte ich wahrscheinlich dieses Tagebuch nicht führen können.
1984 starb ein guter Freund und Kollege von mir völlig unerwartet. Ich hatte schon während der 1970er und frühen 80er mir laufend Notizen gemacht über alles, was ich erlebte und was so in der Welt passierte. Damals, im April 1984, hörte ich schlagartig damit auf.
Es erschien mir alles sinnlos.
Es dauerte ein paar Jahre, bis ich mich wieder zu einer privaten Chronik aufraffen konnte.
Mein Vater starb, als ich fünfundzwanzig war, aber aufgrund seiner langen und zuletzt schweren Krankheit waren wir, meine Mutter und meine Frau, darauf vorbereitet, und konnten getröstet loslassen.
Wie anders muss es sein, wenn ein/e geliebte/r Angehörige/r, eine liebe Freundin oder ein Freund, kurz, ein Mensch, der einem nahe stand, von einer Minute auf die andere nicht mehr da ist, wenn der Platz am häuslichen Tisch, am Arbeitsplatz oder im Klassenzimmer auf einmal leer ist und leer bleibt, für immer. Oder wenn die leibliche Unversehrtheit bzw. Gesundheit dauerhaft ruiniert ist.
Meine Gedanken sind heute bei allen, für welche dieses schreckliche Unglück mehr ist als ein bloßes Ereignis in den Medien.

Wie läppisch und vergleichsweise unbedeutend dagegen meine TB-Einträge von 1956 sind, wird mir auch vor Augen geführt, wenn ich das Buch zur Hand nehme, das ich dieser Tage geschenkt bekam.
Die 1911 in Königsberg/Ostpreußen geborene und 2007 in Ansbach verstorbene Mutter meines Schulfreundes, der, mit dem ich 1958 durch England und Schottland trampte, schrieb ihre Erlebnisse während der Flucht 1945 Tag für Tag ausführlich nieder, und nun hat

ihr zweiter Sohn diese Erinnerungen, die ich schon als Maschinen-Manuskript gut kannte, als Buch herausgegeben:
Lore Ehrich, Geschichte einer Flucht, Edition Forsbach, Fehmarn 2015, ISBN 978-3-943134-81-0
Sehr lesenwert!

Auch 1956 war in jenen Tagen Fasching, deswegen passierte in der Schule nicht viel. Manche Lehrer machten Zugeständnisse an die Gesellschaft, obwohl es noch keine Fernsehübertragungen von Prunksitzungen und Karnevalszügen gab, und ließen den Unterricht locker angehen.
Meine heiklen Einträge sind wieder in englischer Sprache verfasst, damit die Eltern nichts mitbekamen (vgl. TB vom 22. Januar).
Fünfzehn- oder Sechzehnjährige von heute können sich nicht vorstellen, dass selbst ein kleiner Flirt mit einem gleichaltrigen Mädchen so gut wie verboten war für einen, der noch in Ausbildung stand.
„Der soll si um sei Schul kümmern, der braucht net scho bussiern!" hieß es.

Eitelkeit muss bestraft werden. Da ich immer keine Mütze aufsetzte, erfror ich mir an jenem Freitag tatsächlich leicht das rechte Ohr, das während des morgendlichen Spaziergangs durch Ansbach wohl dem scharfen Wind ausgesetzt war. Im warmen Klassenzimmer fing es jedenfalls an, ganz unangenehm zu bizzeln, wie der Franke sagt.
Am nächsten Tag band ich mir wenigstens den Schal um den Kopf, weil mir dämmerte, dass der Heldenmut nicht schützte vor solchen Schäden.
Marlon Brando, sechzehn Jahre älter als ich, konnte auch so grantig dreinschauen, wie es die Halbstarken der 1950er liebten.
Und der zugkräftige deutsche Titel des amerikanischen gesellschaftskritischen Films „On the Waterfront" ließ mir natürlich keine Ruhe. Den Streifen musste ich sehen.
Später bewunderte ich Marlon Brando noch einmal in einer neueren Version von „Die Meuterei auf der Bounty", wo er als Anführer der Meuterer namens Fletcher Christian brillierte.

Samstag, 11. Februar 1956

Da es immer noch sehr kalt ist, binde ich meinen Schal um den Kopf.
Heute ist nichts Besonderes. Die Schule geht vorbei wie immer.
In der Pause gefrieren einem schier die Hände beim Essen. Um 1 h fahre ich heim, mit Norbert. Er hat wahrscheinlich seinen Führerschein gemacht. Daheim gibt es Baunzel.
Um 3 h gehe ich ins Bad. Heute nehme ich ein Wannenbad.
Das ist etwas Wunderbares.
Daheim horche ich AFN. At 6 o'clock I go to the station.
She is in a great hurry.
Um 7 h gehen wir auf den Ball. Frau Wälzlein und Frl. Braun mit uns. Es ist ein großer Saustall mit den Plätzen. Aber die Stimmung steigt trotzdem. Ich tanze mit Eva, Frl. Braun, Frau Wälzlein und beim Zufallswalzer mit noch einigen anderen. Eine prima Kapelle mit dem Langschorsch. In der Schnapsbar trinke ich einen Eierlikör, und Norbert zahlt 2 Runden.
Ich trinke sonst nur 2 Bier, da mir das Geld fehlt.
Ludwig steht den ganzen Abend an einer Stelle und schaut. Der Haas und der Bühler tragen ihre Parodien vor. Vater begleitet sie.
Beim Eisenbahnwalzer komme ich mit Ingrid zusammen (nach Madrid). Bis um 3 h prima Stimmung, dann leert sich der Saal.
Die Kapelle legt noch einen tollen Jazz hin. Um ¼ 4 gehen wir heim.
Es ist stockfinster und hat einen hohen Pulverschnee hergeschneit.

„Ich kann es mir vorstellen, aber ich möchte nicht!" Punkt.
Und es klang wie „PFUI!!!"
So reagierte eine in „normalen" hygienischen Verhältnissen aufgewachsene Dame vor einigen Jahren, als wir auf das Thema Kindheit zu sprechen kamen und ich davon berichten wollte, wie es in den 1940ern und 50ern auf dem Land um das Thema Toiletten und Bad bestellt war.
Gut. Blende ich alles aus, was früher war, und orientiere ich mich nur an der Realität des 21. Jahrhunderts, so kann ich es mir auch nicht mehr vorstellen.
Ich möchte aber. Ich möchte nicht vergessen, wie das war.
Keine „Nasszelle" im Haus. Keine luxuriöse, hermetisch geschlossene Glaskabine, in die ich mich zu jeder beliebigen Tages- und Nachtzeit hineinstellen und mir das warme Wasser über den Körper laufen lassen kann, so ideal temperiert, wie es mir gefällt, mit

hartem Strahl, mit weichem Strahl, ohne Duschgel zunächst, danach, um sämtliche Flächen, Furchen und Ritzen vom zuvor aufgetragenen und zu Schaum geschlagenen köstlich duftenden Gel bzw. Shampoon zu befreien, und die gesamte Hautfläche, die sichtbare und die unsichtbare, klarzuspülen.
Kurz, es ist ein unbezahlbarer Luxus. Unbezahlbar, wenn man es mit den Augen eines Fünfzehnjährigen im Jahr 1956 betrachtet.

Ein WC war garantiert um die ganze Schmiedslach herum nicht zu finden. Jedes Haus hatte ein sogenanntes Plumpsklo, trocken, versteht sich. Noch von 1958 bis 1962, als ich mit meinen Eltern im Dachgeschoss der Hauptstraße 16 wohnte, plumpsten die Fäkalien bzw. krochen, durch die Schwerkraft beflügelt, im Abwasserrohr über drei Stockwerke nach unten.
Gelegentlich schüttete man einen Eimer Wasser drauf, damit die fetten weißen Maden, die von unten heraufkrochen, nicht überhandnahmen.
Und das war schon Luxus, weil in diesem Mietshaus das stille Örtchen innerhalb des Gebäudes war. Während meiner gesamten Kindheit musste ich mich fürs große Geschäft auf den Hof hinaus bemühen, bei jeder Temperatur, und im Dunkeln auch.
Und mit mir fünfzehn bis achtzehn andere Bewohner, alle Altersstufen.
Was sollte ich denn machen? Sollte ich mir eine Nasszelle herzaubern? Mich irgendwohin in die Diakonie bemühen, tagtäglich, wo sie vielleicht besser ausgestattet waren?
Mir Hakle oder Servus oder Zewa kaufen oder gar Alouette feucht? Da hätten sie verständnislos geguckt im örtlichen Lebensmittelhandel, wenn ich so etwas verlangt hätte, abgesehen davon, dass ich dazu gar kein Geld gehabt hätte.
Also musste es schon das vom Großvater – mundgerecht kann man schlecht sagen – zurechtgeschnittene Zeitungspapier tun, das an einem neben dem Sitz in die Wand geschlagenen Nagel hing.

Ein Familienmitglied kochte oder las oder stopfte Strümpfe oder machte Hausaufgaben oder frühstückte am Küchentisch, das andere wusch sich, so gut es ging, dicht daneben mit Hilfe einer kleinen Schüssel, eines Waschlappens und eines Stücks streng riechender Kernseife.

Der Vater rasierte sich, je nach Bedarf, nass natürlich, auch am Küchentisch. Er konnte nicht wählen zwischen nass oder elektrisch. Der kleine Spiegel, in dem er sich begutachtete, stand unmittelbar vor meinen Schulbüchern.
Wo sich gründlich waschen, von Kopf bis Fuß?
Wie gesagt, manche möchten sich solche Verhältnisse nicht vorstellen, und ein „Pfui" kann hier schnell über die Lippen kommen.
Der samstäglich bemühte blecherne Brühtrog in der Küche war ein Notbehelf, ausreichend für ein Kind, was die Größe betrifft, aber immer unbefriedigend wegen der Wasserknappheit.
Heute lege ich mich, sofern ich nicht die schnelle Dusche bevorzuge, in eine blitzend blanke Wanne, lass das Wasser aus der Wand hineinrauschen, immer wieder heißes dazu, wenn es abkühlt, liege mit geschlossenen Augen und träume, entspanne und bin der Embryo im Fruchtwasser, wunschlos glücklich und geborgen und umsorgt und weitab von der Hektik der Welt da draußen, oder sitze gar bequem zu zweit im Sprudelpool, sei es im eigenen oder irgendwo in einem Wellnessbad, sauniere nach Lust und Laune, steige in den Kaltbottich, um zu erfahren wie feindselig die Welt sein kann, dusche wieder heiß und lauwarm, so lange wie es Spaß macht, genieße die flauschigen Handtücher und die Kosmetik danach, den Haartrockner und den Liegestuhl und und und…
Ich kann für all diese Geschenke vielleicht nur deshalb so dankbar sein, unendlich dankbar, weil ich andere Zeiten erlebt habe.

So viel zu meiner Bemerkung „das (Wannenbad) ist etwas Wunderbares".

Es wurde möglich durch den Bau der neuen Volksschule an der Reuther Straße, wo im Untergeschoss Badegelegenheit für die Bevölkerung gegeben war (vgl. TB-Eintrag vom 14. Januar).
Mein heutiger Exkurs greift das Thema ohne Bierernst noch einmal auf.

Die oben erwähnten Baunzeln isst man heute nur noch selten. Einen gewissen Ersatz bieten die Rohen Baggers (Kartoffelpuffer) aus dem industriell hergestellten Fertigteig, die ich immer mit viel Lust und Liebe verzehre, am liebsten mit selbst gemachtem Apfelmus.
Zu dem Faschingsball des Gesangvereins vom 11. Februar 1956 schreibe ich morgen einen Kommentar, damit der heutige Eintrag nicht zu lang wird.

Exkurs Nr. 10

Die Nierchen meiner Tante

Nicht nur von der eiskalten Brause aus dem Blecheimer im Freibad, sondern auch vom spartanischen Baden und sonstigen Reinigungs- und Hygieneaktionen für Körper und Seele könnte ich stundenlang erzählen.
Die winzig kleine Wohnküche - ich schätze die Fläche auf acht Quadratmeter - war der Schauplatz des samstäglichen Bades.
Die Mama holte dazu eine ovale Wanne aus Zinkblech vom Getreideboden und füllte diese mit heißem Wasser, das in einem großen Topf auf dem mit Holz und Kohle beschickten Küchenherd die erforderliche Temperatur bekommen hatte.
Nackt und, je nach Jahreszeit und vorausgegangenen Freizeitaktivitäten, mehr oder weniger starrend vor Dreck stand ich daneben und wartete, bis durch das Hinzuschütten von kaltem Wasser aus der Leitung im Eck die richtige Temperatur erreicht war.
Dann durfte ich einsteigen, und die Mama begann das Handwerk der Reinigung ihres Fleisches und Blutes.

Sank die Temperatur nach einiger Zeit ab, so wurde mit einem kleinen Topf aus dem „Schiffla", einem schmalen eingebauten Boiler an der rechten Seite des Herdes, nachgefüllt.

Natürlich konnte die Mama nicht die ganze Zeit dabeibleiben, sie hatte ja auch noch anderes zu tun. So gab es auch Minuten der Muße und des Träumens, wo man(n) mit den luftigen, duftigen Schaumbergen spielte, die sich wie ein riesiges tropisches Gewitter über dem Äquator aufbauten. In Tateinheit konnte man dabei auch seinen eigenen Körper erforschen.

Aber irgendwann hieß es aufstehen, damit aus dem bereitgestellten Topf - hoffentlich war die Temperatur richtig, denn meistens war es entweder zu heiß oder zu kalt - der kleine Körper vom Schopf bis zu den unteren Extremitäten mit klarem Wasser übergossen werden konnte, damit nicht der inzwischen zerfallene und graubraun gewordene Seifenschaum auf der Haut haften blieb.

Das war der Moment, den ich am wenigsten mochte bei der ganzen Prozedur, denn, bedingt durch die wohlige Wärme des längst vom Seifenschaum undurchsichtig gewordenen Wassers der Wellness-Wanne sowie durch unbestimmte, schaurig-wonnige Sehnsüchte, die ich nicht einordnen konnte und die durch manche Texte der Top-Hits der aus dem Radio dudelnden Schlager der Woche noch gefördert wurden, stand der Zeiger meiner körpereigenen Uhr unübersehbar auf 14 h 10.

„Wohin sich dreh'n?" That was the question.

Schwupps, kam der erste Liter des köstlichen Nasses von oben.

„Zu heiß!" Also gab die Mama noch ein bisschen kaltes hinzu.

Schwupps, der zweite Liter. „Zu kalt!"

Binnen weniger Sekunden, so schnell kann sich kein Uhrzeiger bewegen, wurde es halb sechs. Aus die Träume!

Aus dem vielversprechenden Adonis mit Satyr-Attributen wurde ein kleines, bibberndes Kerlchen mit einer Stimme, die oszillierte zwischen Sopran und dem Krächzen eines alten Grau-Gänserichs.

Abtrocknen, mit kuscheligen, wohlig-flauschigen Verwöhn-Badetüchern? Ja, denkste! Das Leben war rau. Abgerubbelt wurde mit hartem Handtuch. So hart wie mein Strohsack, auf dem ich sodann, nach einem kurzen Abendgebet „Müde bin ich, geh zur Ruh, schließe meine Äuglein zu, Vater, lass die Augen dein über meinem Bettlein sein" oder „Ich bin klein, mein Herz ist rein, soll niemand drin wohnen als Jesus allein" die Nacht verbrachte, in einem der ungeheizten Räume des großen Bauernhauses, der zugleich als

Vorratskammer diente und in dem es nach Mehl und geräucherten Bratwürsten duftete. Letztere waren, mir unzugänglich, in einem kleinen Schrank, einem sogenannten Pelder - das einzige Wort in Franken, das mit einem harten P beginnt, weil es ein B'hälter ist und das H ja irgendwie artikuliert werden muss - weggeschlossen.
Die abschließbaren Türen waren aus mit Holz umrahmten Drahtgittern, so dass ich die Würste zwar hängen sehen konnte, aber nicht rankam. Die Rolle des Tantalus scheint mir für die meiste Zeit meines Lebens auf den Leib geschrieben zu sein.
Dennoch hatte ich mein schönstes Badeerlebnis zu zweit in einer Wanne. Lange vorher. Mit einer reifen Frau.
Dazu muss ich etwas ausholen, schon, um die Spannung zu steigern: Mein Vater hielt in notdürftig zusammengezimmerten Holzkisten, wie viele Leute damals kurz nach dem Krieg, ein paar Dutzend Karnickel, bei uns Stallhasen genannt. Dadurch hatten wir sonntags fast immer einwandfreies Biofleisch aus eigener Erzeugung, als köstliche Beilage zu den ebenso delikaten rohen Kartoffelklößen, welche die Mama und der Vater, beide adrett beschürzt, gemeinsam produzierten, lange bevor der Henglein damit anfing.
Diese Sonntagvormittage, wenn sie, gutgelaunt nach samstäglicher Nacht, ihr Liebes- und Gattenglück demonstrierten, waren für mich das Paradies.
Wo gab es mehr Geborgenheit als bei sich liebenden, mich liebenden Eltern, die sich wissend zuzwinkerten, wenn es aus dem alten Radio schnarrte, in Mono und leicht verzerrt:
„Liebling, was hast du heut gemacht,
heute Nacht, heute Nacht, heute Nacht?
Wenn ich dran denk,
dann muss ich lachen.
Du wolltest immer so zum Spaß...
naja, du weißt schon was,
komm, ich sag dir's ins Ohr...."
Uahhahahahahah und dazu das helle silberne Lachen der Operettensängerin, und da capo
„Liebling was hast du heut gemacht?"
Das war so schön und einprägsam, ich weiß die Texte heute noch alle auswendig.
Und dann schmetterte der Vater mit, und ich, ein bisschen schüchtern, wagte zu krähen:

„Heut ist der schönste Tag in meinem Leben,
ich fühl's zum ersten Mal:
Ich bin verliebt.
Ich möchte diesen Tag
für keinen geben,
es ist ein Wunder,
dass es so was gibt."

Und zwischendurch kam der Pfarrer mit der Sonntagspredigt, und wenn die Radiogemeinde sang „Du meine Seele singe, wohlauf und singe schön", so sangen wir alle drei mit.
Kein Ehestreit, von denen es genügend gab, und keine spätere, zum Tode führende Krankheit der Eltern können diese schönen Erinnerungen aus meinem Herzen reißen.
Ein By-product, ein Nebengewinn der Karnickelwirtschaft war für mich noch der Umgang mit den lieben Tierchen vor ihrem Afterlife, mit diesen großäugigen sanftmütigen Wesen, die man auf den Arm nehmen und streicheln konnte.

Kinder der Bahnhofstraße 9 auf der Wiese hinter dem Haus um 1939.

Nichts Schöneres als so ein weiches, wild zuckendes, von einem dicken samtigen Fell bekleidetes junges Leben auf der Haut zu spüren, diese Mischung aus Zutraulichkeit und sich Anschmiegen und wildem Ablehnen, das ist Leben pur.

Beim Schlachten derer, die ich liebgewonnen hatte, schaute ich nicht gern zu. Da ich der einzige Sprössling meiner Eltern war, wurde ich natürlich zuweilen, bei aller Strenge, auch verwöhnt.
Und zwar immer dann, wenn es Hasenbraten gab.
Das Beste fürs Kind!
Für den Buem, der es einmal besser kriegen sollte.

Deshalb durfte ich mich vor dem eigentlichen Essen an den knusprig gebratenen Nieren, den Nierchen, süddeutsch Nierlein, (da es ja das Diminutiv-Suffix „-chen" bei uns grundsätzlich nicht gibt) erlaben. Dies ging damals, in der größten Not, auch ohne Brot:
„Ginterla, moogst di Nierli?"
Hätte ich den Asketen spielen und Nein sagen sollen? Immer und ewig der Tantalus sein? Die köstlichsten Genüsse in Reichweite haben und dann nicht zulangen? Ich muss zugeben, das fiel mir im Traum nicht ein, so sehr ich um das Häschen trauerte.
Sobald der kleine nackte Kerl zwischen Zwiebelringen im schwarzen Tiegel lag und vor sich hin brutzelte, lief mir das Wasser im Munde zusammen. Die Nierli, die Nierli.
Dunkelbraun und ein bisschen fetttriefend lagen sie auf dem kleinen Teller, in ihrer perfekten Form, die alles aufweist, was der Herrgott dem Menschen zur Freude erschaffen hat.
Ein bisschen, aber ganz sparsam, Salz und Pfeffer drauf, ein bisschen pusten, und dann ab damit in den lechzenden Mund, aber nicht auf einmal, oh nein, schön langsam daran geknabbert, damit sich das Verkosten so lange hinzog wie möglich.
Als ich meine ersten Englischlektionen auf der weiterführenden Schule hinter mir hatte - auf der Oberrealschule gab es keinen frühen Lateinbeginn - buchstabierte ich diese köstlichen Organe aus den urogenitalen Regionen als „Nearly".
Sie zu verspeisen, ein Genuss, fast, almost, „nearly" so vollkommen wie die schönste Sache von der Welt. Nur Fliegen ist schöner.

Wie komme ich jetzt in die Badewanne? Drehen wir die Uhr ein paar Jahre zurück. Meine Tante Anna, die Schwester meiner Mama, jung und voll erblüht, war in der Großstadt in einem vornehmen Haushalt "in Stellung". Wir besuchten sie, mit dem Zug natürlich. 1944 waren die meisten Bahnhöfe noch heile Prachtbauten und die Züge fuhren, ohne von Tieffliegern beschossen zu werden.
Es muss ein Samstag gewesen sein. Also war Baden angesagt. Die Verwandtschaft des Dienstmädchens kommt vom Bauerndorf zu Besuch. Da muss frau als Gnädige, die frau ist, mal ein Auge zudrücken und großzügig sein und dem armen Bauernbüebla Gelegenheit geben, sich den Misthaufengeruch vom Leib zu waschen.
Also durfte ich mit der schönen Tante Anna, die ich schon damals verehrte, nicht zuletzt deswegen, weil sie immer originelle, lustige

Geschichten und Sprüche draufhatte, in die bis zum Rand gefüllte Wanne steigen.
Ich war vier, ein aufmerksames, aufgewecktes Kind, immer voller Neu- und Wissbegierde. Ich hatte Mühe, nicht unter die Wasseroberfläche zu rutschen, so klein war ich noch. Sie lag in der warmen Lauge, rosy buds above the water, und schloss wohlig die Augen.
In diese Stille hinein kam meine unverhohlene Bewunderung für die Ästhetik des Weiblichen: „Mensch, Tante Anna, hast du schöne Nierli!"
Wie ein Clown, der ja bekanntlich auch nie über seine eigenen Witze lacht (falls er ein guter Clown ist), muss ich wohl immer trauriger ausgesehen haben, je mehr die beiden Schwestern lachten.
Aufklärung fand nicht statt. Jahrelang wunderte ich mich noch über die lachenden Gesichter, die ich immer dann zu sehen bekam, wenn die Geschichte im Verwandten- und Bekanntenkreis in meinem Beisein erzählt wurde.
Es sollte noch mehr als ein Jahrzehnt dauern, bis es mir vergönnt war, meine abenteuerlichen, unzutreffenden Vorstellungen von der weiblichen Anatomie eigenhändig zu überarbeiten.

Sonntag, 12. Februar 1956

Um 12 h stehe ich auf, ziehe mich nach dem Essen an und horche Radio. Draußen wäre es schön, wenn man Skier hätte, aber es ist kalt.
Fast alle deutschen Flüsse sind zugefroren oder führen Treibeis.
Faschingszüge in München und Nürnberg werden abgesagt.
I miss you so. Ich sitze den ganzen Nachmittag zuhause, trinke Kaffee und lese etwas. Es ist furchtbar, wenn man so allein ist mit seiner Sehnsucht. Auch abends sitze ich zuhause und horche Radio.
Als ich gerade ins Bett gehen will, kommt Gerhard vom Meyer und bringt einen Ausschnitt aus einem Bild, auf dem sie drauf ist.
Vroni hat es ihm gegeben. Ich gehe um halb 8 ins Bett.

„So rennet nun alles in vollem Galopp
Und kürt sich im Saale sein Plätzchen;
Zum Drehen und Walzen und lustigen Hopp
Erkieset sich jeder ein Schätzchen."

Manchmal war auch Damenwahl. Dann lief es anders herum. Aber im Normalfall spielten sich die Dinge genau so ab, wie Goethe es so köstlich wie prägnant formuliert in seinem „Hochzeitsgedicht".
Ich beziehe mich auf den dem heutigen Tag vorausgegangenen Samstagabend, auf den Faschingsball, die Tanzveranstaltung des MGV 1882 Neuendettelsau vom 11. Februar 1956, auf der ich mit meinen Eltern und einigen Bekannten meiner Mutter präsent war und bei der wir zusammen an einem Tisch saßen.
„Es ist ein großer Saustall mit den Plätzen. Aber die Stimmung steigt trotzdem" notierte ich.
Was genau vorfiel, weiß ich nicht mehr. Wahrscheinlich hatte es mit der Platzreservierung nicht geklappt oder es kamen zu viele Leute unangemeldet. Es gab ja auch eine Abendkasse, wo die Gäste, die nicht reserviert hatten, noch bezahlen konnten.
Jedenfalls muss die Verstimmung nur vorübergehend gewesen sein.
1956 gab es noch große „Bälle" in der Region. Die Ansbacher hatten dazu ihren Onoldiasaal, die Windsbacher ihre Stadthalle, die Heilsbronner den Götzsaal, und die Dettelsauer den „Sonnensaal" im Gasthaus Bischoff.
2011 wurde diese geschichtsträchtige Versammlungs- und Vergnügungsstätte, wo ich so viele Abende in meinem jungen Leben verbracht hatte, abgerissen.

Letztes Bild vom alten Sonnensaal, allerdings auch nicht dem ganz alten, der noch ganz anders aussah. Kurz darauf, im Herbst 2011 wurde hier das neue Hotel Sonne hochgezogen.

Irgendwie war der alte Bischoffsaal gemütlich.
Man ging geradeaus an der Wirtsstube, die rechterhand lag, vorbei

durch eine Flügeltür und betrat dann den großen, in dunklem Holz gehaltenen Saal, der hinten im Osten eine Bühne hatte.
Zur Linken war ein großes Nebenzimmer, in dem der Gesangverein normalerweise seine Singstunden abhielt.
Im Winter 1945/46, nach der Ankunft der Amerikaner, bekamen wir Kinder dort aber auch bei schlechtem Wetter unsere Schulspeisung aus großen Kesseln serviert. Schien die Sonne, so saßen wir manchmal auch im Freien, der Dorfkirche genau gegenüber, und löffelten die von den Siegern gespendete Erbsensuppe bzw. einen Reis- oder Grießbrei aus unseren blechernen Töpfchen.

Georg (Schorsch) Lang, (1927 – 2017) dirigierte die Kapelle - später sagte man „Band" - und es muss wohl eine zünftige Mússig gewesen sein (betont auf der ersten Silbe).
Das Publikum tanzte zu den gängigen Schlagern und Melodien der klassischen Unterhaltungsmusik, als da sind die Polkas von der Rosamunde, die einem ihr Sparkassenbuch schenken soll, von der Marianka, die sich küssen lassen sollte, und von der Anneliese, ach Anneliese („Warum bist du bäise auf mich?").
An Walzern gab es die zu Volksliedern gewordenen oberbayerischen Hits vom Loisachtal alloa und Waxenstoa, vom Münchner Hofbräuhaus und oidn Päter, von der weinenden holden Gärtnersfrau und dem im Garten sitzenden Mariechen (auch weinend).
Auch die Walzer Emmerich Kalmans waren sehr beliebt: „Tanzen möcht ich…" und „Machen wir's den Schwalben nach…"
Der Schneewalzer und das Kufsteinlied wurden erst 1968 populär.
Brauchten die Tänzerinnen und Tänzer ein wenig Erholung, so ließ man es langsamer angehen mit „La Paloma", wo die Paare enger zusammendrängten und sich aufregend spürten beim Wiegen im Takt, oder mit den ungemein beliebten Caprifischern:
„Bella bella bella Marie, häng dich auf, ich schneid dich ab morgen früh", sangen die Männer mit Inbrunst, und die Damen lachten dazu verstohlen.
Zur Auflockerung gab es den Zufallswalzer, wo die Kapelle immer wieder mal aussetzte und man mit dem- bzw. derjenigen weitertanzen musste, der/ dem man gerade gegenüberstand.
Noch aufregender war die Damenwahl.
Man saß gemütlich auf seinem Stuhl und wartete, welche auf einen zugeflitzt kam, mit rauschenden Petticoats.
Das waren flinke Mädchen und keine Transusen.

Die Vergnügungswarte der Vereine dachten sich unterhaltsame Spielchen aus wie etwa den „Eisenbahnwalzer":
Von jeder bekannten europäischen Stadt gab es zwei Kärtchen, je eins für die Damen und eins für die Herren. Dann wurde gezogen.
Die Pärchen mit der gleichen Stadt durften zusammen einen Walzer tanzen. Für mich und ein mir gut bekanntes Mädchen ging es eben nach Madrid, für andere vielleicht nach Rom oder Wien oder Budapest oder Stockholm.
Was mich immer wieder wundert: so jung, erst fünfzehn, und schon voll dabei bis in die Morgenstunden. Das muss also gang und gäbe gewesen sein, zumal die Mädchen, an die ich mich erinnere, meistens auch nicht älter waren, in Ausnahmefällen sogar noch ein Jahr jünger.
Engagierte Vereinsmitglieder traten auch auf, sei es als Sänger, als Witzbolde oder als kreative Parodisten. In diesem Fall spielte mein Vater dazu auf der Zither. Ein andermal besang er auf der Bühne im Duett mit einer Sangesschwester die schon erwähnte Bellabella-bellamarie, mit korrektem Text. Bei einer anderen Vereinsveranstaltung wurde, so kann ich mich erinnern, anhand gängiger Schlagermelodien die neueste Mode durch den Kakao gezogen, das waren die Nylonstrümpfe. Da begleitete ich die Sänger schon mit der Gitarre. Ein Jammer, dass ich die hektografierten Texte irgendwann in grauer Vorzeit alle weggeschmissen habe.
Zu einem Klassenabend am 18. März 1956 verfasste ich selber parodierende Charakteristiken über die Lehrer dieser 6. alias 10. Klasse, die ich aufbewahrt habe.
An dem betreffenden Tag wird es Kostproben geben.
Wenn ich von einem „tollen Jazz" schreibe, so ist sicher Bigband Swing gemeint, die andere, die moderne Musik.
Wie ich schon einmal erwähnte, war der Bruch mit der traditionellen Unterhaltungsmusik, dem bayerischen und böhmischen Bumsen und Batschen und Humdada, zu keiner anderen Zeit so ausgeprägt wie Mitte der 1950er.
Den Anfang machte 1945 Glenn Miller mit „In the Mood".
Diese mich heute noch elektrisierenden Klänge suggerierten eine andere Welt. Damit begann die amerikanische Ära, eine Zeit des Neubeginns, des bescheidenen Wohlstands, die Zeit des Kaugummis und der Frolleins. Über die Andersartigkeit dieser Musik habe ich am 1. Februar ausgiebig geschrieben.

Benny Goodman, Count Basie, Duke Ellington, Lionel Hampton und Gene Krupa hießen meine diesbezüglichen Idole, und wenn ich die nicht enden wollenden Drum-Soli des zuletzt Erwähnten höre (und jetzt auch sehe, vgl. „Sing sing sing" von 1938), könnte ich heute noch ausflippen.
Damals konnte man das alles nur vom Radio genießen.
Auch der den Boogiewoogie sowie die Rock'n-Roll-Hits beherrschende Basslauf, der sich als Leitmotiv von vorn bis hinten durch diese Stücke zieht, ließ mich nicht mehr los und führte letzten Endes dazu, dass ich mich mehr und mehr von der Zither verabschiedete und die Jazzgitarre bevorzugte.

„Vogerl fliagst in d'Welt hinaus, lossd mi ganz allani z'Haus" wünschte sich damals meine Mutter einmal im Wunschkonzert des Bayerischen Rundfunks, und sie waren so nett und sandten ihr auch den Text.

Sie spürte, dass da was passierte mit ihrem Buem und dass er, zumindest, was die Musik angeht, auf Dauer nicht zufrieden sein würde mit „Wie die Blümlein draussen zittern" und „Nun ade du mein lieb Heimatland".

Montag, 13. Februar 1956

Um halb 9 stehe ich heute auf. Es ist nicht mehr ganz so kalt wie bisher. Ich schaue etwas in die Schulbücher und horche Radio.
Vater ist auch zuhause. Um halb 12 fahre ich zur Schule.
Die Temperatur kann man vertragen. Die 1. Stunde haben wird wieder frei. Ich sitze im Zimmer C und bin sehr melancholisch.
Später mit Otto und Robert im Zimmer J etwas gejazzt.
Bei der K. bekommen wir eine Strafarbeit auf wegen der herrschenden Faschingsstimmung.

Auf der Heimfahrt ist nichts los. Es ist abends noch schön hell jetzt.
Abends gehe ich zu Erich.
On the station I meet W. und G., zwei schwarze Katzen auf einmal.
Da muss ja etwas schief gehen. Als sie kommt, bringe ich ihr etwas
Misstrauen entgegen, ich weiß selbst nicht warum.
Liege um halb 9 unglücklich im Bett.

Rosenmontag 1956.
Man kann den Charakter einer Epoche, einer Begegnung, einer Rede u. dgl. oft besser beurteilen, wenn man sich vor Augen hält, was nicht vorhanden war anstatt immer nur auf das zu sehen, was man vorfindet.
So analysiere ich ein Gespräch mit jemandem hinterher gelegentlich, indem ich mich frage was hat er oder sie nicht gesagt. Was wurde weggelassen? Was hätte gesagt werden können bzw. müssen?
Inventarisieren wir den Rosenmontag von 1956 im Vergleich zu einem der Jahre nach 2010, brainstormmäßig und ohne Anspruch auf Vollständigkeit, so konstatieren wir: kein Fernsehen, keine Übertragungen von Büttenreden, kein Faschingstreiben in den fränkischen Groß- und Kleinstädten, jedenfalls kein an jedem Ort sichtbares, kein Facebook, kein Twitter, keine Smartphones zum Quatschen und zum Knipsen und Surfen, keine weltweite Vernetzung, keine gesellschaftlichen Entwicklungen, die den ganzen Tag via elektronische Medien auf einen einstürmen.
Für den einfachen Bewohner eines mittelfränkischen Dorfes war das Leben geruhsam und überschaubar. Er war kein Europäer mit einem Riesenrucksack voll ungelöster Probleme, und er fühlte sich nicht als Weltbürger mit dem Wissen um die Unumkehrbarkeit der Umweltzerstörung.
Man lebte in seiner Nische vor sich hin, vor allem, wenn man noch jugendlich war und nicht mehr Verantwortung hatte als zumutbar.

Wenn wir in einer Freistunde „jazzten", so hieß das, dass wir einfach gängige Hits intonierten, mehrstimmig und ohne Instrumente, einfach so mit den Sprechwerkzeugen. Wo der Text fehlte, sangen wir „bababa" oder „dididdi" oder „dubidubidu". Das hob die Laune und war wohltuend für die Psyche und das Zusammenleben.
In dem Zusammenhang muss auch einmal erwähnt werden, dass im Zug keiner in der Ecke saß und wischte und wischte vom Abfahrts-

bahnhof bis zur Endstation. Nicht weil wir besser gewesen wären als die heutige Jugend, sondern weil wir nichts zum Wischen hatten.
Stattdessen spielten wir Karten. Oder Quartett. Manche hatten ganz ausgefallene Quartettspiele, die sie für die Zugfahrt mitbrachten, über Automarken, Tiergattungen oder Tragödien und Komödien der klassischen Literatur, Opern, Komponisten, bedeutende Gestalten der Weltgeschichte usw.
Im Gegensatz zum Schafkopfen musste man beim Quartettspielen auch sprechen: „Hast du das und das?" Lessings Emilia Galotti, Grillparzers Sappho und Schillers Fiesko waren mir Begriffe, lange bevor ich wusste, was die Stücke thematisierten.
Die Schafkopfer begnügten sich ja in der Konversation mit einfachen Versatzstücken wie etwa „Schellsau" oder „Eichel is Trumpf" oder „Raus mit der Bumbl!"
Würde ich mir mal die Mühe machen und ausrechnen, wie viel Zeit ich in der Bahn verbrachte, um zur Schule hin und von der Schule heim zu fahren, so käme sicher eine erstaunliche Zahl heraus.
Überschlagsmäßig bei 40 Minuten pro Fahrt und 230 Schultagen im Jahr (Samstagsunterricht!) und 9 Schuljahren bringe ich 120 Tage heraus, volle Tage zu je 24 Stunden.
Herrschaftsseitn, was hätte man da lernen können in Wikipedia, wenn es das damals schon gegeben hätte.
Und um wie viel ärmer wäre man, würden diese fast dreitausend Stunden fehlen, geschenkte Zeit, während der man quatschte, blödelte, lachte, flirtete und lernte in jeder Hinsicht!
Wie viele unzählige Begegnungen im Leben hätte ich nicht gehabt, wenn ich nicht täglich mit der Bahn hätte fahren müssen!
Und wenn ich notierte „Auf der Heimfahrt ist nichts los", so bedeutet das nicht unbedingt, dass gar nichts los war.
Es war eben nur einfach wie immer, wie oben geschildert.

Die Neiderinnen und Neider, die einen kleinen Flirt argwöhnisch beäugten und zu sabotieren suchten, gab es auch. So erklärt sich meine Notiz „zwei schwarze Katzen auf einmal". Ich weiß natürlich, wer diese waren, werde mich aber hüten, das hier publik zu machen.
Wir waren ja alle unreif und unruhig und suchend und unausgegoren. Es könnte ja sein, dass die Dreiergruppe, bevor ich auftauchte, über mich geredet hatte, und wenn man die Kunst der Manipulation und des Ränkeschmiedens beherrscht, so ist es ein Leichtes, an eine sich anbahnende Beziehung die Lunte zu legen, so dass binnen

kürzester Zeit das schöne Kunstwerk, die Harmonie zwischen zwei Menschen, in die Luft fliegt.

Jedenfalls spürte ich die Veränderung, sonst wäre ich nicht so unglücklich im Bett gelegen, wie ich schreibe.

Ganz unbeleckt vom Fasching waren wir offenbar nicht, sonst hätten wir keine Kollektivstrafe bekommen. Die gute Lehrerin wusste sich offenbar nicht anders zu helfen, um mit einem Haufen von ausgelassenen Pubertierenden fertig zu werden.

Da ich meine Aufzeichnungen gelegentlich mit Bildern garniere, möchte ich in meinem heutigen Exkurs einmal über das Fotografieren vor 60 und mehr Jahren reflektieren.

Exkurs Nr. 11

Fotografieren – then & now

Knipsen, nur im Freien und bei schönem Wetter. Bewegen durfte man sich nicht. Man stellte sich hin, irgendwie gezwungen und steif, möglichst auf eine Wiese, vor eine blühende Hecke, ein Blumenbeet oder neben einen Baum, aber auch unter die Haustür, und der Fotograf, der seine Position in einem Abstand von drei bis fünf Metern einnahm, hielt sich die Box vor den Bauch, sah nach unten in den kleinen Sucher hinein und drückte dann mit dem rechten Daumen einen metallenen Hebel nach unten, wodurch der Verschluss ausgelöst und der Film belichtet wurde.

Eine sechzigstel Sekunde war das Normale, bei nicht so gutem Licht nahm man eine dreißigstel, aber da konnte es schon vorkommen, dass man ein verwackeltes Bild bekam.

Ohne diesen fast würfelförmigen Kasten, meine Agfa Box, die mein Vater irgendwann kurz nach der Währungsreform erstand, würde ich heute im Dunkeln tappen bezüglich meines Aussehens und meiner Erscheinungsform im Alter von neun bis neunzehn Jahren.

Es war eine richtige Kamera, eine Dunkelkammer mit den Ausmaßen sechs mal neun mal dreizehn Zentimeter, gerade so groß, dass der Film, ein sogenannter Rollfilm hineinpasste.

Dieser war auf einer Spule aufgewickelt und hatte eine Kapazität von zwölf Bildern.

Mithilfe eines seitlich an der Box angebrachten Knopfes musste man den Film aus Zelluloid nach dem Auslösen ein Stück weit auf die Gegenspule wickeln, bis in einem kleinen Fenster die Nummer des nächsten Bildes erschien.

Drehte man nicht weiter, so konnte man interessante Experimente mit Doppelbelichtungen machen. Aber das beherrschten nur die Profis wie einer meiner Cousins einer war.

Er machte ein paar solche Bilder von mir.

Es gab nur zwei Blenden, nämlich 8 und 11.

Letztere nahm man bei ganz wunderbarem Wetter.

Blende acht, wenn die Sonne lacht, war ein gängiger Merksatz.

Die Kamera hatte ein große Klappe, welche man öffnen musste, um die Filmspule einzulegen bzw. zu entnehmen, beides möglichst im Dunkeln, damit die Filmschicht nicht zerstört wurde.

Heikel war die Einführung des ein bisschen aus der Spule herausgezogenen Films in einen Schlitz der leeren Gegenspule.

Der straff gespannte Film musste sitzen, sonst klappte der Transport nicht. Erschien eine 1 im Fenster, dann konnte es losgehen.

Während die Fotografen der darauffolgenden Jahrzehnte als Leute erscheinen, die einen Apparat direkt vors Auge halten, um durch den Sucher zu gucken, während die heutigen mit hocherhobenen Händen ihre Digicam vor dem Gesicht haben, um auf den Monitor zu schauen oder gleich das Smartphone zücken, das gar nicht mehr aussieht wie ein Fotoapparat, präsentiert sich der Agfabox-Bediener der 1950er als einer mit gesenktem Kopf, der den Kasten direkt an den Bauch drückt.

Oft genug habe ich meinen Vater so erlebt.

Wenn man bedenkt, wie simpel die Technik war, so staunt man wirklich über die Ergebnisse.

Die gescannten Bilder, sofern nicht verwackelt, erscheinen auf meinem Laptop fast so gestochen scharf wie heutige Digitalbilder, allerdings nur in Schwarzweiß.
Farbfilme gab es noch nicht. Diese kamen erst mit dem 24x36 mm großen Kleinbildfilm, der dann auch die Diafilme mit sich brachte.
Nun passten 36 Bilder auf einen Film, das war eine ungeheure Menge, und man musste nicht mehr so genau überlegen, ob man knipsen sollte oder nicht. Die Alben füllten sich und wurden farbig und schon bald wurden die Schränke voll mit Dia-Magazinen.
Ganze Sammlungen bekommt man heute geschenkt, wenn sie nicht gleich weggeworfen werden oder irgendwo im Hobbyraum verstauben, bis die Erben alles entsorgen.
Wie viel Lebenszeit investiert!
Herumgerannt in ganz Europa und später auch Amerika von einer Sehenswürdigkeit zur anderen, mit einem unhandlichen Fotokoffer und mehreren Objektiven! Diafilme im Zehnerpack im Reisegepäck, gekauft in der Quelle oder bei der Huma oder im Kaufhof.
Zurück aus dem Urlaub, eingesandt die Ausbeute an die Firmen Kodak oder Perutz oder Fuji, am dritten Tage (oder auch erst nach einer Woche) wiederbekommen als gerahmte Dias oder auch nur als Streifen, die man zerschneiden und jedes Bildchen mühselig in ein Plastikrähmchen hineinfieseln musste.
Anfangs gelitten bei dem Zusammenpappen von zwei Glasplättchen, zwischen die das Diabildchen zu klemmen war.
Wehe, wenn ein bisschen Leim aufs Glas kam!
Sodann wurden die Dias sorgfältig und gewissenhaft in Plastikkästchen einsortiert. Immer wieder musste man nachkaufen, weil man nicht genügend davon hatte. Und ständig gab es neue Formen und Formate, so dass ich heute zwei Dutzend unterschiedliche Diamagazine im alten Schrank stehen habe.
Dann kaufte man einen Projektor, und weil es schon bald einen aufwendigeren gab mit Fernbedienung, noch einen, und irgendwann noch einen, und die liegen heute alle drei unbenützt in irgendeinem Kellerraum.
Sitzend zur Rechten der Onkel Hans und zur Linken die Oma und dichtgedrängt auf der Couch die anderen Verwandten samt Freunden und Kollegen, bei langen Abenden mit Wein und Salzletten und Knabbernüssen, führte man die Urlaubserinnerungen vor:

Das bin ich vor dem Kolosseum, das ist die Erni vor dem Eiffelturm, das sind wir beide am Abgrund des Grand Canyon, hier schwimme ich im Hotelpool in Playa de las Americas und hier reiten wir auf dem Elefanten im Dschungel von Phuket. Ach du liebe Zeit! Es ist unglaublich!

Naja, man muss das Beste daraus machen. Jede Zeit hat ihre Besonderheiten. Selbstverständlich schätze ich die einfache und unproblematische Verbreitung von Bildern, die heute möglich und üblich ist und möchte keinesfalls die Uhr zurückdrehen.

Dienstag, 14. Februar 1956

Wir haben heute keine Schule, nur Kino: „Nackter Amazonas" im Schloss. Es ist ganz gut.
Vorher blödeln wir im Bahnhof mit ein paar Mädchen.
Meine „Hör zu" bekomme ich jetzt schon Dienstagfrüh.
Um 9.53 fahren wir heim, erwischen den Zug gerade noch. Um 11 h sind wir daheim. Da ist gerade ein Herr vom Staubsauger da. Bietet mir auch eine Zigarette an. Es sieht noch nicht nach Fasching aus.
Es gibt Krautwickel, dann mache ich etwas Algebra.
Dann gehe ich mit Gerhard etwas zum Meyer, dann zum Linde, dann wieder zum Meyer. Gerhard zahlt alles. M. sehe ich leider nicht, da sie um 6 h heimfährt. Ich tanze ein paar Mal mit Vroni.

Abends bin ich zuhause, während Eltern mit Frl. Braun und einer anderen zum Bischoff gehen.
Ich denke an meine M. Da plötzlich gehe ich auch noch zum Bischoff, tanze, brauche keinen Pfennig Geld und bin kornblumenblau. Die Stimmung ist prima. Um 1 h gehe ich heim.

„Fohsnohcht", mit einem langen geschlossenen O wie in Rose oder Katzerkohter. So hieß dieser Tag, als wir Kinder waren.
Und es war nur ein Tag, ein einziger.
Undenkbar, dass die Narretei schon am 11. November begonnen hätte. Oder den ganzen Januar und halben Februar hindurch gedauert hätte. In Dettelsau schon gleich gar nicht.
Das einzige, was mir aus der Kindheit bezüglich dieses Festes im Jahresablauf im Gedächtnis geblieben ist, ist der Spruch
„Lustig ist die Fasenacht,
Wenn mei Mutter Küchle backt.
Wenn sie aber keine backt,
Dann sch... ich auf die Fasenacht."
Wobei das mit den Küchlein, genauer Kiechli, nicht ganz stimmt, denn meine Mutter buk eher Feuerspatzen am Faschingsdienstag.
Die Kiechli waren für die Kerwa reserviert.
Oder für Familienfeste wie Taufe, Konfirmation und Hochzeit.
Heute hat der Faschingskrapfen alles verdrängt.
 Nur er ist von all den Schmalzgebäckgenüssen übrig geblieben, die einem den Einstieg in die Fastenzeit versüßen sollten.
Einmal noch richtig geschlämmt, und dann war Schluss bis Ostern.
Was mich betrifft, so werde ich eines Tages enden wie der diabetische Greis James Möllendorpf in Thomas Manns Roman „Buddenbrooks", der, absolut süchtig nach süßem Gebäck, so lange heimlich Torte isst, bis er, aufgrund eines Schlaganfalls, das Zeitliche segnet, „den Mund noch voll halb zerkauten Kuchens".
Bei mir werden es, wenn man mich findet, keine Kuchenreste sein, sondern ein halber Faschingskrapfen.
Irgendwann in der Faschingswoche.
An diesen köstlichen, lockeren, zuckersüßen, jungfräulich duftenden (vorausgesetzt, sie sind nicht mit ranzigem Fett gebacken) Kugeln könnte ich mich nämlich dumm und dämlich essen.
Um die fränkische Variante dieser Köstlichkeit, die es auch als Tiroler, Wiener und sogar Tschechische gibt, richtig würdigen zu

können, muss man einen kleinen Ausflug in die Rhodologie, die Wissenschaft von den Rosen, unternehmen.
Der fränkische Krapfen ist nämlich nur echt, wenn er mit Hiffenmark gefüllt ist. Dieses heißt offiziell Hagebuttenkonfitüre und erscheint im Schwäbischen als Hägenmark und in der Schweiz als Buttenmost.
Die rostrote, süße, aromatische Masse wird aus Hagebutten, den Früchten der an Hecken (Hag) wachsenden Hundsrose (Rosa canina) gewonnen.
Ich brauche nur die Rezepte zu googeln, und schon läuft mir das Wasser im Mund zusammen, und ich bin versucht, auf der Stelle die Klappe zuzuhauen und mich aufzumachen, um mir aus dem benachbarten Bäckerladen noch ein paar zu holen.
In schwimmendem Fett werden sie goldgelb oder goldbraun ausgebacken.
Als der spaßigste Teil (beim Backen) wird in einem Rezept das Hineinspritzen der Marmelade - in jenem Fall ist von Marillen die Rede - aus der Marmeladentülle bezeichnet. Stimmt nicht.
Für mich ist der spaßigste, der geilste Moment immer das erste Hineinbeißen, wenn einem der Puderzucker vor der Nase herstäubt und das Hiffenmark über die Mundwinkel läuft und zwischen den Fingern rinnt.
Spaßig ist es natürlich auch, wenn mal einer mit Senf gefüllt ist.
Aber nur, wenn man zuschauen kann, wie ein anderer hineinbeißt.
In manchen Gegenden heißen sie Kreppel, in Berlin Pfannkuchen.
Insofern konnte meine Frau, als sie im zarten Teenie-Alter aus Brandenburg nach Franken kam, mit den Krapfen nichts anfangen.
Es war ihr erster Februar im Westen, anno 1957. „Frische Krapfen" war mit Kreide ans Schaufenster des Bäckerladens geschrieben. „Nanu, Karpfen im Bäckerladen, wie denn das? Und dann auch noch die Buchstaben verdreht!" Das waren so ihre Gedanken.
Die Franken haben ja ihre sprachlichen Besonderheiten. So wie sie im Herbst Tafeln vor den Höfen aufstellen, auf denen es heißt: „Kartoffel, neue Ernte, zu verkaufen", ganz so, als ob sie nur eine hätten.
Und weil wir schon bei den Ebbirn sind:
diese hielt, was den Klang betrifft, die kleine Brandenburgerin anfangs für Erdbeeren. Aber Spaß beiseite.

In Neuendettelsau haben sie alles ausgerottet, mit Stumpf und Stiel.
Den Karneval, wenn es je einen gab, den Fasching, die Fasnacht, die Gaudi, die Prinzengarde und die Funkenmariechen.
Man muss sich schon ein paar Kilometer südlich bemühen, um das pralle Leben zu finden.
Mitteleschenbach, Wolframs-Eschenbach, Ornbau, Dietfurt, da geht die Post ab, wie jeder weiß. Woran das liegt? Zum einen bestimmt an den Römern. Wenn die am Limes Wache schiebenden römischen Legionäre ihren von zu Hause gewohnten Karneval feiern und dabei gscheit über die Stränge hauen wollten, mit ein bisschen Ars Amanti und so, konnten sie nicht den weiten Weg bis nach Dettelsau auf sich nehmen. Im Mönchswald gab es auch schon schöne Barbarinnen, und an der Altmühl sowieso.

Das wird der eine Grund sein, dass sich hier keine Karnevalskultur entwickelt hat. Der andere ist der Löhe. Der Wilhelm Löhe.

Karneval und ein Pietismus Löhescher Prägung, das ist wie Feuer und Wasser. Das passt nicht zusammen. Ich vermute, dass aber schon vorher, als unsere Region von den Glaubensbrüdern aus dem Ländlein an der Enns, also aus Österreich, überflutet wurde, das Faschingstreiben, falls es jemals eines gab, zu Ende war.

Zu ernst waren die Zeiten und zu würdig diese Männer für Mummenschanz und Völlerei.

Außerdem waren die Dettelsauer laut Löhe viel zu geizig, um an gewissen, wenigen Tagen ihr Geld auf den Kopf zu hauen: „Eine Neuendettelsauer Ursünde könnte man die seit Jahrhunderten beklagte Habsucht und Lust am irdischen

Gut nennen. Arme und Reiche sind dieser Sünde untertänig. Dabei findet sich schier allenthalben Trägheit und Schmutz und ein bedauernswerter Mangel an Sinn und Lust für alles, was man im Leben schön nennen kann." (zitiert nach Adam Schuster „Aus tausend Jahren Neuendettelsauer Geschichte", Seite 122).

Bumms, da hammers. Karneval mit schönen Mädchen, schöner Verkleidung und schön geschmückten Wagen, von denen man das Geld mit vollen Händen herunterwirft, Fehlanzeige.
Es blieb nur die Kerwa.
Die war Löhe und den anderen frommen Männern des Rangaus, als da sind Friedrich Bauer und Heinrich Brandt, zwar auch ein Dorn im Auge, zumindest was die volkstümlichen Auswüchse betrifft, aber dagegen kamen sie nicht so leicht an.

Löhe fand einen gangbaren Weg, dem liederlichen Treiben wenigstens teilweise den Boden zu entziehen: die Auswanderung nach Amerika.
Den versoffenen Typen seines Dorfes musste es ermöglicht werden, in den Stand der Ehe zu treten. Dann war alles vorbei, nicht nur am Aschermittwoch, sondern für immer:
„Bei der männlichen Jugend stehen Trunk, Spiel, Tanz, nächtliches Geschrei und schier alle Sünden unter dem Regiment der Geschlechtslust. Daher hören alle Excesse auf, sobald ein Bursche in die Ehe tritt. Die Wildesten unter ihnen werden oft geradezu die Besten." (Schuster, a.a.O).
Ich frage jetzt ein bisschen verwegen: Hat der mich etwa schon gekannt, der Wilhelm Löhe?

Aber noch einmal Spaß beiseite, und zurück zu meinem TB-Eintrag vom 14. Februar 1956. Vom Valentinstag, dieser Erfindung der Blumenindustrie, war noch keine Rede, abgesehen davon, dass auch dieser Termin römische und katholische Wurzeln hat, also bei uns überhaupt nicht heimisch ist.
Faschingsferien?
Von wegen. Auch die Schi- und Tourismusindustrie hatte noch keine Lobbyarbeit bei den Politikern gemacht, um eine Woche Freizeit für die Kinder herauszuschinden. Am Aschermittwoch traten wir, wie man sieht, wieder brav zum Unterricht an.

Ein Zugeständnis an den Fastnachtsdienstag war der Kinobesuch statt regulären Unterrichts. Das war aber auch alles.
Dafür gehörte dem lasziven und vergnügungssüchtigen Alter Ego in mir der Nachmittag und die halbe Nacht. Von einem Wirtshaus ins andere, kann man sagen. „Derhamm sterbm die Leit" war ein gängiger Spruch, also zog man los.

Meyer war, wie schon oft erläutert, die Bahnhofswirtschaft, Linde hieß der Pächter auf dem Wirtshaus zum Stern, vulgo Deierla, also Deuerlein, heute Jeepster.
Meine guten Freunde wussten, dass ich als Schüler kaum Geld hatte, und zahlten oft für mich. Ich legte es aber nicht darauf an.
Die Allgäuer Frohnatur meines Vaters brach wohl immer wieder durch und drohte manchmal überhand zu nehmen, sehr zum Leidwesen meiner durch und durch fränkischen Mutter, die oft das Schlimmste befürchtete.
Aber die breite Diskussion zu Alkohol und Nikotin hatte noch nicht eingesetzt, beides gehörte zur Identitätsfindung eines jungen Mannes ein bisschen dazu, und so schlug sie mir auch nicht die Zigarette aus der Goschn (was sie eigentlich hätte tun sollen), als mir der Staugsaubervertreter eine anzündete.
Unvorstellbar, dass sie sich genau so verhalten hätte im Fall einer Tochter. Rauchende Mädchen – das wäre das Letzte gewesen.
„Eine deutsche Frrau rraucht nicht!" Das saß.
Wäre es schief gegangen mit mir, insbesondere in Bezug auf Alkohol, was ja fast immer eine schwere Hypothek bedeutet für den Beruf und die Familie, von der Gesundheit gar nicht zu reden, so würden sich diese TB-Einträge heute anders lesen.
„Musste ja so kommen", würde man sagen.
Und „Warum haben die nicht besser aufgepasst?"
Was ein Häkchen werden will, krümmt sich beizeiten.
Ich wollte keines werden, und strebe eher danach, alles was krumm ist gerade zu biegen, aber die Gefahren waren, wie man sieht, schon erheblich, Mitte der 1950er.
Wie schon einmal erwähnt: Hätte ich's nicht schriftlich, ich würde es nicht glauben.

Mittwoch, 15. Februar 1956

Ein ziemlich unangenehmes Gefühl im Magen. Im Zug ist nichts los. Es ist nicht sehr kalt und stäubt etwas Schnee. Im Augustiner sieht es aus wie in einem Schweinestall. Naja, wehe wenn sie losgelassen. Ich finde 5 HB. Dann wird aufgeräumt.
In der Turnstunde mache ich Algebra. Beim Krell komme ich mit ein paar Buchführungsfragen dran. Es geht ganz gut.
Er sagt, das wird mir gut tun. Um ¾ 12 fahre ich heim.
Um 12.55 höre ich wieder Les Paul. Dann mache ich Stereometrie, Physik, Englisch und sonstiges. Vater geht um 3 h fort.
Ich mache dann auch einen Spaziergang. Sehr viel AFN gehört.
Um ¾ 8 gehe ich in den Singkreis. Ich habe kein Instrument dabei.
Wir diskutieren über Jazz. Everything is all right. One little kiss.

"In unserer größten Not kam uns die katholische Pfarrgemeinde zu Hilfe; sie überließ uns einen Raum im Kellergeschoss des katholischen Arbeiterwohnheims."
Ich zitiere aus dem Jahresbericht des Schulleiters der ORA von 1955/56.
Von Schichtunterricht und Klagen der Eltern über die ungünstigen Unterrichtszeiten ist dort auch die Rede, und davon, dass „uns die Zimmer im Gebäude des Gymnasiums nicht mehr zur Verfügung standen".
Gemeint ist das ehrwürdige Carolinum, in dem meine Klasse ein Jahr zuvor oft unterrichtet worden war.
Wenn der Kellerraum in der Karolinenstraße zum katholischen Arbeiterwohnheim gehörte, so war uns das nicht bewusst.
Für uns war es der „Augustiner", weil eben oben die Speisegaststätte war, nicht direkt ein Wirtshaus, aber eben eine gastronomische Einrichtung.
Anzunehmen ist, dass die Schulleitung nicht schlafende Hunde wecken wollte. Man konnte es schließlich schlecht im Jahresbericht dokumentieren, dass Schüler im Keller eines Wirtshauses unterrichtet wurden.
Und wie es dort aussah, nachdem kurz zuvor Fasching gefeiert worden war, lässt sich mit einiger Fantasie leicht ausmalen. Meine Andeutungen im Tagebuch genügen.

Es wird den Feiernden, bevor sie sich gegen zwei oder gar drei Uhr auf den Heimweg machten, keiner gesagt haben, dass in dem Raum schon in wenigen Stunden Unterricht stattfinden würde.

Der Raum mit der niedrigen Decke war faschingsmäßig dekoriert, die Tische und Stühle waren durcheinander. Flaschen, Gläser, Aschenbecher, manches davon noch voll und halbvoll, waren nicht abgeräumt. Wie es roch, als wir am Aschermittwoch um dreiviertel acht dort ankamen, habe ich vergessen.

Nun stelle man sich mal vor, es hätte damals schon die sogenannten Helikoptereltern gegeben, die ihre Kinder bis an ihren Platz im Klassenzimmer geleitet!

Bei uns keine Reaktion. Keiner rannte aufs Direktorat und schlug Krawall. Wir packten an und räumten auf, so gut es ging.

Die fünf Zigaretten, die ich fand, entschädigten mich und versüßten mir den Tagesanfang.

Egal, wie emotionsgeladen das Thema Rauchen auch ist, möchte ich doch nicht darauf verzichten, über meine „Raucherkarriere", die von etwa 1955 (nach der Konfirmation) bis genau 1987 dauerte, zu reflektieren. Sehr intensiv war sie nie, abgesehen von ein paar Jahren als Twen.

Vor zweiunddreißig Jahren hörte ich schlagartig und total auf, weil mir eine schlimme Lungenentzündung vor Augen führte, wie grausam es wäre, den Erstickungstod zu erleiden, den ich 1964 bei meiner Großmutter (Nichtraucherin selbstverständlich) hautnah miterlebte. Dabei wurde mir auch bewusst, was für ein Geschenk meine Atmungsorgane sind, die Tag für Tag und Nacht für Nacht ohne Maulen und Murren ihre Arbeit verrichten, um mein Blut und mein Gehirn mit Sauerstoff zu versorgen.

Wenn diese ausfallen, bin ich erledigt.

Overstolz (ohne Filter), Roth-Händle (auch ohne Filter) Reval, Eckstein, Peter Stuyvesant („Der Duft der großen weiten Welt"), HB („Wer wird denn gleich in die Luft gehen? Greif lieber zur HB!"), das habe ich alles hinter mir.

Die HB mit Filter kamen erst ein bisschen später richtig in Mode.

„Eine Filterzigarette, die schmeckt", hieß es. Darin war involviert, dass Filterzigaretten normalerweise nicht schmecken, und dass das wahre, das gesunde Rauchen ungefiltert zu sein hat.

Und so fing es an. Bei mir. Ich erinnere mich, dass ich nach der Konfirmation immer wieder mal spazieren ging und heimlich an

irgendeinem Waldrand rauchte. Sitzend an einen Baum gelehnt, genoss ich die warme Sonne und die süße Ohnmacht, die den Körper überflutete, sobald ich den Rauch tief einsog. Bald rochen die Finger der rechten Hand und wurden gelb, aufklären tat einen keiner.
Die Wirtsstuben waren so rauchgeschwängert, dass man manchmal kaum die Hand vor den Augen sah.
Es tat dem Wohlbefinden keinen Abbruch.
Wer das nicht mochte oder nicht vertrug, war kein richtiger Mann.
Wenn wir Musik machten, gehörte die regelmäßige Zigarettenpause dazu.
Ging man etwas essen, so fand man nichts dabei, wenn einem der Tischnachbar gemütlich ins Schnitzel oder in die sauren Bratwürste hineinqualmte. Daheim wurde auch geraucht. In der Wohnung, nicht auf dem Balkon. Anfangs hatten wir ja gar keinen.
In späteren Jahren griff ich mehr und mehr zu Zigarren oder Zigarillos, und überwiegend nur als Feierabendgenuss, aber immerhin.
Fehlfarben in der Holzkiste! 50 Stück à 30 Pf.!
Wie die schon dufteten!
An Pfeifen versuchte ich mich auch. Es gab eine Zeit, da hatte ich acht Pfeifen. Lange, kurze, dicke, braune, schwarze, eine Meerschaumpfeife als kostbarstes Stück.
Aus meinen Aufzeichnungen von 1958 (von der England- und Schottlandtour mit meinem Freund):
„Dienstag, 15. August: nach dem Frühstück gehen wir in die schöne Stadt Edinburgh und laufen die ganze Prince Street entlang. Da der Regen nicht aufhört, gehen wir in den Kaufhäusern spazieren, wo leider alles Geld kostet, was wir doch kaum haben.
Um vier Uhr gehen wir heimwärts, essen Fish and Chips und rauchen Pfeife, die wir uns im Kaufhaus zugelegt haben. Mir wird nach zwei vollgestopften Pfeifenköpfen furchtbar übel und ich weiß nicht, ob ich leben oder sterben will. Wir fahren mit dem Bus zur Jugendherberge. Nach einem tüchtigen Abendessen (Milch, Brot und Margarine) rauche ich noch ein Pfeifchen und dann noch eines, um mich daran zu gewöhnen. Die Übelkeit wird zusehends besser.
Jetzt sitze ich hier, der Schweizer ist auch hier und englische Mädchen. Sie singen. Ein gemütlicher Abend."

Alles bestens, wie man sieht.
Man durfte nur nicht so zimperlich sein.

Ähnlich übel war es mir erst wieder etwa zehn Jahre später in Südtirol, wo ich mir eine Schachtel von ganz langen Zigarillos kaufte, solche mit Strohhalm. Was die Älpler können, schaffe ich auch. Das sind ja ganze Kerle, robust und kerngesund.
Lustig spielte die Musik auf einem Volksfest, und ich saß mit meiner Frau, meiner Mutter und der Schwiegermutter auf einer Bierbank und sang mit, aus vollem Hals „Wiehi ist die Welt so groß und weit und voller Sonnenschein…", trank und rauchte, bis mir beim „Heidiheidiheidoheihaheitralalalala" auf einmal eine Übelkeit hochkam, dass ich mich am liebsten ins Gras unter den Biertisch gelegt hätte. Einfach loslassen und weg! Möglichst ohne Schmerzen.

Les Paul erwähne ich mehrmals 1956. Der AFN brachte um die Mittagszeit immer ein paar von ihm gespielte Stücke, auf die ich ganz scharf war. Dieser 1915 geborene Gitarrist legte bei seinen Aufnahmen mehrere Spuren übereinander, so dass man meinte, es spielten drei oder vier Gitarren, eine Technik, die ich erst ab 1995 mit meinem Keyboard selber anwenden konnte. Bis zu acht Spuren kann man so bespielen, ganz alleine, und verschiedene Instrumente, Stimmen und Effekte zur Geltung bringen.
„Somewhere over the rainbow", von ihm gespielt, oder „How high the Moon", aufgenommen zusammen mit seiner Frau Mary Ford, vermitteln einen Eindruck von dieser Musik.
Die Gitarre hatte ich ja schon, nur so spielen wie diese Idole konnte ich noch nicht (und bekam es trotz vieler Übung natürlich auch nie hin). Aber das Radiohören und das Rumprobieren auf dem Saiteninstrument waren wertvolle Beschäftigungstherapien in jener problematischen Zeit der Pubertät.

Donnerstag, 16. Februar 1956

Die 1. Stunde ist heute wieder frei. Es ist kalt und schneit etwas. Die Bio-Ex bekommen wir heraus. Ich habe eine 2.
Dann schmarrt er vom Gehirn. Beim Gei bekommen wir die Erdkunde-Ex heraus. Bei ihm habe ich 2 minus.
In Deutsch besprechen wir die Scuderi. Ich komme auch dran, weiß es halbwegs.
Mittags scheint die Sonne draußen. Ein wunderschöner Wintertag.
Als ich heimkomme, gehe ich gleich etwas spazieren.

Go to Hartmann and fetch her pictures. The fun costs me 2 Mark.
Dann gehe ich in den Wörrleswald und über die Felder durch knöcheltiefen Schnee auf die Windsbacher Straße hinüber.
Dann mache ich Stereometrie und Englisch.
Abends will ich eigentlich in die Singstunde, but when my darling says, dass der Jugendkreis ins Schlittenfahren geht, gehen wir beide auch. Kein Jugendkreis weit und breit.
Nach zweimaliger Abfahrt auf dem Geichsenbuck begeben wir uns um 9 h bei minus 11 Grad auf den Heimweg.

"Un amant qui craint la neige, n'est point digne d'amour".

Eigentlich heißt es bei E.T. A. Hoffmann statt „la neige" „les voleurs", die Diebe.
Das Zitat stammt aus seiner Kriminalnovelle „Das Fräulein von Scuderi", eine Lektüre, die mir damals sehr gefiel.
Sie handelt von dem Pariser Goldschmied René Cardillac, der die von ihm verfertigten Schmuckstücke so sehr liebt, dass er sie seinen Kunden wieder abnimmt.
Und zwar auf grausame Weise: ist einer dieser jungen Männer auf dem Weg zu seiner Geliebten, um sie mit einer Kreation Cardillacs zu beschenken, so überfällt er ihn und bringt ihn durch einen Dolchstoß um. Eine ganze Serie solcher Mordfälle erschütterte das Paris des ausgehenden 17. Jahrhunderts.
In meinem Eintrag vom 12. Januar habe ich das sogenannte Cardillac-Syndrom erwähnt.
Spaßhaft ersetze ich „die Diebe" oder „Räuber" durch „den Schnee", weil auch ein Liebhaber, der den Schnee oder die Kälte fürchtet, nicht der Liebe wert ist.
Gemäß dem Eintrag muss es ein richtig schöner Wintertag gewesen sein, einer von denen, die man sich länger wünscht, mit viel Sonne und glitzernd weißer Landschaft.
Wo kann man so einen besser genießen als auf der richtigen Bettelhöhe, der Hochebene zwischen Dettelsau und Windsbach. Dort verliefen auch jahrelang unsere Langlaufloipen, als es noch echte Winter gab, nur eben in umgekehrter Richtung.
Vom Windsbacher Ziegelbuck aus, der dann volkstümlich in „Lehrerhügel" umbenannt wurde, weil so viele Gymnasiallehrer dort ihre Häuser bauten, schoben wir die schmalen Bretter oft quer feldein hinüber ins Löhedorf, das man schon von ferne ständig sah.

Man landete dann beim Besenbeck, wo es früher noch ein Stübchen gab, wo man etwas essen und trinken konnte.
Am 16. Februar 1956 war die Hubstraße mein Ausgangspunkt, aber ohne Ski, was bei dem tiefen Schnee sehr mühsam war.
Mein Spaziergang wird mich auch am sogenannten „Domblick" vorbeigeführt haben, das ist ein Punkt östlich des nach Wernsbach führenden Löheweges, wo die drei Kirchtürme unseres Ortes zu einer Domsilhouette zusammenfallen.
Aber diesen Punkt fand ich erst später heraus.

Im Fotogeschäft Hartmann, das im Eintrag erwähnt ist, ließ man Passbilder oder Porträts zum Verschenken machen. Da die Fotos etwas mit Pussiererei zu tun hatten, wich ich wieder aus ins Englische, damit die Eltern nichts damit anfangen konnten.
Von den Freuden des Winters auf dem Eis habe ich am 3. Februar ausführlich erzählt. Zum Schlittenfahren gibt es heute einen Exkurs.
Von Dettelsau aus geht es ja an allen Rändern mehr oder weniger steil bergab, so dass auch ein Rodelschlitten zu Weihnachten eine gute Investition war in eine glückliche Kindheit.
Am Geichsenbuck konnte man nach Geichsenhof hinunter rodeln. Dort tummelten sich an idealen Wintertagen die Kinder des oberen Dorfes. Die vom unteren Dorf waren am Weiher an der Wernsbacher Straße zu finden, an einem steilen Hang, der heute total verbuscht und bewaldet ist. Dort spielt meine im Exkurs erzählte Geschichte.
Ein leicht missglücktes Rodelabenteuer mit meiner späteren Frau möchte ich noch für die Nachwelt festhalten. Es war im zweiten Jahr unserer Freundschaft, als wir an einem schneereichen Winterabend den Entschluss fassten, nach Schlauersbach zu wandern, um Kindheitserinnerungen aufzufrischen, jeder seine eigenen. Sie hatte die Freuden des Rodelns in den 1940ern am Cabeler Berg in der Calauer Schweiz erlebt, einem kleinen hügeligen Gebiet südlich des Spreewaldes (alles wunderschön zu ergoogeln in Google Earth).

Und da wir beide es genossen, uns in endlosen Gesprächen in die Kindheit zurückzuversetzen, wollten wir diese Nostalgie durch praktische Erfahrungen hegen und pflegen.

Also marschierten wir los, seitlich der Schlauersbacher Straße am Mühlhof vorbei. Dort führt ein Weg direkt an einen großen Hang in der Nähe der Bachmühle. An hellen Tagen kann man von oben das ganze Rezattal bis Lichtenau überblicken.

Den Schlitten zogen wir einsamen Kinder an einer Schnur hinterher.

Es war aber nichts mit dem Rodeln, denn der Schnee war so tief, dass der Schlitten bockte, selbst an den steilsten Stellen. Wir saßen zu zweit darauf und ruckten und stießen mit den Füßen, dick eingepackt selbstverständlich, aber es ging nichts voran.

Schließlich begann es auch noch zu regnen und man roch buchstäblich den Warmlufteinbuch von Westen her.

Da tippelten wir wieder heim in jener sternlosen, warmen Nacht, die so ganz anders war als die oben erwähnte von 1956.

Bemerkenswert wäre nur noch, welche Fußmärsche wir in den 1950ern auf uns nahmen, nur um zu zweit allein zu sein.

Es gab kein kuscheliges Auto, in das man sich zum Quatschen und zu sonstigem setzen konnte.

Besser oder schlechter, das ist hier nicht die Frage. Es war anders, vor mehr als sechzig Jahren, und deswegen reflektiere ich darüber.

Exkurs Nr. 12

Wintervergnügen und Wendepunkte

Setzte starker Schneefall ein, so war Schlittenfahren angesagt, Rodeln, was aber bei uns kein Mensch sagte. Der Wirtsbuck und der Geichsenbuck, das waren die Orte, wo sich bei ausreichender Schneehöhe Dutzende von Kindern tummelten. Wurde es wieder kalt genug, so waren die Hänge schon bald vereist und für waghalsige Abfahrten geeignet. Sprungschanzen wurden gebaut, auf denen der Schlitten hochkatapultiert wurde. Wie oft landete man seitlich, schlug hart auf und kippte um, dass der Schnee stob.

„Wir fahren mal miteinander", sagte ein älterer Spielgefährte an der Gipfelstation des an der Straße nach Wernsbach gelegenen Wirts-

bucks, tat, als ob er sich hinter mich setzte, schubste mich an und stieg aus bzw. ab.
Hui, ging es dahin. Ich freute mich so, dass ich die Hände in die Höhe warf. Dann, an der steilsten Stelle, als der hölzerne Untersatz seine Höchstgeschwindigkeit erreicht hatte, kamen die Buckel, die Höcker und die von uns selber gebaute Sprungschanze.
Auf stieg der Schlitten wie von einer Feder abgeschnellt, schlug hart auf und war nicht mehr manövrierfähig.
Mein Sturz auf den verharschten, mit scharfkantigen Eisbrocken durchsetzten Schnee, mit dem Gesicht voran, bedeutete das Aus für meine vorderen Milchzähne.
Auf die Gosche gefallen. Buchstäblich. Die Katastrophe meines jungen Lebens. Meine Eltern, die mich zuhause inspizierten wie einen zu kaufenden Gaul, mussten Totalschaden konstatieren. Es war nichts mehr da, nur noch blutige Lücken.
Die Mundpartie war so verschoben und geschwollen, dass ich aussah wie ein von Dr. Frankenstein geschaffenes Monster.
„Etz schaust aus wie a alder Großvadder" meinte die Mama vorwurfsvoll.
Aber die Zeit heilt alle Wunden, und ein paar ausgeschlagene Zähne konnten die Verwegenheit heranwachsender Buben kaum dämpfen.
Schon bald tummelte ich mich wieder zusammen mit den anderen an den Hängen, manchmal auch mit dem Fahrrad auf dem Eis.
Dabei lädierte ich mir, als wir einmal auf einem Rad zu zweit bei großer Glätte herumkurvten, die zweiten Zähne, die gerade erst angewachsen waren. Ich vermute, dass sie deshalb so schief gerieten und ab 1953 vom Zahnarzt in einer langen, zwei Jahre dauernden Folterprozedur zurechtgebogen werden mussten.
Komisch, dass ich immer auf die Gosche fiel. Aber besser als auf die Nase oder auf den Bauch. Oder gar auf den Kopf.

Freitag, 17. Februar 1956

Früh stehen wir noch etwas im Ansbacher Bahnhof.
Die Stilla und die Karin hauen einfach nicht ab.
Ich gehe mit bis an die Promenade.
In der 1. Stunde schreiben wir Englischschulaufgabe. Gar nicht so schwer. Der Pfaff leiht mir ein Neues Testament, weil er denkt, ich

kann mir keins kaufen. Beim Gei hören wir drei Referate: über die Olympiade, die Wartburg und über Autorennen.
Die Sonne scheint. 2 Grad unter 0. Die Zeitung berichtet von einem Sturm auf der Sonne. Auf dem Heimweg sagt Gerhard, dass der Sch. gestorben ist. Zuhause mache ich Trigonometrie und höre AFN den ganzen Tag. Abends höre ich wieder Radio. Auch Rock around the clock und 16 tons. Am Mittwoch war der Film „Rampenlicht" und heute ist „Ich denke oft an Piroschka". Ich bin um 9 h im Bett.

Banalitäten, Banalitäten. An manchen Tagen war eben nichts los. Es kann nicht jeden Tag etwas Aufregendes passieren. Ich wollte mit ED1 alleine sein, und da waren zwei Freundinnen oder Mitschülerinnen, die das nicht kapierten. Wie sollten sie auch?
Meine Gedanken waren vielleicht andere als ihre. Das Hirn eines männlichen Teenies tickt mit Sicherheit in manchen Regionen, den entlegenen und nicht ohne weiteres zugänglichen zumindest, anders als das eines weiblichen, um nicht zu sagen, es ist anders gesteuert.
Aber mit solchen Thesen begebe ich mich aufs Glatteis.
Schuster, bleib bei deinen Leisten.
Und als Schuster, auch in des Wortes pejorativer Bedeutung, fühle ich mich in mancher Hinsicht, sei es handwerklich oder was die Psychologie angeht.

Eine Schulaufgabe, also ein schriftlicher Test, in den modernen Fremdsprachen war früher eine rein reproduzierende Übung.
Als Schüler war mir das nicht bewusst, aber heute sehe ich es ganz klar. Sie bestand ausnahmslos aus zwei Teilen: einem Diktat und einer Übersetzung.
In den klassischen Sprachen Griechisch und Latein war die Abfrage reduziert auf Übersetzungen, die es sowohl Hin als auch Her gab, also aus der Fremdsprache oder in die Fremdsprache.
Eigene Gedanken zu entwickeln, eigene Wege zu gehen, Meinungen zu äußern war schlichtweg nicht möglich. Punkt.

Zum Diktat:
Im Englischen wurde man anhand von Homophonen gepiesackt, deren es eine Unzahl gibt: air – heir, bear – bare, buy – by, made - maid, steal – steel, seas – seize – cease.
Manche Lehrer verstanden es, Diktate zu entwerfen, die zwar inhaltlich nicht viel hergaben, aber in denen einige solcher

gleichlautender Wörter enthalten waren, so dass man nur vom Sinn her auf die korrekte Schreibung schließen konnte.
Bei der Hin-Übersetzung wurden oft unzusammenhängende Sätze entworfen, um die Schüler an den Tücken der englischen Grammatik scheitern zu lassen:
Was machst du gerade? (What are you doing?)
Gestern haben wir einen Spaziergang gemacht. (Yesterday we went for a walk)
Morgen fahre ich nach Schottland. (Tomorrow I'll go to Scotland)
Kate ist nicht schön, aber sie singt sehr schön. (Kate is not beautiful, but she sings very beautifully)
Die Großmutter ist jünger als der Großvater, aber sie ist nicht so alt wie die Tante Emily.
(Grandma is younger than Grandpa, but she is not as old as Aunt Emily)

Das französische Diktat barg zahlreiche Fallen, allein wegen der männlichen und weiblichen Endungen: Schrieb man adoré oder adorée? Oder war es gar der Infinitiv „adorer"?
Intelligentere Lehrer entwarfen wenigstens bei der Übersetzung einen zusammenhängenden Text, also eine Geschichte oder Betrachtung, die sich am Text der letzten zwei oder drei Lektionen orientierte:
„Als die Pilgerväter in Amerika ankamen, mussten sie sich Blockhütten bauen. Die Indianer brachten ihnen bei (taught them how to), wie man Mais anbaut. Nach der Ernte feierten sie zusammen ein Erntedankfest und lobten Gott usw. usw."
Dass die indigenen Völker massenhaft massakriert und versklavt und durch das sinnlose Abschlachten der riesigen Büffelherden ihrer Lebensgrundlage beraubt wurden, davon stand nichts in den Englischbüchern.

Später kam die Nacherzählung hinzu, die noch 1973 Teil der Abiturprüfung war. Eine Erzählung oder eine Kurzgeschichte wurde zwei Mal vorgelesen und war dann vom Prüfling zu reproduzieren.
Wieder hatte er/sie sich mehr oder weniger streng an die Vorlage zu halten. Hätte er/sie einen anderen Verlauf konstruiert, so hätte man wegen mangelnden Hörverständnisses die Arbeit mit mangelhaft oder ungenügend bewerten müssen.

Wie man sieht, war Eigeninitiative nicht gefragt bzw. nicht erwünscht.

Dies änderte sich erst mit der Einführung der Textanalyse in den 1970ern. Nun wurde ein sachlicher oder aber ein literarischer Text zur Kommentierung oder Interpretation angeboten.

Jetzt erst konnte die Schülerin/der Schüler sich in der Fremdsprache frei äußern und lernte, selbstständig zu formulieren.

Zusammenfassend kann man sagen, dass dieses Prinzip, das im Deutschunterricht durch den Besinnungsaufsatz oder die Gedichtinterpretation durchaus zur Geltung kam, insgesamt vernachlässigt wurde in der Schule meiner Jugend. Die sogenannten Lernfächer wie Geschichte, Erdkunde, Biologie, das waren alles Gebiete, auf denen man an der Hand geführt, gegängelt und zum reinen Nachplappern erzogen wurde. Und auch in den Fremdsprachen bestand keine Möglichkeit, eigenes Terrain zu erforschen.

Hätte ich nicht schon sehr früh, ab dem vierzehnten Lebensjahr, privat englische Bücher gelesen, so wäre mein Englischlernen unvollständig gewesen.

Meine Reibereien mit dem Religionslehrer hörten einfach nicht auf. Wenn mir der saloppe Schülerspruch „Wenn alles schläft und einer spricht, nennt man das Ganze Unterricht", einfällt, dann ist es beim Gedanken an diesen Religionsunterricht.

Es war ein reines Dozieren. Gut gemeint, aber wenig effektiv.

Ethische Fragen wie etwa der richtige Umgang mit der Sexualität, das Aufarbeiten der Nazi-Diktatur, Euthanasie, Abtreibung, Schwulsein, Suchtprobleme u. dgl. wurden nicht angeschnitten, nie und nirgends. Das lag aber nicht unbedingt an den einzelnen Lehrern, sondern es war eben zeitgemäß.

Das Motto hieß „Lernen" und nicht etwa „Fragen stellen".

Letzteres taten erst die 1968er.

Aber da war ich schon raus aus dem rebellischen Alter.

Samstag, 18. Februar 1956

Immer noch miserabel kalt und hoher Schnee. Die Straßen sind jetzt sehr glatt. Die Schule ist wie immer. In Chemie und Latein ist es ziemlich langweilig und im Chemiezimmer eiskalt.
Der Mittagszug ist sehr voll. Zuhause ist gar nichts los.
Nur einen Mordsappetit habe ich zur Zeit.
Bis ich etwas Zeitung lese, ist es drei Uhr. Die Eltern sind fort.
Ich höre Radio und lese.
Das Gerücht vom toten Sch. ist nicht wahr.
Just when I look out of the window I see my girl walking past.
Down and after her, that's one. We have a nice walk and talk.
Dann fahre ich im Dorf herum. Es ist sehr kalt. Abends vespere ich richtig. Stadtwurst und Senf, da ich einen Mordshunger habe.
Um halb 8 gehen wir zu Familie J. die mich eingeladen haben, einmal mit der Zither und der Gitarre zu kommen.
Oskar spielt prima (Anm.: auch Zither) *und hat viel Humor.*
Er kommt mir ungefähr vor wie Günther Lüders.
Es gibt Wein und er zeigt uns seine Gemälde.
Von meiner Gitarre ist er ganz begeistert. Um viertel 12 heim.

Günther Lüders war ein damals 50 Jahre alter hanseatischer Schauspieler, den ich aus einigen Filmen kannte und mochte.
Wenn man einen Menschen einmal mit jemandem verglichen bzw. ihn oder sie jemandem zugeordnet hat, so kann man sich nur schwer wieder davon lösen.
So hatten wir einen Lehrer, der für mich der perfekte Hans Albers war. Die auch nach Ansbach pendelnde Ruth Leuwerik habe ich schon einmal erwähnt.
Dann gab es in Neuendettelsau noch eine junge Frau Mitte zwanzig, die mir vorkam wie Elisabeth die Zweite, die Königin von England.
Diese war im Juni 1953 gekrönt worden, und ich hatte sie als Teenie nur einmal gesehen, in einem Dokumentarfilm, der etwas von diesem Pomp and Circumstance auch in unser Dorf brachte, weil er später in den Sonnenlichtspielen gezeigt wurde.
Außerdem hatte ich ihre Stimme im Radio gehört.
Meine diesbezüglichen Kurznotizen vom 2. Juni 1953 lauten: „Früh Schule. Geschichte Vier. Musik Eins. Nachmittags Radio korcht (sic!). Krönung in England von Elisabeth II."

Das war kurz vor meinem dreizehnten Geburtstag, und ich hätte aufgrund meines Interesses am Zeitgeschehen vielleicht doch eine bessere Note in Geschichte verdient gehabt.

Wie ich für diese junge sympathische Frau - ich meine die britische Majestät - schwärmte, das kann ich gar nicht beschreiben.

Ich bin überzeugt, dass diese Gefühle mein Verhältnis zur englischen Sprache positiv beeinflussten und auch einen Anstoß darstellten für die große Reise von 1958 nach London und darüber hinaus.

Beim Lernen spielen ja solche Sympathien oder Antipathien eine große Rolle. Der Mensch lernt nur gut und willig, wenn er die Materie mit positiven Gefühlen verbinden kann.

Hasst er diese oder stimmt die Chemie mit einer Lehrkraft nicht, so kommt nichts Gescheites heraus.

Lustig ist auch noch, dass meine Elisabeth, die Neuendettelsauerin, mich einmal so magisch anzog, dass ich sie mit dem Fahrrad anfuhr, von hinten.

Das war aber lange vor der Krönung ihres Doubles in London.

Ich hatte gerade das Radfahren gelernt und war noch sehr unsicher, hatte aber auf dem leicht abschüssigen Rottlergässchen eine solche Geschwindigkeit entwickelt, dass ich vor zwei Frauen, die dort in eine Unterhaltung vertieft waren, nicht mehr bremsen konnte.

Ausweichen war auch kaum möglich, jedenfalls hielt ich wie in Trance auf die von mir Verehrte zu, die mir den Rücken zuwandte.

Zum Glück war ich noch ein kleines, leichtes Kerlchen, so dass nichts passierte. Aber ihre Schimpftirade habe ich nicht vergessen. Vom „Derrennen" sprach sie. „Du derrennst dich noch!"

Ihre Majestät! Ich leiste Abbitte.

Es tut mir leid. Es soll nicht mehr vorkommen.

Tatsächlich fahre ich seitdem, also seit etwa 73 Jahren unfallfrei Fahrrad. Bis auf die paar Mal, wo es mich runtergehaut hat, einmal 1985 im Altmühltal, wo ich kopfüber in einer weichen Wiese landete, zum Glück. Da hatte ich eine Kurve zu rasant genommen.

Und nicht zu vergessen die gefährlichste Situation, wo es Spitz auf Knopf war. Davon erzähle ich in einem kurzen Exkurs.

Weiße Stadtwurst mit scharfem Senf, das war eines meiner Lieblingsessen, da ich ein Halbstarker war. Es gab damals keine Diskussionen um Vegetariertum oder veganes Essverhalten. Man aß, was einem schmeckte, und schmecken tat es mir.

Die Dettelsauer Metzger produzierten erste Qualität, alles war frisch und wurde beim Einkauf in appetitliches Papier eingewickelt. Wurst in Plastik verpackt gab es nicht. Man wurde ja schon als Kind süchtig gemacht nach der Gelbwurst, wenn die Metzgerin eine köstlich duftende Scheibe herunterreichte mit den sattsam bekannten Worten: „Mohgst a weng a Worscht?"

Dann war da die Leberwurst, die man dick aufs Bauernbrot strich, ich allerdings ohne Butter. Es gab tatsächlich welche, die erst Butter draufschmierten und dann noch die Wurst.

Mettwurst ging auch noch, aber die mochte ich nicht so, viel lieber dagegen die Sächsische Bratwurst vom Henninger, zu der ich mir Zwiebelringe schnitt. Davon kaufte man gleich einen ganzen Ring.

Auch von der Stadtwurst, der einfachen, hellbraunen und von der Hausmacher, die kräftiger war.

Und wie gesagt, die weiße! Die hatte es mir eine Zeitlang angetan. Stadtworscht. Diese musste man kaufen, die Landworscht (oder soll man sagen Dorfworscht?) hatte man daheim vom eigenen Schlachten. Das waren nur Blut-, Brat- und Leberwürste, alles bäuerlich grob, rustikal, gesund, ohne Rückstände von Antibiotika.

Mir ist jedenfalls nicht in Erinnerung, das jemals eine Sau meiner Großeltern geimpft wurde.

Und auch für die Metzger jener Jahre, das waren in unserem Dorf der Henninger und der Bischoff (später Neukam), konnte man die Hand ins Feuer legen. Im oberen Dorf gab es noch den Reichertsmetzger, bei dem mein Vater meistens unser Fleisch kaufte, auch Innereien wie Leber oder Nieren oder Herz oder Lunge.

Lunge gab es daheim sauer, Herz oder Leber mit Ebbirnstopfer.

Die Wurst fürs Vesper auf der Arbeit holte man oft in der Bahnhofswirtschaft, wo sie auch selber schlachteten.

Presssack mit Musik machte mein Vater gern. Essig und Zwiebelringe waren die Zutaten. Sollte es besonders nahrhaft sein, so schnitt er noch Backsteinkäse (Baggschdahkäs) oder Emmentaler in Würfel, die das Kraut gar fett machten.

Aber jetzt muss ich das Thema beenden, sonst bekomme ich Hunger, einen Heißhunger auf ein richtiges Wurstbrot.

Exkurs Nr. 13

Die gerade noch gekriegte Kurve

Ein eigenes Fahrrad hatte ich als Zehnjähriger noch nicht. Das Fahrrad des Vaters oder der Mutter war ein widerspenstiger alter schwarzer Bock, mit nur einem Gang und einer schlecht funktionierenden Handbremse.
Man musste sich voll auf den Rücktritt verlassen.
Im August 1950, da war ich zehn und so dünn und zart, dass man aus meinem heutigen Körper leicht drei von der Sorte machen könnte, radelte ich mit einem solchen Drahtesel in Begleitung meines Vaters von Franken ins Allgäu, um dort seine Mutter, meine geliebte Großmutter, zu besuchen.
180 km in zwei Tagen. Radwege gab es nicht. Die großen überregionalen Bundesstraßen waren fast leer. Risikoloses Genussradeln, wo man heute Todesängste ausstehen würde.
Die gefährlichste Situation ergab sich irgendwo zwischen Altmühl- und Donautal, die Einfahrt in ein Dorf, das am Ende einer langen Gefällstrecke lag. Durch viele Anstiege mit Schieben („Wer sein Rad liebt, der schiebt", so lauteten die höhnischen Kommentare mancher Beobachter, die einem bergab entgegenkamen) in Rage gebracht, genoss ich die kilometerlange Abfahrt und ließ mir den heißen Sommerwind um die Ohren wehen.
Ich hätte jauchzen mögen vor unbändiger Lust.
Doch „Wer weiß, wie nahe mir mein Ende!"

Dieses Gemälde von Erwin Stünzendörfer findet sich an der Wand eines Hauses in Neuses bei Windsbach.
So fuhr auch mein Großvater aufs Feld.

In einer unübersichtlichen Rechtskurve stellte sich plötzlich ein Hindernis in Gestalt eines landwirtschaftlichen Gespanns in den Weg, mir entgegenkommend. Ein Bäuerlein hatte, wie es damals der Brauch war, seine Kühe eingespannt, um aufs Feld zu fahren.
Es ging um Zentimeter. Durch den Schwung, den ich noch hatte, weit in die Straßenmitte hineingetragen, flog ich haarscharf am linken Horn der sogenannten Leitkuh vorbei.
Mein Vater war um einiges voraus, er hatte nichts mitbekommen.
Ich habe es ihm nie erzählt.

Sonntag, 19. Februar 1956

Um viertel 11 stehe ich auf, wasche mich und ziehe mich an. Es hat etwas Neuschnee gegeben über Nacht und weht heute.
Nach dem Mittagessen gehe ich zu Karlheinz, um ihm zu sagen, dass er heute mit Käthe ins Kino gehen soll. Er ist aber schifahren.
Um halb drei gehe ich ans Kino. ED1 kommt nicht. Sie hat gesagt, sie geht erst zu ihrer Schwester, kommt dann aber bestimmt ans Kino. Ich bin ganz verzweifelt. 1,40 DM beim Teufel.
Der Film „Ich denke oft an Piroschka" ist zwar ganz gut, aber ich kann ihn einfach nicht genießen.
Vielleicht kann sie gar nichts dafür, dass sie nicht kommen konnte.
Ich jedenfalls bin sehr trübsinnig.
Wenn ich dieses Mädchen verliere, dann schau ich keine mehr an.
Nach dem Kino gehe ich heim zum Kaffetrinken, dann an den Bahnhof und zum Meyer. Er hat jetzt einen Fernsehapparat, aber die Musikbox geht nicht, und als manche sehr laut einen Sängerwettstreit veranstalten, gehe ich mit Helmut, ohne einen Tropfen getrunken zu haben, heim.
Dort bin ich dann allein mit meinen Gedanken.
An Mama verkaufe ich die „gefundene" Kinokarte.
Sie geht aber heute nicht. Von 8 bis 9 spiele ich mit Gerhard Mühle.
Dann gehen wir wieder zum Meyer.
Schauen bloß hinein. Der Fernseher läuft. Am Bahnhof ist nichts los.
Ich hab den Verdacht, dass sie überhaupt nicht da war.
Um halb 10 im Bett.

„Allerhand, allerhand, sie ging fort und verschwand, und ich fand, und ich fand sie so nett…"
Ich weiß nicht mehr, wer in einem albernen Schlager jener Jahre so trällerte.
Fakt war hier, dass sie gar nicht erst auftauchte.
Ein frustrierender Sonntag. Enttäuschend durch den krassen Kontrast zwischen der entzückenden Liebesgeschichte auf der Leinwand und der harten winterlichen Realität draußen im richtigen Leben.
Dass eine einen versetzte, kam öfter vor. Bei Tanzveranstaltungen, im Übermut und in Euphorie, vereinbarte frau mit so manchem, mit dem sie harmonisch gesteppt hatte, sich in den nächsten Tagen dort oder dort zu treffen, ganz bestimmt.
Ich wartete eine Viertelstunde, eine halbe Stunde, auch schon mal 40 Minuten, bis mir schwante, dass da nichts laufen würde.
Diese Ungewissheit können die Teenies von heute nicht nachvollziehen, weil die heiß Ersehnte jederzeit mittels Anruf oder SMS mitteilen kann: „Komme eine Stunde später" oder „Bin leider verhindert."
Mir fiel es eigentlich nicht ein, eine zum Narren zu halten, Nie.
Wenn ich ein Rendezvous vereinbart hatte, dann war ich da.
Möglichst pünktlich. Aber manche nahmen das einfach auf die leichte Schulter. Vielleicht trauten sie sich schon im Moment der Vereinbarung nicht nein zu sagen und dachten „Ich denk ja gar nicht dran! Der interessiert mich nicht!"
Nun, im vorliegenden Fall, einem von etwa einem halben Dutzend, die ich erlebte, wird es anders gewesen sein.
Solche oberflächlichen Beziehungen starben oft einen langsamen Tod. Es musste ja nicht immer der große Krach sein, bei dem die Fetzen fliegen.
So habe ich es sowieso nie erlebt, und zwar deswegen, weil ich nicht streiten konnte. Meine Mutter erzählte mir, ich hätte als Kind einmal gesagt „Wenn meine Frau mit mir streitet (bzw. streiten will), dann streite ich einfach nicht mit." Wahrscheinlich hatte ich da gerade Anschauungsunterricht erteilt bekommen, von wem auch immer.
Ich suchte also nach Entschuldigungen und Erklärungen und wurde vor lauter Grübeln ganz trübsinnig.
Eventuell war beim Schreiben aber doch schon ein bisschen Ironie dabei, denn der Entschluss, schon mit fünfzehn nie mehr eine „anzuschauen", hört sich recht abenteuerlich an.
Solches Verhalten lernte man in den Büchern und Filmen.

Die fehlenden Kommunikationsmöglichkeiten schufen auch die Figur des Liebesboten, des Überbringers einer geheimen Nachricht, eines "billet doux", jemand solle sich mit jemand treffen.
So jedenfalls der Auftrag einer gewissen „Käthe", an die ich keinerlei Erinnerung mehr habe.
Wie man sieht, war ich an jenem Sonntag nicht allein mit meiner Enttäuschung. Wut über die umsonst gekaufte Kinokarte kam hinzu.
Und weil das Poussieren so gut wie verboten war, musste ich noch die Geschichte erfinden, ich hätte die Karte gefunden.
So drehte ich sie der Mama an.
Ich bitte um Vergebung für diese Notlüge, die zwar nicht nötig war, aber mir die ausgegebenen anderthalb Mark wieder in die Kasse brachte.
Im Film lief das alles ganz anders. An jenem Sonntag konnte ich ihn nicht recht genießen, wie notiert ist, aber später, nachdem ich ihn mir mehrmals reinzog, war ich mit jedem Mal verliebter in dieses süße Geschöpf von der ungarischen Puszta.
Die Pulver war genau der richtige Typ für so eine hinreißende, sich naiv gebende, aber schon mit allen Wassern gewaschene Siebzehnjährige. Wie man sieht, war sie, die Piroschka, auch kein Unschuldsengel, wenn es darum ging, die Eltern auszuschmieren.
Um ihr Ziel, das für immer in den Westen zu verschwinden droht, zu erreichen, „macht sie Signal", d. h. bringt den Fernzug auf offener Strecke zum Stopp.
Die ausgeblendete nächtliche Liebesszene am Bahndamm (Er: „Piri, ich liebe dich!", sie „Das darf man doch nicht sagen, Andi. Tun muss man das!") beschäftigte natürlich meine pubertierende Fantasie, zumal da ein weibliches Verhalten durchschimmerte, das es, bei uns zumindest, in der Realität kaum gab. Die Initiative in der westlichen Kultur ging immer und ausnahmslos von den Männern aus.
Dieses Schema prägt die gesamte abendländische Literatur schon seit dem Minnesang. Der Mann wirbt, und die Frau genießt seine Verrenkungen, lächelt und schweigt dazu.
Die Erfüllung bleibt versagt. Punkt.
Walther von der Vogelweide war einer der wenigen, die es sich andersrum ausmalen konnten, wenn er in seinem Lied „Unter der Linden" das Mädchen singen lässt von dem Bett im Grünen, wo man die Blumen und das Gras gebrochen findet – sie lacht und schwelgt in Erinnerungen - und dass ihr Liebster sie tausendmal küsste, und dass man doch sehen solle, wie rot ihr davon noch der Mund sei, und

dass niemand davon wüsste, nur ein kleines Vöglein, aber das wird bestimmt verschwiegen sein.
Das war eben die „niedere Minne", Genuss pur für beide, und dazu brauchte es im höfischen Zeitalter ein Bauernmädchen.
Wie man sieht, ist Hugo Hartung mit seinem Roman gar nicht so weit entfernt von diesem literarischen Klischee. Die Piroschka, barfuß als Gänsemagd in einem weit abgelegenen Dorf mit einem unaussprechlich langen Namen, so bleibt sie dem deutschen Studenten, den sie am Bahndamm verführt, während die Lokomotive keuchend vor sich hin dampft, in Erinnerung, eine süße Begegnung, die immer süß und siebzehn bleiben wird, weil sie keine Zukunft hat. So kitschig das sein mag, mir gefallen sowohl die literarische Vorlage als auch der 1955 gedrehte Film, und die schauspielerische Leistung von Liselotte Pulver und Gunnar Möller bleibt sowieso unbestritten.

Der Fernseher beim Meyer war neu. In meinen Aufzeichnungen vom Januar ist davon noch nicht die Rede. Das Gerät störte und verstörte, wie man sieht. Zwischen den Zeilen lese ich aus meinem Tagebucheintrag vom 19. Februar eine klammheimliche Wut heraus. Eine Ära ging zu Ende. Vorbei war es mit der geselligen Unterhaltung im Wirtshaus. Von nun an dominierte das Geschehen auf der Mattscheibe eines kleinen Flimmerkastens alles, was in der warmen Wirtsstube passierte. Du hattest nicht mehr die Aufmerksamkeit deines Tischnachbarn, wenn du etwas erzählen wolltest. Sein Blick hing an dem Ding hoch oben in der Ecke, seine Ohren waren bei dem Tingeltangel, das von dort herunterkam oder –dudelte.
Berieselung war nun angesagt. Die Musikbox, zu der man wenigstens noch tanzen oder mitsingen konnte, hatte zu schweigen.
Der Gesang der wenigen Missvergnügten war womöglich ein Protest gegen die Flimmerkiste.
Auch sie konnten sich vielleicht nicht ohne weiteres damit abfinden, dass eine neue Zeit angebrochen war.
Wie sehr die „Glotze" die Gesellschaft veränderte, sieht man am Phänomen der sogenannten „Straßenfeger", das damals nicht mehr lange auf sich warten ließ.
Heute sind wir noch ein paar Schritte weiter. Wer unterwegs ist als Gast in der Kneipe oder im Café, aber auch im öffentlichen Verkehrsraum, hat seine Augen und Ohren oft im Internet, selbst in der Dunkelheit, wie ich schon beobachtet habe.

Montag, 20. Februar 1956

Stehe um halb 9 auf. Mache Aufgabe. Draußen kalt und leichter Schneefall. Schulfahrt wie immer. Während Physik werden wir untersucht. Nichts beanstandet, nur die Haltung. Dann nur noch eine Stunde Physik.
I go the station. She comes soon. She thinks I'm angry. She assures her love. At the end everything is all right. She is no more allowed to come Sunday: but love stays.

Drei Jahre zurück:
43 gescannte Seiten umfasst mein Tagebuch von 1953, eine Seite für jede Woche. Etwas weniger als 52 (bei 52 Wochen) deshalb, weil ich erst am 19. März zu schreiben begann.
Außerdem sind es, im Gegensatz zum Diary 1956, nur kurze Notizen zu Ereignissen, Orten und Begegnungen, mit Absicht in derbstem Fränkisch verfasst, zuweilen auch in absichtlich falscher Orthografie, damit Außenstehende wenig damit anfangen können.
Interessant ist aber das eine wie das andere. Nichts Weltbewegendes zwar, weil ein Dreizehnjähriger auf einem Bauerndorf in der fernseh- und www-losen Zeit erstens nicht so viel erfuhr aus der großen weiten Welt, und zweitens, weil ich mich ja in keiner Weise abhob von Millionen anderen Teenies in Europa.
Es wäre aber interessant zu wissen, wie viele bzw. wie wenige damals aufschrieben, was sie erlebten.
Die Daten von 1953 ergänzen und bestätigen vieles von dem, was dann 1956 ausführlich festgehalten ist. Gescannt habe ich sie deshalb, damit ich schneller darauf zugreifen kann.
So wird meine Behauptung vom 18. Februar, dass ich der Krönung der Königin von England beiwohnte, bestätigt durch den Eintrag vom 8. November 1953, einem Sonntag: „Früh in Kerch. Namidoch in Film: A Queen is crowned. Dann zittert. Buchausstellung."
Montag, 9. November: „Früh Scholl. Namidoch Konfers. Dann zittert, sunst nix."
Die, 10. November: „Früh bo Badi gschlacht. Bo Zanarzt und Frau Schuster. Namidoch Scholl.
Von Jugh. Allweil de deppeten Rodforer.
Ammon neichis Rod. Film: Der Rächer."
Die Wochentage sind gegeneinander verschoben, weil ich ein Tagesmerkbuch der Nürnberger Firma Pfister und Langhanss,

Sanitärausstattung, von 1951 verwendete, das mir mein Vater geschenkt hatte.

Wir machen uns ja heute keine Vorstellung, wie bescheiden alles war und dass ich 1953 nicht so einfach ein schönes leeres Tagebuch kaufen konnte.

Auch das Schreibmaterial war relativ teuer. Ein alter Bleistift musste es tun. Wer die Klaue, also die schlechte Schrift, bemängelt, sollte bedenken, dass ich oft in der halben Dunkelheit, in meinem Bett, noch etwas kritzelte, bevor ich mein Nachtgebet sprach.

Manche Seiten von 1953 sind inzwischen fast unleserlich, weil der Bleistift allmählich verblasst.

Zeit also, sie zu konservieren, bevor das alles verloren ist.

Zur Übersetzung und Erläuterung der obigen Einträge: „Zittert heißt „Zither gespielt".

Am Montag war früh, also am Vormittag, Schule, am Nachmittag Konfirmandenunterricht („Konfers" im Löhehaus).

Am Dienstag wurde bei der Patin geschlachtet, außerdem war ich beim Zahnarzt und bei Frau Schuster. Am Nachmittag hatte ich, wegen der Raumnot an der ORA, Unterricht in Ansbach.

Ich ging 1953 in die 4. alias 8. Klasse.

Vom Jugendheim an der Promenade (neben dem Amtsgericht) holte ich mir regelmäßig Lektüre. Das Buch hieß „Immer die dämlichen Radfahrer" oder so ähnlich.

Ammon (Hermann?) hatte ein neues Rad bekommen, vermerkte ich noch, und dass im Kino der Film „Der Rächer" gezeigt wurde.

Jetzt kommt die Verknüpfung zu 1956.

Weil wir am 20. Februar anno 56 vom Schularzt untersucht wurden, spreche ich das Thema Gesundheit oder physische Verfassung an:

Ich war am 15. April 1953 152 cm groß (bzw. klein) und wog 45 kg.

Für den 8. September 1953 sind eingetragen ein Meter sechsundfünfzig und 48 Kilogramm.

Drei Kilo Gewichtszunahme in fünf Monaten. Das war ganz schön schnell. Kein Wunder, dass ich heute zu viel auf die Waage bringe.

Wäre es aber in jenem Tempo weitergegangen, so müssten sie mich mit dem Kran aus dem Haus heben, falls ich mal ins Krankenhaus müsste.

1956 habe ich keine Messdaten festgehalten.

„Schlechte Haltung" bemängelte der Amtsarzt. Das tat er eigentlich jedes Jahr, wie ich mich erinnere. Genau so, wie er immer in die Unterhose hineinguckte, von vorn.
Er zog den Gummi ein bisschen ab, und dann musste Mann husten.
Ich nehme an, dass er dabei irgendwelche Reflexe prüfte.
Als wir in der Oberstufe waren, klärte er uns auf.
Das ging so: Er trat vor die Klasse, räusperte sich mehrmals und wurde puterrot. Dann fing er an, sehr bruchstückhaft und verlegen von „Geschlächtsverkehr" zu reden, um uns am Schluss eindringlich zu warnen: wir sollten uns in acht nehmen vor „Geschlächtskrankheiten".
Zwei Minuten dauerte das Ganze schätzungsweise.
Wer, wie, was, wann, wo, womit? Komisch, dass auch keiner von uns fragte.
Wir waren eben doch absolut brave und gefügige Burschen.
Klar, dass da später Oswald Kolle in die Bresche springen bzw. beim Stopfen der Wissenslücken helfen musste.

Dienstag, 21. Februar 1956

Die Kälte hat meiner Ansicht nach etwas nachgelassen heute.
Im Zimmer 1 machen wir für den Gei eine Gliederung über die Scuderi. In Geschichte komme nur ich dran.
In Deutsch bekommen wir zwei Referate vorgesetzt über den amerikanischen Unabhängigkeitskrieg.
Dann gibt er die 3. Hausaufgabe auf: eine literarische Facharbeit.
„Wie steigert der Dichter Hoffmann in der Scuderi die Spannung?"
Auf der Heimfahrt nichts los. Nachmittags mache ich Aufgaben und horche Radio. In Jamboree 16 tons. Dann spiele ich etwas Zither.
Später von 5 bis 6 Uhr mit Helmut Guitar. Am 1. Mai haben wir eine Herrenparty vor mit Instrumenten. Abends ist nicht viel los.
Ich lese „Hör zu" und höre Radio. Father has worked all day and is very homely. Um 7 Uhr hole ich die Milch und gehe um viertel 9 h bereits ins Bett. Es läuft der Film „Der Fall Mauritius".

Bin mal gespannt, wann der Tag kommt, an dem es absolut nichts zu berichten gibt bzw. mir die Luft ausgeht.
Oder ich keine Einfälle mehr habe.

Das ist in diesen vegetationslosen Februartagen schon fast der Fall, wo nichts blüht, kein Baum, kein Strauch, keine Blume, nicht einmal die Fantasie. Aber es sollte sich wieder ändern spätestens, wenn im Mai eine neue Liebe neues Leben bedeutet oder wenn ich im Sommer 1956 den Griffel für die Schultafel aus der Hand lege und zur Schaufel greife, um draußen in der Muna die Augustana zu bauen.
Nicht alleine, du lieber Gott, nein, mit zahlreichen Handwerkern als da sind Maurer, Fliesenleger, Sanitärfacharbeiter, Zimmerleute usw.

Also: Wie steigert der Dichter E. T. A. Hoffmann in seiner Erzählung „Das Fräulein von Scuderi" die Spannung?"
So lautete das Thema des Hausaufsatzes vom 21. Februar.
Wie steigere ich jetzt…? Wird es mir gelingen, ein paar Leserinnen und Leser bei der Stange zu halten bis zum Jahresende?

Ich staune ja jeden Tag über diese wunderbaren Erfindungen, die mir das Verarbeiten meiner Erinnerungen so leicht machen:
PC, Windows, Word, Suchmaschine, Scanner, Digicam, Datenkomprimierung etc. etc.
Als ich – das ist erst gute fünfundzwanzig Jahre her – noch auf meiner Gabriele meine Finger tanzen ließ, war das ein Kreuz.
Dabei war die von 1993 schon elektrisch und nicht zu vergleichen mit der mechanischen von 1959, die ich mit meinen studentischen Ergüssen beglückte. Ein Lottogewinn, ein Fünfer, hatte es mir ermöglicht, diese, meine erste Schreibmaschine, eine Triumph Gabriele anzuschaffen. Trotzdem war es ein Elend, mit beiden.
Papier einspannen, zwei Blätter mit einem Kohlepapier dazwischen, wenn ich einen Durchschlag für mich brauchte, eine Matrize (woher nehmen und nicht stehlen?), wenn ich von Berufs wegen bis zu 40 Kopien herstellen musste, hart aufschlagen beim Tippen, zumindest bei der mechanischen, am Ende jeder Zeile mit der linken Hand – ratschbums – den Wagen wieder nach rechts schieben, Tipp-Ex parat haben zum Ausbessern, wenn ich, was ständig passierte, die Wechstaben verbuxelt hatte, zum Schluss das Blatt aus der Maschine drehen, durchlesen, noch ein paar lustige oder auch gar nicht lustige Fehler entdeckt, das Blatt zerrissen und das Ganze da capo.
Dann war das Farbband hinüber und gab nichts mehr her, das Getippte erschien so blass wie eine Sekretärin wenige Tage vor ihrem Abflug nach Mallorca, also musste man warten, bis zum

nächsten Tag, um im Schreibwarengeschäft ein neues Band zu kaufen.
Von der Formatierung will ich erst gar nicht reden, genauso wenig wie von der fehlenden Möglichkeit, bei einem mehrere Dutzend Seiten umfassenden Schriftstück schnell eine bestimmte Stelle zu finden.
Heute gebe ich das Wort ein, zu dem ich etwas suche, und, schwuppsdiwupps, habe ich, was ich brauche.
Ich möchte zum Beispiel zurückgreifen auf den Schularzt oder auf die Bahnhofswirtschaft oder auf die Ziegenmilch, weil da irgendwas war, was ich nicht mehr genau weiß.
Was mache ich? Einfach den Suchbegriff eingeben, und schon erscheint dieser fett vor meinen müden Augen.
In die Hose gehen kann es allerdings auch, wenn man sich als Online-Autor versucht. Vor ein paar Jahren postete ich bei einem „Sozialen Netzwerk", das angeblich für „reife Menschen" offen ist, eine Fortsetzungsgeschichte unter dem Titel „Blonder Flaum und blaue Finger", in der ich meine pubertären amourösen Erkundungen literarisch verarbeitete. Das ging über siebzig Folgen hinweg gut, zeitweise sogar sehr gut mit bis zu zwanzig überschwänglichen Kommentaren pro Häppchen.
Am Ende aber wehte mir ein Shitstorm um die Ohren, der mir lange das Schreiben total verleidete. Was genau passierte, muss ich bei anderer Gelegenheit erzählen, möglichst wahrheitsgetreu natürlich anhand meiner gespeicherten Beiträge.
So etwas fängt mit Kleinigkeiten an.
Anlässlich einer Darmspiegelung zum Beispiel, die ich damals über mich ergehen lassen musste, und die ich in einem Artikel auf jener „Plattform" humorvoll schilderte, schrieb ich scherzhaft vom „Dermatologen" als einem, der für die „Därm" zuständig sei.
Prompt wies mich eine Dame, eine von den „reiferen", darauf hin, dass die Dermatologie keineswegs mit der Verdauung zu tun hätte, sondern mit der Haut. Was ich für ein Ignorant sei!
Na so was! Frau Oberlehrerin persönlich!
Verbissen und ohne Humor.
Mit Gegenkommentaren war ihr und auch einigen anderen, die sich über etwas anderes aufregten, nicht beizukommen, wie das im Internet so ist, weil man schlecht rüberbringen kann, wie gut man es meint und wie freundlich man bei alledem ist, also schrieb ich neue Geschichten, in denen die Betreffenden, ein bisschen verfremdet und

verschlüsselt, mit dem mir eigenen Humor, aufs Korn genommen wurden.
Was soll ich sagen?
Am Schluss war da nur noch Hass, blanker Hass.
Bei einem Shitstorm läuft es wie bei einer Massenkeilerei.
Immer mehr Leute laufen herbei und prügeln mit, obwohl sie gar nicht wissen, was die Ursache der Prügelei ist und wo sie hinführen soll. Und je mehr du dich wehrst, umso heftiger wirst du verdroschen, weil, wie bei einer Kernspaltung, alles zertrümmert wird auf Teufel komm raus.
Da hilft dann nur noch aussteigen.
Lese ich manche dieser vom Hass diktierten Kommentare gegen mich - falsch, gegen meinen Nick, unter dem ich auf jener Plattform schrieb und postete - so kommt mir heute noch die Galle hoch.

Wie anders kann es doch gehen!
So wurde ich gestern (Anm.: am 20. Februar 2016) von einer lieben Leserin in einer PN mit viel Humor darauf hingewiesen, dass der Schularzt keineswegs irgendwelche Reflexe prüfen wollte, sondern nachzuschauen hatte, ob der Bub nicht einen Leistenbruch hat. Deswegen mussten die Buben husten, weil dann das kleine Säcklein, die Ausbuchtung am Unterbauch sich bewegt.
Das leuchtet mir ein, weil ich auch schon zwei Mal innerhalb der letzten zwölf Jahre deswegen operiert wurde.
Die Oberlehrerinnen von der anderen Community hätten nicht die Größe gehabt, mir diese Blamage zu ersparen, sondern hätten vereint auf mich eingedroschen, nur um ihr Ego zu boosten.

Die Milch, die ich jeden Abend auf dem Bauernhof holte, wäre jetzt noch ein Stichwort bzw. "tag", wie es heute heißt.
Am 16. Januar habe ich diese ja schon thematisiert und zuvor auch ausführlich über die Ziegenmilch geschrieben.
Nehme ich meine beiden Tagebücher, das von 1953 und das von 1956, als Grundlage, so kann ich verkünden, dass in den 1950ern noch etliche Dutzend Kühe in den Dettelsauer Ställen standen.
Anders als in den Alpen haben wir in Mittelfranken, von Ausnahmen wie etwa in Wernsbach abgesehen, ja keine Weiden, wo die Tiere grasen.
Im Löhedorf verbrachten die sanften Milchlieferantinnen ihr gesamtes Leben im Stall, es sei denn, ein Bauer hatte keine Pferde

und auch keine Ochsen. Dann nämlich bekamen sie immer wieder mal Ausgang und durften den Heuwagen oder die hoch aufragende Getreidefuhre ziehen.

Da ich ein Knabe war, gab es allein um die Schmiedslache herum, also vom Sternplatz bis zur Fußgängerampel an der Grünanlage, inklusive meiner Großeltern, neun Milch produzierende Betriebe.

Keine großen Firmen selbstredend, sondern kleine Klitschen, wo nur für den Eigenbedarf gemolken wurde. Mit der Hand.

Die Großmutter streichelte die Zitzen ihrer vier Kühe zweimal am Tag, wenn ich mich recht entsinne.

Wie oft suchte ich sie und fand sie nicht, bis ich sie zwischen zwei weißgelben Tierleibern entdeckte, mit Kopftuch, auf ihrem Melkschemel sitzend, die in Holzpantoffeln steckenden nackten Füße knöcheltief im Mist.

Diese Leute konnten keinen Urlaub antreten oder ganze Tage in der Stadt beim Einkaufsbummel verbringen. Das Vieh musste versorgt werden, und wenn meine Verwandten sonntags zu einer Familienfeier eingeladen waren, so kam gegen Abend immer irgendwann der Zeitpunkt, da sie sagten „Etz messmer hamm. Mir messn is Viehch fiddern."

Füttern, ausmisten, melken.

Zwischendurch hinausfahren zum Grohsn und zum Heing, zum Säa und zum Mäha, zum Ebbirngrohm und Rangersziehng.

Oft genug saß ich mit den Großeltern auf dem schweren Leiterwagen, wenn es die Weinstraße hinunterging, vorbei am heutigen Supermarkt Richtung Reuth oder mehr südlich gen Windsbach.

Morgens tirilierten die Lerchen und stiegen hoch auf in den sonnigen Himmel und die Wiesen blühten und dufteten.

Und das zog sich hin, auch bei der Rückfahrt, auf dem Heimweg. Da hatte mal viel Zeit, die schöne, noch unverbaute Silhouette des Dorfes zu genießen, die sich in die Seele eingebrannt hat für immer und ewig, so dass man sie so direkt ins Paradies mitnehmen kann.

Es war das Paradies.

Während die Großmutter und der Großvater wortlos ihre Arbeiten verrichteten, saß ich am Rand des Ackers oder der Wiese im Gras und spielte mit Steinchen und sah die Käfer krabbeln, und die Kühe warteten geduldig und wedelten unentwegt mit ihren kotigen Schwänzen, um die Fliegen und die Bremsen abzuwehren, vergebens, denn die Plagegeister fanden immer einen Weg, den armen Nutztieren das Blut abzusaugen, und ab und zu platschte ein Kuhfladen auf die Erde und dampfte und dann gab es Schmeißfliegen en masse.

Die Milch gehörte, wie die Kartoffeln und die Eier und das Kuurn, das Getreide, zu den Grundnahrungsmitteln, und jeder Nachbar erzeugte alles selber. Keiner war spezialisiert. Es gab keine Eierfarmen und keine Hähnchenmästereien. Auch die Euter der Liesl und der Christa waren bescheiden und hatten nicht die unmenschliche Größe der heutigen Hochleistungskühe. Eine, die ich weiß nicht wie viele tausend Liter gibt im Jahr, hätte den kilometerweiten Weg zu den weit außen liegenden Feldern gar nicht geschafft, noch dazu, wenn ein voller Heuwagen zu ziehen war.

Ach, liebe Liesl, liebe Christa, wie vermisse ich eure Milch, eure gute Milch! „Kaba, der Plantagentrank", angemacht mit der weißen, fetten Emulsion aus eurem schönen Leib, das war meine Flüssignahrung zum Frühstück, und sie schmeckte und nährte wie die Muttermilch.

Nur die von der Hebbl war noch besser.

Exkurs Nr. 14

Happy Birthday, Bill!

Sie hätten mich umdrehen sollen.
Mitsamt dem komischen Wagen. Damit ich zu dir aufschauen kann.
Mann, war ich sauer!
Aber wie du siehst, habe ich alles nachgeholt, was damals versäumt wurde.
Heute entscheide ich selber über meine Blickrichtung.
Und die geht von unten nach oben. Hinauf zu

dir. Immer wieder. Zu jeder Jahreszeit. Bei jedem Wetter. Bei jedem Event zu deinen Füßen. Weil ich dein Fan bin.

Stopp! So kannst du doch dem Löhe nicht zum Geburtstag gratulieren. Dem Herrn Pfarrer! Seine Amtsbrüder und die anderen Autoritäten werden dir aufs Dach steigen.
„Sehr geehrter, lieber Herr Pfarrer", muss das heißen. „Zu Ihrem zweihundertzehnten Geburtstag wünsche ich Ihnen alles Gute und Gottes Segen!"
Sei's drum. Auch das geht mir leicht über die Lippen.
Aber mein Stil ist es nicht.
Abgesehen davon, dass es keinen Hund hinter dem Ofen hervorlockt. Am 21.02.2018, im Internet, wo jeder jeden duzt und everybody anybody's darling, wenn nicht gar Depp ist, geht das schon so, wie ich es oben eingeleitet habe. Da geht so manches.
Mehr noch. Gehe ich's salopp an, so besteht eventuell eine Chance, dass es auch gelesen wird bei den Tausenden und Abertausenden Posts, die einem jeden Tag zugemutet werden.

Once again:
Lieber Diakonissenvater Johann Konrad Wilhelm Löhe,
ich bin ein Fan von dir.
Räumlich kaum getrennt, zeitlich nur runde 100 Jahre, komme ich nicht an dir vorbei, wo immer ich mich hier bewege. Wäre ich ein Jahrhundert früher geboren, so hättest du mich mit Sicherheit getauft und konfirmiert, wie das meiner Urgroßmutter zuteil geworden ist. Dass mein Geburtsort nichts wäre ohne dich, habe ich schon ausführlich dargelegt. Mir ist dazu noch eingefallen, dass etwa Heilsbronn ein Amtsgericht hatte und dass es dort bis heute einen Notar gibt, dass Windsbach seine Märkte abhalten konnte zu Okuli und Sankt Martin, und, last not least, dass es in der zuletzt genannten Stadt eine Synagoge gab mit einer bedeutenden jüdischen Gemeinde. Selbst ein mittelalterlicher Dichter dieser Region, die sie mal den Rangau nannten, kommt aus Windsbach, wie der Name „Windsbeck" bezeugt, von dem großen Wolfram von Eschenbach ganz zu schweigen.
„Diakonie" können wir Dettelsauer nur immer wieder sagen. „Wir haben die Diakonie."

Wie heißt es in der Offenbarung? „Weil du aber lau bist und weder kalt noch warm, werde ich dich ausspeien aus meinem Munde."
Lau?
Du nicht, Wilhelm. Du warst ein ganz heißer Bruder (ich weiß, warum ich das Adjektiv „warm" hier nicht wiederhole).
In dir brannte ein Feuer, das weder mit Wasser noch mit fränkischem Bier zu löschen war.
Wo andere Theologen rational diskutierten, mehr oder weniger langweilig predigten, „waaften", wie der Franke sagt, da zündeltest du.
Du warst ein Brandstifter, der es schaffte, dass die Kirche, unter anderem auch einmal die Windsbacher (am 22. Mai 1836), bis auf den letzten Platz besetzt war.
Da warst du noch ein Vagant und wurdest herumgeschubst, ja sogar mancherorts entlassen, weil man mit dir nicht zurechtkam.
Dein Feuereifer ging so weit, dass man den Fürther Stadtpfarrer warnte, dich, den „meschuggenen Kandidaten", als Vikar zu nehmen (zitiert nach Adolf Schwammberger, Der junge Löhe, in Wilhelm Löhe – Anstöße für die Zeit, Hrsg. Friedrich Wilhelm Kantzenbach).

Ein anderer Pfarrer deiner Heimatstadt verspottete dich ob deiner religiösen Inbrunst.
Die Polizei beobachtete die Zusammenkünfte, die du veranstaltetest, mit Argwohn, man ermahnte dich und wollte deine Predigten zensieren.
Alles „rein vergebliche Werke", wie es im Lied heißt, denn du warst nicht zu bremsen. Bassd scho.
So wurden die Weichen für deine Karriere in Neuendettelsau gestellt.
Es stand aber Spitz auf Knopf, denn es waren andere Pfarrstellen im Gespräch. Wenn ich die historischen Zeugnisse richtig interpretiere, war die Bettelhöhe fast eine Art Strafversetzung für dich, der es in jeder anderen Stadt weit hätte bringen können.

Um es kurz zu machen:
Mir imponiert neben allem schon Gesagten auch deine Liebe zu unserer Mundart (man berichtet, du hättest selbst auf der Kanzel mitunter Fränkisch gesprochen), am meisten aber die geniale Idee, die deinem Werk in unserem Dorf zugrunde liegt: Nicht nur reden, sondern auch was tun.

Die Ärmsten der Gesellschaft, als da sind die Behinderten, die Kranken, die Schwachen, die Alten, nicht zuletzt aber auch die Kinder, die unendlich reich werden können, wenn man sich um sie kümmert, ganz oben hinzusetzen und ihnen Fürsorge zukommen zu lassen.

Das war dein Anliegen und bleibt bis heute deine Leistung.

Das ist was anderes, gell, als etwa Kanonen zu bauen oder Bomben, die unschuldige Kinder zerreißen, oder Sturmgewehre herzustellen, an denen man sich dumm und dämlich verdient, ohne Rücksicht auf Verluste.

Genial war dein Vorhaben insofern, als du dabei auch viele von der Gesellschaft vernachlässigte Mädchen, die ihr Lebensziel nicht unbedingt als Ehefrau und Mutter definierten, auf dein Schachbrett setztest.

Die Diakonissen Schwester Luise Adlfinger und Schwester Lotte Wolter, im August 2012.

Aus dieser Mixtur entstanden die Diakonissen, die legendären Schwestern von Neuendettelsau, deren weiße Hauben mir von Kindheit an vertraut sind.

Meine sanfte, unendlich gütige „Schwester Bábett" war nach meiner Mama und der Großmutter die prägende Frau in meiner Kindheit.
Hätte es sie ohne dich, Wilhelm Löhe, gegeben?
Und wer, so frage ich, hätte sich denn um die Quasi-Halbwaisen zu Beginn der 1940er gekümmert? Die Väter wurden miss- und die Mütter samt Großeltern gebraucht, erstere im und letztere auf dem Feld.

Happy Birthday, dear Bill, and many many returns of the day! See you in 2033 on your 225th.

(Gepostet bei Facebook am 21. Februar 2018. Bestätigt 2019)

Mittwoch, 22. Februar 1956

Es ist heute „schön warm". Nur minus 8 Grad. Vor 8 gehe ich mit Manfred und Bernd etwas in die Stadt. Beim Krell ist es wie immer: halb langweilig, halb interessant.
In Algebra rechnen wir noch ein paar Exponentialgleichungen durch und dann gehen wir in die Wirtschaft hinauf.
90 Pfennig schustere ich noch in den Automaten hinein, ein neuer, guter, wie Hans gesagt hat, und die anderen verlieren nicht viel weniger. Ich trinke ein kleines Bier und dann geht es in den Chor und anschließend noch in Latein.
Um halb 3 fahre ich mit Ewald heim.
Dort muss ich mit Vater einen Wagen Holz zur Frau Rösch hinauffahren. Kann Jamboree nicht hören.
Sonst ist keine gute Musik im AFN, da heute ein etwas anderes Programm ist. Ich treibe etwas Mathematik, und abends gehe ich mit Instrumenten in den Singkreis. Neues Mitglied: Christa.
Sie reden erst über Picasso und dann singen wir.
Before that I was at the station. She is very late.
Nothing. I'm not satisfied. Um halb 10 gehe ich heim.

Eigentlich sollten die auswärtigen Schüler am Platengymnasium, damals ORA, deren Zug sehr früh ankam, vor dem Unterricht im Aufenthaltszimmer sitzen. Manchmal allerdings lockte die Stadt zu einem Spaziergang.

Vieles war eben interessanter und verlockender als die Schulhausatmosphäre, was sich auch daran zeigt, dass wir, wieder einmal, ins Wirtshaus gingen, zwischen dem Vormittags- und dem Nachmittagsunterricht.

Diese verdammten Spielautomaten, denen wir auch zum Opfer fielen, hatte doch keiner von uns Buben eine Ahnung, dass wir da nur ausgeschmiert wurden!

Gut, manchmal klimperte es und hörte nicht mehr auf, dann strich ein Glücklicher ein paar Dutzend Zehnpfennigstücke ein, aber diese waren gleich wieder verspielt, weil er ja an eine wundersame Wiederholung glaubte.

Die nebensächlicheren Aktivitäten waren auf den Nachmittag verlegt, manchmal schon ab 13 Uhr.

Dabei war doch das gemeinsame Singen für die Entwicklung wichtiger als so manches Lernfach.

Latein war für mich Wahlfach, weil ich Englisch als erste Fremdsprache lernte und Französisch als zweite.

Dass ich die alte Sprache, die Mutter aller romanischen, später für den Studienabschluss benötigte, habe ich schon einmal erwähnt.

Die Beschaffung von Heizmaterial hielt die Menschen auf Trab.

Die Wälder um den Ort waren nicht so verwahrlost wie heute, weil viele Bewohner hinter dem Abfallholz her waren.

Mein Vater war oft mit seinem kleinen Leiterwagen unterwegs, vor allem wenn ein Sturm durch die Bäume gefahren war.

Er hatte auch immer eine Säge dabei, und wenn dickere Äste zu zerkleinern waren, musste ich ihm helfen, genauso wie beim Verbringen der Kohlebriketts in den dafür gebauten Lattenverschlag im Hinterhof oder später in den Keller der Mietwohnung.

Es kam auch vor, wie diesem Eintrag zu entnehmen ist, dass er für Bekannte Brennholz besorgte, in vorliegendem Fall war das für eine Flüchtlingsfamilie ohne Vater.

Mit der Frau hatte ich kurz vor ihrem Tod im gesegneten Alter von 100 Jahren noch einmal sporadischen Kontakt.

Für das Reisig, das zum Anschüren diente, waren die Frauen zuständig. Jedes Bauernhaus (hier Bahnhofstr. 5) hatte seinen Reisighaufen vor der Haustür oder im Hof, und die Großmutter, aber auch ihre Töchter und Schwiegertöchter waren, wenn die Sonne schien, beim „Nesthauen", wie das Zerkleinern der Tannen- und Fichtenzweige auf dem Hackstock genannt wurde. Als Werkzeug diente eine Hippe, „a Hebbm", das war ein schweres Haumesser mit Stiel.

Wir Kinder liebten es, auf dem elastischen „Nesthaufen" herumzuklettern und darauf zu schaukeln. Dabei zerriss man sich oft genug die Hose oder zerschrammte sich die nackten Beine.
Die zerhackten Zweige wurden gebündelt und mit Schnüren zu handlichen "Büscheln" zusammengebunden. Diese wurden in der Scheune oder in der „Holzschipf" zum Trocknen gelagert.
Am Wörrleswald, am heutigen Weingarten, hatten meine Eltern einen solchen Schuppen, eine „Schüpf", eine recht geräumige Hütte aus groben Balken und Latten, die der Vater selber errichtet hatte.
An sonnigen Frühlings- oder Herbsttagen genoss ich dort an der warmen Bretterwand die gespeicherte Wärme und den Duft des Holzes - sinnliche Erfahrungen, die den heute Heranwachsenden in der Regel abgehen, leider.
Ebenso wenig habe ich die Arbeitsgeräusche und die Warnrufe vergessen, die durch den Wald hallten, wenn der Großvater und seine Söhne im Hellbrecht Bäume fällten, mit Äxten und einer großen Blattsäge.

An Kettensägen war in den 1950ern nicht zu denken.
Den Vorfahren gehörte ein ansehnliches Waldstück in dieser Schlucht unterhalb der Schlauersbacher Straße, gleich nach Mühlhof auf der linken Seite. Die Szenerie dort unten, die auf engen Holzwegen nur schwer zugänglich ist, war so verschwiegen und romantisch, dass ich später einige meiner EDs (Erläuterung s. Eintrag vom 5. Februar) an der Hand dorthin führte.
Es gab dort alle Herrlichkeiten, die ein Nadelwald zu bieten hat: große, gesunde Bäume, junge Schonungen, weiches grünes Moos, einen gluckernden Bach mit sauberem Wasser, und „Pfiffer". So nannten wir die kleinen gelben Pilze, die dort reichlich zu finden waren und die zuhause mit ein paar Eiern in die Pfanne gehauen wurden, damit man bei Kräften blieb.
Mann konnte in diesem dunklen Wald aber auch süße Beeren naschen an heißen Sommertagen.

Bleibt noch nachzutragen, dass unser erstes gemauertes Nest, das wir im August 1964 bezogen, nur aus einer beheizbaren Küche und einem nicht heizbaren Schlafzimmer bestand
Die „Werkstatt" nannten letzteres die jungen Leute damals.
Zum Glück verlief durch die intime Werkstatt im ersten Stock eines Wohnblocks in der Kreuzlach der Kamin, direkt neben meinem Bett, von dem sich an kalten Tagen, wenn die „Unteren" schürten, eine angenehme Wärme verbreitete.
Das winzige Bad muss ich noch erwähnen, neben dessen Wanne ein hoher zylinderförmiger weißer Badeofen stand. Somit stand eine begrenzte Menge an heißem Wasser zur Verfügung.
Die Küche bekamen wir warm durch den dort vorhandenen Herd, was aber nichts daran änderte, dass es im Winter beim Aufstehen dort lausig kalt war.
So begann der Tag immer mit Feuer machen. Wie bei den Höhlenmenschen in der Steizeit.
Als Heizmaterial dienten uns übrigens vor

allem Obstkisten aus dem Lebensmittelhandel, die ich eigenhändig zerkleinerte.
Aber auch Botzermockl waren hilfreich.
Die großen Tannenzapfen, die ich säckeweise mit dem Fahrrad herbeischaffte, gaben, wenn sie aufgegangen waren und sich zu ruppigen Bürsten entwickelt hatten, ein herrlich spratzelndes Feuer ab.
So war das 1965. Ich habe es nicht vergessen.
Wenige Jahre später bezogen wir eine Neubauwohnung, in der zwei Räume mit Ölöfen zu beheizen waren. Man musste das Öl in Plastikkannen aus einem großen Tank im Keller holen und in den Ofen gießen.
Klar, dass es in der Wohnung ständig nach Heizöl roch.
Unsere erste zentral beheizte Wohnung bezogen wir im Herbst 1968 in einem schönen Domizil in Barcelona, hoch oben im siebten, im vorletzten Stock mit großer Dachterrasse, wo der Blick ungehindert über den Hafen und das, vor allem im Winter, gleißende Mittelmeer ging, wo die schneeweißen Fähren und die Containerschiffe ihre Bahn zogen.
Wie oft stand ich dort mit dem Fernglas am Geländer und blickte angestrengt nach Südosten, bis ich meinte, die Balearen ausmachen zu können. Aber die konnte man nur an wenigen Tagen im Jahr sehen, und man musste dazu höher hinauf, auf den Tibidabo hoch über der katalanischen Metropole oder auf den Montserrat, was eine knappe Stunde Autofahrt bedeutete.

A propos Spanien:
Was sie am 22. Februar 1956 abends im Singkreis über Picasso diskutierten, weiß ich nicht mehr. Für mich war der noch kein Begriff. Ich dürfte nur zugehört haben. Es könnte sein, dass das neue Mitglied dieser Jugendgruppe, eine junge Frau, Beziehungen hatte zu Spanien und etwas wusste über das Monumentalgemälde „Guernica", in dem der gebürtige Andaluse, der damals schon 74 Jahre alt war, die Bombardierung einer baskischen Kleinstadt durch die deutsche „Legion Condor" thematisiert.
In irgendeinem Lesebuch für die Mittelstufe des Gymnasiums war davon ein Abdruck zu sehen, so dass ich ein paar Mal als Lehrer darüber sprechen konnte, nachdem ich mich informiert hatte.

Ab Februar 1956 sollten noch 15 Jahre vergehen, bis es mir möglich war, dieses beeindruckende Kunstwerk im Prado in Madrid anzusehen.
Heute, da in Spanien allenthalben der Trend zur Regionalisierung zu beobachten ist, schreiben sie übrigens "Gernika".

Donnerstag, 23. Februar 1956

Der einzige Trost ist heute Morgen die Musik vom Hillbilly Guesthouse. Schweren Schrittes gehe ich zum Bahnhof.
Es ist nicht kalt. Im Zug treiben wir Trigonometrie und Stereometrie, auch im Zimmer 1. Die 3. Stunde naht.
Bei brütender Hitze im Zimmer C schreiben wir die Mathematikschulaufgabe. Sie ist leichter als ich dachte.
Die 1. Aufgabe enthält drei Exponentialgleichungen, sie ist sehr leicht. Die zweite „Wie groß muss die Höhe sein, wenn O-Zylinder und O-Kegel über dem gleichen Kreis gleich sein sollen?"
Hier komme ich nicht mehr durch und berechne erst die ditte, d. h. das spezifische Gewicht des Holzes, aus dem ein Kegel besteht, wenn er zu 2/3 in Flüssigkeit schwimmt.
Sehr leicht. Dann bringe ich auch noch die 2. zusammen.
Ich habe gute Hoffnung auf eine 2 oder 1-.
Beim Gei lesen wir "Die schlesischen Weber" von Heinrich Heine, und wegen der herrschenden Unruhe bekommen einige mit mir das Gedicht zum Auswendiglernen auf.
Nachmittags strebe ich Französisch wie verrückt.
Abends gehe ich in die Singstunde. Wir lernen das Begrüßungslied fürs Sängerfest „Gott grüße dich". Um halb 10 heim.

Eine Mathe-Schulaufgabe hing über mir wie ein Damoklesschwert.
Aber so wie die Vorfreude oft die größere Freude ist, kann sich auch die Angst vor etwas als übertrieben, wenn nicht sogar absolut überflüssig herausstellen.
Heute könnte ich mit diesen Aufgaben nichts mehr anfangen. Das ist mir alles zu abstrakt, und das war es auch damals.
Bis auf die Aufgabe mit dem im Wasser schwimmenden Kegel. Dabei kann man sich etwas vorstellen.
Immer wenn es anschaulich wurde und ich einen praktischen Nutzen erkennen konnte, ging es mir besser in dieser hohen Kunst.

Außerdem kann man noch etwas lernen aus der Art, wie ich diese Prüfung anging: Kommt man an einer Stelle nicht weiter, so empfiehlt es sich, seine Kräfte zunächst auf etwas anderes zu konzentrieren. Vom Erfolg beflügelt, gelingt dann eventuell auch das, was vorher unmöglich schien.

Nicht nur die rauchenden Köpfe von 27 Zehntklässlern setzten der Temperatur im Klassenzimmer zu, auch die Sonne, die im Februar intensiver in einen Raum hineinscheint als im Juni oder Juli, tat womöglich das ihrige. Am meisten aber sicher der bullernde Ofen.

Hier kann ich auf das gestrige Thema Bezug nehmen. Wie herrlich bequem haben wir es doch mit einer modernen Heizung, wo wir eine gewünschte Raumtemperatur eingeben, und alles regelt sich von selber. Mit Ofenheizung war nichts zu regulieren, es sei denn, man riss immer wieder mal die Fenster auf.

An dieser Stelle sollte man einmal an die Hausmeisterfamilie denken, die während der Wintermonate tagtäglich ein paar Dutzend Öfen zu versorgen hatte, und das alles vor 8 Uhr morgens.

Ich kann ein bisschen mitreden, weil meine Eltern zwischen 1947 und 1950 eine Zeitlang das Dettelsauer Volksschulgebäude an der Hauptstraße betreuten.

Da waren nur ein halbes Dutzend Öfen anzuschüren, und das war schon Arbeit genug in aller Herrgottsfrüh.

Als ich im Frühjahr 1950 in der 4. Klasse war, besuchte ich am späten Nachmittag oft die Mama, wenn sie die Klassenräume saubermachte, und hatte somit Zugang zu den „heiligen Hallen" der Oberstufe, also der 5. bis 8. Klassen, die im ersten Stock von Lehrer König, Rektor Bubmann und anderen unterrichtet wurden.

Dort lagen damals stapelweise bebilderte Infohefte zur „Montanunion", dem ersten europäischen Wirtschaftszusammenschluss, herum, in denen ich schmökerte, obwohl ich so gut wie nichts verstand.

Was mir in Erinnerung blieb, ist der werbende Tenor dieser Broschüren für ein kooperierendes Europa, insbesondere die beiden Staaten Frankreich und die blutjunge Bundesrepublik Deutschland betreffend.

Das leuchtet ein, galt es doch, zwei „Erbfeinde" an einen Tisch zu bringen, die noch wenige Jahre zuvor aufeinander geschossen hatten. Auf der anderen Seite musste auch das westliche Modell allgemein schmackhaft gemacht werden, war doch im Osten ein undefinierbares Gebilde entstanden, das man zunächst SBZ nannte („Zoffjet-Zone" sagte Bundeskanzler Konrad Adenauer), und dessen selbst gewählte Bezeichnung „DDR" man viele Jahre in Anführungszeichen setzte: es war die sogenannte DDR.

Die KPD, die auch in Neuendettelsau vertreten war, warb wärmstens für dieses Gesellschaftssystem, das ein endgültiges Ende aller Ungerechtigkeiten versprach.

„Im düstern Auge keine Träne,
Sie sitzen am Webstuhl und fletschen die Zähne:
Deutschland, wir weben dein Leichentuch,
Wir weben hinein den dreifachen Fluch –
Wir weben, wir weben!

Ein Fluch dem Gotte, zu dem wir gebeten
In Winterskälte und Hungersnöten;
Wir haben vergebens gehofft und geharrt,
Er hat uns geäfft und gefoppt und genarrt –
Wir weben, wir weben!

Ein Fluch dem König, dem König der Reichen,
Den unser Elend nicht konnte erweichen,
Der den letzten Groschen von uns erpresst
Und uns wie Hunde erschießen lässt –
Wir weben, wir weben!

Ein Fluch dem falschen Vaterlande,
Wo nur gedeihen Schmach und Schande,
Wo jede Blume früh geknickt,
Wo Fäulnis und Moder den Wurm erquickt –
Wir weben, wir weben!

Das Schiffchen fliegt, der Webstuhl kracht,
Wir weben emsig Tag und Nacht –
Altdeutschland, wir weben dein Leichentuch –
wir weben hinein den dreifachen Fluch –
Wir weben, wir weben!"

Soll ich jetzt sagen „Nachtigall, ick hör dir trapsen"?
Ich verkneif mir's.
Grausam ist dieses Gedicht von 1844, in dem Heinrich Heine die Leineweber zu Wort kommen lässt, eine Zunft, der mit der industriellen Revolution, mit dem Aufkommen der Dampfmaschine und der mechanischen Webstühle, der Todesstoß versetzt wurde.
Leinen und Wolle, das waren von jeher die einzigen gängigen Fasern für Textilien, und daran änderte sich während meiner gesamten Kindheit, was meine persönliche Ausstattung angeht, nichts. Leinen für die Unterwäsche und die Hemden, für das Bettzeug und für die Kartoffel- und Mehlsäcke, die Schafwolle für Strümpfe, Pullover, Mäntel und Handschuhe.
Später kam die Baumwolle hinzu, aber die war ja nicht heimisch. Und die Seide war zu exklusiv, als dass sie hier betrachtet werden müsste.
Ich weiß noch, dass meine Mutter mit mir um 1950 nach Windsbach fahren wollte, um dort beim Rühl ein Polohemd für mich zu kaufen. Da ich es, der Aussprache wegen, für ein „Bohlerhemmerd" hielt, also ein „Polenhemd", wehrte ich mich dagegen mit Händen und Füßen. So wie man sagt „Was der Bauer nicht kennt, frisst er nicht", so wollte ich auf keinen Fall ein ausländisches Hemd anziehen, noch dazu eines aus dem armen Osten, das womöglich noch mehr kratzte als die schon vorhandenen.
Ja, wenn es aus Amerika gekommen wäre!
Aber darauf war ich erst ein paar Jahre später scharf.
Jedenfalls waren der Flachsanbau und die Verarbeitung der Flachsfasern bis um die Mitte des 19. Jahrhunderts ein bedeutender Wirtschaftsfaktor, auch in Franken.
Weitergehende Ausführungen überlasse ich gern den Historikern.
Zu Neuendettelsau ist zu bemerken, dass das Dorf durch die Emigration einiger Betriebe aus Sachsen, die mit Textilien zu tun haben, nach 1945 eine gewisse besondere Prägung erhielt.
Die Firma Tauscher aus Oberlungwitz produzierte hier während vieler Jahre mit einer bedeutenden Anzahl mitgebrachter Facharbeiter ihre Strümpfe, aus synthetischen Fasern selbstverständlich, und Honold, auch aus Sachsen, reinigte und färbte. Schädlich und Löhr wären noch anzuführen, aber dazu habe ich nicht genug Informationen.

Alle genannten Firmen boten eine Menge Arbeitsplätze und trugen dazu bei, den Wohlstand im Dorf zu mehren.
Als Fünfzehnjähriger interessierte ich mich für diese Sachverhalte bzw. die sozialen Probleme der schlesischen Arbeiterklasse anscheinend nicht besonders, sonst hätte mich der Deutschlehrer nicht wegen Störung des Unterrichts dazu verdonnert, das Heinesche Gedicht auswendig zu lernen.
So richtig wachte ich erst auf, als wir später „Die Weber" von Gerhart Hauptmann lasen und schließlich in der Abiturklasse die Tragödien der ledigen Mütter angingen, die in ihrer Verzweiflung ihr Neugeborenes ermorden. Goethes Gretchen und Hauptmanns Rose Bernd ließen mich nicht los. Fazit für heute:
Wäre da nicht mein Tagebuch, so wüsste ich das alles gar nicht mehr, hätte vor allem auch nicht den Anstoß, mich damit zu beschäftigen.
Die Erinnerung aber hilft den Synapsen auf die Sprünge.
Und das ist gut so.

Freitag, 24. Februar 1956

Auch heute ist es nicht kalt, obwohl die Temperatur nicht über 0 Grad ist. Im Zug streben wir Französisch.
In Ansbach station I meet her. We go to Berufsschul. Nice talk.
In der 2. Stunde schreiben wir im Augustiner die Französisch Schulaufgabe. Sie ist sehr schwer, geht über sämtliche Lektürewörter (Diktat), und die Übersetzung über sehr viel Grammatik.
Ich glaube ich habe 6 oder 7 Fehler. Wird kaum noch eine 1 geben.
Beim Pfaff habe ich das Neue Testament vergessen, das er mir letzten Freitag leihweise gegeben hat. Er meckert etwas.
Der Gei diktiert „Sehnsucht" von Eichendorff und bringt das Geschichtsbuch zu Ende.
Nachmittags schreibe ich etwas Chemie ein und dann spiele ich mit Helmut bei mir (Anm.: Duett Akkordeon und Gitarre).
Die Weiber vom Schädlich haben einen bunten Abend vor, da sollen wir wahrscheinlich spielen.
Abends gehe ich ins Kino: „Der fröhliche Wanderer".
Heimat- und Musikfilm mit Rudolf Schock, den Schaumburger Märchensängern und Waltraud Haas.

Für die freche, pubertäre Entgleisung bezüglich der Mitarbeiterinnen der Firma Schädlich möchte ich mich hiermit in aller Form entschuldigen.
Ich könnte natürlich das Tagebuch von 1956 zensieren oder bereinigen, habe mich aber dazu durchgerungen, von Ausnahmen abgesehen, den Originalton beizubehalten.
Ein Fünfzehnjähriger sprach bzw. schrieb eben so, damals.
Die Anonymität erklärt auch einiges. Ich kannte ja keine von den jungen Frauen, die dort beschäftigt waren, persönlich.

„Streben" für ein Fach oder eine Arbeit, das hieß lernen, intensiv den durchgenommenen „Stoff" wiederholen. Das waren Vokabeln und Grammatik bei den Sprachen oder die Sachverhalte bei den reinen Lernfächern. Ohne eine gewisse Begabung nützte aber beim Erwerb der Fremdsprachen oft das eifrigste Streben nichts, wie mich die Erfahrung lehrte.
Gut singen können, Leute imitieren, ja sogar „nachäffen", Dialekte anwenden bis zur Karikatur, das sind bei einem Kind die besten Voraussetzungen, dass es eine moderne Fremdsprache schnell und mühelos lernt. Deswegen ist die intensive verbale Kommunikation in der Frühkindheit so wichtig.
Die singende Mama, der anschaulich vorlesende Papa, die Märchen erzählende Oma ersparen den späteren Lehrern (und Nachhilfelehrern) viel Plage und den Kindern einiges an Tränen.

Lernte einer zu viel, so galt er als „Streber", bei Mitschülern, die, oft aufgrund mangelnden Erfolges ausfällig wurden, auch als „Strebsau".
Die Strebsau war unbeliebt, beging sie doch Verrat an gewissen Prinzipien des halbstarken Verhaltens, nämlich möglichst widerspenstig und faul zu sein, allem Angepasstsein abhold.
Der gute Schüler befand sich immer im Dilemma. Schätzten ihn die Lehrer, so bekam er Ärger mit manchen Mitschülern, und umgekehrt.
Ich denke, dass manche meiner schulischen Probleme in der Mittelstufe, da die Selbstfindung noch nicht abgeschlossen ist, darauf zurückzuführen sind, und dass der Pfarrer für meine berufliche und soziale Integration nicht die Hand ins Feuer legen würde, kann ich heute verstehen nach all dem Ärger, den ich ihm bereitete.

Da leiht er dem Kerl ein Neues Testament, und der lässt es zuhause.
Während der Abiturzeit war ich so sehr mit der Musik beschäftigt, d. h. mit der Mitwirkung in unserer Schülerband und all den damit verbundenen Begleiterscheinungen als da sind durchgemachte Nächte bei Faschingsveranstaltungen und Kirchweihen, dass in einem Empfehlungsschreiben meines Pfarrers, das ich brauchte, um als Student in einem von der Kirche geführten Wohnheim unterzukommen, zu lesen war: „Das Leben in einem christlichen Heim wird seiner Entwicklung förderlich sein".
„Hund sammer scho" sagen unsere Nachbarn im Süden immer augenzwinkernd. Ich war zwar keiner, aber ich war nahe dran.

Am besten war ich zu haben, wenn meine Gefühle angesprochen wurden. So berührt mich das Eichendorffsche Gedicht heute noch, so oft ich es lese. Dann packt mich eine wahnsinnige Sehnsucht nach Reisen, nach Urlaub, nach Wandern auf hohen Alpenpfaden, nach südlichen Landschaften, Plätzen und Begegnungen, nicht einmal so sehr nach künftigen, sondern eher nach solchen, die ich schon hinter mir habe.

Sehnsucht

Es schienen so golden die Sterne,
Am Fenster ich einsam stand
Und hörte aus weiter Ferne
Ein Posthorn im stillen Land.

Das Herz mir im Leib entbrennte,
Da hab' ich mir heimlich gedacht:
Ach wer da mitreisen könnte
In der prächtigen Sommernacht!

Zwei junge Gesellen gingen
Vorüber am Bergeshang,
Ich hörte im Wandern sie singen
Die stille Gegend entlang:

Von schwindelnden Felsenschlüften,
Wo die Wälder rauschen so sacht,
Von Quellen, die von den Klüften
Sich stürzen in die Waldesnacht.

Sie sangen von Marmorbildern,
Von Gärten, die überm Gestein
In dämmernden Lauben verwildern,
Palästen im Mondenschein,

Wo die Mädchen am Fenster lauschen,
Wann der Lauten Klang erwacht,
Und die Brunnen verschlafen rauschen
In der prächtigen Sommernacht.

Samstag, 25. Februar 1956

Heute früh kann ich den AFN leider nicht hören, da Vater auf ist.
Sie (Anm.: die Eltern) *fahren beide nach Ansbach, um sich über mich zu erkundigen. Mit knapper Not erwischen wir den Zug.*
In der Mathematikschulaufgabe habe ich eine 2.
Der W. erwartet von mir eine 1.
In Chemie ist es sehr lustig.
Außer dem Franz sprechen die Eltern auch noch den Pfarrer.
Er schimpft, weil ich kein Neues Testament habe. Zuhause bekomme ich dann noch etwas zu hören. Mama kauft eins, es kostet 1,40 DM.
Nach der Schule hole ich beim Hartwig das Bild für Hilde, eine Postkartenreproduktion von der Bess. Es kostet 2,10.
Nachmittags gehe ich, da die Sonne so schön scheint, durchs Dorf.
Abends bin ich etwas beim Meyer, zuerst von sechs bis halb sieben (1 Cola) und dann von sieben bis halb neun mit Helmut.
Fernsehprogramm taugt heute nix.
Als um halb 9 das Schafkopfrennen beginnt, gehe ich heim und höre die Hitparade. Es ist kalt. Um 10 Uhr gehe ich ins Bett.

Zugegeben, nicht alle haben es so gemacht damals, in den fünfziger Jahren. Aber einige.
Ich möchte über die Rückgabe der Klassenarbeiten, im Freistaat Bayern Schulaufgaben genannt, berichten.
Auch bei den Stegreifaufgaben (Exen) lief es so ähnlich.
Nach geschätzt unendlich langer Wartezeit, während der man bei umgänglichen Lehrern schon mal bescheiden anfragte „Wann bekommen wir die Schulaufgabe zurück?" war es irgendwann so weit.

Wir schauten gespannt auf seine Tasche, wenn er diese aufs Pult legte und öffnete, und richtig, er zog einen Pack Papierblätter in einem blauen Umschlag der Größe DIN A 5 hervor und stellte sich mit ernster Miene vor die Klasse.
Er genoss diese Minuten. Bis zu neunzig Bubenaugen waren nun auf ihn, der über unsere Schicksale entscheiden durfte, gerichtet.
Dann begann er mit der einleitenden Bemerkung, die so ungefähr klang wie „Traurig, traurig! Da plagt man sich wochenlang, um euch etwas beizubringen, und dann DAS!
Ich bin enttäuscht! Freude macht das nicht!"
Er machte eine Pause und setzte das verbittertste Gesicht auf, das einem Menschen zur Verfügung steht.
Erschüttertes Schweigen bei den sechsundvierzig Menschen im Raum. Und Angst. Blanke Angst bei den Wackelkandidaten.
Der Erwachsene genoss das sichtlich wieder.
Schließlich seufzte er tief, faltete die Hände vor seinem Bauch und blickte ein bisschen milder.
„Gut, einige haben recht ordentlich gearbeitet, das freut einen" – abrupter Wechsel seiner Miene in einen solchen Abscheu, als hätte er den Abschaum der Menschheit vor sich – „aber der Rest! Nä! Nä! Nä!"
Er schüttelte sich angewidert, der Haarwuschel flog um sein Haupt, seine Wangen wurden zu Wackelpudding, schließlich wandte er uns beleidigt den Rücken zu, als stünde er auf der Bühne des Staatstheaters.
Dann griff er, sich umdrehend, unendlich langsam und müde nach dem Pack, um uns das, was wir Tage vorher zu Papier gebracht hatten, zurückzugeben.
Nicht etwa alphabetisch, oh nein! Fünfundvierzig Knäblein mussten, entsprechend ihrer Leistung belobigt, bestraft, geschunden, erzogen werden. Zu diesem Behuf hatte er die Aufgaben nach Noten sortiert, aber andersrum als bei der Dettelsauer Weihnachtsverlosung, wo ja bekanntlich der Hauptgewinn erst zum Schluss kommt.
Wer würde der erste sein?
Das Gesicht des Knabenführers wurde wieder mild und gütig. Er zog den obersten Bogen von dem Pack und blickte darauf:
„Neumann", sagte er. „Eins!"
Neumann trat aus der engen Bank, stapfte vor auf dem uralten Dielenboden, „Bum, bum, bum, bum", und bekam seine Arbeit überreicht:

„Sehr schön! Vorbildlich! Wenn ich lauter solche Leute hätte!"
Es kamen noch zwei Einser mit ähnlichen Bemerkungen, leicht variiert, dann die wenigen Zweier, schließlich die Dreier.
Nun wurde einem schwül. Wie viele Dreier noch?
O Gott o Gott! Die Dreier waren weg!
Er überreichte die erste Vier mit einem zutiefst missbilligenden Blick. Vier, vier, vier minus, vier minus, vier minus, der erste Fünfer. Mangelhaft. Es folgten noch ein paar. Fünf Minus. Schon fast ungenügend.
Und dann wurden mit einer Miene, die tiefste Verachtung ausdrückte, den absoluten Versagern die Früchte ihres Tuns oder auch Nichttuns überreicht.
„Bodenlos!", „Ohnmöglich!" „Sowas hab ich echt noch nicht erlebt!"
Die Betreffenden konnten sich gratulieren. Der Tag war gelaufen.
Non scholae, sed vitae discimus.

Wenn ich in Mathe eine Zwei hatte, dann war das wie Weihnachten und Ostern zugleich. In der Abiturklasse, also zwei Jahre nach diesem Tagebucheintrag, begann ich mit einer Bombensechs, arbeitete mich dann stufenweise zu einer Drei hinauf und schrieb in der Abschlussprüfung eine Zwei. Dank harter Arbeit.
Für Mathematik musste ich mich wirklich auf den Hosenboden setzen.
Gelegentlich träume ich heute noch von Gleichungen dritten Grades, dass ich immer noch nicht kapiert habe, wie ich diese angehe, und vor allem, dass mir die Zeit davonläuft. Wie soll ich das Abitur oder das Examen schaffen, wenn im Lernprozess nichts vorangeht?

Erstaunlich ist, dass ich in neun Jahren nie den Zug verpasste.
Ein einziges Mal war ich zu spät, aber da geschah ein Wunder.
Mehr dazu an dem betreffenden Tag.
Am 25. Februar 1956 war es Spitz auf Knopf, weil wir uns alle drei fertig machen mussten in der engen Wohnküche.
Ich weiß nicht mehr, ob es einen regelrechten Elternsprechtag gab damals. Vater und Mutter konnten aber schließlich die Mahnungen, sie möchten doch einmal wegen ihres Sohnes in Ansbach vorsprechen, nicht länger ignorieren.
Schließlich sei noch etwas gesagt zu den mangelnden Kommunikationsmöglichkeiten. Wo man heute mit einem einzigen Klick Bilder versenden kann bis zum Abwinken, musste man damals ins Foto-

geschäft und umständlich eine Kopie anfertigen lassen, um vom Objekt seiner Sehnsucht ein Konterfei zu haben, das man bei Bedarf heimlich ansehen oder gar küssen konnte.
Da ich der einzige Bub war in der gesamten Nachbarschaft, der täglich in die Stadt fuhr, wurde ich immer wieder mit solchen Aufgaben betraut, die dazu dienten, zarte Bande zu knüpfen oder auch zu fördern.

Sonntag, 26. Februar 1956

Um halb 10 stehe ich heute auf. Die Sonne scheint hell und die Temperatur steigt im Lauf des Tages auf einige Grad über den Gefrierpunkt. Nachdem ich mich angezogen habe, gehe ich mit der Guitar zu Familie Nusselt. Wir spielen bis 12.
Nach dem Essen gehe ich mit Mutter ins Gemeindehaus, wo das hundertjährige Jubiläum des Kindergartens gefeiert wird.
Es dauert von 2 bis 5 Uhr. Die Mädchen singen.
Lichtbilder werden gezeigt und die Kinder führen ein paar Stücke auf.
Rektor Schober, Dekan Seifert, Landratsstellvertreter Mack, Bürgermeister Errerd und einer von der Kirche halten zündende und humorvolle Ansprachen.
Um ¾ 6 gehe ich mit Helmut zum Meyer.
Betty und andere kleine Mädchen sitzen bei uns. Wir tun sehr kühl und überlegen.
Um halb 9 gehe ich heim.
Hole noch die Milch und höre dann die Drehorgel. Um viertel 10 kommt noch eine prima Musik, die Lecuona Cuba Boys, die heute nicht mehr existieren. Lauter Rumbas und sonstige südländische Musik. Um 10 Uhr gehe ich ins Bett. Vollmond, sehr kalt.

Ich fange mal von hinten an.
Die Lecuona Cuban Boys, die man selten zu hören bekam, elektrisierten mich durch und durch, weil ich schon damals eine Wahlverwandtschaft fühlte zu allem, was mir spanisch vorkam.
Ab September 1956 lernte ich ja auch Spanisch, das an der ORA als Wahlfach unterrichtet wurde.
„What a Brave New World!"

Heute kann ich diese verstaubt klingende Gruppe überall und jederzeit hören, so oft ich möchte. Amapola ist mein Favorit, der Song, der auch den Film „Es war einmal in Amerika beherrscht", eine DVD, die ich mir immer wieder mal reinziehe.
Dadurch ist die schöne Melodie in meinem Kopf für immer mit der bezaubernden Deborah alias Elizabeth McGovern verschmolzen.
Auch Siboney und Maria la O mochte ich sehr.
Zahm ist das, zugegeben, und doch verlockt mich der leicht laszive Rumbarhythmus immer fast zum Tanzen. Amapola hat auch einen schönen spanischen Text, den ich in den letzten Jahren gern sang, wenn ich mit meinem Keyboard auftrat: „…yo te quiero amada niña mia igual que ama la flor la luz del dia…"
Und dann, oder besser gesagt, vorher, die „Weißblaue Drehorgel" vom Bayerischen Rundfunk. Naja, man musste es eben nehmen, wie es kam. Streaming gab es nicht.

Theodor Schober war erst 37 Jahre alt und seit einem Jahr Rektor der Diakonissenanstalt, die in der Ansprache von Bürgermeister Errerd in seinen Jugenderinnerungen unverblümt als „Blödenanstalt" vorkam. Das schockierte mich damals, das weiß ich noch.
Aber so ein Fauxpas war das gar nicht, denn Errerd wollte nur auf den sprachlichen Wandel hinweisen, der sich auch hier vollzogen hatte. Wilhelm Löhe sprach und schrieb 1868 ganz sachlich von „weiblichen" und „männlichen Blöden" (Harald Jenner, Von Neuendettelsau in alle Welt, Seite 145).

Auch Dekan Seifert kannte ich noch persönlich. Ab Februar 1966 war ich für ein halbes Jahr Referendar in Windsbach und saß mit ihm gelegentlich in dem winzig kleinen Lehrerzimmer des alten Hauses am Anstaltsberg.

Die segensreiche Arbeit mit Kindern in unserem Dorf war ein Geschenk in meinem Leben, für das ich sehr dankbar bin.
Wuchs jemand in einem beliebigen anderen Kaff in der fränkischen Pampa auf, so hat er davon vielleicht nicht profitiert, und zu danken haben wir es allemal dem frommen Mann aus Fürth, der ein Herz hatte für alle Schwachen.
Von seiner Weitsichtigkeit und Liebe zu den Menschen, mit denen er die vielen ledigen Bauerntöchter von damals ansteckte - ab und zu war auch eine Pfarrerstochter dabei - profitierten nicht nur die Alten,

Kranken und behinderte Kinder, sondern auch die „normalen" Kinder der Bauern und Kleinbürger, vor allem die 1940 geborenen, wenn sie schon im frühesten Alter von einer Diakonisse betreut wurden.

Es war die Schwester Babett, Babette Stöcker, die Leiterin des „Kinderstübchens", meine Schwester Bábett, wie ich sie als Drei- und Vierjähriger nannte, die für uns Küken die Glucke war.

Die Kleinsten auf einem vollbesetzten Bollerwagen thronend, die größeren durch einen langen Strick zu einer Gruppe zusammengebunden, der die sichtbare Verbindung zu unserer Betreuerin, der unendlich gütigen blaugekleideten Ersatzmutter mit der weißen Haube darstellte, so zogen wir an schönen Sommertagen der Jahre 43 und 44 singend durchs Dorf.

Die Schwester Bábett war unentbehrlich für mein Leben und das meiner Spielkameraden, und wäre sie nicht gewesen, so wären wir heute mit Sicherheit ein bisschen anders. Sie kam in der Liste meiner ersten Bezugspersonen an fünfter Stelle nach der Mama, der Großmutter, dem Großvater und der Großtante Lena.

Danach erst folgten die ebenfalls in meinem Geburtshaus wohnenden Tanten und die Vettern und Basen.

Auch durch die Vorschule hatten wir schon vor dem sechsten Lebensjahr eine Beziehung zur „Anstalt", weil sich der Kindergarten dort befand, wo diese beginnt, neben dem Hospiz, dem heutigen Besucherzentrum der Diakonie.

Schwester Babette Stöcker mit ihren Schützlingen. 1943.

Schon meine 1917 geborene Mama wurde im Kindergarten liebevoll betreut, wie man auf diesem Foto sieht. Die Institution bestand also hier schon mehr als 60 Jahre.

Im erhöhten Erdgeschoss war ein großes Zimmer, die „Kinnerschul", in der wir Fünfjährigen spielten und uns stritten und wieder vertrugen, mit gütiger Hand durch ein paar „Tanten" sozialisiert wurden und etwas lernten fürs Leben.
Und davor grünte ein Gärtchen mit einem Sandkasten, genau da, wo heute die Autos parken gegenüber der Passage.
In einem Erinnerungsfetzen sehe ich mich, wenn wir zusammen auf die Toilette, „Abort" genannt, geführt wurden, im Gänsemarsch, die Hände jeweils auf den Schultern des Vordermanns, und singend:
„Immer langsam voran, immer langsam voran, dass die kleine Gesellschaft mitkommen kann."
Das war ein Lehrsatz fürs Leben, und es wäre gut, sich diesen ab und zu wieder in Erinnerung zu rufen. Alle Eile ist vom Teufel.
Pressieren tat es einmal gewaltig, als ich mit meinem gleichaltrigen Cousin Gerhard von der Kinderschule heimging, mittags gegen zwölf.
Irgendetwas musste ich gegessen haben, was den Darm anregte.
„Hältst es noch aus?" fragte er beim Kantorhaus.
„Ich glaub scho", antwortete ich und begann zu rennen.
Aber schon beim Bischoff, genau gegenüber dem großen Tor zum Schlossgarten, war der kindliche Schließmuskel dem Druck nicht

mehr gewachsen, und es quoll die nackten Beinchen hinab, was wenige Jahre zuvor noch von der Windel zurückgehalten worden war.
Zum Glück war das Dorf damals noch ruhig und zeitenweise fast menschenleer.
So ist für mich jeder Platz und jeder Winkel im Dorf mit Erinnerungen verbunden. Gibt es wohl noch jemand im Dorf, der von sich behaupten kann, dass er hier mitten auf der Straße einmal buchstäblich in die Hose gemacht hat?

Montag, 27. Februar 1956

Auch heute ist strahlendblauer Himmel und scheint die Sonne, als ich um halb 9 aufstehe. Aufgabe habe ich keine, und so mache ich gar nichts. Vom Arbeitsamt ist so ein Schnüffler da, als Vater gerade im Wörrleswald in der Holzschipf ist. Er will mich aushorchen. Ich bin aber sehr kühl.
Um halb elf fange ich noch an zu zithern, und um halb 1 mache ich mich auf den Weg.
Strahlender Sonnenschein. In Ansbach gehen wir etwas in den Hofgarten. Es ist schon eine richtige Frühlingsstimmung, aber der Schnee schmilzt nur da, wo die Sonne scheint.
In der 1. Stunde Englisch wie immer, beim Franz bekomme ich das Amt des Kassiers.
In Physik nehmen wir den Widerstand in Stromverzweigungen durch, in der Pause gehe ich aufs Direktorat und lasse meinen Fahrkartenantrag abstempeln.
Beim Krell ist wieder Hochstimmung.
Um halb 6 fahren wir heim, es ist noch schön hell. Abends bin ich zuhause. Als Mama um dreiviertel acht die Milch holt, ist die Versuchung zu rendezvousieren sehr groß. Aber ich bleibe.

Ich wurde schon früh darüber aufgeklärt, dass Arbeitslose oder Leute im Krankenstand überprüft werden können, und wie ich mich verhalten sollte im Fall, dass einer käme von der Krankenkasse oder vom Arbeitsamt und fragte, wo der Vater sei.
Wenn dieser in der Holzschipf Brennholz machte für unsere Wohnküche, so war er ja kein Sozialbetrüger, sondern sorgte für seine Familie und steigerte das Bruttosozialprodukt, auf seine Weise eben.

Was ich dem Herrn weismachte, weiß ich nicht mehr. Ich denke, es ging ja nur darum, dass der Gesuchte nicht irgendwo anders schwarz arbeitete und zugleich Arbeitslosengeld kassierte. Die ganzen Zusammenhänge verstand ich als Fünfzehnjähriger noch nicht.

Es gab auch Männer, die den ihnen gesetzlich zustehenden Urlaub nicht zur Erholung nutzten, sondern während dieser zwei Wochen regelrecht schufteten, sei es bei einer anderen Firma oder schwarz auf dem Bau.

Damals entstanden mit Hilfe der Bausparkassen die ersten bescheidenen Eigenheime an den Rändern der Dörfer und Kleinstädte, und es gab mehr als genug Gelegenheit zur Verwandten- und Nachbarschaftshilfe.

Wenn da ein Familienvater versuchte, das knappe Budget etwas aufzubessern, auch samstags, so kann man das verstehen. Die Löhne waren extrem niedrig, und die Ansprüche wurden durch die Werbung gesteigert. Die „Fresswelle", die „Bekleidungswelle", die „Einrichtungswelle", all das schwappte in den Jahren zwischen der Währungsreform und den 1970ern über die Bevölkerung hinweg.

Schließlich kam noch die „Urlaubswelle" hinzu, die einen fahrbaren Untersatz erforderte. Bis zum Gardasee oder zum Lago Maggiore, den Rudi Schuricke so schön schmalzig besang, musste es reichen, sonst gehörte man nicht dazu.

Wenn ich beim persönlichen Umfeld bleibe, so fällt mir ein, dass meine Eltern 1959 das Haus meiner Großeltern verließen und eine andere Wohnung bezogen, wo wir zum ersten Mal ein Wohnzimmer hatten.

Nun mussten die üblichen Polstermöbel gekauft werden: eine Couch und zwei Sessel, dazu ein Wohnzimmertisch.

Bei einem örtlichen Schreiner selbstverständlich, und sie stotterten den Betrag von rund 500 Mark über mehrere Jahre hinweg ab.

Als nächstes kam eine Musikanlage mit Plattenteller. Diese war aus Holz, und das Gehäuse stammte wahrscheinlich aus der Produktion der Firma Dannenberg, die auch dazu beitrug, den Wohlstand in Dettelsau zu mehren. Diese Fabrik an der Haager Straße auf dem Gelände des heutigen Sportparks war die erste Firma, die sich italienische Mitarbeiter holte. 1959 und 1960 stand ich dort während einiger Wochen in den Ferien am Fließband und drehte mit einem elektrischen Schraubenzieher, der an einem aus der Decke kommenden Kabel hing, in jedes rohe Gehäuse, das an mir vorbeizog – drrt drrt drrt - ein Dutzend Schrauben rein, den ganzen Tag.

Antonio, Tino, Sergio und Luigi und wie sie alle hießen, die kleinen drahtigen schwarzhaarigen jungen Männer aus Sardinien, verkürzten mir mit ihrer Konversation in einer Sprache, die mir wie Musik vorkam, die Zeit. „Ho paura", sagte einmal einer, als er eine neue Maschine bedienen sollte. „Er hat Angst", erklärte ich dem Vorgesetzten. „Quatsch, du nix Angst, du arbeiten!" sagte dieser. „Kabiddo!"

Mein Interesse und meine Empathie verschafften mir einige Freunde unter den Gastarbeitern, wie man sie nannte, was so weit ging, das sie mich in ihrem Urlaub sogar mit zu sich nach Hause genommen hätten.
Aber die Mama, meine, war absolut dagegen.
Das muss ich an anderer Stelle ausführlich erzählen.

Es gab Vollbeschäftigung und Konsum satt. Man benötigte immer etwas mehr als man sich leisten konnte, und dadurch brummte die Wirtschaft.
1963 kauften die Eltern dann, inzwischen in eine noch komfortablere Wohnung umgezogen, den ersten Fernseher.
Ein Jahr darauf gaben meine Verlobte und ich uns das Jawort am Traualtar, und wieder mussten Möbel gekauft werden, eine bescheidene Küche und ein aus einem Schrank und einem Doppelbett bestehendes Schlafzimmer.
Einen eigenen Fernseher hatten wir nicht.
Wozu auch?
Wenn wir etwas sehen wollten, besuchten wir meine Eltern.

Aber jetzt bin ich abgeschweift.

Ausgangspunkt war der Vater in der Holzschipf, nach dem an jenem 27. Februar amtlich gefahndet wurde, um sicherzustellen, dass er seine Arbeitskraft, das einzige, was er besaß, nicht an irgendjemand verscherbelte, während er Leistungen aus der Solidargemeinschaft der Arbeitnehmer bezog.

So formuliert, leuchtet es ein, und ich tat dem armen Außendienstler unrecht, wenn ich ihn in meinem Tagebuch als „Schnüffler" verunglimpfte. Vertrauen war gut, Kontrolle eben besser.

Dienstag, 28. Februar 1956

Hillbilly Music ist ganz gut heute. Im Zug lerne ich nichts.
Es ist schön warm draußen. Minus 2 Grad. Der Mantel hat bereits ausgedient. Im Zimmer 1 lerne ich etwas Geschichte und auch dann im Zimmer N. Der Pfaff ist sehr freundlich heute.
Die Hausmeisterin behauptet, wir hätten im Physiksaal ein Fenster und eine Bank demoliert.
Großer Aufruhr in der Klasse.
Wir beschließen, keinen Pfennig freiwillige Spende zu zahlen, um die sie jetzt wieder betteln. Aber in der Pause nimmt sie alles zurück.
In Geschichte schreiben wir eine Ex über Bismarcks Bündnispolitik.
In Musik haben wir Dreiklangs- und Tonleiterlehre.
In Deutsch hält Gundolf sein Referat über den Volkswagen. Ganz gut, aber einschläfernd.
Dann muss ich „Sehnsucht" von Eichendorff vorlesen und erklären. Er hat eine Sauwut, weil ich nichts nach seinem Kopf mache.
Auf der letzten Bank muss ich dann noch „Die schlesischen Weber" vortragen, und er wird noch wütender. In der Englischschulaufgabe habe ich eine 2 mit 3 Fehlern. Es gibt keine 1.
Zuhause mache ich den Hausaufsatz über die Scuderi. Draußen trüb. Um 5 h kleiner Spaziergang. Abends will ich ins Kino. Wird aber nicht gespielt heute. All right.

Freud und Leid. Ein gewöhnlicher Schultag. Der Religionslehrer war wohl freundlicher auf mich zu sprechen, nachdem er mit meinen Eltern Kontakt gehabt hatte.

Sie waren allem Anschein nach nicht asozial, und vielleicht konnte man den Buben doch noch gewinnen für eine normale bürgerliche Existenz.
Der Deutschlehrer musste einen schlechten Tag gehabt haben, weil er mich so schikanierte.
Die Ausgrenzung, das Ausstoßen aus der Gemeinschaft, als das ich es empfinden musste, wenn er mich auf die letzte Bank jagte, wird mich wohl noch trotziger gemacht haben.
Ich schrieb es mir hinter die Ohren, als ich später die Seiten wechselte: Gib nie einem Kind oder Jugendlichen das Gefühl, er/sie dürfe nicht mehr mitspielen. Die Folgen können katastrophal sein.
Widerstand regt sich logischerweise auch, wenn man ungerecht beschuldigt wird als Jugendlicher. Wir hatten nichts ramponiert im Physiksaal, nicht unsere Klasse, und so wehrten wir uns gegen diese Behauptung. Dass sie schon bald zurückgenommen wurde, beweist, dass es andere gewesen sein mussten.
Wer, sei es beruflich oder aus Altersgründen, mit Schule nicht so viel am Hut hat, kann diesen Erinnerungen und Ausführungen vielleicht zumindest entnehmen, dass während dieser Jahre am Gymnasium eben mehr gelernt wurde als der bloße „Stoff".
Die Wissensvermittlung war nur die eine Seite der Medaille, viel wichtiger waren die Nebeneffekte des Schullebens. Wie löst man Konflikte? Wie geht man miteinander um, wenn mal Sand im Getriebe ist?
Bei bewaffneten Auseinandersetzungen gibt es den „collateral damage", wie die Militärs es zynisch nennen, wenn Zivilisten verwundet oder gar getötet werden. In der Schule gab es zum Glück den „collateral win" oder „profit", d. h., dass nebenbei etwas abfiel, was im späteren Leben von Vorteil sein konnte.
Insofern möchte ich diese Jahre der spielerischen Reifung nicht missen. Wieder darf ich konstatieren, dass mir das alles heute nicht bewusst wäre, hätte ich nicht meine Tagebuchaufzeichnungen.

Mittwoch, 29. Februar 1956

Nicht kalt morgens. Im Augustiner mache ich Französisch, Bio und sonstiges. Bis dreiviertel 9. Beim Krell ist es wie immer.
In Algebra fangen wir mit der Reihenlehre an.
Die ganze Klasse schimpft und stöhnt über den Aufsatz.
Da mein gestriger nicht fertig ist und außerdem das Thema verfehlt hätte, fahre ich um dreiviertel 1 heim und mache mich sogleich daran.
Um dreiviertel 3 gehe ich in die Buchhandlung und hole Papier. Werde freundlich bedient.
Bis um halb 4 bin ich mit dem Aufsatz fertig und beginne einzuschreiben.
Draußen ist es trüb, regnerisch und Schneematsch.
Ich schreibe ein bis fast 7 Uhr. Als ich dann noch etwas Stereometrie mache, bin ich völlig fertig für heute.
Ich müsste dringend zur Erholung (Sonne, baden).
Abends gehe ich ins Kino: Ole o Cangaceiro.
Sehr südländisch, sehr grausam und tragisch.
Ungewöhnlicher Film.
Im AFN Wunschkonzert ist um 17 Uhr gerockt worden.

Ein geschenkter Tag, dieser 29. Februar. Das war 1956 genau so der Fall wie heute, 2016 und 2020. Weil beide Zahlen durch vier teilbar sind.
Dieser Schalttag wurde mit dem Gregorianischen Kalender eingeführt, und er dient dazu, das Kalenderjahr dem rein astronomischen Jahr anzupassen. Gäbe es nicht regelmäßig ein Schaltjahr, so würde Weihnachten irgendwann in den Hochsommer fallen.
Andrerseits werden die ersten Nikoläuse auch ohne Schaltjahr schon bald an der Kerwa zu sehen sein, wenn es mit dem Konsum so weitergeht. Für Konfirmations- und Kommunionskleidung wird eh schon immer um Silvester herum geworben.
Ein „Schaltjahr" war 1956 im echten Sinn des Wortes für mich.
Denn damals wurden etliche Hebel in meinem jungen Leben umgelegt, und ich nehme an, dass das bei vielen Leuten in ihrem 16. Lebensjahr oder in der Zeit darum herum auch so war.

Was wusste ich über Brasilien? Fast nichts. Das Land war weit weg und spielte im öffentlichen Bewusstsein so gut wie keine Rolle. „Ei ei ei, Maria, Maria aus Bahia, jeder, der dich tanzen sieht, träumt nur noch von Maria" spielten und sangen wir, und hatten dabei die Vorstellung von Samba und leicht bekleideten exotischen Schönen. Das obige Foto zeigt Sambatänzerinnen, die am 25. Juli 2010 in der Windsbacher Seniorenresidenz Haus Phönix eine Vorstellung gaben.

Fernsehübertragungen oder Berichte vom Karneval in Rio gab es noch nicht, also blühte die Fantasie, die durch die Texte gängiger Fußballerlieder angeheizt wurde:

In Honolulu, im Lande der Azoren
und auf Samoa ist alles gleich.
Da geh'n die jungen Mähädchen
zum Tanz wohl in das Stähädtchen
ohne Hemd und ohne Höschen
mit einem Feigenblatt…

Dass die Hitlerbuben und Frontsoldaten schon so gesungen hatten, wussten wir nicht, das hat uns keiner erzählt.
Macho-Gehabe ist das eben, unreifes.
Für das Zitieren der restlichen Zeilen dieses Verses in meiner im Dezember 2018 gedruckten Schnupper-Edition dieser Erinnerungen möchte ich mich hier in aller Form entschuldigen.
Manchmal erlebe ich diese Zeit in Gedanken so intensiv, dass es mir schwer fällt, die nötige Distanz zu wahren.

Mit fünfzehn war ich auch so naiv, singend und die Klampfe schrammend, das Polenmädchen zu preisen, das „allerschönste Kind, das man in Polen find't"...
Es ging geografisch (und moralisch) durcheinander, wenn wir sangen, auch von „Kreta in Sturm und in Regen" und der Steiermark. Da war alles drin:

I bin kumma aufd Nacht
Hob mei Zither mitbracht
Und i hobb mir vurs Fenster hiegstellt
und i hobb ihr an steiariarischen...
steiariarischen...
steiarischen Jodler aufgschpillt.

Das Titellied zu dem Banditenfilm „O Cangaceiro" war lange Zeit Favorit bei uns, obwohl wir den Text nicht verstanden und nur vom Hörensagen der Melodie ein Kauderwelsch unterlegten:

„Olé Mulher Rendeira.
Olé mulhé rendá
Tu me ensina a fazer renda,
Eu te ensino a namorá."

Olé, Frau Spitzenklöpplerin, du bringst mir bei, wie man Spitzen klöppelt, und ich lehre dich zu lieben.
1953 wurde der preisgekrönte Film in Brasilien gedreht, ab 1954 in der Bundesrepublik gezeigt. „Einer der Filme, die man unter Hunderten nicht verwechseln kann", schrieb Der Spiegel am 3. Februar 1954.
Ich war anscheinend begeistert, kam doch so eine Geschichte dem Interesse eines Halbwüchsigen an Abenteuer, Exotik, und Freiheit bis zur Gesetzlosigkeit entgegen. Die im Schulunterricht vermittelten Inhalte stillten meinen Wissensdurst nur bedingt und bedienten gewisse Sehnsüchte überhaupt nicht.

Über das Einkaufsverhalten früherer Zeiten möchte ich noch reflektieren, befürchte aber, dass ich diesbezüglich an einem Tag nicht alles unterbringe.
Pauschal nur so viel: die einzelnen Sparten waren strikt getrennt.

Kaufte man ein Buch, so ging man in die Buchhandlung und nicht zum Discounter oder in die Drogerie.
Schuhe gab es beim Schuster und Lebensmittel beim Kolonialwarenhändler. Eine Vermischung war undenkbar.
Das Haus an der Ecke Johann-Flierl-Straße - Wilhelm-Löhe-Straße beherbergte die von der Diakonie betriebene Buchhandlung.
Dort kaufte man Bürobedarf, also Papier, Füller, Bleistifte, Tinte, Radiergummi usw. Daneben führten sie auch Ansichtskarten, Bücher und Illustrierte.
Stets waren da zwei oder drei Karussells mit Taschenbüchern, und anfangs hatte ich den Ehrgeiz, alle erscheinenden Taschenbücher zu besitzen. Die Produktion war ja zunächst überschaubar.
Rororo, Fischer und dtv waren die Pioniere.
Mit den kleinen biegsamen Schwarten wurde das Lesen an jedem beliebigen Ort leichter. Und erschwinglich waren sie auch. Zwei Mark konnte man leicht lockermachen.
Meine ersten Errungenschaften waren die zweisprachigen Ausgaben von Shakespeares gesammelten Werken bei „Rowohlts Klassiker".
Das war faszinierend, links den englischen und rechts den deutschen Text zu haben.
Repräsentativere Bücher, die dazu geeignet waren, im Wohnzimmerschrank ausgestellt zu werden, kamen über den Bertelsmann Lesering direkt ins Haus. Es gab kaum einen Haushalt, der nicht dabei war.
Man zahlte einen monatlichen Beitrag und bekam dann, sofern man nichts weiter unternahm, den sogenannten „Hauptvorschlagsband".
Meistens war das irgendein schön gebundener Schinken von 400 bis 700 Seiten. „Vom Winde verweht", „Und ewig rauschen die Wälder" und „Die Barrings", so hießen die Titel.
Ich las sie alle, auch indem ich sie von Bekannten auslieh.
Selber schaffte ich mir vom Bertelsmann meine Klassiker an, die ich heute noch benutze, also eine siebenbändige Ausgabe von Goethe, je zweibändige von Schiller, Keller, Eichendorff und Storm.
Dass ich „freundlich" bedient wurde in der Buchhandlung, erinnert mich daran, dass dort u. a. ein Mädchen arbeitete, das mir gewogen war.
So konnte man das Schmökern, auch in den dort ausliegenden Illustrierten, immer mit einem kleinen wortlosen Flirt verbinden.

„Träume kann man nicht verbieten" sang man schon 1947, eine Feststellung des Komponisten Friedrich Schröder, der auch den schönen langsamen Walzer „Ich tanze mit dir in den Himmel hinein" komponiert hatte.
"In den siebenten Himmel der Liebe."

So „ging" man miteinander.
Links ein Foto von 1963, vor dem heutigen Hans-Lauerer-Haus, rechts am Tag der Hochzeit im August 1964 beim „Straußn-Michl" in Wernsbach, wohin ein paar Freundinnen und Freunde die Braut entführt hatten.

MÄRZ

Donnerstag, 1. März 1956

Es gefriert nicht mehr über Nacht. Immer sehr mild. Vor der Schule mache ich schnell Physik. In der Französischschulaufgabe habe ich eine 2. Der Mike hat die einzige 1-. In Physik rechnen wir sehr viel. Der Gei sammelt die Aufsätze ein. Er nimmt meinen und andere nicht an, nur weil ich 2mal radiert und einen kleinen Fettflecken drauf habe. Vor Wut zerreiße ich die Arbeit gleich.
Glaubt der, ich hätte nichts anderes zu tun als für ihn Aufsätze zu schreiben!
Nachmittags gehe ich um halb 3 etwas durchs Dorf. Es schneit und regnet und ist wasserpfützig. Der Schnee ist vollkommen von der Straße verschwunden. Nur noch etwas schmutzige Eisbrocken.
Zuhause schreibe ich den Aufsatz noch einmal.
Der alte Pfeiffer ist heute Nacht erlöst worden und wird um 5 Uhr überführt.
Abends gehe ich in die Singstunde. Wir singen „Gott grüße dich".
Um 10 h gehe ich heim.

Mein Jähzorn! Der Jähzorn eines Teenies. Hätte ich den beanstandeten Aufsatz mal behalten und mit heimgenommen!
Dann hätte ich heute was in der Hand. Schwarz auf Weiß.
Aber so ist das, wenn man unreif ist. Dass es auch auf die äußere Form ankommt, will einem noch nicht in den Kopf gehen. Die Schimpfwörter, mit denen ich meinen Deutschlehrer an jenem Tag in meinem verschwiegenen Tagebuch bedachte, möchte ich hier nicht zum Besten geben. Das war der Tiefpunkt in unserer Beziehung.
Was aber nichts daran änderte, dass er mich zwei Jahre später, kurz vor dem Abitur, einmal an die Seite nahm und mich eindringlich beschwor, Germanistik zu studieren.
Und kurz vor seiner Pensionierung - da war er Direktor eines großen Gymnasiums - besuchte er mich in Barcelona und wollte mich nach Beendigung meines Auslandseinsatzes an seine Schule holen.
Selbst in Windsbach besuchte er uns noch einmal, zusammen mit seiner Frau, ein bisschen enttäuscht, dass ich das Knabenchornest der Großstadt vorgezogen hatte.

Man hat es ja vergessen, wie mühselig das Schreiben mit der Hand war, noch dazu mit den altertümlichen Werkzeugen als da sind Füller und Tintenglas. Wie sollte man einen Verschreiber sauber beseitigen?

Bis zum November 1959 dauerte meine ausschließlich manuelle Epoche, d. h. alles was ich schriftlich von mir gab, war von eigener Hand geschrieben. Erst dann kam die Schreibmaschine, die schon erwähnte Triumph Gabriele für, ich glaube, 300 Mark.

Dreitausend und ein paar zerquetschte hatte ich im Sommer jenes Jahres im Lotto gewonnen. Beim Dannenberg hatte ich gleich nach dem Abitur am Fließband gearbeitet, um mir ein bisschen Geld fürs Studium zu verdienen. „Buu, spar dir dein Geld" hatte die Mama noch gesagt, als ich, wie die anderen Arbeiter dort auch, wöchentlich für zwei Mark Lotto spielte.

Eines Sonntagabends, als sie beim Bischoff zum Vespern waren, hörte ich allein im Wohnzimmer in der Hauptstraße 16, hoch über der Gewerbebank, die es damals dort noch nicht gab, vom Radio die Lottozahlen. Eine nach der anderen stimmte mit den angekreuzten auf meinem Zettel überein. Nur die vierte war eins daneben. Fünf richtige!!! Ich dachte, die Stube dreht sich um mich. Die vielen Treppen hinuntergeflogen und ins Wirtshaus gerannt war eins. Der Mama flüsterte ich's ins Ohr, während sie ihren Presssack mit Musik verzehrte.

Allmächt! sagte sie. Wergli?

So hatte ich ein schönes Startgeld fürs Studium. Die erste größere Anschaffung war eben diese Schreibmaschine. Ein Student musste so was haben für die vorzulegenden Seminararbeiten, für die vielen Briefe, die ich tippte, und für die Zulassungsarbeit zum Examen.

Der Fettfleck auf dem Aufsatz war eigentlich nicht typisch für mich, hielt ich doch meine Sachen relativ in Ordnung und schrieb auch sauber, wie man an meinen alten Schulheften sehen kann.

Auch was mich selber angeht, war mir sehr an einem tadellosen Äußeren gelegen, wie das Foto von 1957 beweist.
Der Schlamperlook kam erst Jahrzehnte später.
Junge Leute von heute machen, so denke ich, auch mit dieser Forderung nach einer tadellosen äußeren Form Bekanntschaft, spätestens wenn sie sich bei einem Arbeitgeber bewerben, und die Schule tut gut daran, sie rechtzeitig darauf vorzubereiten.
Insofern konnte mein Deutschlehrer nichts Besseres tun als den Aufsatz zurückzuweisen.

Freitag, 2. März 1956

Im Zug habe ich wieder Stehplatz. Everywhere I seek for her.
Vor der Schule muss ich noch aufs Gesundheitsamt, ein Auswurfröhrchen holen für Großvater. Er ist anscheinend krank.
Als ich dann nochmals um 8 Uhr an den Bahnhof gehe, vergebens, beginnt es zu regnen. Sturm haben wir auch.
In der Geschichte-Ex habe ich 10 log 1000000. Sehr peinlich.
In Deutsch lesen wir „Das Fähnlein der sieben Aufrechten" von Keller, ich am letzten Tisch.
Nachmittags höre ich AFN and write an ardent letter of love to my darling, a cry of my heart.
Für Großmutter muss ich einkaufen, draußen stürmt es und ist sehr mild. Sehr schmutzig, der weiße Schnee ist verschwunden.
Abends lese ich etwas in einem Buch von der Schülerbücherei von Jack London. „Abenteuer des Schienenstranges". Ganz gut und sehr humorvoll. Da ich heute nicht ins Kino gehe („Der letzte Mann" mit Hans Albers und Romy Schneider), will ich vom AFN die Hawaiimusik um halb 10 hören.
Ich mache um 9 h Licht und Radio aus und lege mich etwas hin.
Aufwachen tu ich um dreiviertel 10.
Aus, vorbei. Voller Wut gehe ich ins Bett.

Voll waren die Pendlerzüge, voll, voll. Es hatte doch niemand ein Auto. Die Motorisierung der Durchschnittsverdiener setzte erst in den sechziger Jahren ein. Auch ich war bis zum Herbst 1966 auf die Bahn angewiesen.

Im Frühsommer jenes Jahres hatte ich meine ersten Fahrstunden und bekam den Führerschein im Herbst 1966, rechtzeitig zu meinem Antritt als Lehramtsassessor am Platengymnasium Ansbach.

Einmal war ich durchgefallen, weil ich mich auf der Promenade in Ansbach falsch eingeordnet hatte. Damals fuhr man, wie ich schon in einem Kommentar erwähnte, noch durch die Neustadt und durch die Uzstraße und an der Gumbertuskirche vorbei.

Zur Seminarschule in Fürth musste ich mit dem Zug fahren, was einige Male zur Folge hatte, dass ich in Heilsbronn ausstieg und den Rest des Weges zu Fuß zurücklegte.

Manchmal nahm mich auch jemand mit.

Dass man im Zug seinen Sitzplatz, falls man einen ergatterte, sofort Erwachsenen anbot, wenn welche zustiegen, war selbstverständlich. Waren sie noch nicht so alt, so kam es auch vor, dass sie ablehnten.

Über die Gesundheitsprobleme des Großvaters habe ich am 20. Januar berichtet.

TBC war in den 1950ern immer noch eine große Gefahr, und wer irgendwie verdächtig war, wurde vom Gesundheitsamt überwacht.

Der Großvater schlug den besorgten Beamten ein Schnippchen und wurde 97 Jahre alt. Er war einer der ältesten Einwohner von Neuendettelsau, als er 1976 starb.

Sollte ein Mathematiker obigen Eintrag lesen, so bitte ich um Erläuterung, wie man meine Verschlüsselung der Note in der Geschichtsextemporale zu übersetzen hat. So viel ich mich erinnere, müsste es eine Fünf oder gar Sechs gewesen sein.
Ich hatte eben, wie so oft, überhaupt nichts gelernt, weil ich zu viel anderes im Kopf hatte. Und in solchen Fächern wie Geschichte, aber auch Erdkunde oder Biologie war mit Intuition und Kombinieren nicht viel zu machen. Hier kam es einfach auf Sachwissen an.
Der Deutschlehrer unterrichtete zugleich Geschichte, so ist es zu erklären, dass er mich in all seinen Stunden auf die letzte Bank verbannte. Ich war das „räudig Schäflein", wie es bei Victor von Scheffel heißt, das „seitwärts durch den Wald" traben musste.
Dabei gefiel mir die Kellersche Novelle über sieben wackere eidgenössische Spießbürger gar nicht schlecht.
Vor allem faszinierte mich wieder, wie konnte es anders sein, die Liebesgeschichte zwischen Karl, dem Sohn des armen Schneiders, und der Hermine, Tochter eines reichen Zimmermeisters.
Irgendwann vorher hatten wir schon „Kleider machen Leute" gelesen, eine Geschichte, die zum Standardrepertoire der Deutschlehrer gehörte, und so war der Grundstein für meine spätere Liebe zu allen Werken Gottfried Kellers gelegt.
Die für mich interessanteste Figur, die er sich ausgedacht hat, wobei er sicher im realen Leben eine Vorlage hatte, ist eine verschrobene alte Jungfer namens Züs Bünzlin in der Novelle „Die drei gerechten Kammmacher".

„Sie besaß noch alle ihre Schulbücher seit vielen Jahren her und hatte auch nicht eines verloren, so wie sie auch noch die ganze kleine Gelehrsamkeit im Gedächtnis trug. Alles, was in diesen Büchern stand, hatte sie auch im Kopfe und wusste auf das Schönste darüber und über noch viel mehr zu sprechen.
Wenn sie zufrieden und nicht zu sehr beschäftigt war, so ertönten unaufhörliche Reden aus ihrem Munde…sie sprach zuweilen so viel und so salbungsvoll wie eine gelehrte Blinde, die nichts von der Welt sieht und deren einziger Genuss ist, sich selbst reden zu hören.
Von der Stadtschule her und aus dem Konfirmationsunterrichte hatte sie die Übung ununterbrochen beibehalten, Aufsätze…zu schreiben…indem sie an irgendeinen wohlklingenden Titel, den sie gehört oder gelesen, die sonderbarsten und unsinnigsten Sätze anreihte, ganze Bogen voll, wie sie ihrem seltsamen Gehirn entsprangen."

Na! Na! Na! Kommt mir das nicht bekannt vor?

Liebesbriefe zu schreiben war damals noch weit verbreitet. Ich jedenfalls musste meine Gedanken zu Papier bringen, ich konnte meine überschwänglichen Gefühle nicht für mich behalten.
Dass mit einem solchen Brief dann eventuell Missbrauch getrieben und er im Bekanntenkreis der von mir Verehrten herumgezeigt wurde, wie mir hinterbracht wurde, steht auf einem anderen Blatt.
Das war dann doch eine recht bittere Enttäuschung, weshalb meine Erinnerung an diese ersten Beziehungen nicht die beste ist.
Schade, dass es noch keine Kopiergeräte gab. Ich würde mich nicht scheuen, diese Ergüsse hier einzufügen, anonym selbstverständlich.
Sie wären aufschlussreich für Leute, die sich für die Psyche eines Jugendlichen der 1950er interessieren.
Antworten bekam ich auch, in denen oft einfach vieles abgeschrieben war von dem, was ich von mir preisgegeben hatte.
Leider habe ich sie alle schon in jungen Jahren weggeschmissen.

Romy Schneider ist 1938 geboren, war also erst siebzehn und schon eine anerkannte Schauspielerin. Sie war auch eines meiner Idole, weniger wegen der Sissyfilme als aufgrund ihrer Rolle und schauspielerischen Leistung in „Monpti", wo sie zusammen mit Horst Buchholz ein Hohelied auf die Liebe bot.
„Mon petit", mein Kleiner, und der Schauplatz Paris, das war so richtig nach meinem Geschmack.
Aber dieser Film kam erst 1957 in die Kinos, und mit Jugendverbot war er auch belegt, also ab 18 zugelassen. Gesehen habe ich ihn trotzdem, in den Sonnenlichtspielen in Neuendettelsau.
Die andere Hälfte in meinem Halbstarkenhirn gehörte den verwegenen Draufgängern. Jack London war so einer. Tramp, Goldsucher, Herumtreiber. Die arktische Wildnis war der Schauplatz seiner Bücher, und wenn ich eins in die Finger bekam, musste ich es lesen.

Letzte Bemerkung: So war das. Wenn man eine Rundfunksendung verpasste, war sie vorbei. Heute könnte ich Hulamusik aus Hawaii den ganzen Tag hören. Und sehen, mit Beach und Palmen und allem Pi Pa Po. Aber ich habe nicht die Zeit dazu.

Samstag, 3. März 1956

Es hat die ganze Nacht geregnet und regnet immer noch.
„16 tons" ist immer noch an 1. Stelle der Hitparade. Vor 8 h mache ich Trigonometrie. In der 2. Stunde erzählt der W. wieder etwas über Allgemeinbildung usw., da 13 Mann im Konzert des Rabatrios sind.
Der S. liest etwas vor über die Pygmäen, und sonst machen wir nichts. Latein fällt aus, und so fahre ich um dreiviertel 12 heim. Es regnet in einem fort. Die Eltern sind auf der Beerdigung.
Ich fahre etwas im Dorf umher. Später spiele ich etwas mit Helmut. Es regnet, der ganze Himmel ist verhangen.
Dreimal habe ich heute 16 tons gehört. Als ich um halb 9 die Hitparade höre, kommt der Robert und fragt, ob ich mitkann zum Linde im Nebenzimmer spielen, weil der Thomas von der Fremdenlegion zurückgekommen ist nach 6 Jahren.
Gesagt getan. Wir spielen, es wird getanzt und furchtbar gesoffen.
Als es auf 2 Uhr zugeht, werden die Tänze immer wilder, wir spielen nur noch Rumba und Hasta da Vista.
Die B-Saite reißt mir, ich habe aber eine dabei. Dann auch noch die E-Seite. Mein Zitherring ist auch hin, weil einer draufsteigt.
Um halb 3 gehe ich mit Vater und Robert heim. Es ist stockfinster.

Rumba und Hasta da Vista (sic!). Von Spanisch hatte ich noch nicht viel Ahnung. Und mit dem Rock'n Roll hatte ich auch noch nicht angefangen.
Die wilden, für uns ungezügelt wilden, lateinamerikanischen Rhythmen waren der Gipfel der Ausgelassenheit. Rumba Tambah spielten wir bis zum Abwinken, ebenso die Maria aus Bahía und Jambalaya.
Auch der Mambo brachte einen Schuss Exotik in das fränkische Wirtshaus an der Hauptstraße gegenüber der alten Post.
„Maaam-bo!" sang man Crescendo und dazwischen, in den Pausen immer wieder „Uh!", ein ganz kurzes, hinausgestoßenes „Uh" oder „Uff".
Wir kamen uns furchtbar karibisch vor.
„Ro-Ro-Ro-Ro-Robinson hatte noch kein Grammophon, und es ist mir heute noch nicht klar, wie er ohne Musik glücklich war…" sang die kleine Cornelia, und das Olé o Cangaceiro war auch so ein Ohrwurm. Alles imitierten und verhunzten wir.
Da gab es auch keine GEMA, die abkassieren wollte.

Jedenfalls war es ein rauschendes Fest an jenem Samstagabend in der Stube mit der niedrigen Decke, und ich schrammte mit dem Plektrum so wild auf der Klampfe herum, dass mir zwei Saiten zerknallten.

Den metallenen Zitherring braucht man, um die Melodiesaiten auf der Zither anzureißen. Man steckt ihn auf den rechten Daumen.

Damit war Schluss, weil er durch einen ausgelassenen Tänzer völlig zusammengedrückt wurde.

So mancher kam ja von der Fremdenlegion nicht mehr nach Hause, insofern war es würdig, den verlorenen Sohn mit Kalbsbraten und Schnitzel, Bratwürsten, einem Bierfass und großem Jubel zu empfangen.

Im privaten Gespräch, aber auch in der Schule wurden wir jungen Männer immer wieder gewarnt. Es ging das Gerücht, Mann würde durch reichlich Alkohol dazu gebracht, einen Vertrag zu unterschreiben, und einmal unterschrieben, ginge es ab auf Nimmerwiedersehen nach Nordafrika oder Indochina.

Sonntag, 4. März 1956

Ich schlafe bis halb 11.
Draußen wieder trüb, es regnet aber nicht. Der Gesangverein singt im Krankenhaus und im Männerheim, ich gehe nicht mit.
Den ganzen Vormittag drücke ich Hautunreinheiten aus.
Mama ist heute sehr wild. Nach dem Essen gehe ich 2 Mal vergebens zum Bahnhof und dann zum Meyer.
Mit meinem neuen Freund Bernhard und seinem zwei Kumpeln gehen wir bei strömendem Regen zum Langer, saufen zusammen 7 Maß und sind kornblumenblau und beste Freunde.
Um halb 7 gehen wir.
Beim Bahnhof treffen wir auf 3 Weiber. Gecko und Betz hinterher.
Bernhard hält es mit seinem kaputten Bein nur bis zum Hospiz aus, und ich habe sowieso keine Lust. Als die anderen zwei davongehen, fängt Bernhard bitterlich zu weinen an und ich kann ihn nur mit knapper Not davon abhalten, sich vor vorbeifahrende Autos zu werfen.
„Diese gemeinen Hunde! Ich kann doch auch nichts dafür, dass ich ein kaputtes Bein habe!" schreit er immer.

Nun, die beiden stellen sich wieder ein und nach heftiger Auseinandersetzung ist bald alles wieder beim Alten.
Beim Meyer trinken wir noch 1 Cola und dann gehe ich um dreiviertel 8 heim. Eltern im Kino.
Um dreiviertel 10 gehe ich ins Bett. Mit der W. habe ich heute gute Freundschaft geschlossen. Es regnet nicht mehr.

Puh, was für ein Sonntag nach der (fast) durchgemachten Nacht!
Fängt man an zu spekulieren, was wäre gewesen, wenn, so kann man auch daraus Erkenntnisse gewinnen.
Was wäre, wenn die Eltern am Abend vorher gesagt hätten „Kommt gar nicht in Frage, dass der Bub da spielt bei der Willkommensfeier. Der muss erstens in die Kirche am nächsten Tag und zweitens mit dem Gesangverein singen"?
Gut, dann hätte ich zwei andere Erlebnisse zu verzeichnen: einen mehr oder weniger routinemäßigen Kirchgang und vielleicht die gut tuende Erinnerung an den Liedvortrag im Krankenhaus und im Männerheim.
Aber die Erfahrung der intensiven Teilnahme an einer für die damalige Zeit typischen Feier (Party würde man heute sagen) würde mir abgehen, abgesehen von meinem bescheidenen Beitrag zum Gelingen derselben.
Bei so einem Eintrag wie heute wird mir auch bewusst, wie heikel es ist, diese TB-Einträge zu veröffentlichen, gibt es doch mit Sicherheit noch Zeitgenossen, die das Jahr 1956 erlebt haben, eventuell hier sogar eine Rolle spielen.
Dieses Problem muss ich lösen durch Verschlüsselung der Namen.
Der Zechkumpan in obigem Eintrag hieß also keineswegs Bernhard.
Ich begegnete ihm nur einmal im Leben.
Ein anderes Thema ist die Frage nach dem Warum des Projektes.
Irgendwann habe ich es bestimmt schon einmal erwähnt, dass es nicht um Selbstdarstellung geht, sondern darum, einen Eindruck zu vermitteln vom Zeitgeist.
Aber auch ein Einblick in die Psyche eines Halbstarken von damals kann für heutige Eltern bzw. Omas und Opas interessant sein.
Und wenn jemand die Nase rümpft?
Nun, dann soll er. Irgendwelches Kapital schlagen lässt sich daraus nicht, und ich kann mich genügend distanzieren von dem Jugendlichen, der ich damals war. Er ist zwar identisch mit mir, aber das bin ich heute nicht mehr.

Diese Zeit ist abgeschlossen. Sie hat mich geprägt.
Inwiefern, das möchte ich herausfinden.

Welche Schätze an Lebenserfahrung und lokalhistorischem Wissen gehen verloren jedes Mal, wenn, wie auch heute wieder (Anm.: am 4. März 2016), eine steinalte Einwohnerin unseres Dorfes zu Grabe getragen wird!
Ich versuche schon, so viele Zeitzeugen wie möglich zu besuchen und zu befragen, aber die Zeit reicht eben nicht, und die Kontakte sind auch nicht in allen Fällen gegeben.
Für mich ist die Vorstellung jedenfalls beunruhigend, dass ich die Dinge eines Tages nicht mehr auf die Reihe bringe bzw. dass ich nicht mehr tippen kann und dass dann nichts festgehalten ist.
„Siehst du, hättest du es beizeiten gemacht!" wäre sicher ein Vorwurf, der aus meinem Herzen käme.

Was für ein Unterschied zu den „schönen" Orgien des Monats Januar! Warum? Heute fehlten die Mädchen, die beruhigenden, kultivierenden, alle Wogen glättenden Mädchen.
Wenn ein paar Halbstarke an einem Sonntag der 1950er, da es nicht für alle ein gemütliches Zuhause gab, mit Sicherheit aber für keinen einen Fernsehapparat, einen Computer und ein Smartphone, zusammenkamen und Langeweile hatten, dann kam eben obiges raus.
Dabei war es noch ein Glück, dass es keine Drogen gab, vom Alkohol einmal abgesehen.

Der Reihe nach:
Die Mama nannte sie „Pfuxn" oder so ähnlich. Sie sind ein Ergebnis der Testosteronschwemme, die sich über mehr oder weniger jeden männlichen Jugendlichen irgendwann ergießt. Androgene sind das, also Hormone, die aus einem Kind einen Mann machen, und sie rufen gelegentlich Acne vulgaris hervor, eben die erwähnten „Hautunreinheiten".
Dass die Mama „wild" war, kann ich nachvollziehen. Sie hatte schlicht Angst. Wo sollte das hinführen?
Ich halte ihr aber zugute, dass sie kein Theater aufführte wie ich es von einem befreundeten Musiker kenne. Da gab es jedes Mal, wenn wir irgendwo spielen sollten, stundenlange Diskussionen und Streitereien und Tränen und Geschrei, vor allem von Seiten des Vaters, der aber regelmäßig am Schluss doch klein beigeben musste.

Er hätte sich den ganzen Stress sparen können.
Eine gewisse Gelassenheit im Umgang mit Kindern, die in der Pubertät stecken, ist das A und O. Sie werden sich schon finden, vorausgesetzt, das Elternhaus ist im Großen und Ganzen intakt.
Die Wut darüber, dass das Mädchen nicht auftauchte, nicht mit dem Zug ankam, spielte sicher eine Rolle bei dem was folgte.
So sollte man sich die Szenerie vorstellen, wenn es zu Katastrophen kommt. Zu viel Alkohol, überschüssige Kraft, jugendliche Unreife, Streit, eine eventuell angeknackste Psyche u. dgl.
Dann fehlt nur noch der Zündschlüssel zum Auto des Vaters oder der Mutter. Gottseidank mussten wir zu Fuß gehen.

Wenn ich wieder „Weiber" geschrieben habe, bitte ich heute um Verzeihung. Ich stehe immer wieder vor dem Dilemma, ob ich so zitieren soll, wie es dasteht oder mein Geschriebenes von damals zensieren. Ich habe mich entschieden, bei der Wahrheit zu bleiben.
Es würde das Tagebuch eines Halbstarken verfälschen, wenn ich diese Ausdrücke heute ersetzen und das Machogehabe, das sich darin zeigt, unterschlagen würde
Albern fände ich es auch, würde ich aus den sieben Maß zwei Maß machen oder dergleichen, nur um zu vermeiden, dass irgendjemand geschockt ist. Es waren sieben Liter, und wir waren stockbesoffen, da beißt die Maus keinen Faden ab.
Außerdem hätte ich bei einem bereinigten bzw. kastrierten Tagebuch nichts zu kommentieren, und langweiliger wäre es auch.

Montag, 5. März 1956

Es hat geschneit über Nacht. Alles ist weiß. Bis Mittag ist aber fast alles geschmolzen. Um 8 Uhr stehe ich auf und mache Physik und Englisch. Vom AFN kommt von halb elf bis 11 eine ganz gute Musik.
Vater ist bei der Patin. Sie nehmen einem Borstentier das Leben und verarbeiten das Fleisch desselben zu allerley Nahrungsmitteln.
Als ich nach Ansbach komme, bringe ich sofort das Auswurfröhrchen vom Großvater aufs Gesundheitsamt.
Die Sonne brennt herunter. Alles atmet Frühling.
Da verfinstert sich um 2 Uhr der Himmel und es beginnt zu schneien.
Dann wird es wieder schön.
Beim Hartmann hole ich abends meine 4 Bilder für 72 Pfennig.

Um 9 Uhr gehe ich ins Bett.

Ein bisschen Parodie muss sein, wenn man sich im Schreiben üben will. So kam es schon 1956 zu der obigen Blödelei über das „Borstentier". Vielleicht diente mir irgendein Gedicht des Barockzeitalters, das wir durchgenommen hatten, als Vorlage, was die Orthographie betrifft. Bei Andreas Gryphius, Paul Fleming und Hoffmann von Hoffmannswaldau wird man diesbezüglich fündig.
Später, sehr viel später übte ich mich im verbalen Blödeln auch anhand von Limericks. Der Limerick weist ja eine ganz strenge Form auf, und es ist deshalb nicht leicht, einen solchen zu verfassen.
Der Reim muss genau so stimmen wie der Rhythmus, und witzig soll er auch sein. Ausgangspunkt ist meistens ein Ortsname. Zu dem angeschnittenen Thema schnitzte ich vor einigen Jahren einen:

Ein Borstentier, fett, aus Vaduz,
Nehm' ich vor Verleumdung in Schutz.
Sie nennen's ein Schwein.
Doch ich sage: "Nein!
Sie ist eine bildschöne Wutz."

Die (möglichst sinnvolle) Aussage muss in diesen streng angeordneten fünf Zeilen untergebracht werden, das ist das Schwierige am Limerick.
Vor Jahren kaufte ich mir in England zwei Taschenbücher mit insgesamt zweitausend Limericks. Aber diese sind eben alle auf Englisch und, so nehme ich an, auch irgendwie urheberrechtlich geschützt. Ich werde jedenfalls keinen zitieren, den ich nicht selber gemacht habe.
Noch einer gefällig zum Thema Schweiz?

Die Jungfrau (als Berg) und der Eiger,
Die locken so manchen Besteiger.
Bei ihr hab ich Mumm
Und eiere nicht rum.
Beim zweiten bin ich meistens feiger.

Und da aller guten Dinge drei sind, hier einer zu Österreich:

Mir schmeichelt die Sissy aus Imst:
"I moog des, wiasd brummst, wannst mi nimmst.
Koan Doog mecht i missn
Dei Kosn und Küssn
Und dein sakrischn Jodler, wannst kimmst."

Die Hausschlachtung war in den 1950ern in Neuendettelsau noch gang und gäbe. Es gab mehrere Hausmetzger, die geschult waren, das Nutztier zu schlachten, zu zerlegen und zu Wurst und sonstigem zu verarbeiten. Bei uns waren das überwiegend Blut- und Leberwürste, Bratwürste und Presssack.
Diese wurden entweder gleich am Schlachttag und in den Tagen darauf frisch verzehrt oder im eigenen Haus geräuchert, genauso wie der Schinken.
Am Schlachttag gab es Metzelsuppe, das war die Brühe aus dem Wurstkessel, angereichert mit Brotstücken.
Die bloße Brühe konnte sich jeder Nachbar kostenlos holen, und wenn die Bäuerin großzügig war, beließ sei es nicht dabei, sondern gab auch ein gekochtes Leberwürstlein dazu.
Das war ein dampfender, duftender Genuss.
Am 7. Januar habe ich schon ausführlich von der Hausschlachtung erzählt.
Die Bratwürste wurden mit viel Majoran gemacht, weshalb ich dieses Gewürz seit meiner Kindheit liebe.
Während des Krieges und auch noch danach durften die Bauern wegen der Lebensmittelrationierung nicht einfach nach Belieben schlachten. Taten sie es doch, so musste das heimlich geschehen, vor Tagesanbruch zum Beispiel. Bei der unvorstellbaren Stille, die im Dorf herrschte, war das aber ein Problem, wenn die Sau schrie wie am Spieß. Ein paar Mal passierte das meiner Erinnerung nach, und es verriet natürlich kein Nachbar den anderen.
Einmal waren sie bei uns gerade am Zerlegen des Schweins, als eine Flüchtlingsfrau kam, um Milch oder Eier zu holen.
„Ach, Sie haben geschlachtet!" sagte sie.
„Noja, a Notschlachtung!" beeilte sich einer meiner Onkels zu sagen.
Musste ein Tier notgeschlachtet werden, weil es sich z. B. ein Bein gebrochen hatte, so konnte man nämlich nicht so ohne weiteres belangt werden.

Man soll nicht denken, dass die Alten sich ungesund ernährten. Erstens war das Fleisch biologischer als das, was man heute, vor allem beim Discounter, kauft, und zweitens konsumierten sie es nie ohne das ausgleichende Sauerkraut, von dem immer ein sogenanntes „Schaff" im Keller stand. Und das Verhältnis von Fleisch zu den Beilagen, also Kartoffeln, Gemüse oder Brot, war umgekehrt zu den heutigen Essgewohnheiten, würde ich, cum grano salis, sagen.
Mit anderen Worten: Fleisch und Wurst kamen sehr sparsam auf den Tisch und auf gar keinen Fall täglich.
Das selbst gemachte Sauerkraut, das nie ausging, half bei der Verdauung und beugte dem Darmkrebs vor.
So war, man möge mir meine Offenheit nachsehen, der Großvater, wenn man sich in seiner Nähe aufhielt, immer zu hören, auch wenn er nicht sprach, und es gab unendlich viele Variationen dieses Zufriedenheit und Wohlbefinden verkündenden Monologs.
Es ist das Verdienst von Giulia Enders, dass über dieses mit falscher Scham behaftete Thema endlich einmal ausführlich geschrieben wurde.

Den Meerrettich darf ich nicht vergessen, der zu Großmutters Küche gehörte wie der Butter zum Butterbrot. Aus Oberfranken kamen regelmäßig die „Kreeweibli", die Krenfrauen, und hatten die scharfen Phallussymbole kiloweise in ihren Butten.
Die Großmutter rieb ihn eigenhändig, an der frischen Luft, damit sie nicht gar so viel greinen musste.
Und hier sei's verraten: ich mache das auch in regelmäßigen Abständen.
Unser selbstgemachter Kren schmeckt ganz anders als der gekaufte. Das ist gesunde Kost, mehr noch, es ist Medizin, Antibiotikum und Viagra und ich weiß nicht, was sonst noch alles.

Dienstag, 6. März 1956

Es hat wieder gefroren über Nacht und ist empfindlich kalt.
In Musik schreiben wir eine Ex. 6 Fragen über Polyphonie, französische Ouvertüre, Funktionen von C-Dur usw.
Ich glaube, ich habe alles. In Geschichte kommt heute der Willi dran, er weiß ziemlich viel, und in Deutsch wird uns zugemutet, dass wir das stinklangweilige Referat von Schmitt über Buchdruckerei anhören.
Er bekommt auch eine 4, die erste bisher.
Dann hören wir noch den Seifert mit einem Referat über den Spionagefall Dreyfuß.
Dann verliest der Gei einige Aufsätze, die nicht selbstständig angefertigt wurden, und damit ist die Deutschstunde zu Ende.
Mittags ärgere ich mich sehr, weil Vater meinen Mantel anhat.
Er war mit Hans auf dem Arbeitsamt und sie fahren um 1 Uhr heim.
Zuhause mache ich etwas Physik und dann gehe ich durchs Dorf.
Während es vormittags sehr trüb war, scheint jetzt die Sonne und man spürt schon den Hauch des Sommers.
Abends gehe ich ins Kino: „Wem die Stunde schlägt" mit Cary Cooper und Ingrid Bergmann. Etwas langweilig.
Als es um 11 Uhr aus ist, schneit es.

Befasst man sich mit dem Thema „Schule anno dazumal", so kommt man um den Begriff „Unterschleif" nicht ganz herum.
Am 17. Januar habe ich dazu schon eine Episode erzählt.
Durch den Hausaufsatz im Fach Deutsch war natürlich dieser Art von „Betrug" Tür und Tor geöffnet.
Seitdem die Plagiatsaffäre eines Verteidigungsministers die deutsche Politik erschüttert hat, weiß jedermann (und jede Frau), dass es unter Umständen kein Kavaliersdelikt ist, sich mit fremden Federn zu schmücken.
Man kann zu diesem speziellen Fall alles ergoogeln, weswegen ich mich nicht weiter darüber auslassen möchte.
Unserem Deutschlehrer blieb gar nichts anderes übrig, als dieses unsaubere Arbeiten anzuprangern.
Hätte er einfach die Augen zugedrückt, so hätte er einer Erziehung Vorschub geleistet, die solche oder ähnliche Glücksritter hervorbringt. Wer von den Eltern entsprechende Hilfe erhält oder sich im Bekanntenkreis, vielleicht sogar gegen schnöden Mammon, helfen

lassen kann, ist dann eben im Vorteil und kommt entsprechend voran, während SchülerInnen aus einfachen Verhältnissen (wie ich einer war) schauen müssen, wo sie bleiben.
Wie ging ich selber damit um, als ich auf der anderen Seite stand?
Dagegen, dass jemand das aufgeschlagene Buch auf den Knien hatte, half nur aufmerksame Kontrolle. Deswegen stellte ich mich gleich zu Beginn einer Arbeit in den hinteren Teil des Klassenzimmers, damit ich die Fächer unter den Tischen im Blick hatte.
Entdeckte ich doch einen Schummler, so erledigte ich die Angelegenheit oft schweigend durch einen vielsagenden Blick, indem ich das Buch wegnahm.
Einen abschreibenden Banknachbarn konnte man vor sich selber in Schutz nehmen, indem man ihn versetzte, wenn es möglich war, in eine Bank oder an einen Tisch, wo er selbständig arbeiten konnte.
Unnachgiebig war ich bei ungeniertem Plagiat, einer Sache, die ich nur einmal erlebte. In einer Deutscharbeit waren die zwei Aufsätze der nebeneinander Sitzenden – es ging um eine literarische Charakteristik – so auffallend identisch, sowohl im Hinblick auf den Aufbau als auch den Stil, dass ich kein Auge zudrücken konnte, ohne mich lächerlich zu machen. In beiden Arbeiten fanden sich sogar die gleichen Rechtschreibfehler. Man konnte davon ausgehen, dass der "Könner" dem "Hilflosen" sein Konzept in einer fortgeschrittenen Phase der Arbeit hinübergeschoben hatte.
Die Arbeit wird in einem solchen Fall für beide nicht bewertet, das heißt mit null Punkten bzw. der Note Sechs.
Ließe man sie nachschreiben, so müsste man den Leistungsschwachen, die es im Alleingang und trotz redlicher Anstrengung nur auf eine Fünf oder Vier gebracht haben, dies ebenfalls ermöglichen.
Intelligente Prüfungen, bei denen Wissen abgefragt wird, sind so angelegt, dass „Spicken" nichts hilft bzw. Abschreiben nicht möglich ist.
Gelegentlich griff ich auch zur Methode der versetzten Anordnung der Aufgaben, d. h. es bekamen z. B. in einer Englischarbeit die Banknachbarn jeweils unterschiedliche Aufgabenblätter.
Was bei den links Sitzenden, der Gruppe A, als Aufgabe Nr. 1 sich oben befand, war bei der Gruppe B irgendwo in der Mitte zu finden, und umgekehrt.

Der potentiell Abschreibende wurde dadurch, falls er doch zum Nachbarn schielte, so verwirrt, dass er es vorzog, sich auf sein eigenes Blatt zu konzentrieren.
Als Schüler war ich oft eher der „Leidtragende", wenn zum Beispiel beim französischen Diktat (Dictée) mein Banknachbar, der es verstand, völlig unauffällig nach rechts zu schauen, von meiner relativen Fehlerlosigkeit profitierte, zumal ich nicht, wie ich es später in meiner Rolle auf der anderen Seite bobachten konnte, so wie manche strebsame Kinder einen regelrechten Sichtschutz aufbaute, um den Schwitzenden schön in der Patsche zu lassen.

Hier wird es Zeit, einmal ein Wort zu verlieren über die Fragwürdigkeit einer solchen Pädagogik.
Es hätte meiner Generation schon in der Schule gut getan, wenn mehr gemeinsame Projekte stattgefunden hätten, bei denen die Kinder lernen, zusammenzuarbeiten anstatt alleine vor sich hin zu wurschteln. Der rücksichtslose Einzelkämpfer ist heute in beinahe jedem Job fehl am Platz.
Besser wäre es also gewesen, drei oder vier zusammenarbeiten zu lassen, wenn es darum geht, beispielsweise die Stilmittel, die ein Autor in einem bestimmten Roman oder in einem Drama verwendet, herauszufinden.
Das geht auch während der Unterrichtszeit, aber nicht bei dem blödsinnigen strengen 45-Minuten-Rhythmus, bei dem jede intensive Arbeit immer wieder durch den Gong abgebrochen wird.
Man stelle sich das einmal im Berufsleben vor: immer wenn ich dabei bin, etwas Faszinierendes weiterzuverfolgen, kommt einer und stellt mir eine neue Aufgabe.
Und anstatt mit den anderen zusammenzuarbeiten, muss ich alles ganz alleine machen. Das ist meines Erachtens absolut lebensfremd.
Man müsste sich dann nur überlegen, wie sich die Leistungsmessung verändern muss. Kooperationsfähigkeit ist ja auch eines der Kriterien für Lebenstüchtigkeit, die in das Zeugnis eingehen sollten.

Gut, dass unser Musiklehrer uns schon frühzeitig etwas über Polyphone Musik beigebracht hat.
Wenn ich heute Konzerte bei den Tagen alter Musik in Regensburg oder in der Klosterkirche Auhausen besuche, so schlummert diese Saat sicher tief in mir und hilft mir beim Verstehen dieser Kunst.

Das Tollste war bisher ein Konzert in der Egidienkirche Nürnberg anlässlich der IO-Nacht 2014, als wir eine Aufführung des „Spem in alium" des Komponisten Thomas Tallis (1505 – 1585) erlebten.
Da singen 40 Stimmen.
Jede etwas anderes und alles passt zusammen. Unglaublich.

Drei Mal mindestens habe ich „For Whom the Bell Tolls" gelesen, davon zwei Mal im Original. Es ist einer der faszinierendsten Romane, die ich kenne. Wer sich mit dem spanischen Bürgerkrieg, der das Land von 1936 bis 1939 heimsuchte, befasst, kommt um diesen Bestseller von Ernest Hemingway nicht herum. Der Film war zwar gut, kommt aber an die literarische Vorlage nicht heran.
Zu Francos Zeiten war das Thema tabu, aber bei meinen späteren Besuchen in Catalunya in den 1980er und 1990ern sowie 2003 konnte ich mit Menschen sprechen, die während dieser Zeit ihre Liebsten verloren, zum Teil unter unvorstellbar grausamen Umständen.
Sie zeigten mir Fotos und erzählten unter Tränen, was sie erlebt hatten.
Es ist unerheblich, auf welcher Seite sie standen, alle haben gelitten.
Keiner konnte dabei gewinnen. So wie eben heute auch in einer anderen Ecke Europas oder im Nahen Osten.

Hemingway darf man erst ab 2031 zitieren, also muss ich mich auf den Poeten beschränken, der seinem Welterfolg den Titel gab,
John Donne (1572 – 1631):
"No man is an island, entire of himself; every man is a piece of the continent, a part of the main. If a clod be washed away by the sea, Europe is the less, as well as if a promontory were, as well as if a manor of thy friend's or of thine own were. Any man's death diminishes me because I am involved in mankind; and therefore never send to know for whom the bell tolls; it tolls for thee."
Irgendeine Übersetzung darf man auch nicht einfach kopieren, das wäre ein Plagiat, also muss ich mir eine eigene zurechtlegen:
Kein Mensch ist eine Insel. Keiner kann völlig für sich allein leben.
Jeder ist ein Stück des Kontinents, ein Teil des Ganzen.
Wird (zum Beispiel) ein Brocken Erde vom Ozean weggerissen, so fehlt ein Stück von Europa. Das ist, als ob ein Vorgebirge fehlen würde oder wie wenn das Haus eines deiner Freunde oder dein eigenes Haus verschwindet.

Jeder Tod macht mich ärmer, weil ich ein Teil der Menschheit bin. Deswegen sollst du nie fragen bzw. nachfragen lassen, für wen das Totenglöcklein bimmelt. Es bimmelt für dich.

Auf der Dettelsauer Friedhofskapelle haben wir so ein Glöcklein, dessen Bimmeln mir jedes Mal durch und durch geht, wenn ich dort stehe, um jemand auf dem letzten Weg zu begleiten. Und je älter man wird, desto öfter erlebt man diese nachdenklich machenden Minuten.
Dieses analoge Foto entstand in den 1970ern.

Mittwoch, 7. März 1956

Früh regnet es. Im Augustiner machen wir Englisch, und als ich allein bin, strebe ich Wirtschaftslehre. Beim W. wird es einmal sternhagelfinster und ein Platzregen rauscht herab.
Nach zehn Minuten scheint dann wieder die Sonne.
Von viertel 12 bis 12 Uhr sitze ich mit Ewald im Zimmer E und mache eine alte Physikschulaufgabe.
Dann gehe ich in den Chor. Latein ist nichts besonders.
Um halb 3 fahre ich heim.
Goldener Sonnenschein überflutet das mittelfränkische Land.
Es muss doch bald Frühling werden. Frühling für uns.
Zuhause höre ich Jamboree. Da kommt plötzlich ein Mensch, den ich nicht kenne. Er stellt sich vor als Flossmann von Nürnberg.

Vater und Helmut müssen am Montag in Nürnberg arbeiten anfangen und übernächste Woche in der Augustana. Na Gottseidank!
Gegen halb 5 schneit es wieder etwas und die Sonne lacht dazu.
Aufgabe mache ich nichts.

Abends gehe ich in den Singkreis ohne Instrument.
All right, she comes soon.
Wir lesen ein Spiel: Der Zauberer Gottes.
Ich bin ein Pole oder so etwas. Um halb 10 gehen wir heim.

Das „Gottseidank" begleitet den Stein, der mir vom Herzen fiel, als der Vater endlich Arbeit bekam.
Mehr zum Problem der Arbeitslosigkeit in den frühen 1950ern habe ich am 5. Januar geschrieben.
Die Augustana hatte 1955 einen Neubau begonnen.
Nach dem Diakoniewerk und der Missionsanstalt ist die von Georg Merz gegründete Hochschule für Evangelische Theologie die drittgrößte fromme Einrichtung im großen Löhedorf.
Fromm und mit Niveau, wie die anderen beiden auch.
Genaueres zur Geschichte der Augustana kann jeder selber auf ihrer Webseite nachlesen.
Ich möchte hier nur kurz schildern, wie ich die Entwicklung als gebürtiger Dettelsauer erlebte. Ich war acht Jahre alt, als ich mit den ersten Studenten Bekanntschaft machte. Im Schwimmbad. Im guten alten Waldschwimmbad mit den Bretterwänden ringsherum.
Nachdem wir Kinder ausgiebig in der algengrünen Lauge (Uringehalt schätzungsweise drei Prozent) herumgetollt und uns blaue Lippen geholt hatten, stellten wir uns an die nördliche Wand aus groben, rohen, durch die Verwitterung grau gewordenen Brettern, die durch zwei Querbalken zusammengehalten wurden, und ließen uns von der Sonne bescheinen.
Der untere Balken war genau so angebracht, dass man mit den halben dünnen kindlichen, mit einer schlotternden schwarzen Turnhose bekleideten Backen darauf sitzen konnte.
Sie saßen vor uns im Gras auf einer Decke und studierten.
Wenn sie nicht studierten, trällerten oder pfiffen sie, junge schlaksige, Männer, grenzwertig ernährt wie wir.
Aber sie kamen nicht aus dem Dorf. Komischerweise nannte ich sie für mich, ganz insgeheim, die „Operettenpfeifer".

Mit acht wusste ich noch nicht, dass es über den Operettenmelodien, die aus dem alten Radio in der Küche plärrten und die mein Vater gern mitsang, noch etwas gibt, etwas Höherwertiges. Also, vielleicht trällerten oder pfiffen die jungen Theologen auch Bach „Der Geiheiheiheiheiheist hilft unser Schwachheit auf" oder „Singet, siiiiiiiihiihihihihinget...", aber das kannte ich alles noch nicht.
Ihr Niveau war ein anderes als unseres, so viel spürte ich.
Und da ich mehr horchte als quasselte, kann es sein, dass ich schon manchen gelehrten Brocken aufschnappte, damals.
Der schon erwähnte Georg Merz hatte den Grundstein gelegt.
Anfangs waren die Gottesgelehrten in der Diakonissenanstalt zuhause, aber schon bald entdeckten sie die Muna, die ehemalige Munitionsanstalt der nationalsozialistischen Regierung als einen für die Zukunft geeigneten Campus. Ab 1949 waren sie dort zu finden in den noch verbliebenen Offiziershäusern im Westen des Dorfes.
Zum ersten Mal trat die Muna in mein Bewusstsein wenige Wochen vor meinem fünften Geburtstag, als dort an einem schönen Apriltag kurz vor Kriegsende ein paar Bomben niedergingen.
Eine amerikanische Fliegerstaffel hatte versucht, den Feind durch einen Angriff auf die dort in Bunkern lagernde Fliegermunition zu schwächen.
Einige Krater sind, wenn man aufmerksam den Spazierrundweg macht und die Stellen kennt, noch heute zu entdecken, wild überwachsen natürlich.
Meine Tante nahm ihren Sohn, also meinen Cousin, der etwa so alt war wie ich, und mich nach dem Angriff mit zum Rathaus, und da die gesamte Neue Wiese, wie sie hieß, bis hinauf zum Bahngleis noch nicht bebaut war, konnte man von dort den brennenden Wald sehen.

„Die Muna ist bombardiert worden", das ist meine erste Erinnerung an diesen für Dettelsau so bedeutsamen Wald. Zum Glück blieb das Dorf verschont von allen kriegerischen Handlungen.

1955 also, wie gesagt, begann der Neubau eines schönen, großen Hauses. Schade, dass ich nichts davon fotografisch festgehalten habe.
Das Fotografieren war, für mich zumindest, so teuer und aufwendig, dass ich mich in meinen frühen Jahren, als mir mein Vater seine alte Agfabox zur Verfügung stellte, darauf beschränkte, die Verwandten und die Freunde abzulichten, und mich selber natürlich.
Gebäude waren nicht interessant.
Dass man mit der Kamera wichtige Zeitdokumente herstellen konnte, war mir nicht bewusst. Eines, auf das ich sehr stolz bin, sei weiter unten abgedruckt: meine Aufnahme vom Anstaltsschulhaus im Jahr 1954. Es dürfte nicht viele solche Fotos geben, insofern ist mir das ein ganz wertvolles Dokument.
Ab dem frühen Frühjahr begann also in dem neuen Gebäude, das unter anderem die Mensa und die Bibliothek beherbergen sollte, der Innenausbau. Mein Vater und noch ein paar Sanitärinstallateure, zwei aus dem Ort und ein paar aus Nürnberg, waren damit beauftragt, Wasserleitungen zu verlegen und die Heizung einzurichten.
Die ausführende Firma hieß „Floßmann und Grünbeck", ein 1954 gegründetes, junges, dynamisches Unternehmen, das die Sache professionell anging. Ab August 1956 arbeitete ich ja selber als Bauhelfer in diesem Neubau.
Sie nannten ihn das „Meiserhaus".
2006 rückte die Augustana im Zusammenhang mit der Diskussion um die Haltung des ehemaligen Landesbischofs Hans Meiser (1881 - 1956) im Dritten Reich, insbesondere aufgrund seiner schriftlichen Äußerungen zum Judentum, von diesem Namen ab.
Durch einen Leserbrief wurde ich damals auch ein bisschen in diese Diskussion hineingezogen, aber das ist ein anderes Thema.
Das Lustigste dabei war für mich, dass mir ein fränkischer Theologe schrieb (als persönliche Nachricht): „Lieber Herr Kohlmann, von der Augustana verstehen Sie nix. Da schweigen Sie lieber."
Auch recht.

Donnerstag, 8. März 1956

Es liegt etwas Schnee, der aber im Lauf des Tages wieder wegschmilzt. Im Zug lernen wir Physik. 1. Stunde Französisch wie immer. Franz sagt, ich solle eine Klassenkasse beginnen.
2. Stunde hat die Brückner Aufsicht über uns, da der Schieber nicht da ist. Von drei viertel 10 bis 11 h schreiben wir dann wieder ein Physikschulaufgäblein. Ziemlich schwer.
Eine Schaltskizze, Batterierechnungen und Relais und sonstiges.
Als ich heimkomme, gehe ich gleich ins Dorf, da die Sonne so schön scheint. Bei Erich spiele ich etwas Zither. Als der Roland kommt, hole ich meine Gitarre, und dann lassen wir ein paar los.
Um 4 Uhr gehen wir zum Langer und stemmen eine Halbe.
Roland gewinnt fürchterlich beim Automaten. Um halb 6 gehen wir singend und in bester Stimmung dorfeinwärts. At the station we meet my lover. Way forward we have a nice talk. She is very lovely.
Abends wird es ziemlich kalt. Um 6 h bin ich zuhause und bleibe es auch heute Abend. Ich höre den musikalischen Cocktail und lerne etwas Chemie. Um halb 9 im Bett.

Lediglich eine Feststellung und keine Wertung soll es sein, wenn ich kommentiere: wir konnten uns keine Ohrstöpsel ins Ohr stopfen und, jeder für sich, unsere Lieblingsmusik hören.
Wir mussten uns selber unterhalten.
Zunächst war es die Zither, die aber für unsere musikalischen Bedürfnisse nur bedingt etwas hergab. Wenn ich die Gitarre rauszog, klang das schon anders. Da konnte man Rhythmus erzeugen und drauf los jazzen (gesprochen wie man's schreibt).
Aber auch ohne Instrument wurde gesungen, wenn man in Stimmung war.
Nach einem entspannenden Aufenthalt in der Munawirtschaft marschierten wir drei Halbstarken, wie oben zu lesen, singend ins Dorf. Darf man allgemein feststellen, dass in unserer heutigen Gesellschaft zu wenig gesungen wird?
Ich denke an unseren ersten Italienurlaub 1962 in Rimini, das damals noch ein bescheidener Badeort an der Adria war, mit vielen kleinen Pensionen.
Auf unserem täglichen Weg von der Unterkunft zum Strand erklangen immer wieder von den Baustellen her die Balzrufe, sprich aufmunternden Lieder, der dort tätigen Arbeiter.

Frisch und frei sang da einer spontan wie ein Vogel, der sich seines Lebens erfreut, oft auch direkt in unseren Mittagsschlaf hinein, wenn wir das Zimmer bei geöffnetem Fenster abgedunkelt hatten.
Das gleiche habe ich aus unserer Zeit in Spanien in Erinnerung.
Wir wohnten in Barcelona im siebten Stock, und wenn ich auf die Terrasse ging und ein bisschen zuschaute, wie tief unten eine alte Bürgervilla nach der anderen abgerissen wurde, um Wohnblöcken Platz zu machen, so hörte ich immer wieder mal fröhlichen andalusischen Gesang aufsteigen.
Die ohne Hemd arbeitenden, oft aus dem Süden stammenden stämmigen jungen Männer sangen bei ihrer Arbeit, die, da sie meistens noch ohne Maschinen vor sich ging, weiß Gott nicht leicht war.

Ich selber pfiff immer und überall, auf dem Weg zum Bahnhof, abends, wenn ich zum Gesangverein oder sonst irgendwohin ging, ich pfiff alles, was ich kannte, vom Radetzkymarsch über den Walzer „Über den Wellen" bis zu „Was Gott tut, das ist wohlgetan".
Ich kann mich auch an SchülerInnen während meiner Windsbacher Zeit erinnern, die auf dem Weg zur Schule unentwegt lustig pfiffen.
Eine ist heute Sängerin und feiert beachtliche Erfolge. Die Choristen trällerten auch oft noch laut und unbekümmert Tonfolgen ihrer Bachkantaten, wenn sie nach der Probe aus dem Chorsaal stürmten.
Und in der Schule selber?
Für mich begann es in der zweiten Klasse bei Lehrer Baumeister.
Er nahm gelegentlich seine Violine aus dem Geigenkasten und dann ging es los: Volkslieder mit Violinbegleitung.
Oh, wie das die Stimmung hob.
Der nächste schulische Musikerzieher war Oberlehrer Eduard Keil.
„Nun ade, du mein lieb Heimatland", „Im schönsten Wiesengrunde" und anderes studierte er mit rund dreißig Buben ein (Brummer waren auch darunter, die unentwegt auf drei Tönen verharrten), und dann zog er mit uns an schönen Frühlings- oder Sommertagen ins Dorf, wo wir an ausgesuchten Plätzen singen durften: vor dem Löhehaus zum Beispiel oder am Sternplatz.
1950 wurde dieser Kindergesang von keinem vorbeifahrenden Auto oder Traktor gestört.
Frau OLin Elisabeth Zwanzger kam noch bis in die 1970er hinein, wenn ich mich recht erinnere, regelmäßig mit rund einem Dutzend schwarz gekleideter hagerer Mädchen zu den Beerdigungen am

Dorffriedhof und sang mit ihnen vor der offenen Leichenhalle „Ach, bleib mit deiner Gnade..."
Wo ist die Lust am Singen geblieben?
Könnte ich noch, wie es in den 1960ern und 1970ern der Fall war, mit den Kindern im Unterricht singen? Manchmal eckte ich schon damals an, weil das fröhliche Singen von englischen Liedern etwa eine nebenan arbeitende Klasse störte.
Solche Unterrichtsformen mussten also im Regelfall auf die letzten Stunden vor den Ferien beschränkt werden.

Aber bei Wandertagen kam die Klampfe zu ihrem Recht.
Ich schleifte sie bis in die katalanischen Ausläufer der Pyrenäen hinauf, als uns dorthin 1970 ein Ausflug mit der RENFE (Red Nacional de Ferrocarriles de España) führte.
Unvergesslich der Nachmittag in einer bewirtschafteten Berghütte, in die wir, 30 Mädchen und Buben im Konfirmandenalter und ein Lehrer, eines Gewitters wegen flüchten mussten.
Ein paar spanische Forstarbeiter und Hirten waren schon da, ein herrliches Kaminfeuer wärmte uns, und wir begannen zu singen.
Im Lauf von etwa zwei Stunden wurde alles gesungen, was die spanische und lateinamerikanische Folklore hergab, und die Stimmung wurde immer ausgelassener: "Cuando era pequeñito, me cagaba en un barranco..."
Den Rest dieses frechen Liedchens zitiere ich hier nicht, den kann sich jeder ergoogeln. Heute ist das keine Majestätsbeleidigung mehr, sondern ein historisches Dokument.

Ob politisch oder nicht: Die zwei Singstunden in dem katalanischen Refugio bescherten mir eines meiner schönsten Erlebnisse während meiner Zeit in Spanien.

Zurück nach Franken:
Auch die Automaten waren Lustkiller. Jede Wirtschaft musste außer der Jukebox noch einen oder gar mehrere blöde Spielautomaten haben, „einarmige Banditen" genannt, die den jungen Leuten das Geld aus der Tasche zogen. Hier gewann der Roland einmal so viel, dass ich es notierte. Dieser „Roland", der in Wahrheit anders hieß, lebt übrigens schon lange nicht mehr.
Eine andere Art von Unterhaltung bot in manchen Gasthöfen, vorausgesetzt, der Platz war vorhanden, die Kegelbahn.

Der Deuerlein betrieb unter diesem bemoosten Dach in den Jahren um 1950 eine Kegelbahn.
Dort schuftete ich eine Zeitlang als Kegelbu, Kegelbiebla.
Ich musste die umgefallenen Kegel nach jedem Wurf wieder aufstellen und bekam dafür ein bisschen was bezahlt. Fielen alle Neune, so gab es ein Extrageld für mich.

Exkurs Nr. 15

Die Kegelbahn.

Es gab drei Wirtshäuser mitten im Dorf: den „Wirtsbischoff", heute „Sonne", und den „Deierla", schriftdeutsch Deuerlein, sowie die „Lina", die Friedmanns-Lina, mit ihrem „Gasthaus zum Grünen Baum".

Die Bahnhofswirtschaft (Meyer) war schon fast außerhalb des Dorfkerns, und das Hospiz war ein bisschen fromm.
Kegelbiebla zu spielen war ein gefährlicher Job.
Wehe, wenn ich nicht schnell genug hinter die schützenden Bretter hupfte. Da waren nicht ausschließlich gemütliche Vereinsbrüder am Werk mit „Kummi heit net, kummi morng". Da waren Mannsbilder dabei mit genügend Saft und Kraft, um ein ganzes Lokal zu zerlegen, hungrig oft und frustriert durch die Probleme der Nachkriegszeit.
Manche schossen die riesigen schweren Kugeln mit einer derartigen Gewalt auf die Bahn, dass alles in Fetzen flog.
Mit einem unheilvollen Grollen und Donnern kam das Ding näher, schnell wie eine MIG 5, traf wie ein Schrapnell auf die Kegel, diese flogen kreuz und quer durch die Luft, und es klapperte und knallte, dass mir angst und bange wurde.
Nachdem es unheimlich still geworden war, lugte ich über die Bretterwand.
Oft sah ich in meiner Fantasie meine kurzbehosten Beinchen so daliegen wie die gefallenen Kegel, sinn- und hoffnungslos chaotisch durcheinander, direkt unterhalb des Knies abgeschlagen.
Einmal wurde gerauft. Die wackeren Kegler waren sich wohl nicht einig über die Punkte. Aus Gut Holz wurde Bös Holz. Ein stämmiger Kerl im weißen Hemd, bestimmt zwanzig Jahre jünger als mein Vater, forderte diesen heraus mit „Hanni hin und Hanni her und Hanni Leckmiamorsch", so lange, bis dieser so rot wurde wie sein großer Lötkolben und den Jüngeren beim Schlafittchen packte.
Ich bekam es gar nicht mit, wie schnell die beiden vor der Kegelbahn am Boden lagen und Schleifrad spielten, amoll du, amoll i.
Stiernacken, breite Hände, Fäuste, blaue Adern gab es zu sehen, sonst nichts, und die ganze Luft war erfüllt vom Dunst der Gewalt.
Dem schon älteren Hanni gelang es, den jungen Raufbold in die Flucht zu schlagen, aber im Davonrennen schnappte der sich die größte Kugel und warf diese voller Wucht auf meinen Vater.
Mir ist es heute noch schleierhaft, wie es dem Opfer gelang, so blitzschnell seinen Kopf wegzudrehen, dass die Kugel gegen die Bretterwand donnerte. Sie hätte ihn glatt erschlagen.
Der Gegner verzog sich, die Sache wurde vertagt.
„Du kummst mer grohd reecht! Mit dir werri scho nu ferti! Lass di bloos nemmer blickn doo!"

Freitag, 9. März 1956

Jetzt geht um halb 7 gerade die Sonne auf. Es ist kalt.
In Wicklesgreuth steige ich um.
Um dreiviertel 8 kommt der Zug. Ich steige bei Dieter ein.
Wir kommen etwas zu spät in Englisch.
In der Pause gebe ich das Spendengeld ab: 119,50 DM.
In der Deutscharbeit über die Scuderi habe ich Gottseidank die beste (1-). Otto kommt nach mir mit 2.
Nachmittags bleibe ich heute hier. Um 1 h gehe ich zu Tante E.
Ich bekomme 2 Eier, Butterbrot und Kaffee.
Sie ist freundlich wie immer.
At 3 I go to the cinema: The bath sur la Tenne.
Quite well, much meat.
Die Sonne scheint, es ist aber ziemlich kalt.
Eine ausgesprochene Hochdrucklage.
At halb 6 I go home with my baby and 2 others.
Nice talk, the temper is very good.
Je l'aime beaucoup. We're standing outside the train.
Rehe grasen am Waldrand.
Abends bin ich zuhause und strebe Chemie.
Um 9 h gehe ich ins Bett.

„I go home with my baby" – diese Notiz heißt nur, dass ich in Begleitung des von mir verehrten Mädchens mit dem Zug von Ansbach Richtung Neuendettelsau fuhr.

Alles, was die Eltern nicht mitbekommen sollten, schrieb ich, wie schon einmal erwähnt, in diesem schauderhaften Englisch oder Französisch, bzw., wenn es ganz heikel war, in meiner Geheimschrift.
1956 gab es von Windsbach aus durchgehende Zugverbindungen in die Kreisstadt. Dazu wurde meistens der neue Schienenbus eingesetzt. So hatte man morgens die Wahl zwischen Sitzenbleiben oder Umsteigen in Wicklesgreuth.
Manchmal stieg ich um, weil ich im von Nürnberg kommenden Zug jemand treffen wollte. Das hatten wir vorher ausgemacht, auch die ungefähre Sitzposition. Auch bei der Heimfahrt gab es bequeme durchgehende Verbindungen. Dann stand eben in Ansbach auf Gleis 1 der „Personenzug" nach Windsbach bereit.
„Personenzug", „Eilzug", „Schnellzug", das waren die Abstufungen. Eigentlich ein Kuddelmuddel, was die Bezeichnungen angeht, denn die Eilzüge und Schnellzüge waren ja auch „Personenzüge".
Es gab noch keine S-Bahn, keine Regionalbahn, keinen Regionalexpress, keinen Interregio und keinen Intercity, vom ICE ganz zu schweigen. War es kein Eil- oder Schnellzug, so sprach man einfach vom „Bummelzug" oder manchmal ein bisschen unwirsch von der „Verdrusslinie". So lange es die Dampflok gab, natürlich vom „Bockerla" oder „Bockl" (vgl. den Eintrag vom 23. Januar).
Im Rückblick muss ich sagen, dass mich die Bahn über neun Jahre hinweg sehr zuverlässig und meistens angenehm zur Schule und zurück gebracht hat, von Ausnahmen abgesehen, wenn etwa in Wicklesgreuth kein Anschluss vorhanden war und wir auf den Schienen bzw. Schwellen heimspazierten.

Es war tatsächlich so: wenn man im gottverlassenen Wicklesgreuth am letzten Bahnsteig stand und auf das Bockerla wartete, konnte es vorkommen, dass auf der Wiese neben dem Wald, in sicherer Entfernung selbstverständlich, Rehe grasten.
Diese besondere Stimmung an jenem Vorfrühlingsabend, die auch durch drei mit mir auf den Zug wartende Mädchen erzeugt wurde, verleitete mich zu der überschwänglichen Aussage in französischer Sprache.

Mehr über die „Scuderi" im Eintrag vom 16. Februar.
Meine Erfolge in Deutsch versüßten mir das Schulleben und entschädigten mich für die Niederlagen in so manchem anderen Fach. Das begann ganz unscheinbar in der zweiten alias sechsten

Klasse. Aber auch das habe ich schon geschildert, und zwar am 13. Januar, ebenso wie meine Besuche bei der Tante in der Würzburger Landstraße (vgl. Eintrag vom 11. Januar).
So bleibt für heute nur noch „Das Bad auf der Tenne", der Film, den ich in Ansbach anschaute.
Meiner Erinnerung nach gab es dort drei Kinos:
die Schlosslichtspiele, die Kammerlichtspiele und das Capitol.
Letzteres befand sich in der Kanalstraße und war das modernste. Es brachte die Streifen, die wir sehen wollten: Musik- und Actionfilme.
Irgendwie sprach es sich immer herum unter den Halbstarken, wenn es in einem Film etwas Pikantes zu sehen gab: „much meat".
Eigentlich müsste es ja „flesh" heißen, weil es sich um lebendes handelt. Wiederum, damit die Eltern nichts mitbekamen, verhunzte ich den Titel. Heute kann ich ergoogeln, dass es sich um ein Remake eines SW-Films von 1943 handelt.
Dem Thema zugrunde liegt eine Badewanne in einem holländischen Dorf, die den Männern den Kopf verdreht, wenn sie von irgendwelchen prallen Dorfschönen benützt wird. Der Film war erst im Januar 1956 angelaufen und für Jugendliche unter 18 verboten.
Letzten Endes ist darin etwas von der uralten Geschichte von den zwei Spannern im Alten Testament zu finden, die die tugendhafte Susanna bedrängen:
„Da regte sich in ihnen die Begierde nach ihr. Ihre Gedanken gerieten auf Abwege und ihre Augen gingen in die Irre."
Lustig ist die Bibelgeschichte ganz und gar nicht, denn die beiden alten Deppen sind ja darauf aus, die fromme und keusche Susanna umbringen zu lassen, nachdem sie ihnen nicht zu Diensten ist.
Der Schuss geht allerdings nach hinten los, weil der kluge Daniel als Richter bestellt ist und es ihm gelingt, die Verleumder und Lügner zu überführen. Daraufhin werden die geilen Böcke selber getötet.
Da sie die Rechte einer Frau völlig missachteten und um ihres Vorteils willen bereit waren, deren Tod in Kauf zu nehmen, hält sich mein Mitleid in Grenzen.
Am besten gefällt mir die Darstellung der Susanna in der bildenden Kunst im Gemälde der Malerin Artemisia Gentileschi (1593 - 1653), weil es ihr gelingt, das Kriminelle und Verwerfliche an der Angelegenheit herauszuarbeiten.

Samstag, 10. März 1956

An 1. Stelle der Hillbillyparade ist immer noch 16 tons.
Im Zimmer 1 machen wir Stereo- und Trigonometrie.
In der 1. Stunde spricht er über die Physikschulaufgabe.
In der 3. Stunde schreiben wir die Chemieschulaufgabe.
Über Elektrolyse.
Bis halb 11 sind wir bereits fertig.
Sie war nicht schwer, aber hürdenreich. Bis Lateinbeginn sitzen wir etwas im Chemiesaal, ich trinke einen halben Liter Milch.
In Latein wird es heute gut: Karbonarius setzt sich in die erste Bank und ich muss den Professor spielen. Much fun.
Um 1 h fahre ich heim.
Es ist nicht gerade warm, abwechselnd Sonnenschein, abwechselnd trüb. Nachmittags tanzen sogar einige Schneeflocken herum. AFN prima Musik. Um halb 3 gehe ich zum Friseur Stettner.
Vorne lasse ich mich etwas stutzen, oben nicht, kostet 1 Mark.
Von 4 bis 6 bin ich zuhause, spiele Zither und später mit Helmut.
Um 6 h schneit es.
Um viertel 9 gehe ich zur Friedmannslina.
Karlheinz hat versprochen, dass er auch kommt.
Als er um halb 10 noch nicht da ist, gehe ich heim. In ihrem kleinen Zimmerchen habe ich eine Halbe Bier getrunken. Eltern im Kino.

Sixteen tons ist seit dem 6. Februar einer meiner favorisierten Hits.
Das sind schon 34 Tage oder etwa fünf Wochen.
Näheres dazu liest man am 6. Februar.
Much fun – großer Spaß beim Rollenspiel. Der „Herr Professer", wie wir alle Lehrer nennen mussten, setzte sich in die Klasse und ließ einen Schüler unterrichten. Hätten sie das mal öfter gemacht!
Wie lange dauerte es, bis sich durchsetzte, dass die Gymnasiallehrer einfach mit ihrem Namen angesprochen wurden?
Meiner Erinnerung nach bis etwa 1965. An meiner Seminarschule in Fürth versuchten wir Referendare - da hatten wir schon das erste Examen hinter uns - die Seminarlehrer ganz allmählich und zaghaft beim Namen zu nennen und den „Professor" wegzulassen.
In den ersten Tagen meiner Zeit als Oberschüler, als naives Bübchen vom Land, grüßte ich 1950 dienstbeflissen einen vorbeigehenden Lehrer auf dem Schulhof mit „Grüß Gott, Herr Lehrer!".

Ich habe es nicht vergessen, wie ich von einem erfahreneren Kameraden streng gerügt wurde:
„Des derfst fei net sohng. Der haut dir a Schelln runter!"
Beim Klassenabend am 18. März trug ich Gstanzln im Stil des Roiderjackl vor. Über jeden Lehrer hatte ich einen Vers gedichtet, immer mit dem Zusatz „Professor" vor dem Namen.
Einige werden an dem betreffenden Tag, also morgen in einer Woche, zu zitieren sein.

„Morng bo der Bohderi" war eine stehende Redewendung, wenn man jemandem klarmachen wollte, dass man nichts unternehmen werde, dass einem das Ganze wurscht sei.
Man wurde zum Beispiel aufgefordert, irgendetwas zu machen oder zu erledigen. „Ja, morng bo der Bohderi", war die Antwort.
Vorausgesetzt, man konnte es sich leisten. Das konnte man aber nur, wenn der Auffordernde keine echte Autorität war.
Dabei gab es die Bohderi gar nicht.
Vielleicht ist die Redewendung so zu erklären. Wenn ich verspreche, etwas morgen bei der Baderin zu erledigen, dann wird es eben nie erledigt, weil es gar keine Baderin gibt, zumindest nicht offiziell.
In den mittelalterlichen Badestuben mag es Mädchen oder Frauen gegeben haben, die beim Baden behilflich waren, aber es wird ihnen nur erlaubt gewesen sein, den badenden Frauen ihre Dienste anzubieten.
Von der Geliebten des bayerischen Herzogs Albrecht III namens Agnes Bernauer wird kolportiert, sie sei eine Baderstochter gewesen. Über ihr trauriges Schicksal kann sich jeder selber schlau machen.
„Reiberinnen" (mhd. riberinne) hießen diese Gehilfinnen, weil sie die Aufgabe hatten, die Badenden trocken zu reiben oder zu rubbeln. Die Pest und die Syphilis beendeten schließlich das fröhliche (T)Reiben.
Übrig geblieben ist der „Bohder", der nichts anderes anbot, als einem die Haare zu schneiden.

In Neuendettelsau gab es 1956 zwei Bohder: den Wellhöfer und den Stettner. Wellhöfer war am Sternplatz, Bahnhofstraße 1, Stettner in der Friedensstraße.
Ich war bei beiden Kunde, ging einmal zu diesem und einmal zu jedem. Eine telefonische Anmeldung gab es nicht.

Man setzte sich in den Wartebereich der niedrigen Stube, in der es zwei oder drei Friseurstühle gab, und wartete, bis man an der Reihe war.
Das Friseurgeschäft war auch eine wichtige Nachrichtenbörse.
Alles, was so im Dorf passierte, konnte man dort erfahren.
Aber auch das große Weltgeschehen wurde erörtert.
Manchmal lief das Radio im Hintergrund, und wenn Nachrichten kamen, so wurde gleich kommentiert.
Da ich von Fußball - die Fußballbegeisterten mögen es mir nachsehen - absolut nichts verstand, wurde mir immer schwül, wenn ich, während ich den weißen Latz umhatte, von dem mit der Schere herumfuchtelnden Friseur gefragt wurde: „Woss soggstn zum Club?"
Tja, überlegte ich krampfhaft, was sage ich zum Club?
Was sage ich zum Club? Eigentlich wusste ich gar nichts zu sagen, aber das wollte ich natürlich nicht zugeben.
Abwarten half. Ich wiegte also zunächst bedenklich mein Haupt hin und her und meinte „Hm, des wird mer sehng..." oder so was ähnliches.
Ein Stein fiel mir vom Herzen, wenn mein Gegenüber von sich aus anfing zu dozieren über die Aufstiegschancen oder über die jüngsten Niederlagen. Dann war ich gerettet und brauchte nur ein gelegentliches Ja! oder Stimmt scho! einzuwerfen.
Mit diesen etwas karikierenden Ausführungen charakterisiere ich jetzt keinen speziellen Bohder.

Der Herr Wellhöfer sen. machte sich in den 1940ern verdient als Maskenbildner, wenn der Gesangverein Theaterstücke aufführte.
Meiner Erinnerung nach war das zwei Mal der Fall.
Mein Vater spielte einmal einen Wilderer und einmal einen Polizisten. Eines der Stücke war „Das vierte Gebot" von Ludwig Anzengruber. Dazu fand man sich im alten Bischoffsaal ein.

Auf dem Foto erkenne ich, von links: Hans Errerd, ?, Michael Schindler, Herrn Wellhöfer, Michael Buchinger, ?, Bärbel Besenbeck, Herrn Schmidtkunz, Hans Müller, Irmgard Buchinger, Johann Bär, ?, Johann Kohlmann, Otto Drews.

Sonntag, 11. März 1956

Um halb 10 stehe ich auf. Draußen ist es trüb. Ich wasche mich, auch die Haare, und da sie nicht halten, kaufe ich mir beim Stettner eine Fit-Frisiercreme für 85 Pf. Um 11 h gehe ich für Helmut auf die Post und frage nach seinen Karten von dem Postkartenspiel.
Nichts da.
Um halb 2 gehe ich bei furchtbarem Schneegestöber an den Bahnhof und hole Vaters und Helmuts Fahrkarten.
Ich habe Helmuts Hut auf.
Dann gehe ich mit Helmut zum Meyer und trinke eine Halbe.
Es ist gar nichts los. Um halb 3 kommt B. und sagt she's waiting am Kino. Ich nichts wie hin. 2 Mal 1. Platz, 2,20 Mark.
Endlich. I'm sitting besides her, on the last row. Film „Die Deutschmeister". Aufnahmen und Musik gut, Handlung Quatsch.
Es hat aufgehört zu schneien, nun liegt er am Boden.
Es hat unter 0 Grad.
Von meinem Mantel habe ich das Futter rausgemacht.
Um 6 h gehe ich noch zum Meyer.
Alfred geht heim und überlässt mir eine frische Halbe. Die Stimmung ist zum Kotzen. Ich denke an einstige Sonntage. Um 9 h im Bett.

Das müssen gemütliche Zeiten gewesen sein. In mancher Hinsicht. Man ging offenbar einfach am Sonntagvormittag zum Friseur und kaufte sich eine Creme oder ein Gel fürs Haar. Weit hatte ich es ja nicht. Von der Bahnhofstraße 9 (heute 7) bis zur Friedenstraße sind es nur wenige Minuten zu Fuß.

Blick in die Friedenstraße in den 1960ern. Das rechte Eckhaus war die Polizeistation.
Hinten links betrieb Herr Stettner seinen Laden.

Auch zur alten Post ist es von dort aus nur ein Katzensprung. Ich konnte entweder durch das Rottlergässla und das Henningergässla gehen oder auf der Straße an Sankt Nikolai vorbei.
Die Entfernung war ungefähr gleich.

Etwa zwei Jahre nach diesen Tagebucheinträgen zogen meine Eltern mit mir um, und zwar just in das alte Postgebäude, Hauptstraße 16.
Damals war das einfach „die Post", und zwar schon seit mehr als 50 Jahren, denn die Post hatte dort gleich nach der Errichtung des dreistöckigen Hauses kurz nach der Jahrhundertwende im Erdgeschoss Diensträume angemietet.
Vorher, also von 1861 an bis 1903, war die Posthalterei im Hospiz, dem ehemaligen „Gasthaus zum Anker" untergebracht, wo ab 1880, als die Diakonissenanstalt das Wirtshaus kaufte, zunächst eine Diakonisse, die sogenannte „Postschwester" den Dienst versah.

Für mich war die Post von Kindheit an mit der Hauptstraße 16 verbunden, und da der Weg von dort zum Bahnhof an meinem (Groß)Elternhaus vorbeiführte, bekam ich es fast täglich mit, wie die Briefe und Pakete zum Zug befördert wurden.
Johann Kolb, der Vater des 1956 zum Bürgermeister gewählten Alfred Kolb, war der Spediteur.
Wenn ich die Augen schließe, höre ich noch die Hufschläge seines Pferdes, das gemütlich trabend jeden Tag pünktlich um halb fünf den mit den Sendungen gefüllten Wagen die Bahnhofstraße hinauszog.
Dieses Geräusch ist schuld an einer Tragödie, die ich in meinem ersten Schuljahr erlebte:
Meine Memminger Großmutter hatte unter großen Schwierigkeiten für mich eine Schiefertafel aufgetrieben und diese geschickt.
Vorher hatte ich mit quietschendem Griffel meine ersten Buchstaben auf einen Scherben geritzt, der die Form eines Dreiecks hatte und der Rest einer zerbrochenen Tafel war.
Es gab nichts zu kaufen in den ersten Monaten nach dem Krieg.
An Schreiben auf Papier war gar nicht zu denken.
Noch 1947 war der Papiermangel ein großes Thema in der Kinderzeitschrift „Liliput", die mein Vater für mich abonniert hatte.
Also: Schreiben üben auf der neuen Schiefertafel aus dem Allgäu, eine Kostbarkeit mit einem schönen hellbraunen Holzrahmen.
Wie fast immer saß ich in der Wohnstube der Großeltern im Erdgeschoss des weit in die Straße hineinragenden Hauses, von dessen Fenster aus man auf der einen Seite auf die Grünanlage, auf der anderen Richtung Bahnhof schauen konnte.
Die Hufschläge des Postgauls waren zu hören.
Den musste ich jetzt auch sehen, denn es würde dann wieder minutenlang nichts geben, wofür es sich lohnte, die Hausaufgaben zu unterbrechen, also kniete ich mich, damit ich über die Scheibengardinen des kleinen Fensters blicken konnte, auf den Tisch, und leider, da meine Augen nur Richtung Fenster gerichtet waren, auch auf die darauf liegende Schiefertafel.
Es gab einen hässlichen Knacks, und das teure Stück, für das die Großmutter vielleicht in ganz Memmingen herumgerannt war, zerbrach in drei oder vier Trümmer.
Vielleicht gelingt es der/dem einen oder anderen, wenn er/sie heute dort an der Ampel steht, sich die Zeit, bis diese Grün anzeigt, zu verkürzen mit dem Gedanken an den Buben, über den dort an einem Herbsttag 1946 das Unglück hereinbrach.

Hätte mein Vater nicht baldmöglichst beim Schocken in Nürnberg eine abermals neue Schiefertafel gekauft, ich hätte nicht schreiben gelernt, ehrlich. Denn, wie sagt man? „Was Hänschen nicht lernt..."

Ich verwende oben absichtlich die Diminutivformen „-gässla" und nicht die anbiedernden Kastrate „-gässle" o. dgl., so wie z. B. die Windsbacher eine Straße „Im Gründle" benannt haben.
Das halte ich für Quatsch. Bei uns ist das „a Gründla", so wie ein Küchlein „a Kiechla" ist und kein „Küchle".
Lassen wir doch den Württembergern ihre „Häusle", ihre „Mädle" und ihre „Schätzle". Wir verkleinern und verniedlichen auf „la", und wenn es mehrere sind, auf „li": „O Mahdla, doo schau här..." und „Net asu, net asu, wie's die Mahdli machng..."

Spaß beiseite. Da fast niemand ein Telefon hatte, spielte die schriftliche Kommunikation eine weitaus größere Rolle als heute.
Bei einem Briefwechsel, den die Eltern nicht mitbekommen sollten, kam die Funktion „Postlagernd" zur Anwendung.
Vor allem sonntags, wenn von elf bis zwölf Uhr die Post geöffnet war und die Sonne schien, entwickelte sich in dem Bereich zwischen Löhehaus und dem alten Schulhaus ein regelrechter Auftrieb.
Es fehlte nur noch, dass, wie auf einer spanischen Plaza, die Machos links im Kreis herumspazierten und das schöne Geschlecht rechts herum oder umgekehrt.
Schon als ich noch in der Bahnhofstraße wohnte, zog es mich vor dem Mittagessen regelmäßig dorthin, und als ich dann ab 1958 mitten im Geschehen, im dritten Stock, residierte, brauchte ich nur die Treppen hinunterzustolpern.

An eine dieser Säulen stellte ich mich hin, und da mussten sie alle vorbei, die picobello sonntäglich gekleideten Laurentiusschülerinnen, so wie sie aus der Kirche kamen, aller Sünden ledig, da sie soeben erst eine Stunde lang gesungen, gebetet und gebeichtet hatten.
Fast wie ein Ritual kam mir dieser Gang zur Post vor, und manche wird sich gefreut haben, von den Eltern oder anderen Lieben etwas zu lesen bekommen zu haben.

Zum Postamt hinauf, hier an der Stelle, wo die beiden Autos stehen, führte eine große, breite, steinerne Treppe, die rechts und links je von einer Mauer und einer Säule eingerahmt war.
Die beiden Giebelfenster ganz oben gehörten zu unserer Wohnung (1958 – 1961).

Dazwischen bahnten sich die Wohlstandsbubis mit ihren nagelneuen, blank gewienerten Vickys oder Vespas ihren Weg, und wenn ich auf so einem saß, als Sozius natürlich, denn selber blieb mir nur das Fahrrad, so fehlte mir nichts zum vollkommenen Glück.
Höchstens eins von diesen netten, adretten, unerreichbaren Mädchen, deren Sommerkleider das armselige Bauerndorf schmückten wie bunte Blumen einen Nutzgarten.

Der Kinobesuch muss in jeder Hinsicht enttäuschend gewesen sein, weil nichts Positives dazu vermerkt ist.
Ausführlich über das Lichtspielhaus der 1950er kann man im Eintrag vom 10. Januar lesen.
Und die geselligen Sonntagnachmittage in der Bahnhofswirtschaft mit den umgänglichen Mädchen waren auch schon Geschichte.
„Panta rhei – alles fließt", sagt Heraklit. Nichts bleibt so wie es ist, man kann nicht zweimal in denselben Fluss steigen.

Beim Lesen von Aufzeichnungen, die man vor mehr als 60 Jahren gemacht hat, bekommt man zwar manchmal das Gefühl, das sei erst gestern gewesen, aber es wird einem auch bewusst, wie vergänglich das alles ist und dass alles unwiederbringlich dahin ist und dass, außer Erinnerungen, nichts bleiben wird.
Wie schade, dass ich kein einziges Foto habe von diesem bunten Treiben vor der Post anno 1956. Zu den Bildern, welche das Gebäude im Originalzustand zeigen, habe ich kein Copyright.

Montag, 12. März 1956

Vater und Helmut rumpeln früh um 5 h fort. Jetzt geht's wieder los. Ich stehe um halb 8 auf. Draußen liegt knirschender Schnee und die Sonne scheint etwas undurchsichtig. Ich mache Englisch und gebe meine blaue Hose zum Reinigen zum Honold.
Um 10 h gehe ich zu Eisen und frage wegen Arbeit in den Osterferien. Er sagt, ich solle in einigen Wochen wiederkommen. Zuhause spiele ich noch ein paar auf der Zither.
Die Fahrt zur Schule ist wie immer.
Beim Franz diskutieren wir über einen Wandertag. In Physik nehmen wir die Stromwärme durch. Ich bin sehr trübsinnig.
In Wirtschaftslehre ist es wieder ziemlich lustig.
Auf der Heimfahrt auch. So eine blonde Katze wäre meine Kragenweite. Sie ist aber sehr kratzbürstig und schlagfertig.
Ludwig sagt mir später noch, dass ED1 meine Briefe herumzeigt. Jetzt ist alles aus.
Sie ist eben genau so kindisch wie alle anderen.
Abends bin ich zuhause und träume etwas bei schwermütiger Musik.
Um dreiviertel 9 ins Bett.

Die in Nürnberg arbeitenden Pendler, wie mein Vater während dieser Wochen einer war, mussten schon um 5 Uhr am Bahnhof sein, um den ersten Zug zu erwischen.
Unsere Klasse hatte am Montag nur Nachmittagsunterricht, weswegen ich mir den Vormittag frei gestalten konnte.
Als Ferienarbeit im Sommer, aber auch schon während der vierzehntägigen Osterferien konnte man sich damals nur eine Tätigkeit auf dem Bau vorstellen.

Deswegen fragte ich bei Herrn Eisen, dem Baumeister der Diakonissenanstalt, an. Er hatte eine Dienstwohnung in einem der kleinen Häuschen auf der linken Seite der Wilhelm-Löhe-Straße, gleich nach dem Service-Point.

„Meine Kragenweite".
Ich lasse den Machojargon eines Pubertierenden so stehen, auch wenn ich das heute nicht unterschreibe.
Interessant sind auch die heftigen Stimmungswechsel, die schon Goethe charakterisierte als „Himmelhoch jauchzend, zu Tode betrübt". Der Halbstarke, Halbreife, tendiert dazu, alles zu übertreiben. Davon rühren dann zum Teil auch die Reinfälle, welche mir meine Schreiberei bescherte.
Wie schon einmal erwähnt, habe ich Antwortbriefe, die meine Diktion imitierten, entsorgt, da ich mich für die darin enthaltene Überschwänglichkeit, was die Liebesbezeigungen angeht, schämte.
Sollte einer meiner damaligen Ergüsse irgendwann oder irgendwo zum Vorschein kommen, so kann ich es nicht ändern. Es bleibt mir nur, festzustellen: das war alles Pose, denn wie konnte man einem Menschen, den man kaum kannte, ewige und unverbrüchliche Liebe versprechen? Dass man nie eine andere lieben würde?
Außenstehende mögen sich amüsiert haben, mich enttäuschte es zutiefst, wenn ich erfuhr, dass ein Brief quasi missbraucht wurde.
Vielleicht erwartete ich auch zu viel von mancher Fünfzehnjährigen? Spiele ich heute den Hobby-Psychologen, so wage ich die These, dass mir einfach eine Schwester fehlte, eine etwas ältere Vertraute, die mir den Kopf zurechtgerückt hätte, was mein Frauenbild betrifft. Aber auch die rigorose Geschlechtertrennung in der Schule war fatal. Sie verhinderte meiner Ansicht nach, dass wir unverkrampft miteinander aufwuchsen.

Dienstag, 13. März 1956

Es ist nicht gerade kalt, hat aber Frost. Eine leichte, nicht geschlossene Schneedecke.
Die Sonne scheint den ganzen Tag über, aber nur schwach.
Im Zug habe ich Angst, dass der Pfaff eine Ex schreibt.
Leonhard und Mike fahren deswegen schon mit dem zweiten Zug.
Aber sie schwänzen umsonst. Er macht Unterricht wie immer.

In Musik singen wir lauter Krämpfe. In der Ex habe ich eine Zwei.
In der 3. Stunde müssen wir wandern, ins Physikzimmer, da im Zimmer N eine Matheschulaufgabe geschrieben wird.
In Deutsch hören wir 3 Referate: über China, über alte Maße und Gewichte, und über die Modernisierung auf dem Lande.
Das letzte war das beste.
Nachmittags ist nichts los. Ich sitze zuhause, höre AFN, spiele Zither und Guitar. Am späten Nachmittag fängt es an zu schneien und hört den ganzen Abend nicht mehr auf.
Mein Liebesthermometer sinkt gewaltig, als sich Mama mit mir lange unterhält. Ich habe ihr das Bild gezeigt.
Abends bin ich zuhause und horche Radio.
Vater ist sehr grantig, als er heimkommt.
Um dreiviertel 9 im Bett. Keine Liebesqualen mehr.

Endlich kam es mal zu einer Aussprache zwischen Mutter und Sohn. An die Einzelheiten kann ich mich natürlich nicht mehr erinnern. Ich weiß nur noch, dass ich, in meinem euphorischen Zustand, ihr das Foto zeigte, das ich von der Angebeteten hatte.
Die 38-jährige Mama reagierte absolut richtig. Sie ließ mich zunächst einmal reden und spürte mit Sicherheit, dass sich hier mehr anbahnte als eine jugendliche Freundschaft. Da war Gefahr im Verzug, denn der unbedarfte Bub hatte Vorstellungen und Illusionen, die er nicht überblicken bzw. beherrschen konnte.
Allen Eltern und Großeltern sei es gesagt: das Testosteron, das im Wesentlichen produziert wird, damit der Unterleib funktioniert, kann im Kopf ein solches Chaos anrichten, dass an der Schwelle vom Kind zum Mann alle Arten von Katastrophen drin sind. Bis hin zum Suizid, wie man leider immer wieder lesen muss.
Diese Katastrophen müssen nicht eintreten, wenn der Betreffende irgendwo einen soliden Rückhalt hat.
Die Schule, Gott sei's geklagt, bot diesen nicht.
Was ich bei der Pädagogik meiner Jugendzeit vermisse, das ist die Anerkennung bzw. die Beschäftigung mit diesem anderen Hirn gesunder junger Leute. „Bauchhirn" möchte ich es nicht nennen, weil man bei diesem Begriff allzu sehr an die Verdauung denkt.
Nein, es ist das Hirn, oder das Denken und Fühlen, welches später die sexuellen Beziehungen steuern soll und damit maßgeblich darüber entscheidet, ob man im Leben glücklich wird oder, auf diesem Feld zumindest, scheitert.

Trainiere ich nur den Kopf und vernachlässige alles, was unterhalb desselben ist, so kommt mir das vor, als ob ich mich zum Beispiel nur im Gebrauch der rechten Hand übe. Die Linke lässt man einfach links liegen. Gipst sie ein, als sei sie gebrochen.
Irgendwann wird dann geheiratet und eine Familie gegründet, und jetzt soll die linke Hand funktionieren, aus dem Stegreif sozusagen.
Das kann nur gelingen, wenn man vorher ein bisschen, wenigstens ein bisschen, geübt hat.
Die Mama fand instinktiv, möchte ich sagen, das rechte Maß zwischen Führen und Wachsen Lassen, und an jenem Nachmittag führte sie einmal ganz zielbewusst.
Sie machte mir klar, mit guten Worten, dass ich mit fünfzehn noch viel zu jung war für weitreichende Entscheidungen in solchen Dingen und noch viel, viel Zeit hätte. Zehn Jahre mindestens.
Sie sei zweiundzwanzig gewesen, als sie sich gebunden habe. Ich sollte jetzt erst einmal meine Schule machen und an eine Berufsausbildung denken, und es würden mir noch sehr viele Mädchen über den Weg laufen, und nach einer falschen Entscheidung hätte ich keine Möglichkeit mehr, die richtige zu treffen.
Das leuchtete mir ein, und ich weiß noch, wie erleichtert ich nach dem Gespräch war und wie aller Missmut verflog. Ich freute mich regelrecht auf die vielen potentiellen Partnerinnen, die ich noch kennenlernen würde, und beendete in aller Stille und ohne Schmerz die angebahnte, im Wesentlichen unbefriedigende, Beziehung.

Ein Roman, den ich längst in der Schublade habe, allerdings nicht starr und unveränderlich, sondern dynamisch, soll dieses durch die Hormone verursachte Chaos im Kopf thematisieren.
Dynamisch heißt, dass ich jede Folge kritisch überarbeite und gegebenenfalls kürze bzw. ergänze.
Manche Folge wird völlig neu geschrieben.
Um die erotisch expliziten Stellen komme ich dabei nicht ganz herum, wenn es eine ehrliche Darstellung der Irrungen und Wirrungen eines Sechzehnjährigen sein soll. Wenn ich da zensieren würde, begäbe ich mich auf die Stufe der offiziellen Pädagogik jener Jahrzehnte und würde die Literatur um ein weiteres Beispiel für Kitsch und Verlogenheit bereichern.
Wobei „Bereichern" jetzt Quatsch ist und anmaßend.
Ich experimentiere nur für mich, und wer sich belästigt fühlt, muss es ja nicht lesen.
Es ist bezeichnend, dass spät, sehr spät, ein pädagogischer Seiteneinsteiger wie Oswalt Kolle kommen musste, um mit Filmchen, die heute fast peinlich wirken, nachzuholen, was in Jahrzehnten versäumt wurde.
Es brauchte wohl erst die 1968er Revolution („Unter den Talaren der Muff von tausend Jahren!"), damit sich in Deutschland eine unverkrampfte Sexualität entwickeln konnte.
Nichts bestätigt dies mehr als der bei Wikipedia zitierte Ausspruch eines damaligen Zensors: „Herr Kolle, Sie wollen wohl die ganze Welt auf den Kopf stellen, jetzt soll sogar die Frau oben liegen!"
Also, beim Lesen immer daran denken bitte.
1956 war noch nicht 1968.
Da lagen noch zwölf lange Jahre dazwischen.

Sommer 1960. An der Straße nach Altendettelsau.

1969. Fünfundsiebzig Jahre war die Nebenlinie Wicklesgreuth - Windsbach alt. Vom Wohnpark war noch nichts zu sehen.

Mittwoch, 14. März 1956

Die Schneedecke ist heute geschlossen, weich und flaumig.
Im Zug ist nichts los. Vor 8 Uhr mache ich Algebra im Augustiner.
Dann gehe ich ins Turnen. Zum ersten Mal wieder.
Mit einem furchtbar tätscherten Ball spielen wir Völkerball.
Otto schmeißt dem Kronzucker die Brille vom Kopf.
Beim Krell schreibe ich die ersten vier Verse zu meiner Roiderjackl-Parodie über die Professoren, die ich am Sonntagabend beim Klassentreffen vortragen will. Den W. laden wir dazu ein in der Pause, und als der Zwack (Anm.; der Herr Oberstudiendirektor) herunterkommt, fragen wir auch gleich um Erlaubnis.
In der Physikschulaufgabe habe ich eine 2.
Er verwendet die ganze Stunde zur Herausgabe.
Um viertel 12 muss ich ins Singer Nähmaschinengeschäft und für die Patin und die Mutter etwas kaufen. Chor wie immer.
Das Wetter ist trüb und regnerisch. Latein langweilig, um halb 3 fahre ich heim. Die Verse für die Gstanzln fliegen mir nur so zu.
Bis 5 h bin ich fertig damit und habe es auch schon eingeprägt.
Dann mache ich noch etwas Stereometrie.
Um 8 h gehe ich in den Singkreis. Ich lese wieder den Pogorzelski.

Immer wieder reflektiere ich darüber, wie friedlich diese Zeit, wie überschaubar diese Welt war. Vom Bahnhof bis zum Hospiz, von der Grünanlage in der Bahnhofstraße über das Gasthaus zur Sonne bis zum Löhehaus, das war klein und vertraut.

In der Kreisstadt war die Schule und waren einige kleine Geschäfte, in denen ich, der ich jeden Tag hinkam, gelegentlich etwas besorgen musste für die Verwandtschaft oder für die Nachbarn.

Man hatte seine gesicherte Identität, und die war bayerisch, und die paar Sachsen, Schlesier und Egerländer, die der Krieg bzw. dessen wirtschaftliche Folgen in die Region gebracht hatten, gehörten dazu.

Das Exotischste war da ein Pole, der in einem Drama, das im „Singkreis" gelesen wurde, vorkam: Pogorzelski.

Es machte mir Spaß, in diese Rolle zu schlüpfen.

Die Amerikaner, die uns beschützten und garantierten, dass die Gespenster der Vergangenheit außen vor blieben, waren ständig durch den AFN präsent, Bayern mit seiner gemütlichen Hauptstadt München war die ideale Heimat, es wurde lebendig und liebenswert in seinen Volksmusiksendungen, es war lustig durch den Weiß Ferdl und den Roiderjackl.

Hätte jemand prophezeit, dass in ferner Zukunft ein afrikanischer Pfarrer diesen weißblauen Himmel verlassen muss, weil er sich seines Lebens nicht mehr sicher fühlt, man hätte sich an den Kopf getippt. Brennende Gebäude, angezündet aus Mutwillen oder Hass?

Nicht bei uns! Das gehörte in die Klamottenkiste der Geschichte.

Menschen, kleine Blumen- und Imbisshändler, erschossen am helllichten Tag in Nürnberg, wegen nichts?

Das hätte die Welt aus den Angeln gehoben.
Der Mensch gewöhnt sich wohl an das Unfassbare. Sicher hatten die 1950er auch ihre Bedrohungsszenarien.
Der Kalte Krieg war schon in den Köpfen, und es blitzte gelegentlich, so wie am 17. Juni 1953 in Deutschland, Ende Oktober 1956 in Ungarn und später 1968 in Prag. Dazu kamen der Koreakrieg und der Vietnamkrieg, aber das war alles weit weg und noch nicht so unmittelbar lebensbedrohlich wie die Kubakrise 1962, wo es fast so aussah, als würde die Welt in einem Atomkrieg untergehen.
Eine willkürlich gezogene Grenze, Mauer, Schießbefehl, verblutende, in den Rücken geschossene Flüchtende traten erst ab dem 13. August 1961 voll ins Bewusstsein der bayerischen Dorfbewohner, und sie zeigten ihre Solidarität, indem sie am Heiligen Abend brennende Kerzen in die Fenster stellten, für die „Brüder und Schwestern in der Zone".
Im Frühjahr und Sommer 1956 herrschte Frieden, absoluter Frieden, der, wie angedeutet, erst im Oktober durch den Aufstand in Budapest ins Wanken geriet. Aber das „Gleichgewicht des Schreckens", wie man es nannte, verhinderte, dass die Gewalt metastasierte.

Nun sind die Blöcke weg, und es zeigen sich Bedrohungen am Horizont, die ich in der Jugend nie für möglich gehalten hätte.

1956 war meine Welt absolut heil, wie man sieht, und die Unbefangenheit endete erst im Februar 1958, als ich die „Republikflüchtige" aus Brandenburg kennen- und lieben lernte.
Nun erfuhr ich etwas von den Zuständen „drüben" und bekam hautnah mit, wie ihr

ein Besuch bei der Mutter und den Geschwistern über Jahre hinweg verweigert wurde, musste es zähneknirschend hinnehmen, dass meine Schwiegermutter bei unserer Hochzeit fehlte, weil sie aus „Deutschland" nicht ausreisen durfte, nicht einmal für zwei oder drei Tage.
Und dann war 1990 die Welt voller Hoffnung.
Die „Wende" verhieß das Ende aller Unmenschlichkeit.

Vor 60 Jahren amüsierten sich die Franken am Radio über die bayerischen Blödler. Den Sketch „Ein Wagen von der Linie acht" konnte ein Mitschüler derart perfekt auswendig vortragen, dass man meinte, das Original zu hören. Immer wieder lachte man über die alte Dame die, ach bitte schön, Herr Schaffner, am Max-Weber-Platz aussteigen möchte, und dann in dem Tohuwabohu, das in dem Straßenbahnwagen herrscht, doch die Haltestelle verpasst.
„Ach Gott, ach Gott, mich trifft der Schlag!"
„Guet, dann bleims sitzn bis zum Nordfriedhof!" sagt der Schaffner.
Den darin enthaltenen hemdsärmeligen Lederhosensexismus erkenne ich erst heute.
Ein anderer Typ war der Roiderjackl, der es mit seinen selbstverfassten Gstanzln bis in die Veranstaltungen der höchsten Prominenz schaffte. Mit seiner Gitarre, seinem sympathischen Lachen und seiner gekonnten Reimerei gelang es ihm, Politiker und andere Größen so zu derblecken, dass ihm keiner böse war.
Er sang jeweils einen Vers, den er, aufgrund der Bauweise, mit beliebig vielen Silben füllen konnte, und dann spielte eine schrille Blaskapelle karikierend nach, um den Leuten Gelegenheit zu geben, herzhaft zu lachen, bevor der nächste Knüller kam.
Genau das imitierte ich bei meiner Reimerei über unsere Lehrer.
Beim geplanten Klassenabend wollte ich das zur Gitarre vortragen. Ein Vers, der sich auf den oben erwähnten Vorfall beim Völkerballspiel bezog, sei hier als erster zitiert:

Der Professer Kronzucker lernt uns des Turna
Und bom Völkerball bassd er immer auf,
Dass mer alles richtig machen und doo kriecht er halt manchmoll
In Ball aufn Kopf nauf.

Das heißt ungefähr: Beim Professor Kronzucker haben wir Turnen, und beim Völkerball passt er auf, dass wir alles richtig machen, und manchmal bekommt er dabei eben den Ball auf den Kopf.
Dass dem Pädagogen dabei die Brille vom Kopf flog, sorgte natürlich bei uns für Heiterkeit und war immer wieder Thema bei späteren Klassenabenden nach dem Motto „Weißt du noch?"
Ein paar weitere Verse sollen am Tag des Klassenabends, am 18. März, hier zitiert werden.

Donnerstag, 15. März 1956

Julius Caesar ermordet 44 v. Chr.
Hillbilly-Music ist heute gar nichts. Der Schnee ist gestern schon weggeschmolzen. Der Boden ist etwas gefroren.
In der Schule ist nichts Besonderes.
Den Schieber laden wir ein zum Klassenabend, er kann aber leider nicht kommen, da er heimfährt. Beim Gei nehmen wir die Wolken durch, und in Deutsch lesen wir das Fähnlein.
Nachmittags scheint wunderbar die Sonne, nur manchmal ist sie etwas verschleiert. Als ich gegessen habe, mache ich gleich einen kleinen Dorfspaziergang.
Zuhause höre ich dann AFN und spiele Zither und übe meinen Roiderjackl ein. Aufgabe mache ich nicht.
Von München höre ich von 6 bis 7 eine gute Musik. Abends kommt Helmut mit seiner Quetsche, und ich singe meinen Roiderjackl vor.
Um dreiviertel 8 gehen wir zum Sachsen, der die Sache mit der Firma Schädlich regelt. Ich unterhalte mich mit Helmut über das übliche. Er sagt mir, dass Vater weiß, dass ich mit M. im Kino war.
Gerhard says that M. is desperate, because I wasn't at the station this week.
Um halb 10 bin ich im Bett.

Hat man 80 Jahre auf dem Buckel, so sind seit der Geburt 29220 Tage vergangen.
In Worten neunundzwanzigtausendzweihundertzwanzig.
Das habe ich soeben mit dem Taschenrechner ermittelt und kopfrechnerisch nachgeprüft.
Wobei ich von rund 20 Schaltjahren ausgehe.

Wenn von diesen neunundzwanzigtausendzweihundertzwanzig Tagen nur, sagen wir mal, jeder zehnte absolut ereignislos war, so sind das schon fast dreitausend.
3000 Tage oder etwa drei Jahre im Leben, an denen nichts los war, an denen man nichts gemacht hat außer schlafen, essen, verdauen, seinen Körper betreuen und in den Tag hinein leben.
Hätte ich nicht meine Aufzeichnungen, so wäre dieser 15. März 1956, der Iden des März, auch so einer.
Für Gaius Julius Caesar, den römischen Diktator, war es der letzte Tag seines Lebens. Er wurde vor 2063 Jahren mit 23 Dolchstichen ermordet. So ist es in meinem Tagebuch vermerkt, und damals jährte sich das Attentat zum zweitausendsten Mal.
William Shakespeare hat die Verschwörung gegen den Herrscher und dessen gewaltsamen Tod sowie die Tumulte bei seinem Begräbnis in seinem Drama "Julius Caesar" (gesprochen „Sieser") wunderbar poetisch festgehalten.
So etwas geht mir beispielsweise durch den Kopf, wenn ich des Morgens zum ersten Mal erwache. Am Abend zuvor habe ich noch in mein Tagebuch von 1956 geschaut und überlegt, was ich zu dem betreffenden Tag schreibe.
Dann lege ich mich ins Bett und schlafe meistens sofort ein.
Aber um vier Uhr (spätestens) ist die Nacht rum. Erst meldet sich der Körper, der kopflose, und dann, sobald ich die horizontale Position einmal, und sei es auch nur kurz, verlassen habe, auch der Geist.
Dann geht es wie ein Mühlrad.
Um bei dem Bild zu bleiben: alles was im Leben oben hineingeschüttet wurde und noch wird, an Eindrücken, Begegnungen, Gesprächen, Erlebnissen, muss gemahlen werden, fein säuberlich getrennt nach verwertbarer Nahrung, dem Mehl, das später zu Brot und köstlichen Kuchen oder gar Torten verarbeitet werden kann, und der Kleie, die zwar auch nährt, aber als minderwertig angesehen wird.
Auf die Frage, warum ich immer schon so früh tippe, antwortete ich einmal scherzhaft, dass ich erblich vorbelastet sei. Da ist was dran.
Mein Neuendettelsauer Urgroßvater, also der Großvater meiner Mutter, den ich nicht kannte, den nicht einmal meine Mutter zu Gesicht bekam, war Gütler und Nachtwächter.
Er wandelte also, berufsbedingt, vor mehr als hundert Jahren nachts durch die lehmigen Gassen des armseligen Dorfs und passte auf, dass nicht ein Feuer irgendwo ausbrach und Hab und Gut zerstörte.

Tagsüber wird er deshalb, so stelle ich mir das vor, müde gewesen sein. Nehme ich nun noch meinen Vater dazu, der manchmal sang, wenn er seine Zither schlug, „Mei Schuh senn aus Hundsleder gmacht, drum hobbi ka Ruh bei der Nacht", so ist meine Schlaflosigkeit in den frühen Morgenstunden vorprogrammiert.

Aber Spaß beiseite. Von dem Urgroßvater, der Johann Konrad (mit Vornamen) hieß, weiß ich nur aus den Erzählungen der Großmutter.
1964, wenige Monate vor ihrem Tod, habe ich sie ausführlich interviewt und das Gespräch auf Tonband aufgenommen.
Es liegt inzwischen digitalisiert auf meinem Laptop und, zur Sicherheit, zusätzlich auf ein paar externen Festplatten.
Ich habe ihn, den Urahn, den Uropa oder Uri, wie heute die Jungen sagen, in den Kirchenbüchern gesucht und nicht gefunden, jedenfalls nichts über sein Sterben.
Warum? Weil er im Frühjahr, vielleicht war es im März, in dieser kahlen, blütenlosen Zeit, freiwillig aus dem Leben geschieden ist.
Das war 1917, ein halbes Jahr, bevor seine zweite Enkelin, meine Mutter, geboren wurde.
Darüber grüble ich. Warum macht ein Mann, der drei gesunde Töchter und fünf blühende Enkelkinder hat, so etwas?
Meine Tante, die ältere Schwester meiner Mutter, konnte sich an den Tag noch erinnern.
Sie, im Dezember 1914 geboren (und im November 2014 gestorben), hat mir regelmäßig von den vergangenen Zeiten erzählt.
„Gosvaderhatsiaufkengt."
In dieser Form erfuhr sie es als Kleinkind irgendwann von ihren älteren Brüdern, die schon recht und schlecht sprechen konnten.
Schrecklich. Und schrecklich auch, dass amtlich nichts davon zu finden ist. „Selbstmörder", wie man sie nannte, wurden offenbar in den Kirchenbüchern nicht erwähnt.
Ich habe jedenfalls nichts gefunden, werde aber sicherheitshalber irgendwann noch einmal suchen, um niemandem Unrecht zu tun.
Kann ein Fünfundsechzigjähriger, der, mit den bescheidenen Möglichkeiten, die ihm zur Verfügung stehen, sein Leben freiwillig beendet, in irgendeiner Form beschuldigt werden?
Wer maßt sich an, darüber zu richten? Ist man sich sicher, dass er nicht unerträgliche Schmerzen hatte, hervorgerufen vielleicht durch Prostatakrebs oder Magengeschwüre oder was weiß ich?
Die Leute gingen nicht zum Arzt. Zu welchem denn auch?

Sie jammerten auch nicht. Sie bissen die Zähne zusammen und krauterten vor sich hin, bis sie nicht mehr konnten.
Und es standen ihnen nicht einmal Schmerzmittel oder Drogen oder sonstiges zur Verfügung, womit man den Freitod hätte kaschieren können.
Jetzt aber zu Erfreulicherem: inzwischen gibt es, meiner Zählung nach, mindestens sechs Urururenkelkinder dieses vergessenen Dettelsauers.
Vergessen von fast allen. Nicht von mir.
Friede seiner Seele!

Wie ich oben schrieb: ein ereignisloser Tag, dieser 15. März 1956.
Alles, was im Tagebuch erwähnt ist, habe ich schon einmal erläutert. Man könnte höchstens noch einmal darauf hinweisen, dass damals völlig anders kommuniziert wurde. Es gab nur die Möglichkeit des direkten Gesprächs von Angesicht zu Angesicht. Vereinzelte Haushalte hatten zwar ein Telefon, aber man kann nicht sagen, dass Telefongespräche wesentlich zur täglichen Kommunikation beitrugen, zumal sie, was heute schon fast vergessen ist, ja auch Geld kosteten.
Die Gebühren waren für Normalverdiener keineswegs keiner Rede wert. Noch 1964, am Tag unserer Hochzeit, mussten wir uns kurz fassen, als die Brautmutter, sprich meine Schwiegermutter, und meine Schwägerin, am Nachmittag aus der „Ostzone" anriefen, um uns zu gratulieren.
Dabei hatten sie sich extra zu einem Geschäftshaushalt begeben, weil sie ja kein eigenes Telefon hatten, und wir wurden in Neuendettelsau von den Nachbarn ans Telefon geholt, weil wir auch noch nicht auf Draht oder „heavy on wire" oder „online" waren.
So lief eben 1956 vieles über Boten, live:
Die Sowieso hat mir gesagt, du sollst um soundsoviel Uhr da oder dort sein, oder: die Sowieso hat mir gesagt, sie hat sich geärgert, dass du nicht gekommen bist, oder: die Sowieso hat gesagt, ich soll dir ausrichten, sie will nichts mehr wissen von dir, du kannst ihr gestohlen bleiben, oder: die Sowieso lässt dir ausrichten, es interessiert sie einen feuchten Kehricht, ob du noch an sie denkst usw.
WhatsApp kann ich da nur sagen, und Mann hat alles im Griff, und alles flutscht.

Der heutige Exkurs entführt die geschätzte Leserschaft in die Zeit des Ersten Weltkriegs, also vor 100 Jahren. Die Aussichten waren düster, auch für die alten, daheimgeblieben Männer in den fränkischen Dörfern.
Kam vielleicht noch eine Krankheit dazu, die man ja nicht so ohne weiteres einordnen konnte damals, als die ärztliche Versorgung mangelhaft bis ungenügend war, von Psychotherapie gar nicht zu reden, so konnte es leicht so kommen, wie in der fiktiven Geschichte geschildert.

Exkurs Nr. 16

Wuisndärschowidder?

Zwei von den sechs Kälberstricken, die an der feuchten, angeschimmelten, von zahllosen Fliegen bevölkerten Stallwand hingen, verwarf er. Sie waren zu dünn und schon etwas verschlissen.
Die übrigen vier legte er sorgfältig zusammen und barg sie, so gut es ging, unter seiner langen, blauen Arbeitsschürze, die ihm bis unter die Knie reichte.
Die linke von den vier mageren Kühen drehte ein bisschen den Kopf und glotzte ihn verständnislos an. Er trat näher und tätschelte sie mit der Rechten sanft auf die Hinterbacke, wo diese kotfrei war. Dann führte er die Hand zur Nase, klemmte sie zwischen Daumen und Zeigefinger und schnäuzte sich mehrmals.
Er schleuderte das Ausgepresste in den Dung, der vor ihm den Stallboden bedeckte. Den Rest wischte er an der steifen, über und über fleckigen Schürze ab.

Nun galt es, den Hof zu überqueren. Er öffnete die Stalltür einen Spalt, um sich zu vergewissern, dass niemand draußen war. Von der nahegelegenen Küche hörte er, wie ein großer Topf schepperte.
Die Hühner gogogoggten sanft und einschläfernd. Die windschiefe Tür des Aborthauses, das sein Schwiegervater vor Jahrzehnten zusammengezimmert und am Rande der Güllegrube aufgestellt hatte, war halb geöffnet, was ihm die Gewissheit gab, dass er auch von dorther nicht beobachtet wurde.
Er wartete und lauschte.
Als er sicher war, dass sich niemand draußen aufhielt, trat er aus dem Stall heraus und humpelte in seinen dicken, unförmigen, benagelten Schuhen, so schnell es ging, zur Scheune hinüber.
Die Leiter zum Zwischenboden, der nur einen kleinen Teil der Scheune einnahm, war angelehnt.
Sprosse für Sprosse klomm er hinauf. Ein altes Kirchweihlied fiel ihm ein. "Die Mahd dee gäht in Buudn nauf und hadd..."
Unwillkürlich musste er lachen. Das war lange her.
Auf hölzernen Bänken im Tanzsaal waren sie gesessen, er und die anderen Burschen mit den viel zu großen, von den Vätern oder Onkeln geerbten Hüten, gegenüber den Mädchen, die beim Lachen die Hand vor den Mund hielten, und hatten ihre anzüglichen Lieder gesungen.
Dabei hatte er sie kennen gelernt, seine Redd, die Margarete, die derbe und kräftige verarmte Gütlerstochter, damals eigentlich schon recht unumgänglich, aber zupackend in jeder Hinsicht.
Vier Kinder hatte sie ihm geboren, und von Jahr zu Jahr war sie verkniffener und härter geworden, eine unverträgliche, ewig keifende, zu keinem Genuss fähige Person, mit Nachbarn und Verwandten zerstritten, verhärmt und vergrämt.
Keinen Augenblick und nirgends hatte er Ruhe vor ihr, nie konnte er sich fallen lassen und ein bisschen seinen Träumen nachhängen.
Ihr aus dem Weg gehen, das war es, was er in den letzten Jahren fast zur Perfektion entwickelt hatte. Aber ab und zu trafen sie eben doch zusammen, aneinander gekettet in diesem Elend, gemeinsam aufs Rad geflochten im täglichen Kampf ums Brot und ums Überleben.
So wie heute Mittag wieder beim Essen in der dumpfen Stube, wo man kaum aufstehen konnte, ohne mit dem Kopf an die Decke zu stoßen.
Seitdem drei Kinder aus dem Haus waren, die älteste Tochter verheiratet und mit ihrem Mann eine winzige Klitsche am Rand des

Dorfes bewohnend, die jüngste verdingt als Magd bei einem Bauern im Nachbardorf, und der Bu in Frankreich im Feld, war es immer schlimmer geworden. Ungezügelt gab, kaum dass sie beide in einem Raum waren, ein Wort das andere, kein Schimpfwort wurde ausgelassen. Es kam vor, dass er im Zorn nach ihr schlug, in hässlicher, sinnloser Ohnmacht.
Was in ihren ersten gemeinsamen Jahren aus Übermut und im Spaß geschah, weil er glaubte, er könne sie aufmuntern und erheitern, nämlich sie ein bisschen necken, indem er sie hinten derb zwickte, wenn sie neben ihm stand und die Suppenschüssel auf den Tisch stellte, war zur bösen Karikatur entartet.
Innerhalb weniger Minuten ging es zur Sache, aus nichtigem Anlass.
Sie forderte ihn heraus:
"Hau ner her, du Saukerl, du damischer. Mid dir werri scho nu ferdi!"
Schlenkernde, ungelenke Fuchtelei mit knorrigen, faltigen Armen, chaotische Energieabfuhr zweier unendlich einsamer Seelen, die sich nichts Gutes mehr zu sagen hatten.
Wie lange war es her, dass sie sich ab und zu hitzig und ungestüm zusammengefunden hatten, unter grobem, schwerem Bettzeug, angetan mit der leinenen Leibwäsche, die sie so gut wie nie ablegten?
Kein heftiges Keuchen mehr, kein lustvolles Knurren und Brummen.
Nur noch kalte Wut, herausgepresste Drohungen: "Du Bissgurrn, du greisliche, diech had der Deifl gsehng. Dir werris zeing, wer Herr im Haus is!"
Aufspringen, Stühle nach hinten stoßen, dass sie umkippten, dumpfe Schläge, egal wohin, wo man gerade traf, die derben, schwieligen Hände mit den schwarzen, vom Pilz verkrümmten Fingernägeln, Vogelkrallen gleich, zur Faust geballt.
Kleinzukriegen war sie nicht.
Sie nicht, die Couragierte, die sogar der Dorfgendarm mied.
Sie griff zum eisernen Schürhaken, der am Ofen hing und schwang diesen hinter und über sich: "Nu amoll, du Saubeidl, du nixnuzzier. Ich hau derranne hie, dassd nemmer aufschdessd! Schau, dassd nauskummsd an dei Erbert, sunsd derschloocher di heid nu!"
Stakkatohaft die Silben, scharf und schneidend die Konsonanten.
Eine furchteinflößende, kleine schwarz gekleidete Furie mit böse funkelnden Augen unter schwarzem, wollenem Kopftuch.
Er überragte sie, und dennoch blieb sie stets über ihm.

Niemals brachte er sie dazu, einzulenken, mit einem guten Wort ihn zu erlösen aus seiner furchtbaren Not, seiner ausweglosen Verzweiflung.
Resignierend zog er die Schultern hoch und ging hinaus, ohne noch ein Wort zu sagen. Immer wieder lief es so ab.
Aber er würde es ihr zeigen.
Ihr Schmerz zufügen, sie einmal treffen, dass sie genug hatte.
Bilder von der Beerdigung des Nachbarn vor einigen Wochen blitzten ihm durchs Hirn: der im Hausflur unter der steilen Treppe, die nach oben führte, aufgebahrte Leichnam, die schwarz gekleideten Menschen am Friedhof, die schniefenden weiblichen Verwandten am offenen Grab.
Ein süßer Schauer durchrieselte ihn, ihm war wie nach einem hastigen, großen Schluck aus dem Mostkrug an einem heißen Sommertag, wenn er nichts gegessen hatte.
Auf die hölzerne Treppe, die zum Heuboden führte, zum Obergeschoss der Scheune, wo das Getreide gelagert wurde, bevor die Dreschmaschine kam, setzte er sich, dröselte Knoten auf und knüpfte neue.
Die Katze kam herzu mit steil aufgerichtetem Schwanz und strich ihm aufdringlich, ein Streicheln erheischend, um die Beine.
Ihre Blicke trafen sich, aber er knüpfte weiter. Sie stieg eine Stufe höher, rieb ihre Flanke an seinem Oberschenkel und schnurrte animalisch zufrieden. Einmal nur legte er seine Hand auf ihren gekrümmten Buckel. Sie drehte sich und stieß mit ihrem warmen Köpfchen mehrmals aufmunternd gegen seinen Handballen.
In der Mitte des Heubodens befand sich eine quadratische Öffnung, die dazu diente, dass man zur Erntezeit vom Leiterwagen aus die eingebrachten Garben zur vorübergehenden Lagerung nach oben befördern konnte, "naufstechen", wie die Bauern sagten, ein Ausdruck, der während des Dreschens etwa, wo ausgelassene Stimmung herrschte, so manchen anzüglichen Witz hervorbrachte: "Nachberri, solli amoll zu dir kumma zum Naufstechn?"
Wieder musste er leise lachen, als er sich, nachdem er die oberste Stufe der Treppe erklommen hatte, dem großen Loch näherte.
Beim Dreschen stand der Einlasser - und oft genug war er das selber gewesen - auf der mächtigen, einen vollen Tag lang brummenden und stampfenden Maschine direkt unter dieser Öffnung, so dass er die mit der Gabel gestochenen und heruntergeworfenen Garben in Empfang nehmen und in den unersättlichen Schlund der Maschine

einführen konnte, nachdem seine Helferin mit einem scharfen Messer das Strohband zerschnitten hatte, welches die Garbe zusammenhielt.

Mit rohen, ungehobelten waagrechten Brettern, drei in lockeren Abständen übereinander, an vier Pfosten so befestigt, dass man sie bei Bedarf abnehmen konnte, war die Öffnung gesichert.

Es kam vor, dass nach dem "Naufstechen" oder nach dem Dreschen vergessen wurde, die sichernden Bretter anzubringen, so dass jemand rücklings hinunterfiel auf den harten, braunen, in Jahrzehnten getrockneten Lehm der Tenne.

Er warf den Strick über einen Balken des Dachstuhls, der jetzt im Frühjahr, da sich weder Heu noch Getreide in der Scheune befanden. offen zutage lag.

Die Länge musste stimmen. Lieber ein bisschen zu lang als zu kurz.

"Dreimoll ohgschniedn und immer nu z'korz" fiel ihm ein, die dumme, witzige Redensart humorvoller Handwerksmeister.

Er lachte zum letzten Mal.

Er kletterte auf das oberste der drei waagrechten Bretter und umfasste mit der linken Hand den senkrechten Pfosten, der nach oben ins Gebälk führte.

Die Rechte benötigte er, um sich die Schlinge über den Kopf zu nesteln und sie bequem unter seinem unrasierten Kinn zurechtzulegen.

Die Muttersau sowie die vier Ferkel in dem an die Scheune angebauten Schweinestall fingen an zu kreischen und zu quieken.

Gegrunze und Geschmatz, der aggressive Kampf ums Futter, als sie hörbar den eisernen Riegel zurückschob und den vollen Eimer mit den Stampfkartoffeln in den Trog kippte.

Ihre Stimme, scharf und gellend wie die Blecheimer, mit denen sie hantierte, scholl über den Hof: "Marrela", die erste Silbe betont, schnarrend und unbarmherzig, "Marrela, hasdu in Fadder gsehng?"

Und nach einer Pause, da das Marrela offenbar nur den Kopf schüttelte: "Wuisndärschowidder? Der Greizdunnerwedder!"

Er lauschte. Es würde schon noch was kommen. Wie beim Gewitter, wo es auch nie bei nur einem Donnerschlag blieb.

Drei- bis viermal würde es mindestens noch krachen.

"Dessis a Mannsbild. Wennsdn brauxd, no isser ned doo!"

Er hatte jetzt keine Zeit, zu überlegen, was er denn hier tue und ob er wohl nicht gescheit sei, denn ihre Stimme bellte und gellte, da sie unten die kleine Tür zur Scheune geöffnet hatte, ungebremst durch

den halbdunklen Raum: "Nix bringt däer aff di Baa! Den hauinu zum Deifl, den Saukerl, den verdächdichn!"
Das S bei Saukerl zischte sekundenlang.
Die tiefstehende Sonne sandte durch die kleine Dachluke einen staubigen Balken goldenen Lichts, der den locker hängenden Strick traf. Sie blickte nicht nach oben.
"Fadder! Fadder!"
Sie durfte ihn nicht erwischen hier, sonst war was los!
Kraftlos, in unendlich betörender Müdigkeit öffnete er seine linke Hand, die den Pfosten umklammerte, und seine rissigen Finger strichen noch einmal sanft über das rohe Holz.
Dann ließ er sich nach vorne fallen.

Freitag, 16. März 1956

Schule wie immer. Schön warm heute. Nachher gehe ich zu Tante E., um zu sagen, dass ich am Sonntag übernachten will.
Bekomme Kaffee.
Jedes Mal, wenn ich an der Kaserne vorbeigehe, ergreift mich eine Sehnsucht nach allem Amerikanischen.
Um halb 3 fahre ich heim.
Im Schibo treffe ich den Zobel Adolf, der von Stuttgart kommt. Er ist an-scheinend ein tüchtiger junger Mann geworden.
Die Sonne scheint, es ist warm.
Ich bin heute so berauscht, ich glaube das ist der Föhn.
Zuhause habe ich das Fenster offen.
Es ist schon wieder dreiviertel 5.
Ich mache noch etwas Stereometrie.
Abends bin ich zuhause und sinniere. Um dreiviertel 9 im Bett.
Film „Orientexpress". Am Mittwoch „Westlich Sansibar".

Um noch einmal das Bild vom Mahlen des Getreides aufzugreifen: Dabei fallen auch Spelzen an. Die Spelze oder Hülse des nahrhaften Korns oder Keimlings ist unverdaulich und wird, falls man versehentlich doch eine mitverzehrt, ausgeschieden. Dem Vieh dient sie, wie ich in einem Agrarlexikon lese, als „Raufutter".
„Der erschte wuu di Panzersperr wechreißn will, den schießi iebern Haufm!"
„Das ist eine Schande für Neuendettelsau!"

„Woss willstn du derzilln? Du woorst doch a Säugling doomools. Du wasst doch goornix. Du konnst nix wissen. Du hast dee Zeit net derlebbt!"
Das sind drei Spelzen. Die habe ich nicht verdaut.
Sie liegen immer noch, relativ unverändert, vor mir und ich kann sie beschreiben.
Die erste Aussage erfolgte in den Apriltagen 1945. Mein Vater hat sie damals gleich zu Hause wiedergegeben, nachdem er sie gehört hatte. Durch mein Nachfragen bei älteren Nachbarn, von denen manche inzwischen auf dem Dorffriedhof ruhen, habe ich sie mir bestätigen lassen. (Anm.: Mehr zur konzipierten und angefangenen Panzersperre an meinem Elternhaus an anderer Stelle).
Das gleich gilt für die zweite. Da waren für jemand durch die Ankunft der Amerikaner die Ideale zusammengebrochen und sie - es war eine Frau - konnte nicht an sich halten und musste ihren Abscheu bekunden.
Die dritte Spelze bekam ich als über Fünfundsiebzigjähriger hingeschmissen - friss Vogel oder stirb - als ich mich anschickte, vor einem kleineren Kreis etwas über das Kriegsende in Neuendettelsau zu erzählen.

Ein anderes Bild:
Eine empfindsame Kinderseele ist wie ein aufgebrochener Acker im Frühjahr, welcher der Aussaat harrt. Jedes gesprochene Wort und jede begangene Tat ist vergleichbar einem Samenkorn, das schnell keimt und sich auswächst zu hundert- und tausendfacher Dimension. (Kein berühmtes Zitat, sondern von mir)

Es konnte in meinem Elternhaus kein böses Wort, nicht eines, auch nicht andeutungsweise, gefallen sein über den „Feind", der da im Frühling vor nunmehr 74 Jahren dem nationalistischen Mummenschanz den Garaus machte.
Wie sonst hätte ich in meinem Tagebuch notieren können „Jedes Mal, wenn ich an der Kaserne vorbeigehe, ergreift mich eine Sehnsucht nach allem Amerikanischen"?
Diese Begeisterung hielt sich eigentlich ein ganzes Leben lang.
Trotz Vietnamkrieg, trotz der Rassenunruhen in den 1960ern, trotz Watergate und trotz der brutalen Morde an zwei Kennedy-Brüdern.
America, the Beautiful, was the Land of the Free and the Home of the Brave, für mich, und als wir, die kleine Familie, die USA in den

1990ern dreimal ausgiebig bereisten, fand ich vieles von meinen positiven Vorurteilen bestätigt.
Natürlich kamen bei mir auch Zweifel auf angesichts des scheußlichen Kriegsverbrechens von My Lai, das sich heute, genau heute, zum 51. Mal jährt.
Aber der Unterschied zum konkurrierenden System, das, um nur ein Beispiel zu nennen, für die feigen Morde an der Mauer verantwortlich war, bestand darin, dass die Amerikaner letztlich alles auf den Tisch brachten, aufarbeiteten und die Täter zur Rechenschaft zogen.

Exkurs Nr. 17

Schokolade, Passionsfruchtsaft und weiße Luftballons

Meine lebhafte Erinnerung setzt genau im fünften Lebensjahr ein.
Um herauszufinden, ob auch andere, die rund ein Jahrzehnt vor mir geboren sind, so oder so ähnlich denken, habe ich vor Monaten noch einen guten Bekannten meines 1966 verstorbenen Vaters besucht und ihn zu manchem befragt (Anm.: Er ist inzwischen, im Januar 2018, auch gestorben).
Zum einen hat er all meine kindlichen Erinnerungen voll bestätigt und teils um wertvolle Details ergänzt.
Siegfried war Jahrgang 1931, er war also im April 1945 vierzehn Jahre alt und, wie fast alle in seinem Alter, Hitlerbub. Er absolvierte eine Handwerkerlehre und war in den frühen 1950ern zusammen mit meinem Vater und noch einigen jungen Dettelsauern die ganze Woche über in Stuttgart arbeiten, weil es in Westmittelfranken keine Jobs gab. Da war er zwischen 22 und 25 Jahre alt, mein Vater, geb. 1904, war knapp 50.
Von daher ergab sich eine lebenslange Freundschaft.
Was ich bis vor kurzem nicht wusste: der Siegfried, bei Kriegsende also 14, und mein Vater, 40, wurden von den Amerikanern damit betraut, deutsche Soldaten, die man vorübergehend in Gewahrsam genommen hatte, damit sie kein Unheil anrichten konnten, in Neuendettelsau zu bewachen.
Dazu bekamen die beiden weiße Armbänder verpasst.

Auch der Siegfried spricht fast nur gut von den Siegern, erzählte mir aber auch eine Geschichte, die ich zwar vom Hörensagen ungefähr kannte, aber zum ersten Mal aus seinem Munde hörte, und da er selber einer der Hauptbeteiligten dabei war, für authentisch halte.
Auf dem Nachhauseweg vom Fußballtraining wurde er von einem „Neger", wie er sagte, also einem Afroamerikaner nach heutigem Sprachgebrauch, aufgehalten und, nachdem er mit ihm in Streit geriet, mit einem Messer („knife" sagt der Siegfried heute noch, wenn er lebhaft davon erzählt) bedroht.
Vor der Gastwirtschaft Deuerlein (heute Jeepster) eskalierte die Situation, von irgendwoher kamen zwei Angehörige der Militärpolizei dazu, und als der Angreifer, der wohl dem Alkohol zugesprochen hatte, auch diese bedrohte, setzten sie ihn mit einem Bauchschuss außer Gefecht.
Der Verwundete wurde abtransportiert. Was aus ihm geworden ist, weiß der Siegfried nicht.

„Der Zivilbevölkerung gegenüber traten die US-Truppen im Gegensatz zur Roten Armee korrekt und im ganzen ohne schwerwiegende Übergriffe auf...Sexuelle Übergriffe kamen vereinzelt vor; in unserem Verbreitungsgebiet sind drei Vergewaltigungen belegt."
(Hans Rößler).

Swingmusik, Glenn Millers „In the Mood", Boogie Woogie, Jazz, Heybabariba, diese schrägen Töne, diese Rhythmen, das war etwas völlig Neues für die Deutschen, es suggerierte Tempo und Vitalität, Frechheit und Freiheit. Genauso wie das ständige Herumschieben von Kaugummi von einem Mundwinkel zum anderen.
Mein Lebensgefühl wurde davon geprägt bis weit in die Pubertät hinein.
Spätestens seitdem ich an der Oberrealschule Ansbach Englisch lernte, also ab 1950, hörte ich den ganzen Tag den amerikanischen Militärsender AFN.
Ich kannte alle Hits der Hitparade, kaufte mir 1955 eine Gitarre und eiferte den Stars der amerikanischen Pop-Musik nach.
Sechzehn wurde ich im Juni 1956, und in allen Monaten finden sich Einträge über Kneipenbesuche in Ansbach nach der Tanzstunde oder nach einem Schulkonzert, wenn ich im Chor mitgesungen hatte.
„Grauer Wolf", „Schwarzer Bär", „Café Schmidt", „Löwengrube" hießen die Lokale in der Innenstadt, viele davon in der engen

Büttenstraße, wo es von GIs und den dazugehörigen Mädchen bzw. Frauen nur so wimmelte.
Dort gab es Live-Musik und Tanz, und ich kann mich nicht erinnern, dass meine Klassenkameraden oder ich selber uns jemals eine Sekunde unsicher gefühlt hätten, wenn wir uns dort, oft weit nach Mitternacht, herumtrieben.
Zum Schlafen ging ich zu einer entfernt verwandten Tante weit draußen in der Würzburger Landstraße, manches Mal in Begleitung von ein paar amerikanischen Boys, die mehr oder weniger schwer geladen hatten und sich vor der Kaserne, die bis in die 1960er hinein von einem Panzer verziert wurde, lautstark verabschiedeten.
Später gehörte ich noch mit meiner Gitarre (samt elektrischem Verstärker) einer Schülerband an, und ich weiß nicht mehr, in wie vielen Nächten, zwischen 1957 und 1959, mich der Weg zu meiner Schlafgelegenheit in Ansbach an der Kaserne vorbeiführte, die Klampfe in der einen und den in einem hölzernen Koffer enthaltenen Verstärker, dem ich den Spitznamen „Robert" gegeben hatte, in der andern Hand.

Was war eine „Schande" für Neuendettelsau?
Weil es um die Wahrheit geht, trau ich mich heute auch, die folgenden Eindrücke bzw. Erlebnisse hier zu schildern, und wer manches nur mit moralischen oder gar moralinsauren Kriterien beurteilt, der sollte sich das berühmte Brechtzitat vor Augen halten:

„Ihr Herrn, die ihr uns lehrt, wie man brav leben
Und Sünd und Missetat vermeiden kann,
Zuerst müsst ihr uns was zu fressen geben,
Dann könnt ihr reden: damit fängt es an.
Erst kommt das Fressen, dann kommt die Moral."

Ludwig Uhland besingt den Frühling folgendermaßen:

„Die Welt wird schöner mit jedem Tag,
Man weiß nicht, was noch werden mag,
Das Blühen will nicht enden.
Es blüht das fernste, tiefste Tal:
Nun, armes Herze, vergiss der Qual!
Nun muss sich alles, alles wenden."

Auch im April 1945 blühten alle Bäume, und nun bekamen es manche eilig. Sie wollten retten, was nicht zu retten war. „Der Bürgermeister und Ortsgruppenleiter hatte, mit einem Gewehr bewaffnet, den Ort verlassen, um sich an die Front zu begeben."
(Hans Rößler)
Mein Vater marschierte umgekehrt, weg von der Front in Berlin Richtung Heimat, nächtelang, zusammen mit einem greinenden Hitlerjungen, den er bei Berlin aufgegabelt hatte, und schusterte, in Neuendettelsau angekommen, aus Bettlaken eine weiße, hakenkreuzlose Fahne zusammen.
"Das ist eine Schande für Neuendettelsau!" meinte eine Nachbarin. Flintenlose, hilflose Empörung angesichts der Zerbröselung der Ideale, an die frau, ja die ganze Familie, zwölf Jahre lang geglaubt hatte.
Und dann kamen sie, die Amerikaner, und rasselten, donnerten und quietschten in endlosen Konvois durch die Bahnhofstraße, mehrmals am Tag, hunderte von stählernen Ungetümen, aus deren Luken schwarze Gesichter unter olivgrünen Stahlhelmen hervorschauten.
Irgendwann einmal kam ein Konvoi zum Stillstand, direkt vor dem Elternhaus. Eine halbe Apfelsine wurde heruntergeworfen von einem „Neger". Wir hatten keine andere Vokabel.
So kostete ich zum ersten Mal eine Südfrucht, auf fremdartige Weise saftig und süß. Später auch schwarze, bittere Schokolade, exotisch, nicht so widerlich pappig wie manch andere heute, eine ganze Tafel, zugesteckt von einem elegant uniformierten Weißen aus einer Dreiergruppe, die zu Fuß unterwegs war. Er lockte mich dazu extra in eine nicht einsehbare Ecke, wahrscheinlich weil auch er ein bisschen Angst hatte, aber er tat mir nichts.
Der Feind war ein Mensch, ein Verbündeter, ein Kinderfreund, total anders als die gestiefelten Machtmenschen, die mich einmal aus dem Schlaf gerissen und mich nicht eines Blickes für würdig befunden hatten. (Anm.: Wird bei anderer Gelegenheit erzählt)
Diese Lektion lernte ich in jenen Tagen: Fraternisierungsverbote und das absolut perverse Gebot, jemandem, der hungert, nichts zu essen zu geben, sind zum Scheitern verurteilt, wenn sich Menschen menschlich begegnen.
Amerikaner, das waren nette, saubere, höfliche Männer, die herrliche Sachen aus den Hosentaschen hervorzogen.

Den Vater engagierten sie gleich als Heizer im Kurheim, das war eines der beschlagnahmten Gebäude der Diakonissenanstalt.
Er schaufelte Kohlen in den im Keller befindlichen Heizungskessel und lachte. Es ging ihm gut. Er hatte nichts verloren. Keinen Stolz, keinen Posten, kein Amt, nicht einmal seine Freiheit.
Ein Kriegsgewinnler im Gegensatz zu manchen anderen, die nach Ansbach verfrachtet und, nachdem sie einen "Fragebogen" ausgefüllt hatten, dort festgehalten wurden.
Er hatte es schön warm und genug zu essen, zumindest an diesem temporären Arbeitsplatz.
Das niedliche, dem besiegten Feindesvolk angehörige Büblein wurde in einem großen Raum im Erdgeschoss verpflegt und mit Passionsfruchtsaft aus großen Blechdosen bekannt gemacht, einer Geschmacksrichtung, die ich später lange suchte, bis ich sie nach vielen Jahren wiederfand: als Maracuja.
Vergessen waren die Tiefflieger, die wenige Tage zuvor über uns hinweggejault waren. Sie hatten auch geschossen.
Ob es uns Kindern auf der Wiese galt, weiß ich nicht.
Jedenfalls liefen wir schreiend in alle Richtungen davon.
Die Mama hatte mir eingeschärft, bei ankommendem Flugzeuggeräusch mich an einen Baum oder einen Gartenzaun zu drücken.
Außer mit dem Kurheim verbindet sich in meiner Erinnerung der Bischoff, d. h. das Gasthaus zur Sonne, mit der Anwesenheit der Amerikaner: Dort wurden die Buben meines Jahrgangs und ältere, auch der oben erwähnte Siegfried, wie er mir bestätigte, zu „Kippenstechern".
Diese fünf- bis fünfzehnjährigen Nikotinsammler waren überall zu finden, wo die GIs herumstanden und rauchten.
Gebannt schauten wir auf den Boy, der am Glimmstengel zog.
Wann würde er ihn wegschnippen? Man musste ein scharfes Auge und Geduld haben. Die Kippe wurde kürzer und kürzer, plötzlich - zack - wurde sie mit dem Zeigefinger zur Seite geschnellt. Drei, vier Buben stürzten sich wie Raubvögel auf den noch brennenden Rest.
Über ganz lange Kippen, kaum angerauchte Zigaretten, freute man sich besonders, das war wie alle Neune beim Kegeln.
Die Dinger hatten noch keinen Filter, kein Mundstück, waren also total verwertbar. Mit vollen Hosentaschen kam ich heim.
Da lachte der Dadl, breitete die Beute auf dem Küchentisch aus und wickelte den Tabak aus dem Papier.

In einer Blechdose sammelte er das nikotingeschwängerte Restkraut, das Gift, das süße.
Richtiges Zigarettenpapier war nur schwer aufzutreiben, also behalf er sich mit irgendetwas und drehte neue Glimmstängel.
Vielleicht betäubten sie den Hunger oder vermittelten ein Quäntchen Glück in der Trostlosigkeit der ersten Wochen.

So sah das Anstaltsschulhaus 1945 aus, als sich dort die Amerikaner einquartierten. Das Foto, eines meiner ersten selbst gestalteten, machte ich 1954.

Auch im Zentralschulhaus vor der großen Wiese quartierten sich die Amerikaner ein.
Schick gekleidet und immer freundlich lachend, standen die Besatzer auf der Terrasse und hatten trüblichweiße Luftballons vor dem Mund, die sie aufbliesen, bis sie so groß waren wie die Schweinsblasen, die beim Metzger oder beim Wirt an Schlachttagen neben der Tür baumeln.
Sie gaben dem voll aufgeblasenen und zugeknoteten Ballon einen Klaps mit der Hand, so dass dieser in die Luft flog.
Ach, war das schön! Wir standen unten und versuchten, die Wunderdinger zu erhaschen, unter dem Gelächter der Boys aus Nebraska und Alabama.
„Luk ät dät sannofabitsch", sagten sie und lachten.

Sie hatten blendend weiße Zähne, richtige Blendax-Gebisse.
„Sannommerbitsch", wie es von uns verballhornt wurde, war mein erstes englisches Wort, und da wir wussten, dass es ein bisschen anrüchig war, benützten wir es auch, um uns gegenseitig zu ärgern: „Sannommerbitsch", Sannommerbitsch", das klang lustig und es half beim Streiten, Dampf abzulassen.
Weit flogen die weißen Objekte aus einer uns fremden Welt, mit denen sich die Boys vergnügten, nicht, denn sie waren ja nicht mit Treibgas oder Heißluft gefüllt, sondern mit einem Aerosol, in dem die Asche von Lucky Strike und Tom Chesterfield enthalten war.
Stolz und glücklich über meine Beute, in jedem Arm einen milchigen Ballon, machte ich mich irgendwann auf den Heimweg.
Sie knirschten so schön, wenn man mit den Fingern darüberfuhr.
Aber der Empfang zuhause überraschte und verstörte mich.
Dust des Zeich wech! So die Mama.
Sauerei. A su a Sauerei! schrie eine der Tanten.
Und der Onkel: Schau, dassd des Glump wechdusd!
Und der Vater: Lass di bloß nimmer derwischn damit!
Meine Mama schrie, die Tanten schrien, der Onkel schimpfte, der Vater drohte. Sogar die Großtante ahnte offenbar Schlimmes, weil sie säuerlich empört das Gesicht verzog.
Blankes Unverständnis dagegen bei dem knapp Fünfjährigen.
Der Vater selber aber stopfte sich, wenn's Mittag vom Turme scholl, mit Präservativen beide Taschen voll. Einfach so zum Spaß. Er brauchte sie nicht.
Nicht für meine Ohren bestimmt, erzählte er der Mama, dass bei den Amis an den Ausgängen der Gebäude volle Schalen stünden, zur Selbstbedienung vor dem abendlichen Ausgang.
In der Kommode in meinem Kämmerlein entdeckte ich sie, einzeln silbern eingeschweißt. Irgendwas machten die Amis mit den Dingern. Und mit den Mädchen. Aber was? Die älteren Dorfbuben besorgten die Aufklärung. Drastisch und unverblümt.
Meine Frage an die Mama, ob das so stimme, wurde von ihr verneint.
Wahrscheinlich war es nicht einmal gelogen, im Allgemeinen.
Es gab das eine und es gab das andere: „Herz, Schmerz, und dies und das, ach, das ist uralt, denn seit mehr als tausend Jahren hat's ein jeder schon erfahren: Liebe, ja Liebe, die ist immer wieder schön!"

Samstag, 17. März 1956

Motto: „Leise zieht durch mein Gemüt liebliches Geläute,
klinge, kleines Frühlingslied, kling hinaus ins Weite..."
Im Zug früh reißt Werner seine Witze. Im Zimmer 1 mache ich
Trigonometrie. In Stereometrie beginnen wir die Kugel.
In Chemie machen wir ein paar Versuche mit AgCl und NH4.
Latein wie immer. Er verliert ein paar Worte über Cäsar.
Um 1 fahre ich mit Ewald heim. Die Sonne scheint schön warm und
es liegt ein Frühlingsduft in der Luft.
Nachmittags mache ich gar nichts.
Ich fahre etwas im Dorf herum.
Hartmann dekoriert seine Fenster neu.
Später gehe ich noch etwas mit Helmut ins Dorf. Many Puppies.
Bei Schindlers muss ich mal wieder ein Formular ausfüllen.
Sie schenken mir 50 Pf.
Danach spiele ich etwas mit Helmut bei mir mit offenem Fenster.
Abends um 8 gehe ich mit Mama wieder einmal zu Familie J. mit 2
Instrumenten. Wir spielen sehr schön und unterhalten uns gut.

Wie man an obigem Eintrag wieder sieht, verging bei mir kein Tag ohne Musik. Meistens spielte ich mit meinem älteren Cousin zusammen, der Akkordeon lernte bei Frau „Lammhofer".
Natürlich war das alles bescheiden.
Wir beschränkten uns auf die volkstümliche Unterhaltungsmusik und die damals gängigen Schlager.
Ein bisschen lag uns aber doch auch an der Außenwirkung, denn bei schönem Wetter rissen wir die Fenster auf und hofften, dass möglichst viele junge Damen vorbeispazierten und unsere zu Herzen gehenden Lieder hörten.
„Puppies" schrieb ich in mein verschwiegenes Tagebuch, und meinte Puppen. Dass es „Welpen" bedeutet, wusste ich noch nicht, oder ich registrierte es einfach nicht bei meinem privaten Stil.
Oskar J., wesentlich älter als ich, spielte auch Zither, und so machten wir Hausmusik, u. a. mit zwei Zithern, aber auch mit mir als Begleiter auf der Gitarre.
Man sehe es mir nach, wenn ich noch einmal aus vergangenen Einträgen zitiere, diesmal vom 3. Februar.
Es ist ja alles so schnell kopiert und problemlos eingefügt:

Die Musik, ach die Musik, wo ich immer eine Eins hatte. Sie kostete mich viel Zeit. Aber es war ein guter Tauschhandel, denn jede Minute, die man als Kind auf die „holde Kunst" verwendet, zahlt sich aus.
Darüber könnte man ganze Abhandlungen verfassen, ich belasse es beim Zitieren des Textes zu einem der schönsten Schubertlieder, das ich kenne:

„Du holde Kunst, in wie viel grauen Stunden,
Wo mich des Lebens wilder Kreis umstrickt,
Hast du mein Herz zu warmer Lieb' entzunden,
Hast mich in eine bess're Welt entrückt!"

In eine bess're Welt entrückt hat sie sicher auch oft meinen Vater, dessen Kindheit, wie die aller 1904 Geborenen, vom ersten Weltkrieg geprägt war, dann, als er sich eine Existenz aufbauen hätte können, von der Inflation und den Wirren der Weimarer Republik.
1939 zogen sie ihn ein und „verwendeten ihn" fast sechs Jahre lang für ihre Zwecke. Zum Glück war er nie in Russland. Für manche seiner Generation wurde Stalingrad zum grausamen Schicksal.
Über die Not und die Arbeitslosigkeit der späten 1940er habe ich schon ausführlich geschrieben.
Im März 1956 hatte er noch zehn Jahre vor sich.
Das waren vielleicht die besten seines Lebens, denn nun ging es langsam aufwärts. Besser essen, besser wohnen, besser gekleidet sein, kurz, es waren die Wirtschaftswunderjahre, die er noch ein bisschen erleben durfte.
Im frühen Frühjahr 1966 wurde er aufgrund eines inoperablen Gehirntumors in eine Würzburger Klinik verbracht - ich höre ihn noch sein Abschiedslied singen, als sie ihn in den Krankenwagen schoben - wo er am 18. März, also fast auf den Tag genau vor 53 Jahren, verstarb.
Er wurde 61 Jahre und 8 Monate alt.

Überwiegend von ihm habe ich die Musikalität geerbt. Eines meiner wertvollsten Fotodokumente entstand 1949 in der Jakobsruh, die damals noch bewirtschaftet war.

Eine sehr betagte Neuendettelsauerin hat mir bestätigt, dass dort meiner Erinnerung nach ein terrassenförmiger Biergarten war, zu dem man jedes Jahr im Mai pilgerte.

Musik war nicht überall und auf Knopfdruck verfügbar. Sie war rar, und wenn einer ein Instrument spielen konnte, und sei es noch so bescheiden, so wurde das viel mehr geschätzt als heute. Packte der Vater die Zither aus und legte sie auf irgendeinen hölzernen Tisch, so hatte er sofort interessierte Zuhörer um sich, die den leisen Saitentönen lauschten, und wenn er etwas Sangbares anstimmte, so fing erst einer an, dann fielen andere ein, und allmählich entstand eine Stimmung, welche die Menschen eine Zeitlang aus ihrem Alltag heraushob und sie zum Lachen (oder auch fast zum Weinen) brachte und eine Gemeinschaft herstellte, wie sich das manche Menschen im 21. Jahrhundert nicht mehr vorstellen können.

Wie denn auch, wenn sie es nie erlebt haben?

Ich habe beschlossen, die anderen Geschichten, die meinen Vater betreffen, erst im nächsten Monat als Exkurs einzustellen, weil es dabei vor allem um das Ende des Zweiten Weltkriegs geht, also um die Tage so um den 22. April herum.

Sonntag, 18. März 1956

Ein wunderschöner Frühlingstag erwacht. Strahlend blauer Himmel. Um 10 h stehe ich auf.
Während die Eltern zum Wählen gehen, wasche ich mich. Um 11 h gehe ich für Helmut auf die Post. 1 Brief ist da. Unterwegs treffe ich L., who tells me that M. has written a letter to me at school.
Now I don't know what that shall mean. Either a letter of love or a letter of leave.
Nach dem Essen will ich mich etwas in den Garten legen für ein Sonnenbad, aber ich bekomme einen Mordskrach, weil es dort hinten so dreckig ist.
Voller Wut gehe ich fort. Im Hospiz sitze ich mit Hans, Adolf, Michel und Oskar in der Glasveranda und trinke eine Halbe.
Es ist wunderbar, die Leute gehen spazieren wie im Sommer.
Um halb drei gehe ich, ohne Ziel, zum Sportplatz, unterhalte mich mit Karlheinz und gehe, da das Spiel der 1. Pappenheim gegen Neuendettelsau sehr langweilig ist, um halb 4 heim.
Ich trinke Kaffee.
Um 18 h geht es dann los.
In Wicklesgreuth haben wir eine dreiviertel Stunde Aufenthalt.
Als ich auf Blackys Wunsch Rock around the Clock spiele, kommen sämtliche Bahnhofsbedienstete herausgestürzt und regen sich künstlich auf über eine solche Entweihung der deutschen Kultur.
Als wir um dreiviertel 8 im Sonnenhof eintreffen, sind bereits vier da, die anderen kommen nach und nach. W. (Anm.: ein Lehrer) wird mit lautem Hallo begrüßt.
Später kommt auch das frischgebackene Ehepaar P. – K.
Herbert spielt Quetsche. Jazz!!! Bei meinem Roiderjackl gibt es viel Beifall. Jockl macht sämtliche Professoren nach, Witze werden erzählt und fast alle sind besoffen. Ich bin auch nicht mehr nüchtern.
Um viertel 1 geht das Lehrerkollegium.
Jetzt beginnt eine Orgie. Aber um halb 2 gehen wir alle heim.
We march through the streets, Gunter greift jedes parkende Auto an.
All go home, I go with Ewald to Black Bear, Trixi Trio.
Guitar first class. He's in the the jailhouse now and others.
At half 3 we go home. Ich schlafe wie eine Ratte.

Was für ein Supersonntag, dieser 18. März 1956.
Der Todestag meines Vaters 10 Jahre später.
Das lebhafte Treiben vor der Post in der Hauptstraße 16, wenn sonntags die Schalter von 11 bis 12 Uhr geöffnet waren, habe ich am 11. März geschildert. Man kann sich das heute nicht mehr vorstellen.
Die gesamte Einwohnerschaft war ja, da nur die wenigsten motorisiert waren, zuhause und die Jugend, auch die zur Anstalt gehörende, flanierte im Dorf.
So ein Märztag, auch wenn die Bäume noch nicht ausgeschlagen haben, lockt ins Freie, weil die Sonne oft greller scheint als im April. Im Bauerngarten hinter dem Haus war es noch nass und sumpfig, da kaum der Schnee geschmolzen war, aber wo sonst sollte man die Frühlingssonne in Ruhe genießen?
So ein Wetter war ideal, um sich ins Hospiz zu setzen, weil der dortige Wintergarten eben keine dumpfe, enge Bauernwirtschaft war, sondern einen Hauch des Südens ins Dorf brachte.
Durch das Glasdach schien die Sonne herein, die teils exotischen Pflanzen in großen Kübeln ließen einen von Italien träumen, und man hatte gute Gesellschaft.
Wenn man einen Fensterplatz ergatterte, konnte man zudem noch ständig die Schönen vorbeigehen sehen, welche den Gehsteig zum Laufsteg machten, indem sie die mich heute zum Schmunzeln bringende Mode der 1950er vorführten.
„Ins Hie-Spotz" sagten wir. „Ich gä ins Hie-Spotz und kaaf mer a Halbe."
Das war mitunter so gemütlich, dass man den ganzen Nachmittag dort verbrachte. Die jungen Männer, bei denen ich saß, gehörten in etwa den Jahrgängen 1930 bis 1935 an, waren also zwischen zwanzig und fünfundzwanzig Jahre alt und somit schon richtige Herren.
Das war anders als die Kinderstube in der Bahnhofswirtschaft (vgl. die wilden Sonntage im Januar). Hier saß auch keiner ohne Krawatte. Auch die steifen Anzüge, die wir anhatten, die Hosen tadellos von der Mama gebügelt, lassen mich heute noch schmunzeln.
Am Zapfhahn in der Stube stand der Bruder Simon. Mit einem Neffen von ihm, der so alt war wie ich, war ich mal kurzzeitig etwas befreundet, wodurch wir schnell heimlich an die eine oder andere Halbe gelangten.
Viel frequentiert war der Wintergarten natürlich auch von der reichlich vorhandenen weiblichen Jugend der Diakonissenanstalt mit ihren zahlreichen Schulen. Wenn die Familie die Tochter besuchte,

so trank man dort Kaffee und ließ sich die leckeren Kuchen und Torten von der Anstaltsbäckerei schmecken.
Einmal noch einen solchen Sonntag erleben!
Und jung sein und voller Illusionen!

Abends ging es nun zum lang ersehnten Klassenabend, mit der großen Klampfe, die ich beim Warten auf den Anschlusszug in Wicklesgreuth aus dem Sack zog.
Gut, irgendwie leuchtet es mir schon ein, dass man im Bahnhofsgelände nicht Musik machen kann wie es einem beliebt, aber ich wunderte mich einfach über die heftige Reaktion der Bahnbeamten, die es damals an einem Knotenpunkt noch zuhauf gab.
Ob sie auch so aufgeregt herausgestürzt wären, wenn ich ein deutsches Volkslied gesungen hätte?
Es waren eben doch diese revolutionären Töne, der neue Sound und Stil einer rebellischen Jugend, die sie aus dem Konzept brachten.
Beim Klassenabend im „Sonnenhof" konnten wir dann richtig die Sau rauslassen, wie man dem Eintrag entnimmt.
Zu unserer Entlastung: die ältesten in dieser Klasse waren siebzehn, die jüngsten wie ich, immer noch, da Jahrgang 1940, fünfzehn.
Ein paar Verse als Beispiel für die Gstanzln, die ich im Stil des Roiderjackls vortrug:

Grüßt eich Gott, ihr lieben Brüder
und heit semmer amoll alle zamm
und heit saufmer woss is Zeich hält
und vuur viere gemmer net hamm.

Mir sen vielgeplagte Schüler
und mir homm nix vo unserm Lebm,
den ganzn Dohch messmer erbertn
und a Geld messmer denna a nu gebm.

Vo di Lehrer, do wermer schikaniert
und gnuch aufgebm denners uns aa
und wenn des asu weitergeht,
no hommer bald ka Zeit mähr fier di Fraa.

Unser Klassleiter des is der Professer Franz
und der hat uns halt su gärn,

wall er su a großer Tierfreund is und su viel Katzn hat,
bloß des Schwätzn derfert er uns net asu verwehrn.

Des Fräulein K., dee hommer in Englisch,
des is a friedfertigs Haus,
obber wenns etz verheirert is, no werd des anderscht,
 no lässts ihr Wut an uns naus.

Der Professer Krell des is a echter Bayer,
des merkt mer scho an der Sprooch,
und als Beispiele bringt er immer die Brauereia,
ich glaab halt, dass der is Bier recht mohch.

Und der kreizbrave Pfarrer hats halt arch schwär,
wall de Saububm net pariern
und der konn nu so viel vom Gehorsam predichn,
dee messn si halt immer wie die Heidn auffiehrn.

Der Professer Kronzucker lernt uns des Turna
Und bom Völkerball bassd er immer auf,
Dass mer alles richtig machen und doo kriecht er halt manchmoll
In Ball aufn Kopf nauf.

Den Professer N. hommer in Chemie und in Biologie
und der gfellt uns alle zamm
wall der su schee mittlfränkisch derherräd,
ich glaab, der kummt derekt vo derhamm.

So des worn etz unsere sämtlichn Professer
und des woor fei blooß a Spaß
und etz sohchi endlich amoll Prost,
wall mei Gurgl scho verrost.

Dreißig krakeelende Teenies, unbeaufsichtigt, nachdem die drei Vertreter des Lehrerkollegiums gegangen waren!
Man kann sich vielleicht vorstellen, was da los war, auch auf dem Heimweg durch das nächtliche, verschlafene Ansbach.
Im darauffolgenden Jahr; als ich dann in der Schülerkapelle spielte, trieben wir es oft noch toller.

Was kümmerte es uns, dass wir manchen braven Bürger aufweckten, wenn wir in einer engen Gasse unter seinem Fenster lautstark zu diskutieren oder zu singen begannen.
Einmal, das war schon im Sommer 1958, intonierten wir weit nach Mitternacht in der Innenstadt immer wieder den Frank-Sinatra-Song „A foggy day in London town", weil ich zwei Tage später mit meinem Freund zu einer Tramptour nach England aufbrechen wollte. Es war ein nicht enden wollendes Abschiednehmen.
Besonderen Reiz hatte das Imitieren der heiseren Stimme von Louis Armstrong, das ich manchmal so übertrieb, dass ich wirklich heiser wurde und nur noch krächzen konnte, zumal ich auch noch rauchte.
Ich bitte um Entschuldigung. Wir waren übermütige Rabauken und hatten noch kein Verständnis für Mitmenschen, die ihre Nachtruhe brauchen.
Unglaublich auch, dass wir, zwei knapp sechzehnjährige Knaben, noch in den „Schwarzen Bären" gingen, eine große Kneipe in der Uzstraße, wo fast nur Amerikaner verkehrten. Die größte Attraktion dort war eine Band, die so spielte, wie ich es in den Hillbilly-Sendungen des AFN hörte. Ich stellte mich sogar vor die Musiker hin und schaute fasziniert zu. Einer hatte eine komische Gitarre auf den Knien und brachte diese zum Wimmern und zum Heulen, indem er mit einem Metallring oder -stift auf den Saiten herumfuhr.
Wir kamen uns jedenfalls vor wie in Hawaii oder im Wilden Westen.
Um halb drei marschierten wir von dort bei Nacht und Nebel in die Würzburger Landstraße, wo ich bei meiner Tante übernachtete.
Vor den Eltern musste ich diese Eskapaden doch etwas geheim halten, sonst wäre ich nicht ins Englische ausgewichen.

Montag, 19. März 1956

Um 10 h stehe ich auf und fahre um dreiviertel 12 heim. Zwei Bücher von Tante E.: Wem die Stunde schlägt und Die Martinsklause.
Heute ist wieder ein strahlender Frühlingstag und sehr warm.
Vater und Helmut arbeiten jetzt in der Augustana.
Ich fahre nach Schlauersbach und hole 30 Eier.
Ich unterhalte mich etwas mit Anna über die Wirtshäuser usw.
Beim Hartmann hole ich das Bild.
Then I demole the letter of love because I don't like it.

Die Eier bringe ich zu Frau Ringler. Abends leime ich das Schlagbrett meiner Gitarre fest, und um 8 h gehe ich mit Helmut zum Wagner. Wir spielen bis halb 10. Um 10 h bin ich im Bett.

„Spielen" heißt im Regelfall „Musik machen". Die Zahl der Musiker, zu denen ich Kontakt hatte und mit denen ich immer wieder übte bzw. später auch auftrat, betrug etwa ein Dutzend, allein in Neuendettelsau. Dazu kamen noch etwa acht in Ansbach.
Zähle ich die Instrumente auf, so handelte es sich um Akkordeon, auch Ziehharmonika, Schifferklavier, Blasbalg oder Quetsche genannt, Klavier, Schlagzeug, Violine, Kontrabass, Klarinette, Trompete, Saxophon.
Nicht zu vergessen einen guten Gitarristen und Sänger aus Windsbach, der, wie einige andere auch, nicht mehr unter den Lebenden weilt.
Einige meiner einstigen Musikerkollegen genießen noch mehr oder weniger ihr hohes Alter (86 und mehr) und musizieren auch noch, wenn es sich ergibt, aber wir kommen nicht mehr regelmäßig zusammen.
„I demole the letter of love"(sic). Das heißt, dass ich einen Brief, den ich geschrieben hatte, zerriss, weil er mir nicht gefiel. Manchmal ist es ja besser, man entsorgt etwas, bevor man es abschickt.
Verbrennen kam damals auch in Frage, weil man fast immer ein Feuer, sei es im Küchenherd oder im Ofen, zur Verfügung hatte.
Manche spätere Schreiben an Behörden oder Respektspersonen habe ich auch in meine Aktenordner eingeheftet, ohne sie zur Post zu bringen. Die Hauptsache war das Schreiben, das sich von der Seele Schreiben, damit war die Sache für mich oft schon erledigt.
Es tat einfach gut, Dampf abzulassen. In der Psychiatrie wird ja mancherorts das therapeutische Schreiben gepflegt.
Die Tante, bei der ich nach meinen nächtlichen Eskapaden in Ansbach übernachtete, war auch Mitglied im Bertelsmann Lesering und hatte eine schöne Auswahl an Büchern im Wohnzimmerschrank, von denen ich immer wieder mal eins auslieh.
Über den Hemingwayschen Roman habe ich schon geschrieben.
Es ist dieser Kontrast von einer zarten Liebesgeschichte und einer fast unerträglichen Szenerie von dumpfer Gewalt, der mich immer wieder fasziniert.

Und die unübertroffene Kunst des amerikanischen Journalisten, der aus dem Spanischen Bürgerkrieg berichtete, die Landschaft lebendig werden zu lassen, die Höhle, in der die Partisanen hausen, die Brücke über den Fluss im Gebirge, die es zu sprengen gilt, und den Abgrund am Rand einer spanischen Stadt, an dem sich eine grausame Tragödie abspielt.
Hemingway zeigt, was der Krieg aus den Menschen und aus der Zivilgesellschaft macht. Pornografisch ist für mich allein die Gewalt.

Ronda war für mich das Schlüsselerlebnis, etwa fünfzehn Jahre nach der ersten Lektüre des Buches. Dort fällt das Terrain direkt am Park steil ab, so dass man sich vorstellen kann, dass es sich dort abgespielt haben könnte, dass einige biedere Mitbürger, die Pablo, der brutale Anführer der Bande, Hals über Kopf zu Faschisten erklärt, über die Kante gestürzt wurden, nicht ohne vorher mit Dreschflegeln von der aufgehetzten Meute halbtot geschlagen worden zu sein.

Einen Ludwig Ganghofer zu lesen gehörte auch zur Allgemeinbildung.
„Der Jäger von Fall", „Der Herrgottsschnitzer von Oberammergau", „Schloss Hubertus", „Das Schweigen im Walde", und nicht zuletzt die oben erwähnte „Martinsklause", das waren seine Themen, und sie wurden auch im Kino geboten.

Die zwischen Schlauersbach und Ziegendorf gelegene Bachmühle gehört heute zur Gemeinde Markt Lichtenau. So sah sie in den 1950ern aus.

Nach Schlauersbach radelte ich regelmäßig, und zwar in die Bachmühle, um Eier zu holen. Damals konnte man den Schlauersbacher Berg noch ohne Gefahr für Leib und Leben hinunter sausen bzw. auf dem Heimweg hinaufschieben. Heute meide ich diesen und fahre lieber am Munazaun entlang und über Ziegendorf oder auch über Kirschendorf, wo man vom Heuweg aus einen schönen idyllischen Waldweg erreicht, die Direttissima ins Rezattal.

Dienstag, 20. März 1956

Früh etwas kalt. Um 8 h kommen die Bierleichen angezottelt.
In Musik interviewt Wutzler einige Schüler, auch mich.
Ich singe einige Verse meines Roiderjackls. Es klingt prima.
Ralf will ihn mit Schreibmaschine schreiben.
In Deutsch 3 Referate: über Ostpreußen, über Turnvater Jahn und über die Gefahren des Berufssports.
Englisch fällt aus, da sie heute am Traualtar ihr Jawort gibt.
Ich gehe zu Busch und kaufe für 1.45 Saiten und Ringe.
Um 2 h gehe ich etwas ins Dorf.
Es ist trüb, aber warm. Mit R. gehe ich durch die Wiesenstraße.
Abends gehe ich in den Film „Mitgerissen", der erzählt, wie der kleine Mann mitmachen muss bei der Wahnsinnsidee eines ver-

rückten Diktators. Ich lerne Vaters Arbeitskollegen kennen, ein ungefähr 18-jähriger und ein 31-jähriger Verheirateter.

Vaters Arbeitskollegen, mit denen ich mich bald anfreundete, haben damals in Dettelsau logiert, zumindest an den Arbeitstagen, und zwar in der Bahnhofstraße 1 im ersten Stock.
Das war ein günstiger Standort für uns junge Kerle, weil wir da einen Brennpunkt des Dorfgeschehens überblicken konnten.
Ich besuchte sie oft nach Feierabend.
Mangels Fernseher war es eine beliebte Freizeitbeschäftigung, aus dem Fenster zu schauen. Manche beherrschten das in Perfektion, und ich liebte es auch sehr. Man stellte sich einen Stuhl ans Fenster und kniete darauf. Damit die Arme nicht wehtaten, kam auf das Fenstersims ein weiches Kissen, genauso wie wegen der Knie auf den Stuhl. So konnte man es stundenlang aushalten.
Es gab Fenster in Neuendettelsau, die tagsüber kaum jemals unbesetzt waren. Wann auch immer man dort vorbeiging, vor allem an hellen Abenden im Sommer, wurde man von der mit dem Fenster verwachsenen betreffenden Person gesehen und wohl auch registriert.
„Die gehen jetzt schon so lange miteinander. Wie lange werden die es noch miteinander machen?"
Solche oder ähnliche Überlegungen werden die FensterguckerInnen angestellt haben, wenn die Liebespaare Händchen in Hand ihr abendlicher Spaziergang dort vorbeiführte. Und an manchen Fenstern musste man vorbei, da gab es keine Schleichwege.
Solange ich ungebunden war, boten die vielen Schülerinnen von der Anstalt unendlich viel Kurzweil, ein Phänomen, das es mit Sicherheit in keinem anderen Ort dieser Größe in der Umgebung gab.
Nach meinem Wegzug von der Bahnhofstraße im Herbst 1958 konnte ich das bunte Schauspiel von weitaus höherer Warte genießen, nämlich vom dritten Stock der Hauptstraße 16, dem alten Postgebäude. Das südliche Fenster des Wohnzimmers war mein Ausguck. Und da hinter dem Schloss, oder hinter dem „Fässla" das Milchhaus war, herrschte an Sommerabenden lebhaftes Treiben, weil sich die Schönen dort gezuckerten Joghurt kauften, den sie auf dem Rückweg löffelten. Sie waren zwar weit weg bzw. unten, aber was ich nicht sah, ergänzte meine Fantasie.
Das nach Osten gehende Fenster, also Richtung Gastwirtschaft Stern, wo ich auch vieles sehen konnte, war ein Mansardenfenster, und die

davor liegende sehr steile Dachfläche war leider einmal tagelang von Halbverdautem besudelt, weil ich es, als mir nachts schlecht wurde, nicht mehr bis zum Abort schaffte.

Dieser war ja außerhalb der Wohnung im Treppenhaus, also musste ich den kürzesten Weg suchen, und der führte von meinem unter dem Dach stehenden Bett zum Mansardenfenster, das ich gerade noch aufreißen konnte. Entweder waren die blauen Zipfel schlecht gewesen oder die fünfte Halbe, ich weiß es nicht mehr.

Jedenfalls war ich heilfroh, als es bald darauf tagelang regnete.

Halbstarkengeschichten eben. Wer hat solche nicht erlebt?

Das Musikhaus „Busch" in Ansbach befand sich in der Uzstraße, ein Geschäft, in dem ich mich sehr gern aufhielt, weil es dort alles gab, was ein Musiker brauchte:

Saiten, Zitherringe, und Plektra für die Gitarre.

Mit dem Plektrum konnte man in der Band besser mithalten als wenn man die Gitarre mit den Fingern zupfte.

Zum Schutz des schönen Holzes des Instruments war dazu unterhalb der Saiten ein Schlagbrett angebracht.

Es gab harte, weichere und ganz weiche Plektren in verschiedenen Formen, die man heute ergoogeln kann.

Damals kostete eines 20 Pfennig oder 50, je nachdem, und ich habe heute noch ein Dutzend in der Schublade. Die ganz weichen benütze ich gern für lateinamerikanische Rhythmen.

„Ich (gehe) durch die Wiesenstraße" heißt es oben.

Das war die Johann-Flierl-Straße, und in meinem Kopf ist das immer noch die „Wiesenstraße".

Schaut man sich das Urdorf an, das eiförmig in die Flur eingebettet ist, schön geschlossen und nirgends zerfranst, so sieht man, dass der südliche Abschnitt dieser Verbindung früher überhaupt keine Rolle spielte.

Die südliche Dorfumgehung war das nach Osten abzweigende Rottlergässla, weiter draußen war nichts.

Erst als um die vorletzte Jahrhundertwende die Bahnlinie gebaut wurde, brauchte man eine direkte Linie von der Anstalt zum Bahnhof, und so belebte sich allmählich der nach Westen führende Wiesenweg bis zur Einmündung in die Bahnhofstraße.

Die Wiesenstraße war eine Geschäftsstraße. Fangen wir an beim Besenbeck, wo es Eisenwaren und eine Spenglerei gab, später auch gegenüber einen Haushaltswaren- und Geschenkladen.

Stolz präsentieren die wenigen Autobesitzer auf diesem Foto aus den 1930ern ihre Fahrzeuge an der Einmündung der Bahnhofstraße in die Wiesenstraße. Frau Haas fährt Fahrrad, der Bürgermeister Hans Loscher mit Gattin ist rechts davon zu erkennen. Das Gebäude hat sich bis heute kaum verändert.

Links war die Drogerie Gerlach, die ich auch noch als „Karau" kenne. Ebenfalls links war das Schuhgeschäft „Lotter", danach die Villa des Dentisten Frosch, wo man sich die Zähne ziehen ließ.

Dann kam lange nichts bis zum Rathaus, das anfangs einsam und verwaist in der Gegend stand, direkt am Schlossgraben, und in dem die Sparkasse untergebracht war.

Dorthin führte mich mein Weg, wenn ich nach Neujahr mein Sparschwein leeren ließ. Durch die Neujahrsgratulationen bei Verwandten und Nachbarn kamen immer ein paar Mark zusammen.

Schauen wir die rechte Seite an: nach dem Besenbeck kam „Haas", Fachgeschäft für Textilien, Handarbeitsbedarf und Spielzeug, danach Schneider Walter, eine der Werkstätten, wo man sich Hosen und Jacken machen ließ. S
päter ließ sich dazwischen noch Kohlenhändler Wedel nieder, heute Czmok, wo es jetzt nur noch Heizöl gibt.
Auch das Amtsgebäude der Sankt Nikolai Gemeinde, das neue Pfarrhaus am Henningergässchen unterstreicht den anderen Charakter der Wiesenstraße. Es gibt bzw. gab dort keinen einzigen Bauernhof, nur eben „Wiese" und Platz für Neubauten.
Kam ich von der Schule in der Hauptstraße, so ging ich oft seitlich der Fahrbahn entlang direkt durch die den Schlossgarten begrenzende Hecke, die damals noch jung war, wie durch einen schmalen Wald.
Das war abenteuerlicher als die langweilige Straße.
Und noch ein Erlebnis verbindet sich mit der Wiesenstraße. Wenn wir im Herbst unsere selber gebauten Drachen steigen ließen, war unser Standort ganz oben an der Bahnlinie, und wir konnten die gesamte Neue Wiese vor uns überblicken.

Mein Drachen stand einmal wunderschön bei gutem Westwind über dem Walterschen Haus. In meinen Notizen von 1953 ist das am 9. September verzeichnet. Der Wind wurde stärker, der Drachen schlug mit zunehmender Geschwindigkeit einen Salto nach dem anderen und krachte schließlich auf das Dach des Schneidermeisters Walter, wo er sich im Dachständer für die Stromleitung verfing und schließlich zerfetzt wurde.
Die spätere Umbenennung in „Johann-Flierl-Straße" macht schon Sinn, weil der Missionar Flierl, einer der Neuguinea-Pioniere, in der Friedensstraße, also am unteren Ende der Wiesenstraße, zuhause war, und am oberen Ende derselben, direkt an der Wilhelm-Löhe-Straße, sich von jeher die Missionsanstalt befindet.

Mittwoch, 21. März 1956

Der Himmel ist klar und blau. 1. Stunde Turnen.
Wir spielen etwas Korbball.
In meinem Geldbeutel habe ich 1 Mark zu viel und weiß nicht, wo sie herkommt. Beim Krell lesen wir in der 2. Stunde etwas vor über Rationalisierung. Beim W. schlafe ich in der Reihenlehre fast ein.
Da ich sehr schläfrig bin, fahre ich um dreiviertel 12 heim, obwohl Chorgesamtprobe ist und Latein. In the train a fine girl. Die Sonne versteckt sich manchmal hinter Dunstwolken, aber es ist warm.
Um 2 h gehe ich ins Werkamt, treffe aber Herrn Eisen wieder nicht an, nur seine Sekretärin, aber das nützt mir nichts.
Dann gehe ich heim, mache Stereo und lese Jack London.
Ich kaufe mir eine Schachtel Keks für 50 Pf, damit ich mein Geld los werde. Abends will ich in den Singkreis.
First to the station. No handshaking, no dear word.
Als ich Helmut mit den 2 Monteuren treffe, gehen wir in der Muna spazieren, u. a. zum Tauscher.
Nicht im Singkreis. Um halb 10 heim und ins Bett.

Wie heißt heute das „Werkamt"? Gemeint ist das zentrale Bürogebäude, dieser Backsteinbau in der Heckenstraße, den ich seit meiner Kindheit kenne. Ich glaube, dort wurden alle Entscheidungen über das Personal der Diakonissenanstalt getroffen und verwaltet.

Ich wollte arbeiten in den Osterferien, deswegen wollte ich Herrn Eisen sprechen.
Ansonsten war das ein ereignisloser Tag.
Die Beziehung zu ED1 war erkaltet, wie man sieht.
Im Comment vom 5. Februar habe ich erklärt, was ED bedeutet: „Encuentro Dulce" = „süße, liebliche Begegnung".
Wie weit eine solche jeweils ging, das möchte ich nicht erörtern.

Donnerstag, 22. März 1956

Der Franz macht Unterricht wie immer bis zur letzten Minute.
Beim Schieber wird furchtbar gegen Unterricht protestiert. Ich muss meinen Roiderjackl singen, viel Gelächter. W. macht ebenfalls Unterricht bis zur letzten Minute, physikalische Rechnungen.
Es ist ziemlich kalt heute, aber leicht bedeckt.
Beim Gei muss ich meinen Roiderjackl nochmal singen.
Jochen hat 30 Durchschläge davon gemacht.
Dann lesen wir das Fähnlein. Ich bin wieder sehr schläfrig.
Um 2 h gehe ich spazieren.
Lande bei einer Bank am Anstaltsfriedhof, wo ein einsamer Alter traurige Weisen spielt. Die Welt wird immer trüber.
Herr Eisen ist wieder nicht da, aber seine Sekretärin schreibt mich auf.
Zuhause um 4 h spiele ich einige Blues. Und höre AFN. Abends gehe ich etwas zu Schindlers und schaue beim Holzspalten zu. Es ist Frühling und riecht nach Holz. Abends will ich in die Singstunde, aber ich schlafe um 8 h fast ein und gehe deshalb um halb 9 ins Bett.

Nur Geschäftsleute hatten eine Schreibmaschine.
Jochen stammte aus einem Geschäftshaushalt und konnte daher den Text zu meinen Gstanzln tippen und vervielfältigen.
Das war gut, denn sonst wären diese frühen Versuche verloren.
Die handschriftliche Aufzeichnung habe ich nicht mehr.
Als ich vor vier Jahren bei einem 75. Geburtstag eingeladen war, kam einer aus unserem Jahrgang auf mich zu und sagte Schau mal, was ich gefunden habe. Es war ein DIN A 4 Blatt mit den von mir fast vergessenen Roiderjackl-Versen von damals.

Sie sorgten wohl immer wieder für Heiterkeit, wie man auch diesem TB-Eintrag entnehmen kann.
Die letzten Stunden vor den Ferien stellten oft ein Problem dar für die Lehrer.
Was war noch anzufangen mit den Kerlen? Wie man sieht, gab es welche, die stur Unterricht machten. Das waren die harten Knochen.
Andere ließen sich erweichen und gingen auf Schülerwünsche ein.
In der Unterstufe schrieben wir manchmal einen Spruch an die Tafel, um den Lehrern mitzuteilen, was wir wollten:
Es ist schon immer so gewesen, am letzten Tag wird vorgelesen.
Was für eine heile Welt!
25, 30 ja bis zu 35 Kinder hocken mucksmäuschenstill in ihren engen Bänken und lauschen einem Mitschüler, der am Pult sitzt und aus einem spannenden Buch vorliest.
Mich hat es natürlich oft getroffen, als Vorleser zu fungieren, und ich habe teils noch die Bücher, die ich dazu verwendete: „Die wilden Jungen von der Feuerburg" zum Beispiel. Später waren es auch die Lausbubengeschichten von Ludwig Thoma. Man musste dabei auch ein bisschen schauspielern, dann kamen die Texte besser an.
Wie unbedarft ich (sprachlich) noch als Zehnjähriger war, geht aus einem Beispiel hervor, an das ich mich lebhaft erinnere:
Der Franke kennt ja nur das Wort „schnaufen" für atmen.
Also ist ihm auch der „Atem" kein Begriff.
In dem erwähnten Kinderbuch von der Feuerburg kam das Wort „Atem" vor, das ich auf der zweiten Silbe betonte, weil ich es nicht kannte: also wie Athen oder bequem.
Der Lehrer machte mich nach der Stunde amüsiert darauf aufmerksam, dass es „Atem" heißt, mit der Betonung auf A.
Und dabei fällt mir gleich der Zankapfel ein, der später in irgendeinem Theaterstück vorkam.
Es traf wieder mich: las ich doch glatt „Zahn-Kapfel".
Der Zank-Apfel, der Apfel der Zwietracht kommt aus der griechischen Mythologie. Der unschuldige Jüngling Paris soll entscheiden, welche der drei vor ihm stehenden Frauen (nackt müssen sie sein, logisch, sonst könnten sie ja mogeln) die schönste ist, und sein Urteil mit einem goldenen Apfel manifestieren.
Er wählt die Helena, und daraus entsteht der Trojanische Krieg.
Aber wie soll das ein Bub aus einem mittelfränkischen Bauerndorf wissen.

Für ihn wahr es warscheinlicher, dass bei dem „Zankapfel" ein „h" vergessen wahr.

Spaß beiseite.
Auf dem Anstaltsfriedhof hielt ich mich schon immer gern auf.
Dort gab es durch Buchsbaumhecken versteckte Nischen mit Bänken, auf denen es sich an der Sonne gut sitzen ließ.
Auch als Fotokulisse war der Park gut. Später, als ich reifer wurde, las ich gern die Inschriften auf den Steinen der Diakonissengräber.
Jede dieser frommen Frauen, der Heldinnen der Nächstenliebe, wie ich sie nennen möchte, bekam ihren eigenen Spruch.
Die Buchsbäume rochen auch gut, besonders wenn es warm wurde.
Überhaupt genoss ich und habe ich noch in Erinnerung die Gerüche des Frühlings.
Dazu gehörte auch der Duft des gespaltenen Holzes.
Östlich der Gartenstraße, heute Friedrich-Bauer-Straße, war ein großes Brachgrundstück, auf dem viele Leute ihr Holz lagerten.
Dieser sogenannte „Zapfengarten" war ein richtiger Abenteuerspielplatz, und dort roch es, wie sollte es anders sein, sehr stark nach Holz.
Die einfachen Geräusche waren ebenfalls noch nicht kontaminiert oder überlagert durch den Verkehr bzw. die Maschine.
Überall trieben die Bauern Keile in die auf dem Hof liegenden Baumstammstücke und schlugen mit einem großen Schlegel auf den eisernen Kopf des Keils, bis das Holz ächzend und quietschend der Gewalt wich. Das war weitaus anschaulicher als die lärmenden Holzspaltmaschinen, die später aufkamen.
Anfangs wurde auch noch mit der Handsäge gearbeitet.
Das kurze Stammstück kam auf einen Sägebock, zwei Mann zogen das Sägeblatt hin und her, her und hin, hin und her, her und hin, so lange, bis das eine Trumm herunterfiel.
Bald aber hatte jeder schon eine elektrische Kreissäge in der Scheune oder an schönen Tagen auch davor, und das ununterbrochene Singen derselben und regelmäßige Kreischen, immer wenn ein Stück durchgesägt wurde, war im ganzen Dorf zu hören.

Freitag, 23. März 1956

Der Himmel ist trüb heute, und es ist nicht so warm wie gestern.
Früh im Bett lese ich „Die Martinsklause".
Um 10 stehe ich auf und fahre gleich um halb 11 zum Eisen.
Aber alles war vergebens. Beim Högner ist es genauso vergebens.
Nicht mal arbeiten kann man, wenn man will.
Diese beschissene Welt!
Vom AFN höre ich um halb 12 das Wunschkonzert.
Sobald natürlich um 12 h Vater heimkommt, ist es damit vorbei.
Nach dem Essen um 1 gehe ich in die Holzschipf und säge Holz, um eine Ablenkung zu haben.
Um 4 h gehe ich heim, nachdem ich vorher im Garten und an Bennos Grab war. Ich höre AFN und will nachher etwas Gitarre spielen, aber ich finde die Schule (Anm.: Jazzgitarrenschule, ein Heft im DIN A 4 Format zum Selber Lernen) *nicht.*
Ich renne zu Klaus hinauf, aber er hat sie nicht.
Zuhause finde ich sie dann. Nachdem ich gscheit gevespert habe, gehe ich ins Kino. 08/15, zweiter Teil. Ganz gut, tragisches Ende.

Wieder muss ich den alten Goethe bemühen, vielleicht nicht zum letzten Mal: „Himmelhoch jauchzend, zu Tode betrübt."
Ich denke, dass jeder Teenie mit diesen Amplituden leben muss.
Beim einen sind sie schwächer, beim anderen heftiger, und wer das bessere Los gezogen hat, weiß man nicht.
Eigentlich genoss ich es manchmal auch, so richtig tieftraurig zu sein. Wenn schon, denn schon. Für die nötige Stabilität, damit nichts passierte, sorgte dann die Heimat, d. h. die vertraute Umgebung.
Einen Ort meiner Kindheit aufzusuchen, der von Bedeutung war, half immer. Es hilft noch heute.
So einer war eben die Gegend um den Wörrleswald und die Giegsmistn, zumal dort mein Großvater direkt vor dem Wäldchen einen Acker hatte, auf dem er in einem Jahr „Kuhrn", also Roggen, und im anderen Kartoffeln anbaute. An das Binden der Garben und Zusammenstellen dieser zu „Puppen", wenn das Getreide gemäht war, sowie an die Kartoffelfeuerchen, über denen wir die frisch geklaubten Ebbirn rösteten, kann ich mich lebhaft erinnern.
Auch der Schrebergarten und die Holzschüpf meines Vaters am Waldrand waren eine vertraute Umgebung (vgl. die Einträge vom 3. und 4. Januar, wo auch von unserem erschossenen Hofhund die Rede

ist), in der ich die Einsamkeit suchte, die dort wohltuend war, weil ich meinen Erinnerungen nachhängen konnte.
Es war der erste Tag der Osterferien, und was den jungen Leuten meiner Generation völlig abging, das war natürlich der Stress des Verreisens. Kein Auto war zu packen, kein Stau stand einem bevor, keine Nächte in fremden Betten, kein Rummel an den Skiliften und auf den Pisten.
Ausgerechnet heute füge ich noch hinzu: kein Einchecken am Flughafen in einer Welt, wo es nirgends mehr eine sichere Nische gibt.
Das Leben ging seinen gewohnten Gang, nur eben ohne Schule.
Und dass ich bei den ortsansässigen Baufirmen keine Arbeit fand, liegt wohl daran, dass es im März noch zu wenige Baustellen gab.
Im Sommer sollte das dann kein Problem sein.
Die Militärklamotten im Stil 08/15 würde ich heute nicht mehr anschauen. Mit fünfzehn war ich offenbar noch zu unkritisch und hatte zu wenig Erfahrung, um diesen 1954 nach der Romantrilogie von Hans Hellmut Kirst gedrehten Film zu beurteilen.
Lese ich heute die Inhaltsangabe im Internet, so fällt mir spontan nur ein „So ein Krampf!"

Samstag, 24. März 1956

Ich schlafe bis halb 10 Uhr, als mich Großmutter aufweckt, ich solle Großvater helfen, die Abortgrube bei B. auszuleeren.
Nach längerem Murren füge ich mich der höheren Gewalt.
Er geht, nachdem wir den Wagen draußen haben, und ich muss alles alleine aufladen.
Ich schwitze wie ein Affe. Sie (Anm.: die Hausbesitzerin) gibt mir 3,40 Mark und sagt, ich soll dem Großvater 3 Mark geben, das andere gehört mir.
Na, die hat Nerven! Großvater aber lässt mir alles.
Um 11 h fahren wir den Dreck in die Weinstraße. Die Sonne brennt heiß herunter. Gleich nach dem Essen flicke ich das schwarze Rad, welches vorne ein kleines Loch hat. F. und H. (Anm.: Cousins) putzen ihre Räder, es herrscht ein lebhaftes Treiben auf dem Hof.
Mama geht nachher zu Frau R., da sie morgen Konfirmation haben.
Bis 3 h arbeite ich, dann mache ich das übliche Samstagsgeschäft: etwas im Dorf herumfahren und zum Fenster hinunterschauen.

Es ist bewölkt und trüb geworden.
Abends spalten wir beim Nachbarn Holz wie die Wilden und saufen Bier. Um viertel 8 gehe ich heim und horche bis 9 h die weißblaue Drehorgel. Dann geh ich ins Bett.

Banalitäten des Alltags, die ohne Schule vielleicht noch banaler daherkommen und niemand mehr interessieren.
Aber was soll das Tagebuch eines sehr jungen Jugendlichen der 1950er anderes bieten? Ein Prominenter war ich nicht. Aus diesen dürren Aufzeichnungen ein Bild der dörflichen Realität vor rund 60 Jahren zu zeichnen, das betrachte ich als meine, mir selbst gestellte, Aufgabe in diesem Projekt.
Und wenn es „saufen" heißt statt „trinken" so unterstreicht das mein Bemühen um Authentizität. Es wäre verfälschend, heute Vokabeln auszutauschen, um irgendjemandem einen Gefallen zu tun.
„Arbeit schändet nicht" war ein anerkannter Grundsatz in der Umgebung, in der ich aufgewachsen bin. Und da ich sowieso schon als der Privilegierte galt, weil ich in die Oberschule ging, wurde ich von meinen „Vorgesetzten", als da waren die Eltern und die Großeltern, auch zu heikleren Tätigkeiten herangezogen.

Wie schon in vorhergehenden Einträgen sattsam geschildert, gab es in den Bauernhäusern, aber auch in neu erstellten Wohngebäuden, etwa für Lehrer oder Pfarrer oder Geschäftsleute, nicht in jedem Fall einen Kanalanschluss.
Abwasser und Fäkalien wurden in einer betonierten unterirdischen Grube gesammelt. Diese musste in regelmäßigen Abständen geleert werden, ohne elektrische Pumpe.
Man kann sagen, es war eine schöpferische Tätigkeit, weil man mittels eines an einer langen Stange befestigten Schöpfeimers die übelriechende Brühe aus der Grube in den Odelwagen beförderte.

Digitalfoto von 2007

An anderer Stelle werde ich ausführlich schildern, wie diese nicht gerade appetitliche Arbeit von statten ging.
Garantiert half ich am 24. März 1956 dem biologischen Abfallentsorger, dessen Befehlen ich mich nicht verweigern konnte, nicht zum ersten Mal.
Dass die Auftraggeber das kapitalistische Prinzip verinnerlicht hatten, geht aus der Bezahlung hervor. Der eigentliche Arbeiter sollte etwa ein Siebtel dessen erhalten, was sie für die Leistung bereit waren auszugeben. Vierzig Pfennig versus drei Mark.
Na klar, es musste etwas abspringen für die Infrastruktur, die der Großvater aufgebaut hatte: einen Odelwagen, Zugtiere, Äcker und Wiesen, die er bewirtschaftete, auf die der Dung auszubringen war, er musste Sozialversicherung für mich bezahlen und Umsatzsteuer abführen usw.
Ironiemodus aus.

Was ich festhalten möchte, ist dass der brave Mann, der 97 Jahre alt wurde und dem ich an seinem Geburtstag im November ein Denkmal setzen werde, seinem Enkel eine große Freude bereitete, als er nichts von dem Geld für sich behielt.

Peter Schmidt (1879 – 1976). Foto von 1964.

„Es herrscht ein lebhaftes Treiben…"
Im Hof, in der Geborgenheit des großelterlichen Anwesens, mitten im Dorf, wo jeder jeden kannte!
Der nur teilweise gepflasterte Hof, auf der Hinterseite des Hauses, also im Süden, war sozusagen der Intimbereich der Großfamilie. Er war, da an drei Seiten von Mauern umgeben und zu der von Westen

kommenden Dorfstraße mit einem hölzernen Tor verschlossen, nicht einsehbar.
Trat man zur hinteren Haustür hinaus, so war linkerhand die Natursteinmauer der alten Scheune der Nachbarn, rechts der niedrige Schweinestall meiner Großeltern mit der angrenzenden Scheune, und in Richtung Süden betrat man durch einen engen, mit einem Lattentürchen versehenen Durchgang ein kleines, meistens recht verwildertes Gärtlein, das an eine südlich liegende große Wiese grenzte.

In diesem Patio konnte man ungestört und ungefährdet aufwachsen. Hühner und Gänse liefen frei herum und durchmischten die Pampe des unbefestigten Teils mit ihren Exkrementen. Die Katze strich umher, und Benno, der Hund meines Onkels, lag friedlich vor seiner Hütte.
In den niedrigen Schweinekoben grunzten und quiekten die Schlachttiere. Daran angrenzend meckerten meine Ziegen in ihrem dunklen Verschlag, und in hölzernen Kisten, die mein Vater aus Abfallholz zusammengenagelt hatte, mümmelten etliche Kaninchen, Stallhasen genannt. Im neben der Küche gelegenen Kuhstall muhten vier bis fünf Kühe und Kälber.
Könnte man doch das Rad der Zeit noch einmal zurückdrehen und einen schönen Frühlings- oder Sommertag in dieser Idylle erleben.
Wärmte die Sonne, so spielte sich alles draußen ab. Die Großtante verspeiste genüsslich am blank gescheuerten Waschtisch ein mehrmals aufgewärmtes Sauerkrautgericht, der Großvater dengelte seine Sensen und Sicheln oder schärfte eine Axt, wobei ich ihm den Schleifstein drehen musste, einen schweren radförmigen Stein mit einer großen Kurbel, dessen untere Hälfte in einer mit Wasser gefüllten Wanne hing.
Je mehr der Großvater aufdrückte, umso schwerer wurde das Drehen.
Mein Vater oder einer der Onkel flickte einen Fahrradschlauch zum xten Male, meine Mutter war am Waschkessel neben dem Schweinestall mit ihrer Wäsche beschäftigt, und wir Kinder bastelten oder schnitzten irgendetwas oder lasen.
Ich wüsste nicht, wo ich, außer in den glücklichsten Stunden mit meiner eigenen Familie, im späteren Leben wieder eine ähnliche Geborgenheit erlebt habe.

Vier der acht Kinder der Bahnhofstraße 9 im Jahr 1943 oder 1944 auf der Wiese hinter dem Haus.

Rechts Gerhard Schmidt (1940 – 2007), 3. von rechts Hans Bär (1939 – 2018)

Sonntag, 25. März 1956

Um halb 9 stehe ich auf.
Mama ist bei Familie R. und Vater geht Eier holen.
Ich wasche mich und höre Radio. Heute ist Palmsonntag.
Draußen scheint die Sonne, ein leichter Wolkenschleier überzieht allerdings den Himmel und es ist frisch.
Ich weiß noch nicht, was ich heute tun werde.
Vor dem Essen knipst Helmut schnell noch 2 Bilder von mir.
Auf dem einen bin ich allein mit Guitar, auf dem andern Gerhard dazu. Nach dem Essen gehe ich zu Familie N., Familie B. ist da.
Wir spielen im Freien vor dem Haus, wo die Sonne hinbrennt.
Sie haben ihren Spaß mit einem alten Feldstecher. Zum Spielen ist nicht die rechte Stimmung, deshalb hören wir um 3 h auf.
Nachdem ich mit Helmut etwas spazieren gegangen bin, gehen wir ins Hospiz bis um 5 h. Many Puppies.
Um halb 6 horche ich AFN Request Parade.
In Windsbach ist heute Frühlingsfest.
Um 6 h gehe ich an den Bahnhof.
Zuhause trinke ich dann Kaffee und esse Torte.
Vater und Mutter gehen abends ins Kino.
Ich gehe noch etwas voller Sehnsucht spazieren.
Beim Meyer trinke ich eine Halbe. Er hat eine neue Musikbox mit 16 tons u. dgl. Als ich noch ans Kino gehe, treffe ich B., mit dem ich

zuerst ans Spital gehe und eine Tafel Schokolade ins Fenster seiner Geliebten werfe, wo ein Brief drin ist.
Wir müssen scharf aufpassen, da die Polizei hinter denen her ist, die vor kurzer Zeit in der Anstalt gefensterlt haben.
Um halb 10 schmuggelt er mich noch ins Kino rein und ich sehe 08/15 den 2. Teil zum 2. Mal. Um halb 11 bin ich im Bett.

So manches in den 08/15-Filmen war natürlich ganz nach dem Geschmack der Halbstarken, der (fast) wehrfähigen jungen Männer.
Deswegen griff ich zu, als sich die Gelegenheit bot, den Krampf ein zweites Mal anzuschauen. Ein Protagonist hieß dort „Kowalski" und hatte das Epitheton „die Sau", wurde also immer „Kowalski, die Sau" genannt. Das gefiel uns.
„Der Zweite Weltkrieg als spaßige Unterhaltung", lese ich heute bei Wikidepia. Das konnte ich als Fünfzehnjähriger noch nicht beurteilen, da war ich eindeutig überfordert.
Der erwähnte (selige) B. war Platzanweiser im Kino.
Mit ihm ging ich vorher spazieren. Er ist nur einer von vielen Dorfburschen, die mit irgendeinem der vielen in der Diakonissenanstalt beschäftigten Mädchen ein Techtelmechtel begannen oder zumindest beginnen wollten.
Auch ich verbrachte 1957 einmal einen Sonntagnachmittag mit einem Spaziergang in Gesellschaft eines Küchenmädchens, von dem ich nicht einmal mehr den Vornamen weiß.
Wie schon am Palmsamstag weilte nun meine Mutter auch am Palmsonntag bis zum frühen Abend bei der Familie R., weil der Sohn (oder war es die Tochter?) Konfirmation hatte.
Diese Familie war kirchlich in der Diakonie zuhause, und dort wurde von jeher am Palmsonntag konfirmiert, während die Nikolaigemeinde ihre Kinder am Weißen Sonntag einsegnet.
Ich weiß noch gut, wie ich mit einem schon längst verstorbenen Klassenkameraden am Sonntag vor Ostern 1954 den „Schwesternscheitel" (heute „Waldsteig") herunter schritt, aufs Dorf zu, nachdem wir in der Anstaltskirche den Konfirmationsgottesdienst besucht hatten.
Wir waren zwei Wochen später „dran" und hatten uns interessehalber die Zeremonie angesehen. Ich gäbe was drum, wenn ich heute hören könnte, was zwei Vierzehnjährige damals fachsimpelten.
Dadurch, dass meine Mutter, auch schon, bevor sie verheiratet war, bei etlichen Pfarrers- und Missionarsfamilien im Haushalt geholfen

hatte, entwickelte sich bei mir eine ganz besondere Beziehung zu dieser Kategorie Dettelsauer Einwohner. Ich kannte sie (fast) alle, zumindest vom Hörensagen, hatte aber als Dorfbub und Sohn nichtakademischer Eltern keinen ebenbürtigen Zugang zu ihnen.
Das spürte ich, vor allem, da ich nicht das dicke Fell hatte, mit dem so mancher andere Bub meines Alters gesegnet war, und ich denke, ich darf es heute bekennen.
Die Bauern, die Handwerker auf der einen Seite, die Pfarrer auf der anderen, und dazwischen war ein Abstand, den ich, man nehme es mir nicht übel, nicht vergessen habe. Es war eine andere Zeit.
Die Angehörigen der Familie Schuster muss ich von der obigen Einordnung ausnehmen, bei ihnen fand ich, seit ich denken kann, volle Anerkennung und aufrichtige Freundschaft.
Einer der Söhne, der Wilhelm war es wohl, bot mir 1954 sogar an, mir kostenlosen Klavierunterricht zu erteilen.
Aber wir hatten eben kein Klavier, und das bedaure ich noch heute.

Und dem 1947 verstorbenen Neuguineapionier Johann Flierl bin ich sehr dankbar für eine Facette in meiner frühen Erziehung.
Es muss 1945 oder 46 gewesen sein, ich war also kurz vor dem Schuleintritt oder schon ein ABC-Schütze.
Ich weiß nur noch, dass wir beide, er mit einem mächtigen Bart, ich nur wenige Zentimeter über der Tischkante, vor der dampfenden Suppe saßen und ich in der einen Hand den Löffel hielt und die andere dazu benützte, meinen Kopf aufzustützen.
Ich habe nie vergessen, was er, in einem sehr würdigen, autoritären und mich beeindruckenden Ton, sagte, und habe diese Lektion gelernt:
„Ist dein Kopf so schwer, dass du ihn stützen musst?"
So hat eben Erziehung früher funktioniert.
Manches bekam man nur einmal gesagt, mit dem entsprechenden Nachdruck, und dann hatte man es verinnerlicht.

Musik machen mit Freunden, im Dorf spazieren gehen, im Hospiz ein Bier trinken und die Mädchen vorbeigehen sehen, am Bahnhof schauen, wer mit dem Zug ankam und wer wegfuhr, alleine ziellos herumlaufen, während die Eltern im Kino sind, sich in die Bahnhofswirtschaft setzen und wieder ein Bier trinken, mit einem flüchtigen Bekannten ein bisschen Herzklopfen erleben (Schokolade mit Billet Doux ins Fenster werfen) usw. usw.

So sah ein gewöhnlicher Sonntag im Frühling aus, vor sechzig Jahren.

Zur Illustration dient dieses Foto, das am Palmsonntag 1956 auf der Wiese hinter dem Großelternhaus gemacht wurde, mit einer Agfa-Box.
Auf dem Rollfilm im Format 9 x 12 waren zwölf Bilder, alle Schwarzweiß.
Mein Cousin Gerhard Schmidt (1940 – 2007) singt mit mir.

Montag, 26. März 1956

Motto:
Horch, die Lerche singt im Hain
Es ist sehr neblig und frisch heute. Um dreiviertel 9 stehe ich auf, nachdem ich im Bett Ganghofer gelesen habe.
Vormittags mache ich verschiedene Einkäufe. Unsere Katze hat 2 große Löcher im Kreuz, wir wissen nicht, ist es eine Seuche o. dgl.
Nachmittags scheint wunderbar die Sonne. Ich lese im Hof. Später mache ich verschiedene Besorgungen. Ich sehe M. im Garten arbeiten und helfe Großvater Kalk in den Hubersacker fahren.
Auf dem Heimweg treffe ich Maria, mit der ich so lange nicht geredet habe. Ein paar Worte und alles ist wieder beim alten. Dann putze ich mein Schiff (Anm.: selbst gebasteltes Modellsegelschiff).
Ich schwitze so, dass ich hemdsärmelig arbeiten muss.
Als ich im Dorf herumfahre, treffe ich in der Muna H. mit Pf. und O. aus Ansbach. Wir spielen Fremdenführer.
Um 5 h gehe ich mit Vater in den Garten, und er zeigt mir, wie die Schipf mit Karboleum angestrichen wird. Um 6 h höre ich Radio.
Mama stöbert. Fenster und Türen sind offen. Auf Stuttgart 1 gerade der Gefangenenchor aus Nabucco.
Abends lese ich. Um 9 h bin ich im Bett.
Habe heute die ersten Lerchen gehört.

Unser Katz hat Junge griecht,
Dreia, sechsa, neina,
Aans, des hat ka Schwenzla druu,
Mussmer net glei greina.

Wegen der Katze zum Tierarzt?
Das wäre keinem Menschen eingefallen 1956, ehrlich.
Die Katze war nichts wert. Das zeigen zahllose Redensarten.
Katzen gab es massenhaft. Starb eine, so besorgte man sich vom Wurf des Nachbarn eine neue. Das ging so schnell wie das Katzenmachen. Geld auszugeben für eine tierärztliche Behandlung? Das wäre buchstäblich für die Katz gewesen.
Nebenbei bemerkt, ist es für mich interessant, wie man Redensarten aufs i-Tüpfelchen genau richtig gebrauchen muss, sonst irritieren sie. Es heißt also „für die Katz." Aus. Punkt. Und nicht „für die Katze".
Ich kenne jemand, der sagt immer „Mist am Stecken." Falsch.

Es heißt „Dreck am Stecken". „Mist" kann man bauen, und Dreck hat man am Stecken, falls überhaupt.
Hat man ihn woanders, so hilft unter Umständen keine Katzenwäsche.
„Alle Katzen können schnurren", lese ich bei Wikipedia, und das mag ich sehr.
Das Schnurren einer Katze, die man auf dem Schoß hat (oder im Schoß, auf den Oberschenkeln) oder die einem auf dem Bauch liegt, ja, selbst wenn sie einem nur auf die Schulter gehüpft ist und um den Nacken streicht, ist die beste Psychotherapie, die ich kenne.

Foto von 1962

Und wo sich Therapeut/innen mit dem Zuhören begnügen, was ja auch schon hilfreich ist, bringt's die Katz echt durch die Bekundung ihrer Zufriedenheit, die sich sofort auf den Patienten überträgt:
Schau her, oder besser gesagt, Hör zu, geht's uns beiden nicht gut?
Fängt sie dann auch noch an, mit dem Köpfchen in die Handfläche zu stoßen und dich lieb anzuschauen, so schmilzt alles, was einen belastet, dahin.
Felinae ist der Sammelname für die Katzen, und so möchte ich mich als einen Felinophilen bezeichnen, wenn ich auch heute keine eigene habe.

So wie ich in USA einmal einen „Zugvogel" gesehen habe - das sind jene Camper, die mit ihren großen Wohnmobilen immer der Sonne hinterherreisen - einen Mann, der ein T-Shirt trug mit dem Aufdruck „Dirty Old Man", würde ich liebend gern eins tragen mit dem Motto „I LOVE PUSSY", aber ich trau mich nicht, weil ich missverstanden werden könnte.

Katzen gehörten von jeher dazu in meiner Kindheit, vor allem als Mäusejäger. Kein Bauernhof ohne Katze. Anders als der Hund beschaffte sich das Tier einen Teil seiner Nahrung selbst.
Es wurde nur ein bisschen zugefüttert. Mit Abfällen.
Eine Katzenfutterindustrie, die Lecker-Schlecker-Schlemmer-Gourmet-Menues in die Dose abfüllt, gab es in den 1950ern nicht.
1953 jungte unsere, eventuell zum ersten Mal, ich weiß es nicht mehr.
Jedenfalls ist in meinem Minitagebuch aus jenem Jahr über mehrere Tage hinweg vermerkt, dass wir die kleinen Pussies suchten.
Was für ein Glück, dass keiner im Haus eine Perücke hatte, sonst hätte passieren können, was Heinrich von Kleist in seinem „Zerbrochenen Krug" den Dorfrichter Adam sagen, oder besser gesagt, zusammenlügen lässt: „...in meine hätt' die Katze heute Morgen gejungt, das Schwein! Sie läge eingesäuet mir unterm Bette da..."
Die Perücke sei „eingesäuet"! Durch die Geburt der Kätzchen!
Wieder so ein Beleg für die absolute Wertlosigkeit der Katzen.
Wobei Kleist natürlich karikiert.

Wir Kinder wurden fündig am 18. Mai 1953. Und zwar beobachteten wir, wie die Katze, die inzwischen keinen dicken Bauch mehr hatte, durch eine Lücke, einen etwa 20 cm breiten Spalt zwischen der Dachschräge und dem Bretterfußboden im Dachboden, „Drahdbuudn", also „Getreideboden" genannt, der sich über die gesamte Länge des Hauses zog, mehrmals verschwand.
Man hätte eine Schlange sein müssen, um da seinen Kopf hineinzustecken und unter die Dielen schauen zu können.
Was tun? Wir waren ein Team findiger Buben und hätten mit unserer gemeinsam entwickelten Idee sicher einen Preis bei „Jugend forscht" bekommen.
Zunächst holte einer einen rechteckigen Spiegel, einen, wie ihn die Väter zum Rasieren benützen. Damit konnten wir jetzt in die gegenläufige Richtung blicken. Aber es war alles dunkel.

Also brauchten wir noch eine Taschenlampe, die auch einer auftrieb.
Und siehe da, da lagen die kleinen Knäuelchen warm und geborgen im Nest unter dem Holzboden, und die Alte schaute verwundert ins helle Licht, das da auf einmal kam und sie ihre Pupillen zu Schlitzen verengen ließ.
Wir waren wahnsinnig aufgeregt. Irgendwann brachte sie ihre putzigen Kinder im Maul daher und legte sie uns vor die Füße.

"Va, pensiero, sull' ali dorate, va, ti posa sui clivi, sui colli…"
Wenn ich diese schönen Worte höre, nachdem das Orchester den Gefangenenchor aus Nabucco mit den unverwechselbaren Takten eingeleitet hat, dann bin ich jedes Mal sofort elektrisiert und kann nicht an mich halten, mitzusingen:

"Arpa d'or dei fatidici vati,
perché muta dal salice pendi?
Le memorie del petto riaccendi,
ci favella del tempo che fu…"

Es gibt Lieben, Vorlieben, die halten ein Leben lang. Diese Hymne, falls gut gesungen, gehört bei mir dazu, wie der Tagebucheintrag vom 26. März 1956 beweist.
Die Erinnerungen in der Brust, entzünde sie wieder. Fabuliere (erzähle) von der Zeit, die vergangen ist (von einst, von früher).
Sehr gern.

Exkurs Nr. 18

Minnie spielt „Katz und Maus"

Ich sitze an der Märzensonne im Bauerngärtlein hinter der Scheune. An der Mauer steht eine alte Schulbank, welche die Eltern billig erworben haben damals, als das Schulhaus neu möbliert wurde.
Imperfekt, Perfekt, oder Plusquamperfekt, das ist hier die Frage.
Eine Übung im Grammatikbuch als Hausaufgabe.
Mein Kopf raucht.

Blus-Gwamber-Feckt.
Der Terminus Technicus lenkt mich ab und lässt mich an die Wampe meines Onkels Alois denken.
Gwamberd, der is schee gwamberd, das heißt, er hat einen ziemlich dicken Bauch. Und wenn da noch von Plus die Rede ist, dann wird der Ranzen in meiner Fantasie noch viel größer.
Ich bin mit dem Ausfällen der Lücken schon gut vorangekommen, als die Minnie auftaucht. Mit einer Maus im Maul.
Die schwarzweiß gescheckte Minnie setzt sich vor mich hin auf die von der Sonne erwärmte, trockene Erde und lässt die Maus fallen.
Dann sieht sie mich herausfordernd an, als ob sie ein Dankeschön erwarte.
Das Mäuslein weiß nicht, wie ihm geschieht, es wundert sich, dass es plötzlich seine Glieder regen kann, und beginnt sich zu bewegen, recht und schlecht. Es will davon.
Stopp, sagt die Minnie, in dem sie ihre Samtpfote auf den Schwanz der Maus legt.
Grammatik ade. Jetzt ist das Schulbuch für mich hergeschenkt, denn nun gilt es etwas zu lernen fürs Leben.
Minnie schaut von oben herab auf die Maus, dann von unten auf mich. Wir lachen beide, ich und die Minnie. Doch, ich sehe sie lachen. Sie amüsiert sich köstlich. Fressen, die Maus jetzt fressen?
Das wäre das Dümmste, was man machen kann. Erst kommt das Fressen, dann die Moral, meint Brecht.
Falsch, sagt die Minnie. Erst kommt der Spaß, dann die Pflicht.
Pass auf, was ich mit der noch mache, sagt die Minnie, nimmt das kleine Tier ins Maul und wirft es in die Luft. Die Maus darf fliegen. Herrlich. Sie purzelt wieder auf die Erde und möchte wegrennen, diesmal in Panik, da sie merkt, dass es kein Spiel mehr ist, sondern Ernst. Minnie lässt sie ein paar Meter weit kommen, sie, die teils humpelt, teils schräg zur Seite kriecht, als ob sie sämtliche Knochen gebrochen hätte.
Minnie, mach ein Ende, sage ich, sei nicht so grausam.
Minnie sitzt brav, die fleischgewordene Unschuld, wie eine der ägyptischen Mumienkatzen, die man im Museum bewundern kann, legt das Köpfchen auf die Seite und lächelt mich an.
Das ist meine Maus, sagt sie. Das geht dich gar nichts an.
Okay, Minnie, sage ich. Ich weiß.

Die Maus darf nicht zu weit kommen, also macht Minnie einen Satz, reckt ihren Buckel in die Höhe, legt beide Pfoten auf das Opfer und drückt es zu Boden.
Nun spielt sie Mauskneten, indem sie abwechselnd den einen, dann den anderen Fuß auf die Maus presst.
Die Maus quiekt, leise und erbärmlich.
Ich könnte sie jetzt totschlagen, um sie zu erlösen.
Aber soll ich mich aus der alten engen Schulbank herausquälen, nur um der Minnie den Spaß zu verderben und der Natur ins Handwerk zu pfuschen?
Ich denk ja nicht daran.
Minnie nimmt das graue Bündel, das man jetzt schon fast als Aas bezeichnen kann, wieder ins Maul, kommt zu mir und legt es mir noch einmal vor die Füße. Die Maus zuckt nur noch, zappelt auch matt, aber sie quiekt nicht mehr. Sie hat ausgequiekt.
Minnie legt noch einmal beide Pfoten auf ihren Fang und schaut mir triumphierend ins Gesicht.
Gut gemacht? fragt sie.
Ich nicke und lache.
Minnie lacht zurück.
Dann packt sie ihre Beute, geht ein Stück weg, und beginnt diese mit Genuss zu verzehren.
Jetzt graust es mir.
Aber das Spiel habe ich genossen. Homo ludens.
Und eine Katze ist schließlich auch nur ein Mensch, oder?

Dienstag, 27. März 1956

Heute ist es trüb und nicht so warm wie gestern. Ich stehe um 9 h auf, dann ziehe ich die alten Kleider an und gehe in den Garten, und dann streiche ich, streiche bis halb 12 und bringe den Karboleumgestank mit nach Hause. Über Mittag lese ich ein bisschen.
Um 1 h streiche ich wieder. Bis 2 h bin ich mit dem Gartenhaus fertig. Jetzt sieht es nicht mehr so blendend aus.
Dann bepinsele ich noch einen Teil der Vorderfront der Holzschipf.
Hier geht ein frischer Ostwind und die Sonne will einfach nicht hervorkommen heute. Von 3 bis halb 5 lese ich.
Dann gehe ich noch etwas ins Dorf, sehe Monika auf dem Moped, sonst ist nichts los.
Bei Demas muss ich Wäsche holen, was auch nicht sehr interessant ist.
Um 7 Uhr hole ich mir eine Kinokarte und die Milch.
Die beiden Monteure gehen auch wieder ins Kino.
Es wird nicht sehr voll heute, obwohl der Film „Die Caine war ihr Schicksal" sehr interessant ist.
Der Orkan ist allerdings etwas übertrieben.
Am besten spielte der Captain, der verrückte. Um halb 11 aus.

Für Zäune, für Holzhütten, für die Umrahmung von Sandkästen für die Kinder, vor allem aber für Eisenbahnschwellen wurde Carbolineum verwendet. Teeröl.
Es stank fürchterlich. Und da herausgefunden wurde, dass es auch krebserregend sein könnte, wurde es irgendwann verboten.
Im März 1956 strich ich fröhlich drauf los, und weder Vater noch Mutter dachten sich etwas dabei. Der Geruch, den die üble Brühe verbreitete, hätte einen doch misstrauisch machen müssen.
Aber so weit war man eben noch nicht, was den Umgang mit der Chemie angeht.
Die alten Holzschwellen der Nebenbahn Wicklesgreuth – Windsbach, auf denen wir manchmal, wenn wir keinen Anschluss hatten, nach Hause liefen, obwohl der Abstand überhaupt nicht zur Schrittlänge eines Kindes passte, waren schon verwittert und grau und rissig, aber es gab Stellen, wo sie erneuert waren, und da stank es auch, vor allem im Sommer, wenn die Sonne drauf brannte.

Der „frische Ostwind", den ich erwähne, hat mir vielleicht das Leben gerettet und mich – toi toi toi – jetzt schon mehr als achtundsiebzig Jahre alt werden lassen.

Die Wäscherei Demas in der Schlauersbacher Straße war schon einmal Thema, und zwar am 9. Januar.

Ich stelle mir vor, dass dieses Geschäftsmodell in Neuendettelsau kein schlechtes war, weil es eben doch einige Familien gab, die solche groben Hausarbeiten anderen Leuten übertrugen.

In einem reinen Bauerndorf hätte sich ein solcher Betrieb nicht halten können, weil keine Bäuerin es sich nehmen ließ, ihre Wäsche selber zu pflegen.

Wobei man sich darüber klar sein muss, dass nicht so viel anfiel wie heute.

Tischwäsche gab es praktisch nicht, gegessen wurde an einem blankgescheuerten Tisch. Die Bettwäsche wurde nicht allzu häufig gewechselt, genau so wenig wie die leinene Leibwäsche.

Man hatte ja auch gar nicht einen solchen Bestand an Wäsche und Kleidung, wie das in der Wohlstandszeit sich auswuchs, jedenfalls nicht bei den weniger Begüterten.

Der Sex-Appeal einer Bauerntochter hing von dem ab, was sie diesbezüglich mitbrachte. Je mehr Wäsche, desto begehrenswerter.

War der Kammerwagen üppig bestückt, so schaute mancher Bräutigam über manches andere hinweg. Und alles, was die Braut hatte, auch das Geschirr und das Besteck, wurde an der Hochzeit stolz präsentiert, zwar nicht mehr in den 1950ern, aber Jahrzehnte davor.

„Ich möchert ner amoll dein Kammerwohng sehng" sagte, wie meine Mutter mir erzählte, zu ihr eine Gleichaltrige mit spöttischem Unterton, als es 1940 ans Heiraten ging.

Und die Betreffende wusste, dass meine Mutter kaum etwas vorzuweisen hatte bei dem armen Elternhaus und fünf Geschwistern und den durch den Neubau einer großen Scheune verursachten Schulden.

Was soll's? Der arme Spenglergeselle aus dem Allgäu nahm die zweiundzwanzigjährige gute Seele auch ohne Kammerwagen.

Und verhungert und verdreckt sind wir nicht. Es ging stetig aufwärts, langsam zwar, aber solide, ohne Schmu und Pleiten.

Nun arbeitete der Vater, wie schon erwähnt, in der Augustana, und verlegte für die angehenden Pfarrergenerationen der Zukunft Wasserleitungen und Heizungsrohre und Heizkörper in den Räumen des sogenannten „Meiserhauses", das heute nicht mehr so heißt.

Pfarrer oder Lehrer, alle Geistesarbeiter, sage ich mal, kommen um Verlautbarungen zur politischen Lage oder zu gesellschaftlichen Entwicklungen, nicht herum.
Ein Handwerker ist da besser dran. Er kann (zur Not) sein „Maul" halten, wie Luther, der sich gern derb ausdrückte, sagen würde.
Das heißt nicht zwangsläufig, dass er auch nichts denkt.
Was der Vater dachte über die bis zum April 1945 herrschende Partei, über die sogenannte „Reichskristallnacht" vom 9. November 1938, die er in Berlin mit eigenen Augen erlebte (da war er 34 Jahre alt), über das gescheiterte Attentat vom 20. Juli 1944 sowie über die Gottlob kampflose Übergabe des fränkischen Dorfes, in das er eingeheiratet hatte, das weiß ich aus seinen Äußerungen, die mir alle in Erinnerung sind.
Und die waren eindeutig, unmissverständlich und so, dass ich sie heute noch unterschreiben kann.
Da gab es kein Lavieren und Philosophieren und keine rhetorischen Versuche, für die beispiellosen Frevel an der Menschheit auch noch eine theologische Rechtfertigung zu finden.

Es steht mir nicht zu, eine Osterpredigt zu halten, aber manche, die es aufgrund ihres Studiums und ihrer Position, in die sie gehoben worden waren, besser hätten wissen müssen, haben sich wahrlich nicht mit Ruhm bekleckert.
Ich brauche das hier nicht zu vertiefen, sondern kann auf die einschlägige Literatur über das theologische Neuendettelsau im Dritten Reich verweisen, wobei ich weniger das spätere Schweigen im Auge habe, das voll entschuldbar ist, weil es dann um Leib und Leben ging, als die vorhergehenden Hilfestellungen, die verbalen Aktivitäten, die dazu beitrugen, die Verbrecher in den Sattel zu hieven.
Dazu bestand absolut keine Notwendigkeit, das war vorauseilender Gehorsam, und daraus wird man hoffentlich gelernt haben und nicht noch einmal reinfallen auf eventuelle Rattenfänger von heute.
Wäre man konsequent, so müsste man, falls man seinen schon vor 27 Jahren erschienenen Müller/Siemen aufmerkam gelesen hat, eigentlich noch ein Haus in Neuendettelsau umbenennen.
Aber vielleicht wird es irgendwann auch abgerissen, so dass die Entscheidung sich erübrigt.

„Ein garstig' Lied! Pfui! Ein politisch' Lied, ein leidig'Lied!"
Ich schreibe wieder Unverfängliches.
Die „Monteure", mit denen ich im Frühjahr und Sommer 1956 verkehrte, waren umgängliche Arbeitskollegen meines Vaters und kamen aus Nürnberg. Mit ihnen ging ich ins Kino. Der neurotische Befehlshaber des Kriegsschiffs in dem Film „The Caine Mutiny" ging mir so nach, dass ich mir auch drei silbrig glänzende metallene Kugeln zulegte und gelegentlich parodierend damit spielte.
Über den Mann, der diese Rolle verkörperte, wusste ich damals kaum etwas. Ich verstand nur, dass er ein erstklassiger Schauspieler war. Später lernte ich Humphrey Bogart noch besser kennen und schätzen.

Mittwoch, 28. März 1956

Da es sehr trüb und unfreundlich draußen ist, stehe ich erst um 11 h auf. Es sieht fast nach Schnee aus. Ich lese im Bett und spiele Guitar. Gleich nach dem Aufstehen putze ich Schuhe, und plötzlich kommt strahlend hell die Sonne hervor. Und scheint sehr hell. 18 Grad.

Um dreiviertel 12 hole ich für Großvater beim Besenbeck Roggenfuttermehl, für Großmutter Hühnerfutter.
Kaufe mir eine Flasche Kakao mit Nuss für 1.40.
Gegen 1 h kommen Wolken aus Südost.
Ich sitze im Hof an der Sonne.
Nachdem ich Scherben fortgefahren habe, gehe ich ins Dorf, treffe Maria and reserve her for this evening, because her family goes to the cinema.
Um 8 Uhr gehe ich in den „Singkreis". We have a nice walk through the forest. Um 10 h zu Linde, wo Vater mit H. kartelt.
Trinke eine Halbe. Um 11 h im Bett.

Gefahren lauerten überall, wie man sieht.
Wäre ein Suchtkranker aus mir geworden oder ein beziehungsunfähiger Don Juan, so wäre es ein Leichtes, hier in diesen Monaten vor dem sechzehnten Geburtstag die Anfänge zu finden und triumphierend zu sagen „Es musste ja so kommen".
Aber irgendwie war da immer ein unsichtbarer Sender, der mich letzten Endes auf Kurs hielt so wie ein Verkehrsflugzeug geleitet wird, wenn es durch Nacht und Nebel fliegt.
„Du führest mich auf rechter Straße um Deines Namens willen".
Dieses Psalmwort verwende ich nicht ironisch, sondern in aufrichtiger Dankbarkeit, denn so gut behütet war ich nicht, dass ich nicht auf die schiefe Bahn hätte geraten können.
So ein Likör, den ich mir heimlich kaufte, hatte schon Suchtpotential. Vielleicht war es eine Art unbewusster Rache wegen der Drecksarbeit mit dem stinkenden Carbolineum.
Und wenn ich, statt im „Singkreis" im Löhehaus frisch und fromm zu singen, wie meine Eltern wähnten, mit einem Mädchen im Wald spazieren ging, so sehe ich das als eine subversive Form der Auflehnung gegen die Schule, wo man eben nicht alles lernte, was man im Leben wissen muss.
Erholung brauchte ich nicht in den Ferien, dazu war alles, was an der Oberrealschule in Ansbach passierte, viel zu wenig anstrengend.
Lernen wollte ich, von morgens bis abends, auch in der unterrichtsfreien Zeit.
Irgendwo habe ich dieser Tage gelesen, dass ein kluge Pädagogin nach diesem Prinzip unterrichtet und ihren Schützlingen rät, sich keineswegs auf den offiziellen Schulbetrieb zu beschränken, wenn es darum geht, die Wissbegier zu befriedigen.

Fehlt eine solche, so kann man sich natürlich jeglichen Aufwand sparen und hockt sich am besten den ganzen Tag auf die Couch vor die Glotze oder dröhnt sich die Ohren zu, wie ich es bei jungen Leuten immer wieder beobachten kann, die, nicht verzückt oder belustigt, wohlgemerkt, weil sie vielleicht was Lustiges oder Entspannendes hören, sondern verbiestert, ja fast böse, vor sich hin gucken, falls sie überhaupt gucken und nicht die Augen verschließen vor all dem, was es draußen, wenn der Zug durch die fränkische Landschaft fährt, zu sehen gibt, oder drin im Waggon, wo man seine Studien an den Mitmenschen machen kann.
Was für eine Art von Musik müssen die hören, weil sie so depressiv wirken?

Wer kann sich noch an den Besenbeck in der Windsbacher Straße erinnern? Nicht an den Supermarkt, den kleinen, sondern an die Futtermittelhandlung.

In den 1950ern war das noch ein winziger dunkler vollgepfropfter Krämerladen. Jede Menge weiße und braune Säcke gab es dort, prall gefüllt mit Mehl und allen möglichen anderen Getreideprodukten.
Auch Saatgut konnte man dort kaufen, wenn ich mich recht erinnere.
Und Kolonialwaren gab es in beschränkter Auswahl.
Colonialwaren, das war alles, was in den Kolonien produziert wurde, also Zucker, Kaffee, Kakao, Tee, Gewürze, Rum usw.

Für die heimischen Produkte brauchte sich ja der Dorfbewohner nicht in einen Lebensmittelladen zu bemühen.
Kartoffeln, Eier, Milch, Fleisch und Wurst, auch das Mehl, kamen vom eigenen Hof. Wenn ich nur an meine Großeltern denke: sie waren Allroundproduzenten.
Selbst für das Gemüse und das Obst, zumindest Äpfel, Birnen und Zwetschgen, war gesorgt.
Großeinkauf, den Kofferraum vollmachen mit ganzen Packs großer Plastikflaschen, die Wasser, Eistee, rote, grüne und braune Limonaden enthalten, Fertigmenüs aus der Tiefkühltruhe, in Plastik eingeschweißte Wurst, Sülzen und Pasteten, ganze Kartons mit schokoladecrem- und sahneschaumhaltigem Gebäck, Paletten von Dosen mit Hunde- und Katzenfutter – das gab es nicht.
Dementsprechend gering war auch das Müllaufkommen.
Ein paar Flaschen waren ab und zu mit dem Handwägelchen in die „Giegsmistn" am Wörrleswald zu fahren, das war alles.
Die Papiertüten, in die der Kaufmann mit einer blitzblanken Metallschaufel den Zucker abfüllte, wurden aufbewahrt für andere Zwecke und letzten Endes verbrannt, nicht ohne vorher aufgeblasen worden zu sein, so dass man sie durch einen Schlag mit der Faust schön zerknallen konnte, um die Klassenkameraden zu erschrecken.
1956 nicht mehr ganz, aber vorher mit Sicherheit, fielen auch für die Milch und das Bier keine Flaschen an. Beides wurde in der Kanne bzw. im Krug geholt, die erstere im Milchhaus, das zweite beim Bischoff, wohin mich der Vater regelmäßig kurz vor dem Abendessen schickte. Der Gerstensaft wurde frisch gezapft und schmeckte auch dem Buben ein bisschen.
In der vierten Klasse war ich, also zehn Jahre alt, als bei einem Klassenausflug in die Fränkische Schweiz, bei dem auch einige Eltern dabei waren, der Oberlehrer Keil erste Zweifel bei mir weckte, ob ich mir etwas Gutes tat, wenn ich von dem Gebräu kostete.
Wie immer, durfte ich vom Seidla meines Vaters probieren, und als er das sah, meinte der Pädagoge - er nannte mich „Kohlmännchen", manchmal auch nur „Männchen", weil es in der Klasse einen Kohl gab und einen Kohlmann – „Männchen, du trinkst Bier? Bier macht dumm."
Er sprach, da er aus dem Osten gekommen war, die weichen Konsonanten ganz anders aus als die Franken, mit einem leichten

Knurren oder Brummen vorneweg bzw. ganz stimmhaft, also ungefähr so „Mbier mmacht ddumm".
Das saß. Ich weiß noch ganz genau, dass mir das nicht an meinem schmächtigen Hinterteil vorbeiging. Bier macht dumm.
Falls der Herr Lehrer recht hat, dann musste man schon aufpassen, denn dumm wollte ich nicht werden.
Die Sommerferien in jenem Jahr verbrachte ich bei den Großeltern in Memmingen, und diese wohnten gleich hinter dem Rathaus, mitten in der Altstadt, und am Rand des Zollergartens, eines für mich beeindruckenden städtischen Parks, wo ich mich vier Wochen lang ausgesprochen wohl fühlte. Und nebenan war die große Brauerei, deren kupferne Sudkessel man durch die Fenster sah.

Memmingen im Allgäu. Hinter dem Rathaus wohnten meine Großeltern. Foto vom Juli 2018

Kaum war der Bub aus dem nördlichen Ausland angekommen, mit der Bahn, alleine, über Treuchtlingen, Augsburg und Buchloe, nachdem man ihm zuhause genau eingeschärft hatte, wo und wie er umzusteigen habe, da wetzte die beleibte Großmutter schon die uralte wurmstichige knarrende Stiege in dem dunklen Haus hinab und kehrte kurz darauf mit einem großen zwei Liter fassenden Krug zurück, den sie in der Brauerei hatte füllen lassen.

„Soo, Buele, eetz trink!" sagte sie heftig schnaufend und sah belustigt zu, wie der kleine Franke nach einer halbtägigen Zugfahrt seinen Durst löschte.

Da waren also Widersprüche in der Erziehung. Die Großmutter konnte doch kein Interesse daran haben, dass ihr Enkel dumm wurde. Ein bisschen schwindelig und schwummerig im Kopf wurde ihm schon, aber das fühlte sich nicht unangenehm an.

Zurück zu den Colonialwaren. Diese gab es beim Aschenneller, das war das meinem Elternhaus am nächsten gelegene Geschäft, ein winziges Lädlein, schön zu sehen auf dem Foto, zunächst Ende der

1940er in der Hauptstraße beim Büttner Hahn, also zwischen Appold und Kroner, oder anders ausgedrückt, gegenüber der Metzgerei Neukam.

Später richtete der Johann Friedrich Aschenneller in der Bahnhofstraße 14 einen größeren Laden ein, der für mich sehr bequem war, da ich nur die Straße zu überqueren brauchte.

Wir, meine ganze Verwandtschaft, saßen also direkt an der Quelle und brauchten keine Vorratshaltung zu betreiben. Wenn es nötig war, konnte man auch am Sonntag dort mal schellen, um schnell etwas zu holen, sei es Zucker oder Salz oder Backpulver.

Dass Aschennellers ein hervorragendes Eis machten für 10 Pfennig die Kugel, darf auch erwähnt werden. Zehn Kugeln in einem Töpfchen oder Schüsselchen, das leistete man sich ab und zu, vor allem, wenn überraschend Besuch kam.

Über die anderen Colonialwarenhändler, deren einige auch Bäcker waren, als da sind Burkhardt, Emmert, Sauer, Wechsler und Kanzler, möchte ich bei anderer Gelegenheit berichten.

Donnerstag, 29. März 1956

Ein wunderschöner himmelblauer Frühlingstag erwacht.
Strahlend blauer Himmel und heller Sonnenschein.
Heute ist also Gründonnerstag. Um halb 9 stehe ich auf.
Zuerst muss ich die uralte Maschine abbauen, die von meinem Baukasten noch steht. Ich räume ihn schön ein und verstaue ihn.
Mittags sehr heiß. Sitze wieder im Hof. Überall wird gestöbert.
Mama richtet mein Kämmerlein schön her, und den ganzen Tag muss ich laufen, Ginter, Ginter, Ginter.
Das Thermometer steigt in der Sonne auf 31 Grad.
Um halb 5 kommt Vater bereits heim, da seine beiden Monteure heimfahren. Ich muss sofort mit ihm in die Holzschipf und gehacktes Holz hereintragen, das er innen schlichtet.
Bis um halb 7 sind wir fertig. Ich gehe noch etwas zu Schindlers.
Später sitze ich zuhause und lese, da heute nichts los ist.
Um viertel 10 bin ich im Bett.

„Weh! steck ich in dem Kerker noch?
Verfluchtes dumpfes Mauerloch…
Mit Gläsern, Büchsen rings umstellt,
Mit Instrumenten vollgepfropft,
Urväter Hausrat drein gestopft…"

Auf meines zwar nicht, aber auf manche Kämmerlein und manche Stuben in manchen Häusern traf das Goethezitat voll zu.
Schnee, Regen, Wind, unwirtliche Temperaturen über mehrere Monate hinweg hatten dazu geführt, dass sich alles im Haus abspielte. Dort war der Platz oft beengt, und im Lauf der Zeit sammelte sich allerhand an, was man, sparsam wie man war, nicht wegwerfen konnte.

Die wärmere Jahreszeit erweiterte den Wohnraum.
Nun konnte man zunächst einmal alles Bewegliche nach draußen bringen, sichten und gegebenenfalls einiges entsorgen.
„Stöbern" nannte man das.
„Wenns näxte Wochng schee is, noo demmer stöbern."
Meine Gefühle waren zwiespältig. Einerseits mochte ich es, weil es wieder mal einen Überblick verschaffte über das, was man hatte, und weil das Ausmisten allgemein der Seele gut tut.
Andrerseits störte mich die viele fremdbestimmte Lauferei, die mit Sicherheit auf mich zukam, jedes Mal, wenn das Haus auf den Kopf gestellt wurde.
Zunächst wurden an den Wohnräumen die Winterfenster entfernt.
Sie waren mit kleinen Einhängehaken an Ösen der eigentlichen Fensterrahmen befestigt. Der Zwischenraum war mit Holzwolle oder Moos ausgeschoppt.
Dieses galt es zu entsorgen, die Zusatzfenster mussten aufbewahrt werden, entweder in einem Schuppen oder in der Scheune.
Kleinere Möbelstücke wurden ausgeräumt und zum Saubermachen und Lüften nach draußen gebracht. Die Strohsäcke, auf denen man schlief, mussten über eine Leine gehängt und tüchtig geklopft werden, ebenso die Federbetten.
Überall waren diese Klopfgeräusche zu hören, die mir Unbehagen verursachten, bedeuteten sie doch Unruhe und Hektik und Ungemütlichkeit, denn ab und zu bekam ich eben auch den Klopfer in die Hand gedrückt: „Hopp, du amoll gscheid glopfm!"
Zum Glück hatten wir keine Teppiche.
Die Fußböden, Steinplatten in der Bauernküche, grobe, ausgetretene Dielen in der Wohnstube und in den Kammern, in später ausgebauten Räumen auch „Stragula", wurden feucht gewischt.
Und noch einmal sage ich „zum Glück":
es gab auch keine Staubsauger, denn nichts hasse ich so sehr wie das Geräusch eines Staubsaugers.
Ich vermute, meine Abneigung hängt damit zusammen, dass solche konservierenden Tätigkeiten letztlich unproduktiv sind.
Es entsteht dabei nichts Neues.

Nicht ohne Absicht war die Erziehung, auch mit Hilfe des Spielzeugs, darauf ausgerichtet, die Hausarbeit den Mädchen und späteren Frauen schmackhaft zu machen. Sie bekamen zu

Weihnachten Puppenstuben und ganze Puppenhäuser, da war alles fertig und brauchte nur gepflegt und instand gehalten zu werden.
Basteln oder tüfteln sollten sie nicht, so raffiniert war dieses pädagogische Konzept.
Ausschließlich den Buben schenkte der Vater, zumindest meiner, einen Metallbaukasten, da gab es Konstruktionsteile und Schrauben, und nun sieh zu, wie du etwas daraus machst.
Maschinenbauingenieur schwebte meinem Vater vor. Das sollte sein Bub werden. Deswegen kaufte er mir, als ich elf war, den ersten Märklin-Baukasten, die kleinste Größe.
Es gab etwa sieben Stufen, mit der obersten und teuersten konnte man richtige Maschinen bauen. Hatte man einen kleinen Elektromotor, so konnte man diese auch zum Laufen bringen.
Neben der Firma „Märklin" gab es auch noch „Trix".
Dort waren die Metallstreben und Bändchen metallfarben, während Märklin sie rot und grün lackierte.
Und wo sie bei Trix zu biegsam und zu weich waren, störte bei Märklin die Härte und Unnachgiebigkeit. Musste man bei gewissen Konstruktionen die mehrfach gelochten Bänder unterschiedlicher Länge biegen, so brachen sie oft ab und waren nur noch bedingt verwendbar.
Lastwagen mit funktionierender Lenkung, Kräne, Windmühlen, Dampfhämmer usw., das waren meine Konstruktionen.
Mit fünfzehn war ich natürlich zu alt dazu, und deswegen schloss ich am 29. März 1956, nachdem ich den Kasten schon lange nicht mehr angerührt hatte, dieses Kapitel ab.
Zu einem Diplom in Maschinenbau hat mir die Spielerei nicht verholfen, wie man sieht.
Mathematik und alles, was damit zusammenhängt, war eben nicht meine Stärke.

Freitag, 30. März 1956

Das Wetter ist ebenfalls so schön wie gestern. Um 8 h stehe ich auf, dann gehe ich mit Mutter in die Kirche.
Nachher etwas ins Dorf, stehe am Hospizeck mit H., K. und R.
Mit Helmut und Willi gehe ich etwas zum Linde. Helmut zahlt meine Halbe. Mittags gibt es Kässpatzen und Pudding.

Nachher bei den anderen auf der Bank unter den Birken, alle fahren mit dem Motorrad fort.
Nachdem ich mit E. (Anm.: eine Nachbarin) *etwas gefederballt habe, gehe ich mit Gerhard spazieren, und um 3 h fahren wir nach Windsbach mit Foto. Beim Leidel eine Halbe. Alles zahlt er, auch die Fahrt. Viele Leute gehen spazieren, einige bekannte Gesichter.*
Um dreiviertel 6 fahren wir heim, trinken beim Charly (Winnerlein) noch ein Cola, und dann esse ich zuhause. Beim Schindler mache ich noch 2 Bilder. Später spiele ich etwas mit Helmut (Anm.: Musik machen) *und von halb 8 bis halb 9 lese ich. Um 9 h im Bett.*

Eigentlich sollte ich „a weng" schreiben statt „etwas".
Es fällt mir auf, dass ich in diesem TB-Eintrag viermal das Wörtchen „etwas" verwendet habe. Aber Fränkisch zu denken, zu sprechen und zu schreiben war noch nicht en vogue in den 1950ern.
Dabei kann das so unwiderstehlich sein, wenn ein Franke charmant sagt „Lassmi halt aweng..." oder gar ein Nürnberger oder Fürther „Loumi hald aweng..."
Demmer aweng, gemmer aweng, singmer aweng, spillmer aweng usw., das soll immer ausdrücken, dass man sich nicht besonders engagiert bei der jeweiligen Tätigkeit, sondern nur sparflammenmäßig.
Es nimmt einer Bitte auch das Fordernde, das Befehlende.
„Lass mich..." hat etwas fast Brutales, während „Lassmi hald aweng..." den Gebetenen oder die Gebetene leichter dazu verführt, einen Versuch zu wagen.
So erscheint auch ein mit „aweng" gewürzter Entschluss nicht als so endgültig und unabänderlich. Wer sagt „Etz gäi aweng ins Wertshaus" oder „Ich gä aweng zu der Nachberri nieber", der ist eventuell noch umzustimmen, wenn ihm etwas anderes angeboten wird:
„ Etz bleib hald aweng doo."
Fränkisch ist manchmal fast so schön wie Chinesisch:
„Mohgst a weng ang Kuhng?"
Was noch zu steigern geht, wenn der Gast gesiezt wird:
„Meng saweng ang Kung?"

Aber der Reihe nach.
Es war Karfreitag, der höchste Feiertag im Kirchenjahr, und alles, was Spaß macht, war ein bisschen, a weng, gemäßigt zu betreiben.
Schon der Kirchgang mit der Mama verlieh dem Tag einen besonderen Charakter, ebenso wie das fleischlose Essen.

Nicht dass wir sonst nicht auch mehrmals pro Woche uns rein vegetarisch ernährt hätten, aber an diesem Feiertag fiel es mir eben besonders auf.
Zwischen Kirchgang und Mittagessen war Schauen angesagt.
Schauen, was es zu sehen gab an Passanten, und Passantinnen vor allem. Eine strategisch günstige Position war das Hospiz-Eck, also da, wo die Löhestraße beginnt. Dort konnte man ungehindert überblicken, woher sie kamen, nämlich von der Anstaltskirche, und wo sie hingingen, nämlich die Hauptstraße hinunter oder hinauf, a weng spazieren halt.
Immer standen dort drei, vier oder fünf Dorfburschen und präsentierten stolz ihre neuen Klamotten. Mein absoluter Traum war eine weiße Hose und ein schwarzer Parallelo, mit Krawatte selbstverständlich. Darauf sparte ich eine Zeitlang.
Einen graugrünen Strickpullover sowie eine dunkle Hose hatte ich schon, wie man den Bildern entnehmen kann, aber die erwähnte schwarzweiße Zusammenstellung hatte es mir angetan, seitdem mein Cousin in Memmingen, der ein paar Jahre älter war als ich, darin aussah wie Horst Buchholz.
Übrigens fällt mir auf, und darauf wurde ich auch schon angesprochen, dass ich, was den Habitus betrifft, ein bisschen auf Peter Kraus machte, der uns damals als schlaksig auftretender Teenager beeindruckte, zunächst in dem Film „Das fliegende Klassenzimmer".
Typen oder Idole prägten unweigerlich die Generation, zu der sie gehörten. Manche Mädchen sahen damals aus wie Brigitte Bardot, andere wie die wesentlich jüngere Heidi Brühl.
Zurück zu den Klamotten:
Vorher tat es auch der Konfirmandenanzug, solange er passte.
Oder eine schöne Kombination, bestehend aus einer fein gebügelten Hose und einem passenden Jackett oder Sacco.
Beide Beine solide auf dem Boden, die Hände tief in den Hosentaschen vergraben, so konnte man es zwischen Hospiz und Missionsanstalt lange aushalten.
Ebbte die Prozession der wandelnden Frühlingsblumen ab, so legte man die wenigen Meter vom Hospiz bis zum Gasthaus Stern, das der „Linde" gepachtet hatte, zurück, um einen kleinen Frühschoppen zu halten.
Gerhard, mein Cousin (1940-2007), mit dem ich aufwuchs wie mit einem Bruder, hatte an jenem Tag seinen 16. Geburtstag, was wir

bescheiden feierten mit einer Zugfahrt in die Stadt und einer Einkehr in einem Wirtshaus, das es schon lange nicht mehr gibt.
Der „Leidel" befand sich zwischen Oberem Tor und Dorschner, also dem Sportplatz gegenüber.
Ein anderer günstiger Aussichtspunkt im Heimatort war die Grünanlage in der Bahnhofstraße. Dort gab es damals schon zwei Bänke unter den noch nicht so großen Bäumen, die immer von jungen Männern belagert waren.

Windschbach war wieder anders als Dettelsau, es war eben eine Stadt mit einem richtigen Pflaster, mit Toren und Türmen und Fachwerkhäusern und, vor allem „andre Städtchen, andre Mädchen".
Auch die Wirtshäuser waren anders und aufregend, weil fremd.
Wollte man mit einem Mädchen allein sein, so lud man sie zu Kaffee und Kuchen ins Café Helmreich ein, mitten in der Stadt.

Als alter Mann darf man mit ein bisschen Humor erzählen, dass dort zart begann, was nun schon 61 Jahre besteht. Im Februar 1958 war ich meiner Frau (damals 17) zum ersten Mal begegnet.
An einem Märzsonntag mit typischem Aprilwetter fuhren wir mit dem Zug nach Windsbach und setzten uns in das besagte Café.
Anschließend marschierten wir bei heftigem Wind und Schneegestöber Richtung Moosbach bis zum Fohlenhof, um uns in einer nicht einsehbaren Ecke „ a weng" zu küssen.
Von dort ging es zu Fuß zurück zum Bahnhof.

Solche Erinnerungen sind bei mir gespeichert, als sei es gestern gewesen, und sie sollen nicht verblassen.
Deswegen schreibe ich und bedanke mich einmal bei allen, die sich die Zeit nehmen, das alles zu lesen.

Samstag, 31. März 1956

Um halb 9 werde ich aus dem Bett gejagt. Ich muss mit Vater in den Garten und ein ganzes Beet Schoofmala ausrupfen.
Es ist bedeckt, aber die Luft ist lau und die Lerchen zwitschern.
Bis um 10 h bin ich fertig. Es juckt mich in den Fingern, zur Friedmannslina zu fahren und zu fragen, ob wir morgen spielen sollen, denn sie will eröffnen und es ist wohl noch nichts organisiert.
Für Großmutter muss ich einkaufen, habe danach meine Sparkarte voll. Nachmittags muss ich wieder allerhand Besorgungen machen.
Sonst sitze ich bei H.
Abends gegen 7 h hat Dettelsau seine Sensation: der X. wird von 2 Gendarmen wie ein Raubmörder abgeführt.
Weiß der Teufel, was er angestellt hat.
Es war etwas regnerisch heute, nachmittags hats getröpfelt.
Als es schon fast dunkel ist, fährt mich F. mit seinem Roller mit 100 Sachen nach Geichsenhof und zurück. Abends lese ich.
Um 9 h im Bett.

„Soo" sagt der Franke, wenn er bei der Arbeit das Gefühl hat, eine kleine Zäsur sei angebracht. „Soo", mit einem dunklen o wie in engl. „broad" oder „call".
Dieses „Soo" drückt Zufriedenheit aus, es soll heißen „Für den Augenblick ist es gut, etz schau mer moll, wie's weitergeht."
Manchmal sagt man auch „Sooderla".
Die Einträge gehören kommentiert, und seien sie noch so unscheinbar. Manchmal hat sich schon eine kleine Bemerkung zu irgendeinem Phänomen als sehr wertvoll erwiesen, weil man daran das ganze Drum und Dran jener Zeit in den Griff bekommt.
Dazu kommt noch ein trauriger Aspekt:
Die Zeitzeugen werden weniger.
Jüngeren Leserinnen und Lesern sind die 1950er nicht aus eigener Anschauung bekannt, sie können darüber nur etwas erfahren, wenn jemand erzählt, der die Zeit erlebt hat. Ergoogeln kann man heute

viel, gewiss, aber das Ergoogelte auch noch aus eigenem Erleben bestätigt und ergänzt zu bekommen, das ist schon etwas Besonderes.

Wieder ist ein guter Bekannter aus meiner Jugendzeit aus diesem Leben abberufen worden, ganz überraschend eigentlich, denn vor wenigen Wochen habe ich mich noch mit ihm auf der Straße unterhalten, länger und intensiver auch beim letzten Weihnachtsmarkt.
Mit ihm und einigen anderen saß ich auch gelegentlich im Café Helmreich in Windsbach und, wenn die Windsbacher Clique in Dettelsau war, bei der Lina, da waren wir sechzehn, siebzehn, achtzehn Jahre alt. Sein Bruder, der Heiner, war ein begabter Gitarrist und Sänger, mit dem ich ein paar Mal zum Tanz bzw. Nachmittagskaffee aufspielte. Er ist dem Karl im Tod vorausgegangen, schon vor einigen Jahren. Und jetzt der Karl. Friede seiner Seele!

Die Friedmannslina wird ja im heutigen Eintrag wieder einmal erwähnt, und es ist wirklich so: ich wollte zusammen mit meinem älteren Freund, der Akkordeon spielte, unbedingt bei ihr Musik machen anlässlich der Einweihung ihrer renovierten Gastwirtschaft.
Wir waren ja schon mehrmals zusammen aufgetreten, vor allem bei Veranstaltungen des Gesangvereins, 1955 schon, als ich noch kein Tagebuch führte und nur die Zither hatte.

„Schofmaala", übersetzt „Schafmäulein" (-mäulchen), das ist Feldsalat. Meine Frau sagt dazu „Rapunzel", und es gibt mehrere landschaftliche Bezeichnungen. In Franken heißt er eben „Schoofmaala", und wir holten ihn auch direkt von den Feldern, wo er wild wuchs. Der Vater hatte ein ganzes Beet davon im Garten.
Die Sache mit der Sparkarte und den Rabattmarken habe ich am 4. Februar erklärt

Die Kriminalitätsrate war sehr gering in den 1950ern, und so war es natürlich sehr aufregend, wenn jemand von der Polizei abgeführt wurde, zu Fuß, und für jedermann sichtbar.
Ich denke auch, dass die Ordnungshüter recht dienstbeflissen waren und sich wenig scheren mussten um Diskretion, persönliche Empfindlichkeiten, Datenschutz u. dgl.
Die Polizeistation war in der Bahnhofstraße auf der rechten Seite nach der Wiesenstraße. Dort versahen zwei Beamte ihren Dienst,

saßen in der Stube oder gingen zu Fuß auf Streife, nach auswärts in die Dörfer auch mit dem Fahrrad, mit dem Gewehr auf dem Rücken.

Die Diakonie hatte um die Jahrhundertwende darauf gedrängt, dass der Ort eine eigene Polizeistation bekam, weil nach dem Bau der Eisenbahn viele Fremde, so wurde argumentiert, den Ort erreichen konnten, aber auch schon vorher unter den dazu benötigten Arbeitern Leute waren, die Probleme bereiten könnten.

Uns Kindern wurde der Respekt vor den Ordnungshütern mit der Muttermilch eingeflößt: „Sei bloß brav, sunst kummt der Schándarm!"
Eine weitere Autorität war der „Gmaadiener", der Gemeindediener.
Hans Demas hieß dieser in meiner Kindheit, und es war immer aufregend, wenn er auf seinem Fahrrad daherkam, sich an den markanten Plätzen des Dorfes hinstellte und mit seiner großen Glocke schellte, um sodann die Verfügungen der Obrigkeit zu verlesen.
Das Foto zeigt ihn in schmucker Uniform.

Anhand dieses amtlichen Fotos kann man erahnen, welcher Respekt ihm entgegengebracht werden musste.

Ein ortsfremder Bewaffneter - es war wohl ein Bahnpolizist - erleichterte mich einmal, da war ich achtzehn und noch Schüler, um zwanzig Mark, weil ich spät abends im Dunkeln am Bahnhof durch die geschlossene Schranke geschlüpft war, nachdem ich meine Freundin heimgebracht hatte.
Ach du liebe Zeit! Der Zug war damals so langsam und die Dampflok von weitem zu hören, da hätte also absolut nichts passieren können. Aber er hatte mir aufgelauert und brauchte offenbar einen Erfolg.
Damals überlegte ich wirklich, ob ich einfach davonrennen sollte, kannte ich doch die Schleichwege durchs Dorf besser als er. Aber ich merkte ja erst allmählich, an was für einen unnachgiebigen Paragraphenreiter ich da geraten war.
Außerdem hatte ich echt Angst, er könnte durchdrehen und schießen, So einfach hätte er sich die fette Beute jedenfalls nicht entgehen lassen.
Das Geld musste ich dann überweisen, und es tat mir weh.
Hätte ich nicht Angst, erwischt zu werden, so müsste ich heute als Ausgleich für diese für meine Verhältnisse damals ungeheure Summe eigentlich einmal eine Woche lang schwarzfahren.
Sehr geehrter Herr Beamter: Das war ohne Zweifel ein echt Gesslerscher Hut. Eine gebührenfreie Verwarnung hätte es doch auch getan, oder? Durch meine Untat war ja wirklich niemand und nichts gefährdet worden.

Da war die Spritztour mit dem Roller, einfach so aus Jux und Tollerei, mit dem Nachbarn, wesentlich gefährlicher, ohne Helm und Schutzkleidung. Die Bäume standen damals dicht an den krummen Straßen, und manche schnelle Fahrt endete an einem.
Ich könnte Namen aufzählen.
„In wie viel Not…" fällt mir bei vielen Einträgen immer wieder ein. Den Rest des Verses kann man ergoogeln.

Zwei typische Sonntagsfotos aus jener Zeit. Links aus dem Jahr 1955, mit einem der Pferde des Nachbarn, südlich der Bahnhofstraße, rechts aus dem Jahr 1959 vor St. Nikolai, mit einer guten Bekannten, die im Kantorhaus wohnte.
Immer war man tadellos gekleidet, mit Jackett und Krawatte.

APRIL

Sonntag, 1. April 1956, Ostern

Um halb 6 steht der Osterhase auf. Himmel grau. In den Pantoffeln fahre ich los. Diese ziehe ich dann aus und dann schleiche ich immer an der Wand lang, fülle beide Nester und verstecke mich, um die Wirkung zu beobachten. Nach einer halben Stunde kommt der Onkel, und als er die ovale Pracht sieht, kratzt er sich verlegen am Kopf, und dann strahlt er übers ganze Gesicht. Ich gehe heim, bevor die Kinder kommen und lege mich um dreiviertel 7 wieder ins Bett.
Schlafe und lese bis halb 11, dann stehe ich auf, und regnen tut es.
Gegen 12 h wird der Himmel etwas heller.
Dorothea ist hier. Mein Wunsch des Tages: mit ihr ins Kino und anschließend in ein Lokal.
Nach dem Essen spiele ich etwas mit Helmut.
Danach mit Schorsch und Norbert zur Lina, 1 Halbe.
Dann gehe ich mit Schorsch ins Kino „Ihr 1. Rendezvous".
Guter Film.
Anschließend zu Winnerlein. Auf besonderen Wunsch hole ich meine Gitarre. Tante Anna ist hier (Anm.: zu Besuch bei den Eltern), *aber ich muss wieder fort.*
Gute Stimmung bis 8 h, wir singen. Musikbox läuft, Helmut spielt auch ein paar. Muck und Fred sind sternhagelbesoffen.
Um dreiviertel 9 gehe ich. Es wird ungemütlich. Mama wild.

Den Osterhasen spielte ich heimlich für die Kinder meines Patenonkels, also meinen Cousin (6) und meine Cousine (3).
Von jeher bauen sich die Kinder in Franken im Garten aus Holzspänen und Moos kleine Osternester, in die dann der Osterhase seine bunten Eier, auch solche aus Schokolade, legen kann.
Meine Mutter war auf die Idee gekommen, die Nester der kleinen Verwandten zu füllen, und ich setzte diese gern in die Tat um.
Da der Termin für das Fest der Auferstehung Jesu Christi beweglich ist (immer am Sonntag nach dem ersten Frühlingsvollmond) kann es an jenem Wochenende einmal recht winterlich sein, ein anderes Mal auch frühlingshaft.

Wie ich Wikipedia entnehme, verwenden lediglich die deutsche und die englische Sprache den heidnischen Begriff Ostern, der mit „eos" und „aurora" (Morgenröte) verwandt sein könnte.

Alle romanischen und auch die anderen germanischen Sprachen, aber auch die russische, erinnern mit „Pask", „Pasqua" usw. an das jüdische Pessach-Fest.

Die Himmelsrichtung könnte auch durchschimmern, denn nur um die Osterzeit, wenn Tag und Nacht ungefähr gleich lang sind, geht die Sonne so ziemlich genau im Osten auf.

Vorher erscheint sie morgens über dem Horizont im Südosten und danach rückt sie immer mehr nach Norden, bis sie Ende Juni ihren Wendepunkt erreicht hat und wieder umkehrt.

Ein bisschen Heidentum ist sicher auch in den mit Ostern untrennbar verbundenen Fruchtbarkeitssymbolen erhalten, als da sind der Osterhase, der unermüdliche „Rammler", und das Ei, aus dem neues Leben hervorgehen kann, vorausgesetzt, es wird nicht gekocht oder in die Pfanne gehauen.

Die Dettelsauer haben ihr Riesen-Ei seit 1997 alljährlich über Ostern am Bahnhof stehen, nach einer Idee von Georg Deuer. In anderen Orten gibt es Osterbrunnen, weil die Vorstellung von Erneuerung und Neubeginn sich immer auch mit Wasser, mit reinem, klarem Wasser verbindet.

In meiner Kindheit waren die beiden Feiertage meistens nicht besonders aufregend. Verwandte kamen zu Besuch und saßen stundenlang mit den Eltern bei Kaffee und Kuchen. Wir waren uns selbst überlassen und gingen auf die große Wiese hinter dem Haus, um die schön gefärbten und hartgekochten Ostereier hoch in die Luft zu werfen. Zerbrach eins, so wurde es sofort gegessen.

1956 war eine etwa gleichaltrige Bekannte mit ihren Eltern zu Besuch, mit der ich gern den Sonntagnachmittag verbracht hätte, aber sie zog die Gesellschaft von Mädchen vor.

So blieb nur das Kino bzw. das Wirtshaus.

Daheim zu hocken war keine verlockende Option.

Im Mittelpunkt des 1955 gedrehten Films „Ihr erstes Rendezvous" steht eine liebeshungrige Siebzehnjährige. Deswegen gefiel mir wohl diese „freundliche Schmunzelunterhaltung", wie das Lexikon des internationalen Films den Streifen nennt.

Besonders beeindruckt scheint er mich nicht zu haben.

Umso lebhafter ist mir das Treiben in der Bahnhofswirtschaft in Erinnerung. Wenn die Jugendlichen in Stimmung gerieten, kam es öfter vor, dass sie mich bearbeiteten, die Klampfe zu holen.

Wir sangen dann sämtliche Halbstarken- und Fußballlieder, aber wenn das Ganze allzu sehr zum reinen Gegröle wurde, verging mir der Spaß.

Alles in allem kein befriedigender Tag, wie man dem Eintrag entnimmt, zumal meine Mutter auch noch von mir enttäuscht war.

Ich kann es ihr nicht verdenken.

Aus heutiger Sicht fehlten einfach die Alternativen, anspruchsvollere Unterhaltungsangebote eben, kulturelle Events wie etwa ein schönes Festtagskonzert.

Fernsehen gab es auch nicht, zumindest nicht zuhause.

Ich weiß nicht, ob es Zeitzeugen gibt, die es anders erlebt haben, aber meiner Meinung nach war das kulturelle Angebot in Neuendettelsau, verglichen mit heute, noch recht bescheiden.

Die Schule in Ansbach tat insofern gut, aber es waren ja Ferien, und sie dauerten vielleicht zu lang in einer Zeit, da man nicht verreisen konnte

Exkurs Nr. 19

Friedrich Wilhelm Güll (1812 – 1879)

Heute vor 207 Jahren, am 1. April 1812, wurde er in Ansbach geboren, und ich darf und möchte an ihn erinnern und ihn zitieren, weil er mir gefällt: der bescheidene fränkische Poet Friedrich Wilhelm Güll.
Er wirkte in der Hauptstadt des Regierungsbezirks Mittelfranken nach seiner Ausbildung zunächst einige Jahre als Lehrer.
Ein Brunnen an der Außenwand der Sankt-Johannis-Kirche am Martin-Luther-Platz, das sogenannte Güll-Brünnlein, genau seinem Geburtshaus gegenüber, erinnert an ihn.
Auch eine Schule haben sie nach ihm benannt, die Ansbacher.
Im Alter von dreißig Jahren ließ sich Friedrich Wilhelm Güll in der bayerischen Residenzstadt München nieder, unterrichtete an einer protestantischen Pfarrschule und erteilte auch Privatunterricht, um seine Frau und seine drei Kinder ernähren zu können.
Der fast gleichaltrige König Maximilian II., der seine Talente erkannte, gewährte ihm schließlich ein Ehrengehalt, das sein kunstverständiger Sohn Ludwig II. über den Tod seines Vaters im Jahr 1864 hinaus fortführte.

„Steigt das Büblein auf den Baum,
O so hoch, man sieht es kaum!
Schlüpft von Ast zu Ästchen,
Hüpft zum Vogelnestchen,
Ui! Da lacht es,
Hui! Da kracht es,
Plumps, da liegt es drunten."

Unvergessliche Bilder und logische Handlungsabläufe setzen sich im Kopf fest, wenn man solche Reime hört.
Das ist Erziehung „light" und unterhaltsam, aber sehr effektiv.

Genauso wie das Gedicht vom "Büblein auf dem Eis":

„Gefroren hat es heuer
noch gar kein festes Eis.
Das Büblein steht am Weiher

und spricht zu sich ganz leis:

"Ich will es einmal wagen,
das Eis, es muss doch tragen.
Wer weiß!"

Das Büblein stapft und hacket
mit seinem Stiefelein.
Das Eis auf einmal knacket,
und krach! schon bricht's hinein.
Das Büblein platscht und krabbelt,
als wie ein Krebs und zappelt
mit Arm und Bein.

"O helft, ich muss versinken
in lauter Eis und Schnee!
O helft, ich muss ertrinken
im tiefen, tiefen See!"
Wär' nicht ein Mann gekommen –
der sich ein Herz genommen, o weh!

Der packt es bei dem Schopfe
und zieht es dann heraus,
vom Fuße bis zum Kopfe
wie eine Wassermaus.
Das Büblein hat getropfet,
der Vater hat's geklopfet
zu Haus."

Und vollends sympathisch wird mir der Dichter aus fränkischen Landen mit der schönsten gereimten Huldigung an die Mutter, die ich kenne:

„Meine Mutter
Kein Vogel sitzt in Flaum und Moos
in seinem Nest so warm
als ich auf meiner Mutter Schoß,
auf meiner Mutter Arm.
Und tut mir weh mein Kopf und Fuß,
vergeht mir aller Schmerz,
gibt mir die Mutter einen Kuss
und drückt mich an ihr Herz."

Montag, 2. April 1956, Ostern

Nochmal Sonntag heute. Um 10 h stehe ich auf.
Himmel bewölkt bis bedeckt. Ab und zu ein Sonnenloch.
Vormittags ist es sehr langweilig. Im Garten knipst Gerhard 1 Bild von mir sitzend mit Guitar mit Else (Anm.: meine Cousine) *neben mir.*
Bei den Nachbarn ist Kindstaufe: ein Junge.
Nach dem Essen gehe ich etwas ins Dorf, treffe Lohner und auch Willi. Um 3 h gehe ich an den Bahnhof.
Horst kommt, wir gehen zum Langer, aber es sind lauter kleine Buben dort und sie treiben nur Blödsinn.
Uwe und Erich sind in Ordnung.
Ich trinke 1 Cola und 2 Bier. Dann gehen alle heim.
Beim Meyer wollen wir uns wieder treffen.
Ich bin um 6 h als einziger wieder draußen.
Später kommt der rote Ecke und zahlt mir eine Halbe. Der Gerhard auch noch eine. Als ich um halb 8 heimkomme, sind die Eltern fort.
Ich wieder raus zum Meyer und noch getanzt mit W., I. und E.

Hans bringt Wally heim, ich gehe mit H. E. Um halb 11 im Bett. Habe einen furchtbaren Affen.

Dass die Biere, die im Lauf eines solchen Nachmittags zusammenkamen, bei einem Fünfzehnjährigen irgendwann ihre Wirkung entfalteten, das braucht man nicht zu beschönigen.
Insofern lasse ich auch das von dem „Affen" stehen.
Rümpft darüber jemand die Nase, auch gut.
Manche der Gleichaltrigen, mit denen ich verkehrte, verdienten schon ganz gut, und waren sehr großzügig im Spendieren.
Gewiss, ich hätte ablehnen können, aber das wäre emotional mit mehr Aufwand verbunden gewesen als das Annehmen, und ein echter Kerl wollte man allemal sein.
So glitt man ganz allmählich in einen angenehmen Rauschzustand hinein, was aber nicht zu vergleichen ist mit dem Komasaufen, von dem man heute ab und zu lesen kann.
Für harte Sachen, vielleicht gar aus der Flasche, waren wir eigentlich nicht zu haben. Ich kann mich jedenfalls an keinen einzigen jugendlichen Zeitgenossen erinnern, dem außer Bier irgendein anderes alkoholisches Getränk etwas bedeutet hätte.
Zum Thema „Langschläfer", das in einem Kommentar angesprochen wurde: Ich blicke wehmütig zurück auf jene Zeiten, als ich bis 10 Uhr im Bett liegen konnte, vielleicht nicht immer schlafend.
Manchmal habe ich auch gelesen, auf den linken oder rechten Arm aufgestützt, wobei die Kälte in der Kammer ein gewisses Problem darstellte. Die warme Kuhle zu verlassen wäre aber noch ungemütlicher gewesen.
Ab und zu muss ich gewisse Selbstverständlichkeiten in Erinnerung rufen, durch die das Leben vor 60 Jahren anders war als heute: keine Zentralheizung, kein Warmwasser aus dem Hahn, kein Fernsehen, kein Laptop, kein Smartphone.
Die männlichen Jugendlichen mussten sich etwas einfallen lassen, um sich die Zeit zu vertreiben, die freie, wenn sie nicht arbeiteten.
Alles, was mit dem Haushalt zusammenhing, war im Allgemeinen Frauensache, und wenn der Familie eine Mutter vorstand, welche die herkömmliche Rollenverteilung nicht in Frage stellte, so sah es zappenduster aus für die Ehemänner und die Söhne.
Das heißt, sie lernten nichts Brauchbares.
Andrerseits war der Aufwand für manche Dinge geringer. Wenn ich nur an das Frühstück denke. Da wurde nicht groß gedeckt in der

kleinen Wohnküche. Obst, Müsli, Toastbrot, Joghurt zur ersten Mahlzeit des Tages, das lernte ich erst später kennen und schätzen.
In den 1950ern trank ich meinen Kaba aus dem immer gleichen Humpen und aß vielleicht ein Marmeladebrot dazu.
Dementsprechend bescheiden war auch der Abwasch, der anfiel.
Den größten Aufwand veranstaltete die Mutter mit dem Mittagessen, vor allem sonntags. Aber da half ihr gewöhnlich der Vater.
Er scheute sich nicht, eine Schürze anzulegen und die Kartoffeln zu rohen Klößen zu verarbeiten oder den Teig, den die Mama gemacht hatte, zu echt schwäbischen Spätzle zu hobeln.
Ich glaube, sie kamen gar nicht auf die Idee, mich dabei einzubeziehen.
Beim Kuchenbacken genauso.
Samstags, ganz alleine und ohne dass man sie bitten musste, stellte die Mama die Köstlichkeiten her, welche den Sonntag verschönerten und den Herrn Sohn dazu brachten, dass er irgendwann im Lauf des Nachmittags vorbeischaute, um davon zu kosten.
Napfkuchen, Gugelhupf, Hefenudeln, herrlich goldgelben Käskuchen, Kirschenmännlein im Juni, triefend feuchten Schwarzbeerkuchen im Juli und August, Zwetschgen- und Apfelkuchen im September.
Und ab und zu eine Erdbeertorte, wenn die im Schrebergarten angebauten Früchte reif waren, oder gar eine Schwarzwälder Kirschtorte.

Wenn ich heute den Rührstab, der ja von ganz alleine quirlt, in den Plastiktopf halte, um meiner Frau, die alles abwiegt und bemisst und hineingibt, zu helfen, so diskutieren wir oft darüber, wie die Generation vor uns das schaffte, ohne Elektrizität.
Ja, den Strom gab es schon, aber man hatte nicht die Geräte. Alles musste von Hand geknetet oder mit dem Schneebesen geschlagen werden, nicht nur für den Kuchen, auch für die Omeletten, die es oft als Mittagessen gab, Später benützte man ein Rührgerät mit einer Kurbel, an der man drehen konnte. Mühsam war es allemal.
Lasse ich mich auf radikale Überlegungen ein, so frage ich mich, wieso die Mama eigentlich nicht einfach alles hinschmiss eines Tages und sagte „Wenn ihr einen Kuchen wollt, dann backt euch selber einen" oder zumindest „Ich stelle euch die Zutaten hin und gebe diese in einen Topf, und dann mixt ihr sie zusammen und schlagt den Teig so lange, bis er gut ist.
Ich lese inzwischen was oder mache einen Spaziergang."

Sie tat es nicht, und das fällt mir eigentlich erst heute auf.

Dienstag, 3. April 1956

Strahlend blau erwacht der Tag. Um halb 9 stehe ich auf.
Bin etwas damisch im Kopf. Noch bevor ich frühstücken kann, werde ich schon wieder eingespannt. Mama stöbert immer noch.
Dann höre ich Radio und lese Zeitung. Die Sonne scheint schön warm. Ich weiß noch nicht, was ich treiben will, gehe etwas zu Schindlers, sonne mich und bin so faul. Vom Michael bekomme ich einige Aufträge, die ich morgen in Ansbach ausführen muss.
Nach dem Essen sitze ich im Hof. Es kommt ein kalter Wind auf.
Tante Lena verzehrt mit viel Genuss und geräuschvoller Kulisse am Waschtisch ihre Delikatessen: Sauerkraut und Geräuchertes.
Um 3 h muss ich mit Großvater in die Wiese hinauf und ein Kirschbäumchen einpflanzen, weil die Kirschen immer so teuer sind (sagt er). Ich schufte unter seiner Aufsicht bis halb 5. Na, lass die Kirschlein nur wachsen. Abends schaue ich zum Fenster herunter.
Für Berta soll ich morgen auch Geld mitbringen.
Beim R. soll die Hühnerpest sein und in Haag ist ein fünfjähriges Mädchen gestorben. Abends will ich an den Bahnhof, komme aber nicht fort, da Heinz kommt. Um 9 h im Bett.

Die nebensächlichen Bemerkungen zuerst:
An den Bahnhof zog es mich immer wieder, um zu schauen, wie die schon verflossene Liebschaft nach Hause fuhr, ob alleine oder in Begleitung, und welche anderen jungen Leute es gab, Auszubildende und Angestellte, die mit dem Abendzug das Dorf verließen.
Neuigkeiten und Gerüchte wurden ausgetauscht, wenn die Bauern sich trafen, etwa beim Wegbringen der Milch, die sie in großen Kannen auf kleinen Handwagen zum Milchhaus in der Bahnhofstraße transportierten.
Dann standen manche zuweilen ein paar Minuten auf der Straße, in ihren blauen Schürzen, so wie sie vom Stall kamen, und plauderten.
Da ich regelmäßig in die Stadt kam (und weil ich eine Fahrkarte hatte), musste ich dort, manchmal auch in den Ferien, Botengänge für Verwandte und Bekannte erledigen.
Das war mir keine Last, sondern ein Vergnügen.

Unter anderem galt es, was heute nur schwer nachvollziehbar ist, von der Krankenkasse das Krankengeld zu holen, in bar, versteht sich, wenn jemand krankgeschrieben war. Kaum jemand, außer Geschäftsleuten, hatte ein Girokonto. Bei der Auszahlung des Lohns auf der Baustelle werde ich im August noch einmal auf diesen vorsintflutlichen Bargeldverkehr zu sprechen kommen.
Am 24. März habe ich das Idyll des Hinterhofs, in dem ich aufwuchs, ausführlich geschildert.

Die Großtante Lena sowie meine Großmutter waren, wie schon einmal erwähnt, Töchter meiner Urgroßmutter, einer am 27. November 1851 geborenen, von österreichischen Exulanten abstammenden, Christine Babara Bär, geb. Stamminger.
Dieser „Stammingerin", wie sie im Kirchenbuch als Täufling erscheint, später verheiratete „Bärin", die ihrem zugezogenen Gatten insgesamt drei Töchter, aber keinen Sohn schenkte, gehörte die „Neue Wiese" oder zumindest ein kleiner Teil davon, ein Gewann, das sich westlich des Schlossgrabens vom Rathaus bis zum Rand des Baronswaldes, also der heutigen „Muna" erstreckte. Auf der Neuen Wiese wurden in den 1960ern die Wohnhäuser der Neuwiesen- und der Bezzelstraße erbaut, auch der Wohnpark grenzt an diese.
Dass gegen Ende des 19. Jahrhunderts der Besitz der Ahnin durch die Bahnlinie zerschnitten wurde und wie sie darauf reagierte, habe ich schon einmal erwähnt. Und am 27. Januar habe ich erzählt, welche Rolle die Neue Wiese um 1949 für meine vier Ziegen und mich spielte.

Bis in die 1960er blühten dort, direkt an der Bahn, im April sechs Apfelbäume und ein Birnbaum. Heute ist lediglich der Birnbaum geblieben. An der Stelle, wo ich mit dem Großvater am 3. April 1956 ein Kirschbäumchen pflanzte, steht heute ein Wohnhaus.
76 Jahre hatte der 1879 geborene Altsitzer auf seinem Buckel, und war sich nicht zu alt, einen Baum zu pflanzen.
Das nenne ich Zuversicht und positives Denken.
Die Alten wussten um die Bedeutung des Obstes für die Ernährung und waren weitgehend auf Eigenproduktion angewiesen. Kirschen, Zwetschgen, Äpfel und Birnen, dazu Erdbeeren, Himbeeren, Stachel- und Johannisbeeren im Garten, davon bekamen sie ihre Vitamine.
Die „Zibbeli" darf ich nicht vergessen, kleine runde gelbe Pflaumen oder Mirabellen, die auch wild wuchsen.
Es wurde weniger roh gegessen als eingemacht, „eingeweckt" für den Winter, oder zu Marmelade und Gelee verarbeitet.
Birnen aß man gern als Kompott zu „Stopfer" und zu Grießbrei.
Südfrüchte waren unbekannt. Wie auch hätte man diese aus dem Mittelmeerraum oder gar aus den Tropen nach Franken transportieren sollen?
Meine erste Orange bekam ich 1945 von einem amerikanischen Besatzungssoldaten, danach kam lange nichts mehr bis zur ersten Banane, die ich Anfang der 1950er beim Gärtner Aschenneller in der Windsbacher Straße kaufte. Sie war vollkommen grün, und da wir keine Ahnung hatten, dass sie erst schön gelb werden muss, schälten wir sie gleich und waren nur am Spucken.
Und um 1960 leisteten wir uns zu Weihnachten eine Ananas.
Ich glaube, sie kostete fünf Mark.
Völlig unbekannt waren natürlich Kiwis, Mangos, Melonen, Nektarinen, Granatäpfel, Papayas, Litschis und was sonst noch alles heute die Speisekarte bereichert. Die aufwendige Logistik für diese Exoten entstand erst in den letzten Jahrzehnten.
An Trockenfrüchten bekam man Rosinen im „Colonialwarenhandel", „Weinbeerle" genannt, die im Kuchen verbacken wurden.
Ansonsten hielt sich der Franke im Winter an die heimischen „Hutzeln", das waren gedörrte Birnen.
„A scheene Biern gibt a scheene Hutzl" pflegte der Großvater zu sagen, wenn man ihn darauf ansprach, wie gut die Großmutter noch aussah.

Mittwoch, 4. April 1956

Um 8 h stehe ich auf. Himmel grau in grau.
Ich ziehe meinen Klepper an, setze Vaters neuen Hut auf, und dann geht es los, in die Riesenmetropole Ansbach.
Dort regnet es wie mit Kübeln und schneit dazwischen.
Umsonst gehe ich aufs Landratsamt, dann kaufe ich mir beim Busch ein Plektrum, gehe an die Krankenkasse und aufs Finanzamt.
Um halb 11 setze ich mich in die Schnellgaststätte, trinke ein Bier, lasse zwei Platten spielen: Deutschmeister und Little Brown Jug und fahre um 12.44 heim.
Ab und zu wird der Himmel etwas heller, dann säut es wieder.
Verfluchtes Wetter. Beim Schindler muss ich eine Wohnungsbewerbung schreiben. Hans ist krank, er gibt mir von seinem Geld 1,80, dann hat er noch 25 DM.
Nachmittags bin ich zuhause, trinke Kaffee und fahre spazieren.
Abends lässt das Regnen nach. Ich laufe im Dorf herum mit Helmut.
In Immeldorf hat sich eine alte Frau mit Roller derhutzt.
Heute fällt Singkreis aus. Um 8 at the station.
Als ich frage, ob ich morgen kommen soll, zischt sie nur „Is mir gleich!"

Wie ein Kriminalkommissar aus einem Schwarzweißfilm der 1950er.
Schade, dass ich davon kein Foto habe. Der Klepper war ein grauer, fast knöchellanger Regenmantel aus gummiähnlichem Material.
Bilder dazu gibt es im Web.
Ich nehme an, dass die Lust am Theaterspielen mit im Spiel war.
Als Jugendlicher verkleidet man sich ja auch mal gerne.
Darauf deutet auch die Ironie im Stil dieses Eintrags hin.
Ich kannte Schüler, die rannten vor 40 Jahren herum wie Udo Lindenberg. Da fehlte nur noch eine dicke Zigarre zwischen den Zähnen. Und an eine Abiturientin kann ich mich erinnern, die machte auf Marilyn Monroe.
Sobald man einen Hut oder eine Mütze aufsetzt, wird man ein bisschen ein anderer. Unter meinen diesbezüglichen Fotos sind zu diesem Thema einige sehr aufschlussreiche, was die Psychologie angeht. Die Fahrt nach Ansbach war ja auch zum Vergnügen, es ging nicht in die Schule.

Es war mir als „Kind" nicht bewusst, aber für einige Nachbarn in der „Riegelgasse" - so hieß der Abschnitt der Bahnhofstraße vom Sternplatz bis zur Fußgängerampel vor der Einfahrt zu den Einkaufsmärkten, bevor es den Bahnhof gab - war ich so etwas wie ein Dorfschreiber, aber auch Laufbursche, wenn es darum ging, auf irgendwelchen Ämtern etwas zu erledigen. Landratsamt, Krankenkasse und Finanzamt hießen meine heutigen Destinationen.

Im Gegensatz zu den Auftraggebern hatte ich ja Zeit, und zwar so viel davon, dass es an einem kurzen Vormittag noch reichte für ein Bier in der „Schnellgaststätte".

Und wollte man Musik hören, so war das nicht möglich mittels Wischen auf einem rechteckigen Täfelchen, da musste man schon eine große Wummerbox mit zwanzig Pfennig füttern. In der Eile fand ich wohl nichts Besseres als den Deutschmeister-Regimentsmarsch, den ich aus dem Kino kannte, sowie Little Brown Jug, einen Hit, den das Glenn-Miller-Orchester spielte.

Wobei ich den Marsch gar nicht schlecht finde, vor allem weil darin eine Stelle enthalten ist, die mir von Jugend an vertraut war, wenn sie mein Vater auf der Zither spielte und dazu parodierend sang:

„In Bayern wächst das Sauerkraut,
Die Welt ist kugelrund,
Da sah ein Knab ein Röslein stehn
Von hundertachtzig Pfund,
Und wenn Du denkst,
Du hast ihn schon,
Den goldnen Abendstern,
Dann hauerdi gscheid aufd Plattn nauf
Des is ist der Tag des Herrn..."

Höre bzw. sehe ich im Internet „Little Brown Jug", so erinnert mich das an meine eigene Schulzeit, auch wenn wir an der Oberrealschule Ansbach noch keine Big Band hatten, sondern nur ein Streichorchester und einen Chor, und an die Festkonzerte in der Windsbacher Stadthalle, wo in den letzten Jahren die Big Band des Gymnasiums überzeugend auftrat und immer besser wird.

Ach, wenn es das schon vor 60 Jahren gegeben hätte! Aber die Popmusik war einfach außerhalb der Schule angesiedelt.

Die Schulpolitiker, die für die Lehrpläne zuständig waren, hatten noch nicht geschnallt, was für ein Potential hier schlummert, wenn

man die Schule mit dem, was in den Hitparaden die Herzen und Hirne berührt, zusammenbringt.
Außer dem Sport oder dem sozialen Engagement ist kaum etwas anderes so geeignet wie die Musik, wenn es darum geht, die Jugend von Drogen und sonstigem Blödsinn fernzuhalten.
Und es muss nicht immer und ausnahmslos klassisch sein, scheut sich doch auch der bei den Windsbacher Buben sehr beliebte Thomas Quasthoff nicht, die „Caprifischer" zu singen.

Habe ich nicht erst vor vier Tagen, am 31. März, über die Gefahren des Rollerfahrens geschrieben? Da haben wir es schon! Wenn ich eingetragen habe „eine alte Frau", so kann es durchaus sein, dass die Verunglückte erst fünfzig war. Es ist sogar wahrscheinlich, denn Sechzig- oder Siebzigjährige fuhren vor einem halben Jahrhundert nicht mehr Roller oder Motorrad. Jedenfalls war das nicht die Regel.
„Derhutzt" heißt landläufig final, also verunglückt mit tödlichem Ausgang. Ob das in diesem Fall so war, weiß ich nicht. Der Polizeibericht vom 3. oder 4. April 1956 könnte Auskunft geben.
Unvergessen sind einige Prominente, deren Tod darauf zurückzuführen ist, dass sie durch zu schnelles bzw. nicht an die Fahrbahnbeschaffenheit angepasstes Fahren verunglückten:
James Dean (1955), Marianne Strauß (1984), Jörg Haider (2008).
Für mich als Mundartliebhaber ist es interessant, dass mit „hutzen" und „derhutzen" ein Wort vorliegt, das in der Schriftsprache verschwunden ist.
Der Dialekt hat also viel mehr Ausdrucksmöglichkeiten als die blutleere „Verlautbarungssprache", wie ich sie immer nenne.
Hutzen entspricht dem englischen Verb „hit" und heißt so viel wie „stoßen":

„Und etz danzmer halt an Betzn raus,
No wird der Betz schee butzt,
Und ihr aldn Weiber gentner wech,
Dass eich der Betz net hutzt."

Das ist fränkischer Humor.
Der Vers hat Konjunktur, wenn bei der Kirchweih ein „Betz", d. h. ein Hammel, schön geputzt wird. Die Paare tanzen um ihn herum, und der Sänger rät den Seniorinnen, sich von ihm fernzuhalten, damit er sie nicht stößt bzw. umrennt.

Weniger humorvoll ist wiederum, was mir meine Tante Anna erzählte, die 2014 im Alter von fast 100 Jahren starb:
Ihr Schwiegervater fuhr an einem Sommertag 1945 mit seinem Kuhgespann aufs Feld (im Landkreis Ansbach). Auf dem Heimweg lief er neben der linken Kuh. Als ein Armeelastwagen der Amerikaner von hinten kam, erschrak das Rind, das so ein Geräusch wahrscheinlich in seinem ganzen Leben noch nicht gehört hatte, und stieß den alten Mann direkt vor das überholende Fahrzeug.
„Die Kuh hat an Hutzerer doh" erzählte die Tante Anna immer und immer wieder, wenn sie auf diesen für sie und ihren Mann unvergesslichen Tag zu sprechen kam, und dieser „Hutzerer" war tödlich für den Hofbesitzer.
Er starb zuhause an seinen schweren Verletzungen.

Donnerstag, 5. April 1956

Ich bin bereits um 6 h wach. Es schneit, allerdings sehr wässrig.
Im Bett spiele ich Guitar.
Jetzt habe ich den weichen H-Septim Akkord.
Ich lerne „Memories are made of this".
Wenn ich nur den Text hätte!
Da Dorothea so viele Grüße an mich hat ausrichten lassen, werde ich sofort Verbindung mit ihr aufnehmen. Um 9 h gehe ich zu Karlheinz. Wir spielen bis 11 h, er ist allerdings sehr lahm und faul heute. Gleich nach dem Essen schreibe ich einen Brief an Dorothea.
Das Wetter wechselt ab mit Schnee und Sonnenschein.
Nachmittags wechsle ich ab mit Schlafen, Radiohören, Kaffetrinken und Gitarre spielen.
Ein ziemlich freies Leben also, wie man sieht.
Abends sagt mir Helmut, ich solle nicht an den Bahnhof kommen.
So ein feiges Ding, sich einfach so um die Aussprache drücken.
Jetzt gehe ich gerade hinaus. Sie kommt bald und der Zug hat auch Verspätung. Sie ist sehr abweisend. Ich mache ihr klar, dass es das Beste für uns beide ist, wenn sie die Wahrheit sagt.
Gut, sagt sie, machen wir Schluss, gut Nacht.
Etz leckst mi, das war stark.
In der Singstunde schöne Lieder: Alle Tage ist kein Sonntag, Riesengebirge. Rosemarie.
Um viertel 11 gehe ich heim. Ende des Liebesromans.

„Lieber ein Ende mit Schrecken..."
Abgedroschen ist diese Redewendung, aber hier passt sie ganz gut.
Endlich klare Verhältnisse nach einem wochenlangen Hin und her.
Ich sehe es heute dankbar als Mosaiksteinchen im Lernprozess eines Teenies. Nach so einer Entscheidung richtig zu reagieren, d. h. mit Achselzucken bzw. mit „Was solls, andere Mütter haben auch schöne Töchter", das ist wichtig, lebensnotwendig, überlebensnotwendig.
Goethes Werther ist doch ein armer Tropf. Sich erschießen, weil man eine gewisse, auf die man scharf ist, nicht bekommt?
Davon hielt ich bei aller Dramatisierung, die ich in meinem jungen Kopf oft betrieb, nicht viel.
Adalbert von Chamisso und Friedrich Silcher geben die Richtung vor:

„Und manches, was ich erfahren,
verkocht ich in stiller Wut,
und kam ich wieder zu singen,
war alles auch wieder gut."

Die Singstunde im Gesangverein, zu dem ich mich schon im Herbst 1955 gesellt hatte, ließ mich schnell vergessen, was mir an den Kopf geworfen worden war.
Auch das Tagebuch, wo ich mich abreagieren konnte, war hilfreich.
Man darf sich aber keine große Affäre vorstellen. Es war eine Tändelei, ein Erproben von Gefühlen, mehr nicht. Eventuell auch nur meinerseits, denn abgesehen von der ersten Begegnung kann ich mich eigentlich an keine bewegende Rückmeldung erinnern.
Man kann, was am 5. Februar begann, nicht einmal eine „Freundschaft" nennen, denn dazu fehlte das Vertrauen, es fehlten die qualifizierten Gespräche. Im Februar 1958, als ich begann, mit meiner Frau (spazieren) zu gehen, war das von Anfang an anders.
Andrerseits muss man froh sein, dass nicht mehr daraus wurde, denn wo hätte das hinführen sollen? Mit fünfzehn? Eine abgebrochene Schullaufbahn hätte, obschon es positive Beispiele gibt, dem Leben auch eine negative Wendung geben können.
Und schließlich: wie auch sollte man sich groß näherkommen? In der kalten Jahreszeit? Ohne schützenden Raum? Ohne Auto? Ohne das Placet der Eltern, das vielleicht vorhanden war in Fällen, wo die

Familien sich kannten und sich einig waren, auch aufgrund wirtschaftlicher Überlegungen, dass ihre Sprösslinge unbedingt zusammenkommen müssten.
Das gab es nämlich auch, wenn auch vielleicht nicht in Dettelsau.
In Ansbach meinte ich es zu spüren, als im Herbst 1956 der Tanzkurs begann. Von wegen sich seine Tanzdame aussuchen, mit der man dann den Kurs absolvierte!
Wie ich hinterher merkte, war da vieles schon längst abgekartelt zwischen den kleinstädtischen Eltern, und man wachte eifersüchtig darüber, dass kein Außenstehender eine Chance hatte.
Es geht in diesen Ausführungen, wie schon mehrmals betont, weniger um mich als um das Lebensgefühl und die Verhältnisse der Zeit um die Mitte des letzten Jahrhunderts. Die sexuelle Revolution hatte noch nicht stattgefunden, es war alles, aus heutiger Sicht betrachtet, recht spießig, umständlich und verklemmt.
Wer es anders erlebt hat, kann vielleicht widersprechen, aber ich darf dann die berechtigte Frage stellen, ob vielleicht Aufzeichnungen vorhanden sind, auf die sich der/die Kritiker/in berufen kann oder ob nur die Erinnerung nach sechs Jahrzehnten als Grundlage dient, die ja, wie man weiß, oft trügerisch ist.

Das Liedgut, an dem sich der Gesangverein übte und mit dem er auftrat, war volkstümlich, wie man sieht.
Heimatlieder wie das Riesengebirgslied trafen den Geschmack der Sänger und des Publikums, hatten doch viele, allzu viele, erst die Heimat verloren, „meiheine liehibe Heimat du..."
Kam auch noch das Elternhaus vor, so fanden Text und Gesang direkt den Weg ins Herz:

„Wo´s Dörflein traut zu Ende geht
wo´s Mühlenrad am Bach sich dreht,
dort steht in duftigem Blütenstrauss
mein liebes, altes Elternhaus.
Dahin, dahin verlangt mein Sehnen
ich denke dein gar oft mit Tränen,
mein Elternhaus, so lieb und traut,
das ich schon lang nicht mehr geschaut!"

Eine Steigerung war möglich durch das Elterngrab:

„Ich kenn' ein einsam Plätzchen auf der Welt
Liegt ruhig still verborgen
Dort flieh ich hin, wenn mich Kummer quält
dort klag ich meine Sorgen
Und fragst du mich, so sag ich's dir
Es liegt nicht weit, nicht weit von hier
Der liebste Platz, den ich auf Erden hab
Das ist die Rasenbank am Elterngrab."

Kam dann noch die Rosemarie des Heidedichters Hermann Löns hinzu, so war die Grenze zum Kitsch schnell überschritten:
„Rose Marie, Rose Marie, siehieben Jahre mein Herz nach dir schrie, aber du hörtest es nie".
Um ED1 endgültig abzuschließen: Sie hieß nicht Rose Marie, und mein Herz schrie nicht sieben Jahre nach ihr, sondern höchstens sieben Wochen.

„Memories are made of this…"
Kaum ein Song hat den Nerv jenes Jahres so getroffen wie dieser.
Darin kam alles vor, wovon man träumte: ein Junge, ein Mädchen, ein erster zärtlicher Kuss, eine gestohlene Nacht voller Seligkeit (Peter Kreuder hatte den Boden bereitet: „Für eine Nacht voller

Seligkeit da geb ich alles hin..."), ein bisschen (Liebes-)kummer, ein bisschen Freude, der Mondschein, deine Lippen und meine, zwei Schlückchen Wein, dann die Hochzeitsglocken, ein Haus für die Liebenden, drei kleine Kinder, der Segen von oben, Liebe fürs ganze Leben, das ist der Stoff, aus dem Erinnerungen gemacht sind.
Im Hintergrund die schrummenden Gitarren und das ständige Geraune: „Sweet, sweet memories you gave-a-me..."
Ich war hin und weg, jedes Mal, wenn die ersten Akkorde im Radio erklangen, anders kann ich es nicht beschreiben. Und dann übte ich auf der Gitarre, in E-Dur, wo man schön alle sechs Saiten zum Klingen und Schwingen bringen konnte.
Dean Martin hatte auch ein schönes Timbre in der Stimme, das ich nachzuahmen versuchte.
Was mir fehlte, waren die begleitenden Sänger, deswegen musste ich zwischendurch das Geraune immer selber ein bisschen andeuten.
Aber das war schwierig. Auch eine zweite Stimme eine Terz über der Leadstimme hätte gut getan. Aber woher nehmen und nicht stehlen, in Neuendettelsau? Sixty years ago.
Leider wurde das Lied schon im gleichen Jahr durch die deutsche Entsprechung „Heimweh" verhunzt, zumindest nach meinem Geschmack.
Das soll kein Urteil über Freddy Quinn darstellen, er hat ja andere Erfolge wie zum Beispiel „La Paloma" oder „Die Gitarre und das Meer" und „Du musst alles vergessen, was du einst besessen, amigo..." sowie „Junge, komm bald wieder..." gut rübergebracht, aber hier passten nach meinem Geschmack weder der Text noch der Darbietungsstil.
Dean Martins „Memories" konnte man nicht eindeutschen.
Dem Amerikaner kann ich heute noch mit Genuss lauschen, auf die „Heimwehschnulze" kann ich gut verzichten.

Freitag, 6. April 1956

Als ich aufwache, liegt ein ganz schöner Schnee draußen. Und hundskalt ist es. Um halb 10 stehe ich auf.
Der Vormittag vergeht mit Zeitunglesen und Einkaufen für Großmutter.
Nachmittags ist es sehr langweilig. Ich helfe etwas beim Zweige schneiden. Später trinke ich Kaffee und dann kugle ich überall herum.
Im Heuboden, in der Stube und sonstwo.
Großmutter erzählt von ihrer Kindheit, und draußen schneit es.
Wenn man einmal meint, es sei schön, dann ist alles plötzlich wieder alles in grau gehüllt. Der Schnee bleibt natürlich nicht liegen, nur an einigen günstigen Stellen. Abends mache ich noch die letzten 2 Bilder und gebe den Film zum Fotografen.
Als ich bei Demas Bier hole, muss ich sogar ein Kichla essen.
Abends gehe ich mit Helmut und den Monteuren ins Kino.
Der Film „Der Frontgockel" ist ein furchtbarer Krampf.
Ich empfinde es als Beleidigung dem Publikum einen solchen Geschmack zuzumuten. Am besten ist noch Beppo Brehm, Günther Lüders und die kleine Französin. Einige Szenen stoßen ab.

Es ist interessant und für mich sehr erfreulich, wie ich mein damaliges Urteil bestätigt finde, wenn ich heute Infos über den Film „Der Frontgockel" im Web suche: „platte, ordinäre Komik" und „Verharmlosung des Nazikriegs", so liest man im „Filmdienst".
Ich hätte nur schreiben sollen „unterstellen" statt „zuzumuten", oder gleich „dem Publikum einen solchen Schmarrn zuzumuten", obwohl ich Beppo Brem (sic!) sowie seinen Freund Joe Stöckel eine Zeitlang ganz gern sah.
Das Dorfdeppengehabe, das die beiden in ihren Filmen an den Tag legten, kam dem Geschmack eines Halbstarken entgegen.
Dass ich half, Zweige zu schneiden, hing mit der Konfirmation einer meiner Cousinen zusammen. Eine Girlande aus Tannen- oder Fichtenzweigen musste angefertigt werden. Diese wurde an jedem Haus, wo eine Konfirmation stattfand, über der Haustür angebracht.
Ein bisschen liegt schon der Abschied vom Bauernhaus in der Luft, der zwei Jahre später erfolgte, wenn ich schreibe, dass ich überall „herumkugle". Noch einmal, bevor man erwachsen wird, all die Stätten der Kindheit und Kinderseligkeit aufsuchen, unter anderem

auch den Heuboden, wo wir oft auf ganz abenteuerliche Weise zwischen den Dachsparren und dem Heu herumkrabbelten oder – krochen. Das war verbotenes Tun, und ich will mir gar nicht ausmalen, was hätte passieren können, wenn wir schon so leicht wie die Kinder heute an Feuerzeuge herangekommen wären.
Auch das nur mit ein paar Brettern als Schutzgeländer abgesicherte quadratische Loch im Holzfußboden des Dachgeschosses hätte einem zum Verhängnis werden können. Ein Familienvater in der Nachbarschaft fiel in seiner Scheune aus ca. vier Metern Höhe auf die harte lehmige Tenne und zog sich tödliche Verletzungen zu.
Zusammen mit einigen Spielgefährten erlebte ich hautnah mit, wie an jenem schwarzen Tag verzweifelt nach einer Transportmöglichkeit gesucht wurde, um den Verunglückten ins Krankenhaus zu fahren. Es war kein Krankenwagen aufzutreiben.

Stundenlang konnte ich die Kindheitsgeschichten der Großmutter hören.
Auch über ihre Zeit als vierzehnjährige Magd bei Bauern in Bechhofen wusste sie zu berichten, so z. B. dass sie oft „Rangers stopfen" musste, d. h. Runkelrüben zerkleinern.
Ein Gerät dazu hatten sie auch bei uns in der Scheune.
Es war ein trichterförmiger Kasten mit einer Walze, an der sich scharfe Zähne befanden.
Außen war eine große Kurbel, mit der die Walze gedreht wurde.
Die Rangers kamen unten als kleine mundgerechte Stückchen für das Vieh heraus.
Hatte man nur eine einzelne Rübe in der Stopfmaschine, so drehte sich die Kurbel leicht, und die Rübe hüpfte im Kasten lustig auf und ab und wurde kleiner und kleiner, bis nichts mehr von ihr übrig war.
Aber wehe, wenn der Kasten bestückt wurde bis obenhin, wie es der Großvater ohne mit der Wimper zu zucken machte. Dann musste man an der Kurbel mit beiden Händen drehen, gelegentlich sogar in den Kasten hineinlangen, um eine Verstopfung zu beseitigen.
In dem Moment durfte aber keiner außen drehen, sonst wären die Finger weg gewesen.
Alles gesund überstanden. Was für eine Gnade!

Sonntags durfte die Großmutter für ein paar Stunden heim zu den Eltern, stieg zu Fuß den Berg aus dem Rezatgrund hinauf auf die Bettelhöhe und wanderte irgendwann abends wieder zurück.

Was sage ich „die Großmutter"? Ein schwaches, von der harten Arbeit müdes Mägdlein wird sie gewesen sein, ein Schulkind fast noch.
Dieses Foto gibt eine Vorstellung davon, wie die Mädchen, hier Schützlinge zweier strenger Lehrer, um die Wende vom 19. zum 20. Jahrhundert aussahen. Ganz oben in der zweiten Reihe, das zweite Kind rechts vom Lehrer, meine Großmutter Babette Bär; unten in der ersten Reihe der stehenden Kinder die fünfte von links meine Großtante Lena Bär (mit kariertem Jäckchen).
Und der Tochter der Babette, meiner Mutter also, erging es 1930/31 mit dreizehn nicht besser, nur dass sie in ein Dorf verschlagen wurde, das heute zu Lichtenau gehört.
Hatten diese Kinder eine Chance, etwas zu lernen, eine weiterführende Schule zu besuchen oder gleich Geld zu machen in der freien Wirtschaft?

Hatten sie nicht. Zuhause belasteten sie das schmale Budget, also hieß es „Fort! Schau, dass du dir dein Brot verdienst!"

Die Familie Demas, wo ich das Konfirmationsküchlein essen musste, besser gesagt, durfte, hatte eine Flaschenbierhandlung. Im Gegensatz zu heute holte sich 1956 niemand einen Kasten Bier ins Haus.
Flasche für Flasche wurde gekauft, im nächstbesten Depot.
Solange ich denken kann, hatte mein Vater, der 1966 starb, keinen Biervorrat im Keller.
Bei meiner Frau und mir stapelten sich 1964/65 die Bierkästen im kleinen Keller einer Mietwohnung in der Kreuzlach bis unter die niedrige Decke, weil wir kurz nach der Hochzeit die private Flaschenbierhandlung eines Nachbarn übernahmen, der wegzog.
Lichtenauer Hauffbräu belieferte uns regelmäßig mit Hellem und Pils, und abends kamen die Leute aus der Nachbarschaft und holten sich ihr Feierabendbier. Das Geschäft lief eine Zeitlang ganz gut.
In jener Zeit feierten, wenn ich mich recht erinnere, die Hauff-Biere gerade ihr 475-jähriges Jubiläum.

Wie das mit dem Finanzamt und einer Gewerbelizenz usw. lief, weiß ich nicht mehr, da ich auch nicht der Betreiber war.
Ich glaube, damals gab es noch nicht so viel Bürokratie wie heute.
Bemerkenswert ist auch, dass ich nicht versumpft bin in dem kleinen Verschlag, wo man sich kaum drehen konnte, wenn eine Lieferung gekommen war. Hätte ja passieren können, oder?

Aber in einer jungen Ehe kann (und möchte) man nicht ganze Abende oder Nächte im Keller zwischen den Bierkästen hocken.

Exkurs Nr. 20

Eine Liebeserklärung

„Grüß dich, altes Haus!"
So sagte man früher oft zum Spaß, wenn man einen guten Bekannten traf.
Ging oder radelte ich ins Dorf, so wurde ich, vor allem in den letzten Tagen (Anm.: im April 2017) immer wieder an diese saloppe Redewendung erinnert.
In der Bahnhofstraße, mittig zwischen Sternplatz und den Einmündungen von Neuwiesen- und Blumenstraße, da wo die Fußgängerfurt vom Rottlergässchen zu zwei Einkaufsmärkten mit einer Ampelanlage gesichert ist, da stehst du.
Standest du.
Bis heute.
Du gutes altes Haus.
Mein Haus, auch wenn es mir nie gehörte.

Mein Elternhaus.
Großelternhaus, besser gesagt, denn auch meine Mutter hatte nie Anteil daran, und der aus dem Allgäu 1940 hereingeschmeckte Vater schon gleich gar nicht.
Eine Schönheit bist du nicht. Warst du nie.
Kein prachtvoller Fachwerkbau mit weit ausladendem Giebel, keine reich verzierte Bürgervilla mit allerlei Schnickschnack und Mätzchen, hier ein Erkerchen und da noch ein Dächlein und Fensterrahmen im Stil eines Schlosses...
Nein, ein simpler Zweckbau bist bzw. warst du, eine Behausung für Mensch und Vieh, anspruchslos, nüchtern, bescheiden.
Deine Lage war jahrzehntelang erste Sahne:
am äußersten südwestlichen Endpunkt der Ansiedlung, des Bauerndorfs auf der Bettelhöhe, dicht beim Speckgürtel um den Herrensitz, das Schloss derer von Eyb.

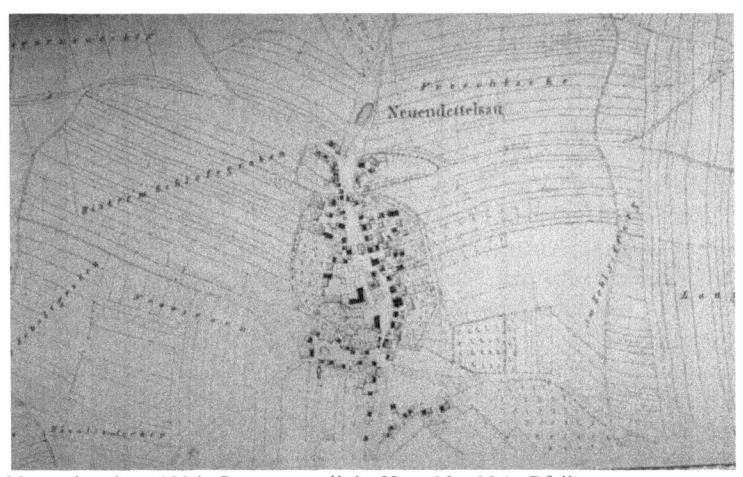

Neuendettelsau 1834. Ganz unten links Haus Nr. 66 (s. Pfeil).

Du warst das Haus Nr. 66 am unteren Dorfweiher, gegenüber der Schmiede. Südlich davon nur Wiesen und Felder, eine riesige Grünfläche, die zum Rezattal hin abfällt.
Westlich davon nichts. Kein Bauernhof, kein Handwerkeranwesen, kein Bahnhof. Einfach nichts.
Zumindest bis zum Ende des 19. Jahrhunderts.

Die Engstelle zwischen dir und der Schmiede auf der anderen Seite der Straße - Riegelgasse hieß diese vor ihrer Ummünzung in „Bahnhofstraße" - war früher eines der Ettertore, des Eingangsbereichs des Dorfes, wo die eigentliche Siedlung begann.
Die nördliche Entsprechung eines solchen „Stadttores" befindet sich an der Einmündung der Friedrich-Bauer- in die Hauptstraße, da wo bis in die 1950er Jahre das Haus des Schuhmachermeisters Zehnder den Verkehr ausbremste.
Zwischen den Toren die Kirche, das Wirtshaus, das Pfarrhaus, die Schule.
Viel näher dran als deine Bewohner, du liebes altes Haus, konnte man an diesen wichtigen Institutionen nicht sein:
Drei Minuten Fußweg, und Mann saß in der Kirchenbank, um der sonntäglichen Predigt zu lauschen, oder am Stammtisch beim Wirt, wo es Bier gab und Informationen.
Um 1894 kam der Bahnhof dazu, keine fünf Minuten entfernt, zu dem ich neun lange Jahre sechs Tage pro Woche hintippelte, schlenderte, eilte, mich schleppte, je nachdem, um den Zug zur Schule zu nehmen.
Wo man auch war im Dorf, man hatte es nicht weit zu dir, heim, nach Hause, in die Geborgenheit deiner Kammern, die Wärme der großelterlichen Wohnstube und das Idyll des nicht einsehbaren Hofes in deinem hinteren Bereich.
Tausend Geschichten könnte ich von dir erzählen, rund sechseinhalbtausend Tage und Nächte meines Lebens, und zwar die ersten, die entscheidenden, habe ich unter deinem Dach gelebt, du hast mich geprägt.
Und nicht nur mich, nein, auch die mir vorausgingen und in dir ihre Heimat hatten, innerhalb deiner Mauern lachten, liebten und litten, sowie diejenigen, die mit mir dort aufwuchsen.
Sieben Kinder waren wir, aus drei Familien, und alle bis auf das älteste erblickten in einer deiner Kammern das Licht der Welt.
„Es herrscht ein lebhaftes Treiben…" – so beginnt eine meiner Huldigungen an dich - „im Hof, in der Geborgenheit des großelterlichen Anwesens, mitten im Dorf, wo jeder jeden kannte!"
Und „Ich wüsste nicht, wo ich, außer in den glücklichsten Stunden mit meiner eigenen Familie, im späteren Leben wieder eine ähnliche Geborgenheit erlebt habe."
Heute, am 6. April 2017, ist ein denkwürdiger Tag.

Heute wirst du plattgemacht, getilgt aus der Physiognomie des Dorfes, und nichts wird von dir bleiben als meine Erinnerungen und ein paar Fotografien.
Einmal hast du Eingang gefunden in die Geschichte: als Geburtshaus des „Blinden Johann", eines gelehrigen (blind geborenen) Schülers des Dorfpfarrers Wilhelm Löhe (vgl. Hans Rößler: Der blinde Johann, 700 Jahre Neuendettelsau, Seite 72).

Haus Nr. 66 alias Bahnhofstraße 9.
Auch mich hat der Storch, als er vor fast 77 Jahren über dir schwebte, genau dort ausgeklinkt, und etwas mehr als achtzehn Jahre lang war es mir vergönnt, in deiner Geborgenheit die Kinder- und Jugendzeit zu verbringen.
Einmal noch, rund 115 Jahre nach der Geburt des frommen Schneidersohnes Johann Lorenz Ortner, waren sie drauf und dran, dich berühmt zu machen, auf unschöne Art allerdings, als sie im April 1945 eine Panzersperre errichteten zwischen dir und dem dir benachbarten Anwesen, der Bahnhofstraße 14.

Ich habe es als knapp Fünfjähriger selbst erlebt und mit meinen Cousinen und Cousins tagelang zugeschaut, kindlich naiv, unschuldig, neugierig, nicht ahnend, dass du eines der ersten Gebäude gewesen wärst, das mit großen Getöse und in einer ungeheuren Staubwolke in sich zusammengefallen wäre, zerschmettert von der unbesiegbaren Schlagkraft der 12. US-Panzerdivision, wenn die Hartgesottenen sich durchgesetzt hätten gegen die noch verbliebenen klar und nüchtern denkenden Dettelsauer.

So waren dir noch 72 (in Worten zweiundsiebzig) Jahre vergönnt, wovon die letzteren recht unruhig waren, bedingt durch die unmittelbar bei dir errichtete Fußgängerampel und den zunehmenden Innerortsverkehr.

Wohnen hätte ich in dir nicht mehr wollen, deine Zeit als Wohnhaus war längst abgelaufen. Unvorstellbar, dass die an dir vorbeiführende Straße einst zu unserem Spielbereich gehörte.

Mir bleibt heute nur, dir zu danken für alles, was du mir gegeben hast in diesem Leben. Es ist unermesslich im wahrsten Sinn des Wortes. Nur ein Spezialist der Tiefenpsychologie könnte ausloten, was du alles in meiner Seele bewirkt hast.

Bahnhofstraße 9, ehemals Dettelsau Nr. 66, adieu!

Servus. altes Haus!

Samstag, 7. April 1956

Ich bin furchtbar müde heute früh, aber es gibt keine Wahl, ich muss für Grete nach Ansbach. Hans fährt auch mit. Schneien tut es und kalt sein tut es. Die Kelly begibt sich auch in die Metropole.
Ich muss in die Nordsee und in ein Blumengeschäft. Grete braucht eine Teerose.
Um 10 h fahren wir schon wieder heim und sind um viertel 12 da. Schneit in einer Dur. J. ist sehr freundlich zu mir. Nachmittags gehe ich ins Bad (Anm.: Öffentliches Wannen- und Brausebad in der Volksschule, vgl. Eintrag vom 14. Januar), *und dann fahre ich etwas im Dorf herum. Bei dieser Kälte ist halt gar nichts los. Später nimmt mich Hans mit zum Linde, zahlt mein Bier und zwei Worschtweckli.*
Um 5 h gehe ich einmal heim. Aus verschiedenen Gesprächen über M. ziehe ich folgende Schlüsse: sie hat überhaupt noch keinen Charakter, ist etwas scheinheilig und kann unmöglich einen Menschen beurteilen.
Also nichts für mich.
Um 6 h gehe ich mit Hans und Willi etwas zum Friedmann.
Willi lässt dort seine Platten spielen. Um halb acht gehe ich heim und bleibe es. In Amerika an 1. Stelle „Nimm das Pianoforte fort".

Zur Erinnerung: es sind immer noch Osterferien. Schon zum zweiten Mal in der unterrichtsfreien Zeit fahre ich mit dem Zug kurz nach Ansbach, um etwas zu besorgen.
Da ich eine Schülermonatskarte hatte, wurde ich immer wieder mit kleinen Aufträgen bedacht, diesmal hauptsächlich damit, eine Teerose für eine Konfirmation zu besorgen.
Wollte man Fisch kaufen, so konnte man nicht einfach in einen Dettelsauer Supermarkt oder Discounter gehen und in die Tiefkühltruhe greifen. Das gab es damals noch nicht.
Die Filiale der Firma „Nordsee" in Ansbach hatte frischen Fisch.
Dieser spielte auch eine Rolle, als ich im Februar 1958 meine Frau kennen lernte. Die Geschichte ist schnell erzählt.
Wir fuhren beide im Lokalzug von Wicklesgreuth nach Hause, ich von der Oberrealschule, sie von der Berufsschule.
Außer uns beiden saß niemand auf den zwei Holzbänken, auf die jeweils drei Leute passten. Wir saßen einander gegenüber, sahen uns nicht an und sprachen auch nicht miteinander.
Sie war gerade siebzehn geworden, ich war siebzehneinhalb.

Wegen der draußen schon herrschenden Dunkelheit spiegelte sich alles in den Fensterscheiben, und da wir beide angestrengt auf diese starrten, um uns nicht ansehen zu müssen, trafen sich plötzlich unsere gespiegelten Blicke, und darüber mussten wir lachen.
Nun sagte ich irgendetwas Belangloses zu diesem Zufall, und sie antwortete. Nach dem Aussteigen in Neuendettelsau, bevor sich unsere Wege trennten, fragte ich sie, ob sie mit mir sonntags mal ins Kino gehen würde.
Später erzählte sie mir, dass sie besorgt war wegen des Fischgeruchs, der von ihrer Einkaufstasche ausging. Sie hatte für eine große Familie Salzheringe besorgt und genierte sich, mit dieser Beute reisen zu müssen.
Ehrlich: ich hatte nichts gerochen, absolut nichts. Wahrscheinlich macht eben Liebe nicht nur blind, sondern auch geruchsunempfindlich.
Zum Glück bleibt der Tastsinn erhalten bzw. wird eventuell sogar noch gesteigert.
Wir ergänzen uns bis heute recht gut insofern, als sie den weitaus besseren Geruchs- und Geschmackssinn hat als ich, was ja beim Kochen, Backen u. dgl. von unschätzbarem Vorteil ist. Damals hatte ich noch ein Gehör wie ein Luchs und hörte ihr gern stundenlang zu, weil ich ihren Brandenburger Dialekt, der mit Berliner Vokabeln gespickt war, so lustig und originell fand. Ein paar gereimte Sprüche zitierte sie zu meinem Vergnügen, wenn ich sie dazu aufforderte, immer wieder:

„Scheene Beene hat di Kleene,
awa Wadn hatse keene".

Oder:

„Mir und mich vawechsl ick nich,
det kommt bei mich nich vor,
Der Hund, der will nich mit mit mich,
der löuft mich imma vor."

So wurde was draus. Ich hörte (und sah) sie gern, das Ge-„fühl" bzw. die Gefühle kamen hinzu, und sie konnte mich offenbar „riechen", sonst hätte sie mit ihrem hochentwickelten Geruchssinn wahrscheinlich gleich abgebrochen. Und da ihr Gehör heute zehnmal besser ist als meines, hört sie auch noch das Gras wachsen, was für einen guten Hausstand auch nicht zu verachten ist.

Spaß beiseite.
Ansbach muss man sich in den 1950ern als eine sehr enge, provinzielle Kleinstadt vorstellen. Die Läden waren in niedrigen Häusern in der Altstadt untergebracht. Vor jedem Laden war eine richtige Tür mit einer Schelle, die den Ladeninhaber informierte, wenn jemand eingetreten war.
Durch die Uzstraße und die anderen Altstadtgassen rollten langsam die Autos, und es gab keine Ständer mit Klamotten und sonstigem Krimskrams vor den Geschäften. Es gab auch keine Straßencafés oder Eisdielen. Die gesamte Gastronomie spielte sich innen ab.
Als Maxime darf gelten:
Drinnen war drinnen, und draußen war draußen.
Das war natürlich in Neuendettelsau nicht viel anders. Der Bischoff und die Bahnhofswirtschaft hatten kleine Biergärten, die aber, soviel ich weiß, nur zur Kirchweih genutzt wurden, und beim Grünen Baum gab es einen kleinen Außenbereich. Im Hospiz verschaffte einem der idyllische grüne Wintergarten das Gefühl, draußen zu sitzen, und im „Rübezahl", später „Oase" genannt, konnte man am ersten Mai oder anderen Sommerfeiertagen manchmal im Biergarten tanzen. Die Musik dazu habe ich einige wenige Male selber mit ein paar Freunden gemacht.
Aber zu diesem Waldlokal musste man einen Fußmarsch auf sich nehmen.
Beim „Linde", einem jungen Wirt, der die Gastwirtschaft „Stern" gepachtet hatte, saßen wir jungen Kerle gern am Samstagnachmittag in der Stube und verzehrten seine köstlichen „Keckweggli", Brötchen mit Bratwurstgehäck (und Zwiebeln drauf). Die schmeckten einfach gut zum frisch gezapften Bier, und man hatte gute Unterhaltung. Ich fühlte mich dort immer pudelwohl.
Männer tratschen auch, und so erfuhr ich natürlich nach und nach so manches über die verflossene Kurzzeitliebe, was mir über den diesbezüglichen Kummer hinweghalf. Mit dem lakonischen Eintrag „Also nichts für mich" therapierte ich mich selber und brachte mein Selbstbewusstsein, das ja, wenn man abgelehnt wird, immer ein bisschen in Gefahr gerät, wieder ins Lot. Und das war gut so.

Sonntag, 8. April 1956

Um 8 h stehe ich heute schon auf. Es liegt noch vereinzelt Schnee und ist kalt. Die Sonne scheint, aber im Lauf des Tages wird es trüb. Ich wasche mein Haar, und um halb 11 gehe ich etwas ins Dorf, sehe mir die Konfirmanden an. Heute ist Stichwahl zwischen Kolb und Errerd. Nach dem Essen spiele ich etwas mit Helmut, und dann sind wir bei eingeladen zum Kaffeetrinken.
Wir sind zu viert.
Und grad rauchen tun wir. Ich mache um 10 h Schluss, habe einen vollen Magen, schweren Kopf, war nicht fort, habe kein Geld gebraucht und habe M. ein ziemliches Stück vergessen. Gottseidank.

Es war der Tag der Konfirmation, Jahrgang 1942.
Ich wüsste einige Neuendettelsauer/Innen namentlich zu nennen, die an jenem Tag eingesegnet wurden.
Komisch, dass es immer so kalt sein muss an der Konfirmation.
Bei meiner, die am 25. April 1954 war, fror ich jämmerlich in dem dünnen Konfirmandenanzug, und insofern sind meine Erinnerungen nicht berauschend.
Im Exkurs vom 29. Januar habe ich mich ausführlich mit diesem Thema befasst. Ich möchte nur noch einmal den Kampf andeuten, den Mann in diesem Alter zu führen gezwungen war, und zwar gegen die Anfechtungen des Leibes, wie sich unsere bestellten Erzieher auszudrücken pflegten.
Das ist ein natürlicher Vorgang, aber ein hartes Brot, würde ich sagen, gegen das, was vielleicht die Mädchen in diesem Alter erleben, denen eben nicht ein Schwall von Testosteron nach dem anderen ins Blut gepumpt wird.
Vielleicht, so überlege ich heute, hat man den Termin der Konfirmation, der „Festigung" (gegen alle möglichen Anfechtungen) bewusst auf dieses Alter gelegt, weil man aus Erfahrung weiß, dass zwischen dem 13. und dem 16. Lebensjahr buchstäblich die „Hölle los" ist im Bauchgehirn gesunder Buben.
Und es bleibt davon keiner verschont, nicht einmal ein fast Heiliger wie der Wilhelm Löhe: „Die Auseinandersetzung mit der eigenen Sexualität macht dem jungen Löhe schwer zu schaffen" schreibt Elke Endraß auf Seite 19 ihrer 2012 erschienenen Biographie über unseren frommen Dorfpfarrer und Diakoniegründer.

So könnte man die Konfirmation, cum grano salis, als einen verzweifelten Versuch sehen, die Betreffenden aus dem Sumpf zu ziehen bzw. sie vor der Verderbnis zu bewahren.
So mancher kluge Analytiker sieht auch Parallelen zu Mannbarkeitsritualen in anderen Kulturen, aber da frage ich mich schon, warum bei uns die „Mannbarkeit" derart ausgeblendet, ja regelrecht bekämpft wurde.
Vielleicht ist heute alles anders, aber vor 60 Jahren steckte der „Teufel", dem man beim Konfirmationsgelübde entsagen musste oder zumindest sollte, in der eigenen Hosentasche oder irgendwo daneben.

Über die Schädlichkeit des Rauchens hatte uns Halbstarken kein Mensch etwas erzählt, meiner Erinnerung nach nicht einmal der Pfarrer. Hier hätte er ansetzen können, diesen Frevel gegen den eigenen Körper und gegen die Gesundheit zu verteufeln und ihn uns so zu verleiden, dass es uns gegraust hätte, das hätte etwas gebracht für die Volksgesundheit.
Aber es liegt mir fern, mich jetzt mit Genussrauchern anzulegen und ihnen ihre Feierabendzigarr/ett/e oder ihr Pfeifchen zu vermiesen, gehörten diese doch auch bei mir bis vor rund dreißig Jahren zum guten Leben dazu (vgl. Eintrag vom 15. Februar).
Bedauerlich ist eben nur, dass manche kein Maß kennen und sehenden Auges ihr Leben um Jahre verkürzen, der Gewinnmaximierung einer Industrie zuliebe, die sich einen Dreck darum schert, wie es ihnen geht, wenn sie auf der Intensivstation liegen.
„Der Schmidt, der Helmut Schmidt!" Ja, ich weiß, ich weiß, aber...
Eine Zeitlang wurden entsprechende Horrorbilder auf die Packungen gedruckt, aber das ist wohl schon wieder passé.
Man hätte sie sammeln müssen wie die Kinoprogramme der 1950er. Bestimmt lässt sich damit auch einmal Geld machen auf den Flohmärkten in 20 oder 30 Jahren.

In Dettelsau wurde ein neuer Bürgermeister gewählt, d. h. am 8. April 1956 war Stichwahl zwischen Michael Errerd und Alfred Kolb. Keiner von beiden hatte am 18. März die erforderliche Mehrheit erreicht.
Michael Errerd, ein Landwirt, hatte das Amt seit 1945, also 11 Jahre lang, ausgeübt, und wurde nun, am heutigen Tag, von Alfred Kolb abgelöst.

Schon Kolbs Vater, der Posthalter und Kaufmann Johann Kolb, war Bürgermeister gewesen, und zwar über einen unvorstellbar langen Zeitraum: von 1912 bis 1933.
Im Jahr der Machtergreifung wurde Zimmermeister Hans Loscher gewählt, NSDAP.
Loscher, dem meine Großeltern auch nachbarschaftlich verbunden waren, starb 1940, wenige Wochen bevor ich geboren wurde, im Alter von erst 50 Jahren.
Das bedeutete, dass der Weg frei war für den Lehrer Adolf Traunfelder, NSDAP, der bis zum Zusammenbruch des Dritten Reiches amtierte.
Von seiner Amtsführung (als Bürgermeister) bleibt der Aufruf vom 7. Februar 1945, an „Fremdvölkische", das heißt in der MUNA beschäftigte Kriegsgefangene, keine Lebensmittel zu verkaufen bzw. zu verschenken.
„Empfindliche Strafen" wurden bei Zuwiderhandlung angedroht (nachzulesen bei „700 Jahre Neuendettelsau", Seite 189, bzw. auf dem Gedenkstein beim Kruzifix am Munarundweg).
Hans Loscher erlebte nicht mehr, wohin die Partei, der er angehörte, Deutschland führte.
Als wenige Wochen vor dem Ende des grauenhaften Alptraums aus dem Rathaus dazu aufgerufen wurde, Kriegsopfern das bisschen Freude, das ihnen hilfsbereite Dettelsauer ab und zu am Munazaun bereiteten, indem sie ihnen Brot, Butter, Schinken und Eier brachten, zu verweigern, war eigentlich für jedermann klar erkenntlich, in welche Sackgasse man geraten war.
Deutschland war nicht zu retten, indem man barmherzigen Samaritern Strafen androhte bzw. meinte, an den geringsten Brüdern und Schwestern die absolute Unchristlichkeit zu praktizieren.
Als gelegentlicher Querdenker frage ich mich manchmal, was passiert wäre, wenn ein Bürgermeister geschrieben hätte (sinngemäß): Versuchen wir zu retten, was zu retten ist!
Wenigstens den Ruf unserer Gemeinde. Wir sind ein frommes Dorf. Halten wir uns an Matthäus 25, Vers 35 – 40.
Gut, das ist Vergangenheit. Aber man sollte seine Schlüsse daraus ziehen und beim Wählen genau hinschauen, was die Parteien im Programm haben und wie sie mit den Schwächsten der Gesellschaft umzugehen denken.
„Kurze Prozesse" mögen populär sein, aber sie werden kaum zu einer humaneren Zukunft beitragen.

Montag, 9. April 1956

Die Nacht über hat es leicht geschneit und geregnet. Als ich um 8 h aufstehe, ist es trüb, aber trocken. Schnee liegt noch, man muss ihn aber schon suchen. Mama ist wieder auf der Arbeit.
Kolb ist Bürgermeister geworden. Er hat über 1000 Stimmen, Errerd nur über 600.
Der Vormittag vergeht mit Zithergeklimper und Zeitunglesen.
Nachmittags räume ich zuerst meinen Bücherschrank ein, dann fahre ich ins Dorf.
Die Bewölkung hat sich aufgelockert, ab und zu scheint die Sonne und es ist sehr mild.
Um 3 h muss ich Großvater eine Fuhre Mist aufladen helfen.
Großmutter ist im Hof hingefallen. Ich habe eine komische Ahnung.
Kaufe mir 1 Pfund Bananen und eine Büchse Dosenmilch für 1,40.
Abends feiern wir beim W. etwas, da R. da ist. Helmut spielt Akkordeon, Alfred spielt Harmonika, Rudi Trompete, und ich, L. und die G., B. und sonstige schauen zu. Um halb 11 im Bett.

Es war der letzte Tag der Osterferien.
Wahrscheinlich wegen der Konfirmation am Weißen Sonntag begann die Schule erst am Dienstag.
Neuendettelsau hat gewählt. Einen neuen Bürgermeister.
Junge Leute, die ihm persönlich nicht mehr begegnet sind, kennen zumindest seinen Namen, denn nach ihm ist das Sportzentrum am Dorffriedhof benannt.
Sechzehn Jahre lang, nämlich bis 1972, sollte der 1909 geborene Alfred Kolb nun dem Gemeinderat vorstehen.
Zwei meiner persönlichen Erfahrungen mit diesem meiner Elterngeneration angehörenden Mann seien hier festgehalten:
Als meine spätere Frau Anfang des Jahres 1957 als unbegleiteter „Flüchtling", genauer gesagt „Republikflüchtige", nach Neuendettelsau kam, war es der junge Bürgermeister Alfred Kolb, der für sie bürgte, bürgen musste, da sie erst sechzehn Jahre und ein paar Wochen alt war.
Das muss man sich einmal vorstellen. „Republikflüchtig" sei sie gewesen laut Amtssprache, der des anderen Deutschland.
Ich würde sie eher als eine „Diktaturflüchtige" bezeichnen.

Kaum aus der Schule entlassen, schikaniert von manchen Lehrern und den örtlichen Behörden, hatte die minderjährige Brandenburgerin die Schnauze voll vom Kommunismus.

Vor allem wegen ihrer Westkontakte - einer davon war die Familie des im Löhedorf ansässigen Oberkirchenrats Burkert - erfuhr meine Schwiegermutter mit ihren drei Kindern immer wieder kleine Nadelstiche und war sozusagen eine Persona non grata bei den Hundertprozentigen, die es, obschon man sie nach der Wende mit der Lupe suchen musste, in der sowjetischen Zone zuhauf gab.

Weitere briefliche Beziehungen bestanden seit Jahren durch die Jugendfreundschaft der Mutter mit einem Mitarbeiter der Diakonie und dessen Frau.

Nach dem 17. Juni 1953, der alle Hoffnungen auf Tauwetter zunichte gemacht hatte, wurden die Sirenentöne aus Franken immer lieblicher und intensiver, so dass die ältere der beiden Töchter nicht mehr widerstehen konnte und sich eines schönen Tages mit einem kleinen Köfferchen aus Ostzonenpappe in den Eilzug nach Leipzig setzte und von dort mit dem „Interzonenzug" als „Besuchsreisende" gen Süden dampfte, nach Bayern, wie die Cottbuser zu sagen pflegten. Franken war ihnen kein Begriff.

Als wir beide später, als Verlobte, im Jahr 1963, nachdem sie zum ersten Mal die Mutter wieder besuchen durfte, ohne Auto selbstverständlich, dort rundum bei den Nachbarn auf dem winzigen Dorf eingeladen waren und als reiche Westler bestaunt wurden, hieß es immer wieder „Schenkt doch mal dem Bayern ein!", wenn mein Bierglas leer war.

Alle wollten sie abhauen, die ganze Familie, „riewamachn", später, wenn die Vorausgegangene Fuß gefasst hatte, und sie hätten es lässig gekonnt, einfach in Berlin durchs Brandenburger Tor spazieren, bis zum 12. August 1961, und die Welt hätte ihnen offen gestanden.

1959.
Als Abiturient vor dem Brandenburger Tor in Berlin.

Aber sie zögerten zu lange, wegen der Ausbildung der anderen beiden Kinder, und als sie im Herbst des soeben erwähnten Jahres, nachdem alles vorbereitet war, nachkommen wollten, ging es nicht mehr.
Über die Mauer zu klettern oder irgendwo in Thüringen den Stacheldraht zu überwinden versuchen, das wollte die Schwiegermutter nicht riskieren.
Es gab ja einen „real existierenden" Schusswaffengebrauch, mitten in Deutschland, gegen wehrlose Menschen, die nichts anderes vorhatten, als von A nach B zu gelangen.
Aber das war vor mehr als einem halben Jahrhundert, und ich nehme an, dass nur Verrückte sich vorstellen können, dass so etwas wieder praktiziert wird, zumal man ja dieses Mal die vor dem Elend Davonlaufenden von vorn erschießen müsste.
Peter Fechter, geboren 1944, sinnlos erschossen im Alter von achtzehn Jahren, und viele andere Opfer an der Mauer und am Stacheldraht bekamen die Kugeln in den Rücken.
„Dummheit" sei das gewesen, abzuhauen, „der wusste doch, dass da eine Mauer ist", argumentierte Margit Honecker als fast 90-Jährige, „Ministerin für Volksbildung" von 1963 bis 1989, die am 6. Mai 2016 in Santiago de Chile starb. Bei der Anhörung dieses Interviews gerät man in Zweifel, ob das Alter wirklich weise macht.

Zurück zum Bürgermeister Kolb. Ich habe es aus erster Hand, dass er sagte (sinngemäß): „Man kann doch so a Mahdla net einfach zurückschicken".
Die Gefahr des Zurückschickens bestand in der Tat, denn wenn niemand für die Ostzonenbürgerin gebürgt hätte, wäre sie illegal in Neuendettelsau gewesen.
Ich bin kein Jurist, aber ich weiß, dass nach der Flucht dreier Sänger des Dresdner Kreuzchors nach Windsbach, zu den Windsbachern, der „coolsten Boys' Group der Welt" oder so ungefähr, über die deutsche Botschaft in Tokio, sich ein Staranwalt namens Vogel persönlich dafür verwendete, dass die Abtrünnigen zurückgeführt würden, und es gab Stimmen in Franken, die für dieses Ansinnen Verständnis zeigten.
Das spielte sich alles in den 80er Jahren des vergangenen Jahrhunderts ab.

Dank Alfred Kolb habe ich, so kann man sagen, eine Frau bekommen, hat Dettelsau eine Seele mehr und ein kleines Dorf im Kreis Calau, Provinz Brandenburg, eine weniger.
Meine zweite Erfahrung mit dem ab dem 9. April 1956 amtierenden Bürgermeister bezieht sich auf den Tod meiner Mutter im Oktober 1987, als er mir eine bewegende Kondolenz schrieb.
Ich habe Alfred Kolb nicht vergessen.

Die Großeltern waren, als der Tagebucheintrag erfolgte, 75 bzw. 72 Jahre alt. Der Opa, der fast so alt war wie ich jetzt, hockte also keineswegs hinterm Ofen oder aalte sich im Roten Meer oder trank Sangria aus dem Eimer an der Playa de Palma, sondern spannte immer noch regelmäßig seine Kühe ein, um den Mist, den diese produziert hatten und der durch Roggen- und Weizenstroh gestreckt wurde, auf seinen Feldern und Wiesen auszubringen, weit die Weinstraße Richtung Windsbach hinunter.
So wurde er siebenundneunzig Jahre alt, hatte also noch zweiundzwanzig Jahre vor sich, ohne gravierende Beschwerden.
Die Großmutter erreichte nur das zweiundachtzigste Lebensjahr, trug aber bei dem Sturz, den ich oben erwähne und der mich das Schlimmste befürchten ließ, keine bleibenden Schäden davon.
Das ist ja nicht selbstverständlich.

Der Tag vor 60 Jahren klang aus wie so mancher andere damals. Geborgen in der Gesellschaft gleichgesinnter Jugendlicher, mit selber gemachter Musik, mit Spaß und guter Laune, ohne beruflichen Stress und ohne Beziehungsprobleme.
Es war das Paradies. Es war buchstäblich das Paradies.

Dienstag, 10. April 1956

Jetzt geht es wieder los. Mit Vater habe ich schon in aller Frühe Meinungsverschiedenheiten wegen des Radiohörens.
Erste Stunde den Pfaff. Heute scheint wunderbar die Sonne, keine Wolke ist am Himmel, nur der Wind ist zu frisch. 2. Stunde singen, 3. Stunde kommt der Pfeifer, der G. ist krank. Unter dem höllischen Gelächter der Klasse müssen Ralf und ich etwas vorlesen über Pflanzen. Nach der Pause kommt noch die K., braun gebrannt von der Sol espagnol, und dann haben wir frei.

Nachmittags bin ich im Garten an der Sonne, gehe spazieren.
Many babies, viel Betrieb im Dorf, Konfirmanden und sonstiges.
Beim Hartmann hole ich meinen Film. Kostet 2,04. Es ist warm.
Später sitze ich noch im Garten mit den Cousinen und Lena.
Abends muss ich in die Holzschipf, wo Eltern Nest hacken, und eine Fuhre Büschel heimfahren.
Beim Milchholen sehe ich W. mit ihrem Kocherla, wie Adolf sagt.
Ich kenne sie zuerst gar nicht, da sie Bubikopf hat.
  Sie pfeifen mir. Und ich pfeife auf sie. Um 9 h bin ich heute im Bett.

Der Radio. Nicht „das Radio", sondern „der Radio". Der Hörfunk.
Es fällt schwer, sich heute vorzustellen, dass es außer ihm kein Unterhaltungsmedium im Haus gab. Wir haben uns so an die Tagesschau, an Politmagazine, an den Tatort, an die Sportschau, an Live-Übertragungen aus allen Lebensbereichen, an den Musikantenstadel, an „Jetzt red i", an Veitshöchheim, den Nockherberg, an Kulturreport, Nachtcafé, Maischberger und Anne Will gewöhnt, dass wir nicht mehr wissen, oder als junge Leute nie wussten, wie es vorher war.
1956 konnte man sich nicht so einfach ein Bild machen von den Leuten, von denen man informiert und unterhalten wurde.
Der Moderator und Schlagersänger Fred Rauch war buchstäblich Schall und Rauch, abgesehen von einem Foto in der Radiozeitung, zumindest bis zu dem Zeitpunkt, da in den Wirtshäusern, zuerst in der Bahnhofswirtschaft, die ersten Fernseher hoch oben in der Ecke hingen. Und die waren klein und die Bildchen flimmerten nur in Schwarzweiß. Caterina Valente konnte man tanzend und die Klampfe schlagend erspähen und Peter Frankenfeld mit seinen ewig karierten Jacketts und seiner Mecki-Frisur.
Ich kann mich gut an den Schock erinnern, den ich bekam, als Bally Prell, die „Schönheitskönigin von Schneizlreuth", im Verlauf einer Tournee im Dettelsauer Sonnensaal leibhaftig auf die Bühne stampfte.
Damals hatte ich noch überhaupt kein Verständnis dafür, dass Frauen sich zu ihrer Körperlichkeit bekennen.
Das Kino war hilfreich, gewiss, aber nicht alle Leute, die man verehrte oder von denen man sich gut unterhalten fühlte, waren auf der Leinwand zu sehen.
Die englische Königin hörte ich, das Ohr dicht am alten Küchenradio, am 2. Juni 1953, dem Tag ihrer Krönung, zuerst nur

im Radio lispeln und piepsen, bevor ich sie, die mir unsagbar schön und niedlich vorkam, später im Film sah „A Queen is crowned".
Ich beneidete in dem farbenprächtigen Schauspiel mit allem Pomp und vielen Perücken fast den Erzbischof, der sie salben durfte.
Also gut: der Radio.
Er war immer wieder mal ein Zankapfel zwischen meinem Vater und mir, besonders morgens, wenn ich vom AFN die Hillbilly-Musik hören wollte, er dagegen die fröhlich dudelnde Volksmusik von Radio München.
Es gab vier Wellen: Langwelle, wo selten was Gescheites kam, Kurzwelle, wo man mit viel Geduld und Fingerspitzengefühl Englisch, Französisch, Spanisch und alle möglichen slawischen oder gar afrikanischen Sprachen hören konnte, untermalt und immer wieder unterbrochen von irgendwelchen martialisch anmutenden Nationalhymnen, Mittelwelle, die am meisten gehörte, und schließlich die noch ganz junge Ultrakurzwelle, UKW, die, zumindest in der Werbung, lupenreinen Empfang versprach. Das stimmte aber nur, wenn es nicht gewitterte. Blitzte es, so krachte es auf allen Wellen, dass einem die Ohren schmerzten.
Ich frage mich bis heute, wo die Orte liegen, die da auf den Senderskalen der alten Radios zu finden waren, Beromünster zum Beispiel oder Hilversum. Auch Prag und Stockholm konnte man da lesen.
Und München natürlich, unseren Heimatsender. Nürnberg spielte keine Rolle. Alle Kultur kam aus München.
Auf Radio München lauschte man den skurrilen Späßen des ständig sich streitenden Paares Karl Valentin und Liesl Karstadt, den Monologen eines Weiß Ferdl, der Blaskapelle Otto Ebner, dem Dreigesang der Fischbachauer Dirndln und den Varietésendungen des Emil Eins-Zwei-Drei-Vierlinger.
Bunte Abende, die Schlager der Woche, der Sonntagsgottesdienst mit dem Windsbacher Knabenchor unter der Leitung von Hans Thamm, Unterhaltungsmusik von Paul Abraham und Franz Lehar bis

zu Franz von Suppé und den großen Walzerkomponisten Strauß und Lanner, damit wurde das Gehirn eines Teenies jener Jahre gefüttert.
Ab und zu kam ein spannendes Hörspiel, das eine ganz eigene Kunstgattung war, und es konnte sogar passieren, dass die ganze Familie um den kleinen Kasten aus Holz und einem Stück braunen Stoff saß und mucksmäuschenstill zuhörte.
Es darf vielleicht einmal daran erinnert werden, wie das „Hörspiel" das Wahrnehmungsvermögen und damit auch die Intelligenz förderte. Man musste sich ja alles, was in jenen Dramen passierte, anhand der Dialoge und der Geräusche vorstellen bzw. ausmalen.
Das war auch für die Autoren eine Herausforderung.

Im Lauf der 1950er wurde ein neuer Empfänger angeschafft, da war dann schon Glas dran, und es leuchteten die weißen Knöpfe, die man drehen, und Tasten, die man mit erheblichem Kraftaufwand drücken konnte, um den Ton zu verändern oder die Welle zu wechseln.
Dabei krachte es ganz unangenehm.
Schon nach ein paar Jahren war der Mende oder Telefunken oder Grundig veraltet, und man kaufte sich einen noch größeren Empfänger von Saba oder Schaub-Lorenz oder gleich eine Stereoanlage mit Plattenspieler von Wega.
Die Gehäuse der klingenden Kisten waren ausnahmslos aus Holz, und das bedeutete bescheidenen Wohlstand für Neuendettelsau, weil ein Fabrikant namens Rudi Dannenberg (1920 – 2000) aus der anfänglich in der Bahnhofstraße angesiedelten Schreinerei Keil in der Haager Straße einen Betrieb aufbaute, in dem Radiogehäuse hergestellt wurden, später natürlich auch solche für Fernsehapparate.
Das lief so gut, dass dort mehrere Dutzende italienische und griechische „Gastarbeiter" ihr Auskommen fanden, von denen nicht wenige im Land blieben, hier ihre Liebe fanden und eine Familie gründeten.
Dannenberg belieferte viele große Tonmöbelfirmen und war sehr erfolgreich, bis die Plaste, der Kunststoff, aus dem heute fast alles gefertigt ist, was bumst und scheppert, übernahm und schließlich das Holz total verdrängte.
Nur noch was zur Mobilität des Unterhaltungsmediums Radio: bald schon kamen die ersten Kofferradios, klein zunächst, so dass man sie in der Hand tragen konnte. Ich sehe mich noch spazieren gehen mit Freundin und einem kleinen weißen Plastikkistchen mit Henkel, aus dem die aktuellen Schlager plärrten. Auch im Schwimmbad auf der Wiese hatte man das Ding dabei und drehte auf, wenn was Schönes

kam, damit auch die halbnackerten Nachbarn und Nachbarinnen mithören konnten.
Es kamen auch ganz kleine auf den Markt, die man in die Hosentasche stecken konnte.
Der Hammer aber waren die Super-Booster, wahre Monster, mit denen man so manchen Halbstarken herumlaufen sah bzw. schon von weitem hörte. Diese Apparate konnte man nicht mehr an einem Henkel tragen, man musste sie auf der Schulter balancieren, den Kopf schief haltend und kaugummikauend.
Vor allem in der Ansbacher Innenstadt konnte man damit amerikanische Boys walken sehen, die aller Welt verkündeten, was für eine Potenz sie anzubieten hatten.
Heute kommen die an Testosteron-Überschuss Leidenden aus allen europäischen Ländern, einschließlich Deutschland, und hocken in aufgemotzten Cabrios, mit denen sie den Boulevard auf und ab fahren, ab und auf und im Kreis herum, an warmen Tagen.
Ist diese Beobachtung jetzt sexistisch angehaucht, also sexuell diskriminierend, ein Angriff auf die Männer?
Ist es nicht, denn eine weibliche Autofahrerin mit solchen Allüren habe ich eigentlich noch nicht angetroffen.
Ein stilles grelles Outfit stört mich auch nicht so sehr, muss ich sagen, weil es eben nicht rummst und bumst an der Fußgängerampel.

Aber ich muss mich an die eigene Nase fassen: wenn Bill Haley kam mit seinem „Rock around the Clock", drehte ich in der Wohnküche auch auf bis zum Anschlag.
Wo sonst sollte Mann auch hin mit seinem Leidensdruck?

Mittwoch, 11. April 1956

Heute ist es zwar ebenfalls sehr mild, aber es ist bewölkt bis bedeckt.
1. Stunde Turnen. Beim Krell ist es wieder sehr langweilig und in Algebra auch. In der Zwischenstunde gehe ich mit Holger zum Busch (Anm.: Musikalienhändler). Dann ist Chor, wo ich beinahe einschlafe. Bei jeder Gelegenheit lese ich Hemingways „Wem die Stunde schlägt".
Latein auch langweilig. Es beginnt sehr mild zu regnen.
Ich gehe mit Stupsi zu ihm nach Hause. Then we both go to the Cinema Central: "Anna". Story of an easy girl to a hospital sister.

Später regnet es nicht mehr. Wir stehen am Bahnhof rum.
Many sweet children, especially the Saxon one (Anm.: ein Mädchen aus Sachsen bei Ansbach).
Als ich heimkomme, sind die Eltern wieder in der Holzschipf.
Ich hole gleich eine Fuhre Büschel. Die Erde ist feucht und duftig vom Regen. Abends gehe ich ins Kino „Massai".
Ein guter Indianerfilm mit Alan Ladd und einem Mädchen.
Happy end. Es ist schon um dreiviertel 10 aus.

Abenteuer, Abenteuer. Immer auf der Suche nach Abenteuern.
Solche wollte man erleben. Und sei es auch nur im virtuellen Raum, also damals eben im Kino, auf der Leinwand. Und in der Literatur.
Die Schule befriedigte offenbar nicht unsere Gier nach Abenteuern.
Gleich zwei Mal wird hier der Unterricht als „langweilig" beurteilt.
Was aber nichts aussagt über dessen wahre Qualität.
Vielleicht lag es auch an mir.
Dass die Möglichkeiten der Lehrer begrenzt waren, was Veranschaulichung angeht, leuchtet aber ein. Filme, besonders Hollywoodproduktionen boten ja viel Spektakuläreres.
So interpretiere ich nach 63 Jahren den heutigen Eintrag.
Da ich mit dem Ansbacher Schulfreund heimlich ins Central Kino ging, schrieb ich die Notiz auf Englisch nieder, damit die Eltern nicht schlau daraus wurden. Noch dazu, wo es sich eventuell um einen Film handelte, der erst ab 16 freigegeben war.
„Geschichte eines leichten Mädchens, das zur Krankenschwester wird", so lautete meine Interpretation in schauderhaftem Filserbrief-Englisch.
Ich habe über den Film nichts im Web gefunden, er wird wohl drittklassig gewesen sein, eventuell eine Schnulze, die das Thema von gewissen Frauen behandelt, die im Alter fromm werden, wie der Volksmund sagt.
Manche finden auch schon lange vorher zu einem tugendhaften Leben, wenn ihnen nur der richtige Mann über den Weg läuft.
Umgekehrt wird so manches männliche Raubein durch die zu ihm passende Frau gezähmt, wie schon der Wilhelm Löhe über seine jungen Dettelsauer zu berichten wusste: Es „hören alle Exzesse auf, sobald ein Bursche in die Ehe tritt. Die Wildesten unter ihnen werden oft geradezu die Besten." (vgl. den Eintrag vom 14. Februar).

Ich nehme an, dass es in dem erwähnten Indianerfilm so ähnlich lief, über den ich komischerweise auch nichts im Web finde, obwohl ich genau weiß, dass er so hieß wie die afrikanische Volksgruppe.
Er wird von der Liebe eines Indianers, also eines nordamerikanischen Ureinwohners, zu einem eingewanderten Mädchen gehandelt haben.
Liebe, Abenteuer, Lebensgefahr, das ist auch die Mischung in Hemingways Roman, weshalb ich von dieser Lektüre als Fünfzehnjähriger so begeistert war.
Aber darüber habe ich mich schon am 13. März ausgelassen.
Ob der Ansbacher Bahnhof in seiner heutigen Form 1956 schon fertig war, wage ich zu bezweifeln. All die Jahre nach dem Krieg stand da jedenfalls nur eine niedrige, großflächige Baracke aus Holz, in der sich alles abspielte. Wir hatten dort unsere Ecke, in der wir oft vor Unterrichtsbeginn und auch danach, wenn noch Zeit war bis zur Abfahrt des Zuges, herumstanden und, wie es männliche Jugendliche eben machen, palaverten, rauchten und die Mädchen, die vorbeigingen, begutachteten.
Wieder fällt mir auf, wie sich die Tatsache, dass die ORA eine reine Knabenschule war, auf unser Verhalten auswirkte. Das ganze Macho-Gehabe wäre kein Thema gewesen, wenn es in den Klassen Mädchen gegeben hätte.
Aus meiner beruflichen Erfahrung während der Jahre von 1964 bis 1968 in Fürth, Windsbach und Ansbach an (fast) reinen Bubenanstalten kann ich konstatieren: die strenge Trennung der Geschlechter in der Erziehung ist problematisch, was die Entwicklung angeht.
Andrerseits wird behauptet, die Mädchen könnten, wenn sie unter sich sind, besser lernen und ihre Rolle finden, als wenn sie mit den Buben zusammensitzen müssen.
Im Internet kann man unendlich viele Debatten und Ansichten zu diesem Thema finden, und ich bin mir auch nicht sicher, was letztlich besser ist.
Vielleicht erlebten Mitschüler, die eine oder mehrere Schwestern hatten, den Mangel an Weiblichkeit nicht so intensiv wie ich.

Donnerstag, 12. April 1956

Der Himmel ist wieder trüb, aber es ist nicht kalt.
Im Zug ist es furchtbar langweilig. Wenn ich nur lesen könnte, aber ohne Brille tun mir die Augen weh, und mit Brille trau ich mich nicht (das ist ja auch unmöglich).
Erste Stunde Franz. Er hält stur Unterricht. 2. Stunde Bio. Es ist ziemlich lustig. Er zeichnet Fotoapparat und Auge, ich nicht.
Dann 2 Stunden W.
In Physik Induktionsstrom begonnen.
Der Gei trauert. Martin hält bei ihm ein Referat über die Austreibung der Sudetendeutschen.
Als ich heimkomme, regnet es. Himmel grau.
Stimmung trübselig. Temperatur geht. Abends regnet es furchtbar.
Als ich aber um 8 h in die Singstunde gehe, hat es aufgehört.
Um halb 9 sind alle Sänger versammelt, nur der Dirigent fehlt.
Da liest Bühler (Anm.: der Vorsitzende) *plötzlich einen Brief vor, in dem er (der Dirigent) erklärt, dass er aus gesundheitlichen Gründen zurücktritt.*
Es folgt eine Debatte, bei der es mir ganz Angst wird in meinem Eck.
Es wird ein Brief an ihn gerichtet, den alle unterschreiben.
Nachdem ich 1 Cola getrunken habe, gehe ich um halb 11.
Da hat Vater heute was versäumt.
Ohne Dirigent singen wir einige alte Lieder.
Helmut hat Briefwechsel mit einer 1a Puppe aus Rothenburg.

Mal sehen, was es hier Interessantes zu kommentieren gibt.
Da wäre zunächst die Brille, über die ich schon einmal ausführlich geschrieben habe, und zwar am 20. Januar.
Auch damals war die Rede davon, dass man sich genierte, die Brille in der Öffentlichkeit zu tragen.
Brillenträger im Kindesalter waren eine absolute Minderheit, was aus der Bemerkung in Klammern eindeutig hervorgeht.
Die Eitelkeit war so groß, dass ich im Zug fast auf das Lesen verzichtete.
Immer ein bisschen Widerstand und Aufsässigkeit im Unterricht.
Er, der Lehrer, zeichnete (an der Tafel), ich nicht.
Sie (die Lehrer) konnten ja nicht alles kontrollieren und ihre Augen überall haben. Wo ich also ausweichen oder entkommen konnte, tat

ich das anscheinend. Nicht in den Sprachen, die meine Leidenschaft waren, aber in anderen Fächern.

Statt „Austreibung" muss es natürlich „Vertreibung" heißen.
Von diesem Debakel im Osten des „Reiches" erfuhren wir schon als Kinder und bekamen es hautnah mit, als die ersten Sudetendeutschen in Neuendettelsau ankamen und untergebracht werden mussten.
Ohne hier Schuldfragen debattieren zu wollen oder alte Wunden aufzureißen, möchte ich lediglich aufzeigen, wie die große Weltgeschichte bei Kindern ankam:
In der Nachbarschaft war eine Flüchtlingsfamilie eingezogen.
Wir, drei oder vier stramme Dettelsauer Buben im Alter zwischen sechs und vier, saßen auf der Haustreppe und fachsimpelten, welches Volk wohl am grausamsten sei. Die Russen, sagte der eine. Stimmt nicht, die Amerikaner, meinte ein anderer, was aber allerseits in Zweifel gezogen wurde, hatten doch letztere richtiggehend friedlich das Dorf eingenommen.
Von Hiroshima und Nagasaki wussten wir nichts, aber wirklich absolut nichts, und wenn davon Nachrichten nach Neuendettelsau gedrungen wären, so hätte sich kaum jemand etwas darunter vorstellen können.
Schließlich kam der Bub, in dessen Elternhaus die sudetendeutsche Familie untergebracht wurde, auf „die Tschechen" zu sprechen.
Die Tschechen seien am grausamsten. Wie und warum interessierte uns dann nicht weiter, wir gingen wieder unseren Spielen nach.
Als ich dieser Tage eine geistig hellwache 84 Jahre alte Dame besuchte, wurde die vorstehende Liste (wieder einmal) ergänzt durch das, was sie zu erzählen wusste über die Grausamkeiten, die ihr eigener Vater im April 1943 in Warschau erlebte.
Die Diskussion ist also müßig, wie man sieht.
Brutalität und menschenverachtendes Handeln lassen sich nicht an der Nation festmachen, der jemand abgehört.
Wie der Volksmund salopp sagt: es gibt überall solche und solche.
Und da ich davon ausgehe, dass der Mensch mit einem freien Willen ge-boren ist, hat er es weitgehend selber in der Hand, ein „solcher" zu werden oder ein „solcher".

Den Stimmbruch hatte ich ziemlich hinter mir, als ich im Herbst 1955 dem 1882 gegründeten Männergesangverein Neuendettelsau beitrat. Mein Vater war dort aktiver Sänger seit etwa 1948, und da

ich viele Auftritte sowie alle Sängerfeste hautnah mitbekam, wollte ich schon bald auch ein Sänger sein.
Der MGV 1882 war untrennbar mit seinem damaligen Dirigenten, Bürgermeister Michael Errerd, verbunden.
In einem schwarzen Holzköfferchen transportierte er seine Zither, die er im Nebenzimmer des Bischoffsaals vor jeder Singstunde auspackte und stimmte. Mit ihrer Hilfe dirigierte er den Verein, etwa dreißig gestandene Männer aus dem Dorf.
Ich saß am Tisch des zweiten Tenors, dem auch mein Vater sowie der Schuhmachermeister Zehnder angehörten. Der Dirigent hatte seinen Tisch, auf dem die Zither platziert wurde, rechts von uns.
Mehrere Sängerfeste, das waren Jubiläen, runde Geburtstage von benachbarten Vereinen, fielen in diese Zeit zwischen 1948 und 1957. Man fuhr mit den Fahrrädern dorthin, etwa nach Weißenbronn oder Rohr und feierte auf einer großen Wiese, in deren Mitte eine grün geschmückte Bühne aus Holz aufgebaut war. Dort boten die Vereine der Umgebung ihre Liedvorträge, nicht ohne vorher einen Umzug, einen Festmarsch, durch die Ortschaft veranstaltet zu haben.
Eine Blaskapelle marschierte voraus und gab den Takt vor, nach dem zu laufen war, immer schön links, rechts, links, rechts.
Sie hatten das ja noch drauf, zumindest die älteren der wackeren Männer, ein paar ganz alte sogar noch vom ersten Weltkrieg. War einer 1894 geboren, so hatte er 1950 keine sechzig Jahre auf dem

Buckel und konnte noch stramm mithalten.
Die jüngsten, Jahrgang 1929 oder 30, hatten das Marschieren zumindest bei der HJ gelernt.
Mein Vater trug stolz das große Horn, ein geschmücktes, mit einem schönen Riemen versehenes Büffelhorn, in das drei Liter passten.
Manchmal durfte ich es auch umhängen. Die Darbietungen der Vereine wurden fachmännisch begutachtet und diskutiert, und wenn ein Chor „umgeschmissen" hatte, so war das tagelang ein Gesprächsthema.
„Umschmeißen", das hieß aufhören und noch einmal anfangen.
Wer gute Ohren hatte, hörte das sofort. Es klang so komisch, disharmonisch, die Einsätze stimmten nicht, der Dirigent runzelte die Stirn und schaute immer grimmiger drein, und schließlich winkte er ab.
Die Zuhörergemeinde, unter ihnen Kinder wie ich, die durch der Zweige Grün seitlich an der Bühne auf die behosten Männerbeine blickten, schwieg betreten, manche lachten verhalten. Beim zweiten Einsatz klappte es dann meistens, und nichts störte mehr die Andacht, bei Schäfers Sonntagslied etwa:

„Das ist der Tag des Herrn!
Ich bin allein auf weiter Flur;
Noch eine Morgenglocke nur,
Nun Stille nah und fern.
Anbetend knie ich hier.
O süßes Graun! geheimes Wehn!
Als knieten viele ungesehn
Und beteten mit mir.
Der Himmel nah und fern,

Er ist so klar und feierlich,
So ganz, als wollt' er öffnen sich.
Das ist der Tag des Herrn!
Das ist der Tag des Herrn!"

Der Text ist von Ludwig Uhand, und vertont hat das schöne Gedicht, unter anderen, Felix Mendelssohn-Bartholdy.

Nun aber zum Abend vom 12. April 1956.
Die Erregung über den Rücktritt des Dirigenten, der durch die Stichwahl vom Sonntag vorher nun auch nicht mehr Bürgermeister von Neuendettelsau war, machte mir echt Angst, wie aus meiner Notiz hervorgeht.
Errerd musste bleiben, so viel stand fest.
Ohne ihn konnten die Männer nicht singen.
Also schrieb man einen Brief an ihn, um ihn umzustimmen.
Im Herbst 1959 begann ich mein Studium und musste daher das Singen im Gesangverein aufgeben, weil ich ja nur noch an den Wochenenden daheim war.

Brieffreundschaften waren eine Möglichkeit, den Kirchturmhorizont, den man zweifellos hatte, zu erweitern.
Ich hatte deren mehrere während meiner Schulzeit, unter anderem eine in England und eine in Malaya, das später zu Malaysia wurde.
Da wurde auf Englisch geschrieben.
Ein Jugendfreund, wenig älter als ich, fing eine Korrespondenz an mit einem Mädchen aus Portugal. Wie er an die Adresse kam, weiß ich nicht.
Jedenfalls schrieb sie in französischer Sprache, drei bis viermal sehr nett und intelligent, und da ich schon etliche Jahre Französisch gelernt hatte, bat er mich darum, für ihn zu übersetzen, was ich gerne tat, so als ob ich selber in die romanische Traumfrau verliebt sei.
Wir, das heißt sie und ich, der eigentlich nicht ihr Briefpartner war, verstanden uns ausgezeichnet, augenzwinkernd und sogar voller Sehnsucht, so wage ich zu behaupten.
So lange, bis eines Tages sein Vater mich derb und aufgeregt zur Rede stellte, was ich da triebe, und ich solle das sofort unterlassen.
Wenn ich auch nur noch einen einzigen Brief ins Ausland schriebe, bekäme ich es mit ihm zu tun, denn was ich da betrieb, das sei „Landesverrat".

Ach du grüne Neune!
Die schelmisch angedeuteten Frivolitäten, die ich da, im Auftrag oder besser gesagt, nach meinem eigenen Gutdünken, zusammenkomponierte und an denen ich mich übte, waren alles andere als Landesverrat. Sie verrieten eher etwas darüber, wie es in der Seele eines blutjungen einsamen Franken aussah, der von der großen, bunten, aufregenden Welt träumte.

Freitag, 13. April 1956

Auf dem Weg zum Bahnhof regnet es.
Im Zug unterhalte ich mich mit der W.
In Ansbach angekommen, stehe ich mit H. noch etwas am Bahnhof herum. Um halb 8 kommt Fräulein M., sie grüßt mich furchtbar freundlich. Sie hat also wenigstens noch so viel Charakter.
Das macht mich sehr froh.
Dann passiert vorm Bahnhof ein Verkehrsunfall.
Ein kleiner Junge fährt auf ein Auto. Scheinwerfer kaputt, sonst o.k.
In Englisch ist es sehr lustig. Mit Willi vertrage ich mich zur Zeit am besten. Später lockert die Bewölkung auf und wir bekommen sehr schöne, von der Sonne beleuchtete Cumuluswolken. Leidel hält ein 08/15 Referat über das blaue Band des Ozeans. Der Gei spricht noch über den deutschen Osten, sehr ernst. Nachmittags scheint ab und zu die Sonne. Ich mache Stereometrie und Englisch.
Dann hole ich meinen Film. Alle Bilder sind schön geworden.
Mit Fritz sitze ich auf der Bank gegenüber der Mission.
Sieburgs (Anm.: ein Lebensmittelgeschäft) *eine Brotausträgerin ist hübsch. Abends muss es wieder regnen.*
Mit Hans und Robert gehe ich ins Kino: „Symphonie in Gold".
Musik gut, Stars gut, Handlung wie immer.
M. lässt schon wieder Grüße an mich ausrichten.

„Brotausträgerin" nenne ich hier ein Mädchen.
Im Eintrag vom 10. April war von einem „Kocherla" die Rede, wobei ich heute nicht mehr weiß, ob der Ausdruck weiter verbreitet oder nur eine spezielle Wortschöpfung meines etwas älteren Nachbarn war. Er sprach so von einem „Dienstmädchen", einer Hausangestellten, die ja bis zu einem gewissen Grad auch für die Küche zuständig war.

Die beiden Wörter sind für mich ein Beleg dafür, dass die gebende Hälfte (wobei man jetzt „Hälfte" nicht wörtlich nehmen muss) der Dienstleistungsgesellschaft noch nicht so verkümmert war wie heute, zahlenmäßig, meine ich.
Beide Geschlechter hatten ja noch nicht die beruflichen und karrieremäßigen Möglichkeiten, welche die IT-Branche heute bietet.
Ich zitiere aus meinem Eintrag vom 21. Januar:
„Rund 30 Kinder wuchsen ab etwa 1930 rund um die Grünanlage in der Bahnhofstraße auf. Fast alle durchliefen lediglich die achtklassige „Volksschule", um dann handwerkliche Berufe zu ergreifen, zumindest die Buben.
Die Mädchen brauchten sowieso keine Ausbildung, sie heirateten ja doch irgendwann. Für die Buben kam nur ein kleines Spektrum von Lehrberufen in Betracht: Maler, Maurer, Schlosser, Schreiner, Spengler. Elektriker war schon etwas Besonderes. Ein paar Metzger kannte ich noch, die gelegentlich mit mir durch die Wirtshäuser zogen, Stifte natürlich, wenn sie vierzehn oder fünfzehn waren."
Da ich aufgrund meiner Geburt nicht zum „empfangenden" Prozentsatz gehörte, also in einem stilvollen Brief des 19. Jahrhunderts nicht mit „Hochwohlgeboren" angeschrieben worden wäre, hatte ich in der lernenden Phase meines Lebens mehr mit „Dienstleistenden" zu tun als mit Leuten, die Dienste in Anspruch nahmen, zumindest mit Dienstleistenden der praktischen, nichtakademischen Art.
Ich mache deshalb so viel Wind um dieses Thema, damit ich mich nicht in irgendeiner Form dem Vorwurf der Diskriminierung aussetze.
Lehrer, Pfarrer, mit denen ich als Kind in Kontakt kam, Universitätsprofessoren, die ich später kennenlernte, alle geistig Arbeitenden, von denen ich sehr viel bekam und die mich genauso prägten wie meine nächsten Verwandten, sind ja auch Dienstleistende, genauso wie Politiker oder die Manager großer Konzerne es sein sollten.
Es steckt alles Wissen schon in der Sprache. Ein „Mädchen" ist ein „Mägdelein", also eine kleine Magd. Die Mahd, sagt der Franke.
„Die Mahd, de gät in Buhdn nauf..." heißt es im Kirchweihlied.
Ja, wo sonst sollte sie auch hingehen? Der Heuboden war einer ihrer Arbeitsplätze, sei es, um die von den Männern zur Erntezeit mit der Gabel hinaufgestochenen Getreidegarben in Empfang zu nehmen oder um Heu herunterzuwerfen für das Vieh im Stall.

Der andere Arbeitsplatz war teils die Küche. Aber das war schon ein Privileg. Auf den Bauernhöfen ließ es sich die Hofbesitzerin nicht nehmen, überwiegend selber darin zu wirtschaften.

Meine weiblichen Vorfahren jedenfalls, das habe ich schon angedeutet, mussten sich, sobald sie nach sieben Jahren die Schule beendet hatten, als Mägde „verdingen".

Bei meinem Hang zu Sprachspielerei könnte ich also sagen, sie wurden zu "Dingern". "A su a arms Ding" sagte Mann.

Meine Großmutter war zunächst Magd in Bechhofen, wie ich schon erzählte und mir dieser Tage auch in einem Gespräch an Ort und Stelle bestätigen ließ, später, nach der Pubertät diente sie in Schlauersbach auf dem Hof ihres späteren Schwiegervaters.

Dort lernte sie im zarten Alter von achtzehn Jahren ihren „Peter" kennen und lieben, der dann ihr zuliebe auswanderte auf die Bettelhöhe und sie in ihrem Elternhaus zur Frau nahm.

Sie mussten sich alles hart erarbeiten, und da blieb für die zwei Töchter, die ihnen zusätzlich zu vier Söhnen geschenkt worden waren, nicht viel übrig. Irgendwelche Kosten für eine Ausbildung durften nicht entstehen, Stipendien für arme, eventuell begabte, Bauernmädchen gab es nicht.

Der Wilhelm Löhe hatte um die Mitte des 19. Jahrhunderts ein geniales System entwickelt, das solchen armen Hascherln eine Perspektive bot, aber um eine Diakonisse zu werden, musste man der Welt entsagen, und das war auch nicht jederfraus Sache.

Somit blieb der Haushalt.

Frau ging „in Stellung". Vor allem in der Stadt gab es qualifizierte Haushalte, wo Frau in Stellung gehen konnte. Meine Mutter sowie meine Tante, ihre drei Jahre ältere Schwester waren während des Dritten Reichs, und letztere den ganzen Krieg hindurch in Nürnberger Geschäftshaushalten beschäftigt. Dort fand mein Vater 1939 die erstere, und diesem Zufall verdanke ich mein Leben.

Als 1940 Geborener gehört man ja noch zu der Generation, deren Lebenslauf vom Krieg nicht unbeeinflusst ist. War man in Neuendettelsau geboren, so konnte man sich glücklich schätzen.

Nicht so die Kinder Ostpreußens, Pommerns oder Schlesiens.

Nur als Feststellung und zum Nachlesen für Nachgeborene, keineswegs um zu jammern oder zu klagen, poste ich das hier:

Meine Frau wurde durch den unseligen Zweiten Weltkrieg zum doppelten Flüchtling: einmal verlor sie die Heimat und alle Habe, als

sie als Vierjährige das idyllische Dorf in einem riesigen Wald östlich der Neiße, wo der Vater als Förster bei einem Grafen diente, verlassen musste, und zwar Hals über Kopf, um wenigstens das Leben zu retten.
Das zweite Mal traf sie selber die Entscheidung, der Wahlheimat im Bezirk Cottbus den Rücken zu kehren, weil sich, ebenfalls aufgrund des Krieges, dort eine Machtelite etabliert hatte, die bereit war, zur Erreichung ihrer utopischen Ziele buchstäblich über Leichen zu gehen.
Sie, die Mächtigen dort, hatten zwar auch nichts, weil sie nur Vasallen einer fremden Macht waren, aber sie konnten willkürlich und ohne Angst vor Sanktionen die Menschen kujonieren.
Das hältst du im Kopf nicht aus, sagte sich die Sechzehnjährige eines Tages und machte rüber.
Was sie dem im April 1956 gewählten Bürgermeister Alfred Kolb zu verdanken hat, habe ich vor ein paar Tagen verkündet.
Sie durfte, obwohl minderjährig, hierbleiben.
Ansonsten musste sie sich alles erarbeiten.
Freie Kost und Logis gab es nur gegen Mithilfe im Haushalt.
Als sie den bescheidenen Wunsch äußerte, noch eine spezielle Schule zu machen, konterte man allenthalben „Wer soll das bezahlen?"
Der Vater konnte keinen monatlichen Scheck mehr ausstellen, er war hoch im Norden, in Karelien, in einem russischen Arbeitslager verhungert bzw. an Entkräftung verstorben, nachdem man ihn, den schon Vierzigjährigen, partout gezwungen hatte, den Endsieg erringen zu helfen. Die Mutter musste schauen, wie sie in der „Ostzone" ihre beiden anderen Kinder durchbrachte.
Wie gesagt, nicht um zu jammern sei es geschrieben, sondern nur zur Reflexion darüber, was der Krieg mit den Menschen macht, mit den Eltern und den Kindern, mit der Heimat und der Habe.
In sieben Jahrzehnten kann man viel aufbauen und alles Ungemach und alle Entbehrungen vergessen, wenn man die Ärmel hochkrempelt und wenn der Segen von oben nicht ausbleibt.
Sitzen die falschen Leute an den Schalthebeln der Macht, so geht alles flöten, beim nächsten Mal mit ziemlicher Wahrscheinlichkeit zum letzten Mal.

Samstag, 14. April 1956

Regen, Regen, auf dem Weg zum Bahnhof, und überall wo man geht. Zwischen Chemie und Latein, wo ich zum Busch gehe und eine Saite hole. Ich bin furchtbar müde. Schlafe, wo ich kann.
In der Chemieschulaufgabe habe ich eine 3 (noch).
Zuhause murksen sie wieder eine arme Sau ab.
Es regnet in einer Dur, besser gesagt Moll, denn dieses Wetter überträgt sich auch auf mein Gemüt. Als Vater und Mutter in den Garten gehen, lege ich mich der Länge nach aufs Sofa und schlafe eine Stunde.
Vom Schlachten sehe ich nicht viel, aber sie „schenken" mir eine Flasche Bier. Abends hört es etwas auf zu regnen.
Um 6 h spiele ich mit Helmut etwas, dann wasche ich mich.
Um halb 8 gehe ich fort mit zwei Instrumenten.
Muss bei Lina im Nebenzimmer spielen. Feuerwehrabend.
Bis 9 h ist nichts los, später steigt die Stimmung.
Wir bekommen prima Essen und drei Halbe trinke ich, wird alles bezahlt.
Wir spielen und singen alles. Habe gute Unterhaltung mit K.
Der Sonntag beginnt also sehr gut. In meinem Horoskop steht, er sei günstig für die Liebe. Das merke ich an K.s Lächeln.
Will meet her alone. Um halb 2 leert sich das Zimmer langsam.
Um dreiviertel 2 bin ich im Bett, schön schwebend.
Gestern Abend haben sich in Bechhofen zwei derhutzt.

Über das „Schlachten" habe ich ausführlich am 5. März geschrieben. Selbstverständlich war zu diesem Anlass ein Kasten Bier im Haus, der irgendwo im dunklen Keller stand.
Aus dem bediente ich mich wohl, ohne großes Trara zu machen.

So sah der „Grüne Baum" weit vor den 1950ern aus. Es könnte sich bei dem Kleinkind um Lina Friedmann (geboren 1915), handeln.

Die Frau Lina hatte ihre Gastwirtschaft (Zum Grünen Baum) gerade renoviert, und der Kameradschaftsabend der Freiwilligen Feuerwehr im Nebenzimmer hinter dem eigentlichen Gastzimmer war der erste Anlass, bei dem ich zusammen mit meinem guten Bekannten Musik machte.
Er spielte Akkordeon, und ich begleitete ihn abwechselnd mit der Zither und der Gitarre.
Gestern erwähnte ich „Sieburg" und eine Brotausträgerin.
Die Firma Sieburg betrieb für kurze Zeit im Obergeschoss des Grünen Baums einen kleinen Lebensmittelhandel.
Mir ist vor allem das sehr gute Bauernbrot in Erinnerung, das ich dort ein paarmal kaufte. Über den Geschäftsmann, wo er herkam und wer das Brot herstellte, weiß ich nichts.
Bei dem Feuerwehrabend waren gemäß meiner Aufzählung, die ich natürlich nicht veröffentliche, mindestens drei Ehepaare anwesend sowie ein Dutzend junger Männer, Singles allesamt, von denen keiner eine Freundin dabei hatte.
Wer davon noch berichten könnte, ist heute fast 90 Jahre alt, einige jüngere habe ich schon vor Jahren auf ihrem letzten Weg begleitet.
Wir beide, das erwähnte Mädchen, die junge Verwandte eines Feuerwehrlers (Anm.: inzwischen auch verstorben) und ich, waren die jüngsten, noch keine sechzehn, und da man als Musiker immer

eine gewisse Sonderrolle spielt, kamen wir uns beim Mitsingen ein bisschen näher.

Humtata-Musik war angesagt zu jener Zeit und in dieser Umgebung, die allseits bekannten Volkslieder, aber auch die volkstümlichen Balladen vom naiven Mädchen, das beim Beerenpflücken dem Jäger oder des Försters Sohn begegnet, oder die Gstanzln von dem jungen Fußballer, dessen Vater Schreiner ist. Der Vater macht die Wiegen, „woss neighört, mach ie", also den dazugehörigen Inhalt stellt der Sohn her.

Da blieb es nicht aus, dass wir beide sich deplatziert vorkommenden Kinder uns schon bald zusammenhockten und uns hin und wieder verstohlen anlachten und zuzwinkerten.

Zu rein physischen Intimitäten fehlten zeitweise nur vierzig bis fünfzig Zentimeter, aber man konnte natürlich die beim Singen aufmerksam wandernden Augen der Feuerwehrkameraden bzw. die ihrer wackeren Gattinnen nicht ignorieren.

Sie kannten ja, genau so wie ich, alle Texte auswendig, brauchten also nicht angestrengt in irgendein Liederbuch zu schauen.

Man musste sich irgendwo anders treffen.

Wo, das galt es zu eruieren in den Pausen, sobald ein Lied zu Ende war und bevor ein Kamerad das nächste anstimmte.

Ein gelungener Abend, wie man dem TB-Eintrag entnimmt.

Gut gespeist, gut gebechert und voller Vorfreude wie im siebten Himmel („schön schwebend").

Über das „Derhutzen" habe ich mich ja auch schon ausgelassen, und zwar im Eintrag vom 4. April. Der abrupte Themenwechsel, wenn noch zu lesen ist, dass zwei (es waren ausnahmslos junge Männer) in der Nachbarschaft verunglückten, erweckt den Eindruck, ich sei vielleicht gefühllos gewesen. Aber erstens hatte ich nicht die Zeit und den Platz in dem kleinen Tagebuch, um großartig zu reflektieren, und zweitens war mir das Hemd näher als der Rock, wie man so sagt, d. h. es beschäftigten mich vor allem meine eigenen Angelegenheiten, und da ich den erwähnten Verkehrsunfall, als ich davon erfuhr, zunächst mit keinen Namen verbinden konnte, schaffte diese Nachricht es nicht, mein von der neuen Liebe beherrschtes Denken wesentlich zu beeinträchtigen.

Sonntag, 15. April 1956

Ich schlafe bis halb 11. Als ich aufwache, ist es schwer bewölkt, aber trocken und mild. Ab und zu leuchtet die Sonne zwischen den dunklen Wolken hindurch.
Die lange Unterhose hat ab heute ausgedient.
Ich lese Radiozeitung.
Nach dem Essen gehe ich spazieren. Es ist sehr warm, aber langweilig, obwohl es Mädchen wie Mücken gibt.
Am Sportplatz treffe ich auf Helmut.
Gehe mit ihm heim. Dort höre ich etwas Radio, dann gehe ich zu Meyer, da aber keine einzige Seele drin ist, gehe ich wieder ins Hispoz mit Bernd.
Treffe zuvor J., die sehr freundlich ist.
Bei Sch. (mit Bart) und Adolf trinke ich 2 Halbe und 1 Cola. Um halb 6 gehe ich heim, es wird plötzlich finster und ein Regenschauer rauscht hernieder nach der Schwüle des Tages. In der Ferne höre ich den ersten Donner heuer. Dann höre ich Sinfoniekonzert und träume, da die Eltern fort sind. Um 8 h gehen sie ins Kino.
Als ich die Milch hole, regnet es wieder.
Ich gehe daher um 9 h ins Bett.

Dies ist einer der Einträge, an denen ich demonstrieren kann, dass unterschieden werden sollte zwischen dem, was ich vor 63 Jahren, als Halbstarker, ins Tagebuch kritzelte und dem, was ich heute dazu schreibe bzw. tippe.
„Mädchen wie Mücken" zu formulieren, käme mir heute nicht mehr in den Sinn. Es liefen viele Mädchen herum. Punkt.
Auch hier habe ich, wie schon so oft überlegt, ob ich's drinlassen soll, aber es würde das Tagebuch verfälschen, wenn ich anfangen würde, mich selber zu zensieren. Es gibt drastischere Sachen, die ich meiner Leserschaft echt nicht zumuten kann. Die lasse ich dann weg.

Unser Ort ist, und war in der Vergangenheit noch viel mehr, eben geprägt von geballter Weiblichkeit. Zu verdanken haben wir das dem Wilhelm Löhe, der meines Erachtens eine geniale Idee hatte: Wie geht man mit den Schwächsten der Gesellschaft um, mit den Alten, den Kindern, den Kranken und den geistig Behinderten? Das war die eine Frage.

Die andere: Was mache ich mit den vielen Mädchen bzw. jungen Frauen, die von sich aus nicht in den Stand der Ehe treten wollen bzw. dazu keine Gelegenheit bekommen, sei es, weil ihnen der Richtige nicht über den Weg gelaufen ist oder aus irgendwelchen anderen Gründen.
Sie konnten ja nicht alle Näherinnen werden wie heutzutage irgendwo im fernen Osten.
Löhe brachte beide zusammen, die Schwestern zu den Schwachen, und schuf somit ein erstaunlich gut funktionierendes Räderwerk von Mitmenschlichkeit, von dem Neuendettelsau lebt und durch das es in aller Welt bekannt wurde. Ich wüsste auf Anhieb keinen Ort auf dem Globus zu nennen, wo es dieses Modell genauso gibt, wenn man von Nachahmungen einmal absieht.
Im Kielwasser der vielen Diakonissen kamen natürlich die Mädchen ins Dorf, auch junge Frauen, die einfach nur etwas lernen wollten, sei es auf dem Gebiet der Hausarbeit, der Pflege, oder der Erziehung, von der frühesten Stufe, der Kinderbetreuung angefangen, bis zur Hinführung zur Studienreife.
Es war keineswegs zu allen Zeiten selbstverständlich, dass Mädchen etwas lernen konnten und durften, und bei diesem Thema muss man einfach einmal eine Lanze brechen für das Christentum.
Ich brauche diese Überlegungen nicht weiterzuspinnen. Jeder, der heute aufmerksam das Weltgeschehen verfolgt, weiß, was Sache ist.
Aber „Schuster, bleib bei deinen Leisten!" rufe ich mir selber wieder zu.
Und in Dettelsau, wo es eben an einem schönen Frühlingssonntag Mädchen gab. Wie Sand am Meer? Nein, das ist auch unpassend. In Hülle und Fülle? An allen Ecken und Enden? Ja, so wird es besser.
Sie spazierten überall herum, und die Kontrastierung zum männlichen Geschlecht war wesentlich stärker ausgeprägt durch die Kleidung.
Vereinfacht ausgedrückt: Mädchen und Frauen in langen Hosen waren Mangelware, die Schönen glichen bunten Blumen, die die Au, besser gesagt, die Bettelhöhe belebten und das Herz eines fast Sechzehnjährigen höher hüpfen ließen, da beißt die Maus keinen Faden ab. Ja, Sehnsucht war auch da, deshalb war ihm „langweilig" bei der buchstäblich sinnlosen Rumtreiberei.
Ich habe keinen Bock darauf, mich mit Feministinnen anzulegen, deswegen betone ich, dass ich das mit der stärkeren Kontrastierung

nur feststelle, in keiner Weise beurteile oder bedaure oder für gut befinde oder was auch immer.
Ich stelle es nur fest. Spaßig ausgedrückt:
Wenn Frauen die Hosen anhatten, dann nur im übertragenen Sinn.
Auch dafür, dass mein Herz höher hüpfte, konnte ich nichts, oder?
Heute freue ich mich, wenn bei festlichen Anlässen auch einmal eine Frau in einem schönen Kleid zu sehen ist. Außerdem gefallen mir alle Dirndl, die bayerischen genauso wie die fränkischen.

Montag, 16. April 1956

Alles atmet Frühling. Ich fühle mich wie neugeboren, so frei und frisch, als ich um halb 9 aufstehe. Bin luftig angezogen und draußen ist es mild, obwohl der Himmel bedeckt ist.
Die Zweigspitzen der Bäume sind schon grün, und mich erfasst ein Sehnen nach Liebe, nach roten frischen Lippen.
Um 9 h gehe ich auf die Sparkasse und Post, dann mache ich Französisch. In meiner Kammer haben die Mäuse vom Getreideboden aus ein Loch durch die Decke gebohrt.
Wenn ich nur Gips hätte (meinen Kopf brauche ich noch)!
Aber ich hole mir etwas Zement und dann stopfe ich das Loch.
Die Fahrt zur Schule ist wie immer, Schule auch. Sie ist sehr langweilig und will gar nicht enden, da ich einem Rendezvous entgegen sehe. Als ich dann endlich um 5 h an den Bahnhof gehe, erwartet mich Willi, der heute seinen Führerschein gemacht hat.
Um viertel 6 schiebe ich K. ab. Es regnet leicht und mild.
Nice walk through Hofgarten ins Rosengärtchen, on a bench.
It's springtime and we are young...
Um viertel 7 fahren wir miteinander heim.
Abends ist Adolf etwas da. Ich lese und bin um 9 h im Bett.

Den genauen Zeitpunkt des Rendezvous sowie den Platz am Ansbacher Bahnhof hatten wir beiden geistesverwandten Teenies, die wir in der Nacht vom Samstag auf den Sonntag alles, was mit Heckenrosen, Küssen und Kosen zu tun hat, schon singend durchgespielt hatten, heimlich vereinbart.
„Rosen und Schönheit vergeh'n, drum nützt die Zeit, denn die Welt ist so schön."

„Der Mensch…lebt kurze Zeit…geht auf wie eine Blume und fällt ab, flieht wie ein Schatten und bleibet nicht."
Sie wurde 2017 heimgerufen.
Ich nenne sie jetzt ED2. Was ED, Encuentro Dulce, bedeutet, habe ich am 5. Februar und am 21. März erklärt. Solche Begegnungen sind manchmal nicht nur süß, sondern auch kurz und führen, aus welchen Gründen auch immer, zu keiner schicksalhaften Bindung.
Ich gehöre ja nicht der Generation an, die kein Problem hat mit dem „One-Night-Stand", genauer gesagt, dieser war noch gar nicht üblich, jedenfalls nicht bei „bürgerlichen" jungen Leuten.
Nicht vor 1968.
Aber es musste ja nicht gleich ein „Stand" sein. Auf einer Bank im Rosengärtchen des Hofgartens zu sitzen, an einem späten Nachmittag im April, bei milden Temperaturen und ganz leichtem Regen, der gerade so fein war, dass man nicht nass wurde, dass andrerseits aber auch keine Spaziergänger unterwegs waren, das genügte, wenn frau/man erst fünfzehn war.
„Abschieben", wie ich halbstarkenmäßig notierte, beschreibt den Vorgang sehr anschaulich.
Wir suchten zielstrebig eine nicht einsehbare Nische, denn die Zeit bis zur Abfahrt des Zuges war knapp bemessen.
Und gesagt war ja schon fast alles.
Die Ungeduld auf eine Kommunikation der anderen Art war groß.
Damit die Eltern mit dem Eintrag nichts anfangen konnten, falls ihnen das Tagebüchlein „zufällig" in die Hände fallen sollte, bin ich bei der einschlägigen Stelle wieder ins Englische ausgewichen.
Es ist mir übrigens mehrmals passiert im Leben, dass ich, allein beim gemeinsamen Singen, solche beglückenden Begegnungen hatte.
Da brauchte dann gar nicht viel mehr zu passieren. Beherrschte eine Mitsängerin die Kunst, spontan die zweite Stimme zu singen, so brachte das immer meine in der Seele verborgenen Saiten zum Schwingen.
Allzu viele können das nämlich nicht. Manche verfallen, wenn ich in die zweite Stimme, eine Terz über oder unter der Leadstimme wechsle, um sie wortlos zum Weitersingen der ersten aufzufordern, sofort selber in die zweite Stimme, was sehr unerfreulich ist.
Singt man nämlich nur zu zweit, so fehlt auf einmal die Melodiestimme, was mich oft dazu bringt, abzubrechen.

Es gibt einen schönen Sketch von Karl Valentin, wo das demonstriert wird anhand des Liedes „Wo die Alpenrosen blühen, Nebel wallen um die Kluft". Da blasen zwei Blechbläser und werden sich nicht einig, wer was bläst. „Sie müssen die erste Stimme blasen, und was ich blase, das geht Sie gar nix an."
„So", sagt der Partner. „Dann geht das, was ich blase, Sie auch nix an."
So kann man kein Duett blasen, pardon, singen. Das ist frustrierend.
Wie einfach das zweistimmige Singen im Grunde ist für jeden, der über ein einigermaßen musikalisches Gehör verfügt, demonstriere ich mal an einem schlichten uralten Dettelsauer Kerwalied:
Und wenns deine Leit net leidn wolln und meine wollns net hohm,
Ja, noo maxt dei Bett in Weiher nei, noo konn di kaaner hohm.
Oder, auf die gleiche Melodie:
Und des Mahdla wu si rutschn lässt,
Dee foor mer mit der Kutschn wech,
No foor mers ieber Berch und Tool,
No hommers ieberoll.

Hier liegt die zweite Stimme einfach eine Terz unter der ersten, und die Verse klingen eben wesentlich besser, wenn sie zweistimmig gesungen werden.
In den 1970ern hatte ich über Verwandte kurzzeitig Kontakt zu Helga Bierbaum, einer sehr beliebten fränkischen Lehrerin (Friede ihrer Seele!), die in Großhaslach (Gemeinde Petersaurach) unzählig vielen Kindern das Rüstzeug fürs Leben mitgegeben hat, und die beides souverän beherrschte: die authentische Aussprache der Texte aller gängigen Kirchweihlieder und den spontanen zweistimmigen Gesang.
Ich nahm uns beide damals, ohne dass wir vorher geübt hatten, von mir mit der Gitarre begleitet, auf Tonband auf.
Diese Hördatei möchte ich nicht missen in meiner Sammlung.

Die Decken der alten Bauernhäuser waren nicht aus Beton.
Zu ihrer Herstellung wurden Balken und Bretter verwendet, eventuell auch Sand für die Zwischenräume zwischen den Balken. Von unten her waren sie verputzt. So kam es vor, dass die Mäuse, die sich im Drahdbuudn (Getreideboden) tummelten, ein Loch durch die Decke fraßen.

Stopfte man dieses, so war das müßig, weil sie eventuell daneben ein neues bohrten. Notfalls musste man sich mit Mausfallen behelfen.

Mehr als eines der possierlichen Tiere zog ich als Kind und als Jugendlicher aus den aufgestellten Fallen, maustot, wie man sagt, und mit blutiger Schnauze. Grausen tat es mir schon, aber was wollte man machen. Es kam sogar vor, dass ich das „Peng" der Falle mitten in der Nacht hörte. Schaute ich unters Bett, so lag sie dort, umgekippt in der Hitze des Gefechts.

1992 fuhren wir mit einem RV, einem großen Wohnmobil, kreuz und quer durch den Wilden Westen der USA und fingen uns auf einem Campingplatz mehrere Mäuse ein, die durch das ständige Rascheln in unseren Cornflakes-Vorräten uns nachts um den Schlaf brachten und alles, was nicht in Dosen und Gläsern aufbewahrt wurde, verschmutzten.

Als sie auch noch während der Fahrt auf den Serpentinen der A1, immer an der kalifornischen Küste entlang, zwischen Gaspedal und Bremspedal umher huschten, mussten wir handeln. Wir konnten drei Stück anhand aufgestellter Fallen beseitigen, eine blieb wohl noch übrig, aber zum Glück endete dann unsere große Reise in L.A.

Dienstag, 17. April 1956

Es regnet und ist nicht ganz so mild wie gestern.
Dieser feine, nasskalte Sprühregen ist sehr unangenehm.
Der ganze Himmel ist grau.
Im Zimmer 1 lernen wir Geschichte.
Der Pfaff spinnt sich wieder zusammen.
In Musik hören wir Programmmusik von Tschaikowsky und Grieg.
Beim Gei komme ich als letzter in Geschichte dran.
Es gelingt ihm nicht ganz, mich zu blamieren.
In Deutsch hält Butz ein Referat über Raketen.
Willi liest jetzt auch Hemingway.
Das ist zur Zeit unser liebster Schriftsteller.
Als es in der letzten Stunde der Frau P. zu dumm wird, lässt sie uns einen philosophischen Text ins Deutsche übersetzen.
Zuhause kann ich eine warme Stube gut vertragen.
Es ist ziemlich kalt draußen, aber trocken.

Ich mache Algebra und dann, um viertel 4, lege ich mich aufs Sofa darnieder und schlafe den Schlaf des Gerechten, der allerdings von Schulsorgen verfolgt wird.
Als ich um 5 h in die raue Wirklichkeit zurückkehre, friert's mich. Draußen ist das scheußlichste Wetter, das man sich denken kann. Nasskalt und fein verteilter Regen und Schnee.
Da bleibe ich schön zuhause und lese und schlafe abwechselnd und höre Radio. Um dreiviertel 9 bin ich im Bett.

Ein recht ereignisloser Tag, wie man sieht. Mit wenig „Stoff".
Zumal ich mich wiederholen müsste, wenn ich über meine ständigen Reibereien mit dem Religionslehrer berichten würde (vgl. Eintrag vom 17. Februar) oder aber darüber, wie fasziniert ich war von Hemingways Roman „Wem die Stunde schlägt" (vgl. die Einträge vom 6. und 19. März).
Solche Tage eignen sich gut, um anderes unterzubringen, was nicht so streng unter das Thema 1956 fällt.
Man kann ja die Gelegenheit nutzen, sich so einiges, was einem im Leben sonst noch über den Weg bzw. über die Leber gelaufen ist, von der Seele zu schreiben.
So geht es in einem Aufwaschen.
Deswegen unternehme ich weiter unten einen Ausflug in das Jahr 1945, eine Zeit, zu der eventuell auch in den nächsten Tagen, Schicksalstage vor 74 Jahren für unser Dorf, etwas kommen wird.
Zuvor sei noch schnell eine Bemerkung zu der von der Englischlehrerin verhängten Kollektivstrafe gemacht:
Das war noch eine Disziplinierungsmaßnahme der intelligenteren Art. Dabei lernten wir etwas.
Die schriftliche Übersetzung von einer Sprache in die andere, in diesem Fall „Herübersetzung" genannt, weil es von der Fremdsprache in die Muttersprache ist, bildete auf jeden Fall und schulte, nicht zuletzt, die Ausdrucksfähigkeit, abgesehen vom Inhalt, der sicher auch interessant war.
Mehr zu Schulstrafen aller Art im Eintrag vom 19. Januar.

Das Anhören von Programmmusik fand ich als Schüler sehr kurzweilig. Der Lehrer musste mit Schallplatten arbeiten und legte zur Erläuterung dieser Art von Tondichtung etwa das Capriccio Italien von Tschaikowsky auf, das ich heute noch gern höre.

Auch mit Griegs „Morgenstimmung" sowie „In der Halle des Bergkönigs" dürften wir bekannt gemacht worden sein.

Im Gegensatz zur „absoluten Musik" (eine Bachsche Fuge etwa kommt mir eher wie Mathematik vor) kann man sich bei der Programmmusik etwas Handfestes vorstellen, eine Landschaft oder ein Naturereignis (ein Gewitter) oder das Leben auf einem Bauerndorf oder die Naturschönheiten Nordamerikas, wie sie Dvorak in der Sinfonie „Aus der Neuen Welt" schildert.

Sehr gern höre ich heute „Die Moldau" von Smetana, wo ein regelrechter Film im Kopf abläuft und ich durch böhmische Wälder wandern möchte, sowie die „Bilder einer Ausstellung" von Mussorgski.

Aber auch bei Richard Strauß gibt es hinreißende Passagen, in „Till Eulenspiegel" oder „Also sprach Zarathustra" oder „Ein Heldenleben".

Mendelssohns „Meeresstille und glückliche Fahrt" muss ich noch erwähnen. Das höre ich jetzt gerade beim Tippen.

Jungen Leuten kann man, falls sie mit Klassik oder Romantik wenig am Hut haben, anhand von Filmmusik verdeutlichen, was Programmmusik ist.

Ein eindrucksvolles Beispiel ist die gesamte Musik zur „Titanic" („Hymn to the Sea"), wo man manchmal wähnt, in Irland zu sein, aber auch zu „Es war einmal in Amerika", die ich nicht oft genug hören kann.

Und wer mit geschlossenen Augen durch die dramatischen Landschaften Spaniens reisen möchte, sollte sich das "Concierto de Aranjuez" von Joaquin Rodrigo reinziehen, alle drei Sätze, nicht nur das Adagio, das leider immer wieder poppig verhunzt wird.

Original ist das Konzert nur mit Orchester und Gitarre (z. B. mit Pepe Romero und Rafael Frühbeck de Burgos). Einfach geil!

Exkurs Nr. 21

Bombenangriff auf die Muna

„Am 17. April (Anm.:1945) nachmittags ein Uhr setzte ein Fliegerangriff auf die Muna ein, der etwa zwei Stunden dauerte. Alles war in den Kellern. Die Häuser erzitterten unter den heftigen Detonationen." (Adam Schuster in „Aus tausend Jahren Neuendettelsauer Geschichte", S. 246).

Nichts ahnte der kleine Bub in dem verschlafenen Löhedorf von der tödlichen Gefahr, in der sich eigentlich alle befanden, in deren Nachbarschaft die Front verlief. Es war nicht beängstigend, es war einfach nur interessant.

Auf der Bank am Fenster kniete ich, an meinem Lieblingsplatz, wie so oft auch in Gesellschaft des grauköpfigen Großvaters, diesmal aber allein, und schaute auf die Bahnhofstraße und die Grünanlage hinaus, die wenige Jahre zuvor geschaffen worden war, nachdem man den kleinen Löschteich, die sogenannte „Schmiedslachn", zugeschüttet hatte.

Ein zunächst sehr leises Brummen war zu vernehmen, das schnell lauter wurde und sich zu einem die Luft erschütternden Dröhnen auswuchs.

Ich wusste nicht, wie mir geschah, als ich von hinten weggerissen wurde vom Fenster und von meiner Mutter in den modrigen Keller geschleppt wurde. Dort kauerte schon die gesamte Verwandtschaft im Dunkeln zwischen Sauerkrautfässern und der Kartoffelhalde im hinteren Gewölbe. Dann ging es ein paar Minuten lang Wumm Wumm Wumm Wumm, Donnerschläge im Frühling, unangekündigt und unnatürlich, und das Haus erbebte in seinen Grundfesten.

Als es vorbei war, gingen wir wieder nach oben.

Die mit Feldsteinen erbaute Scheune des Nachbarn hatte seitlich einen Riss, der sich von unten bis an die Dachrinne hinaufzog.

Meine Tante, die vielleicht couragierter war als meine Mutter, ging mit meinem Cousin Gerhard und mir durch das Rottlersgässla zum Rathaus, und als wir vor dem Schalkhäuserhaus standen, konnten wir deutlich sehen, was passiert war, denn über die große Neue Wiese hatte man freien Blick zum Munawald:

Der Wald brannte in beträchtlicher Breite, und der Feuerschein, und der Qualm, der in den Himmel stieg, waren, wie schon erwähnt, für uns Kinder nicht bedrohlich, sondern einfach nur beeindruckend.

Eine ähnliche Erinnerung habe ich an die Bombardierung von Nürnberg, da eben diese Tante den beiden Buben vom östlichen Ende der Haager Straße aus, da, wo man damals noch die Flur bis Birkenhof und den weiten Himmel darüber sehen konnte, die brennende Noris zeigte, das mittelalterliche Nürnberg, das am 2. Januar 1945 ausgelöscht wurde.

Als stumme Zuschauer erlebten wir aus sicherer Entfernung den Untergang des „Schatzkästleins des Deutschen Reiches".
An die glutrote Farbe des Himmels kann ich mich gut erinnern.
Es musste die Hölle sein, doch das Geschrei und das Jammern der tausenden von Menschen, deren Leben und Glück im Feuersturm unterging, konnten wir nicht hören.
Als „Ausgebombte" kamen später ein paar überlebende Familien und wurden notdürftig untergebracht, und ich bekam neue Nachbarn und Freunde.

Mittwoch, 18. April 1956

Wieder so ein ekelhaftes Wetter, feiner Schnee, und es liegt auch eine dünne Schicht am Morgen. Ich ziehe meinen Trenchcoat an.
Schule wie immer. Beim Krell komme ich in Wirtschaftslehre dran über die Kostenstellen. Kann es ziemlich.
Von 11 h 15 bis 12 lese ich wieder Hemingways Wem die Stunde schlägt. Dann Chor.
Sauwetter, Sauwetter, es schneit und regnet.
Latein ist ziemlich amüsant.
Er fragt die ganze Stunde Verbalformen ab, die natürlich keiner kann.
Um halb 3 fahre ich mit Ewald heim. Er regt mich zu einem Gedanken an, der mich nicht mehr los lässt. Ich werde ein Buch schreiben. Ich muss. Zuhause mache ich erst mal Stereometrie und Biologie. Es schneit und schifft wie am Kap Hoorn.
Ich beginne einstweilen mit dem Entwerfen der Handlung meines Romans.
Um 5 h haue ich mich aufs Sofa hin, wo ich den ganzen Abend liegen bleibe, man traut sich keinen Schritt zum Haus hinaus.
Kino ist heute „Heiße Lippen, kalter Stahl", Kommentar überflüssig.
Mama hat von so einem Vertreterdeppen einen Staubsauger bestellt unter Zwang. Vater geht abends zu Meyer.
Grace Kelly ist heute mit ihrem Rainier standesamtlich getraut worden. Meinen Segen haben sie.

Schön zu sehen, wie sich der Kreis heute schließt.
Schon vor 63 Jahren war da dieser unwiderstehliche Drang zum Schreiben, der sich aus dem Zusatz „Ich muss" ablesen lässt.

Drang oder Hang? Wenn ich es selber beurteilen soll, ist es mehr das Erstere, weniger der Selbstdarstellung willen, wie ich schon einmal betont habe, als einem Zwang unterliegend, zu gestalten und das, was passierte und noch passiert, in den Griff zu bekommen und zu strukturieren.
Dabei hilft heute der PC in einer Art und Weise, wie sie die Schreiberlinge (die Könner und die weniger erfolgreichen) in früherer Zeit nie gekannt haben.
Ich denke nur an solche Anwendungen wie die Suchfunktion, wenn man ein Wort finden möchte, das Zählen von Wörtern und Seiten, die Überprüfung der Rechtschreibung und nicht zuletzt der ständige Blick ins Internet, wo man sich vergewissern kann, ob alles stimmt, woran man sich erinnert.
„Wat dem eenen sin Uhl, is dem annern sin Nachtigall" sagt Fritz Reuter.
Ich kenne welche, die malen, einige davon sehr gut, und ich nehme an, sie würden krank werden, wenn man sie nicht gewähren ließe.
Ich schreibe eben gern, und dabei geht's mir gut.
1956 hatte ich natürlich noch überhaupt kein Konzept. Heute schwebt mir eher vor, mit welchem Thema ich punkten könnte.
In einer Liebesgeschichte namens „Blonder Flaum und blaue Finger", mit der ich vor etlichen Jahren in einer anderen „Social Community" leidlich reüssierte, und die noch der Veröffentlichung harrt, wird deutlich, worum es mir geht: aufzuzeigen, wie ein Jugendlicher der 1950er tickte.
Aber das habe ich schon zur Genüge erläutert.
Damit niemand auf die Idee kommt, ich hätte mir manches nachträglich so zurechtgelegt und erfunden, gibt es auf Seite 530 den heutigen Tag des Diary im Original als Foto.
Wie zu sehen ist, schrieb man noch mit Tinte.

Staubsauger wurden den Dorfbewohnern, die ja nicht häufig in die Stadt kamen und von den Möglichkeiten, die heute die großen Elektro- und Elektronikmärkte bieten, nicht einmal träumen konnten, von reisenden Vertretern angedreht, bezahlbar in ganz kleinen Raten versteht sich, schauns, das sind nur fünf Mark im Monat, das spürens gar nicht, dafür hamms aber ein erstklassiges Gerät, haltens da mal die Hand hin, spürns des, wie der zieht, da ist Power dahinter, ich zeig Ihnen jetzt mal, was im Beutel ist, sehns, des atmen Sie alles ein, wenns net regelmäßig saugen, da brauchng Se sich net wundern, wenns Asthma kriegng.

Loriot hat diesen Heinzelmännern, auf die ich nicht gut zu sprechen war, wie man meiner Diktion entnimmt, ein schönes Denkmal gesetzt.

Meine Mutter war denen rhetorisch nicht gewachsen, und wenn die einmal in der Küche saßen, hätte man sie buchstäblich unter Anwendung physischer Gewalt hinausbefördern müssen.

Dass die Fürstin von Monaco, die ich schon als Dreizehnjähriger kennen lernte, 1982 so tragisch ums Leben kommen würde, konnte ich 1956 nicht wissen. Ich bitte also, meine saloppe Bemerkung zu ihrer Verehelichung zu entschuldigen.

Grace Kelly, elf Jahre älter als ich, unvergesslich und hinreißend schön (und brav) in dem Edelwestern „High Noon", „Zwölf Uhr mittags".

Ich weiß nicht, wie oft ich diesen unheimlich guten Schwarzweißfilm angeschaut habe, später auch als Videocassette und heute als DVD.

Da war alles drin, was man sich wünschte:

Spannung, Action, gute Musik, der Sieg des Guten über das Böse. Und man empfindet jedes Mal eine tiefe Genugtuung, wenn Gary Cooper den Sheriffstern in den Dreck wirft, um mit seiner frisch Angetrauten eine Stadt voller Feiglinge zu verlassen.

Das war ein Kerl. Den wünschte ich mir heute als Präsident von Amerika.

Noch einmal leuchtete der Stern der wunderbaren amerikanischen Schauspielerin auf, als sie mit Bing Crosby zusammen so schön schnulzig sang: „I give to you and you give to me true love, true love..."

Da musste ich immer mitsingen, das war ein Ohrwurm erster Klasse.

Und den Film „High Society" sah ich natürlich auch voller Begeisterung, aber das war erst später.

Vielleicht war ich ein ganz klein wenig enttäuscht, als sie am 18. April 1956 ihre Filmkarriere beendete.

So mancher Amerikaner dachte ja, so habe ich gehört, sie würde einen afrikanischen Despoten heiraten, weil Monaco, wenn man es Englisch ausspricht, ein bisschen exotisch klingt.

Das ist ungefähr so, wie wenn ein Oberfranke Bayreuth in seinem Pass stehen hat und dann bei der Einreise besonders pedantisch über-

prüft wird, weil den strengen US-Grenzbeamten die Ähnlichkeit zu einer orientalischen Metropole furchtbar verdächtig vorkommt.
Reine Gangsterfilme wie der erwähnte mit dem Titel „Heiße Lippen, kalter Stahl" sagten mir nicht so zu. Da fehlte mir das Gemütvolle, abwertend ausgedrückt, das Sentimentale.
Deswegen begeisterte mich auch nicht gerade Eddie Constantine, der Hauptdarsteller in diesem und anderen, ähnlichen Streifen.
Ich habe schon einmal „Es war einmal in Amerika" erwähnt, den letzten Film des Regisseurs Sergio Leone, wo es ganz brutale Szenen gibt, die mich fast abstoßen.
Aber zugleich fasziniert mich die zarte Liebesgeschichte zwischen David und Deborah; und das ständige musikalische Leitmotiv, der Song „Amapola", der dort unendlich variiert wird, ist für mich einer der größten Hits der lateinamerikanischen Popmusik..
Bei Youtube gibt es viele Variationen, meistens mit dem schönen spanischen Text.

Donnerstag, 19. April 1956

Es schneit nicht besonders, als ich morgens zum Bahnhof gehe, und die Temperatur ist auch über 0 Grad. Das will etwas heißen.
Im Zug habe ich Stehplatz.
In Ansbach schneit es furchtbar, die Dächer sind weiß. Bei uns auch.
In Bio schreiben wir eine Ex, einen Querschnitt durch das Auge.
In Physik komme ich mündlich dran über den Induktionsstrom.
Beim Gei gehen wir nach der Erdkunde um 12 h in die Ausstellung der Egerländer.
Was mich dabei interessiert, ist das Klöppeln.
Nachmittags guckt ab und zu die Sonne aus einem verschleierten Wolkenloch hervor, sonst ist der Himmel meistens bedeckt und es schneit, sobald man sich über die Wetterbesserung freut.
Ich mache Englisch und Französisch. Das Wetter geht allen auf die Nerven. Von halb 7 bis halb acht spiele ich mit Helmut (Anm.: Wir machen Musik). *Dann gehe ich in die „Singstunde".*
Es hat zu schneien aufgehört. Ich warte umsonst bis halb 9.
Im Gesangverein dirigiert Lehrer Auer.
Wir singen „Hör uns!" Mich hört er nicht.
Um halb 10 ist die Jugendstunde am Löhehaus aus.
Genug andere kommen heraus, nur die eine nicht.

Schweren Herzens um 10 ins Bett.

Ach, was hat es doch gut, wer heute fünfzehn, sechzehn, siebzehn usw. ist! Kein vergebliches Warten in banger Ungewissheit. Das Handy klingelt oder vibriert und die Teenies wissen Bescheid: „Kann leider nicht kommen. Wir sehen uns morgen. HDGDL."
Das kann heißen „Hab dich ganz doll lieb". Oder aber, falls von „morgen" nichts zu lesen ist, „Hab dich gedisst, du Loser!"
Nicht Loser, deutsch ausgesprochen, im Sinne von loser, lockerer Bube, sondern Luhser, also Verlierer, Versager, Abgehängter.
Oft wird das fälschlich mit oo geschrieben.
Den Ausdruck „dissen" kannte ich bis heute nicht.
Wenn man googelt, kann man einige Sprüche aus der Jugendsprache finden, in denen das „Dissen", also jemand disrespektvoll behandeln, schmähen, beleidigen, praktiziert wird:
„Wenn ich dein Gesicht so ansehe, gefällt mir mein Arsch wieder".
Ganz unbekannt war uns das auch nicht.
Es gab Lehrer, die sagten „Wohl zu heiß gebadet worden, oder?"
Auch wie ein Englischlehrer mal einen Klassenkameraden aufrief, habe ich nicht vergessen als Beispiel für einen Fall, wo heute postwendend die Eltern in die Sprechstunde kämen:
Er kannte uns noch nicht namentlich, weil es am Anfang des Schuljahres war, deutete auf den neben mir sitzenden, gut genährten Knaben und sagte mehrmals „Here, the fat boy!"
Und ein Religionslehrer – nicht der, mit dem ich im Frühjahr 1956 ständig aneinandergeriet, sonder einer, den ich in der Unterstufe hatte - hänselte mich tagelang wegen meiner Kieferfehlstellung, Überbiss oder Prognathie genannt, die damals gerade durch eine Spange korrigiert wurde.
Immer wenn ich lachte - und ich lachte gern als Kind – sagte er vor der ganzen Klasse etwas von Zähneblecken und Zähnefletschen, bis ich mein Leid dem Klassleiter klagte.
Dann war Ruhe, aber er konnte sich nicht verkneifen, mich vor allen Mitschülern als „Petzer" zu dissen.
Dieser Pädagoge schaffte es, dass ich eine Zeitlang zweimal pro Woche – immer wenn Religion auf dem Stundenplan stand - bedrückten Herzens nach Ansbach fuhr.
Hätte es den Begriff „Mobbing" schon gegeben, so hätte ich ohne Beschönigung klagen können „Der mobbt mich".

Aber ich reflektierte gerade über die mangelnden Kommunikationsmöglichkeiten an einem nasskalten Aprilabend vor sechs Jahrzehnten.
Frühjahr 2019. Wer schon fahren darf, kommt mit Papas oder Mamas Wagen oder gar dem eigenen, und demonstriert der Liebsten, wie viel PS er hat.
Nix dergleichen 1956, zumindest nicht für einen Schüler.
2019. Ist man wirklich nicht mobil, weder verkehrstechnisch noch kommunikationstechnisch, so setzt man sich bei so einem Sauwetter in ein schönes Lokal und hält Händchen unterm Tisch.
Nichts dergleichen 1956, wenn man sich nur unter einem Vorwand bzw. mit einer Schwindelei aus dem Haus schleichen konnte:
Ich geh in die „Singstunde" oder in den „Jugendkreis" oder sonst was.
Da wäre das süße Stelldichein irgendwann schön aufgeflogen, weil im Dorf jeder jeden kannte:
„Eier Bu (Mahdla) bussiert woll aa scho a weng, wallin/wallis neili gseng hobb bo der Lina."
„Woss? Der/dee woor doch in der Singstund!"
2019 und schon weitaus früher: Gehen wir zu dir oder zu mir?
Von wegen.
In den 1950ern unmöglich, unvorstellbar und indiskutabel.
Wir hatten ja nicht einmal ein eigenes Zimmer.
Ist schon verständlich, dass ein Mädchen nicht begeistert war von der Aussicht, irgendwo in der Anstalt oder gar in der Muna unter nassen Bäumen herumzustolpern.
An einem nebligen Novembertag war es, aber erst 1957, also in der Zeit nach diesem Tagebuch, als eine mir Gewogene mit mir den ganzen Rundweg absolvierte, immer schön am Zaun entlang und mit gelegentlichen Stehpausen, und das geschah auch so gut wie heimlich, da war ich schon siebzehn.
Ich erwähne das nur, um aufzuzeigen, wie sehr sich die Zeiten gewandelt haben.
Das alte Schwimmbad bot die Möglichkeit eines geschützten Raums, aber nur das ganz alte vor der Renovierung.
Es war von einem Bretterzaun umgeben, dessen Lücken ich gut kannte, und es gab dort unverschlossene Sammelumkleidekabinen.
Denke ich heute daran, so gruselt es mich. Nach allen Geschichten, die man inzwischen gelesen hat von Spannern, Spinnern und sogar Liebespaarmördern, würde ich mich heute nicht mehr trauen, dort

bei Nacht und Nebel auch nur ein paar Minuten zu verbringen. Es gab an so einer Bretterhütte nur eine einzige Öffnung. Hätte einer, der nichts Gutes im Sinn hat, diese mit seiner Leibesfülle blockiert, man hätte keine Chance gehabt.

Kurz und gut, die heiß Ersehnte kam nicht, und es war keine böse Absicht und kein Korb im landläufigen Sinn.

Aber für mich war der Abend nicht so toll gelaufen, deshalb die ironische Bemerkung zu dem im Gesangverein eingeübten Lied.

Oberlehrer Eduard Auer, der nach Michael Errerds Rücktritt ein paar Mal dirigierte, sollte sechs Jahre später die Nachfolge des langjährigen Rektors Ottmar Bubmann als Schulleiter antreten.

Aber darüber kann ich nicht aus eigener Anschauung berichten, weil ich 1950 übertrat an die ORA, heute Platengymnasium.

Rektor Bubmann kannte ich noch gut. Er war ein strenger, würdiger und sehr gescheiter Mann, dem alle mit großem Respekt begegneten.

Kürzlich sprach ich mit einer 87-jährigen Neuendettelsauerin, die von ihm drei Jahre lang unterrichtet wurde. Sie war voll des Lobes.

Bubmann spielte die Orgel in St. Nikolai und dirigierte den Posaunenchor.

Das umseitige Foto zeigt den Posaunenchor der Gemeinde von St. Nikolai in den 1950ern mit seinem Leiter Ottmar Bubmann.
Ich erkenne einige ehemalige Bläser: Gerhard Demas (†), Rudolf Meyer (†), Hans Ordner (†), Hilmar Ratz (†) und Hans Roth (†).

Bläserinnen gab es nicht, wie mir Frau Hertha Eyselein, Herrn Bubmanns Tochter, deren drei Büder auch dabei waren, erzählte. Sie wollte einmal unbedingt mitblasen, was ihr dann ihr Vater von der Empore aus erlaubte, so dass sie nicht zu sehen war.

Noch eine Erinnerung muss an dieser Stelle eingefügt werden:
Während der Konfirmandenzeit, also wenige Monate vor der Konfirmation und eventuell noch einige danach, wurden wir Buben vom Herrn Pfarrer dazu verpflichtet, am Sonntagvormittag während des Gottesdienstes die Orgel zu treten, nicht alle auf einmal natürlich, sondern immer einer, abwechselnd.
So fungierte ich auch ein paar Mal als Kalkant.
„Calcare" ist lateinisch und heißt „treten".
Man stieg, hoch oben im Kirchenschiff, auf der Orgelempore, die damals an der Westwand war, über zwei Stufen in eine kleine hölzerne Grube hinab, in der sich die Pedale für die Windanlage befanden, bevor die Orgel elektrifiziert wurde.
Ein Dudelsackbläser muss unentwegt blasen, um eine schönen prallen Sack zu haben für seine Töne, die Orgel braucht Wind.
Sie hat einen mehr oder weniger großen Balg, der bei berühmten Domorgeln gigantisch sein kann und mehrere Kalkanten beansprucht. Diesem Balg wurde bei dem Instrument in unserer kleinen Dorfkirche die Luft zugeführt durch das Auf- und Abtreten zweier hölzerner Pedale, die wie Balken nebeneinander angeordnet waren.
Meiner Erinnerung nach konnte man sie etwa einen halben Meter vertikal nach unten treten. Stellte man sich mit dem Fuß auf den

linken, so stieg der rechte nach oben bis zum Anschlag und wurde sodann mit dem rechten Fuß nach unten gedrückt. Es war wie ein gemächliches Fahrradfahren, allerdings ohne Drehbewegung, nur auf und ab, ähnlich wie ich es mit den Armen mache, wenn ich vom Fliegen träume, was sehr häufig der Fall ist, allerdings mit dem Unterschied, dass ich dann immer beide Arme gleichzeitig auf und ab bewege, um mich über die Gebäude, Straßen und Plätze meines Heimatortes zu erheben.
Damit man in der Orgelgrube nicht abhob und vielleicht bei den schönsten Chorälen in den Himmel entschwebte, hielt man sich mit beiden Händen an einer waagrechten Stange hoch über den Pedalen fest, und dann ging es wie im Fitnesscenter: hoch das Bein bis zum Anschlag, runter das Bein, bis es langgestreckt war, immer abwechselnd links und rechts.

Und der Herr Bubmann spielte, dass einem die Orgel um die Ohren brauste: „Wachet auf, ruft uns die Sti-hi-himme, der Wächter sehr hoch auf der Zinne, wach auf, du Stadt Jerusalem. Mitternacht heißt diese Stu-hu-hunde, sie rufen uns mit hellem Munde: Wo seid ihr klugen Jungfrauen?"
Diese, die halbwüchsigen, schlanken Konfirmandinnen saßen unten, in ihren hübschen sonntäglichen Kleidern und piepsten keusch und fromm, während der Bub in der Grube aus voller Kehle mitsang, kannte er doch viele Texte durch den strengen Konfirmandenunterricht auswendig: „Was Gott tut, das ist wohlgetan, es bleibt gerecht sein Wille…"
Das himmlische Instrument brauste so mächtig, dass er sich keinerlei Zwang antun musste, was die Lautstärke angeht:
„Ach, ich bin viel zu wenig,
Zu rühmen seinen Ruhm!
Der Herr allein ist König,
Ich eine welke Blum.
Jedoch weil ich gehöre
Gen Zion in sein Zelt,
Ist's billig, dass ich mehre
Sein Lob vor aller Welt."

Frau Elisabeth Zwanzger spielte die Orgel, als Ottmar Bubmann 1983 zu Grabe getragen wurde.
Hunderte Dettelsauer hat sie im Laufe eines langen Organistenlebens auf ihrer letzten Reise musikalisch begleitet.
Auch beim Heimgang meiner lieben Mutter im Oktober 1987 versah sie diesen wertvollen Dienst.
Spielte Bubmanns Vorgänger im Amt des Schulleiters, Adolf Traunfelder, auch die Orgel? Ich weiß es nicht.
Ich bin ihm nur ein einziges Mal persönlich begegnet, und das war kurz vor dem Ende des Krieges.
Meine Mama war auch dabei.
Ein Encuentro Dulce war das nicht.

Ich versuche, meine Emotionen so gut wie möglich zu unterdrücken: Mein „großes inneres Erlebnis" (so hatte der damalige Rektor der Diakonissenanstalt seine Begegnung mit dem Nationalsozialismus elf Jahre zuvor genannt) zu jener Zeit, meines also, war, dass ich eines Nachts aus dem Schlaf gerissen wurde, weil zwei Mitglieder der NSDAP, nämlich der Ortsgruppenleiter und der Dorfgendarm, meinen Vater suchten, unter anderem in meinem Kämmerlein.
Der alte Gefreite, der bei einem Kurzurlaub das Zusammensein mit seiner jung Gefreiten und dem gemeinsamen vierjährigen Söhnlein genossen hatte, war vom Dettelsauer Bahnhof zu spät abgefahren und wurde bei seiner Einheit in Berlin vermisst.
Die Bestiefelten, in gutem Ernährungszustand und sauber uniformiert, waren beauftragt, ihn aufzuspüren.
Befehl ist Befehl und ein Verhängnis ist ein Verhängnis und wer ohne Sünde ist, der werfe den ersten Stein, und das Urteil steht bei Gott.
Das ist alles richtig. Aber es gibt andrerseits keine Verpflichtung, zu vergessen. Man kann vergeben, aber vergessen will ich partout nicht.
Wehe, er wäre im Bett meiner Mama gelegen bzw. an meinem gesessen und hätte mir eine Gutenachtgeschichte vorgelesen.
Dann gute Nacht, lieber Dadl!
Vier muss ich gewesen sein, weil zu diesem Zeitpunkt meine Erinnerungen einsetzen: die wie Espenlaub zitternde Mutter im Nachthemd, zwei straff behoste, das winzige Kämmerlein bedrohlich ausfüllende großdeutsche Männer bzw. vor allem das, was aus der Perspektive eines Kindes davon zu sehen war.
Sie würdigten mich übrigens nicht eines Blickes.

Als Lehrer versuchte ich meine Schüler immer schlau zu machen, wenn wir Literatur interpretierten, indem ich sie aufforderte, zu forschen, was nicht im Text steht. „Was nicht drinsteht, das ist wichtig", so wurde ich damit einmal in der Schülerzeitung zitiert.
Also gut. Die nach meinem unmaßgeblichen Eindruck allmächtigen Obrigkeitsrepräsentanten sagten nicht: „Tut uns leid, Bub, dass wir dich aufgeweckt haben" oder „Du bist aber ein nettes Bürschchen" oder „Wir tun deiner Mama nix, wir müssen sie nur was fragen" oder aber zumindest „Ja, wu isser denn? Ja, wu isser denn?"
Letzteres fragt man doch, mit einem ständigen freundlichen Nicken, sogar einen Hund.
Nichts ist mir in Erinnerung, wie gesagt.
Aus diesem Grund bin ich heute auch nicht dazu aufgelegt, mit dem Schwanz zu wedeln, wenn ich der Staatsmacht begegne.
Die Antwort meiner Mutter, die im ganzen Dorf als ehrliche Haut bekannt war, hätte doch genügt:
„Ich weiß auch nicht" sagte sie ein ums andere Mal. „Der ist fortgefahren."
Nüchternes Fazit: Die Herren hätten mich nicht aus dem Schlaf zu reißen brauchen. Dann gäbe es heute keine Geschichte zu erzählen.
Manchmal habe ich ein Gedächtnis wie ein Elefant.

Freitag, 20. April 1956

Es ist trocken früh, aber kalt. Gerd sagt mir im Zug, dass K. gestern gar nicht fort war. Das habe ich auch vermutet bei dem Wetter.
In Ansbach muss ich gleich aufs Finanzamt, einen Brief vom A. aufgeben. Im Augustiner sammle ich das Geld ein für die 20 Weber, die bei Gahlert bestellt sind, Stück 1,50 (Mark). (Anm.: Lektüre. „Die Weber", Drama von Gerhart Hauptmann).
Als ich sie in der Pause holen will, sind sie noch nicht da.
Wetter ab und zu Schnee, dann wieder trüb oder Sonnenschein.
Beim Gei in Geschichte die Ursachen des 1. Weltkriegs, sehr wichtig. Im Zug machen wir unsere Witze über das Geld, das ich bei mir habe, 30 Mark in klein.
Mein Geldbeutel platzt fast.
Zuhause zähle ich alles nach, wobei sehr viel Zeit vergeht.
Es ist schon 3 Uhr und schneiret (Kombination von schneien und regnen). Vorhin war schönstes Frühlingswetter.

Ich mache Trigonometrie, dann um 5 h lese ich, immer noch Hemingway. Lese den ganzen Abend und bleibe zuhause.
Film heute: „Wunder der Prärie". Habe ich im Herbst bereits in Ansbach gesehen.
Im Radio ist auch nichts los, deshalb bin ich um 9 h im Kahn.
Mama hat bei einer Vertreterin eine Uhr bestellt.

Manchmal habe ich wunderbare Träume.
Am glücklichsten bin ich beim Erwachen, wenn ich vom Reisen geträumt habe, von irgendwelchen beeindruckenden oder idyllischen Landschaften, die ich schon bereist habe oder von Begegnungen mit lieben Menschen, auch solchen aus der Kindheit oder aus anderen früheren Zeiten.
Oft spreche ich dabei Spanisch oder Englisch ohne Probleme, und beim Aufwachen ist mir das Gesagte noch so in Erinnerung, dass ich es aufschreiben könnte, was ich gelegentlich auch tue.
Meistens aber scheitert das schriftliche Festhalten von Träumen, weil das Traumgeschehen so absurd sein kann:
Personen haben mehrfache Identitäten, Situationen sind so bizarr, dass sie nicht in Worte gefasst werden können usw.
Wie der Volksmund sagt: Träume sind eben Schäume, und wenn man sie fassen will, zerplatzen sie wie eine Seifenblase.
Manchmal weiß ich auch genau, dass ich einen schönen Traum hatte, aber ich habe keinerlei Erinnerung, es ist alles weg. Es ist, als ob das Gehirn sich weigert, das Geträumte nachzuvollziehen.
Heute Nacht war es gemischt. Ein Albtraum war auch dabei, wie so oft. Ich hatte bei einer Veranstaltung in einem großen Haus, einem Schulhaus o.ä., meine Jacke irgendwo hingehängt, und als ich heim wollte, fand ich sie nicht. Dumm nur, dass der Autoschlüssel in der Jackentasche war. Ich suchte alles ab und fand die Jacke nicht.
Die Panik lässt einen schließlich erwachen und dankbar feststellen, dass alles gar nicht wahr ist.
Ein anderer unschöner Traum, den ich oft habe, ist, dass ich im Zug sitze mit wahnsinnig viel Gepäck, dass ich mit mehreren Koffern, Taschen, Paketen und der Gitarre auf der Heimfahrt bin, manchmal allein, manchmal mit Familie, und Angst habe, dass ich beim kurzen Aufenthalt auf dem Bahnhof (in Neuendettelsau?) es nicht schaffe, das ganze Gepäck auszuladen.
Da bin ich dann auch schon mal in Windsbach gelandet, und muss zu Fuß zurückgehen.

Die schlimmste albtraumhafte Situation, die ich kenne, war auch wieder dabei heute: ich sitze oder hocke irgendwo in einem engen Raum. Es gibt nur eine ganz kleine Öffnung, durch die ich rauskommen kann. Oft ist diese auch noch irgendwo oben und schlecht zu erreichen. Vor allem aber so eng, dass ich mir sicher bin, da kommst du nie raus.
Traumforscher sagen, das seien pränatale Reminiszenzen.
Aber wie die Wurst hat ja das Leben zwei Enden.
Oder zwei Anfänge, wie man's nimmt.
Insofern könnte es sich auch um Erleuchtungen der anderen Art handeln, nämlich, dass einen im Unterbewusstsein die Frage plagt „Wie kommst du da raus, wie wird es einmal zu Ende gehen?"
Die angstmachende Enge der Öffnung stünde dann symbolhaft für den Abgang, von dem ja keiner weiß, wie er ihn erleben wird, schnell, schmerzlos und unerwartet, oder langsam, leidend und voller Qual.
Und aussuchen kann es sich auch keiner, Gott sei Dank.
Man kann nur beten „…mach's nur mit meinem Ende gut!"

Erst der Staubsauger, dann die Uhr. Ob die beiden Vertreter, diese Plagegeister, von der gleichen Firma waren?
Es ist fast anzunehmen, dass sie sich absprachen. „Da sind ein paar so Dumme, da ist was zu holen, da gehst heute du hin."
Meine Mutter konnte einfach nicht Nein sagen.
Hartnäckigen Leuten gegenüber war sie wehrlos. Es gab doch auch einen Uhrmacher im Dorf, wo man Uhren kaufen konnte.
Aber diese Typen saßen immer dann in der Küche, wenn ich in der Schule war.
Obschon auch ich nicht hundertprozentig gefeit war gegen deren Raffinessen, wie man meinem Eintrag vom 12. Januar entnehmen kann.
Jahrelang beherrschte der Versandhandel das Konsumverhalten der Deutschen. Zweimal im Jahr kam ein dicker, bis zu zwei Kilo wiegender Katalog ins Haus, zeitweise waren es gar zwei oder drei.
Quelle, Neckermann, Otto, und es gab noch andere.
Dann wurde bestellt.
Weniger bei uns zuhause, weil wir nicht so viel Geld hatten, aber es gab Bekannte, die bekamen ein Paket nach dem anderen.
Und bezahlt wurde oft in Raten.

Klamotten, Schmuck, Gebrauchsgegenstände, alles kam mit der Post.
Bei Nichtgefallen konnte man den Plunder zurückschicken, aber wer tat das schon?
Der Katalog war das Kaufhaus in der eigenen Wohnung.
Die meisten Leute hatten ja noch kein Auto und kamen nur selten nach Nürnberg, wo es den Kaufhof und den Karstadt gab.
Und den Wöhrl und den C&A und den Hertie.
An Mediamarkt und Saturn war noch nicht zu denken, also kaufte ich meine Unterhaltungselektrik – elektronisch kann man die simplen Geräte aus dem vorigen Jahrhundert nicht nennen – meistens in den großen Kaufhäusern, später auch in der HUMA, die anfangs SUMA hieß und alles bot, was das Herz begehrte.
Da reimte ich einmal, nur so zum Spaß:

Heit foori in die Suma,
Doo kaafer mer an Puma.
A Bemberla wär mer lieber,
Doo steicht mer leichter drieber.

Der Witt aus Weiden beglückte die Mama auch regelmäßig mit einem Katalog. Bettwäsche auf Vorrat, als ob man 200 Jahre leben würde, Schlafanzüge, Nachthemden, Unterhemden, mit Ärmel und ärmellose, auch aus Angorawolle wegen dem Rheuma, Unterhosen, kurze, lange, blaue, graue, weiße, alle abtörnend, wie ich mich erinnere, alles kam aus Weiden vom Witt. Blau waren die Pakete in unterschiedlichen Größen, und sie wurden alle auf den Schränken gestapelt. Es gab ja noch keine Grüne Tonne.
Wenn ich aus dem Nähkästchen plaudere: ich habe heute noch und sicher noch auf Jahre hinaus zu tun, die Unterwäsche vom Witt aufzutragen.
Weggeworfen wird nix in einem ordentlichen Haushalt, da wird eher geflickt und gestopft bis zum Gehtnichtmehr.
Hauptsache sauber, sagt meine Frau.
Richtig! Wo sie Recht hat, hat sie Recht.

Sonntagsspaziergang im Jahr 1959. Alles picobello.
Modische Handtasche und weiße Handschuhe gehörten dazu.
Und die Schuhe, die schicken Schuhe! Verließ man das Haus, so befand man sich quasi auf dem Laufsteg.

Samstag, 21. April 1956

Strahlend blauer Himmel nach vielem Regen und Schnee.
Es hat etwas gefroren.
In Chemie komme ich mündlich dran, kann alles über Kochsalz und lauter so Gelumpe. Um viertel 11 renne ich schnell zum Sport-Rödel und in Kaisers Kaffeehaus, alles für die lieben Bekannten.
Danach renne ich in Latein, wo ich freundlich empfangen werde.
Um die Zeit totzuschlagen, schussere ich mit Ewald.
Um 1 h fahren wir heim. Es sind Wolken aufgekommen, ist aber schön warm. Gehe gleich zum Haarschneider und lege mir einen Mannschaftsschnitt zu, dann muss ich sofort zu Vater und ihm helfen, die Dachrinne beim Schweinzer zu reparieren.
Es gibt allerdings nicht viel zu tun, die Rinne ist hin.
Er will sie ein andermal machen.
Danach muss ich für Großmutter einkaufen.
Ich putze Mamas Rad und treibe sonstigen Ausgleichssport.
Um halb 8 singen wir bei Forster, der alte hat silberne, der junge grüne Hochzeit.
Lehrer Auer dirigiert, wir singen „Hör uns" und „Durowellen".
Dann geht der ganze Verein zum Meyer. Es gibt 2 Halbe.
Ich schaue mir das Fernsehprogramm etwas an, eine prima Band.
Vater kartelt, bis 11 h werden Lieder gesungen.
Schorsch zahlt mir eine Halbe und auch Norbert, später tanze ich mit Frau Hopp zur Musikbox.
Außer uns sind nur noch wenige da. Um halb 1 heim.

Der Reihe nach, und nur das Nötigste: Chemie war, wie ich schon einmal erwähnte, nicht so mein Ding.
Wenn ich mich aber vorbereitet hatte, schlug ich mich ganz wacker.

Wenn man dran kam, so hieß das, dass man mündlich abgefragt wurde. Man musste aus der Bank heraustreten und im Stehen referieren.
Gab es etwas zu zeichnen, so wurde man auch an die Tafel geholt.
Am Ende zückte die Lehrkraft ihr Notenbuch und trug eine Ziffer ein.
An ihrer Miene konnte man eventuell erkennen, wie es gelaufen war.
Manche Pädagogen begleiteten den Eintrag auch mit einer aufmunternden, süffisanten oder ironischen Bemerkung, je nachdem.
Meine Diktion („lauter so Gelumpe") deutet an, was ich von dem Fach hielt.
Schaut man sich im Web Bilder an vom sog. Crew Cut (Mannschaftsschnitt), so findet man die Definition bestätigt, dass eine solche Frisur das Gesicht markanter, männlicher aussehen lässt.
Offenbar lief ich nicht lange so herum, weil ich kein dementsprechendes Foto finde.
Normalerweise geriet ich immer in Verlegenheit, wenn der Friseur fragte „Wie schneid mers denn?", weil ich nicht viele Variationen kannte. „Fassong" sagte ich meistens, wobei ich auch nicht recht wusste, was das sein sollte. Es ging ja eigentlich nur darum, dass die Mähne gestutzt wurde, irgendwelche Extravaganzen kannten die meisten von uns noch nicht.
Als die Beatles Furore machten – das war ab 1960 – ließen sich manche Jugendliche die Haare wachsen wie die britischen Pilzköpfe, was zuweilen bei den Spießern Anstoß erregte.

Dachrinnen zu reparieren war kein reines Vergnügen für einen über Fünfzigjährigen. Der Vater hatte es damals schon im Kreuz, wie man so sagt, und stieg nicht mehr gern die Leiter hinauf.
Schneidermeister Schweinzer hatte seine Werkstatt in dem Haus zwischen Missionsanstalt und Bäckerei Burkhardt, und dieses war damals schon so hoch wie heute.
Wir mussten die ganze Dachrinne, die löcherig war, herunterreißen, wodurch sie natürlich völlig zu Bruch ging.
In so einem Fall musste dann eine neue angefertigt werden.
Das machte der Vater beim Besenbeck in der Bahnhofstraße, wo ich ihm oft zuschaute oder gar zur Hand ging. Es war keine leichte Arbeit, aus den großen Blechtafeln die für die Dachrinne benötigten Teile auszuschneiden, diese dann zurechtzubiegen und zu falzen,

aber wenn sein Werk fertig war, so hatte er die Genugtuung, etwas geleistet zu haben.

Ludwig Schweinzer war einer von mehreren Herrenschneidern, die es in Neuendettelsau gab. Im Gegensatz zu Georg Walter in der Wiesenstraße (heute Johann-Flierl-Straße) hatte er kein Geschäft, sondern nur eine Werkstatt im ersten Stock seines Hauses.

Dies gilt auch für Otto Drews in der Bahnhofstraße, der mir meinen ersten Ausgehanzug anfertigte, einen Zweireiher in himmlischem Blau, und zwar zu meinem sechzehnten Geburtstag, den ich in rund sechs Wochen feiern sollte.

Gute Kleidung von der Stange zu kaufen war noch nicht üblich. Man ging zu einem Schneider, suchte sich aus einem Katalog oder aus dem Vorrat, den er präsent hatte, einen schönen Stoff aus, dann wurde gemessen und das Kleidungsstück in Auftrag gegeben.

Nicht begeistert war ich vom Anprobieren, das man mehrmals über sich ergehen lassen musste. Da hieß es stillstehen und zusehen, wie das noch unfertige Stück, mit Nadeln bespickt, angepasst wurde.

Gegenüber meinem Elternhaus schneiderte Betty Beutner mit mehreren Lehrmädchen für die Damen (vgl. den Eintrag vom 17. Januar), in der Muna wurden von Hans Löhr industriell Hosen hergestellt, und von der Firma Schädlich Wäsche, wenn ich mich recht erinnere.

Daneben gab es noch Leute, die privat schneiderten.

Für Konfektionskleidung gab es in Windsbach den Beck („Schneiderbeck") und das Kaufhaus Friedrich Rühl, wo wir ab und zu mit dem Zug hinfuhren.

In Neuendettelsau konnte man nicht einfach in ein Geschäft gehen und eine Hose kaufen, weil es kein solches gab.

Heiratete ein Vereinsmitglied, so gab ihm der Gesangverein ein Ständchen, und zwar vor der mit einer Girlande geschmückten Haustür. Am 21. April 1956 hatten zugleich die Eltern des Bräutigams Silberhochzeit. Auch an weitere Ständchen zu 25jährigen Ehejubiläen kann ich mich erinnern.

Goldene Hochzeiten kamen dagegen kaum vor, weil die Leute im Allgemeinen nicht so alt wurden.

Da sieht man wieder, wie gut es unsere Generation hat, war mir doch schon vor vier Jahren vergönnt, mit meiner Frau das 50jährige Ehejubiläum zu begehen, ohne dass wir uns beide vergreist fühlen, wie es früher vielleicht der Fall gewesen wäre.

Das eine der beiden gesungen Lieder habe ich soeben zum ersten Mal nach 63 Jahren wieder gehört, dank der wunderbaren Technik unserer Zeit: Durowellen. „Wo des Duro Wellen fließen." So verstaubt es klingt, der Refrain passt so richtig zu meinem Projekt: „O du Heimat meiner Jugend, dein gedenk ich alle Zeit, all mein Sehnen, all mein Hoffen, o wie liegst du so weit."

Aber bevor ich vor Sentimentalität zerfließe, schiebe ich noch etwas ein, was auch zum heutigen Tag gehört. Und das passierte elf Jahre zuvor.

Geht man durch das Rottlergässchen, so kommt man bei dessen Einmündung in die Bahnhofstraße an eine der zwei einstigen Engstellen im Straßennetz unseres Ortes, die letzte auch heute noch vorhandene, nachdem die Engstelle am sogenannten Oberen Ettertor, beim „Zehnderschuster", schon vor vielen Jahren beseitigt wurde.

Hier, genau hier, zwischen Bahnhofstraße 14 und Bahnhofstraße 9 (ab 2018 Nr. 7), wo man heute den Knopf der Fußgängerampel drückt, waren sie eifrig, in den Apriltagen des Jahres 1945, die letzten Unbelehrbaren und Uneinsichtigen und einige mehr oder weniger Gleichgültige, die zum Mitmachen gezwungen wurden.

Eine Panzersperre wollten sie bauen.

Knapp fünf Jahre war ich alt, das ist eine Lebensphase, in der die Erinnerungen ganz mächtig einsetzen und jede einzelne gespeichert wird, weil die Kinderseele noch relativ unbeschrieben ist.

So sehe ich mich mit meinem Cousin Gerhard, der vor elf Jahren verstorben ist, auf der Treppe vor der Haustür unseres Eltern- und Großelternhauses sitzen und die Männer beobachten, die da fleißig und voller Eifer einen Graben ausheben, quer über die Bahnhofstraße von einer Hausecke zur anderen.
Ein paar Baumstämme wurden auch herbeigekarrt mit einem Pferdefuhrwerk.
Manche Bauerngespanne waren, so las ich später, mit Bomben aus der Muna unterwegs, die eingebaut werden sollten.
Eine absolut lächerliche Barrikade wollten sie herstellen, ein Bollwerk gegen die amerikanischen Panzer, die schon im Rezattal standen.
Nicht nur aus Neuendettelsau, auch aus anderen Orten wird von solchen Verzweiflungsaktionen in den letzten Kriegstagen berichtet.
Es war blanker Aktionismus, man wollte irgendetwas tun, um den Feind aufzuhalten.
Wie vehement sich in diesen Apriltagen vor 74 Jahren die Einwohner eines Dorfes in die Haare kriegen konnten, das kann man heute nur erahnen. Deutschland verteidigen bis zum letzten Mann und zum letzten Blutstropfen wollten die einen, die Schnauze voll von dem schon fünfeinhalb Jahre währenden Wahnsinn hatten die anderen.
Weit kamen sie nicht mit dem Bau, dessen Baumstämme gegen die 30-Tonnen-Tanks der reichen Nation aus Übersee wie Streichhölzer gewesen wären, und wie es ausging, weiß ich auch nicht mehr.
Mir ist nur in Erinnerung, dass die Männer während des Baus in der ebenerdigen finsteren Küche meiner Großmutter aus- und eingingen und mit Essen und Trinken versorgt wurden.
Ich denke, dass sich die Resignation durchsetzte angesichts des Geschützdonners, der von der nahen Front her zu hören war und dass

letztlich irgendwelche Klarsichtigen die Reste des Bauwerks rechtzeitig beseitigten, ohne dass einer erschossen wurde.

„Am Mittwoch, 18. 4., wurden schon in der Frühe feindliche Panzer gemeldet...Um 15 Uhr kam die Nachricht, dass binnen zwei Stunden die Panzersperren entfernt sein müssten, andernfalls würde der Ort beschossen." (Wolfgang Steinbauer).

„Nachdem Neuendettelsau kein Kampfstützpunkt ist, beschloss die Gemeindevertretung auf Verlangen der gegnerischen Kampfleitung, dies durch weiße Fahnen ihr bekannt zu machen. Dies ist inzwischen durch Hissen weißer Flaggen auf den beiden Kirchtürmen und an den Straßeneingängen geschehen." (Hans Rößler)

Im Gegensatz zu meinen Onkels, den Brüdern meiner Mutter, war mein Vater schon im April 1945 zu Hause. Sein letzter Standort als unfreiwilliger, 40 Jahre alter Kriegsteilnehmer war die Hauptstadt Berlin gewesen. Als er sah, dass alles aussichtslos war, machte er sich bei Nacht und Nebel auf den Heimweg, zu Fuß, wobei er, wie er immer wieder erzählte, einen aus der hiesigen Gegend stammenden Hitlerjungen mitnahm mit den Worten „Kumm, Bu, mir genna hamm, der Kriech is aus.".

Das Fenster des Treppenhauses im ersten Stock der Bahnhofstraße 9 gehörte allen Bewohnern des Hauses gemeinsam, und dort, genau dort, wo die Bahnhofstraße vorbeiführt, befestigte mein Vater das Zeichen der Kapitulation am Fensterrahmen, einen langen Stecken, an dem ein Betttuch hing.

Von den sieben unmündigen Kindern der Sippe, den fünf anwesenden Frauen und dem 65 Jahre alten Großvater kam kein Protest und kein Widerstand.

Letzterer hatte schon vorher bei vorbeimarschierendem Jungvolk gelegentlich seine Kassandrarufe angebracht, indem er ihnen zurief: „Buem, ihr rennt in eier Elend!"

So jedenfalls hat es mir bis vor wenigen Jahren meine fast 100jährige Tante immer wieder erzählt.

Wolfang Steinbauer schreibt: „In der Nacht zum 20. 4. rückten die ersten amerikanischen Panzer ein."

Im ganzen Ort wurden zum Glück die weißen Fahnen zu den Fenstern hinausgehängt, und so kam es zu einer absolut friedlichen Einnahme von Neuendettelsau. Ein Ende ohne Schrecken.

Was das für eine Gnade war, kann man ermessen, wenn man sich in der Nachbarschaft umschaut:

In Windsbach gab es laut einem damals zehnjährigen Zeitzeugen zwei Tote, weil die SS die in das Städtlein eingedrungenen Sieger von einer Anhöhe aus beschoss: eine Hausfrau in der Küche und einen bei ihr sitzenden amerikanischen Soldaten, der sich Eier in die Pfanne hauen lassen wollte.

In Bürglein bei Heilsbronn fielen in sinnlosen Gefechten 21 junge Männer, Buben, die von den Nazis in den letzten Stunden geopfert wurden, in Burgthann ermordete ein fanatischer Deutscher den Bürgermeister, nachdem dieser den Ort durch das Hissen der weißen Fahnen gerettet hatte, und in Ansbach wurde der Theologiestudent Robert Limpert vor dem Rathaus erhängt, zwei Stunden vor dem Ende, weil er mutig die Stadt vor Unheil bewahren wollte.

Als gebürtiger Neuendettelsauer danke ich Gott heute ausdrücklich dafür, dass er dem Löhedorf ein solches Trauma erspart hat.

Die größte Gefahr ergab sich ja, wenn die Amerikaner einen Ort schon eingenommen hatten und sich dann kurz verzogen, weil sie anderweitig beschäftigt waren.

Flugs kamen dann die Schergen der SS aus ihren Löchern und suchten wie die Spürhunde nach denen, die für die weißen Fahnen verantwortlich waren. Wehe, sie fanden einen solchen „Verräter".

In dem Dorf Brettheim, unweit von Schillingsfürst, schickt der Bauer Friedrich Hanselmann mit ein paar Ohrfeigen vier minderjährige Hitlerjungen nach Hause, weil der Krieg aus sei.

Daraufhin wird er von der SS zum Tode verteilt. Der Ortsgruppenleiter, welcher sein Nachbar ist, und der Bürgermeister weigern sich, das Standgerichtsurteil zu unterzeichnen und werden, zusammen mit Hanselmann, an der Linde am Dorfeingang erhängt.

Das war am 10. April. Die Leichen dürfen vier Tage nicht abgenommen werden. Wird gegen das Gebot verstoßen, so sollen weitere zehn Männer des Dorfes gehängt werden.

Am 17. April machen die Amerikaner dem Terror ein Ende, wobei in dem hohenlohischen Weiler durch Brand- und Splitterbomben noch einmal 17 Menschen sterben.

Gottseidank blieben die Amis in Neuendettelsau, nachdem sie einmal gekommen waren, sonst hätte ich vielleicht meinen Vater nicht noch 21 Jahre lang gehabt.

Von Westen kamen sie am 21. April die Bahnhofstraße hereingerasselt und gequietscht, alle Arten von Armeefahrzeugen.

Ob ich das erste Mal dabei war, weiß ich nicht mehr, aber ein Eindruck ist mir im Kopf geblieben:

Es war vielleicht bei anderer Gelegenheit: ich stand auf der meinem Elternhaus gegenüberliegenden Straßenseite, weil ich, wie meine Cousins und Cousinen auch, oft den halben Tag auf dem Bauernhof der Bahnhofstraße 8 verbrachte.
Staunend sah ich eine amerikanische Kolonne vom Bahnhof her kommen, Jeeps, Lastwagen, gepanzerte Fahrzeuge, echte riesige Panzer mit Geschützen, an denen furchterregend schwarze uniformierte Männer standen, die unentwegt seltsame Mundbewegungen ausführten und alles ringsherum aufmerksam beobachteten.
Die Kolonne wollte nicht enden, und ich konnte nicht die Straße überqueren.
Panik erfasste mich. Keine Lücke tat sich auf, dass ich zum Elternhaus hätte hinüberspringen können. Auf immer und ewig war ich verdammt, hier zu stehen und zuzuschauen. Nie mehr konnte ich heim, ich würde mit dem brüllenden Lärm und der Angst leben müssen bis in alle Ewigkeit.
Heim wollte ich, da, wo heute die Ampel ist, hinüber auf die andere Seite, und konnte nicht, da kaum Abstand war zwischen den Fahrzeugen und jeder Schritt auf die Straße tödlich gewesen wäre für einen schmächtigen Kinderkörper.
Es gab keinen Knopf zum Drücken, um den Verkehr zu stoppen.

Nur von Pferden und Rindern gezogene Fahrzeuge kannten die Kinder des Dorfes in den 1940ern, und als ein kleines Mädchen am Silvestertag des Jahres 1946, zusammen mit anderen Kindern an dem kleinen Buck hinter den Bahnschranken, sich beim Rodeln vergnügte, kam, unglücklicherweise just in dem Moment, als es mit seinem Schlitten die Schlauersbacher Straße überquerte, ein amerikanisches Armeefahrzeug daher und beendete grausam sein junges Leben. Das war genau am 31. Dezember 1946 um 15.35 Uhr, und ich sehe die einem Englein gleichende Dietmuth noch heute vor mir, aufgebahrt im Wohnzimmer, und vor dem kleinen Sarg stumm die Mutter, die nicht begreifen konnte, was da passiert war.
Am 3. Januar 1947 um 13.30 Uhr wurde die Kleine zu Grabe getragen, 8 Jahre, 4 Monate und 3 Tage jung (vgl. hierzu auch den Eintrag vom 28. Januar).

Sonntag, 22. April 1956

Um halb 8 ist Feuerwehrübung, sie bepinkeln die Straße vor unserem Haus. Ich lese etwas im Bett und stehe um halb 11 auf.
Keine Wolke am Himmel, aber kalt und unangenehm, da die Sonne so verschleiert scheint, der Himmel ist graublau.
Um 1 h fahre ich fort, nach Weißenbronn. Bin dort um 2 h, und nachdem wir den Bartel geholt haben, gehen wir etwas spazieren.
Weißenbronn ist meiner Ansicht nach das schönste Dorf im Landkreis. Wir gehen alle drei ins Wirtshaus.
Wir trinken ein Bier und karteln eine Maß raus.
Um dreiviertel 4 gehen wir ohne Bartel zu Willi heim und vespern.
Dann fahren wir nach Kloster ins Kino. „Nana".
Er läuft, ich habe Mamas Rad.
Der Film ist ganz schön stark. Um viertel 8 bin ich daheim.

Die Grünanlage zwischen den Häusern Bahnhofstraße 8 und 9 eignete sich gut für eine Feuerwehrübung, weil dort ein Hydrant, eine Zapfstelle für Wasser, vorhanden war.
Bis wenige Jahre vor meiner Geburt gab es dort offenes Wasser, die sogenannte „Schmiedslachn", einen kleinen Weiher, in dem sich Enten und Gänse tummelten.
In den späten 1930ern wurde der Teich aufgefüllt, die Fläche provisorisch eingezäunt und mit Bäumen bepflanzt (vgl. Eintrag vom 22. Januar).
Einer davon, die große Eiche in der Mitte, die heute etwa so alt ist wie ich, wäre mir als Kind beinahe zum Verhängnis geworden, „und das kam so" (Schulaufsatz-Floskel):
Wir mussten ja jeden Baum besteigen.
Besonders wohl fühlte ich mich auf der auch in der Mitte stehenden Linde, auf der ich um 1953 ein gemütliches Plätzchen auf einer Astgabel fand, wo ich sogar lesen konnte.
Die Eiche war noch ganz jung, relativ klein und biegsam.
Meiner Schätzung nach war ich acht oder neun Jahre alt, als ich diese bestieg, ganz oben zwei Äste fand, auf denen ich bequem stehen konnte, mich an der Spitze festhielt und übermütig zu schaukeln begann. Mit lautem Singen machte ich darauf aufmerksam, welche Position ich gerade einnahm.

Den Knacks habe ich noch im Ohr, als dieses obere, noch schwache Stammende abbrach und ich keinen Halt mehr hatte. Rücklings ging es in die Tiefe, was ich aber zunächst gar nicht merkte.
Erst als ich verwundert im Gras lag, den blauen Himmel über (oder unter?) mir, als ob es die Tiefe des Ozeans sei, dämmerte mir, was passiert war. Ich nehme an, dass ich heute, da ich das mehrfache Gewicht habe und die Knochen, die Gelenke, auch die lebenswichtigen Organe, kurz, das ganze Geflecht, das unsere physische Existenz sichert, nicht mehr so fest bzw. flexibel sind, so einen Sturz nicht überleben würde.
Zum Glück war die Fläche nicht gepflastert oder geteert.
Ich kann nicht an der Grünfläche vorbeigehen oder -radeln, ohne an meinen tiefen Fall von dieser Eiche, die heute als ein mächtiger Schattenspender dasteht, zu denken.

Im April, wenn alles blüht und prangt, ist jedes fränkische Dorf wunderschön. Ich war eben begeistert von der Lage des Nachbardorfs, das heute zu Heilsbronn gehört, zwischen Wäldern und Wiesen. Mit dem Fahrrad ging es bis Aich, dann einen kleinen Berg hinauf und anschließend auf einem herrlichen Waldweg bis Weißenbronn. Damals war dort noch das Wirtshaus in Betrieb, was den Reiz beträchtlich erhöhte.
Mein Schulfreund, den ich besuchte, wurde schon vor vielen Jahren aus diesem Leben abberufen. Zu unserem Trinkverhalten usw. gibt es nichts Neues zu berichten. Alles schon mal da gewesen. Wir waren eben halbstark.
Das Dörflein Weißenbronn ist für mich auf mehrfache Weise mit unserem Ort verknüpft.
Mein Onkel, der älteste Bruder meiner Mutter, war in Weißenbronn verheiratet, so dass ich schon als Kind dort ein paarmal zu Besuch war. Mehrere Pfarrer, die eng mit Neuendettelsau verbunden sind, versahen ihren Dienst an der dortigen Kirche Sankt Michael.
Einer davon war Wilhelm Forstmeyer, der sich, fünf Jahre, nachdem er meinen Jahrgang konfirmiert hatte, nach Weißenbronn versetzen ließ.
Schließlich erinnere ich mich gut an ein Sängerfest im Jahr 1950, das dort anlässlich des 50-jährigen Gründungsjubiläums des dortigen Gesangvereins, „Sängerbund Weißenbronn" genannt, ausgerichtet

wurde.

Ein Dettelsauer Sänger trinkt aus dem großen Horn.
Ganz vorne, im kurzärmeligen Hemd, sitzt einer meiner Onkels.

Kloster, mit einem breiten, dunklen o gesprochen, so wie fränkisch Brootworscht, steht für Heilsbronn, wie die alten Dettelsauer wissen.
„Foor mer nach Gloster nieber", sagte man.
Von Weißenbronn aus war es nur ein Katzensprung. Ab Dettelsau musste man mit dem Fahrrad schon 35 bis 40 Minuten rechnen, vor allem ganz früher, als die Landstraße noch ungeteert und staubig war und voller Schlaglöcher.
Die idyllische Schönau war ein beliebtes Ziel.
Von den anderen Wirtschaften kannte ich nur den „Götz" an der Kreuzung, wo es auch einen Saal gab. 1967 spielte ich dort in einem Theaterstück mit, das der Kulturverein Heilsbronn einstudiert hatte und aufführte: „Der Diener zweier Herrn" von Carlo Goldoni (1707 – 1793), ein sehr witziges, spritziges Stück der Gattung Commedia dell'Arte.
Meine Rolle war aber nicht die des schlauen, von zwei Herren geplagten Dieners, sondern die eines eifersüchtigen Liebhabers.
In diesem Götzsaal genossen wir heute vor 63 Jahren Kino.
Der Roman „Nana" von Emile Zola wurde mehrmals verfilmt, unter anderem auch 1955. Wir Buben taten wieder etwas Verbotenes, da der Film bestimmt nicht für Jugendliche unter 16 freigegeben war.

Er spielt im Milieu der Pariser Dirnen und Gesellschaftssalons und dürfte relativ freizügig gewesen sein, wie man meiner Bemerkung entnehmen kann.
Kein Wunder, das Mann oft lechzte, wenn die Fantasie ständig so angeheizt wurde.

Montag, 23. April 1956

Um dreiviertel 8 stehe ich auf nach wohltuendem Schlaf, jetzt beginnen die Sorgen der Woche wieder. Der Himmel ist grau und ganz bedeckt, aber es ist trocken. Ich lerne Geschichte für morgen, Generalwiederholung. Dann mach ich Französisch und Deutsch, eine Gliederung zum Thema „Wie zeichnet Keller die Frauen".
Im Zug sind Monika und Maria aus Ansbach.
In Physik ist es heute sehr gemütlich, besonders die 2. Stunde.
Zuerst, solange wir noch allein sind, diskutieren wir über Wandertage usw. dann führt er uns den Induktionsapparat vor.
Prima Stimmung.
Um 5 h gehen wir an den Bahnhof, und dann warte ich bis halb 6, werde sehr ungeduldig. Es ist regnerisch, aber mild.
Finally she comes. The same way like last Monday.
Der vernünftigste Mensch dieser Art, den ich je kennengelernt habe.
Wir fahren separat heim. Sitze bei B. und A. Christa vom Schulhaus sitzt in unserer Nähe. Habe heute meine Kombi an, da die blaue Hose hin und der gelbe Kittel in der Wäsche ist.
Lerne abends Geschichte für morgen. Um 9 h im Bett.

Die englische Passage bezieht sich auf ED2. Dazu wurde am 16. April alles erläutert. Es lief noch einmal genauso ab, oder fast genauso, weil wir schon ein bisschen vertrauter waren.
„Mensch dieser Art" hieß einfach „Mädchen", aber das konnte ich ja nicht so offen schreiben, weil der Umgang mit solchen für einen Fünfzehnjährigen noch zu den quasi verbotenen Freizeitbeschäftigungen zählte.
Ich denke, das ist heute für vierzig oder fünfzig Jahre jüngere Leute schwer nachvollziehbar, aber es war so, zumindest auf dem Dorf.
Ansonsten gibt es einmal mehr leider nur Banalitäten.
Es kann nicht jeder Tag des Jahres ein Höhepunkt sein, und erst in der Gesamtschau, nach den 366 Tagen jenes Schaltjahres, wird sich

ein geschlossenes Bild des Zeitgeistes von 1956 ergeben, gesehen selbstredend durch die Brille und unter dem Brett vor dem Kopf eines durchschnittlichen Teenies hinweg.

Ich schlage den Bogen zu Keller, Gottfried Keller (1819 – 1890), der sich durch das Aufsatzthema anbietet. „Wie zeichnet Keller die Frauen?"

Gemeint waren die Frauen in seiner Novelle „Das Fähnlein der sieben Aufrechten".

Als Ausgangspunkt der Analyse könnte eine Warnung des Schneidermeisters Hediger dienen, die er gegenüber dem Vater seiner Schwiegertochter in spe ausspricht:

„Wir müssen aufpassen! Deine Tochter sitzt in dickster Freundschaft bei meiner Alten, und es ist ein sehr verdächtiges Getue. Du weißt, die Weiber sind des Teufels."

Diese Behauptung, mit der das Zitat endet, ad absurdum zu führen und das Gegenteil zu beweisen, gelang mir damals in meinem Aufsatz, zu dem wir zunächst nur eine Gliederung, also einen Plan, entwerfen sollten, recht gut, zumal ich aus der Mittelstufe schon das Nettchen kannte, die sympathische Protagonistin der Novelle „Kleider machen Leute".

Kellers Frauen sind selbstbewusst und wissen, was sie wollen.

Im 19. Jahrhundert, das der Dichter praktisch von Anfang bis Ende durchlebte, war das keineswegs selbstverständlich, und da seine literarischen Figuren von ihm erfunden sind, sehe ich darin auch eine Art Pädagogik, das heißt, er möchte den Frauen zeigen, wie er sie gerne hätte, sie dazu ermuntern, sich zu behaupten.

Dann würde nämlich alles gut.

Nichts wurde gut in seiner für mich schönsten Novelle, mit der ich wieder einen Bogen schlagen kann: „Romeo und Julia auf dem Dorfe" (1871).

Die mich bei jedem Lesen immer wieder berührende Liebesgeschichte der Kinder zweier verfeindeter Väter endet so tragisch wie die Vorlage des Schweizer Erzählers, das Schauspiel des großen William Shakespeare, der heute vor 403 Jahren starb.

Der 1564 am gleichen Tag geborene englische Dramatiker gehört für mich, neben solchen Größen wie Mozart oder Bach oder Goya und einige andere, zu den unglaublichen Wundern, die der Menschheit geschenkt wurden.

Sein Todestag ist umsomehr in meinem Gedächtnis verankert, als am gleichen Tag, allerdings im Jahr 1990, um die Zeit des Falls der

Berliner Mauer, meine Schwiegermutter starb. Sie hatte ihre letzten Jahre in Lübbenau im Spreewald bei ihrer zweiten Tochter verbracht. Deutschland erlebte zwei große Umbrüche oder Wenden, solange ich jetzt auf der Welt bin. Bei der ersten war ich knapp fünf Jahre alt, bei der zweiten um die fünfzig.
Meiner brandenburgischen Schwiegermutter war es nicht vergönnt, die Einheit, auf die sich immer gefreut und an deren Zustandekommen sie nie gezweifelt hatte, bei vollem Bewusstsein zu erleben.
Wenige Monate nach dem Fall der Mauer, am 23. April 1990, wurde sie heimgerufen. Sie hatte gerade noch mitbekommen, dass etwas ganz Großes im Gange war.
Mehr zu dieser außergewöhnlichen Frau und ihrem bewegenden Schicksal kann man in einem Exkurs an ihrem Geburtstag lesen (am 8. August).

Im Staatsexamen für das Lehramt an Höheren Schulen im Herbst 1964 schwitzte ich vier Stunden lang über der schriftlichen Aufgabe „Der Einfluss Shakespeares auf die deutsche Literatur."
Dies nur als Beispiel dafür, was ein Englischlehrer so alles wissen muss, wovon er aber in der Praxis nur wenig anwenden kann.
Schon 1958, da war ich 18, bin ich dem großen Barden aus Stratford-upon-Avon begegnet, wie man meinem Tagebuch über meine Tour durch GB entnehmen kann.
Ich füge heute die relevante Seite als Exkurs ein.
Die mit Bleistift gekritzelten Notizen sind enthalten in einem kleinen Heft im Format DIN A 6 (Vokabelheft), das ich bei der GB-Tour per Anhalter mit meinem Freund mit mir führte.

Exkurs Nr. 22

Als Jugendlicher in London

Tagebuch vom August 1958

Samstag, 23. August.
Wir gehen spazieren an Westminster und in Soho. Um zwei Uhr fahren wir mit der U-Bahn nach Borough High Street, wo wir uns ein Shakespeare-Theater für 2 s an-sehen. „The Comedy of Errors".

Brief an Erni.
Sonntag, 24. August.
Um halb 10 Richtung Westminster, um halb 11 sitzen wir in der Abbey und wohnen dem Gottesdienst bei. Singen, Psalmen hersagen und Predigt anhören.
Dann gehen wir bei Sonnenschein am Buckingham Palast vorbei zu Orators' Corner, wo dieselben komischen Käuze ihre selben komischen Ansprachen halten. Dann Oxford Street, Piccadilly.
Drei Prostituierte laden uns sehr freundlich ein vor einer roten Laterne, wir zucken die Achseln und gehen weiter. 2 Mal essen wir, dann setzen wir uns ins Kino am Piccadilly: „The Blood of the Vampire". Sehr blutig. Als wir herauskommen, regnet es.
Wir gehen an der Themse entlang, sämtliche Gebäude sind angestrahlt, sehr schön.
In einem Pub trinken wir 2 Bier, dann gehen wir noch in einen anderen, weil ich Musik höre. Zwei Gitarristen, ein Schlagzeug. Spielen toll. Ein Gitarrist singt. Ich frage ihn, wie es so mal wäre und so, und er läßt mich „99 ways" singen, allerdings ohne Gitarre.
Tolle Verstärkung, tolle Begleitung. Um 11 h im Bett.

Montag, 25 Aug. (1958)
Halb 10 aufstehen, es regnet in Strömen. Wir sitzen bis halb 12 im Tagesraum. Jetzt hört es auf zu regnen und wird hell. Wir hauen ab und gehen zur Charing Cross Werft, wo wir uns eine Schiffskarte nach Greenwich kaufen...
Danach laufen wir durch die City of London, wo riesige Ruinenfelder, hervorgerufen von der deutschen V2, das Bild beherrschen."

Die meisten deutschen Großstädte sahen im Frühjahr und Frühsommer 1945 und 46 nicht anders aus. Und wir zwei angehenden Abiturienten trafen jenseits des Ärmelkanals, 13 Jahre nachdem es vorbei war, noch auf viel Verbitterung.
„The Huns" nannten uns manche: die Hunnen. Einmal warf uns ein sehr seriöser Herr, kaum dass wir eingestiegen waren in seinen feinen Wagen, ganz grantig hinaus, „Get out!", als wir seine Frage, wo wir Boys denn herkämen, naiv wie wir waren, freudig beantworteten mit „From Germany".
Wir rieben uns so manches Mal die Augen.
Ein paarmal allerdings endeten frostige Begegnungen auch versöhnlich, indem die Leute, die schon 20 oder 30 Jahre älter waren als wir, einräumten: „But you were boys, little children".
Alle materiellen Zerstörungen lassen sich ja reparieren, wie man in drei, vier, fünf, sechs, sieben Jahrzehnten gesehen hat.
Unwiederbringlich dahin sind allerdings die Menschen, die in den Ruinen und Luftschutzkellern erstickten und auf den Straßen zerfetzt wurden, die vom Himmel geholten Piloten und Schützen, und die an den Fronten „Gefallenen".
Und nicht zum Zweck der Aufrechnung, sondern um die Zusammenhänge zu verstehen, sollte jeder einmal im Leben nach Coventry fahren.

Das ist auch so eine Gedenkstätte, wo einem bewusst wird, was der Wahnsinn anrichtet.

Dienstag, 24. April 1956

Früh trüb. Im Zug Geschichte streben wie ein Depp.
Später regnet es etwas. Überall streben wir Geschichte.
In Musik hören wir Ungarische Tänze von Brahms und die Rhapsodie von Liszt. In Geschichte gibt es eine kleine Enttäuschung.
Er schreibt keine Ex, sondern nimmt mit viel Humor einige mündlich dran.
Dann nach der Pause hält Datz ein Referat über Hamburg und dann besprechen wir die Gliederungen über das Fähnlein.
Zuhause lese ich erst meinen Hemingway aus, dann mache ich Algebra und Stereometrie.
Wir haben überhaupt kein Wetter heute, es ist nicht kalt, nicht warm, nicht heiter, nicht wolkig, sondern alles so, dass es einem gar nicht auffällt.
Ich höre AFN und spiele in Moll auf der Gitarre.
 Abends spiele ich mit Elise Federball. Helmut baut eine Garage für seinen Roller, den er sich kaufen will. Es ist bis 8 h hell. Bis 9 h lese ich die Hörzu für diese Woche, ich komme vorher nicht dazu.

Ich kann mir nicht vorstellen, dass ich eine Zukunft gehabt hätte, wäre das NS-Regime nicht beseitigt worden.
Übermorgen jährt sich die Katastrophe von Tschernobyl zum zweiunddreißigsten Mal, die hoffentlich allen Verantwortlichen vor Augen geführt hat, dass es bei einem erneuten großen Schlagabtausch auf diesem geschundenen Planeten, der dann sicher mit Nuklearwaffen erfolgen würde, nichts mehr zu reparieren gibt.
Deshalb ist für mich jeder, der vorlaut von der Führbarkeit eines neuen Weltkriegs faselt, buchstäblich des Teufels.

Aber zurück zu angenehmeren Themen.
Ich erwähnte, dass wir 1958 in London ein Stück von Shakespeare sahen, und zwar „The Comedy of Errors", die Komödie der Irrungen.
Das ist ein weniger bekanntes Lustspiel mit viel Verwechslungskomik und Klamauk.
Sprachlich verstanden wir natürlich kaum etwas, aber die Atmosphäre war toll in einem Hinterhof der Altstadt, unter freiem Himmel. Der Eintritt betrug 2 s, also zwei Schilling.

Die krumme Rechnerei machte einem schwer zu schaffen. Zwölf Pennies oder Pence ergaben einen Schilling, und zwanzig von denen brauchte man für ein Pfund, one Pound Sterling.
Daneben gab es noch Crowns und Halfcrowns und Farthings.
Zu allem Überfluss existierte auch noch die "Guinee", das waren 21 Schilling. Schrulliger geht's nicht mehr.
Orators' Corner, die Rednerecke am Hydepark, besuchten wir zum zweiten Mal, nachdem wir zuvor Nordengland und Schottland abgegrast hatten. Die komischen Käuze, darunter auch eine Frau, standen wirklich, wie es im Englischbuch zu lesen war, auf hölzernen Obstkisten und verkündeten voller Leidenschaft, wie nach ihrer Meinung die Welt zu retten sei.
Das Lustigste waren dabei die Kommentare mancher Zuhörer.
Mich faszinierte diese Freiheit, dass jeder ungeniert sagen darf, was er denkt, ohne Tabus.
Mein Auftritt, wenn auch ohne Gitarre – die der Musiker nicht aus der Hand gab – in einem Pub mit Livemusik machte mich sehr stolz und glücklich. „There must be ninety-nine ways of losing the blues" war ein Schlager, den ich auswendig kannte, weil ich ihn zuhause selber oft spielte und sang.

London im Sommer 1958. Halbstark halt.

Ja, und dann die „Prostituierten", wie ich notierte. Es wimmelte von diesen teils ansehnlichen und sich freundlich gebärdenden Frauen in Soho, und schon vor unserem Aufbruch nach Schottland, als wir drei Tage in London verbrachten, registrierte und erwähnte ich sie.

Ich weiß nicht, wie der Handel ausgegangen wäre, wenn wir nicht so knapp bei Kasse gewesen wären, denn die Versuchung zeigte sich sehr geballt, und neugierig war ich auch.
Oder gespannt, wie man's nimmt.
Aber wir hatten wirklich kein Geld für Mätzchen, tagelang schoben wir richtiggehend Kohldampf, so wenig stand uns zur Verfügung.
Interessant finde ich, dass ich das einfach so notierte. Vor allem ohne jede Entrüstung oder pseudomoralischen Kommentar.
Der Konfirmandenunterricht vier Jahre vorher hatte uns offenbar nicht so verbogen, wie es mancher gern gesehen hätte.
Wir nahmen die Einladung zur Kenntnis und gingen achselzuckend weiter. Was sonst sollten wir auch tun?
Eventuell war ich in tiefster Tiefe meiner jungen Seele auch vorgeprägt durch ein anderes inneres Erlebnis vom Frühjahr oder Sommer 1945, das ich heute als Exkurs posten möchte.
Es gehört zu meinem Leben dazu, genauso wie die große Großbritannienreise von 1958.

Exkurs Nr. 23

Mai 1945

„Ich träumte von Lieb um Liebe, von einer wonnigen Maid…"
Die Neuendettelsauer gewöhnten sich schnell an die Gäste aus Übersee, die Leben in die Bude brachten.
Jazzmusik vom Grammophon erklang nun aus mancher Scheune, und einer, der anfangs noch gewettert hatte gegen einen "unpatriotischen" Landsmann, der die Amerikaner im Offiziersclub mit dem Akkordeon unterhielt, machte schon bald aus seiner Baderstube einen Barber's Shop.
Vor allem beim Bischoff, im Gasthaus Sonne, wie schon erwähnt, genau dort, wo an uns Kinder dank der Amerikaner die Schulspeisung ausgegeben wurde, vergnügten sie sich.
Zum Tanz kamen die Mädchen und Frauen, auch mehrfache Mütter, die jetzt alleinerziehend waren, aus der ganzen Umgebung, wie mir ein Zeitzeuge, den ich unlängst besuchte, berichtete.
Viele Deutsche sahen die Beziehung deutscher Frauen mit amerikanischen Eroberern als Verrat an Deutschland.

Ein Bericht von der Besetzung Mannheims Ende März 1945 vermerkt, "dass deutsche Frauen und Mädchen sich dem eindringenden Feind angeboten hätten und die Frauenwelt im allgemeinen den Truppen gegenüber die natürliche nationale und christliche Scham und Stolz und Würde allzu sehr vermissen ließe...
 Zahlreiche amerikanische und britische Soldaten bezahlten ihr Vergnügen mit Zigaretten, Schokolade und Brot.
Letzten Endes endeten nicht wenige dieser Kontakte in der Legalität. Zwischen 1946 und 1949 wanderten ca. 20.000 Frauen, sozusagen als "Heiratsemigrantinnen" nach Amerika aus."
(zitiert nach Wikipedia)

Zurück nach Neuendettelsau:
„Da gab es manche Gewalttaten und andere, unschöne Dinge, besonders abends, wenn die Soldaten getrunken hatten. Frauen und Mädchen durften sich da nicht mehr auf die Straße wagen."
So umschreibt Adam Schuster, was sich in seinem Heimatdorf abspielte (S. 248).

Wenn meine Mutter von den „Amischicksen" sprach, so war das nicht beleidigend. Sie definierte damit einfach die Mädchen und Frauen, die mit den amerikanischen Soldaten verkehrten und aus der Situation das Beste machten.
Frauenüberschuss, Männermangel in der Stunde Null, Hunger und Entbehrung hier, Genussmittel und Überfluss dort.
Die amerikanische Journalistin Judy Barden berichtete im Mai 1945 von Mädchen "gekleidet in den kürzesten Kleidern, die ich je gesehen habe" und der Bischof von Passau wies in einem Hirtenwort auf die - seiner Meinung nach - skandalösen Zustände hin: "Deutsche Mädchen, auch junge Kriegerfrauen, sogar Mütter, schämen sich nicht, fremde Soldaten durch ihr aufreizendes Benehmen und ihre jedem Anstand hohnsprechenden Kleider herauszufordern..." (zitiert nach Wikipedia).

Der Krieg war aus, die Gefahren für meinen Vater, in vorliegendem Fall sogar für beide Elternteile, aber keineswegs vorbei. Ich zitiere aus dem Strafgesetzbuch von damals zum Stichwort „Kuppelei":
„Wer gewohnheitsmäßig oder aus Eigennutz durch seine Vermittlung oder durch Gewährung oder Verschaffung von Gelegenheit der Unzucht Vorschub leistet, wird wegen Kuppelei mit Gefängnis

nicht unter einem Monat bestraft; auch kann zugleich auf Geldstrafe, auf Verlust der bürgerlichen Ehrenrechte sowie auf Zulässigkeit von Polizeiaufsicht erkannt werden.
Sind mildernde Umstände vorhanden, so kann die Gefängnisstrafe bis auf einen Tag ermäßigt werden."

Zwei verlorene Menschenseelen verirrten sich im Mai 1945 in mein Elternhaus, ein baumlanger Afroamerikaner und ein pragmatisch denkendes deutsches Mädchen. Ein Bett suchten sie, eine Abwechslung von den harten Parkbänken vor dem Anstaltsfriedhof.
Zwei einsame, arme, liebe Leut. O gebt uns Herberg heut.
O nein, o nein, es kann nicht sein, ihr kommt nicht rein!
O nein, das war nicht die Art meines Vaters.
Eventuell hatte er schon vorher fraternisiert, organisiert, gemanagt, Wohltätiges im Sinn für fünf Leute: das sanfte, liebesgierige Paar, die Mama, den Buem, und sich selber.
Mann war anscheinend schnell handelseins.
Der Kupplerlohn, Kaffee, Kaugummi, Schokolade, Zigaretten, was weiß ich, wurde entrichtet, das Schlafzimmer neben meinem Kämmerlein zur „Ver-Fügung" gestellt.
Wo der Dadl und die Mama in jener Nacht ihr Lager aufschlugen, weiß ich nicht, vielleicht in der Scheune nebenan.
Ich lag in meinem Bettchen und wurde freundlich beäugt.
Unter mir Strohsack, heiliger, unschuldiger, und über mir riesige weiße Kulleraugen in einem Gesicht, das sich kaum abhob gegen die Dunkelheit, daneben ein Froilyne, bunt und rund wie ein Knallbonbon, Geflüster, verhaltenes Gelächter, Streicheln des Köpfchens, honni soit qui mal y pense.
„So, jetzt schlaf schön. Er is a ganzer Braver, unser Bubi."
Jetzt war ich kein Sonofabitch, sondern a nice little boy.
Wahrgenommen und akzeptiert, anders als vorher bei den Nazis, die mich offenbar weniger schätzten als einen Hund (vgl. den Eintrag vom 19. April).

„Ich träumte von Lieb' um Liebe, von einer schönen Maid,
Vom Herzen und vom Küssen, von Wonne und Seligkeit.
Und als die Hähne krähten, da ward mein Herze wach;
Nun sitz ich hier alleine und denke dem Traume nach."

Als ich an jenem Morgen in die kleine Wohnküche kam, waren die Beglückten schon weg, entflogen die Turteltauben.
Schweigend kauten die Eltern ihr Marmeladenbrot und schlürften ihren Malzkaffee, Muckefuck.
Oder war es echter Bohnenkaffee?
Ich weiß es nicht mehr. Heil war jedenfalls mein geliebtes Neuendettelsau. Heil Neuendettelsau!
Hätte es anders kommen können?
Das Großelternhaus ein Trümmerhaufen, die Bewohner, die gesamte Sippe im Keller erdrückt, erstickt, verbrannt?
Sehr wohl. „Die Partei und die militärischen Führer wollten anfänglich unter allen Umständen eine Verteidigung."
So schreibt Adam Schuster auf Seite 246 seiner Chronik.

Und das bei über 9000 Tonnen Luftmunition im Baronswald.
Aber die Fanatiker, die zu hundert Prozent Verirrten, Verrückten im eigentlichen Sinn des Wortes, sie waren auf verlorenem Posten, seit der erste amerikanische Panzer an meinem Elternhaus Bahnhofstraße 9 vorbeigerasselt war. Gott sei Dank!!!
Eine empfindsame Kinderseele ist wie ein aufgebrochener Acker im Frühjahr, welcher der Aussaat harrt. Jedes gesprochene Wort und jede begangene Tat ein Samenkorn, das schnell keimt und sich auswächst zu hundert- und tausendfacher Dimension.
Vielleicht war es die ganz persönliche Methode meines Vaters, die Rassengesetze von 1935 ad absurdum zu führen, eine ganz neue, nachträgliche Art von Sabotage.
Was wäre, wenn er gesagt hätte „So etwas kommt mir nicht ins Haus!" oder gar „Ein schwarzer Amerikaner und ein deutsches Mädchen, pfui!"?
Vielleicht wäre ich dann ein anderer. Jedenfalls könnte ich dann heute nicht guten Gewissens meine Geschichten erzählen.

Mittwoch, 25. April 1956

Keinen Pullover an heute und immer noch Kombi.
Es ist wolkenlos früh.
Am Bahnhof gibt mir Sch. schon wieder den Befehl, für ihn auf die Krankenkasse zu gehen.
Im Turnen spielen wir Korbball. Meine Mannschaft verliert 6:2.
Eins der beiden Tore schoss ich.
Beim Krell haben wir den Betriebsabrechnungsbogen, beim W. die geometrischen Reihen. Um viertel 11 ist Chor, Gesamtprobe.
In Latein haben wir Besuch, eine andere Klasse hat ebenfalls das Zimmer E angewiesen bekommen. K. und G. verhandeln ein wenig, dann sagt K. (Anm.: unser Lateinlehrer) *„Eamus" (Gehen wir).*
Aber im Schulhof überlegt er sich's nochmal und fragt beim Hausmeister an, ob ein anderes Zimmer frei ist.
Ich bin nicht blöde und flitze 1, 2, 3, haste nicht gesehn, um die Ecke.
Während die anderen jetzt schwitzen, gehe ich zu Tante E., werde wie immer freundlich empfangen, fahre aber um halb 3 heim, da mich kein Film (Anm.: in den drei Ansbacher Kinos) *interessiert.*
Buch: Vom Winde verweht.
Wetter heiter bis wolkig mit leichtem Schleier.
Warm, mache Stereo und Trigono.
Abends Federball. Schöne Kinder.
Rock around the clock, lese Hörzu, höre Wunschkonzert, prima, mit allen Schlagern des Tages. Kino: Der rote Speer.

„Etz schiniert er si" sagten sie, wenn sich ein Kind, ein Bub, plötzlich anders verhielt als üblich.
Besonders in Gegenwart von Fremden passierte es, dass man ein bisschen Theater spielte, sich hinter dem Rücken der Mutter versteckte, aber nur halb, und ab und zu wieder hervorlugte, um dann doch lächelnd Kontakt aufzunehmen.
Man wollte ja auch nicht ganz ausgeschlossen sein.
„Sie schiniert si halt" habe ich auch schon gehört, wenn es um kleine Mädchen geht. Sei es, dass sie nicht die Hand geben wollen oder, wenn man sie nach ihrem Namen fragt, Gesichter schneiden.
Sich genieren ist vom französischen „se gener" abgeleitet, und das heißt einfach befangen sein, sich nicht ganz wohl fühlen. Die Verneinung „ne pas se gener" bedeutet Keine Hemmungen haben,

sich wie zu Hause fühlen, und „ne pas se gener avec qn Sich vor niemandem genieren, sich kein Blatt vor den Mund nehmen.
Das versuche ich, heute, da ich alt genug bin, um mich unbefangen und ungeniert zu geben und eigentlich schreiben kann und darf, was mir einfällt.
Wer hat schon so viel Freiheit?
Rücksichtnahme aufs Publikum?
Wenn ich damit anfange, kann ich gleich einpacken, weil jedem was anderes gefällt. „Jedem Menschen recht getan ist eine Kunst, die niemand kann" heißt der abgedroschene Reim.
Das bedeutet aber im Umkehrschluss nicht, dass mir die Leserschaft wurscht ist. Mitnichten. Ich freue mich über jedes Feedback.
Wo sind meine Grenzen beim Schreiben?
Ich habe sie mir selber gesetzt. Ich möchte nichts löschen müssen.
Nicht am nächsten Tag und nicht nach einer Woche oder einem Monat. Alles muss so geschrieben sein, dass es bestehen kann.
So, dass ich es selber in einem Jahr noch lesen kann, ohne mich zu genieren oder rot zu werden.
So, dass es Nachkommen lesen könnten, ohne den Opa oder Uropa als alten Deppen ad acta zu legen.
Es ist und bleibt eine Gratwanderung. Hin- und hergerissen zwischen Sich Genieren bzw. Scham und dem Mut zu neuen Einträgen ziehe ich meine Straße, „einen Weiser…unverrückt vor meinem Blick…eine Straße muss ich gehen, die noch keiner ging zurück…"
Und voran auch noch nicht.
Oder kennt jemand jemanden, der auch so etwas macht?
Ein Jahr seines Lebens ausbreitet wie ein offenes Buch, ein sehr heikles dazu, das Jahr, in dem allmählich die Reife einsetzen muss, wenn sie nicht ausbleiben soll.
Und wozu das Ganze?
Ein Gottesdienst im Heilsbronner Münster zum Sonntag Kantate im Jahr 2016 könnte die Antwort geben: Man singe.
Das Singen spielt ja eine große Rolle in meinem Diary, in den Erläuterungen, Ergänzungen und Exkursen.
Singen wie ein Vogel, einfach so, aus Freude am Leben. Das ist auch Gotteslob. Net gschimpft is globt genug, sagt der Schwabe.
Sich äußern, sich outen, sprechend, singend, schreibend, egal.
Immer steckt dahinter meine Dankbarkeit, dass ich all das erleben durfte, was in diesen Einträgen enthalten ist, dass ich noch lebe und

fit genug bin, es aufzuschreiben und für Interessierte zugänglich zu machen, wenn auch notgedrungen gefiltert, manchmal.
Wenn wir beim Singen nicht die Schöpfung loben bzw. den Schöpfer, so ungefähr brachte es der Windsbacher Dekan Klaus Schlicker rüber, dann muss etwas anderes diesen Platz einnehmen.
Für einen solchen traurigen (und Angst machenden) Zustand gibt es genügend Beispiele in Geschichte und Gegenwart.
Die dritte Alternative wäre Schweigen, die Klappe halten.
Das liegt mir nicht. Um es mit Musik zu sagen („Du, meine Seele singe!"), „antes de morirme quiero echar mis versos del alma": Bevor ich sterbe, möchte ich mir, wie der Hombre sincero in dem Lied „Guantanamera" meine Verse von der Seele werfen.
Prosaisch ausgedrückt: sagen, was ich zu sagen habe.
Zum heutigen Tagebucheintrag ist nicht viel zu sagen.
Ein stinknormaler Frühlingstag mit Schule, einem Auftrag eines Bekannten für den Nachbarsbub, der jeden Tag in die Stadt fuhr, unspektakuläre Freizeitbeschäftigung am Nachmittag und frühen Abend, einer Notiz über die schönen Mädchen („Kinder"), die vorbeispazierten.

Auf den Kopf gefallen war ich nicht, wie man sieht.
Ergab sich eine Gelegenheit, relativ ungestraft eine Schulstunde zu schwänzen, so zögerte ich nicht. Vielleicht fehlen mir dadurch ein paar lateinische Verbformen, aber bei der Tante lernte ich schließlich auch etwas.
Und sie hatte so viele Bücher. Immer, wenn ich sie besuchte, nahm ich eines mit. Margaret Mitchells „Vom Winde verweht" gehörte zur Allgemeinbildung. Später las ich es auch im Original „Gone with the Wind", und es prägte meine Vorstellung vom amerikanischen Süden. Auch der überlange Film dazu aus dem Jahr 1939, den ich irgendwann später sah, war ein Erlebnis.

Donnerstag, 26. April 1956

Sehr mild. Muss vor 8 in die Maiselbrauerei, für Sch. etwas abgeben. Statt Physik haben wir heute Trigonometrie. Der Gei lässt uns eine kleine Ex schreiben (Anm.: im Fach Erdkunde) *über das Hoch- bzw. Tiefdruckgebiet, das gehört bei mir zum Allgemeinwissen.*
In Deutsch diktiert er Die Ratten von... mir fällt jetzt der Name nicht ein. Expressionismus.
Schönes Wetter, schwül, aber stark bewölkt, fast gewittrig.
Regnet auch tatsächlich einige große Tropfen und riecht dann so nach Staub und warmem Regen.
Ich fahre für Frau R. eine Fuhre Holz vom Loscher hinauf (Anm.: mit dem Handwagen ins obere Dorf) *und verdiene dabei 1 DM.*
Dann mache ich Stereometrie, habe aber gar keine Lust zum Aufgaben machen, obwohl es so viel zu tun gäbe.
Für Mutter (Anm.: die Großmutter) *kaufe ich ein, dabei schaut eine Büchse Milch für mich heraus. Auf Ex gesoffen* (Anm.: Kondensmilch, die ich damals sehr mochte und pur trank).
Später klingen meine Blues mit Gitarrenbegleitung wieder in den hellen Sonnentag hinaus.
Abends spiele ich mit Elise wieder Federball.
Um viertel 9 gehe ich in die Singstunde. Es dirigiert wieder Auer.
Wir singen die Abendglocken und Der Herr ist mein Hirte.
Für Samstag, wo mein Onkel Silberhochzeit hat.

„Keine Gefahr. Wir sind zweitausend Kilometer weit weg."
So ungefähr argumentierte ein bayerischer Politiker, der u. a. für die Umwelt zuständig war, als in einer Aprilnacht vor rund drei Jahrzehnten, also etwa in der Mitte des Zeitraums, über den ich hier täglich schreibe, ein bisschen östlich von uns, weit hinten in der Sowjetunion, wie man's nimmt, in der Ukraine, ein Reaktorblock in die Luft flog.
Ahnungslos joggten wir in den Wäldern rund um Windsbach noch ein paar Mal, ehe uns durch die zunehmende Besorgnis in allen Medien bewusst wurde, was da eventuell auf die mittelfränkischen Fluren herunterrieseln könnte.
Was die Katastrophe von Tschernobyl für Europa bedeutete, kann jeder ergoogeln, ich kann mir Ausführungen dazu sparen.
Auch über die Ängste, die uns ergriffen, möchte ich mich heute nicht mehr auslassen. Ich weiß nur noch, dass mir damals zum ersten Mal

bewusst wurde, was die knappe Bitte in unserem Vaterunser wirklich bedeutet: „Unser täglich Brot gib uns heute."
Dass Rehbraten und Wildsausteaks vom Speiseplan gestrichen waren, das konnte man ja verkraften, aber wir bangten wochenlang um die Milch.
200 Waggons mit verstrahltem Molkepulver geisterten monatelang auf bayerischen Gleisen herum.
Wem sollte man das Zeug zum Saufen geben? Dummen Kälbern, die ja, wie es im Sprichwort so schön heißt, ihre Metzger selber wählen? Irgendwann wurde das Teufelszeug entsorgt, ich weiß nicht wie.
Ein spezielles Schmankerl auf den Tellern meiner Kindheit war im April 1986 indiskutabel geworden: die Pfiffer.
Was war das für ein Genuss gewesen, wenn wir mit vollen Körben vom Wald heimkehrten und die Mama die kleinen gelben duftenden Pilze mit ein paar Eiern in die Pfanne haute!
Das Beste an Tschernobyl war, dass es einigen bayerischen Politikern, die partout mit dem Kopf durch die Betonwand wollten, einen Strich durch die Rechnung machte, indem die Wiederaufbereitungsanlage in Wackersdorf kurz darauf Schnee von gestern war.
Gott sei Dank!

„Königin! O Gott, das Leben ist doch schön!"
Dieses Wort, das Friedrich Schiller seinen Marquis Posa im "Don Carlos" sagen lässt, steht mir vor Augen, wenn ich einmal Zwischenbilanz ziehe:

• Ich genieße heute, am 26. April 2016, früh um fünf Uhr, die absolute Freiheit, schreiben zu können (und zu dürfen!) was ich will und wie es mir beliebt. Und das, ohne Papier einspannen und mit Farbbändern, Korrektur-Ex u. dgl. hantieren zu müssen.
• Ich flippe jeden Tag aus über die Möglichkeiten, die mir zur Verfügung stehen: eine riesige, unerschöpfliche Bibliothek, eine gigantische Mediathek, wo ich sämtliche Lieder, Schlager, Songs, Arien, Opern, Operetten und Filmmusiken, ja auch Messen und Kantaten, Choräle und Orgelstücke, kurz, alles was mir einfällt, teils aus frühester Jugend, anhören, teils auch ansehen kann, ohne etwas zu bezahlen und ohne irgendwelche Geräte aufwendig zu bedienen.
Ich brauche dazu keine Platten aufzulegen, keine Tonbänder umzuspulen und keinen Videorekorder in Gang zu setzen.

- Ich muss es manchmal erst verdauen, dass mir unendlich viel Platz zur Verfügung steht, alles zu tippen, was mir in den Sinn kommt. Dazu habe ich keinen Verbrauch an Papier und keinen Verschleiß von Kugelschreibern. Ein paar Klicks, und meine liebsten Zitate aus der Weltliteratur sind in meiner persönlichen Kladde, schön lesbar und in jeder beliebigen Schriftgröße. Die einzige Grenze, die mir gesetzt ist, wenn ich davon Gebrauch mache, stellt das Urheberrecht dar, was aber bei alter Literatur keine Probleme bereitet.
- Ich hocke hier an meinem Schreibtisch, diesen kleinen aufklappbaren Zauberkasten vor mir, und brauche nicht ständig aufzustehen, um Bücher, dicke Lexika, Wörterbücher, Zitatsammlungen, Partituren etc. aus einem Regal zu holen.

Noch bin ich nicht so weit, dies alles tun zu können auch unterwegs, wo ich geh und steh, im Zug, im Bus, im Biergarten, im Bett, auf dem Gehsteig, an der Fußgängerampel und auf dem Zebrastreifen. Aber vielleicht kommt auch das noch für mich.
Ich muss dann nur aufpassen, dass ich nicht in ein Auto laufe, sonst ist es vorbei mit der ganzen Herrlichkeit.

Ich fasse zusammen: Das gesamte Wissen der Menschheit liegt vor mir ausgebreitet, abrufbar mit ein paar Bewegungen meiner Finger.
Ich muss nur den Mut haben, davon Gebrauch zu machen.
Sapere aude.

Ergänzung 2019: Inzwischen habe ich auch so ein „Wischerla", ein sogenanntes Smartphone, so dass ich theoretisch alles auch unterwegs machen kann.
Aber da gibt es noch viel zu lernen für mich.

Freitag, 27. April 1956

Christa 1942
Ärgere mich gleich früh, da wir jetzt wieder die Viehwagen haben und no smoking dazu. Die W. macht sich scheints an mich heran.
In Ansbach gehen wir etwas spazieren vor 8.
Um dreiviertel mache ich schnell Deutsch.
Wir haben schönstes Wetter, nur vereinzelt kleine Cumuluswolken.
Beim Gei in Geschichte besprechen wir die Ursachen des 1. Weltkriegs und den Anlass.
Nachmittags ist es sehr warm, nur ein leichter Wind geht.
Ich esse bis ich satt bin, dann lese ich Zeitung.
Um 3 h fahre ich nach Windsbach. Heller Sonnenschein liegt über dem Land und überall werden Kartoffeln gesteckt.
Ich hole welche in der Baywa für uns. Habe ziemlich zu schleppen.
Es sind 40 Pfund. Kann bereits um 15.46 h heimfahren.
Zuhause schreibe ich Chemie ein und mache Trigonometrie.
Abends spiele ich wieder Federball mit E.
Später gehen wir ins Kino: Mamitschka.
Der Film einer großen böhmischen Flüchtlingsfamilie, die im Toto gewinnt und dadurch fast unglücklich wird. Auch sehr viel Humor.
Aber es ist zu viel hineingestopft, echt filmmäßig.

Christa war ein wunderbares Mädchen aus der Metropolregion, soweit ich mich erinnere, und nur einmal eine ED, eine „Encuentro dulce" von mir.
Geboren 1942.
Sie war also noch keine 14, aber das spielt ja keine Rolle, weil auch ich noch nicht das 16. Lebensjahr vollendet hatte und somit unmündig war, als wir irgendwann im Sommer 1955 einmal ein Stück die Haager Straße hinaus spazierten und es zu einem ganz zarten, scheuen, aber unvergesslichen Kuss kam.
Vielleicht auf Höhe der Feuerwehrgebäude, aber da gab es damals nur Kornfelder und Wiesen.
Wir wollten uns dann wieder treffen, aber es zerschlug sich.

Wie die sog. Viehwagen genau aussahen, weiß ich nicht mehr. Jedenfalls waren sie in Bezug auf Ausstattung und Komfort das Letzte. Auf Holz saß man ja sowieso, in allen Waggons. Es gab keine Polster, insofern konnte auch keiner welche aufschlitzen.

Ich habe eine blasse Erinnerung, dass bei den „Viehwagen" nur Sitzplätze an den Seiten angebracht waren, also keine Vierer- oder Sechsersitzgruppen, wo man wenigstens Karten oder Quartett spielen konnte.
Insofern gab es in diesen Notbehelfswagen sehr viele Stehplätze.

Hätten meine Eltern oder Großeltern mich aus erzieherischen Gründen nach Windsbach geschickt, um Saatkartoffeln zu besorgen, so würde ich ihnen allen posthum den Titel „Diplompädagoge" verleihen.
Aber ihre Motive waren eher pragmatischer Art.
Es war eben kein anderer da, der es machen konnte. Meine gleichaltrigen Cousins und auch die älteren waren in der Lehre oder hatten schon ausgelernt und mussten den ganzen Tag arbeiten, der Oberschüler hatte Zeit im Überfluss und langweilte sich womöglich.
Aber ich bin sehr dankbar, denn durch solche Aufträge wurde ich vielleicht mehr geprägt als durch das blasse Schulwissen.
Zumindest kann es nicht schaden, wenn Kinder auch mit dem praktischen Leben vertraut gemacht werden und ihre Nasen nicht nur in die Bücher oder (heute) in den PC oder ins Smartphone stecken.

Dass ich zu schleppen hatte, entnimmt man der Angabe über das Gewicht des Sacks, den ich in der Baywa holte und von dort zum Windsbacher Bahnhof schleifte. Von der Dettelsauer Station waren es etwa 150 Meter bis zur Bahnhofstraße 9.

„Heller Sonnenschein liegt über dem Land und überall werden Kartoffeln gesteckt."

Das waren noch Zeiten, als der Boden, die gute Mutter Erde, hauptsächlich dazu diente, die Menschen zu ernähren, auch auf dem Umweg über das Vieh.

Hätte jemand meinem Großvater erzählt, dass die Menschen irgendwann irgendwas anbauen, um Treibstoff für ihre sinnlose Herumfahrerei zu gewinnen, oder Elektrizität für ihre oft fragwürdigen Unterhaltungsaktivitäten, er hätte nur den Kopf geschüttelt und vielleicht gewettert gegen eine solchen Frevel an der Natur.

Anders ausgedrückt: der Mais beherrschte noch nicht die Flur, es rasten zur Erntezeit keine Monstertrucks durch die Dörfer, um die gehäckselte Grünmasse so schnell wie möglich zu den Biogasanlagen zu transportieren oder sie der Treibstoffverwertung zuzuführen, damit Biodiesel hergestellt wurde, mit dem man die Tanks der Monstertrucks füllen kann, damit diese Tag und Nacht mit einem Affenzahn durch die Dörfer rasen können, um die gehäckselte Grünmasse so schnell wie möglich...

Aber jetzt drehe ich mich im Kreis, sinnentleert.

1956. Es wogten die Kornfelder im Sommerwind und die Ähren reiften so langsam wie die Kinder in den Bäuchen der Mütter oder danach auf ihren Armen, alles mit Bedacht und in einer menschlichen Dimension.

Hüten muss ich mich allerdings vor der Nostalgie. Sicher war früher nicht alles prima. Ich flüchte mich daher lieber in die Sachlichkeit.

Bis zum Beginn der Neuzeit, den man im allgemeinen auf den Tag der Ankunft eines genuesischen Seefahrers in der Welt jenseits des Atlantiks, also auf den 12. Oktober 1492 datiert, was die Europäer fälschlicherweise die „Entdeckung Amerikas" nennen, was kompletter Quatsch ist, denn die Ureinwohner der Prärien und der Wüsten, die man später Montana, Mexiko oder Arizona nannte, hatten den Kontinent schon Jahrtausende zuvor „entdeckt" und die riesigen unbewohnten Regionen als ihre Heimat requiriert - bis zum Beginn dieser neuen Zeit also, sage ich, ernährten sich die diesseits des großen Teichs Hausenden, was das Vegane betrifft, ausschließlich von Getreide und Kraut und Rüben (alles durcheinander) und Gemüse und Obst.

Letzteres wuchs auf Bäumen, als Äpfel und Birnen. In der Erde gab es solche nicht. Und was der Bauer nicht kennt, das frisst er nicht, heißt es im Sprichwort, also musste einiger obrigkeitlicher Zwang angewendet werden, damit die sturköpfigen Villains - Schurken - wie sie der französische Adel nannte, der sich mit dicken Mauern und Wassergräben vor diesen unberechenbaren Dummköpfen schützte, sich dazu bequemten, die seltsamen, möglicherweise auch giftigen Knollen anzubauen.

Die fränkischen Dörfler, auch Bauern allesamt, „gscherte", waren ähnlich gepolt. (NB: geschert waren sie deswegen, weil sie lange Haare, wie sie die Großkopferten zur Schau trugen, nicht brauchen konnten bei ihrer Arbeit und weil sie auf diese Weise auch den Läusen den Nährboden entzogen, von denen die Herrschaften bei Hof heftig geplagt wurden).

„Sohng lassn mier uns nix. Fier uns sen des Ebbirn und kanne „Kartoffeln".

„Erdäpfel" nannte sie der Oberpfälzer und der Bayer, Grundbirnen der Pfälzer, „Pommes de Terre" der Landmann jenseits des Rheins.

In und um Nürnberg herum konnte man sich ein bisschen anfreunden mit dem Indianerwort „Patatas" und sprach von „Bodaggn" statt von „Kartoffeln" (von ital. Tartufolo = Trüffel), um einerseits das aus dem Italienischen kommende Wort zu vermeiden und andrerseits nicht mit den Bauern des Umlandes in einen Topf geworfen zu werden. Wer „Bodaggn" sagte, war einfach ein vornehmer Mensch, zumindest ein vornehmer Franke.

Über die Kanarischen Inseln kam die Feldfrucht zu uns. Dort nennt man sie „Papas", nicht mit hartem P, sondern eher ein bisschen fränkisch: „Babbas". Dazu gibt es schöne Bilder im Web.

Beim Kartoffelstecken ging man mit einem Drahtkorb auf dem gepflügten und gefurchten Acker ein bisschen spazieren und ließ in gewissen Abständen – ich weiß nicht mehr genau, wie viele Zentimeter – eine Knolle fallen.

Diese scharrte man leicht mit dem Fuß zu.

Dann ließ man den lieben Gott einen guten Mann sein und wartete.

Besonders intelligent durfte man nicht sein, wie der Volksmund sagt, sonst wuchsen sie nicht zu ansehnlicher Größe heran,.

Die eigentliche Plage kam erst im Herbst. Da musste man sich bücken, den ganzen Tag lang. So arg lang ist das noch nicht her.

Noch in den 1970ern half meine Schwiegermutter, die aus der „Ostzone" zu Besuch war, meiner Patentante auf einem Acker, wo heute die Autos der Besenbeck-Kunden parken, beim Kartoffelstecken. Und der Großvater erntete große Ebbirn am Wörrleswald, gleich am Löheweg nach Wernsbach. Vielleicht nicht immer die allergrößten, aber immerhin. Obwohl er nicht dumm war.

Exkurs Nr. 24

Kartoffelernte

Immer um diese Jahreszeit, im frühen Herbst, wenn das Azorenhoch für ein paar Tage einen Schwall warmer Luft aus dem Südwesten zu uns herüberschwappen lässt, kommen mir die Erinnerungen an das Ebbirngrohm, das Kartoffelgraben.
Die Ebbirn hießen sie bei uns, die Erdbirnen, und die Großeltern bauten nur für den Eigenbedarf an. Die zwei mageren Kühe wurden vor den Leiterwagen gespannt, und dann ging es hinaus auf den Acker, wo das Kraut der Kartoffeln schon recht welk und jämmerlich aussah.
Mit Hackgabeln wurden die Früchte jeder Staude - das konnten mehr als ein Dutzend sein - vorsichtig freigelegt und dann einzeln mit der Hand aus der Erde herausgebuddelt.
Kam man mit schwarzen Fingernägeln in die Schule, so sagte der Lehrer: „Du hast wohl Kartoffeln gegraben?"
Der Großvater hielt seine groben, braunen Säcke in Schuss, die mit den köstlichen Knollen unterschiedlicher Größe gefüllt wurden, bis sie in regelmäßigen Abständen wie kleine Männlein auf dem Acker standen.
Dann wurden sie auf den Wagen geladen. Das Kraut wurde verbrannt, zu unserer Gaudi.
Überall auf den Feldern loderten die Kartoffelfeuer, und der beißende Rauch zog über die Landschaft und vernebelte den eh schon nicht mehr ganz blauen Himmel, der von Novemberabenden träumen ließ.
An Ort und Stelle wurde gleich verkostet, was man da geerntet hatte: auf einen zugespitzten Ast aus dem nahen Wald wurde eine möglichst große Kartoffel gespießt und ins Feuer gehalten, bis sie schön durchgebraten war.
Man spürte kaum, dass man sich beim Abziehen der Pelle die Finger verbrannte, weil sich alle Empfindungen auf die Nase, die Zunge und den Gaumen konzentrierten.

Nirgends, nicht im besten Hotel, und in keiner Zubereitungsart schmeckt die Kartoffel, dieses Geschenk aus der Erde, so gut wie auf dem Feld frisch aus dem Feuer des welken Krautes.
Zuhause stand sodann noch das Abenteuer des Abladens bevor.
An den Wagen wurde eine primitive, aus Brettern und Latten gefertigte Rinne gelehnt, die unten an die Kellerluke anschloss. Sack für Sack wurde geöffnet, und mit dumpfem Gepolter, einem Geräusch, das in jenen Tagen das Dorf erfüllte und das ich immer noch in den Ohren habe, purzelten die unregelmäßig runden, gesunden Knollen in das dunkle Verlies hinab, wo sie lagern sollten, um im Laufe der kommenden Monate von der Großmutter und den Müttern der Großfamilie zu Salzkartoffeln, zu Stopfer alias Kartoffelbrei und zu Baunzln alias Kartoffelpuffern verarbeitet zu werden.
Köstlichen Kartoffelsalat und rohe Klöße gab es auch, manchmal mit einem Stallhasen als Sättigungsbeilage. Pommies und Kartoffelchips kannten wir dagegen nicht, das haben uns die heutigen Kids voraus.
Dafür genossen wir zwischendurch, wenn wir oben auf dem Wagen genug zugeschaut hatten, das Gruseln in dem stockfinsteren Gewölbe, in dem der Berg aus Kartoffeln wuchs und wuchs, bis er fast die Decke erreichte.
Reich waren wir und keineswegs zu bedauern, wie es im Kirchweihlied anklingt:
O ihr arma Kerwabüebli, o ihr arma Schluckerli,
Messter nix wie Ebbirn fressn wie die klaana Suckerli.

Arm? Wir nicht! Es war uns ein Vergnügen, Kartoffeln zu essen. In allen Variationen.

Samstag, 28. April 1956

Trüb früh, trocken, aber kühl. Schule ist wie immer samstags, sehr langweilig. In Chemie machen wir Versuche mit Chloriten und Chloraten. In Latein sind wir nur 5, er überlegt lange, schließlich Eamus. Fahre dann um viertel 1 heim.
Im Zug ist ein alter Besoffener. Nachdem ich Zeitung gelesen habe, fahre ich um 2 h nach Schlauersbach und hole 30 Eier.
Das Wetter ist annehmbar, wenn auch nicht gerade wunderschön.
Many Puppies. Den Alfred haben sie ganz verrückt gemacht, sie haben ihm einen Brief geschrieben, der angeblich von der Lucie vom Schulhaus ist, jetzt ist er reif zum Aderlassen.
Nachmittags fahre ich im Dorf herum, hole für Helmut Zement für seine Rollergarage.
Fräulein M. sehe ich auch ein paar Mal, sie grüßt mich freundlich.
Um 7 h wasche ich mich und dann gehe ich zum Bischoff, wo wir unsere 2 Lieder noch einmal proben, die wir dann um 9 h (Anm.: abends) *bei meinem Onkel singen. Er hält eine kurze ruhige Ansprache und damit ist es vorbei.*
Ich gehe noch spazieren bis halb 10.

Chlorite und Chlorate sind Salze der chlorigen Säure. Man kann sie zum Bleichen von Textilien verwenden, aber auch als Explosivstoff, wie ich heute der Wissensmediathek Wikipedia entnehme.
Solche Versuche, wo es ein bisschen stank oder krachte, mochte ich ganz gern im Fach Chemie. Die pädagogische Absicht dahinter war wohl, uns auch ein bisschen zur Verantwortung zu erziehen und unseren Ordnungssinn zu fördern.
Man musste den Arbeitplatz sauberhalten und nach dem Unterricht alles wieder aufräumen. Auch dass es was zu zündeln gab, gefiel uns, es befand sich ja an jedem Platz ein Gashahn.
Der Lehrer schärfte uns natürlich x-mal ein, die Vorschriften genau zu beachten und nicht herumzublödeln.
Wenn der Lateinlehrer sagte „Eamus", weil ihm zu wenige anwesend waren, so hieß das „Gehen wir".
Andiamo sagen die Italiener, Vamos oder Vamonos die Spanier und Lateinamerikaner, Vamono die Andalusen und Kanaren.
Letzteres deswegen, weil sie am Schluss eines Wortes regelmäßig das S weglassen, falls eines vorhanden ist. Se las comen. Sie essen sie, sie verschlucken sie. Die S am Schluss der Wörter.

Das Licht ist dort la lu (la luz) und die Stadt Cadiz erscheint als Cadi.
Das ist nicht etwa falsch, sondern eben einfach anders.
Wäre die herrschende Schicht in Spanien aus Andalusien gekommen, so hätte sich wahrscheinlich diese Aussprache durchgesetzt.
Aber die Granden waren kastilischen Geblüts, und so wurde das Kastilische dort zur Hochsprache: Castellano.
Das ist ähnlich wie mit dem S bzw. Sch in Franken.
Es gibt eine unsichtbare, aber hörbare Grenze genau hier bei uns zwischen „du hast" und „du hoscht", zwischen „Maanst?" (Meinst du) und „Maanscht".
Sie verläuft zwischen Windsbach und Mitteleschenbach.
In Gunzenhausen wird man keinen Ureinwohner treffen, der nicht das S vor einem T als Sch ausspricht: „Meschdns" (Meistens).
Hätten die Gunzenhäuser in den früheren deutschen Machtzentren den Ton angegeben, in Berlin etwa oder in Ansbach, so würden wir heute alle so sprechen.
Bei manchen Wörtern hat sich ihre Lautung ja durchgesetzt, wie etwa bei der Wurst, die man auch diesseits des Mönchwalds nur als Woscht kennt: die Brootwoscht und die Schtadtwoscht.
Und beim Durst: „Hobb iech etz einen Doscht!"
Bei „du musst" wiederum scheiden sich die Geister: „du musst" an der Rezat und „du muscht" am Altmühlsee.
Luschtich, gell.
Oder heißt es in Wolframs-Eschenbach auch „Lustig"?
Ich bin schon ganz welsch.
„Du machst mi (makscht mi) ganz welsch", sagten die Alten und meinten damit „durcheinander". Welsch waren die Nicht-Teutonen, die Römer etwa, die sich ja bis zum Limes vorgekämpft hatten.
Ein fürchterliches Kauderwelsch sprachen die.

Schluss mit der Blödelei!
In Dettelsau ist man ernst und würdig, dafür haben so strenge Pfarrer wie der Wilhelm Löhe und der Friedrich Bauer, der sogar bei der Entstehung des Dudens dabei war, gesorgt.
Drum gibt es hier auch keinen Fasching und keinen Karneval.
Undenkbar, dass im Löhedorf jemals ein Prinzenpaar einen Narrenthron besteigt oder eine kurzberockte Garde die hübschen Beine schmeißt.

Wobei sie durchaus das Personal dazu hätten, die Dettelsauer, ich meine jetzt, was die Funkenmariechen angeht, nicht etwa die Narren. „Many puppies", notierte ich schon 1956, das hieß „Viele schöne Mädchen". Was für ein Pool an potenziellen Gardemädchen!
Aber sie mussten ja alle fromm sein!

Blick auf das Laurentius-Schulzentrum in den 1960ern.
Am „Schwesternscheitel" (Waldsteig) gab es noch einen großen Nutzgarten.

Für eine schlimme Geschichte, die ich damals mitbekam, habe ich die Namen geändert.
Der Alfred war ein biederer braver Monteur, der kaum ausgelernt hatte und hier vorübergehend beschäftigt war.

Die Lucie war der steilste Zahn von der Anstalt, ich nehme an, vom Gymnasium. Es gab keinen Halbwüchsigen, der nicht davon träumte, ihr Freund zu sein. So auch der Alfred.
Ein Arbeitskollege von ihm und noch ein paar Heillose taten sich zusammen (ich war nicht dabei!) und fabrizierten einen handschriftlichen Brief mit Umschlag und frankiert und mit allem sonstigen Pipapo, in dem der Alfred als der Mann ihrer (der Lucie) Träume erschien.
Sie liebe ihn, ließ sie ihn wissen, und wisse nicht, wie sie es anstellen solle, ihn zu treffen und es müsse ganz heimlich geschehen, er möge sich doch zu einem bestimmten Termin dort oder dort einfinden.
Der arme Bub drehte schier durch vor lauter Begeisterung. Mir tat er ein bisschen leid, weil er überall mit diesem Brief hausieren ging und nicht merkte, wie alle nur feixten und ihm falsche Ratschläge gaben.
Wie die Geschichte ausging, weiß ich nicht mehr. Irgendwann wird er es gemerkt haben, dass ihm nur übel mitgespielt worden war.
Ich deute heute das Ganze als Produkt der überhitzten Fantasie frustrierter Machos, die mit den täglich in Scharen herumlaufenden Teenies nicht zurechtkamen und oft nur in ihrer Männergesellschaft gefangen waren.

Zur Silberhochzeit meines Onkels sangen wir vom Gesangverein zwei Lieder. Wahrscheinlich „Schon die Abendglocken klangen" aus der Oper „Das Nachtlager von Granada" von Conradin Kreutzer, und eine Vertonung des 23. Psalms: „Der Herr ist mein Hirte."

Sonntag, 29. April 1956

Um halb 8 wache ich zum ersten Mal auf, es ist bewölkt, später sogar bedeckt und regnerisch, nicht kalt.
Ich lese Hörzu im Bett und stehe um halb 11 auf.
Der Vormittag vergeht mit Anziehen und sonstigem.
Nach dem Essen warte ich auf Willi. Ich warte bis halb 3, der Kerl lässt sich nicht sehen. So begebe ich mich denn zum Kaffeetrinken in den Festsaal. Die Verwandten aus Nürnberg sind schon alle da, und auch die Dettelsauer.
Nach dem Kaffee gehe ich mit Helmut etwas spazieren.
Wir haben Mäntel an.
Als wir heimkommen, sind wir Jungen allein.

Meine 2 Witwen gehen nacheinander am Haus vorbei.
Um 6 h gibt es Vesper, um 8 h Torte und Kaffee.
Um halb 9 machen wir Spiele, dann wird gesungen und es herrscht eine Mordsstimmung.
Später werden noch Witze erzählt bis 11 Uhr.
Die Tante Lena setzt eine todernste Miene auf. Aber Respekt: sie hat jedem von uns beiden 50 Pfg. gegeben fürs Spielen (Anm.: Musizieren).

Ein Festtag im Haus. Silberhochzeit meines Onkels und meiner Tante.
Ich wäre auch ausgerissen, um den Nachmittag in Halbstarkenmanier zu verbringen, wenn mein Schulfreund, wie vereinbart, gekommen wäre. Aber er versetzte mich.
Kalt muss es auch gewesen sein, vielleicht nicht ganz so kalt wie 2016, aber immerhin notierte ich, dass wir beim Spaziergang Mäntel anhatten.
Mäntel sind ja aus der Mode gekommen, seit man nur noch Sportkleidung trägt. Ich hatte im letzten Jahrhundert mehrere Wollmäntel, einen sog. Trenchcoat, aus dem man, falls die Temperaturen stiegen, das Futter herausnehmen konnte, und einen „Klepper", das war ein Gummimantel fürs Regenwetter.
1973 kaufte ich mir in Spanien noch einen schweren, langen Mantel aus Lammfell, und in den 1980ern einen aus weichem, schwarzem Leder.
Und alles hängt im Schrank bzw. ist teils verschenkt.
Abwarten, vielleicht ändert sich die Mode wieder, oder man kann die guten Stücke zum Theaterspielen verwenden,

Ehen glichen früher im Allgemeinen durchaus dem „Bund fürs Leben", wie der Fachausdruck lautet. Viele erlebten fünfundzwanzig Jahre, nicht alle die goldenen fünfzig. Meine Dettelsauer Großeltern waren fast 59 Jahre miteinander verheiratet.
Dazu fehlen meiner Frau und mir jetzt noch 5 Jahre. Mal sehen.
Die Großmutter wurde nur 81, der Großvater musste noch elf Jahre alleine vor sich hinkrautern, ehe er mit 97 Jahren mit ihr wieder vereint war.

„Witwen" im TB-Eintrag ist natürlich scherzhaft gemeint, es waren die „Verflossenen", meine Ex-Freundinnen. Vielleicht war **ich** für **sie** gestorben, dann wäre der Ausdruck nicht ganz falsch gewesen.
Interessant ist der rege Fußgängerverkehr, der damals an einem normalen Sonntag im Dorf herrschte. Heute wäre die Wahrscheinlichkeit eher gering, dass ausgerechnet das Mädchen, mit dem man einmal ging, die Bahnhofstraße entlang stolziert, abgesehen davon, dass die Einwohnerschaft nicht mehr so überschaubar ist wie noch vor sechs Jahrzehnten.

Schon des Öfteren war die Rede von der „Hörzu" gewesen.
Das war eine der zwei beliebten Radiozeitschriften, die andere war der „Gong", der mehr Bayerisch geprägt war, weil ihn der Sebaldusverlag in Nürnberg herausgab.
Beide erschienen ab 1948 mit Genehmigung der amerikanischen Militärregierung. Anfangs kostete ein Heft 25 Pfennig, wie ich dem Web entnehme, 1956 dürfte es eine halbe Mark gewesen sein.
Neben Klatsch und Tratsch über die Schlager- und Filmstars gab es Wissenswertes und Kreuzworträtsel.
Vor allem aber interessierte mich das Rundfunkprogramm der wenigen Sender, die man hören konnte. In aller Ausführlichkeit waren bei einem klassischen Konzert alle Werke aufgeführt, die aufgelegt oder live übertragen wurden.
Ging es um Operetten, so las man „Die Fledermaus", „Das Land des Lächelns", „Der Vogelhändler", „Schwarzwaldmädel", „Frau Luna", „Gräfin Maritza", „Eine Nacht in Venedig", „Der Bettelstudent", „Der Vetter aus Dingsda", „Im weißen Rössl am Wolfgangsee", „Wiener Blut", und vieles mehr, und ich lernte und lernte, und wenn ich in der Küche saß, horchte ich, besser gesagt, wir horchten alle drei auf das, was aus dem kleinen Holzkistchen auf einer Konsole an der Wand plärrte, und der Vater sang fast alles mit, und zuweilen stimmte ich ein und krähte mit ihm „Machen wir's den Schwalben nach, bau'n wir uns ein Nest" und „Ach, ich hab sie ja nur auf die Schulter geküsst" und „Schenkt man sich Rosen aus Tirol, weiß man was das bedeuten soll" und „Komm in meine Liebeslaube" und „Komm in die Gondel, mein Liebchen, o steige nur ein, allzulang schon fahr ich so trauernd so ganz allein".
Das war Musik zum Mitsingen, voller Harmonie und Poesie, „spiel mir eine alte Melodie", sie weckte Sehnsüchte und tröstete über die

Traurigkeit hinweg, wenn es mit der Liebe nicht so lief wie in den schnulzigen Filmen.
Und muttersprachlich war das Ganze auch noch.
Nicht, dass ich gegen englische Texte etwas gehabt hätte, ich war ja vernarrt in den AFN, wie ich schon zur Genüge erzählt habe, aber den konnte ich nur hören, wenn ich alleine war.

50 Pfg, fünfzig Pfennig für unser bescheidenes Musizieren (Akkordeon und Gitarre). Repekt!
Ich habe das, so unreif ich auch sein mochte, sehr geschätzt, wie man meinem Eintrag entnehmen kann. Wenn eine arme Großtante, die fromme Schwester meiner Großmutter, die unseren frivolen Witzen nichts abgewinnen konnte, uns so entlohnte, so kam das einem Zweimarkschein gleich, den ein Reicher vielleicht gegeben hätte.
Wir spielten ja meistens umsonst oder fast umsonst, nur gegen Essen und Trinken, und manchmal ging mein Vater, der die Zither schlug, im Wirtshaus mit einem Hut herum, in dem sich danach ein paar Mark befanden. Einmal, das war beim Winnerlein, steckte mir eine Neuendettelsauer Geschäftsfrau heimlich zwei einzelne Markstücke in die Jackentasche, das habe ich nicht vergessen.
Später, 1958 und 1959, bekamen wir in den Gasthäusern und Tanzlokalen in Ansbach, in Sachsen bei Ansbach, in Heilsbronn, in Leutershausen und nicht zuletzt in Neuendettelsau fünf Mark pro Mann und Stunde. Während der Faschingssaisons der Jahre 1957 bis 1959, das war noch vor dem Abitur, brachte ich auf diese Weise etliche hundert Mark zusammen.
Aber was bedeutete das Geld angesichts der vielen menschlichen Begegnungen und Erfahrungen und der ausgelassenen, fröhlichen Stunden, die damit verbunden waren?
Ich möchte das alles nicht missen.
Was für ein reiches, gutes Leben hatte ich!

Montag, 30. April 1956

Es ist wieder trüb und regnerisch. Ich stehe um halb 9 auf, muss gleich auf die Kanzlei und das Licht bezahlen. Dann zum Honold und meine Kombi zum Reinigen geben. Zuhause mache ich dann etwas Algebra und Englisch. Die Milary Music (Anm.: ???) *vom AFN von 10 bis 11 h ist sehr gut, es träumt sich so schön dabei.*
Heute muss ich allein fahren, Klaus fährt nicht mit, er fährt mit dem Rad (Anm.: nach Ansbach in die Schule) *und von den 3 Strumpfwirkern sehe ich keinen.*
Alles ist so trübsinnig heute, das macht das Wetter, kalt, windig und finster. In Physik lernen wir den Dynamo kennen.
Vorher werden Petz, Dietrich und Jockel geprüft.
Beim Krell (Anm.: Wirtschaftslehre) *ist wieder einmal Hochstimmung.*
Heute warte ich vergebens auf K. Sie fährt um halb 6 heim.
Warum nur?
Ich stehe mit Robert noch am Bahnhof und fahre um viertel 7.
Unsere Katze ist sehr fleißig, sie hat gestern drei Mäuse gefangen.
Der X. hat sich mit dem Moped derhutzt.
Und am 14. hat er noch mit uns gesungen.
Abends bin ich zuhause, rede mit Mama über meine Zukunft, falls ich Abitur mache und erkenne, wie mir die Welt offen steht.
Ich will jetzt das Schlechte dieser Welt nur noch als stiller Betrachter an mir vorbeiziehen lassen. Habe heute sehr viel gelernt.

Große Worte, dieser vorletzte Satz.
Da wäre einiges zu definieren. „Das Schlechte dieser Welt". „Als stiller Betrachter"! Dass ich nicht lache!
Vielleicht könnte man an dieser Stelle den oft geposteten Spruch zitieren, der (sinngemäß) so geht: Lieber Gott, hilf mir, das zu ändern, was ich ändern kann, und lass mir hinten oder sonstwo vorbeigehen, was ich nicht ändern kann, und verleihe mir die Weisheit, das eine vom andern zu unterscheiden.
Natürlich kannte ich das Gebet des amerikanischen Theologen Reinhold Niebuhr noch nicht, obwohl es damals laut Wikipedia schon ca. 15 Jahre in der Welt war. Dort lese ich, dass auch die Anonymen Alkoholiker davon Gebrauch machten.

Die Jugend ist ja so frech, solche Zitate zu verändern und sogenannte Sponti-Sprüche daraus zu machen. Einer fällt mir ein, den sich ein Bekannter von mir zu eigen gemacht hatte:
Lieber ein bekannter Säufer als ein anonymer Alkoholiker.
Aber, wie so oft, Spaß beiseite.
Ein ganz klein wenig schien ich in meinem dumpfen Unverstand schon zu ahnen, dass man sich nicht über alles im Leben ereifern sollte.
Im Zweifelsfall geht die eigene Gesundheit vor, und der Ohrwurm aus der „Fledermaus" mag mich auch beeinflusst haben: „Glücklich ist, wer vergisst, was doch nicht zu ändern ist".
Eine schöne Feststellung, die wir beim Mitsingen parodierten als „...wer verfrisst, was nicht zu versaufen ist".

Die Mama wusste mit Sicherheit mehr über meine Poussiererei als ich mir vorstellen konnte. Das Dorf war relativ überschaubar und die soziale Kontrolle funktionierte noch einigermaßen.
Da werden sicher Bekannte aus der Schule geplaudert haben, wenn sie mich mit einem Mädchen spazieren gehen sahen.
Sie versuchte ein bisschen zu steuern, ohne Schimpfen, ohne Vorwürfe, und das war eigentlich klug von ihr.
Ich mochte solche Gespräche unter vier Augen über meine Zukunft und meine Perspektiven.
Es ist ja oft problematisch, sich zu früh zu binden, weil man dann nicht mehr frei ist, wenn die/der Richtige kommt.
Andrerseits gehört das Ausprobieren auch zum Leben.
Wer diesbezüglich alle Gelegenheiten auslässt, entwickelt ja auch kein Urteilsvermögen und greift womöglich irgendwann blind in die Trommel.
Oder gleich in die Kloschüssel, wie die Gescheiterten heute oft sagen.
So gleicht das Leben in der Phase des Heranwachsens einem Gang über ein gespanntes Drahtseil, und man muss froh und dankbar sein, wenn man bei allem Wackeln und Zögern und Zaudern heil drüben ankommt.

Kein Moped bzw. Motorrad zu besitzen, was schon mal gut und eine Gefahr weniger. Über das „Derhutzen" kann man beim Eintrag vom 21. März lesen. Fast ausnahmslos waren es junge Männer, die auf diese Weise ihr Leben verkürzten.

Sie fuhren ja noch ohne Helm und ohne Schutzkleidung.
Alkomaten waren so unvorstellbar utopisch wie Smartphones. Die Straßen waren krumm und bucklig, und in der Pampa ungeteert.
Dass ich die zahlreichen Spritztouren als Sozius unversehrt überstand, ist nicht selbstverständlich, weil zwei von denen, die mich dankenswerter Weise manchmal mit nach Hause nahmen, wenn kein Zug mehr fuhr, auch als Unfallopfer zu Grabe getragen wurden.

ED2 versetzte mich, das heißt sie kam einfach nicht zum Stelldichein. Damit war die Sache eigentlich beendet, weil keiner von uns beiden etwas unternahm, um die sterbende Glut anzufachen.
Aus den Augen, aus dem Sinn, sagt der Volksmund.
Vielleicht durfte sie auch nicht mehr.
Als Schüler ohne Abschluss, einer ungewissen Zukunft entgegensehend, ohne irgendein Vermögen im Hintergrund, werde ich nicht gerade der Traumschwiegersohn gewesen sein.
In einem bestimmten Fall weiß ich es aus erster Hand, dass die Mutter ihr Veto einlegte, weil das Töchterlein ein bisschen mit dem Schulbuben flirtete.
Verbürgtes Zitat: „Woss willst denn mit dem Schulbuum?"
Trotzdem bin ich dankbar auch für solche vorübergehenden Beziehungen. Sich näherkommen, glückliche entspannte Momente erleben, und sei es noch so bescheiden, das ist ja auch schon was in dieser oft recht trüben Welt, und wenn sich die Wege nachher wieder trennen, ohne dass man sich gegenseitig oder einem Dritten irreparabel weh getan hat, dann ist meiner Meinung nach alles gut.

1957 kam es noch zu einem halben Dutzend solcher süßer Begegnungen, die ich Encuentros Dulces (ED) nenne, aber mein ausführliches Tagebuch endet mit dem Silvesterabend von 1956, und das ist gut so, weil die Begegnungen naturgemäß immer süßer und verwegener wurden, je älter ich wurde.
Aus Spaß hätte Ernst werden können, wie der Kalauer andeutet, und „Da schweigt des Sängers Höflichkeit" ist auch eine Option.
Sollte jemand den Ehrgeiz haben, eine wissenschaftliche Studie über die Liebe in den Zeiten der Pillenlosigkeit anzufertigen oder gar seinen Doktor darüber zu machen, so kann er/sie mich gern kontaktieren.
Zum Thema „Jugend und Sexualität in den 1950ern" könnte ich selber eine Abhandlung schreiben, aber mir fehlt die Zeit dazu.

Und die Erfahrung.
„Ein halbes Dutzend" ist ja nicht viel, wenn man heutige Maßstäbe anlegt. Um eine Art Kinsey-Report zu verfassen, müsste man schon hunderte Betroffene befragen.
Mindestens, denn der amerikanische Zoologe und Sexualforscher befragte etwa elftausend Personen zu seiner Untersuchung.

Themenwechsel.
Der Amtsschimmel wiehert auch ab und zu in einem langen Leben.
Die „Kanzlei" war einfach das Rathaus. „Cancelli", Schranken sollen den Bürger auf Abstand halten in einer Behörde, und wer die gute alte Zeit erlebt hat, wird sich erinnern, dass unübersehbare Trennwände vorhanden waren bei offiziellen Stellen, aber auch anderswo.
Der Beamte oder Bedienstete saß bzw. stand hinter einer Wand und konnte mittels eines kleinen Schiebefensters mit dem Untertan oder Kunden in Verbindung treten. Das war so bei der Post und bei der Bahn und auch bei der Sparkasse, die in der „Gemeinde", also im Rathaus untergebracht war.
Deshalb sprach man auch vom „Schalter", einem abgetrennten Raum. Vorn der Abzufertigende, und hinten die Autorität, die nicht zu belangen war, denn im Zweifelsfall konnte das Schiebefenster schnell zugehauen werden.
Zustände wie man sie heute bei der Post und bei der Bahn sowie bei den Banken findet, dass nur ein Tisch dazwischen ist, waren undenkbar.
Nur wo es ums bare Geld geht, hat man die Distanz gewahrt, aus verständlichen Gründen.

Wenn ich „das Licht bezahlen" musste, so hieß das, ich kam mit Bargeld zur Gemeindekasse und beglich die Rechnung für den Haushaltsstrom. Die Warteschlangen möchte ich sehen, wenn das heute noch so funktionierte.
Gewöhnliche Sterbliche hatten kein Bankkonto.
Alles wurde bar abgewickelt.

Schon in den Sommerferien 1955 arbeitete ich sechs Wochen auf dem Bau, dem Rohbau des hinteren Krankenhausgebäudes, das vor wenigen Jahren abgerissen und durch einen Neubau ersetzt wurde.
Ungefähr 60 Pfennig bekam ich die Stunde fürs Schleppen von 40 oder 50 kg schweren Zementsäcken, Kanalgraben mit der Schaufel, Anpacken beim Tragen und Platzieren von schweren, langen Trägern für die Deckenkonstruktion, Füttern der lärmenden Mörtelmaschine mit Sand, Wasser und Zement, und Ausschalen, d. h. Wegschlagen hölzerner Riegel mit einem Vorschlaghammer, wenn der Beton ausgehärtet war.
Letzteres kam meinem Spieltrieb entgegen und war mir die liebste Beschäftigung, da konnte man so richtig Dampf ablassen, und es klapperte so schön, wenn die schweren Holzstücke umeinanderflogen.
Noch schöner war es, sie aus dem zweiten oder dritten Stock zum Fenster hinauszukatapultieren, auf der Rückseite, wo der Wald war.
Die Fenster waren ja noch nicht gesetzt, und man konnte die Riegel auf die Backsteine aufsetzen und bis zu einem gewissen Punkt hinausschieben, dann kam der Abschuss mit ein bisschen Druck nach unten, so dass der kleine Baumstamm vorne steil aufstieg und dann wie eine Rakete abhob. Ich kam mir vor wie Quasimodo im „Glöckner von Notre Dame", wenn er nach jedem gelungenen Wurf in seinem Glockenstuhl herumtanzt.
Dieses Spiel hätte ich auch für den halben Stundenlohn täglich betrieben, so gut gefiel es mir. Man musste nur höllisch aufpassen, dass kein Arbeitskollege des Wegs kam, aber in meiner Fantasie gab es ein paar Leute, die ich damit gern ein bisschen erschreckt hätte, nicht getroffen, nein, nein, aber so in zwei oder drei Meter Entfernung mal einen Riegel niedergehen lassen.
Manche landeten flach wie ein Schwimmer, der mit einem Bauchklatscher ins Wasser springt, andere schlugen senkrecht auf, standen ein paar Sekunden, als ob sie sich's überlegen wollten, und fielen dann in Zeitlupe um.

Kurz, es war kurzweilig und so amüsant, dass ich es heute wieder machen würde, wenn mich jemand dazu einladen täte.

Aber was wollte ich erzählen? Ja, da war was mit dem Geld:
Immer samstags gegen Mittag, eine halbe Stunde bevor das Wochenende begann, kam ein Mädchen aus dem Büro der Baufirma und kletterte mit einem großen Sack, der ihr an einem Riemen über die Schulter hing, die Leitern an der Baustelle hinauf und hinunter und zahlte die Arbeiter aus, die mal kurz die Kelle beiseitelegten und den noch nicht verlegten Stein auch, um ihren Lohn zu empfangen, auf Heller und Pfennig.

Für fünfzig Wochenstunden bekam ich dreißig Mark und ein paar Zerquetschte, das machte in sechs Wochen hundertachtzig Mark, und davon kaufte ich mir im September 1955 das Instrument meiner Träume, die Gitarre.

Denke ich mir diese, die schon in diesem ersten Trimester eine unübersehbare Rolle gespielt hat, aus meinem Leben weg, so ist die Bilanz nahezu negativ.

Ohne Musik kein Leben.
Jedenfalls kein erfülltes.
Ich muss noch eingehend darüber reflektieren und viele Erlebnisse posten, um zu ermessen, was ich dieser Liebe zu verdanken habe.

Mindestens zwei Schaltstellen oder Weichenstellungen in meinem Leben, und das waren keine schlechten, wurden eindeutig durch die Gitarre verursacht.

Aber das erzähle ich ein andermal.

Inhaltsverzeichnis

Vorwort..5

Januar (1. – 31.)...9 - 153
Februar (1. – 29.).. 154 - 281
März (1. – 31.)..282 - 401
April (1. – 30.)..402 - 526

Exkurs Nr. 1
Die Jukebox...35

Exkurs Nr. 2
Die Ordnung in die Klasse..96

Exkurs Nr.3
Die Hebbl... 129

Exkurs Nr. 4
Die Konfirmation.. 146

Exkurs Nr. 5.
„Ein Lied hinterm Ofen zu singen"............................... 119

Exkurs Nr. 6
Winterfreuden 1952 und danach 164

Exkurs Nr. 7
Lichtmess..168

Exkurs Nr. 8
Wilhelm und Helene - Eine Liebe in Franken...................... 182

Exkurs Nr. 9
„Wenn Freunde auseinander geh'n..."...........................189

Exkurs Nr. 10
Die Nierchen meiner Tante..202

Exkurs Nr. 11
Fotografieren – then & now...214

Exkurs Nr. 12
Wintervergnügen und Wendepunkte.................................. 229

Exkurs Nr. 13
Die gerade noch gekriegte Kurve.......................................237

Exkurs Nr. 14
Happy Birthday, Bill!..249

Exkurs Nr. 15
Die Kegelbahn... 307

Exkurs Nr. 16
Wuisndärschowidder?..333

Exkurs Nr.17
Schokolade, Passionsfruchtsaft und weiße Luftballons..............340

Exkurs Nr. 18
Minnie spielt „Katz und Maus"...................................... 379

Exkurs Nr. 19
Friedrich Wilhelm Güll (1812 – 1879)........................... .405

Exkurs Nr. 20
Eine Liebeserklärung..425

Exkurs Nr. 21
Bombenangriff auf die Muna...465

Exkurs Nr. 22
Als Jugendlicher in London..494

Exkurs Nr. 23
Mai 1945..499

Exkurs Nr. 24
Kartoffelernte..512

Literatur

Elke Endraß,
Wilhelm Löhe, Berlin, 2012

Erika Geiger
Wilhelm Löhe 1808 – 1872, Leben – Werk – Wirkung, Neuendettelsau, 2003

Friedrich Wilhelm Kantzenbach, Hrsg.
Wilhelm Löhe – Anstöße für die Zeit, Neuendettelsau, 1971

D. Ernst Lotze
Erinnerungen an Wilhelm Löhe, Neuendettelsau, 1956

Christine-Ruth Müller, Hans-Ludwig Siemen
Warum sie sterben mussten, Leidensweg und Vernichtung von Behinderten aus den Neuendettelsauer Pflegeanstalten im „Dritten Reich", Neustadt an der Aisch, 1991

Werner Ost,
Wilhelm Löhe, Sein Leben und sein Ringen um eine apostolische Kirche, Neuendettelsau, 1992

Hans Rößler
Unter Stroh- und Ziegeldächern, Aus der Neuendettelsauer Geschichte, Neuendettelsau, 1982,

Hans Rößler, Hrsg.
700 Jahre Neuendettelsau, Festschrift zur 700-Jahr-Feier 1298/1998, Neuendettelsau, 1998

Adam Schuster
Aus tausend Jahren Neuendettelsauer Geschichte, Ansbach, 1963

Wolfgang Steinbauer, Die ortsgeschichtliche Entwicklung von Neuendettelsau, Neuendettelsau, 1993

Ein Wort des Dankes

Viele auskunftsbereite Neuendettelsauer Bürgerinnen und Bürger haben mich ermutigt, dieses Buch fertigzustellen, und haben in wohltuenden Gesprächen über Jahre hinweg meinen Erinnerungen auf die Sprünge geholfen.
Ich möchte mich besonders bedanken bei all meinen Verwandten, insbesondere bei Frau Anna Schmidt (†), Frau Hermine Bär (†), Frau Else Braun und Herrn Helmut Schmidt, sowie bei meiner ehemaligen Nachbarin Frau Sophie Querndt (†), bei Frau Konrektorin Elisabeth Zwanzger (†), bei den guten Freunden meines Vaters Herrn Siegfried Kanzler (†) und Herrn Helmut Nusselt, bei Frau Rosa Högner (†), Frau Margarete Arnold, Frau Else Besenbeck, Frau Irmgard Buchinger, Frau Hertha Eyselein, Frau Luise Gärtner, Frau Else Sauer, Frau Luise Weißer, den Diakonissen Schwester Luise Adlfinger sowie Schwester Dorothea Nägelsbach, Herrn Michael Schindler (†), Herrn Wilhelm Scheuerpflug, Herrn Erhard Steinbauer sowie Herrn Karl-Günter Beringer.
Schließlich: „Venus ple..." – pardon – Plenus venter non studet libenter".
Mit leerem Bauch kann man aber auf Dauer auch keine Geschichten erzählen bzw. in den PC tippen.
Deshalb danke ich an dieser Stelle herzlichst meiner lieben Frau Erni, die stets um mein leibliches Wohl besorgt war und ist.
Ich danke ihr für ihre Geduld und Nachsicht mit dem von diesem Projekt Besessenen sowie für ihr Einverständnis, zur Veranschaulichung des Erzählten private Bilder zu verwenden.
Auch die nachfolgend genannten Personen stellten mir freundlicherweise Bilder aus ihren privaten Alben zur Verfügung.
(Die Nummern in Klammern verweisen jeweils auf die Seite im Buch).
Dafür möchte ich mich ganz herzlich bedanken bei:

Margarete Arnold (108, 177, 359, 361, 362, 388, 400, 401)
Hermine Bär (†) (21, 87, 144, 171, 373, 424)
Irmgard Buchinger (492)
Christy Carruthers (253)
Hertha Eyselein (474, 475)
Dr. Elisabeth Fuchshuber-Weiß (427)
Luise Gärtner (423)
Hans-Dieter Loscher (20)
Rosemarie Müller (106)
Sophie Querndt (†) (25, 115, 149, 154)
Marie Reimann (358)
Else Sauer (317)
Michael Schindler (†) (43, 44, 457)
Henri Schmidt (†) (197)
Maja Schuster (†) (174)
Hans Spalt (518)
Agnes Strauß (29, 186, 260, 419, 449, 450, 526)
Luise Weißer (48, 391)
Heinrich Zehnder (256)
Elfriede Züge (152)
Elisabeth Zwanzger (†) (109, 286, 310, 326, 511)